無錫文庫

第二輯

無錫縣學筆記

[康熙]東林書院志

[雍正]東林書院志

鳳凰出版傳媒集團
鳳凰出版社

ISBN 978-7-5506-0807-8

9 787550 608078 >

圖書在版編目（CIP）數據

無錫縣學筆記 /（明）談脩纂.（康熙）東林書院志 /（清）嚴瑴編纂.（雍正）東林書院志 /（清）高廩等主修；（清）許獻等編纂. -- 南京：鳳凰出版社，2011.8

（無錫文庫. 第2輯）

ISBN 978-7-5506-0807-8

Ⅰ. ①無… ②康… ③雍… Ⅱ. ①談… ②嚴… ③高… ④許… Ⅲ. ①書院－教育史－無錫市－明清時代 Ⅳ. ①G649.299.533

中國版本圖書館CIP數據核字（2011）第173499號

責任編輯　王　劍

裝幀設計　姜　嵩

出版發行　鳳凰出版傳媒集團

鳳凰出版社（原江蘇古籍出版社）

南京市中央路165號　郵編 210009

發行部電話 025—83223462

集團網址　鳳凰出版傳媒網　http://www.ppm.cn

印　　刷　無錫市證券印刷有限公司

無錫市揚名高新技術産業園B區75號　郵編 214024

開　　本　889×1194毫米　1/16

印　　張　42.75

版　　次　2011年8月第1版　2011年8月第1次印刷

標準書號　ISBN 978-7-5506-0807-8

定　　價　560.00圓

（本書凡印裝錯誤可向承印廠調換，電話：0510—85435666）

無錫文庫工作委員會

無錫文庫編輯委員會

主　編

王立人

副主編

須　儉　姜小青

編　委（按姓氏筆畫排列）

王進雄　王賡唐　卞惠興　全　勤　吴　迪　沙無垢

金其楨　夏剛草　倪培翔　徐小躍　徐志鈞　浦學坤

陳文源　過旭明　過耀華　許墨林　張志清　程勉中

湯可可　蔡家彬　劉桂秋　錢建中　錢菲菲　顧文璧

執行編委

王華寶　王　劍　薛　飛　陳紅彦　林世田　謝冬榮

徐憶農　陈　立

編務人員

顧志堅　李躍光

無錫文庫學術顧問

（按姓氏筆畫排列）

朱玉麒　朱維錚　江慶柏　李文海

沈衛榮　武秀成　金良年　胡福明

莫礪鋒　徐中玉　陳熙中　許倬雲

張仲禮　張廷銀　彭　林　程章燦

馮　遠　馮其庸　楊天石　趙生群

劉玉才　錢　遜　錢中文　錢文忠

總序

七千年文明史，三千年建城史，江南名城無錫，襟長江依太湖，自古以來就是魚米之鄉，禮儀之邦。無錫文化自泰伯南奔以來，騰蛟起鳳，尚德崇文，在數千年的傳承發展中，教化常持，經世務實，人杰輩出，大家林立，文藻絢麗，錯彩鏤金。舍南舍北皆春水，欲與湖山作主人，數千年的人文傳統，賦予了風光秀美的無錫以獨特的文化魅力，鑄就了城市剛柔相濟、秀逸清麗的的文化品格。

無錫是中國吴文化的發源地。早在商代晚期，周太王古公亶父的長子泰伯三讓王位，携其弟仲雍奔吴，定居無錫梅里，建『勾吴國』，『端委以治周禮』，施以禮儀教化；興修水利，授以農桑，不數年而『民人殷富』。泰伯帶來的中原文化與無錫本地土著文明相結合，吴文化以及作爲其重要組成部分的無錫文化就此發端。晋室南渡，北方人群大量南遷，帶來了中原的文化技術，促進了無錫農業、水利、手工業和商業的發展，中原文明再度與吴文化進行融合互滲。在本土文化與异地文化的碰撞和交融中，不斷推動着無錫這座城市的文明進步。

無錫歷史文化『追歷七千餘載歲月滌蕩，遂經四大轉折而成其廣大深厚：泰伯西來，吴文化成焉；永嘉南渡，江左文脉振焉；宋室波遷，江南文風始焉；歐風東漸，錫邑占風氣之先，民族工商文化始焉。數百代鄉彦賢達智慧與創造累積，文獻足徵，無慮亘千』（《錫山先哲叢刊》重岋弁言）。無錫文化以兼容并蓄多樣化的形態不斷發展。

崇文尚教，以教促文。北宋嘉祐三年（一〇五八），無錫始設縣學；北宋政和元年（一一一一），理學傳人楊時在無錫創建東林書院，此後無錫出現了喻樗、尤袤、李祥、蔣重珍等一批知名的教育家。至明代，顧憲成、高攀龍等在東林書院講學，此後又有許多書院相繼而起。古代無錫對教育的重視，促進了『崇文』和『尚教』的風氣，也造就了大量的人才。自隋朝開創科舉取士到清末廢除科舉，無錫共出了五名狀元、三名榜眼、六名探花和三名傳臚，并有五百四十名進士，一千二百多名舉人；『一榜九進士』、『六科三解元』，自古傳爲佳話。近代以來，經濟的繁榮進一步帶動了教育的興盛。無錫籍國學大師錢穆曾説：『晚清以下，群呼教育救國，無錫一縣最先起。』此後無錫的實業家紛紛出資興辦文化教育事業。教育的繁興，在極大程度上促進了無錫的文化發展，出現了空前的文化人才崛起的高峰。

文脉綿延，後出轉强。歷來『文化』的概念有廣義和狹義之分，這裏的『文脉』之『文』，用的是狹義的概念，即指經史、文學、藝術等人類所創造的精神財富的總和。在無錫的歷史文化傳統中，自古及今，悠悠文脉，如瓜瓞之綿綿。必須指出的是，從文化發生學的角度來看，早期中華文化的中心是在黄河流域的中原地區，無錫在宋元以前，雖有像顧愷之、李紳、尤袤、蔣捷、倪瓚等一批人文英才，但在整體上，無錫的文氣是自明清以迄近現代達到巔峰。在整個江南地區文教昌明和無錫經濟繁盛、教育勃興的大背景下，無錫地區在經史、文學、繪畫、音樂等諸多領域中，建樹卓越，俊才雲蒸，真正呈現出『人文之盛，冠於南國；碩彦輩出，著述繁富』的局面。

求實務本、重工崇商。無錫自古爲江南富庶之地、魚米之鄉。明代東林講學者將士商并列爲『本行』，講求經世致用；近代早期維新的思想家、實踐家薛福成提出『黜浮靡，崇實學』，大力倡揚『工商爲先，耕戰植其基，工商擴其用』的觀念，這些都成了近代以來無錫人求實務本、重工崇商的重要的思想根源；兼以明清時期，封建自然經濟解體，資本主義開始萌芽，無錫經濟日趨繁盛。鴉片戰争以後，上海開埠，由於商品經濟的發展和商業資本積累的增加，逐步形成了一個以上海爲中心的，北接江陰、靖江，西連蘇州、無錫、常州的經濟區域。有布、米、絲、錢『四大碼頭』的無錫，被譽爲『小上海』。到了十九世紀末、二十世紀初，無錫許多有識之士積極引進西方生産技術，大力興辦工廠，形成了近代六大資本系統，無錫成了近代中國民族工商業的發祥地和蘇南經濟中心。經濟的繁盛，不僅爲無錫文化的不斷發展提供了堅實的物質基礎，而且也形成了無錫文化的主流形態之一的，具有鮮明特色和豐富内涵的『工商文化』。

文化源長，文獻宏大。在歷史上，無錫有過兩次較大規模的文化整理。一八九九年，《常州先哲遺書》是包涵無錫在内的第一次區域性文化整理集成。一九二二年，《錫山先哲叢刊》是無錫真正意義上從城市角度進行的一次文化整理。當時，國家積貧積弱，社會動蕩離亂，身處亂世的有識之士高擎文化的旗幟，以縱覽千古的魄力和毅力致力於城市文化傳統的繼承與弘揚，爲無錫地方人文教育提供了文化楷模，對增强無錫崇文興教氛圍發揮了重要的作用，爲無錫躋身江南名城提供了文化動力，其意義至今爲後人感念。

滄桑巨變，天上人間。經過近一個世紀的奮鬥探索，特别是改革開放三十多年來的迅猛發展，中華民族强勢崛起。國運昌隆，盛世修典。中共無錫市委、市政府高度重視地方傳統文化的整理弘揚工作。自二〇〇七年提出『建設文明無錫，打造文化名城』以來，無錫全面深入開展歷史文化遺産的挖掘、清理、保護和修復工作，傳承弘揚優秀傳統文化，彰顯城市人文歷史底蘊，掀起歷史文化名城建設新高潮。此後，市委、市政府在《無錫市文化大發展大繁榮行動綱要》中明確要求全面整理出版地方歷史文獻，市委、市政府在《關於深化文化體制改革加快文化强市建設的决定》中再次明確要求編纂《無錫文庫》，正式啓動迄今爲止無錫地區規模最大、綜合性鄉邦文獻集成的修編工作。爲確保《無錫文庫》的編纂工作順利進行，市委、市政府專門成立了『無錫文庫工作委員會』，由市委宣傳部牽頭，設立了『無錫文庫編輯委員會』，計劃用三年時間完成編纂出版工作。《無錫文庫》的編纂，將以嶄新的學術角度和現代學科框架對城市歷史文化進行全面梳理和弘揚，站在時代的高度，充分展示城市深厚的歷史底蘊，彰顯先賢哲人的智慧創造，解讀無錫文化的獨特個性，提煉升華無錫的人文精神，光前裕後，古爲今用，以文化人，由人化文，以史爲鑒，開啓未來。

《無錫文庫》的編纂出版必將發揮重要的文化功能：首先是搶救文獻。無錫自古即有豐富的地方文獻，無論經史子集，都有重要著作流傳於世。然而無錫近代歷經戰亂，一些重要典籍已毁佚，僅有書名存留；還有一些珍貴的明清地方史籍，也以孤本存世，處於若存若亡之間。由於各種原因，一些代表無錫文化的典籍保存於國内外各大圖書館中，在無錫不易見到。從清末到民國期間，在文化上有不少重要成果，而這部分書籍因長期被忽視而處於毁佚的邊緣。《無錫文庫》的編纂就是爲了搶救文獻，保存文脉。其次是古籍整理。無錫先賢留下的載籍很多，但現存書籍，版本雜亂，良莠不齊，整體而言没有經過系統編排梳理，使用不便。《無錫文庫》的編纂，就是從版本目録學的角度加以梳理，每書皆撰提要，鈎玄指要，便於閱讀使用。第三是服務大衆。《無錫文庫》所收皆爲地方古史遺文，是研究無錫歷史沿革和文化傳承的必讀書目。《無錫文庫》的編纂出版，使這些書籍的使用更加便捷和廣泛，對無錫的文化建設、城市規劃、古迹保護、名勝開發都具有很高的學術價值和實用價值。

歷史唯物主義觀是《無錫文庫》編纂出版工作的重要指導思想。《無錫文庫》是一部具有社會主義新時代特點的典籍集成，編纂理念和選編觀念更加科學，注重學術性、實用性和經典性相結合，并且儘量收入古籍版本研究的新成果，廣泛收集流散在國内外的珍貴典籍。編纂工作中，始終堅持『尊重歷史、尊重科學、尊重規律、尊重專家』的原則，堅持『雙百』方針，對傳統文化中重要的不同學派、不同觀點的資料兼收并蓄，力求客觀、完整和全面。當然，《無錫文庫》不可能包羅萬象，而以文史哲爲主要内容，兼顧其他類别著述，整體呈現出無錫歷史文化的發展脉絡。强化編纂工作的學術規範，提倡實事求是的良好學風，對文庫的整體規模、體例框架、所收書目、版式裝幀等進行反復論證，反復比較，多方聽取意見，慎之又慎，力争使《無錫文庫》成爲一部真正代表無錫文化的綜合性鄉邦文獻集成。

編纂出版《無錫文庫》的盛舉，得到了海内外衆多著名的文史專家、學者教授的熱烈響應。許倬雲、馮其庸、楊天石、李文海、徐中玉、馮遠、胡福明等無錫籍文化名人和劉玉才、程章燦、江慶柏、張廷銀、金良年等專家學者應邀擔任《無錫文庫》的學術顧問，他們扎實的學術功底、嚴謹的治學風範、卓越的學術見識，爲《無錫文庫》提供了有力的支撑。

千年吴地文明，百年工商繁華，賦予無錫人聰慧和靈秀，創造了具有獨特品質的城市文化和城市精神。當我們手捧先哲留下的珍貴文化遺産，不僅滿懷感恩、敬畏之心，更涌動着不負前賢、勵志圖新的激情，去努力創造城市文化嶄新的輝煌，讓無錫文化大發展大繁榮的春天更加姹紫嫣紅、繽紛燦爛！

無錫文庫編輯委員會

二〇一一年一月

凡例

一、《文庫》所收爲無錫籍作家的著述和與無錫相關的歷代文獻，分爲《官修舊志》、《地方史料專著》、《年譜家乘》、《無錫文存》和《近現代名家名著存目》五輯。

二、無錫地域範圍以現行行政轄區爲準。《文庫》立足無錫市區，兼顧江陰、宜興，適當選收江陰、宜興具有代表性的著作。

三、《文庫》所收著作，以史料價值高、使用價值大爲原則，適當兼顧其版本價值。

四、《文庫》主要采用影印方式出版，《近現代名家名著存目》收入作家小傳和主要著述目録。

五、《文庫》所收著作，其編纂年代下限爲一九四九年；《近現代名家名著存目》則不受此限。

六、《文庫》所收著作，原書如有蠹損、殘缺、漫漶不清處，原則上以相同版本予以換頁、補頁，使全書清晰、整齊。

七、《文庫》對所收每種圖書，均撰寫提要，置於每種書扉頁之背面；每册均新編頁碼，自爲起訖。

八、《文庫》編制書名索引和著者索引，以方便讀者使用。

第二輯編輯説明

本輯爲《無錫文庫》之第二輯《地方史料專著》。這些書籍皆爲個人著作，它們是官修方志之外最重要的地方史料，是對地方歷史更爲精細的記録和闡述。其中保存了官志中看不到的材料，所以也是官志極其重要的補充。無錫自古以來人文薈萃，所以歷史上存留下來的地方史料專著也非常豐富。明清以來這些著述得到了長足的發展。作爲方志體裁的史書，這些著作所述史事已細化到一個鄉村，一座寺廟，一幢宅第，一座園林，一所學府，一項工程，一個專題等，從而爲後人保存了大量第一手的史料。進入民國後，隨着社會的發展，在政治、經濟、文化、教育等方面，出現了許多專門的出版物，這些具有時代特色的文獻，爲我們保存了民國時期原生態的歷史材料。從這些文獻中可以看到當時無錫向現代都市邁進的步伐。第二輯所收書籍，不少都是孤本，彌足珍貴。特别是一些藏於外地圖書館的珍貴書籍，這次也盡了最大的努力加以搜集。由於歷史的原因，一些地方史籍已失傳，僅有書名存留，不無遺珠之憾。一些民國書籍也偶有缺葉。敬請讀者見諒。從另一個角度而言，也更説明了這次文庫編纂的必要。

目録

無錫縣學筆記

（明）談脩纂

《無錫縣學筆記》十二卷，(明)談脩纂。明萬曆無錫刻本，無錫圖書館藏孤本，四册。

談脩，字思永，號信余，晚年自署梁溪無名生。江蘇無錫人，纂有《惠山古今考》十卷、《風雲漫録》八卷、《風雲滴露》六卷。談脩生於官宦之家，家境富有。他是萬曆年間的廩貢生，有文才，爲人正直，不與流俗同浮沉，家有延恩樓藏書萬卷，博識多撰。《無錫縣學筆記》是有關無錫孔廟及縣學科舉資料的彙編。全書包括建制、廟制、學制、明代御製碑文、祀典、釋奠儀注、祝文、鄉飲酒禮、學校射儀、督學憲臣及師生供職等人名録、無錫歷代歷年中式者名録、名賢傳、孔廟及縣學藏書、禮器著録、所有碑文、雜録等，保存了許多十分難得的資料。該書是明代無錫官方教學及學宫建築的全記録。前有王穉登序云：『余友談君，昔奮翼學宫，後乃蹶之鄉舉，以直諒多聞之餘，撰爲縣學筆記。其體裁如志乘，而月旦陽秋之語，時一見焉。美惡並陳，勸懲互顯，所以凴翼至理，毗贊休明，功不小也。筆效董狐而書兼檮杌，知我罪我，思永聽之而已。』作序的還有邑人施策及當時尚年輕的高攀龍。該書除保存有大量資料外，對當時教育腐敗多有指斥。書中多録明世宗大禮議内容及張璁奏疏，爲後人所詬病，爲此書幾近湮没之重要原因。

本書據明萬曆刻本影印。

(徐志鈞)

無錫縣學筆記序

纏璺多旋之典廢然後科第盛
士以科第起家者罔不自学宮
始也
國朝重科第〻〻獨江南最江南
獨無錫最無錫雖稱百里之
邑其文獻視毗陵一郡蓋得十之
馬斯非
高皇帝興
列聖作人之效乎頃者采芹泮

藻之義微教化不逮前古擇無
金口木舌之司一切以古寬為
教由是士習浮而 皇風歡鴃
鴞不懷好音子衿之刺興矣以為
泰隆之運不宜有此恭〻 王章
式如無玉哉在 卧碑與督学
使者之 訓將豈不諄〻尓耶乃
學使者煦〻不以柱後惠文法
治之何異亂繩子者愈亂愈驕
不文一朴使戢也若乃鄉賢鄉

飲皆盛典往之模則甫賀之夫
不以銅山則以鋅角而濫竽俎
豆簠莛之末焉以播
陛六尚德貴齒之意哉余友
談君思永嘗奮翼學宮後乃

蹶之鄉與參以直諒多聞之許撰
為縣學筆記其體裁如志余而
月旦陽秋之語時一見焉美惡
並陳勸懲互顯所以為翼邑理
畀贊　休明功不小也筆致董

抓而書更檮杌知我罪我思
永聽之而已

萬曆庚子上巳

太原王穉登序并書

縣學筆記序

孔子曰吾觀於鄉而知王道之易易也夫王道之不行聖人之教之所以不明也

明興所以廣厲學官之路者罔不備總經術之士一歸之庠校士不得與於俊造之列者雖有殊材異能弗售也頃今之為士者幸慱一第以取世資視其弦誦之所不啻傳舍然即有號為志聖人之道者要不過謦言窕行以相藩飾以相稱矜拾宋人咳唾之餘陰附以二氏之眇說曰若何明宗若何證聖夫學有端委教有漸頓令學者不深習王者作人之至教徒以其浮游不根之見求一蹴而至於聖人之道詎可得也乎哉蓋吾觀

國家學校之制甚賅而寄甚顯而用意微夫非獨餼養之有程勸課之有藝選舉之有式而已也鄉飲酒禮行於學鄉縉紳先生之賢者有司慱士之賢者歿而祀於學且使青衿之士得操其臧否之權舉夫宜賓宜介宜崇而祀者人得以

議其可否以為是學校者固公論之所從出也士雖博一第以去猶斤斤焉畏學校之公論而不敢肆夫是故上自公卿大夫下至青衿之士無日不束於聖人之教而聖人之道自如日月之中天而無不

明所為觀於鄉而知王道之易易者如是而已矣嗟乎典章具在而奉行之者直弁髦以為文具日刓日婾祠舍之中廟貌儼然廝圉得以寢處其下至竄取鄉賢木主以為薪而往哲之遺跡遂湮逸而莪

可考鄉飲酒禮濫甚矣舉者以賄成受舉者以匪德與遂令執爵執酳般辟揖讓之儀不惟不足昭盛緻而反為行禮者之玷余每不勝太息焉一日談君思永手一編示余曰是脩所為縣學筆記者也余

讀之則見其洋洋然纚纚然制靡不載載靡不詳篇有論論有譏刺褒予抑何犂然有當於余心也乎使夫讀之者觸於目警於衷雖一字一句之微足以想見王者作人之至意其為感發興起宜何如哉

夫王者之教天下使人入於聖人之道者委曲周纖務出於實而今倡道之君子所以教人使入於聖人之道者幽玄深眇務出於虛出於虛將益茫然無所歸宿孰若求之以實就今日已詳之制一提撕

闡繹焉群天下之有目有趾者曉然知所嚮方則王者之教與聖人之道固兩相輔翊而大行大明於世嗟乎是道也未易言矣昌明王制羽翼聖真非是編也疇足以當之談君負抗直之節豐於材而嗇於遇盡以其憤世嫉邪之志洩為著作而是編也其有裨於世也尤大視夫虛用其心於謬悠之辭說而世卒不得實效者功相百也因欣然為之序

邑人施策譔

無錫縣學筆記序

何以使天下治曰人才何以育才曰庠序之教何以使庠序之教天下奉之若蓍蔡循循焉嚮於道也曰在是非著而勸懲者深古者令民五家爲比長其教始於比長閭胥

聚衆讀灋書其敬敏任恤而掌其比牘撻罰之事蓋已昭然導之向矣至於州長以歲時攷其德行道藝而勸之糾其過惡而戒之行成而後鄉大夫以登於王蓋勸戒森嚴故民聽不惑其必爲善也如水之寒而火之熱必不爲惡也如騶虞之不殺竊脂之不穀豈獨其性然哉所由來者豫矣夫有善惡而後有是非有是非而後有賞罰有賞罰而後有勸懲上之人躬明德以示之又嚴勸懲以一之若之何

士不務於道而天下不安治且久也今也不然士幼而誦聖賢之言十倍於古乃其父兄所責成師友之勸勉止於一第而已入官之後俛仰以隨俗積金拓產以裕其子孫而已簿書期會之餘計俸待遷

歎老嗟卑而已上之則詩文酒弈以自娛仙玄釋空以休老而已天下滔滔不復知禮義爲何物也鄉飲酒以尚齒而崇德也祠鄉賢以褒往而勸來也或非其人而人不以爲榮士之以行黜也鄉大夫以墨敗也恬焉安之而人不以爲辱閭巷之間是其同已不必出於善非其殊已不必出於惡恕於責小人而苛於求君子庶民晉惑而人不以爲信至號爲儒者禮義之心不能勝其嗜慾恐天下叢而議其

後則皆習爲無善無惡之說以自便以含糊爲長厚以退避爲明哲言行不足訓於天下於是道德滅裂而人不以爲貴幾何不胥而亂也然則如之何曰救今之弊則復古之法而止也德行廢而任詞章既失其本矣管之詞章猶不敢叛經而亂傳也今則傳註廢而士之說經以意矣說經以意無不可行意也意以亂指指以從邪浸淫潰決將六籍之正皆爲姦言之文是非益謬背而不知所底矣復之何

如曰有
高皇帝之臥碑
兩朝之勑諭在學必以孔孟程朱爲宗士必以孝弟忠廉爲貴如此之謂是不如此之謂非德行由是詞章由是比閭之論議達於朝廷之舉錯由是賞罰明而勸懲著耳目一而志慮專法如是而止也嗚呼所以行之者難言矣吾邑思永談公爲學宮筆記既成以示予予卒業而歎曰教典具矣科目具矣哲範具矣富貴如蜉蝣淑慝如蒼

素毀譽[illegible]於一時是非昭於萬世其弗可掩也夫茲記行也上之人考而思焉以復古之制下之人考而思焉以復古之學往者之不湮來者之有述公之錫類也遠矣於是不辭而爲之序且以志其平居之慨

同邑高攀龍撰

無錫縣學筆記目録

無錫縣學筆記　目録　主

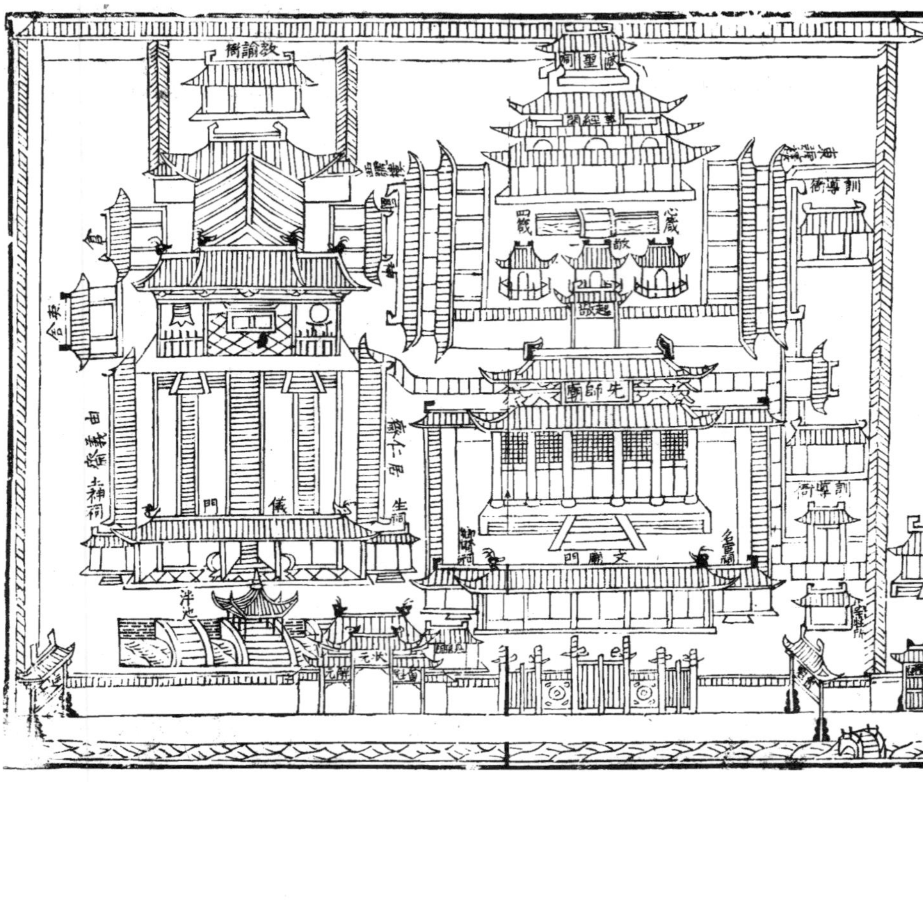

學宮圖

釋奠禮圖

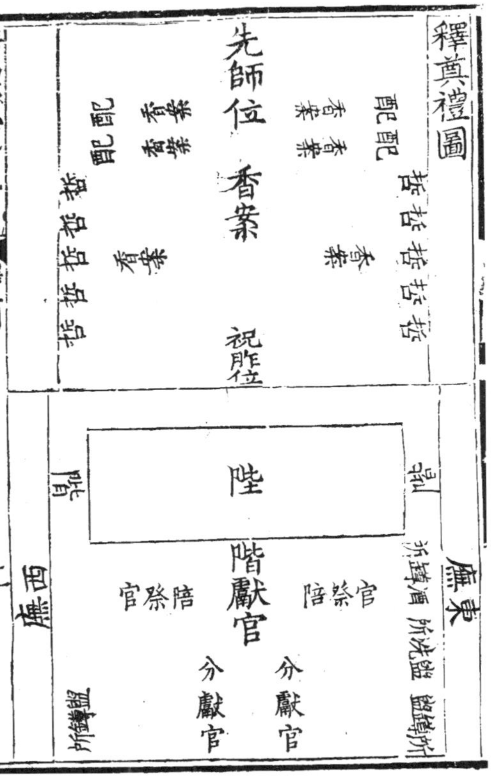

陳設圖

先師位

帛

爵 爵 爵

鉶和羹 登大羹 鉶和羹

簠黍 簠稻

簋稷 簋粱

八籩：榛 菱 芡 鹿脯 形塩 藁魚 棗 栗

八豆：韭菹 醓醢 菁菹 鹿醢 芹菹 兎醢 笋菹 魚醢

羊 豕

燭 香 燭

四配每位各設

配位

帛

爵 爵 爵

鉶和羹 登大羹 鉶和羹

簠黍 簋稷

六籩：菱 鹿脯 棗 栗 形塩 藁魚

六豆：菁菹 鹿醢 芹菹 兎醢 笋菹 魚醢

羊肉 豕肉

燭 香 燭

十哲每位各設

哲位

爵

簠黍 鉶和羹 簋稷

四籩：栗 鹿脯 形塩 棗

四豆：菁菹 鹿醢 芹菹 兎醢

豕肉

五位共帛一端總奠香燭同

兩廡每四位共一設

廡位

爵 爵 爵 爵

簠黍 簋稷

四籩 栗 形鹽 鹿脯 棗 豕肉 豕肉

四豆 菁菹 芹菹 鹿醢 兎醢 豕肉 豕肉

燭 香 燭

照先師位陳設

啓聖位

帛 爵 爵 爵

銂和羹 登大羹 銂和羹

簠黍 簠稻 簋稷 簋粱

八籩 榛 菱 芡 鹿脯 羊 形鹽 薧魚 棗 栗

八豆 韭菹 醓醢 菁菹 鹿醢 豕 芹菹 兎醢 笋菹 魚醢

燭 香 燭

照四配陳設

配享

帛

爵 爵 爵

銂和羹 登大羹 銂和羹

簠黍 簋稷

六籩 菱 棗 形鹽 鹿脯 栗 薧魚

六豆 菁菹 芹菹 笋菹 鹿醢 兎醢 魚醢

羊肉 豕肉

燭 香 燭

照十哲陳設

從祀

爵

簠黍 銂和羹 簋稷

四籩 栗 形鹽 鹿脯 棗

四豆 菁菹 芹菹 鹿醢 兎醢

豕肉

帛每邊一端香燭同

七賢祠陳設

帛

爵

棗 栗 榛
黍 稷 藁魚
稻 粱 醓醢
芹菹 韭菹 葱菜

豕

燭 香 燭

名宦鄉賢二祠陳設同

帛

爵

棗 栗 桃
黍 稷 藁魚
稻 粱 醓醢
芹菹 韭菹 葱菜

羊 豕

燭 香 燭

鄉飲禮圖

大明集禮

北

賓長 賓長 賓長 衆賓長

僎 賓

侑位 侑位 侑位

衆賓 衆賓 衆賓 衆賓 衆賓 衆賓 衆賓 衆賓

主 介

僎爵卓 奠觶卓

東序 西序

酒尊

東階 西階

司正 讀律

盥洗 爵洗 篚

門

鄉飲禮圖

大明會典

北

僎三 賓三

僎 賓

侑屬 衆賓

主 介

司正

律案

東階 西階

大明集禮圖位賓僎南向介東向主西向與儀禮圖同大明會典洪武十六年頒行圖式賓位西北僎位東北俱南向介位西南主位東南俱北向二圖雖異俱正坐正向無隅坐隅向之式按集禮本古制而會典係頒行者嘉靖十一年巡按御史李士翔嘗申正令照會典爲圖錄儀注于後以便遵行又存集禮圖于前以備叅考

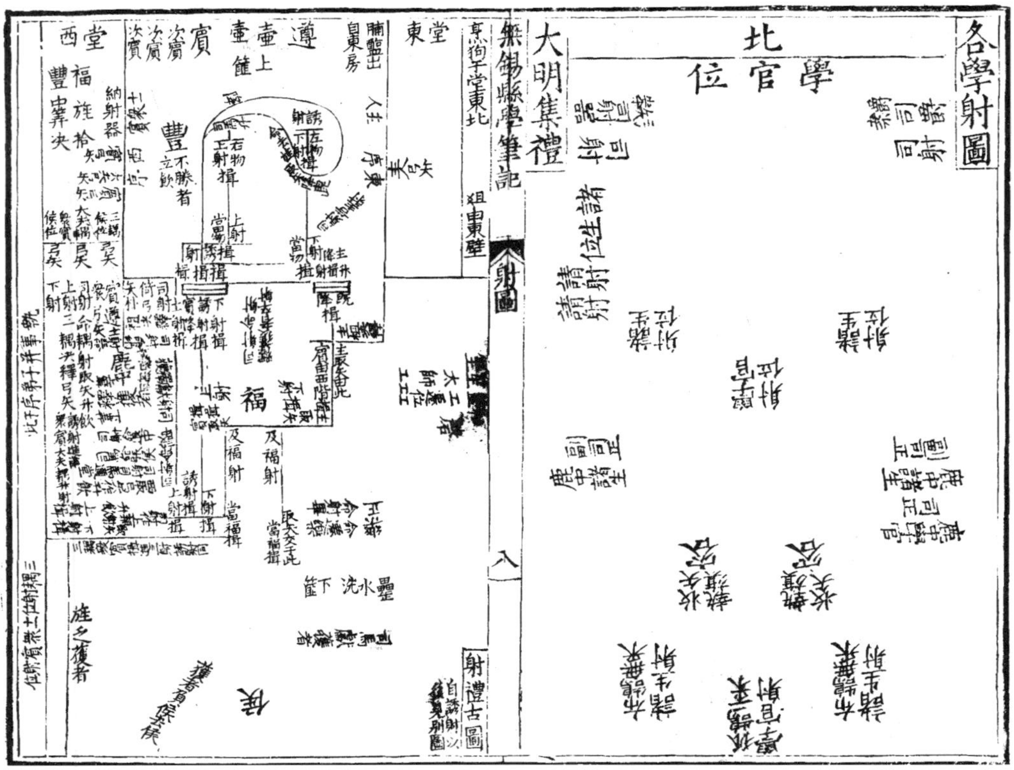

無錫縣學筆記卷之一

邑人談脩纂

建置

學校之設即夏商周校序庠之制也學記云退息必有居學則學校固居學地哉昔馬遷凡廣厲學官者必書益重之也爰自創始及興修者書之以表興賢至意

無錫縣儒學在縣治南三百步許玉帶河之上論建置唐以前遠莫之考自宋仁宗嘉祐三年邑令張詵始創為之文宣王殿南向居中前值大門後横論堂又有先生之室及東西兩序為諸生號舍章望之記

崇寧元年詔興天下學宮邑令張元度即詵猶子也以舊舍迫隘乃度學之西偏增直購地廣而大之別為屋二十有六楹又遷庖厨浴室於其北王相記

紹興十六年邑令胡舜舉屬主簿朱奇撤殿葢而新之齋廡戶牖悉加增飾庫置什器㕑蓄儲偫炊亨

濯揄皆有處所李彌正記
嘉定十年趙忠定公之子崇要令邑外建重門中設
戟門製祭服葺墻垣增學田視昔加隆矣鄭子恭
記
淳祐三年邑令薛師魯重興廟學清查學田有記
寶祐間邑令袁從復加修葺大成殿後有明倫堂直
廬有崇禮由義興廉遠耻四齋明倫堂西爲堂三
楹祀楊龜山陸象山張南軒楊慈湖袁絜齋袁蒙
齋喻玉泉尤遂初蔣實齋爲九先生祠又廢鄉貢

進士虞薦發爲文學掾以龜山嘗講學是邑玉泉
遂初實齋及小山李公皆鄉之望遂葺舊祠更爲
五先生祠
元延祐間教授李思孝闢學舍西南增飾未備於是
祭有宮講有堂肄業有齋司教有所寢處有房庖
治有舍而門廡廊序軒然翼然與是邑稱矣
至正二年總管薛世昌知州高澗澗出重修孟潼記
國朝洪武十一年邑令袁大輿修建齋有二曰志道
曰達德二十八年邑令郭文昌重修

永樂二十一年布政使邑人殷序倡修張公思安華
相與協謀而齋廡堂室煥然一新矣林茉記
宣德二年邑令唐恭安創至善堂二年改造明倫堂
七年重建大成殿邑人馮善記
景泰甲戌年司訓王輔於齋居之後量度隙地搆軒
三間名曰樂育兩傍復造四楹以便往來師生朝
暮居之講習經史邑人張思安記今廢
天順六年邑丞邵性重新儒學聖賢像欞星門柱舊
以木爲之邵君易以石柱六始屹然稱孔固矣廖

莊記
成化七年御史聶友良府同知謝庭桂知縣賴瑛李
恭拓地增建自大成殿以下皆一新之其尊經閣
及東西兩號樓則始創焉
弘治二年開府王公恕以副都御史邑人盛顒言發
帑銀爲倡太府華公仲賢邑令榮公華重修王與
記
正德辛未邑令齊璿廟自欞星門正殿兩廡學自
門亭堂宇師生齋舍文昌諸祠悉皆新之李傑記

正德十三年督學御史張鰲山牌委本府同知范澤將拆過妙覺觀從屋材料踏賣本觀入官田價盡行修學而廟與學又一新矣林俊記直隸常州府同知范爲修理廟學事准本府關蒙巡按直隸監察御史劉批據本學廩增附生員張瑶等呈蒙此案照先爲闢異端以正風俗事據本縣申蒙欽差提督學校巡按直隸監察御史張牌訪得無錫縣有女冠尼僧淫穢無耻敗壞風俗仰縣丞于資即將寺觀拆毁磚瓦木石送學修理銅鐵器鑄造祭器等因行間又奉本院案驗行據本學署事訓導鄭士烈開報應修工程到縣備申到府續爲辭免祭田勸修廟學事蒙本院批據本縣申據本學附學生員邵勳等呈稱從伯父户部左侍郎邵奉詔侍養病餘家居近蒙提學察院發放縣官將折過妙覺觀從屋材料充二泉精舍廂房之用及撥本觀入官田

一百畝供精舍中李忠定公祠祀伯父謂本縣廟學自成化初修造迄今五十餘年傾壞日甚比因地方民窮財盡而前功浩大未敢倡言興作今適拆毁寺觀正宜盡歸學宫大加修理如精舍祠祀係義起之舉若遽受此實有未安不悉從卿大夫後分當以禮義倡率鄉里辭私勸公不能以默盍爲告諸本學本縣申達等因到院看得奪淫祠之田以助忠定祠祀於理法皆近正但利者人之所趨而謗者人之所聚今我二泉先生嫌與書院相涉力辭以助修學是數人崇廉讓之風率道義之歸也傳曰君子非無賄難之難無令名之難此非賄而先生所以全令名者固無不慎重如此仰府行同知范即便離任親詣該縣將淫祠基地材料及田并撥忠定祠田一一估賣盡行修學毋爲小民所侵勢家所奪等因及申蒙欽差巡撫都察院右副都御史張批委相同今蒙前因擬合通行爲此移關煩照各衙門批委事理變賣修理施行等因到職除親寓該學選擇義官分工併修及委縣丞雲升監運材料高橋巡檢徐璟貽責田給通將修用工程物料數目造册各另繳報外合行帖仰本學立卷備照庶日後有所稽考毋得違錯不便須至帖者

右帖仰無錫縣准此

正德十三年正月十五日本府同知范

嘉靖七年奉
旨建敬一亭恭奉
皇上御製敬一箴五箴註
宸翰聖諭石刻於中十年大學士張璁奏奉
欽定改正先師孔子祀典崇稱號去封謚撤塑像用
木主改殿額定祭器升革從祀諸賢建啓聖祠於

文廟後祀先師父啓聖公而禮制始正聖道益尊
萬曆五年蘇州府別駕劉公體道署篆毅然以修舉
學宫爲首務檄縣簿張孟杲董役而墮者興撓者
植漫患者餙丹艧堊堅而廟與學又隆隆新矣秦
梁記
十三年邑令李公復陽重修而若廟若廡若堂若閣
官廨吏廨又更新矣秦燿記
二十四年邑令柴公俗重修爲陰陽官張一默謀充
董役資斧之費不貲而一默侵尅入已者過半不

一二年而傾圮猶昔矣

二十七年邑令趙公應元見學宫頹壞太甚捐俸重修檄邑丞孟君學孔董其事不煩民而百廢具舉閱四月功畢殿庭植檜西行孫繼皐記

論曰學校非細故也其有與有廢教化之汚隆人材之衰盛因之而政治之得失亦於此乎見焉自古迄今凡有志於治化者未有不興學校爰稽先後邑乘曁學宫古今刻石備録顛末爲建置總序若纖悉則條分於廟制學制之下俾出入宫墻者覩規制之森嚴益起崇奉之念庶於作興至意爲不負云

廟制 廟在學左 諸祠附

先師廟凡五間始創於宋嘉祐三年自宋至 國朝舊制屢更宣德七年邑令唐公泰安重建大成殿塑先聖四配十哲像殿前爲露臺爲冊墀嘉靖十年 欽正先師祀典撤塑像用木主去累朝封號改殿額稱先師廟其塑像則移置複壁

兩廡東西各二十一間凡四十二間宋紹興十六年邑令胡公舜舉建 國朝永樂二十一年邑人殷布政使序倡修天順六年縣丞邵君性重新從祀先賢木主正德辛未邑令齊公璛重修兩廡萬曆五年十三年二十四年二十七年俱重修

文廟門凡五間五門宋嘉定十年邑令趙公崇要爲門設戟嘉靖十年 欽正先師祀典去戟改稱文廟之門

櫺星門凡三塗六扉前臨大街舊以木爲柱風雨所侵易毁天順六年邑丞餘姚邵君性易以石柱華表

啟聖祠凡三間在尊經閣後嘉靖十年 欽正先師祀典創建

名宦祠凡三間在文廟門左南向與鄉賢祠並列萬曆二十七年邑令趙公應元爲題名記

鄉賢祠凡三間在文廟門右南向與名宦祠並列萬曆二十七年邑令趙公應元爲題名記

七賢祠舊爲九先生祠在明倫堂西爲堂三楹歲久祠圮宋鄉進士虞公薦發出而教授生徒一撤而

新之謂張南軒楊慈湖陸象山三先生原非錫産若龜山楊先生講學於錫十有八年而玉泉喻先生樗遂祔尤先生袠小山李先生祥實齋蔣先生重珍皆奮起龜山之後國有人可師何庸取諸他邑遂為五先生祠龜山㝡位居中而以玉泉遂祔小山實齋配焉宋尤公棟元郭公嘉　國朝徐公有貞各有記成化二年邑令賴公瑛博釆士論進戒軒馮先生善配享邑人楊公琛記九年邑令李公恭從邑進士王公訥等請進介軒張先生配享

李公有贊王公有跋十七年邑令熊公經從薇山後裔名祚者所請始得配享余曾大父秋雲先生記正德十三年貳守范公澤導薇山釐正之式建五賢祠於尊經閣後邵文莊公寶記嘉靖丁丑邑人華公雲以宋李忠定公綱自邵武徙居吾錫與龜山相與麗澤進與龜山並祠　國朝邵文莊公正巳淑人有龜山遺風進與尤喻李蔣四公配享名曰七賢祠徙祠學左邑令鄧公繼曾記

宰牲所凡三間南向在名宦祠左

具服所凡三間南向在鄉賢祠右

孟衛二師生祠凡三間南向在學儀門左舊為文昌祠嘉靖間有司訓孟公世威温雅可親諸生不忍其去廼撤文昌祠肖孟公貌於祠逾三十年掌教衛公銳和厚端雅並美孟公諸生於其去亦肖貌於衛公祠稱孟衛二師生祠王問記

土神祠凡三間南向在學儀門右舊為五先生祠薇山虞先生配祠記戒軒馮先生進鄉賢祠記介軒張先生進鄉賢祠贊及後跋刻石壁間

論曰廟制以崇先聖祠宇以崇先哲豈虛文乎哉正欲吾儒誦法景行求為宇宙間完人耳廼世之俗士目學校為進取之階利達之徑不知重彝倫養性情僅務章句末伎希儌幸青紫以肆其罔利肥家之計豈　國家作興學校初意哉甚者酖麯蘖恣博奕戀妖冶聚浮薄而逞把持其卑賤而圖貨利則又明時之大蠹先聖之罪人也巳且祠宇非褻瀆之地如孟衛二先生昔日學師也塑像以肖其生存則肅恭對越禮所宜然胡縱厮役携妻孥

寢處其中而置肖像於東隅一隙褻瀆亦甚矣假
令今日學師有男若婦晏然寢處其側卋之否乎
存亡雖殊途而以後先一體視之能不惕然乎哉
學制學在廟右
狀元坊在學宮前爲宋蔣重珍立後凡中魁元一甲
者置列扁其上
儒學大門凡三間學之正南第一門也由狀元坊入
稍折而西爲泮池池上跨橋三
騰蛟亭在泮池中橋上
儀門凡三間六扉學之第二門也前臨泮池左有孟
衛二師生祠右有土神祠入門爲馳道三
明倫堂凡三間三軒左右耳房各一間左藏案籍右
藏祭器舊堂在大成殿後宣德二年邑令唐公泰
安改建即今明倫堂也
碑記在內
居仁齋凡三間在明倫堂東廊舊名志道齋樂育軒
由義齋凡三間在明倫堂西廊舊名達德又更據德
中堂凡三間在明倫堂後居中接棟而直上北接後

堂
後堂凡三間前接中堂名會饌堂堂東有廚房三間
西有倉房四間
起敬坊在明倫堂左先師殿後
敬一亭凡三間嘉靖七年奉
欽依建亭亭在尊經閣前奉安
御製敬一箴五箴註由敬一亭而上有方池石梁
跨焉
尊經閣凡三間兩翼重梯在敬一亭後前臨方池成
化七年同知謝庭桂建邑人陳公懋有頌
號房在尊經閣兩廊東西各九間共十八間俱有樓
閣窓楹爲諸生肄業之所成化七年同知謝庭桂
建
教諭衙一所在會饌堂後坐北向南正門一間正堂
三間後堂三間兩廂小屋不盡載
訓導衙二所起敬坊之東爲由義齋廨折而南為居
仁齋衙
吏舍凡三間在明倫堂右坐西向東今廢

一榜三魁坊在學街東爲正徳庚午年經魁顧彦夫
喻義華金建
進士坊在文廟左爲弘治歴科進士建
會魁坊在學門右爲華泉建
射圃舊在文廟之西即明倫堂地今在城隍廟東
學田淳祐三年邑令薛師魯嘗撥尤梓没官租三百斛有奇入學以助養士之費明倫堂有碑記及佃户額租在焉及考元無錫州志有學田四十一頃有歳入粟千二百斛以養士世代更變無復查考

國朝正徳丁丑督學御史張公鰲山毁妙覺觀籍其田四百八十三畝有奇夏租六十五石有奇秋租二百三十一石有奇入學宫諸生貧弗能爨婚喪弗能舉者科貢之贈行者皆於是取給顧事經始未及致詳適者歳率強半嘉靖辛卯邑令胡公俸廉得其弊白之督學御史丘公養浩悉力規定稽適有罰胡公廼與學博孫君益建倉房四間於會饌堂右以便儲貯甲午歳督學御史聞人詮以師儒不當親錢穀攺隸之縣徵完轉發本學支銷

論曰學校所以育材而風化始焉堂名明倫亭名敬一閣名尊經又建號樓俾諸生肄業所望教育英材爲異日樹勲澤民計者亦良厚矣柰何講堂右廊尊經閣兩廊及具服所悉爲厮役僦居致學舍絶講誦之聲宫墻多妻孥之擾獨不思　國家建學豈專爲厮役輩居處計乎袪積弊而維新之以無負明時作人至意不能無望於賢師長

無錫縣學筆記卷之一　終

無錫縣學筆記卷之二

邑人談脩纂

御製

卧碑奉在明倫堂東間北上南面

禮部欽依出榜曉示郡邑學校爲建言事理本部照得學校之設本欲教民爲善其良家子弟入學必志在薰陶德性以成賢人近年以來諸府州縣生員父母有失家教之方不以尊師學業爲重保身惜行爲先方知行文之意恥視師長把持有司恣行私事少有不從即以虛詞徑赴

京師以惑

聖聽或又暗地教唆他人爲詞者有之似此之徒縱使學成文章後將何用况爲人必不乂同人世何也葢先根殺身之禍於身豈有長生善終之道所以不得其善終者事不爲已而許人過失代人報讐排陷有司此志一行不至於殺身未知止也出榜之後良家子弟歸受父母之訓出聽師長之傳志在精通聖賢之道務必成賢外事雖入有干於

已不爲大害亦置之不忽固性含情以拘其心待道成而行豈不賢人者歟所有事理條列于後

一今後府州縣學生員若有大事干於家已者許父兄弟姪具狀入官辯別若非大事含情忍性毋輕至公門

一生員之家父母賢智者少愚癡者多其父母賢智者子自外入必有家教之方子當受而無遠斯孝行矣何愁不賢者哉其父母愚癡者作爲多非子既讀書得聖賢知覺雖不精通實愚癡父母之幸獨生是子若父母欲行非爲子自外入或就内知則當再三懇告雖父母不從致身將及死地必欲告之使不陷父母于危亡斯孝行矣

一軍民一切利病並不許生員建言有一切軍民利病之事許當該有司在野賢人有志壯士質朴農夫商賈技藝皆可言之諸人毋得阻當惟生員不許

一生員内有學優才贍深明治體果治何經精

通透徹年及三十願出仕者許數陳王道講
論治化述作文詞呈稟本學教官考其所作
果通性理達僉其名具呈提調正官然後親
齎赴　京奏　聞再行面試如是真才實學
不待選舉即時録用
一為學之道自當尊敬先生凡有疑問及聽講
說皆須誠心聽受若先生觧講未明亦當從
容再問毋恃已長妄行辨難或置之不問有
如此者終是不成

一為師長者當體先賢之道竭忠教訓以導愚
蒙勤考其課撫善懲惡毋致懈惰
一提調正官務在常加考較共有敦厚勤敏撫
以進學懈怠不律愚頑狡詐以罪斥去使在
學者皆為良善斯稱職矣
一在野賢人君子果能練達治體敷陳王道有
關政治得失軍民利病者許赴所在有司告
給文引親齎赴　京面　奏如果可採即便
施行不許坐家實封入遞

一民間凡有寃抑干於自已及官吏賣富差貧
重科厚歛巧取民財等事許受害之人將實
情自下而上陳告毋得越訴非干自已者不
許及假以建言為由坐家實封者前件如已
依陳告當該府州縣布政司按察司不為受
理及聽斷不公仍前寃枉者方許赴　京伸
訴
一江西兩浙江東人民多有事不干已代人陳
告者今後如有此等之人治以重罪若果隣

近親戚人民全家被人殘害無人伸訴者方
許
一各處斷發充軍及安置人數不許建言其所
管衛所官員毋得容許
一若十惡之事有干　朝廷實跡可驗者許諸
人密竊赴　京面　奏
一前件事理仰一一講解遵守如有不遵並以
違　制論
一欽奉

勑旨榜文到日所在有司即便命匠置立卧碑依
式鐫勒于石永為遵守
右榜諭衆通知
洪武十三年　月　日

勑諭提督學校巡按直隸監察御史
朕惟自古帝皇治天下者率以興學育材為首務
而學校之興廢人材之盛衰治道之隆替繫焉此
葢已然之明驗也今特命爾往南直隸巡視提督
各府州縣儒學爾其欽哉夫總理一方之學政是
即一方之表率也然率人以正必先正已爾其務
端軌範嚴條約公勸懲俾為師為弟子者一崇正
學廸正道華浮靡之習振篤實之風庶幾儲養有
素而待用不乏斯足以稱簡任之意如或因循歳
月積效弗彰朕將爾責焉爾其勗哉所有合行事
宜申明條示其慎行之毋怠故諭
一學者讀書貴乎知而能行先將聖賢經書熟
讀背誦牢記不忘却從師友講解明白俾將
聖賢言語體而行之敦尚孝弟忠信禮義廉
耻之行不許徒務口耳之學將來　朝廷庶
得真材任用
一為學工夫必收其放心主敬窮理毋得鹵莽
間斷其於修已治人之方義利公私之辨須

要體認真切庶幾趨向不差他日出仕方能
顧惜名節事業可觀
一習學舉業亦窮理之事果能精通四書本經
便會行文有等生徒不肯實下工夫惟記誦
舊文圖僥倖出身今宜痛革此弊其所作四
書經義策論等務要典實平順說理詳明不
許浮誇恠誕至於習字亦須端楷庶不乖教
養之意
一學校無成皆由師道不立今之教官賢否不
齊先須察其德行考其文學果所行所學皆
善須禮待之若一次考驗學問疎淺及怠于
訓誨者姑戒勵之令其進學改過若再考無
進不改送禮部別用其貪淫不肖實迹彰聞
者不必考其文學即拿送巡按御史問理吏
部別選有學行者徃補其闕
一師生每日坐齋讀書及日逐會饌有司僉與
膳夫齋夫府學膳夫四名齋夫八名州學膳
夫三名齋夫六名縣學膳夫二名齋夫四名

不許違悞缺役
一生員考試不諳文理者廩膳十年以上發附
近去處充吏六年以上發本處充吏增廣十
年以上發本處充吏六年以上罷黜為民廩
膳增廣未及六年者量加决罰勉勵進學
一生員之家並依洪武年間例除本身外户内
優免二丁差役有司務要遵行不許故違
一凡巡視學校水路乘驛舟陸路乘官馬仍帶
書吏一名隨行陸路與官驢俱支廩給
一府州縣提調官員宜嚴束生徒不許出外游
蕩為非凡學内殿堂齋房等屋損壞即辦料
量工修理若恃有提督憲職將學校中一切
合行之事推故不行用心整理者量加决罰
懲戒
一所過之處遇有軍民利病及不才官吏貪酷
害人事干奏請者從實　奏聞
一本職專督學校不理刑名如有軍民人等訴
告寃枉等事許受詞狀輕則發下所在官司

問理重則送巡按御史提問

一科舉本古者鄉舉里選之法今南北所取舉人名數已有定制近來奔競之徒利他處學者寡少往往赴彼投充增廣生員詐冒鄉貫隱蔽過惡一槩應試所在教官僥倖以為已功其弊滋甚今後不許違者聽本職及提調科舉官監試官拿問

一巡按御史不許侵越提督執事若以公務至府州縣亦當勉勵師生勤力學業不許推托不理若提督官負行止不端許巡按御史指實奏　聞

一所轄境內遇有衛所學校一體提調整理武職子弟悉令其習讀武經七書百將傳及操習武藝其中有能習舉業者亦聽就科舉

一各處歲貢生員照例將食糧年深者量加考試不必會官如果年深者不堪充貢就便照例黜罷却將以次者考充務要通曉文理方許起送赴部

一廩膳增廣生員已有定額廩膳有缺於增廣內考選學問優等者幫補增廣有缺于本處官員軍民之家選擇資質聰敏人物俊秀子弟充補不許聽信有司及學官徇私作弊若有額外之數須嚴加考選通曉文義者存留待缺不許將不堪者一槩存留躲避差徭

一古者鄉閭里巷莫不有學即今之社學是也爾凡提督去處即令有司每鄉每里俱設社學擇立師範明設教條以教人之子弟年一考較責取勤效仍免為師之人差徭

一師生於學校一切事務並要遵依洪武年間臥碑行不許故違

天順　年　月　日

右勅諭天順六年已後通用

敬一箴 有序

夫敬者存其心而不忽之謂也元后敬則不失天下諸侯敬則不失其國卿大夫敬則不失其家庶人敬則不失其身禹曰后克艱厥后臣克艱厥臣五子之歌有云予臨兆民若朽索之御六馬為人上者柰何不敬其推廣敬之一言可謂明矣一者純乎理而無雜之謂也伊尹曰德惟一動罔不吉德二三動罔不凶其推廣一之一言可謂明矣益位為

元后受

天付托承

天明命作萬方之君一言一動一政一令實理亂安危之所繫若此心忽而不敬則此德豈能純而不雜哉故必兢懷畏慎於郊禋之時儼神明之鑒享發政臨民端莊戒謹惟恐拂於人情至於獨處之時思我之咎何如改之不吝思我之德何如勉而不懈凡諸事至物來究夫至理惟敬是持惟一是協所以盡為

天之子之職庶不忝厥

祖厥

親由是九族親之黎民懷之仁澤覃及於四海矣朕以冲人纘承丕緒自諒德惟寡昧勉而行之欲盡持敬之功以馴致乎一德其先務又在虛心欲驅除邪逸信任耆德為之匡輔敷求哲人布列庶位斯可行純王之道以坐致太平雍熙之至治也朕因讀書而有得焉乃述此以自勖云

人有此心萬理咸具體而行之惟德是攄敬焉一焉所當先務匪一弗純匪敬弗聚元后奉天長此

萬夫發政施仁期保鴻圖敬怠純駁應驗頓殊儆諸天人如鼓答桴朕荷天眷為民之主德或不類以為大懼惟敬惟一執之甚固畏天勤民不遑寧處曰敬維何怠荒必除郊則恭誠廟嚴孝趨肅於明廷慎於閒居省躬察咎儆戒無虞曰一維何純乎天理弗參以二弗三以三行顧其言終如其始靜虛無欲日新不已聖賢法言備見諸經我其究之擇善必精左右輔弼貴於忠貞我其任之鑒别

必明斯之謂一斯之謂敬君德既修萬邦則正天
親民懷永延厥慶光前裕後綿衍蕃盛咨爾諸侯
卿與大夫以至士庶一遵斯謨主敬協一罔敢或
渝以保祿位以完其軀古有盤銘目接心警湯敬
日躋一德受命朕為斯箴拳拳希聖庶幾湯孫底
於嘉靖

嘉靖五年六月二十一日

註范氏心箴

茫茫堪輿俯仰無垠人於其間眇然有身是身
之微太倉稊米參為三才曰惟心耳往古來今
孰無此心心為形役乃獸乃禽惟口耳目手足
動靜投間抵隙為厥心病一心之微衆欲攻之
其與存者嗚呼幾希君子存誠克念克敬天君
泰然百體從令

堪輿是指天地說無垠是無有界限宋儒范氏浚
作心箴說道茫茫然天地廣大無有界限而人居
其中便似太倉中一粒粟米天地這般大人身這
般小人與天地參為三才有非以形體而言惟其
心耳蓋心為一身之主吾心克正則百體四肢莫
不聽其使令若心有一毫不正則被聲色所移物
欲所攻便動與理反豈不于人道遠哉故范氏之
作箴雖是常言西山真氏特錄于大學衍義之中
以獻時君宋君雖未能體察而為後世告其致意
也深其用功也至是予所嘉慕而味念之箴之作
本于范氏非真西山發揚其孰能之哉嗚呼念哉

註程子視箴

心兮本虛應物無迹操之有要視為之則蔽交
于前其中則遷制之于外以安其內克己復禮
久而誠矣

視聽言動四箴者乃宋儒程氏頤之所作也程氏
說人之生也其性本善後被物欲交攻而此性始
有不善視聽言動四者或不能中此乃受病之處
居中而制萬事者心也心之所接必由視聽得之
視聽之不明不聰則言動皆遠乎理然視居其首
焉程氏說凡人于視無不被那諸般物色所蔽惟
中心安之凡事無不明勿使外物蕩其中常使中

制于外可也書曰視遠惟明即此意也要操而存之在吾心無有遠邇視之如一辨其是非觀其善惡以吾心之正爲較察然後可免于昏亂之失矣朕惟人皆以視爲明而人君之所視者尤爲要焉果以此爲則深爲益也凡觀其邪正辨其賢否不爲奸巧之所惑庶幾忠與不肖不得並進用舍不至于倒置矣嗚呼察之

註程子聽箴

人有秉彝本乎天性知誘物化遂亡其正卓彼

先覺知止有定閑邪存誠非禮勿聽

此程子言聽之要說道視聽乃出言之機一或有差患必至矣前言視之之道此言聽之之道夫人之于視或能察之然又恐聽之未善也目視之既善耳聽者須盡其善可也耳目之間視聽之際均爲要焉若聽之不審則無以知其是非故聽言之際當分別其邪正勿使并佞之言從入其心心既受之必爲誘惑書云聽德惟聰即此意也蓋人生之于天具耳目口鼻之體口之與鼻無所禁若惟耳目爲重故以視聽爲戒朕論之曰口與鼻之無所禁乃彼知之自然也耳口之于視聽乃彼之不能先覺者也如口之嗜味知其甘辛酸苦嘗之自能別也鼻之臭物知其好惡臭之自能擇也目之于色則愛其艷麗耳之于聲則愛其音律殊不知艷麗音律皆人爲之也所以反受其害口鼻之覺故賢之于耳目也故程氏箴云卓彼先覺知止有定謂既能卓然先覺則自有定向而人君之聽尤當審辨之也書云無稽之言勿聽又曰庶頑讒說

震驚朕師此皆聽德之要也人君于聽納之間當辨其忠讒而已忠言逆耳近于違我讒言可信近于遜我不能審擇其患豈淺淺哉但使吾心泰定不爲諂佞之言所惑則所納者未必不可所屏者未必不當惟吾心審斷之而已嗚呼審之

註程子言箴

人心之動因言以宣發禁躁妄內斯靜專矧是樞機興戎出好吉凶榮辱惟其所召傷易則誕傷煩則支已肆物忤出悖來違非法不道欽哉

訓辭

樞機者譬戶之軸弩之牙也戎是兵戎好是喜好程子之意說凡人所言必謹其妄出徑發如弩之發失度而思之務求其中焉言易則至于狂誕言煩不免于支離非聖賢之法言不敢道之于口所以告來世之君子也朕因而論之曰凡人所言必求其合諸道理準諸經傳然後可以爲言也夫言以文身也書云惟口起羞大學云言悖而出者亦悖而入孝經云非先王之法言不敢道斯之謂也

人之于言必加謹焉而人君之言尤當謹之先儒云王言如絲其出如綸王言如綸其出如綍人君之發號施令皆言也令出之善則四海從焉一或不善則四海違焉故凡出一言發一令皆當合乎天理之公因諸人情之所向背若或徒用已之聰明恃其尊大肆意信口不論事之得失民情之好惡小則遺當時之患大則致數千百年之禍可不戒畏之哉程氏之作箴其用心至矣嗚呼謹之

註程子動箴

哲人知幾誠之于思志士勵行守之于爲順理則裕從欲惟危造次克念戰競自持習與性成聖賢同歸

哲人是明哲之人志士是有德行之士誠是念之實守是行之篤理即天理欲即人欲程子說凡人所動作便不可輕舉妄動當審事幾可否之何如天理人欲之所在思其事之巨細爲其所當爲然後動與道合無有失墜狂躁之病戰競惕勵如此者惟哲人乃能之君子可不謹之哉朕因而論曰

凡人所動爲當求合乎道理察其當爲與所不當爲精别而行之可也而人君之所動爲尤重焉蓋君者以一身而宰萬事不可適已之欲與夫聽信讒佞輕舉妄動或將中國之強而好征伐或盤遊無度而殘虐百姓凡此類者不可枚舉姑就其大者言之一舉動之間上違
天意下拂民心而敗亡之禍隨之是非不可畏懼也哉程氏之作箴其用心也至矣嗚呼畏之

斯四箴者作之在于程頤以斯四箴而致其君者

乃吾輔臣張璁也顺之作箴其見道之如此而動與理合宜朕未之言君子必知矣今璁以此言而告朕與夫昔議禮之持正可謂允蹈之哉朕罔聞于學特因是而註釋其義于以嘉璁之忠愛于以示君子之為人嗚呼箴之功宜不在程氏而在于璁也哉用録此于末云爾

嘉靖丁亥歲季冬越三日註

聖諭内閣輔臣楊一清謝遷張璁翟鑾

朕因十三日聽講官顧鼎臣解説心箴連日味思其意甚為正心之助昨自寫一篇并假為註釋與卿等看

嘉靖六年十一月十八日

大學士臣張璁謹

奏是月小至日伏承

賜内閣范浚心註一通　臣稽首對揚乃竊嘆曰至哉

聖人之用心乎漢董仲舒有言人君所為必求其端於天今陰極陽生實君子道長小人道消之時·也在易之卦為復曰復其見天地之心乎自非

聖人心學得之天其能體悉發明如此臣愚竊有感焉　臣昔讀書山舍嘗揭范浚心箴及程頤四箴以自勵葢人心之微衆欲攻之者多自視聽言動而入程頤四箴實養心之大目也況人君一心萬化之主而視聽言動尤當加謹焉者　臣于

御註心箴敬摹

宸翰付工刻石傳之天下萬世謹復録程頤四箴乞

留神省覧

聖諭輔臣張璁

午間得卿録來視聽言動四箴朕甚喜悦朕前日因聽講官講心箴田宫深加愛尚欲釋其義不能欲已之心未敢過只勉強註畧仍咨于卿等欲為藻潤以成所作卿何便付工刻石豈不取人笑乎

朕自念上荷

天命為人君長當務學以致其知待粗有領會之時

再註四箴須賴卿賛之故諭
嘉靖六年十一月二十二日
臣張璁謹
奏昨者伏承
聖諭仰見
皇上緝熈聖學之至也宋儒朱熹有言自古聖賢相
傳只是理會一箇心臣竊謂范浚心箴舉其綱
程頤四箴列其目相爲發明者也臣以此用功
餘三十年莫之有得今

聖明啓發一至于此真盲者之日月聾者之雷霆也
臣何能賛一辭第當刻石頒布以覺斯世以廣
聖學之傳耳然而人見之莫不曰真
聖人復生非特堯舜之治見于天下而堯舜心法之
秘道統之傳固有在矣程頤四箴尚願
聖明啓示謹當再摹
宸翰與心箴註並行刻布以爲斯民斯道之幸
聖諭輔臣張璁
卿前日所録來程氏四箴昨勉強解註朕復思之
程氏見道分明慎敬如此以教後人其功至矣但
于濮議之中未免力爭邪說誣君奪子故朕又述
數語于末與卿先藻潤停當然後書示內閣
嘉靖六年十一月二十六日
臣張璁謹
奏伏承
頒示
御註程頤四箴臣仰惟大哉
皇言皆根諸身心見諸政事真見

帝王之學與儒生大不同者也何能復賛一辭但未
嘉奬愚臣實不勝惶懼臣竊自念所務之學雖
不逮程頤而所遇之
主實萬萬過之頤在英宗朝代彭思永爲濮議論猶
未定況
皇上繼統與英宗繼嗣實大不同使頤居今之世議
今之禮豈得復守濮議之說哉謹將
御註四箴與范浚心箴通摹
宸翰並行刻布以嘉惠天下後世

聖諭輔臣楊一清謝遷張璁翟鑾
大學士張璁以宋儒程頤所作視聽言動四箴來
告朕深切有益于學朕讀已旬日輙述數語權為
註觧用録以示卿等
嘉靖六年十二月初三日
臣楊一清臣謝遷臣張璁臣翟鑾謹
題
皇上所註范氏心箴及程頤視聽言動四箴俱已刻
石乞

勑工部于翰林院後堂空地葢亭豎立以垂永久
仍
勑禮部通行西京國子監并南北直隷十三省提
學官摹刻于府州縣學使天下人士服膺
聖訓有所興起荷蒙
采納但亭宜有名伏乞
聖明勑定頒示内外一體遵行臣等又仰思
皇上前所註敬一箴發明心學甚為親切宜與前五
箴並傳合令工部将敬一箴重刻一過設于亭
中五箴并節奏
聖諭共六通分列左右以成
一代之制其于風化良有裨益謹
題請
旨
嘉靖七年二月二十二日奉
勑旨卿等所言都依擬亭名與做敬一禮工二部知
道

皇帝勅諭提督學校巡按直隸監察御史
朕惟自古帝王治天下者率以興學育材為首務我國家稽古建學特用憲臣以董督之任至重也邇年以來法紀漸隳士習窳惰以致教化壅於上風俗敝於下朕甚患之今特命爾往南直隸巡視提督各府州縣儒學爾尚端軌儀崇經術精其藻鑑勤其課程嚴飭責之條公奬拔之典毋眩華而遺實毋避怨以市恩務俾學術還淳士有實用以稱朝廷作新人才至意時惟爾功如或蹈常襲故逺命曠官亦惟爾之罰爾其欽哉所有合行事宜申明條示于後其慎行之毋忽故諭

一聖賢以經術垂訓國家以經術作人若能體認經書便是講明學問何必又別標門戶聚黨空談今後各提學官督率教官生儒務將平日所習經書義理着實講求躬行實踐以需他日之用不許別刱書院群聚徒黨及號招他方遊食無行之徒空談廢業因而啓奔競之門開請託之路違者提學官聽巡按御

史劾奏遊士人等拏問解發

一孝弟廉讓乃士子立身大節生員中有敦本尚實行誼著聞者雖文藝稍劣亦必量加奬進以勵頹俗若有平日不務學業囑託公事或揑造歌謡興滅詞訟及敗倫傷化過惡彰著者體訪得實不必品其文藝即行革退不許狥情姑息亦不許輕信有司教官開送致被挾私中傷誤及善類

一我
聖祖設立卧碑天下利病諸人皆許直言惟生員不許今後生員務遵明禁除本身切己事情許家人抱告有司從公審問儻有寃抑即為昭雪其事不[illegible]輒便出入衙門陳說民情議論官員賢否者許該管有司申呈提學官以行止有虧革退若糾衆扛幫聚至十人以上罵詈官長肆行無禮為首者照例問遣其餘不分人數多少盡行黜退為民

一國家明經取士說書者以宋儒傳註為宗作

文者以典實純正爲尚今後務將頒降四書五經性理大全資治通鑑綱目大學衍義歷代名臣奏議文章正宗及當代誥律典制等書課令生員誦習講解俾其通曉古今適於世用其有剽竊異端邪說炫奇立異者文雖工弗錄所出試題亦要明白正大不得割裂文義以傷雅道

一提學官奉勅專督學校不許借事枉道奔趨撫按官干求薦舉各撫按二司官亦不許侵

伊職掌行事若有不由提學官考取徑自行文給與生儒衣巾及有革退生員赴各衙門告訴復學者即將本生問罪革黜若提學官有行止不端怠玩曠職者許巡按御史指實劾奏

一該管地方每年務要巡視考校一遍不許移文代委及於隔別府分調取生儒以致跋涉爲害亦不許令師生匍匐迎送考畢即於本地方發落明示賞罰不許携帶文卷於別處

發案致令吏書乘間作弊士子無所勸懲亦不許招邀詩朋酒友遊山玩水致啓倖門妨廢公務其水陸夫馬廩給隨帶書吏俱照常行

一提學官巡歷所屬凡有貪污官吏軍民不法重情及教官干犯行止者原係憲司理當拏問但不許接受民詞侵官喜事其生員犯罪或事須對理者聽該管衙門提問不許護短□庇致令有所倚恃抗拒公法

一廩膳增廣舊有定額迨後增置附學名色冒濫居多今後歲考務要嚴加校閱如有荒疎庸耄不堪作養者即行黜退不許姑息有揑造流言思逞報復者訪實拏問照例問遣童生必擇三場俱通者始收入學府不得過二十人州縣不得過十五人如地方科目數多就試人衆遵照近題事例酌量寬取但不許狥情過濫若鄉官勢豪干託不遂暗行中傷者許徑自奏聞處治

一兩京各省廩膳科貢皆有定額近來有等奸徒利他處人才寡少往往詐冒籍貫投充入學及有詭寫兩名隨處告考或假捏士夫子弟希圖進取或原係娼優隸卒之家及曾經犯罪問革變易姓名援納粟納馬等例僥倖出身殊壞士習訪出嚴行拏問革黜若教官納賄容隱生員扶同保結者一體治罪革罷

一府州縣提調官員宜嚴束生徒按季考校凡學内殿堂齋房等屋損壞即辦料量工修理其齋夫膳夫學糧學田等項俱要以時撥給不許遲悞尅減

一生員之家依洪武年間例除本身外户内優免二丁差役

一生員考試不諳文理者廩膳十年以上發附近去處充吏六年以上發本處充吏增廣十年以上發本處充吏六年以上罷黜為民

一儒學教官士子觀法所係按臨之日考其學行俱優者禮待奬勵其行稍無過但學問疎

淺者一次考驗姑行戒飭再考無進送吏部別用老病不堪者准令以禮致仕若卑汙無耻素行不謹者不必試其文學即拏問革

一考貢照近日事例每歲預將次年應貢生員屢經科舉者二人嚴加考選取其優者充貢文理不通者發回肄業候歲考定奪年老衰憊者姑授與冠帶榮身不許濫取充貢其有停廩降廩者歲考居三等亦許收復未收復者不許起送應貢其應貢者定限次年四月到部聽候廷試如有濫貢及廷試發回五名以上提學官照例降調

一補貢有缺務查人文未經到部果在一年以裏者將原給批咨硃卷追繳方取年力精壯文學優長者一人補貢定限該貢年分次年到部方准收考如有不遵舊例將年遠貢缺濫補市恩者起送到部即將本生發回革廩肄業提學官參究

一遇鄉試年分應試生儒名數各照近日題准

萬曆　年　月　日

右更定勅諭萬曆三年已後通用

論曰　國家建學育才曷嘗專尚文藝哉恭録高皇帝卧碑及兩朝勅諭所責諸生厚養待時以成大用之器者惓惓焉若肅皇帝敬一有箴五箴有註刻石學宮以廣聖學之傳所責諸生檢束身心為成德之彥者益諄切矣為諸生者誠能莊誦服習勃然興悚然懼務

先德行而後文藝斯無忝乎為士矣有如毆父而致之病死者姦淫而致敗彝倫者挾勢而恣攘奪者揑造歌謡以陷人汚穢者　國家養士而濫及此輩則明倫堂為斁倫地矣有風教之責者果能體訪而重懲之庶幾風移俗易於列聖作養厚意為不負云

事例每舉人一名取科舉三十名此外不許過多一名兩京監生亦依解額照數起送有多送一名者各監試官徑行裁革不許入場

一名宦鄉賢孝子節婦及鄉飲禮賓皆國之重典風教所關近來有司忽於教化學校是非不公濫舉失實激勸何有今後提學官宜以綱常為己任遇有呈請務須核真非年久論定者不得舉鄉賢名宦非終始無議者不得舉節婦孝子非鄉里推服者不得舉鄉飲賓

僎如有妄舉受人請求者師生人等即以行止有虧論其從前冒濫混雜有玷明典者照近例徑自查革

一所轄境內有衛所學校一體提調整理武職子弟悉令習讀武經七書百將傳及操習武藝有願習舉業者聽社學師生一體考校務求明師責成量免差役其行止有虧及訓詁句讀音韻差謬字畫不端不通文理者即行革退

附元勅諭二道

上天眷命　皇帝聖旨諭中外百司官吏人等孔子之道垂憲萬世有國家者所當崇奉曲阜林廟上都大都諸路府州縣邑應設廟學書院照依　世祖皇帝聖旨禁約諸官員使臣軍馬毋得於内安下或聚集理問詞訟褻瀆飲宴工役造作取貯官物其贍學地土產業及貢士莊諸人毋得侵奪所出錢粮以供春秋二丁朔望祭祀及師生廩膳貧寒老病之士為衆所尊敬者月支米粮優䘏養贍廟宇損壞隨即修

完作養後進嚴加訓誨講習道藝務要成材若德行文學超出時輩者有司保舉肅政廉訪司體覆相同以備選本路總管府提舉儒學肅政廉訪司宣明教化勉勵學校凡廟學公事諸人毋得阻擾據合行儒人事理照依已降　聖旨施行彼或恃此非理妄行國有常憲寧不知懼宜令准此

至元三十一年七月　寶日

長生天氣力裏　大福蔭護助裏　皇帝聖旨據尚書省奏江淮等處秀才乞免雜泛差役事准奏今後在籍秀才做買賣納商稅種田納地稅其餘一切雜泛差役並行蠲免所在官司常切存恤禁約使臣人等毋得於廟學安下非理搔擾准此

至正二十五年十一月　寶日

論曰胡元入主中國迺開闢以來大變生斯世者孰不羞稱第觀其刻石學宮勅諭二道有禁約臣人無得於廟學安下非理搔擾猶有崇儒重道之意柰何以縱令盤據為市恩之私而莫知禁約視胡元能無愧乎彼作俑者已不足責毅然以肅清廟

學為已任固今日之當務哉試目胡元二勅自當猛省

無錫縣學筆記卷之二　終

無錫縣學筆記卷之三

邑人談脩纂

祀典

先師孔子祀典嘉靖九年十一月大學士張璁奏
欽定改正十年禮部勘合通行欽遵自兩京國子監及天下儒學凡文廟俱撤塑像止用木主先師去大成至聖文宣王封號題稱至聖先師孔子配享從祀去公侯伯封號四配題稱復聖顏子宗聖曾子述聖子思子亞聖孟子十哲及兩廡門弟子題稱先賢某子左丘明以下題稱先儒某氏啓聖公另祠致祭大成殿額改稱先師廟戟門稱文廟之門祝文中改惟王爲惟師餘文仍舊兩廡從祀內申黨即申棖去申黨止存申棖一位公伯寮秦冉顏何荀況戴聖劉向賈逵馬融何休王肅王弼杜預吳澄十三人俱罷祀林放蘧瑗鄭衆盧植鄭玄服虔范寧七人各祀於其鄉外后蒼王通歐陽修胡瑗陸九淵五人俱增入從祀隆慶五年以本

朝薛瑄從祀萬曆十二年以本朝王守仁陳獻章胡居仁從祀

大祀

先師廟祀

至聖先師孔子

四配

復聖顏子舊封兖國復聖公　宗聖曾子舊封郕國宗聖公

述聖子思子舊封沂國述聖公　亞聖孟子舊封鄒國亞聖公

十哲

先賢閔子損舊封費公　先賢冉子雍舊封薛公

先賢端木子賜舊封黎公　先賢仲子由舊封衛公

先賢卜子商舊封魏公　先賢冉子耕舊封鄆公

先賢宰子予舊封齊公　先賢冉子求舊封徐公

先賢言子偃舊封吳公　先賢顓孫子師舊封陳公

東廡從祀共四十七位

先賢澹臺子滅明舊封金鄉侯　先賢原子憲舊封任城侯

先賢南宮子适舊封汝陽侯　先賢漆雕子開舊封平輿侯

先賢商子瞿舊封須昌侯　先賢司馬子耕舊封睢陽侯

先賢有子若舊封平陰侯　先賢巫馬子施舊封東阿侯
先賢顏子辛舊封陽穀侯　先賢曹子卹舊封上蔡侯
先賢公孫子龍舊封枝江侯　先賢秦子商舊封馮翊侯
先賢顏子高舊封雷澤侯　先賢壤駟赤舊封上邽侯
先賢石作子蜀舊封成紀侯　先賢公夏子首舊封鉅平侯
先賢后子處舊封膠東侯　先賢奚子容箴舊封濟陽侯
先賢顏子祖舊封富陽侯　先賢句井子疆舊封滏陽侯
先賢秦子祖舊封鄄城侯　先賢公孫子句茲舊封即墨侯
先賢縣子成舊封武城侯　先賢燕子伋舊封汧源侯

先賢顏子之僕舊封宛句侯　先賢樂子欬舊封建成侯
先賢狄子黑舊封林慮侯　先賢孔子忠舊封鄆城侯
先賢公西子蔵舊封徐城侯　先賢施子之常舊封臨濮侯
先賢秦子非舊封華亭侯　先賢申子棖舊封文登侯
先賢顏子噲舊封濟陰侯　先儒穀梁氏赤舊封睢陽侯
先儒高堂氏生舊封萊蕪伯　先儒毛氏萇舊封樂壽伯
先儒后氏蒼　先儒杜氏子春舊封緱氏伯
先儒韓氏愈舊封昌黎伯　先儒程氏顥舊封豫國公
先儒邵氏雍舊封新安伯　先儒司馬氏光舊封溫國公

先儒胡氏安國舊封建寧伯　先儒楊氏時舊封將樂伯
先儒張氏栻舊封華陽伯　先儒陸氏九淵
先儒許氏衡舊封魏國公
西廡從祀共四十八位
先賢宓子不齊舊封單父侯　先賢公冶子長舊封高密侯
先賢公晳子哀舊封北海侯　先賢高子柴舊封共城侯
先賢樊子須舊封益都侯　先賢公西子赤舊封鉅野侯
先賢梁子鱣舊封千乘侯　先賢冉子孺舊封臨沂侯
先賢伯子虔舊封沐陽侯　先賢冉子季舊封諸城侯

先賢漆雕子哆舊封濮陽侯　先賢漆雕子徒父舊封高宛侯
先賢商子澤舊封鄒平侯　先賢任子不齊舊封當陽侯
先賢公良子孺舊封牟平侯　先賢罕父子黑舊封祈鄉侯
先賢公肩子定舊封梁父侯　先賢鄡子單舊封聊城侯
先賢榮子旂舊封厭次侯　先賢左人子郢舊封南華侯
先賢鄭子國舊封朐山侯　先賢原子亢舊封樂平侯
先賢廉子潔舊封胙城侯　先賢仲叔子會舊封博平侯
先賢邽子巽舊封高唐侯　先賢公西子輿如舊封臨朐侯
先賢陳子亢舊封南頓侯　先賢琴子張舊封陽平侯

先賢步子叔乘舊封博昌侯　先儒左氏丘明舊封中都伯
先儒公羊氏高舊封臨淄伯　先儒伏氏勝舊封乘氏伯
先儒孔氏安國舊封曲阜伯　先儒董氏仲舒舊封廣川伯
先儒王氏通　先儒周氏敦頤舊封道國公
先儒歐陽氏修　先儒張氏載舊封郿伯
先儒程氏顥舊封洛國公　先儒胡氏瑗
先儒朱氏熹舊封徽國公　先儒呂氏祖謙舊封開封伯
先儒蔡氏沉舊封崇安伯　先儒真氏德秀舊封浦城伯
先儒薛氏瑄　先儒王氏守仁
先儒陳氏獻章　先儒胡氏居仁

論曰孔子道大為萬世師尚矣四配十哲暨兩廡從祀皆羽翼聖道者春秋享祀固　國家崇德之典所宜然第歷代封號果近不經　世廟從輔臣之請悉去公侯伯封號而稱先聖先賢先儒惟孔子木主稱神位餘悉稱之位奚趣崇論竑議遠軼千古即聖賢及諸儒在天之靈咸謂持論有定衡無異同矣　世廟是舉誠萬世不刊之典哉胡鄉賢木主有稱神位者豈於　國典未及考與

上祀

啓聖祠祀

啟聖公孔氏

配享

先賢顏氏無繇舊封曲阜侯　先賢孔氏鯉舊封泗水侯
先賢曾氏點舊封萊蕪侯　先賢孟孫氏

從祀

先儒程氏珦　先儒朱氏松
先儒蔡氏元定

論曰啟聖之祀推本追崇同日則所以致誠敬於夫子者為不專後時則失夫子親親之義議者謂宜先三日行禮在散齋致齋之間或先丁一日行禮亦可識之以備財擇

專祀

七賢祠在學左祀

宋龜山楊先生諱時字中立閩之将樂人從二程遊得河洛之傳熙寧九年登進士浮沉州縣者四十餘年後為諫議大夫僅三閱月所論列皆關世道

又爲國子祭酒高宗時除工部侍郎直學士退而寓居吾錫講學於城東精舍者十有八年得傳其道者喻工部樗也

忠定李先生諱綱字伯紀邵武人祖賡徙無錫綱少有大志政和元年上舍及第仕徽欽高三朝至宰相綱負天下之望以一身用舍爲社稷安危每宋使至燕山虜必問綱安否自號梁溪漫叟有梁溪集若干卷奏議八十卷年五十八訃聞上遣使賻贈撫問其家給喪葬之費贈少師謚忠定

從祀

宋玉泉喻先生諱樗字子材桐廬人徙居無錫建炎間舉進士累官至工部郎中紹興四年金人入寇趙鼎勸帝親征樗言於鼎召張浚以荆浙福建諸道兵赴闕浚至執鼎手曰此行舉措皆合人心鼎笑曰喻子材功也樗少從龜山游獨得其奥爲時師表嘗著易義及玉泉講解語孟大學性理窩行於世人稱爲玉泉先生

遂初尤先生諱袤字延之弱冠入太學魁監省登進士嘗從喻樗遊得楊龜山之學初宰大興金人犯境袤堅守不去尋以薦除奉常高宗廟貌未定袤引經援古悉有根據平生博極群書洞貫古今爲内外制及内禅典冊悉服其雅正官至禮部尚書晚益嗜書不倦自號遂初居士光宗嘗書遂初二字賜之有遂初小稿六十卷梁溪集五十卷内外制三十卷卒謚文簡

小山李先生諱祥字元德登進士授錢塘主簿累官至國子祭酒學於尤文簡得龜山之傳慶元元

年丞相趙汝愚爲言者所詆乞免相祥上疏爭之言者怒祥劾罷太學生楊宏中等六人上書留祥併得罪祥歸無錫再主冲虚觀以直龍圖閣致仕祥學識純正禄入悉散親舊家人勸買田宅不聽所著有詩集奏議卒贈龍圖閣侍制謚肅簡

實齋蔣先生諱重珍字良貴十歲而孤毋顧夫人親教以書一覽輒記家素貧爲人授小學以養母已而從尤袤講伊洛之學與真德秀魏了翁最善年四十餘始擢進士第一授承事郎累遷至秦國

軍僉判召除秘書正字入對上七箴三疏語甚剴
切忤丞相史彌遠遂告歸端平初彌遠死後召為
秘書郎上言五事累遷至集賢修撰見時事日非
辭不就以刑部侍郎致仕卒謚文忠
明二泉邵先生諱寶字國賢三歲而孤幼即善屬文
登進士知許州治先禮讓凡九載入為戶部郎擢
江西提學副使以身為教士習丕變宸濠凡索題
咏皆却之後濠敗人服其先見累陞右副都御史
總督漕運逆瑾欲論殺平江伯陳熊饋寶千金玉
帶拒不納瑾怒勒致仕熊得減死瑾誅起巡撫貴
州陞戶部侍郎以母老乞終養歸久之用大臣言
官薦起為南京禮部尚書以母病辭　世宗即位
復申前命前後七疏力辭不就寶性度端雅言動
可師聲色貨利嬉遊無益之事絕口不言所著有
容春堂集若干卷卒贈太子少保謚文莊

群祀

名宦祠祀

明邑令韓公諱約字博文山東東阿人洪武末由儒

士任廉明公恕吏不忍欺毀淫祠興學校禮賢尚
德興廢舉墜永樂元年以平邑盜功陞通州知州
卒官保定知府
邑令項公諱伾字如僉浙江瑞安人正統元年由
監生任有文學明恕仁厚扶植善良不畏強禦嘗
逮繫京師衆以溫言接訟者伾獨毅然不屈事白
還任正統末致仕邑民效崔戎故事留其靴民至
今思之立碑通衢以彰其德
邑令佟公諱珍字時貴遼陽人成化十一年由進
士治邑以善政聞
邑令萬公諱虞愷字懋卿江西南昌人嘉靖十七
年由進士任作興文學興利剔蠹除強梗通湮鬱
奸民猾胥脅息不敢動而一二巨豪亦畏公嚴明
惴惴然不待繩以法自斂戢不敢犯以諫議擢去
邑令王公諱其勤字時敏湖廣松滋人嘉靖三十
二年由進士任時倭夷內訌邑人以無城洶洶將
潰公經營版築兩月而就未幾倭至不能陷至今
邑之人得長子孫皆公所貽也又文度墾田俾民

計畝出賦顧事成倉卒雖未能舉積弊盡歸釐正
然捐免無田之糧凡數千石則窮民之受庇者亦
多矣
論曰名宦祠凡官於斯土而有德於民者則祀之胡
吾錫僅祀　國朝五人而前代賢令曾無一人與
耶嘗考無錫縣肇於西漢世遠無可考晉則有顧
悅之為令有義行嘗抗表訟殷浩而朝論不能奪
梁則有張盾為令以謹重稱卒之日家無餘財惟
文書千卷唐則有敬澄為政有方民歌糯袴宋則

有聶厚載剔姦弊甦窮困以循政聞焦千之救旱
有方人獲其利趙伾不畏強禦人號為趙鐵頭農
田水利無不振舉民甚德之郗漸捐貲犒道經竊
發叛軍得保闔城首領有遺愛坊以識焉　國朝
嘉靖初鄧公繼曾由給事中左遷先是無錫舊無
官布宜興知縣丁謹欲分派到縣計銀一千六百
餘兩繼曾與謹鎖項詰府力辨得寢民賴其惠之
數公者德惠載諸邑乘鑿鑿可攷雖焦公千之祀
於惠山尊賢堂鄧公繼曾肖像附周文襄公祠而

名宦祠未與大為闕典謹備録俟議禮者稽焉
鄉賢祠祀
元徵山虞先生諱薦發字君瑞丹陽人宋咸淳二年
舉於鄉九年再舉宋亡避地無錫事親葬祭盡禮
與弟應酉極友愛生平口不言錢視貴勢不以一
毫挫也值邑學廢強起為師士聞風而至崇祀五
賢復秦淮海墓修學宮復學田贊有司行鄉飲禮
廩禄皆不受當路韙之薦授興國路教授遂謝歸
杜門謝所往還自號徵山以見志所著有徵山集

雜著二十卷
國朝止齋張先生諱翼字飛卿倜儻有氣節雖貴人
言不循理必面折不少貸或譏其太甚曰天生我
口以出言也當言而訥惡用口為　國初莫天祐
據無錫太傅徐魏公遣豫章侯胡公帥師圍無錫
令曰即不下可屠其城翼與徐吉仲祥輩說天祐
出降民賴全活者數萬
一梧張先生諱籌字惟中翼之子也温潤如玉博
學工古文詞元江浙鄉試第一人　國朝用學士

詹同薦應奉翰林文字奉　詔纂修昭鑒録累官
禮部尚書自號一梧詩文散逸不傳於世
錦樹鉞先生諱允昇字仲益以字行自幼穎悟爲
詩長於歌行舉明經任本縣訓導薦授太常博士
預修　高廟實録陞翰林院修撰　賜襲衣錦綺
以文學老成擢　王府長史年八十一卒於官
戒軒馮先生諱善字擇賢博學強記有孝行舉明
經任本縣訓導陞望江教諭其施教以倫理爲本
詞章次之嘗考順天府鄉試未幾致仕所著有家

禮集説望江志錫山新志戒軒集
静寄倪先生諱峻字克明中鄉舉由沙縣令陞兵
科給事中值　文皇帝好佛上疏力諫忤　旨遣
使占城剛正不撓夷人敬服所著有静寄等集
西郊殷先生諱序字序賓舉進士授黄巖知縣遷
高唐知州　文廟北征序處置迎鑾事多稱　旨
尋陞江西右布政使調四川時方建北京遣序採
大木於蜀督役有法民咸頌之宣德二年西戎入
寇茂州等處序與總師趙德率師敗之賊退聚山

巔累石爲硐房以自固序命軍士積薪山麓縱火
禁之烟焰漲天賊困皆投下生擒二千餘人餘衆
悉降諭而遣之事聞　賜金幣羊酒轉雲南左布
政使謝事歸自號西郊居士
介軒張先生諱思安字克讓力學篤行舉進士歷
官湖廣按察司僉事時夷陵多虎思安移文黄
陵祠曰有官不職盍殃其身縱虎噬人人則何罪
患遂息未幾以詿誤落職謫鍾吾既歸惟以成就
後進爲務一時領鄉書登第士者多出其門宣德

間薦授吏部司務累陞陝西副使致仕
願學談先生諱泰字履亨由舉人分教歸安悼其
士風委靡乃嚴教範而率以躬弟子有敏而寠者
舘穀之薦授南京監察御史擊強持弱威惠並行
兵民倚爲衡鑑陞四川按察司僉事理屯種興學
校舉廢政禮循良戢瘝墨足兵食雪冤抑除弊害
務以宣澤利民爲已任卒於官槖中裝惟經史數
函無長物也
澹菴戚先生諱始終字敬之丰神秀爽少爲鄉塾

師慨然曰大丈夫固如是乎乃攻舉子業登進士歷官湖廣按察司僉事以詩鳴近體尤精有澹菴紀行集礿始終從張思安授業登第歸乘騎拜其師凡五往弗出後徒步往始出見張公可謂能師成公亦能盡弟子之職者哉

麗菴馮先生諱禋字孟敬為人醇篤由舉人累官四川叅議總督七郡糧儲會計有方而賦用足所著有麗菴集

抱拙秦先生諱樸字物礿長身古貌博學有造詣

詩文醇正正統間與翟公厚輩作真率會衣冠文物表於鄉里號抱拙生有詩文集以曾孫金貴累贈光禄大夫太子太保南京兵部尚書

宜閒楊先生諱璿字叔璣幼聰穎卓立不群甫冠第進士以功業自許累官户部侍郎尋改右副都御史巡撫荊襄北直隸河南諸處所至人皆服其才幹議事侃侃憂國忘家禄入悉分親故自奉甚儉詩文峻整尤工尺牘中歲有退志屢乞歸不允卒於河南　賜葬祭有宜閒集及奏疏

水鑒盛先生諱顒字時望外和內剛博聞強記登進士授監察御史劾武臣石亨忤　旨出知東鹿豪強斂迹服除再任有清如水明如鏡之謡石氏敗陞邵武知府民立生祠累官布政使入為刑部右侍郎山東饑盜起改左副都御史往撫之賑恤備至全活數萬人年幾七十致仕歸建方塘書院以娛老卒　賜葬祭有水鑒集

味淡談先生諱經字天章性孝友好學多所自得弟子數十咸賴範鑄年二十三登進士任户部陜

西清吏司主事無何以疾告歸著味澹集識思録書經義四書義識者珍之

雪溪徐先生諱績字伯凝博學有文行舉明經歷武岡順德知府所至有惠愛有雪溪集

鈍軒張先生諱遜字時敏由鄉舉授同安知縣內侍侵民田遜復之留意荒政後知涿州不避權貴遷福州知府振舉廢墜摘發侵漁政為諸郡最以述職過家卒所著有鈍軒稿

中齋秦先生諱夔字廷韶性資高亢器度開朗登

進士礽授南京兵部主事奏革冗隸以杜請托出
守武昌興學校緩刑均役監司下其規約於諸郡
治行為湖南第一後改建昌雪誣上之罪斷奏許
之獄人稱神明累陞江西右布政致仕所至惠澤
及人既去皆立祠祀焉歷官四十年官階二品僅
有田三百畝事父封武昌公旭曲順其志封公歿
變年六十餘哀毀感疾卒著五峯遺稿
晉菴陳先生諱賓字朝用登進士授吏部考功主
事陞員外郎郎中引嫌多避事自賓在吏部戚里

無一人登要津者尋歷轉福建左叅政左右布政
使所至有政聲致仕歸
秋雲談先生諱綱字憲章幼鋭於學登進士授南
京刑部主事鞫塾師謀主家孀婦獄人咸異之遷
羅使臣蠻貢餘物奸儈利其直告逮數百人僅奏
罪其尤者二人使乃得還出守廣信適屬邑永豐
有警條陳久遠利害十事上之撫巡立寨命官軍
戍守至今為一方利已更萊州信人挽留至涕泣
不忍捨萊地僻事簡得盡心學校朔望詣學集生

講論經史商畧古今移日不倦念母春秋高引疾
乞休凡官中外二十餘年囊無餘貲既老尤不廢
學所著有秋雲遺稿祠堂考愚慮草
畢牧秦先生諱霖字潤乎聰穎絕人讀書過目成
誦工詩善書為人忠厚直諒里中為不善者望見
霖匿不敢前以子金貴受　封霖益韜晦出入未
嘗御章服族父旭開吟社惠山霖時從諸名士觴
咏金嘗迎養於官舍居半載忽忽不樂曰吾思社
中諸公胡久留此遂歸贈官至太子太保尚書所

著有畢牧吟稿湖南雜錄
昕谷繆先生諱昌字廷謨登進士授戶部主事累
官四川布政使昌資性淳厚所至得民
敬義談先生諱縉字朝章生而警敏垂髫時即聞
詩禮知愛親敬長修身齊家之說年十四而孤治
經習舉子業以身先子弟而志不屑為惟以反躬
循理踐形克肖為己事終日儼然如對大賓不妄
言動及遇事從容處之未嘗有驚遽態強暴遇之
每化為恭順自童而冠而壯兢兢愼行庶幾寡過

於書無所不讀每臺使者行部必式其廬所著有
荷橋子

靜菴華先生諱山字仁甫忠朴醇謹平居恂恂而遇事激發抗直不撓舉進士知許州州人有怙婦翁勢殺人者監司庇焉山竟寘之法州隣　徽國奸民以地獻山執不與陞兵部郎中出為湖廣叅議以清介稱適楚歲饑發粟賑施不待報可居二年乞致仕歸華為無錫右族其成進士自山始貴而能貧亦莫山若也

東川莫先生諱驄字曰良登進士初授工部主事管濟寧閘旁有月河洩水水去為壩水至復決歲為民患驄議建石閘歲省費數萬至今賴之內侍蔣其籌殺委官驄疏寘之法權貴歛戢改兵部職方司主事時　朝廷以京營士馬消耗驄以才名應　詔往簡兩畿河南山東官軍馬匹內補闕伍所至簡閱有方又疏八事上之悉稱　旨舉行軍民胥悅尋陞車駕司郎中　興藩之國索車千兩驄複其半為內侍所訴有　詔械繫俄釋之遘疾乞休還卒

泉亭呂先生諱甶字宜中登進士歷大名衢州永平府推官所至有能聲擢監察御史和易端確不事生產致取怨於妻若子而終不易志

二泉邵先生諱字學行已載七賢祠中

支菴葛先生諱嵩字鍾甫登進士官工科給事中和易謙謹人咸稱之

鳳山秦先生諱金字國聲少勤敏讀書登進士授户部主事中官外戚兢奏乞鹽引金白尚書韓文

執奏止之出為河南提學副使最稱得士轉左叅政行部至封丘流賊奄至逆破之民為立祠歷山東左右布政擢副都御史巡撫湖廣前後上便宜十八事悉中機宜屢平叛寇中官傳旨索鰉魚秧金疏事寢　武廟南征宸濠金奏免權幸横索民賴不擾嘉靖初累官至户部尚書凡所建白皆著為令會例自陳得請歸交章薦起為南京户部尚書尋改工部以衰老乞歸　上為加優進太子太保改南京兵部令得自便未幾引年致仕家居八

年人稱鉅德卒　賜祭葬謚端敏所著有鳳山集
撫湖政要臺省奏議若干卷
蒿菴俞先生諱鎧字武元性至孝督學使者廉其狀越次貢入太學以母老堅辭不赴既喪母服除始就試順天中式年五十餘授長興教諭
敬齋辛先生諱銘字警之篤學力行生徒多賴其造就成化八年貢入太學中弘治乙卯鄉試授平湖縣學教諭嚴立訓範不愧爲人師
果齋楊先生諱淮字東川舉進士授戶部主事監

督出納與中官共事積弊膠蔓淮毅然釐革累陞員外郎以勤慎清苦爲大司徒其禮重事必諮焉嘉靖初議大禮偕同官疏諫伏　闕號慟　上怒命下　詔獄杖之淮素羸弱病創死年三十八淮有志操未究其用隆慶初　贈太常寺少卿
靜思張先生諱選字舜舉登進士授蕭山令仁恕廉勤鋤奸摘伏民不敢欺　召爲戶科給事中值廟祭　上遣勳臣代抗疏直諫　上怒命廷杖八十三折其挺猶呼曰臣死不足惜爲　朝廷廢典禮惜耳隆慶初　詔復原官陞通政司叅議致仕進階朝列大夫
斗南黃先生諱正色字士尚幼穎異不凡登進士授仁和令服闋除香山調南海爲政以不欺爲本而務便民所在以神明稱南海正色座師霍文敏韜家在焉霍氏一有犯禁必繩以法諸霍氏訴之文敏文敏以爲賢時直指使者尚苛政往往故入人罪正色每從末減直指領之已而服其明允薦剡首列入爲南臺御史首論權貴張瓚郭勳士論

韙之時值　章聖皇太后梓宮葬承天疏護送侯崔元巨璫鮑忠禮書溫仁和怙寵黷貨狀　上怒
詔獄霍文敏力救得戍遼東欣然就道居遼幾三十年而忠義之氣每見於詩歌無幾微逆旅窮愁之態隆慶初　詔復原官累陞南太僕寺卿致仕居家觴咏自娛顯要過錫請見悉謝絕之
存赤秦先生諱淮字伯川性至孝父疾屬淮當應試父促之行乃陽治裝而潛留省侍父卒貢授辰溪知縣淮素諳岐黃術問民疾苦療之家居和易

篤實有長者風

仲山王先生諱問字子裕登進士累官僉事

企竹侯先生諱祖德字繩武賦性朴素嘉靖初以監生丞浙之新昌精敏廉幹擢江山尹聲籍甚吏部南海霍公韜聞其賢擢太僕丞以母老乞歸門庭簡寂出必徒行蕭然布衣也

繼山王先生諱鑑字汝明登進士初授武定州知州勤政事決疑獄革宿弊甚得民譽擢户部員外郎尋轉吏部累官南京鴻臚寺卿以太僕卿致仕

生平和厚可親以故里中姻友及宦所僚屬人人稱之

棠泉汪先生諱汝達字志行素志清介登進士授黄巖知縣適當倭夷殘破之後達撫瘡痍抑豪横築城鑿池修舉廢墜民咸德之為立生祠擢户部主事尋陞浙江僉事廣西右叅議所至斤斤奉功令唯謹多所建立未幾致政歸不視家生產鰥居一室得五柳先生且進盃中物之趣至無以為養舉棲身數椽售之他姓屏居荒圃怏怏不樂門人華光祿露鑽以棺見木美為一解顧黄巖士民處得其困自縣大夫及通邑縉紳諸生耆老斂八十金周之其德澤入人之深可知也亡何病卒厥子不能舉奩幸開府朱公鴻謨有麥舟之誼始得與其配周安人合兆嗟乎汪公之卒也以貧故安能入祀鄉賢祠幸督學杜史陳公從高大行攀龍建議檄縣廉其素履邑侯趙公具申云行謹獨知操嚴一介清節乂乎於宦署在在見思高標益敦於巖泉人人企慕樂甘顏陋恥厲憲貧婁修茂著生

前芳譽昭垂死後永宜祀典以闡幽光督學陳公批詞有處紛華之世澹泊自甘任藩臬之司殯殮不給本院得於賢士大夫之口而仰追無已等語迺得與祀典因遡來希遘哉

論曰鄉賢祠以祀有德必達則德被蒼生窮亦樹德邑里始為稱情安可參以匪人若鴟梟與鳳鸞同群乎顧惟列姓氏而不實以生平則臧否胡由而辨余因考之邑乘參以見聞核實必書庶知某先生以勳烈祀某先生以閭望祀俾有嚮往之志者

咸思以德業自勵求不愧於聖門間有一二以黷貨得罪　朝廷而濫入者不敢具載生平可議而幸入者僅書諱書字書官非敢妄議前輩竊恐後有忝雕之徒謂公道既泯即縱肆不知忌憚無害也刪之畧之亦以消後人罔念而動其崇德之思云爾若薇山先生不食元禄不受元爵慕伯夷採薇之風而自號薇山可與晉處士齊芳則木主宜稱宋今稱元似非薇山之意識之以俟定論若陳炤之死節雖與常州太守姚公旹祀於毘陵忠義

祠而本縣未祀殊非發而祀於杜之義矧胡元檄詞下無錫儒學於鄉賢祠內與祀而祀典弗載豈遠而失之歟附録臺檄致詞以備議禮者稽焉

皇帝聖旨裏常州路儒學承奉總管府指揮該准江南諸道行御史臺監察御史張奉訓諜欽覩大元通制內一款節該歷代聖帝明王忠臣烈士載在祀典者所在官司歲時致祭欽此除欽遵外嘗謂忠孝繫乎綱常褒揚存乎激勸切見毘陵郡志載太守謚忠毅姚旹通判贈直寶章閣陳炤歸附之時守節以死稽之禮典鄉先生殁得祭於社二公文學行誼師表一鄉以死勤事理宜旌異況國初賛皇趙氏昆弟為金死事世祖皇帝詔祀其蹟于碑深見勵世勸忠之義如將姚陳二公於本路儒學鄉賢祠內與祀誠有補於風化為此牒可照驗施行承此總府除下宜興無錫二州依上施行外仰依上施行奉此除於本學先賢祠內依上設祭奉祀外合下仰照驗依上施行須至指揮

至正五年十月　日右下籍儒陳顯曾准此

二師生祠祀

訓導孟先生名世威河南靈寶人由歲貢嘉靖年間任温雅可親多士歸之

教諭衛先生名鋭浙江仁和人由歲貢隆慶年間任和厚端雅師弟相與動以至誠終始如一

論曰師弟之相與也樂於和古有如坐春風中者至今稱之孟衛二先生之有生祠也考之邑乘曰温

雅曰和厚皆得春風遺意顧士習日衰必為師長者持身端慎而涖之以莊庶諸生起嚴憚之心而頽風可挽如數年前掌教譚公魯者廣東始興人端方卓有師範竟以嚴見憚不得與孟衛二公並祀豈直道之不容乎抑公道不明致然耶

無錫縣學筆記卷之三　終

無錫縣學筆記卷之四

邑人談修纂

釋奠儀注

洪武十五年　詔天下通祀

先師孔子頒釋奠儀

祭期　每歲以仲春仲秋上丁日行釋奠禮

獻官　本縣掌印官主祭爲正獻官（先師四配本行三獻禮十哲兩廡如官不備）

學教官爲分獻官（行一獻禮）俱祭服（以佐貳官分獻）

餘官陪祭俱常服

齋戒　先期三日各獻官陪祭官執事者俱散齋

二日沐浴更衣各宿別室致齋一日俱宿祭所（散齋仍理公事惟不飲酒不茹葷謂葱韭蒜薤不聽音樂不弔喪不問疾不判刑名文字不預穢汚事致齋專理祭事）

習禮　先期二日本縣掌印官率僚屬師生詣學

於明倫堂觀禮凡序事贊唱導引皆演習如儀

卒事而退（各獻官以生員代）

省牲　先期一日執事者設香案于省牲所引贊

引主祭官常服詣所唱省牲執事者牽牲由香

案前過唱省牲畢遂宰牲（取毛血少許盛於盆祭日置各神案前方祭之始先取瘞之然後迎神取毛以告純取血以告殺）

陳設　先期一日執事者汛潔堂廡位案設祭器

先師位設祭品於案另設一小案於前置香燭

祝版帛（以獻奠）於上（先師配哲各一）酒罇三設於廟堂之東一爵三

以（三次酌獻）登一（盛大羹）鉶二（盛和羹）簠二（盛黍稷）簋二（盛稻粱）

籩八（盛形鹽藁魚棗栗榛菱芡鹿脯）豆八（盛韭菹菁菹芹菹醓醢鹿醢兔醢魚醢）

篚一（盛帛一白色長一丈二尺）牲俎二（右盛羊一左豕一置于前與高案並）

四配每位設祭品於案另設小几于前置香燭

帛于上（帛以獻奠）爵三（三次酌獻）登一（盛大羹）鉶二（盛和羹）簠

一（盛黍）簋一（盛稷）籩六（盛形鹽藁魚棗栗菱鹿脯）豆六（盛菁菹芹菹鹿醢兔醢魚醢）

篚一（盛帛）牲二（四位共羊一豕一各四分之每位用木盤二各盛一分置于案）

東五哲每位設祭品于案另于中總設一小几

置香燭帛于上（帛以獻奠）簠一（盛黍）簋一（盛稷）籩四（盛形鹽棗栗鹿脯）豆四（盛菁菹芹菹鹿醢兔醢）五位共篚一（盛帛居中總奠）共

牲豕一（五分之每位用木盤各盛一分置于案）

西五哲同

東廡四十七位每四位共設祭品于案另設一小几置香燭于上通十六設每設爵四（位各一爵位二亦二行禮時執事者自注酒于各爵分獻官另以一爵酌獻總置于中）簠一（盛黍）簋一（盛稷）籩四（盛形鹽棗栗鹿脯）豆四（盛菁菹芹菹鹿醢兎醢）每廡共罇一（盛酒）篚一（盛帛一從中案總奠）共牲豕一（爲四十七分用木盤盛置于各案位各一分如爵數）

西廡四十八位通十六設共牲豕一（爲四十八分）餘與東廡同

行禮　祭之日夙興將行禮鼓初嚴遍爇香燭庭燎鼓再嚴執事者各序立於墀兩堦鼓三嚴引贊引各獻官祭服端笏立廟門下通贊唱執事者各司其事各執事者以序進立于各事所通贊唱陪祭官各就位衆官就拜位訖通贊唱分獻官各就位各引贊引各分獻官就拜位訖（退去于東西）通贊唱獻官就位引贊引獻官就位拜（退立于獻官西旁相向）通贊唱瘞毛血執事者捧毛血盆正案由中門出配哲案由左右門出兩廡隨之至

瘞所瘞于坎遂啓俎盖通贊唱迎神唱鞠躬拜興拜興拜興拜興平身獻官以下俱拜訖通贊唱奠帛行初獻禮捧帛者各捧帛執爵者各執虛爵引贊詣獻官前唱詣盥洗所引獻官至所唱司盥者酌水唱搢笏（謂插笏于衽間）獻官搢笏盥畢唱進巾唱出笏獻官出笏唱詣酒罇所引獻官至所唱司罇者舉冪酌酒執爵者以虛爵受酒同捧帛者在獻官前行引贊引獻官隨之

先師帛爵由中門入四配帛爵由左門入各于神案側向上立獻官由左門入引贊唱詣

至聖先師孔子神位前引贊引獻官至神位前唱跪獻官跪唱搢笏獻官搢笏捧帛者轉身西向跪進帛于獻官右獻官與帛唱奠帛獻官獻帛以帛授接帛者奠于神位前案上執爵者轉身西向跪進爵于獻官右獻官舉爵唱獻爵獻官獻爵以爵授執爵者奠于神位前唱出笏唱俯伏興平身唱詣讀祝文位設于堂中香案前讀祝者跪取祝文退立于獻官左唱跪獻官讀祝者

皆跪通贊隨唱衆官皆跪跪訖引贊唱讀祝讀
祝者讀畢将祝文跪置祝案上退于堂西向上立引贊
通贊同唱俯伏興平身引贊唱詣
復聖顏子神位前引獻官至神位前唱跪獻官
跪唱搢笏獻官搢笏捧帛者跪于獻官右進帛
于獻官獻官舉帛唱奠帛獻官以帛授接帛者
奠于神位前案上執爵者跪于獻官右進爵于
獻官獻官舉爵唱獻爵獻官獻爵以爵授接爵
者奠于神位前唱出笏獻官出笏唱俯伏興平

身唱詣
宗聖曾子神位前儀同前但捧帛者俱跪于獻
官左奠獻俯伏興平身訖唱詣
述聖子思子神位前儀同前通贊唱行分獻禮
各引贊詣各分獻官前各唱詣盥洗所各引分
獻官至各所唱司盥者酌水唱搢笏各分獻官
搢笏盥畢唱進巾唱出笏各分獻官出笏唱詣
酒罇所各引分獻官至各所唱司尊者舉冪酌
酒各執爵者以虚爵受酒與捧帛者各在分獻

官前行引贊各引分獻官隨之各至廟堂兩哲
及兩廡神案前向神立廟堂由左門入兩廡從
中進俟獻官引贊唱詣
亞聖孟子神位前各引贊隨各唱詣東哲詣西
哲詣東廡詣西廡神位前各唱跪唱搢笏獻官
分獻官跪搢笏東哲東廡捧帛者跪于分獻官
右亞聖西哲西廡捧帛者跪于獻官分獻官左
各進帛于獻官分獻官各舉帛引贊各唱奠帛
獻官分獻官奠帛各以帛授接帛者奠于各神

位前案上各執爵者進爵于獻官分獻官各舉
爵引贊各唱獻爵獻官分獻官獻爵各以爵授
接爵者奠于各神位前各唱出笏各獻官出笏
各唱俯伏興平身各唱就位各引贊引各獻官
至原拜位訖執事者亦隨至尊所立通贊唱行
亞獻禮引贊詣獻官前唱詣酒罇所引獻官至
所唱司尊者舉冪酌酒各執爵者以虚爵受酒
如初儀引贊引獻官由左門入唱詣
至聖先師孔子神位前引贊引獻官至各神位前如

初獻獻爵儀行禮訖唱復位引獻官如前出至
原拜位訖通贊唱行終獻禮引贊引獻官并執
事儀同亞獻獻爵行禮復位俱如亞獻儀惟執
爵者在堂兩傍立候徹饌通贊唱飲福受胙進
福酒者執爵進福胙者執盤立于神位東執事
者取正案羊左肩胙置于盤又二執事者預立
于堂西引贊唱詣飲福位（位即讀祝位）司獻官由左
門入至飲福位捧福酒福胙者各轉身西向立
于獻官右二執事者至獻官左東向與捧爵捧

胙者相對立引贊唱跪唱搢笏獻官跪搢笏進
福酒者跪于獻官右進爵于獻官引贊唱飲福
酒獻官舉酒飲訖接爵者跪于獻官左接爵訖
捧胙者跪于獻官右進胙于獻官引贊唱受胙
獻官受胙訖接胙者跪于獻官左接胙由中門
出唱出笏獻官出笏唱俯伏平身唱復位引獻
官至原拜位訖通贊唱徹饌執事者各詣神案
前將籩豆稍移動復立于原位通贊唱送神唱
鞠躬拜興拜興拜興拜興平身各官俱拜訖通

贊唱讀祝者捧祝進帛者捧帛執事者各詣神
位前跪取祝帛齊轉向外立通贊唱各詣瘞所
先師祝帛由中門出東西配哲帛由左右門出
兩廡執事者取帛隨之通贊唱望瘞捧祝帛過
訖引贊唱詣望瘞位各引贊引各獻官至瘞所
引贊唱祝版一帛一段數至九段焚訖通贊引
贊同唱禮畢

祝文

維某年歲次某甲子某月某朔某日某甲子直
隸常州府無錫縣知縣某等敢昭告于

至聖先師孔子惟
師德配天地道冠古今刪述六經垂憲萬世惟
茲（仲春／仲秋）謹以牲帛醴齊粢盛庶品式陳明薦以
復聖顏子
宗聖曾子
述聖子思子
亞聖孟子配尚
饗

欽定祀典奉安神位遣官祭告祝文

維嘉靖十年歲次辛卯某月某朔某日某甲子

皇帝遣直隸常州府無錫縣知縣某致告于

至聖先師孔子曰自混沌之初

天命義農軒聖創世開物以至堯舜禹湯文武周公

及

先師列聖相繼奉

天行道立教誨人肆我

聖祖再造區宇化行天下我

聖祖崇禮于

先師者

御製有文典刑具在予惟寡昧之人近仰遵

祖憲去胡元褻慢之偶像如

祖宗崇禮之

聖謨號稱核實俎豆宛本以遵

祖典兼體

先師至意予實不聰賴

先師默鑒及良輔洪儒所贊之也爰擇今辰特命

本縣掌印官奉安

先師神位以及配從之位于此惟

先師鑒知永依陟降大運

神化教我君民俾予性理丕開而無負

皇天付托之眷命暨士庶學業成正而無違

先師傳道之至情予實有望焉惟

先師覺之以

復聖顏子

宗聖曾子

述聖子思子

亞聖孟子配尚

饗

啟聖祠奉安神位遣官祭告祝文

維嘉靖十年歲次辛卯某月某朔某日某甲子

皇帝遣直隸常州府無錫縣知縣某告于

啟聖公孔氏曰惟

公誕生

至聖為萬世王者之師功德顯著故茲奉安

公位于此以
先賢顏氏
先賢曾氏
先賢孔氏
先賢孟孫氏配尚饗
有知
啟聖祠時祭祝文
維某年歲次某甲子某月某朔某日某甲子直
隸常州府無錫縣知縣某致告于

啟聖公孔氏曰惟
公誕生
至聖為萬世王者之師功德顯著茲因仲春仲秋特用
祭告以
先賢顏氏
先賢曾氏
先賢孔氏
先賢孟孫氏配尚
饗

右啟聖公祠祭與釋奠同日本縣掌印官常服行禮其祭品器數陳設如先師配享如四配從祀如十哲

七賢祠時祭祝文
維某年歲次某甲子某月某朔某日某甲子直
隸常州府無錫縣知縣某等致祭于
宋龜山先生楊文靖公
宋梁溪先生李忠定公曰惟
二先生為邑儒宗求志達道跡異心同惟學有源
惟公斯降淑後垂刑欝然遺風祠宇有嚴春秋

祀
公以
宋玉泉先生喻中丞公
宋小山先生李肅簡公
宋實山先生蔣文忠公
宋遂初先生尤文簡公
明二泉先生邵文莊公配尚
饗
名宦祠祝文

維年月日直隸常州府無錫縣知縣某等致[祭]
于前無錫令
韓公
項公
佟公
萬公
王公之神曰惟公政敷一邑德及萬民清風雖逝
遺澤猶存今當仲春秋謹以牲醴用伸常祭尚
饗

鄉賢祠祝文
維年月日直隸常州府無錫縣知縣某等致祭
于
鄉賢諸公之神曰惟公道宗孔孟學蹈程朱踵前
賢之芳躅為後學之階梯今當仲春秋謹以牲醴
用伸常祭尚
饗
右七賢名宦鄉賢祠祭亦與釋奠同日俱本縣
掌印官行禮俱常服其祭品器數陳設三祠同
帛一爵三羊一豕一黍稷稻粱棗栗桃藁魚醯
醢芹韭菹葱菜香燭行禮七賢祠先四拜後四
拜名宦鄉賢祠先二拜後二拜 奠帛 奠酒 三讀
祝文 焚帛 焚祝文 禮俱同

本學后土祠祝文
維年月日無錫縣儒學教諭某訓導某謹以牲
醴庶羞致祭于
本學后土之神曰惟神司掌學校贊佐文明實師
生之仰賴鄉邑之依歸今茲仲春秋禮宜報祭尚
饗
右后土祠亦與釋奠同日俱本學教諭訓導常
服行禮先二拜後二拜奠帛奠酒三讀祝文焚
帛焚祝文

論曰春秋二祀迺 國家重典先期齋戒三日蓋其
慎也諸生誦法孔子既昧先期齋戒之儀則當祭
之日儼然如聖賢臨之在上而肅恭行禮斯可以
言士矣柰何泮䔧之徒當祭不拜見行禮者群然
而姍笑之至有儒冠褻服手持孺子嬉戲於傍是
目廟庭為玩褻之場奚啻弁髦 國典抑且得罪
聖門昔季氏跛倚臨祭孔子猶且惡之士習至此
豈不學之過與抑敢於無忌耶宜嚴糾儀之法重
懲此輩固賢師長之責哉

附有司下學行香禮儀大明會典

各處儒學每遇朔望有司官至日蚤詣學謁
廟行香師生出大門外迎接行禮畢請至明倫堂師
生作揖教官侍坐生員東西序立講書提調官考
課畢退師生復送至大門外回學其别廟行香師
生不必隨行如遇春秋祭祀迎接
詔旨師生仍依定例

論曰朔望行香所追崇 先聖啓廸來學者亦良
厚矣柰何諸生顧藉此爲干請之地而罔知自重

若講書考課槩不請行 士風澆薄胡至是乎先年
掌教高公巖凡諸生有不平事令先白本學核情
之真者直之縣大夫每遇朔望不許諸生以訟訐
取厚士風爲之稍戢倣而行之亦維風之一助嘗
考大明會典有令提學官置簿考驗德行優文藝
贍治事長者列上等簿或有德行而劣於經義或
有經義而短於治事者列二等簿經義雖優治事
雖長而德行或缺者列三等簿歲課月考循序而
升非上等不許科貢夫曰德行優者言德也曰治
事長者言才也曰文藝贍者言文也三者備而後
許科貢 國家取士之制亦嚴矣哉柰何專尚文
藝非謂文藝可據於寸晷而德與才未由考鏡於
平日乎若三載賓興 國家大典士子而際斯會
正宜以德業自奮斯不負選舉至意先是諸生猶
知自愛利鈍一聽之天年來突有紈袴數輩不思
勉勵於平居臨期争以孔方爲壽於貪饕無厭鄉
達有三十金者有五十金者僞稱姻戚力爲請託
倖得府録徉徉然赴督學憲臺覆試彼儒童應試

可醜尤不可言奔競者及貪饕者悉目爲故事恬
然不以爲耻鄉達卻金采拔僅見四五名流而已
柄文衡者核實而重懲之併懲儒童詐冒之尤甚
者以伐奔競之奸以愧貪饕之輩庶士風可振薄
俗可挽所取之士無論其德與才奚若即文藝之
場亦不致濫及蠅營狗苟之徒矣不然愈趨愈降
吾不知其將何所終也嗟乎近代僅以文取士迺
士亦有奔競見收則文亦不足憑矣有挽回世道
之柄者可無究心乎哉至收考遺才益念綴文之

士未必無一日之短長司衡校藝擴一日之短長爲去取安能免滄海遺珠之歎乎南畿遺才中式嘉靖已前無可考嘉靖甲午鄭公維誠以遺才發解嘉靖辛酉申公時行以遺才掄魁壬戌狀元及第隆慶庚午吳公汝倫亦以遺才發解士由此登儁且聯捷者每科凡幾人則才而見遺者信有之第有志多士既蒙督學憲臺散收以廣進取之路則郡邑奚必先録何者方今諸生奔競成風鄉遂貪饕成俗郡邑大夫每遇試士靡不蹙額將狗貪

饕之請托乎則慮失士將謝貪饕之請托乎則謗讟蜂起録科舉甄拔數廣猶可言也録遺才甄拔數隘而奔競者貪饕者仍踵故習即郡邑大夫鋭志秉公其柰之何矧録科舉值考儒童彼貪饕之欲不爲不飽而無饜又及遺才可醜甚矣夫均之遺才與其郡邑録考以滋里人醜行百出孰若督學憲臺一意散收庶奔競可稍戢貪饕可稍抑而郡邑大夫亦稍息請托之擾於世道士風未必無補云

卷之四終

無錫縣學筆記卷之五

鄉飲酒禮　大明會典頒行儀注

洪武十六年頒行鄉飲酒禮儀注

一各處府州縣每歲正月十五日十月初一日于儒學行鄉飲酒禮前期一日執事者詣儒學之講堂依圖陳設坐次司正率執事習禮至日黎明執事者宰牲具饌主席及僚屬司正先詣學遣人速賓僎以下比至執事者先報曰賓至主席率僚屬出迎于庠門之外以入主居東賓居西三讓之揖

而後升堂東西相向立贊兩拜賓坐執事者又報曰僎至主席又率僚屬出迎揖讓升堂拜坐如前儀（儀注原本無報僎至一節止于庠門外贊班齊揖平身至次門復揖至階下復揖主賓三讓賛升階執事者擊鼓贊升堂執事者鋪席贊兩拜主賓以下各就坐）賓僎介至既就位執事者倡司正揚觶執事者引司正由西階升詣堂中北面立執事者唱賓僎以下皆立唱揖司正揖賓僎以下皆報揖執事者以觶酌酒授司正司正舉酒曰恭惟

朝廷率由舊章敦崇禮教舉行鄉飲非爲飲食凡我

長幼各相勸勉為臣盡忠為子盡孝長幼有序兄友弟恭内睦宗族外和鄉里無或廢墮無忝所生讀畢執事者唱司正飲酒飲畢以觶授執事執事者唱揖司正揖賓僎以下皆報揖司正復位賓僎以下皆坐唱讀律令執事者舉律令　於堂之中引禮引讀律令者詣案前北向立唱賓僎以下皆拱立行揖禮如觶儀然後讀律令有過之人俱赴正席立聽讀律曰鄉飲酒禮凡鄉黨序齒及鄉飲酒禮已有定式違者笞五十讀大誥曰鄉飲酒禮

敘長幼論賢良別奸頑異罪人其坐席間高年有德者居于上高年淳篤者並之以次序齒而列其有曾違條犯法之人列於外坐同類者成席不許干于良善之席主者若不分別致使貴賤混淆察知或坐中人發覺罪以違制奸頑不由其主紊亂正席全家移出化外嗚呼斯禮始古先哲王之制妥良民於宇内亘古至今興者鄉里安隣里和長幼序無窮之樂又何言哉吾今特申明之從者昌否者亡讀畢復位執事者唱供饌案執事者舉饌

案至賓前次僎次介次主三賓以下各以次舉訖執事者唱獻賓主席起北面立執事者斟酒以授主主受爵詣賓前置于席稍退贊兩拜賓答拜訖執事者又斟酒以授主主授爵詣僎前置于席交拜如前儀畢主退復位執事者唱賓酬酒賓起僎從之執事者斟酒授賓賓受酒詣主前置于席稍退贊兩拜賓僎交拜訖各就位坐執事者分左右立介三賓衆賓以下以次酬酒于席訖今禮于舉觶後則歌詩以樂賓考之鄉飲酒義工歌鹿鳴四牡皇皇者華三終則主人酌以獻工笙入堂下奏南陔白華

華黍三終主人亦酌以獻之間歌堂上歌魚麗堂下笙由庚堂上歌南有嘉魚堂下笙崇丘堂上歌南山有臺堂下笙由儀合樂工歌關雎則笙吹鵲巢合之工歌葛覃則笙吹采蘩合之工歌卷耳則笙吹采蘋合之其詩章詳于樂譜執事者唱飲酒或三行或五行供湯又唱斟酒飲酒供湯三品畢執事者唱徹饌候徹饌案訖唱賓僎以下皆行禮僎主僚屬俱東賓介三賓衆賓居西贊兩拜訖唱送賓以次下堂分東西行仍三揖出庠門而退

一鄉飲之設所以尊年高讓有德興禮讓敢諠譁失禮者許揚觶者以禮責之或因而致爭競者主

席者會衆罰之
一酒肴于官錢約量支辦務要豐儉得宜
一除賓僎外衆賓序齒列坐其僚屬則序爵
一主府知府州知州縣知縣如無正官以佐貳官
代位于東南
一大賓擇鄉里年高有德之人位于西北
一僎以致仕官為之位于東北
一介以次長位于西南
一三賓以賓之次者為之位于賓主介僎之後
一司正以教職為之主揚觶以罰之
一贊禮者以老成生員為之
論曰鄉飲酒禮尊賢而尚齒載　令典尚矣顧舉行
是典雖有司存而得與是典者必起於學校之公
論如賓如僎必實副其名毋狥勢利為要結黷貨
之媒若國初舉耆老周世忠邑令韓公約延置賓
席雍容成禮鄉里稱焉始可以勵後人尚賢之念
而於　國家盛典為不負耳柰何士習日衰富而
傾縣者舉之貴而家食者舉之孔方一入其手即

驩兜檮杌滿紙皆顏閔其行矣如舉封官苦無大
利顧籍是可以要結顯者若逆毋若博徒若訪犯
槩行濫舉何歟學師原非土産曷由而得其槩惟
憑諸生所請行之安知受其欺罔為不足信乎此
習相沿歲久正月望十月朔介期遂目為奇貨可
居曾不思　大誥所載凛乎可畏而慢然不顧若
此耶革夙弊而秉至公每遇鄉飲務慎選有德彼
崇于爵而蔑于德豐于財而嗇于善者毋得濫舉
以申　國家尊賢尚齒至意在好德之諸生賢師
長之倡率

學校射儀大明會典頒行與集禮同

洪武三年定學校射儀
前期戒射定耦選執事充司正副司正司射司射
器請射舉爵收矢執旗樹鵠陳設如儀
至日執事者入就位請射者引主射正官及各官
貟子弟士民俊秀者各就品位司射器者以弓矢
置于各正官及司射前請射詣正官前圓揖畢引
諸司射器前受弓矢訖復位司正執事入立于中

後請射者詣司射前曰請誘射引司射二人耦進
各以三矢搢于腰帶之右以一矢挾于二指間推
年齒相讓年長者為上射年幼者為下射上射先
詣射位向鵠正立發矢司正書中技筭置于中舉
旌者如所射應之射畢退立于傍讓下射詣位射
訖請射者俱引復位收矢者收矢復于射者司正
取所中筭請射者次請士民俊秀射次請官員子
弟射次請品卑至品高者射其就射位發矢取筭
書中舉旗收矢復位皆如前儀既畢司正副司正

各持筭白中于主射正官舉爵者酌酒授中者飲
之中的者三爵中采者二爵飲訖請射者詣屬官
以下仍捧弓矢納于司射器還詣主射正官前圓
揖而退

射式附 大明集禮與會典同

洪武二十五年定射式

一凡官府及學校遇朔望於公廨空閒去處習射
一凡樹射鵠正南北向 鵠古謂之侯
一凡置射位衸三十步自後加至九十步 古畫位謂之物

一凡射以二人為耦前耦射畢次耦方進
一凡射者用四矢 即古之一乘
一凡射各以長官為主射
一凡賞酒中的用三爵中采用二爵
一凡司射射畢自下而上

職掌附 大明集禮

司正及副司正每鵠用一人 掌驗射者品級尊卑以定耦執筭于鵠之左右置其中于其前如遇中者于筭上書射者姓名下或書的或書采技之于中
司射二人 掌先以強弓射鵠誘射以鼓中氣選能射者克
司射器二人 掌辨弓力強弱分為三等驗人力強弱而授之

舉爵二人 掌凡遇射畢計中者以爵授酒
請射四人 掌請射者授弓矢入射位
獲者每鵠用二人 掌收矢還納于射者
執旗六人 掌于容後執各色旗如射者中的舉紅旗應之中采舉采旗應之射偏于西舉白旗偏于東舉青旗過于鵠舉黄旗不及鵠舉黑旗

按大明集禮所載射儀職掌圖式與儀禮不同蓋集禮主于習射今之制也儀禮主于觀德古之道也今照集禮録儀式職掌于右以便遵行又附録儀禮節要于左以備参考

儀禮附 節要

升自西階降阼階適堂東各取射器而出執旌者前道從西階直下南行偃旌于乏後退立于西次豐次福次鹿中次筭次弓矢次決遂俱由司馬之南以次陳于堂西賓遵士衆賓之子弟執弓矢者尾其後同至堂西納之賓與大夫之弓倚于西序矢在弓下北括羽向北也衆弓倚于堂西矢在其上主人之弓在東序東主弓矢弟子執之由司馬之北升自西階適堂東以俟

延射 通贊司馬延射者于庭司馬適堂西受弓左執弣右執弦由本位前北行至中庭福位前南面立大揚聲曰賓軍之將亡國之大夫與為人後者不入其餘皆入延畢復位

揚觶 通贊揚觶者升二人各執觶由西階升至中堂北面立揚觶曰幼壯孝弟耆耋好禮不同流俗修身以俟死者在此位揚訖與賓遵士衆賓相向揖又一人揚曰好學不倦好禮不變耄耋稱道不亂者在此位揚訖與賓遵等相向揖通贊揚觶者退乃退就本位

比耦 司射不釋弓矢遂以比三耦于堂西北面命上射曰某御于子命下射曰子與某子射命訖復位

張侯還樂 司馬自本位出少前南面命曰張侯弟子脫束遂繫左下綱司馬又命曰獲者倚旌于侯中獲者由西方取旌倚於侯中遂立乏後司馬復位樂正立本位命工遷樂衆樂生升堂遷樂于阼階下之東南西面北上樂正立于其南

誘射 司射執弓矢自本位出復立三耦前北向命曰三耦各與其耦讓取弓矢就位俟射命訖相揖司射復位三耦隨降堂西皆袒決遂弟子左執弣右執弦而授弓遂授矢三耦皆執弓搢三挾一个南立于司馬之西南東面北上而俟乃贊誘射司射出本位詣堂西受矢搢三挾一由中道始進揖當階北面揖及階揖升堂揖當左物北面揖及物揖左足履物不方足方猶併也還視侯中俯正足旋身南面視侯之中乃俯視併正其足也不去旌㢡乘矢畢執弓不挾右執弦南面揖揖如升射降出于其位南適堂西改取一矢挾之遂適階西取扑搢之以反位

初射 司馬自本位出

前期戒賓 鄉射之禮主人戒賓賓出迎再拜主人答再拜乃請賓禮辭許主人再拜賓答再拜主人退賓送再拜無介

設位 將射有司為位坐賓于堂北少西衆賓繼序于西坐遵于賓席之東俱南面主席于東序少南西面士及衆賓席于西序東面射物位設于堂中少南左右指去容一弓俱南面鹿中位設于西階之西南去階五尺許東面司射司馬位繼序于鹿中之南少西俱東面三耦士衆賓堂西設侯位東上南面射位設于司馬之南少西東面福位設于兩階中少南豐位設于堂之西序少南布侯位去物五十弓北面之位設于侯道之北少西樂生歌生位設于阼階之東南西面去禁五尺許樂正位設于樂生之南少西北面洗位設于樂正之南西面已上每位俱用石灰畫為方區惟射位畫十字長三尺謂之物

陳器 遵于賓席之東兩壺斯禁左玄酒背加勺篚在其南東肆斯禁奠遵者切地無足玄酒水也肆陳也設洗于阼階東南南北以堂深東西當東榮水在洗東篚在洗西南肆縣于洗東北西面洗洗觶盆縣磬也先亦陳堂上侯將射乃還于此司射之弓矢與朴倚于西階之西布侯乏俱陳于前所設之位主與賓遵司馬士衆賓之弓矢并旌豐福鹿中筭決遂俱暫置堂東待司射命納射器次第納于堂西

序立 通贊立堂東楣下贊序立主立阼階上西面二贊者立于其後少南司鼓者立鼓後西面樂正歌生樂生司尊洗觶執爵者俱于洗南退後二尺許西面序立司馬司射三耦賓之二贊揚觶設福設豐司中釋獲執旌張侯執射器約矢者俱于衆賓射位後退二尺許東面與東班樂正等相對序立俱以北為上

迎賓 賓與衆賓俱大門外少西東面立俟儐者先入至東階前北面報于主曰賓至退立階東主贊進立至前贊迎賓遂引主降東階而出儐從之主出門外少東西面與賓對立賓贊自西班出門外立賓前主贊贊鞠躬再拜賓答再拜主揖衆賓衆賓答揖揖推手也後放此主人以賓揖以與也後放此

先入謂先一等道之賓厭引手也衆賓皆入門左東面北上少進差在前也儐者不入侯以報遵主人以賓三揖皆行謂將進揖當陳揖當碑揖也及階三讓主升一等賓升主作階上當楣北面再拜賓西階上當楣北面答拜再拜令本云賓三讓升階少進北面立侯衆賓升拜畢賓主于東西楣下相向對立衆賓序立于賓後主賓引贊各退立侯通贊贊行再拜禮各進立賓主前贊主曰復位贊賓曰就位衆賓隨之各就位

迎遵

大夫若有遵者則入門左遵謂鄉人仕為大夫來助主人樂賓主人所宗而遵法者遵與士入門內西東面立不侯于門外別于賓也儐先入至東階上北面報于主曰遵至主賓贊者各進立主賓前齊贊迎遵遂立主人降立門內東西面賓及衆賓皆降復祊位祊位在門內西東面不敢居堂侯大夫入故從主迎于門內賓與衆賓仍進居遵南東面賓贊進立遵前同主贊齊贊揖平身主人揖讓以大夫升拜至大夫答拜今本云主揖遵進遵答揖贊引遵由西主由東主先一等道之遵厭賓進次士次衆賓俱北行及階揖升階及堂揖升堂遵主各當楣相對立侯賓士衆賓升階進至遵西東面立士立遵下東面贊者各退立侯通贊贊行再拜禮各進遵主前引就位遵升自賓席前由東從席西即席賓與衆賓士各隨之就位司鼓者三擊鼓

行射禮

通贊司馬以下各就位樂正率東班司馬率西班各北行就位司尊者由東階升堂中東西面立三耦侯于堂西南面東上揚觶納射器者俱至西階鹿中位後東面立張侯約矢者俱南行至乏後立

請射

司射自本位由司馬之南旋其後適堂西袒決遂取弓矢左執弣右執弦以一矢橫弓上仍由司馬之後南旋其前至西階倚朴于階側升自西階階上北面告于賓曰弓矢既具有司請射賓答曰某不能為二三子許答訖相揖司射適阼階上北面告于主曰請射于賓賓許告訖相揖降自西階前西面命子弟曰納射器遂復位

乃納射器皆在堂西

諸執事俱

小前南而曰獲者執旌以負侯獲者適侯執旌負侯北面而侯負背也司馬復位司射執弓橫挾一矢至三耦前作射西向命曰三耦以次升射命訖相揖復位防耦揖進上射由右下射右左並行當階北面揖及階揖上射先升三等下射從之中等謂間一等也上射升堂少左下射升揖並行皆當其物北面揖及物揖皆左足履物還視侯中合足而俟身皆左旋司馬適堂西不決遂袒執弓出于司射之南升自西階鉤楹由上射之後立于兩物間南面右手執弓梢揚弓命曰去侯獲者執旌且行且諾以至于乏坐東面偃旌興而俟有中者舉旌應之曰獲司馬出于下射之南北旋上射之後降自西階反由司射之南適堂西釋弓襲掩所袒衣也反位將降司射自本位升進與司馬交于階前相左由堂下西階之東北面視上射命曰毋射獲毋獵獲上射揖司射退反位通贊發矢乃射上射既發挾弓矢而後下射射拾發以將乘矢拾更也更迭發四矢也獲者坐而獲舉旌以宮偃旌以商言獲聲有大小宮大商小也獲而未釋獲卒射皆執弓不挾左執弣右執弦南面揖降如升射將降次耦自射位揖升進與祊耦交于階下升者由東降者由西對揖相左祊耦由司馬之南還其後適堂西釋弓脫決拾襲而俟于堂西南面東上次耦揖進升射與三耦升降相左復位皆如祊三耦射畢復位訖司射去朴倚于西階之西升堂北面告于賓曰三耦卒射賓揖司射降搢朴反位

設楅約矢

司馬適堂西袒執弓由其位南侯告卒射升與司射交于階前相左如祊升自西階鉤楹立于物間南面揖弓揖推之也命曰約矢弟子拾取已發之矢而俟又命曰獲者執旌負侯獲者且諾且行負侯如祊司馬降階適庭前北面立命弟子設楅乃設楅於中庭司馬由司射之南退釋弓于堂西襲反位約矢弟子取矢北面坐委于楅北括乃退立于乏後司馬襲進當楅前北面坐左右撫矢而乘之興復位撫矢順矢之羽也乘之每四分之也

再射

司射倚朴于階西升堂中

北面告賓曰有司請再射賓答如前相揖訖司射適東階上北面告于主曰請射于賓賓許告訖司射復請于賓曰敢請終與射否賓答曰某雖不能願習禮樂請于遵亦如之乃復于主曰賓遵皆與射請與賓射復向賓告曰主人與賓為耦向遵告曰士某御于遵揖士曰子與遵為耦請訖各相揖士即俟位司射復向西階上面衆賓曰衆賓降就三耦位俟射告訖相揖司射降搢朴由司之南適堂西東面立士衆賓將與射者皆降由司馬之南適堂西繼三耦而立東上大夫之耦為上司射乃比衆耦如三耦

三耦取矢

取初射加于楅之矢也司射比衆賓訖遂命曰衆耦取弓矢各就射位命訖反位三耦皆袒決遂弟子授弓執之衆賓亦袒決遂受弓矢執之俱從司馬後立于西南射位士則獨降由司馬之南還其前北適止于西階下立俟遵降同受弓矢升射司射自本位出南至三耦前西面命曰三耦以次取矢命訖相揖而反初耦揖進當楅北面揖及楅揖至楅前

左右旋身上射東面下射西面揖上射進坐橫弓卻手自弓下一取四矢兼諸弣順羽且興左旋東面對立揖下射進坐橫弓覆手自弓上一取四矢兼諸弣順羽且興右旋西面立復對揖上射右旋南下射左旋南皆少進當楅前北面皆搢三挾一各揖退如升降退次耦即揖進交于途升降相左各揖反位其次耦取矢儀與末耦進亦如之其後者遂取誘射之矢兼乘矢而取之以授有司于西方而後反位

三耦升射設中釋獲

司射詣三耦前作射相揖曰三耦以次升射復位初耦升射六揖履物如前執弓立俟司馬執弓升堂如前鉤楹至兩物間揚弓命去侯獲者趨而退司馬降釋弓反位司射去朴循挾一矢與司馬交于階前升堂北面揖告賓曰請釋獲以紀勝負賓揖答曰別賢否以明賞罰司射降搢朴至設中位之東北面命釋獲者設中遂視之設獲者執鹿中一人執算以從之俱自堂西由司馬位之南旋身北行至中位釋獲者東面坐設中于位興受算

坐實八算于中橫委其餘于中之西南東面立司射遂進由堂下北面命曰不貫不釋上射揖司射退反位釋獲者坐取中之八算于左手執之右手改實八算于中立而俟通贊發矢乃射袒耦更迭發矢先後如前有中則獲者衆旌如前釋獲者坐而釋獲每中一矢則釋一算于地上射于右下射于左發矢既盡所執若有餘算則反委之于中西又取中之八算執之改實八算于中興立而俟次耦升射有中釋獲如前射畢揖降如升數三耦儀亦同

主賓遵士及衆賓射

三耦射畢司射去朴升堂北面立兩階中請曰賓主取弓矢升射遵就耦取弓矢俟射請訖相揖降階搢朴復位賓主遵相揖降主東賓遵俱西皆由其階降揖主堂東袒決遂弟子授弓矢搢三挾一賓于堂西亦如之皆由其階階下揖升堂揖主為下射皆當其物北面揖及物揖履物亦如耦乃射賓先主後更迭發矢中則獲者舉旌釋獲者置算亦如前射畢揖降皆由其階階上揖降階揖賓序

西主序東皆釋弓脫決拾襲反位升及階揖升堂揖皆就席尊降亦于西階下東面袒決拾受弟子弓矢搢三挾一與士執弓矢進就耦俟而未升至此賓主射畢由西階升射如賓主儀但大夫為下射揖進耦少退揖如三耦及階耦先升卒射揖如升射耦先降降階耦少退皆釋襲于堂西耦遂止于堂西大夫升就席衆賓繼射儀同三耦

約矢視算

三耦賓主遵士衆賓卒射釋獲者所以執餘算由中南升盡階不升堂告于賓曰左右卒射請數告訖相揖復位坐委餘算于中之西興共而俟如無餘算則抽手以告司馬袒決遂執弓升堂命約矢命獲者以旌負侯降釋弓反位俱如前弟子委矢司馬乘矢亦如前遵之矢則兼束之以茅上握焉握謂矢中央也司射適階西釋弓去朴襲進由中位之東立于其南北面視算釋獲者東面于中西坐先數右獲其算在地以右手取之于地二算為純一純以取實于左手數至十純則縮而委之于地統直置之也每委異之有餘純則

橫于下自近為下又巽之也一筭為奇奇則又縮諸純下又直置之也數畢右筭與由中位東旋通中位西少北東面就左獲坐而數之則總數其筭實于左手以右手取之每一純而委之于地數至十純則異之有餘純則橫于下奇則縮諸純下如右獲之法數畢興司射適堂西揖一矢後位釋筭者執其數之多寡遂取賢獲執之升自西階立堂中告于賓若右勝則曰右賢于左幾純若左勝則曰左賢于右幾純若有奇者亦曰奇若左右均則左右各執一筭以告曰左右均告訖由中南旋復位

設豐飲不勝者通贊飲不勝者司射適堂西命弟子設豐弟子捧豐由司馬之南行升堂設于西楹之西乃降司射自本位前進東面命之曰洗觶弟子取觶中之觶洗于洗中高手捧執之司射命曰升堂酌酒弟子升至尊東實觶南面坐奠于豐上退立豐西東面俟司射袒執弓挾矢搢扑適堂西北面立于三耦之南命三耦及衆賓曰勝者執張弓不勝者執弛弓以次升飲

勝者皆袒決遂執張弓右執弦如卒射不勝者皆襲脫決拾卻左手右加矢弓于其上遂以執弣司射先反位三耦及衆射者皆與其耦進立于射位北上作升飲者至三耦前西向命曰勝者异不勝者升取觶立飲初耦進揖如升射及階勝者先升于豐前少右西面不勝者進豐前北面坐取觶興少退立告曰賜灌勝者答曰敬養乃卒觶進坐奠觶于豐上與揖不勝者先降乃與勝者同至階揖降階揖及與次耦交于階前相左揖如升射遂適堂西釋弓襲而俟弟子仍進坐取豐上觶實之反奠于豐上升飲者如初三耦卒飲賓主大夫不勝則不執弓弟子取豐上觶降洗升實之以授于席前受觶以適西階上北面立飲謂如賓不勝則弟子進賓位北面授觶賓受弟子降立豐位賓遂降揖主告曰賜灌主亦降答揖曰敬養賓遂適豐前北面立飲弟子進受賓觶賓主相揖升席主不勝飲如賓大夫飲則耦不升若大夫之耦不勝則亦執弛弓特升飲與衆賓繼飲俱如三耦左右均皆不升飲飲畢司射出西階下命徹豐弟子捧豐由原道置堂西凡左賢于右上射皆飲右賢于左下射皆飲賓導亦如之

終射司射去朴侍于階西升堂面賓請曰有司請終射賓答如前乃告于主人曰請終射于賓許告訖相揖

三耦賓主遵士衆賓取矢取再射加于楹之矢也司射降階搢扑由司馬南適堂西北面命三耦及衆賓曰衆耦降執弓各就射位三耦三耦及衆賓降執弓各以其耦就射位司射至射位命曰三耦以次取矢三耦揖進取矢相左升降復射位如前司射去朴升立堂中北面請曰賓主執弓取矢請畢皆相揖司射降搢復位賓遵主本位相揖賓遵降西階主降東階皆袒決遂弟子各授弓執之賓主皆進南面當楅揖及楅揖拾取矢如三耦旋身北面搢三挾一揖退賓堂西主堂東皆釋弓矢與弟子執之襲而及階升堂相揖如前各就席遵袒決遂執弓就其耦揖皆進如三耦耦東面遵西面取矢如賓主揖退耦反位遵遂適席

西釋弓矢襲而升就席衆賓繼拾取矢如三耦以反位

三射以樂為節司射猶挾一矢以進至三耦前西面命曰三耦以次升射命訖相揖司射復位初耦升射六揖復物如初司馬升命去侯獲者趨而退司馬降釋弓反位司射與司馬交於階前去朴襲升北面告賓曰請以樂樂于賓曰禮樂不可斯須去身許訖相揖司射告主曰請以樂樂于賓賓許告訖相揖司射降搢朴東面命樂正曰請以樂樂賓賓許又命曰鼓樂樂正自本位應曰當敬承遂命歌生進于西階下面賓立司射適階間堂下北面命曰不鼓不釋謂射不與鼓節相應雖貫猶不釋筭也上射揖司射退反位樂正在本位升東北面命樂工曰樂奏采蘩之章命訖反位乃奏采蘩以射通贊發矢上射將發司鼓司磬者各擊三聲生歌生乃歌歌于以二字上射即發一矢歌采蘩二字下射即發一矢作樂者亦如之每一句歌聲與樂聲同畢擊鼓磬各三聲餘射歌樂節奏咸如之射中則獲者舉旌釋

獲者置筭俱如前上射下射拾發四矢畢三耦卒射司射升請賓主大夫士衆賓射射畢釋獲俱如前**約矢視筭**釋獲者執餘筭升告左右卒射如前司馬升命約矢命獲者以旌負侯降釋弓反位弟子委矢司馬乘矢司射釋弓視筭釋獲者以賢獲與均告俱如前**飲不勝者**通贊飲不勝者司射命設豐命洗觶命升堂酌酒遂命不勝者飲俱如前**三耦賓主大夫衆賓取矢**取三射加于楅之矢也司射適堂西命衆耦執弓就位三耦及衆賓降于射位司射又命以次取矢升堂請賓主以下取矢各取矢如前矢不挾兼諸弦弨以退不反位遂授有司于堂西主人與賓大夫揖各升其階復位**撤器**司射乃適堂西釋弓去朴脫決拾反位司馬自本位前少進南面命曰釋侯弟子及脫侯之左下綱而釋之命退旌獲者以旌退由侯之西道直上納于堂西司馬又升至楅前北面命退楅弟子二人坐取楅退于堂西司馬隨而退司射至西

階下北面命徹豐弟子以豐徹司射請中位前北面命退中與筭弟子持中歛筭退于堂西以侯司射隨而退**送賓**賓與樂正命奏陔賓降及階陔作賓出衆賓皆出主人送于門外再拜按此儀禮之舊陔謂南陔之詩也此詩有名無文今亦當歌采蘩賓起通贊賓出賓贊進立賓前主贊進立主人前贊送賓樂正即命曰樂奏采蘩之詩樂工作樂歌詩主人降東階賓降西階賓在前次大夫衆賓相揖如初送至門外立如初贊再拜三讓而退通贊禮畢

論曰國家於天下郡邑各設射圃使諸生誦習之暇為游藝之地亦成周鄉射之遺意乎柰何廢而不舉者亦既有年而射地且為閑曠所矣有唐亮之識者推原制禮初意而教然行之庶幾猶知觀德之風焉且俾諸生日劘月練倘一旦有變謂儒林無禦侮之材者否矣

無錫縣學筆記卷之五 終

無錫縣學筆記卷之六

邑人談脩纂

督學憲臣

學校以育英材自古重之矣然未有專設風憲以司提督權者　國朝正統元年始設提學憲臣南北直隸監察御史各一員各省則副使或僉事奉勅專一提督學校不許廵按御史侵越推舉必由吏部會禮部都察院重其任也

彭勗字祖期江西吉安府廬陵縣人永樂十年陳循榜進士正統元年按臨

孫鼎字宜鉉江西吉安府廬陵縣人舉人松江府學教授保陞

葉錫字峻甫福建興化府莆田縣人景泰二年柯潜榜進士天順元年按臨

嚴淦字宗源福建興化衛人景泰五年孫賢榜進士天順六年按臨

陳選字士賢浙江台州府天台縣人天順四年王一夔榜進士成化四年按臨

薛綱字之綱浙江紹興府山陰縣人天順八年彭教榜進士成化七年按臨

戴珊字廷珍江西饒州府浮梁縣人天順八年彭教榜進士成化九年按臨

婁謙字克讓江西廣信府上饒縣人成化二年羅倫榜進士成化十六年按臨

司馬垔字通伯浙江紹興府山陰縣人成化八年吳寬榜進士成化十九年按臨

王鑑之字明仲浙江紹興府山陰縣人成化十四年曾彥榜進士弘治五年按臨

林塘字廷玉福建福州府候官縣人成化十七年王華榜進士弘治八年按臨

方誌字信之浙江寧波府鄞縣人成化二十三年費宏榜進士弘治十四年按臨

陳琳字王疇福建興化府莆田縣人弘治九年朱希周榜進士弘治十七年按臨

黎鳳字乾兆江西臨江府新喻縣人弘治九年朱希周榜進士正德二年按臨

黄如金字希武福建興化府莆田縣人弘治十八年顧鼎臣榜進士正德八年按臨

張璿字仲齊直隸真定府晋州人正德三年吕柟榜進士正德九年按臨

張鰲山字汝立江西吉安府安福縣人正德六年楊慎榜進士正德十一年十二年按臨

林有孚字以吉福建興化府莆田縣人正德六年楊慎榜進士正德十四年按臨

陳伯諒字執之福建福州府福清縣人正德三年

吕柟榜進士未按臨丁憂

蕭鳴鳳字子雝浙江紹興府山陰縣人正德九年唐皋榜進士嘉靖元年按臨

鄭洛書字啟範福建興化府莆田縣人正德十二年舒芬榜進士未按臨丁憂

盧煥字克文河南汝寧府光州光山縣人正德十六年楊維聰榜進士嘉靖四年按臨

劉隅字叔正山東兖州府東平州東阿縣人嘉靖二年姚淶榜進士嘉靖七年按臨

章袞字汝明江西撫州府臨川縣人嘉靖二年姚淶榜進士嘉靖十年按臨

丘養浩字以義福建泉州府晋江縣人正德十六年楊維聰榜進士嘉靖十年按臨

張相字子良山東東昌府臨清州人嘉靖五年龔用卿榜進士未按臨丁憂

聞人詮字邦正浙江紹興府餘姚縣人嘉靖五年龔用卿榜進士嘉靖十三年十四年按臨

馮天馭字應房湖廣黄州府蘄州人嘉靖十四年

韓應龍榜進士嘉靖十六年按臨奏囬養病二十五年再臨

楊宜字伯時直隸真定府深州衡水縣人嘉靖二年姚淶榜進士嘉靖十九年二十年二十二年按臨

胡植字立之江西南昌府南昌縣人嘉靖十四年韓應龍榜進士嘉靖二十六年二十八年按臨

黄洪毗字協恭福建興化府莆田縣人嘉靖十七年茅瓚榜進士嘉靖二十九年三十一年按臨

趙鏜字仲聲浙江衢州府江山縣人嘉靖二十六
年李春芳榜進士嘉靖三十二三十四年按臨
周如斗字允文浙江紹興府餘姚縣人嘉靖二十
六年李春芳榜進士嘉靖三十七年按臨
吴遵字公路浙江杭州府海寧縣人嘉靖二十六
年李春芳榜進士先未按臨丁憂嘉靖四十年
按臨
耿定向字在倫湖廣黄州府麻城縣人嘉靖三十
五年諸大綬榜進士四十二年隆慶元年按臨

周弘祖字元孝湖廣黄州府麻城縣人嘉靖三十
八年丁士美榜進士隆慶二年按臨
鍾繼英字樂華廣東廣州府東莞縣人嘉靖四十
四年范應期榜進士隆慶四年按臨
周禧字以吉湖廣黄州府蘄州人嘉靖四十一年
申時行榜進士未幾卒
謝廷傑字宗聖江西南昌府新建縣人嘉靖三十
八年丁士美榜進士萬曆元年按臨
褚鈇字民威山西太原府榆次縣人嘉靖四十四

年范應期榜進士萬曆四年按臨
郭莊字子涖陝西鞏昌府徽州人隆慶二年羅萬
化榜進士萬曆七年按臨
李學詩字子興河南彰德府安陽縣人嘉靖四十
四年范應期榜進士未幾陞任
李時成字惟中湖廣黄州府蘄縣人隆慶五年張
元忭榜進士萬曆九年十年按臨
王國字之植陝西西安府耀州人萬曆五年沈懋
學榜進士告病歸

房寰字仲伯浙江湖州府德清縣人隆慶二年羅
萬化榜進士萬曆十二年十四年按臨
詹事講字明甫江西撫州府安樂縣人萬曆五年
沈懋學榜進士萬曆十六年按臨
柯挺字以拔福建漳州府海澄縣人萬曆八年張
懋修榜進士萬曆十八年十九年按臨
曾家乾字體良廣東廣州府連州人萬曆五年沈
懋學榜進士萬曆二十年考選貢告病歸
饒位字廷立江西南昌府進賢縣人萬曆八年張

懋修榜進士萬曆二十一年二十二年按臨
陳子貞字以戍江西南昌府南昌縣人萬曆八年
張懋修榜進士萬曆二十五年二十六年二十
八年按臨

論曰督學憲臣正統初元始設景泰年間暫輟至天
順六年復設仍　賜勅諭其選嚴而其任專矣居
是職者貴公以取士而請托者有懲明以校文而
雌黄不爽黜陟行而士論帖然允服斯上不負
朝廷下不負諸生此心可對天日正德以前孫公
昻遇閲文日必衣冠正襟危坐而惟恐失人陳公
選首黜浮薄令士子從根本立學不尚華藻士習
一變戴公珊惟公而恕士服其心陳公琳當嚴霜
酷烈之餘而被以和風甘雨士心感激文而不能
忘嘉靖而後首稱楊公宜而胡公植趙公鏜耿公
定向李公時成士論歸焉饒公位不狥請托雖以
此忤權要士論韙之若嘉靖庚戌辛亥萬曆甲申
乙酉則濫觴極矣顧庚戌邑中有賈姓者輸財一
顒者冒其姓為王得入泮宗師廉得其狀痛責預

事廪生如重犯與論一時稱快第年來鄉賢之濫
觴士習之浮薄誠有如督學陳柱史所
奏請者果能遵部覆而鋭意舉行鄉賢祠如秋闈賍
濫有據鄉評遺玷可指者允矣先正共羞悉行查
革諸生結黨具呈恣把持以侮人者併查造謀而
嚴行黜降則可以動後人之景行可以警澆漓之
惡俗其有裨於世教者豈淺鮮哉謹備錄於左俾
士子知所遵守不敢濫舉而妄動云一慎鄉校之
祀典以彰激
勸各郡邑學宫設有鄉賢名宦二祠有司春秋以
禮致祭最重典也臣職在學校專司風化地方賢

有司賢鄉達生當景其休光死當重其型範用以
表前軌而訓後人皆其職矣乃近來人情喜為名
高子孫後談先烈凡遇觀風之使每故陳乞之端
申請者不顧代庖批行者不辭越俎非賢而稱鄉
賢非名而曰名宦祀雖附於宫墻羞實貽之俎豆
非國家慎重祀典專勅學使者意也臣以為
職掌當明稽核當審祀之可否悉聽督學憲臣廵
試之時博採輿評斷以公論前此冐濫者不妨查
革後此推舉者務加詳慎名宦則備考其當官建
竪有何遺詠甘棠鄉賢則詳察其居鄉行實有何
評高月旦使享祀者無媿允祀者無私别衙門不
得輕聽請乞而提學官陞遷之日仍以入祀姓名
揭報部院庶事權不紊激勸可明即主其事者亦
懼清議而不得自私也
前件臣等看得郡邑學宫設有鄉賢名宦二祠要
行風厲表勸庶幾高山景行之思也第昔常梩於
上之採訪今多出於下之請乞昔之採訪必公
嚴輿論未定常累祺而不獲牧今之請乞愈濫愈

輕後裔官達率多方而謀必得不惟鄉評遺哂亦
且先正共羞宫墻之側豈宜慣慣若此原所由來
則以近世政出多門事權不一提學官不得專主
之故也夫提學官奉天子璽書品隲材賢振揚
風教一方文獻皆所提衡則名宦鄉賢之秩祀皆
當屬之提學官無疑也今後合無依提學御史所
請凡祀于鄉賢名宦專屬提學官定奪别衙門不
得越俎即有批行該地方官仍轉詳提學官得允
方許奉行提學官陞遷之日通將入祀姓名揭報
部院查訪不公罪在提學官如此則職掌既專祀
典亦正大為有裨風化伏候聖裁
一禁連名之呈詞以正士習語云周士貴秦士賤
貴賤自取之耳士果自重人未有先侮士者即士
或為横逆所侮則一士亦足以敵一人各官出自
學校身非緇黄原有重士體面何乃借斯文一體
之名倡仗義扶綱之說或一士受辱於鄉黨則通
學攘臂争告於有司或一士見挫於有司則通學
連名呈訐於院道或一士與士訐訟於公門則黨

同伐異淆亂乎黑白要盟約誓奔走若狂此胡為
哉不思國家造士將謂其循循軌道乎抑悻悻
意氣也士之取友將過失相規乎抑同惡相濟也
且由士推之人各有黨設一民有犯而萬民結于
野一官當議而百官争於朝一卒伏誅而衆卒譁
于伍豈非大亂之道乎邇見如皋縣學生員叢一
鸞等蕪湖縣學生員施必受等皆事不干已糾黨
相攻然不敢赴臣衙門者懼臣繩之以法而在别
衙門則可以寛假也已經臣牌行查究外以後上
司公舉呈詞不必批發有司不得詰問臣一以訪聞
即奉勅書照例遣出蓋人各有三寸之舌本有
兩造之平何必借衆人之力以肆張皇之舉哉况
其具呈開列通學乃有全然不舉而盗冒姓名者
或有出於要挾而勉强附行者比至追究首事之
人則又互相推避而上之人亦以罪不加衆而貸
之矣故臣以為結黨可禁而拔本塞源則連名之
呈詞可無允也
前件臣等看得士習之壞至於今而極矣方今

聖天子道化洋溢士胥興起節義文章往往輩出可謂一時之盛惟是甄收既廣不無稂莠嘉禾並值氣習薰染漸漬成風以致諸不檢輩遇事蠭起武斷把持下無鄉曲上無公府雖日日競競閉户下惟之士畏其要挾傀首追隨不知而列名不敢辦也知而列名不敢異也夫諸生繫籍斯文各衙門既多以體面寬假而一時連名群擁各衙門又難以法令從事以故諸生縱肆成狂地方官姑息成畏然要之地方不過二三不逞俗稱學霸者為之鼓煽怙衆其人固可訪而知也在士如此等而上之推而極之何所不至今日士風莫病於此信有如御史所言者刻連名呈詞之當禁恂宜申飭今後合無依提學御史所請如諸生有為横逆侮辱者止許本生自行訴白不許糾合同宗同會同堂諸生連名呈訐違者除本生究革連名十人以上提學官查為首者徑黜其餘遞降如係通學連名則稟增附各黜其餘遞降如未身到衙門係為首暗自填列者許首免以外知名把持學霸生員名雖列後仍與為首生員一併黜革該學教官輕則徑行戒飭重則報部劣處倘再抵觸提調等官或違犯卧碑約盟訐訟聚黨群譟者從重究處如法各地方官如遇連名呈詞不許聽受惟原被侮辱本生自訴亟與從公昭雪以存士氣若該衙門偏狥以致寃抑不申或非禮凌虐以傷士類本生逕赴提學官申理該衙門聽提學官參論部院亟為題覆其該地方有司官務將提學官三等簿逐季申報提學官訪實不必復候按臨即行黜降毋得偏護諸生不信提調養成暴戾如此則士氣既申士習亦飭其于防範挽回之義不無小補伏候聖裁

無錫縣學筆記　卷之六　十一

附禮部題准正文體事宜

禮部尚書兼翰林院學士范

異主意時文以正士習事照得我

朝開科取士其鄉會試録必曰中式式者何依經按傳純正典實而已乃今取士猶故也而式則澌滅無餘矣離經叛道左袒于清虛若空及諸子百家為譚柄又或外正題而畧無發明影時事而恣為誕妄士習之詖風教之湮從來未有若此甚者然原其弊緊則責在提學各官提學各官倘競競以依經按傳純正典實為楷模尺寸不奕士非此欲進無繇其孰敢不軌于正初試既正由茲而鄉試而會試不過皆此一時所識拔諸弟子員又孰敢不軌于正乎是乃所謂中式是乃所謂真才若夫炫于俗艷誘于時會就士論士擊節詭異而弁髦

典制則是庠序化為異端青衿不復知有孔孟

祖宗功令其謂之何哉且夫以賢人語發明聖人尚不得為形肖況以異端之說竄入吾儒又以時事支離逞臆令人傳哄不已此而不禁竊恐狂瀾濫觴罔所底止

祖宗二百年養士士三年待此其初似不爾也查得萬曆十五年二月內該本部題為士風隨文體一壞懇乞

聖明嚴禁約以正人心事內稱諸士經義之中引用莊列釋老等書決裂繩尺欲提學官將原取優卷歲終解部如有沿襲前弊壞亂文體者定將提學官分別卷數多寡題

請罰治本生黜退除名等因奉

聖旨是近來文體輕浮險怪大壞士習依擬着各提學官痛革前弊仍將考取優卷送部稽查如有故違的你部裏摘出開送內閣從重參治科場後參閱硃卷節年題有定例今後也要着實舉行毋事空言欽此又查得萬曆十六年正月內該禮科題本部覆為乞行申飭釐正文體

勅旨以光

盛典事內稱考過優卷已經題

准解部其到任近地里遠者限二月終旬題參若文

無錫縣學筆記　卷之六　十二

體違式係提學官造士不端宜從重參治以重
詔旨而信
命令等因奉
聖旨這釐正文體事宜依議着實行各官如有故違
明旨沿習舊套的你部裏及該科務要指名參治欽
此大哉王言昭如日星其為士習文體慮至深遠
已以故一時查參違慢既嚴而
詔令職守愈信乃今歲月滋久法令漸弛各提學官
雅志釐正者固多而苟且竣事者亦復時有試卷
解否參差不如往約文體純疵相較日見可駭其
說大都有二提學官掄選諸士不以文體為優劣
惟取其才氣筆頭以為奨賞及至查閱得出尚斬
黜華則士亦何懲之有吏部及本部考覈提學官
未及以士習為殿最因仍姑息參罰久虛即有真
能以轉移士習為已任者亦未立見褒異則提學
官亦何勸之有科場不遠似應亟行申飭等因案
呈到部看得釐正文體責在提學節奉
聖旨不啻再三乃今沿襲如故殊非法紀既經該司

具呈前來相應題請恭候
命下本部通行省直提學院道定如萬曆十五年題
准事例各將原卷通限本年十二月終解部其路遠
新任者限二十五年二月內解到容臣等查閱字
句有仍前詭異雜用佛老百家違悖註疏者開送
內閣覆閱將提學官照例參治本生定行黜華不
許延緩遲違一併提參提學官仍將先後
明旨刻示曉諭諸生使知近習所必禁坊間新刻
詭異主意時文有妨士習提學即時查覈將板
劈毀勿得傳布本部仍行吏部及提學官陞轉務
以有功士習與否為殿最庶斯文之統紀不淆
祖宗之法制愈肅諸所以得士必光明純正險詖不得
復襍其間用以成人才維世道所裨益不淺尠矣
等因萬曆二十四年十一月二十三日本部尚書
兼翰林院學士范 等具題二十五日奉
聖旨是近來文體險怪屢經明旨申飭全無改正這
所奏依議着實舉行以後提學官務查有無轉移
士習為殿最不許槩擬陞轉吏部知道

禮部尚書兼翰林院學士范 等覆為科場届期
例當申飭謹將應行事宜開列上請懇乞
聖明嚴諭務期遵守以重大典事先該本部以近來
文體詭異決裂繩尺經義之中引用莊列釋老等
書致壞士習欲責成各提學官務以依經按傳純
正典實為楷模吏部及本部考覈提學官務以轉
移士習為殿最
一宋儒傳註我
朝所頒以一士習士子尊信未有一題而數說者乃
近日每遇一題各立主意愈新愈怪大可駭人考
官眩惑不無兼收以致士子效尤不務依經傍傳
專一鬪巧爭奇以後題目主意務照傳註正宗一
說合者取不合者置其偏誕之甚至與傳註背戾
題是叛道不經轉發提學官急行退革不許仍前
兼取混中如踵前弊本部查係房考其官同主考
官一併參治夫
明旨昭如日星近時士習文體壞且日甚考試監臨
提調等官不此之亟惟孜孜較量禮節安在其奉

明旨重大體乎至於本部申飭事宜皆經歷科題
准奉行違慢即非同文不倍之義本部該科擬事查
參定不姑息
一掄文宜在精專文體之正須奉
令甲再申之矣第恐鉛槧家迂於正之說仍爭予
詭則其體幻泥于正之說或爭剿庸則其體甲於
國家文教皆無當也不知正者正其說者而之中也
過奇不可也亦正其庸者而之粹也過常亦不可
也大抵平不腐高不怪發透聖賢之旨盡黜佛老
之言成
盛代郁郁文章斯得之耳顧所謂正文體者謂其
不濫觴于詭異而可駭非謂復改絃于庸腐而可
厭也文至于庸腐而可厭則于文體亦不得謂之
中正矣大都宜以弘正年間典雅程式為主若乃
詭異庸腐俱不許錄今御史龔文選所謂新粹恐
亦即在典雅中也蓋典雅未有不純粹者若再示
一新字恐妨釐飭又或二三士子近習未脫別念
轉生畫一之謂何雖申飭不幾于空言乎

右范宗伯題准學宜所爲正文體計者亦諄切矣
爲士子者猶然襲二氏之譚炫奇弔詭以相高奚
啻弁髦聖言抑且敢悖
明旨亦不足以言士矣夫所業制義求中式耳習怪
異以炫人而自遠於中式其見不亦左乎顧怪異
可厭而庸腐則可鄙皆非中式之選也惟純正典
雅既不迂於正之說而失之怪亦不泥於正之說
而失之腐庶幾郁郁乎可以語中式之文哉
附部覆徐柱史題請學校事宜
一議嚴課程以挽士習
前件臣等看得文藝器識士子兩重邇來文體怪
誕不遵傳註已經臣等申飭不啻再三乃士風決
裂有月異而歲不同者不特八閩爲然也蓋緣近
日紀綱弛於郡縣而法網疎於青衿在士子每以
放浪爲高致在有司又以優容爲作興以致相狃
相玩日驕日恣其甚者不攻文字而攻狀詞不習
誦讀而習謗訕真有如御史徐所云者及時不爲
隄防勢將何極顧舊時督學諸臣往往置門簿以
稽公門之出入而有司率應以虛文定月考以驗
會課之勤惰而教官祇視爲故事則柰何令士子
有所戒勉而若於教也今亦不必別爲之術惟于
斯二者務求着實舉行蓋士欲肆其不肖必由郡
縣提學官每季給與各郡縣門簿一扇凡生員出
入必書弗得漏匿季終繳遞學道仍將此季內生
員有過惡顯著者一併開送該道查其事情輕重
以便黜罰倘法所不宥情無可原者不必俟臨考
之期經行革黜而又定月考之規行之各學各學
教官每月題請於掌印有司季終將閱過生員優
卷幾何劣卷幾何并有無月課悉造花名冊送道
俟臨考之期一併查閱以爲賞罰此唯該道意在
必行則有司教官未有不以實應者也至於歲考
一節尤當亟講聞之各省僻遠之處有七八年不
經歲考甚至有十餘年者夫士雖志青雲乘時自
見能待幾十餘年耶且學問消長不一增廩黜陟
無憑令後提學官務查前次歲考久近以爲巡歷
三年之內務期一遍弗得以科舉相兼可也至於

性理一書乃宋儒精神心術所寄士子舉業之本
領也邇來人攻子史佛老諸書遂棄之不啻讎矣
不知理學不明何稱舉業即幸叨一第致用何資
今宜立爲程限責令諸生誦習究解歲考論題與
綱目通鑑問出不記文字雖佳必罰則潛心理窟
足消其險怪鹵莽之習文體士風良亦有裨臣等
又訪得各處生儒欲納交有司必先拜門生夫門
生名雖以文字相與而實鑽刺囑託之地益不肖
之夫以有所依庇而作奸者何限今宜嚴爲禁緝
有濫拜濫受者生儒提學有司撫按究治即考取
門生亦不必時與往還以遠嫌疑如此庶人知守
法而於起弊維風未必無小補矣伏乞　聖裁
一議懲教職以端師範
前件臣等看得教職一途大都歲貢遷除而乞
恩舉人間亦藉此以爲出身之階其中砥礪名行
者固多而貪鄙卑污如御史徐所陳亦復不少蓋
緣此官以窮途居散地人多憐而亮之而不知士
子於斯矜式教化於斯奉行所係原自不輕若不
示之勸懲何以別賢否而重表率也合無自今教
官有行能超卓清白禔躬者撫按學道加意培植
復　命薦揚不必拘于額數其或貪昧無恥不堪
教責擇其尤者處治一二即舉人與新任俱不必
論其餘但能安貧守道雖無瑰瑋可述亦皆量與
一獎以示作興至于提學考取儒童務限定日期
與送入學違者提禮房并學吏究革如係教官勒
索悠期訪實重行提罰如此夙弊新　而頑夫自化
師道立而善人必多矣伏乞　聖裁
右二條萬曆二十六年福建巡按御史徐公兆魁
所奏請禮部覆議通行直省者大有裨於學校
故併錄之請士類而一寓目也能無惕然自檢乎哉

師生職員吏役并事例附

教諭一員　未入流月俸米三石每石折銀壹兩

歲該叁拾陸石共銀叁拾陸兩條記一顆文曰

無錫縣儒學記

訓導二員　未入流俸糧折銀同上

廩生抽膳折俸每月伍錢歲該陸兩

廩膳生員二十名　月支廩米壹石每石折銀壹

兩歲該拾貳兩

增廣生員二十名

附學生員無定數

論曰國家養士亦重矣士游膠庠者無論廩膳增廣

附學每歲於均徭内優免田四十畆人丁二丁蓋

不以凡民待之也若廩膳則歲支廩米十二石每

石折銀壹兩又給膳夫銀陸兩彼未嘗為　國家

任一事而食廩若是豈徒靡廩巳哉正儲養其氣

備異日國家之器使耳諸生而受若廩也亦宜感

恩圖報砥行立名惴惴然惟素飡之為慮斯可以

言士矣脫藉此為學覇之階而罔知自愛豈國家

所望於士者哉

吏役附

學吏一名　每年折米銀肆兩貳錢

齋夫六名　每年銀拾貳兩遇閏加銀壹兩教諭訓導三員每員二名均徭編派

膳夫二名　每名銀陸拾兩均徭銀差內編派徵銀發學給散廩生每名陸名

斗級三名　每名柒兩貳錢共貳拾壹兩陸錢均徭銀差內編派

庫子二名　每名柒兩貳錢共拾肆兩肆錢均徭銀差內編派

啟聖祠門子一名　柒兩貳錢均徭銀差內編派

尊經閣門子一名　柒兩貳錢均徭銀差內編派

射圃門子一名　每年貳兩均徭銀差內編派

事例附

朔望香燭　每年銀壹兩捌錢

上任備用　每年家火銀捌兩　祭祀叁兩

文移公費　每年紙劄銀叁兩陸錢

校職

師儒之官職專教育貴得人任之本學教職宋無專官或縣令或縣佐攝之有專官自元始自元至
國朝考之邑乘及碑記所載幷遡年所知者書之

元　教授

范拱　章元孫

完顔　朱振孫

毛希聖　李思孝

胡濟　徐一得

余鎮卿本州人　郭登龍

嚴鍾孫　王玹

黎叔冉　梅正傳

胥諶　卓真孫

朱魯卿崇德人　周恕信州人

翁廷序弋陽人　岳自持宜興人

王容英成都人

國朝教諭

呂志學本縣人　戴時省名吾以字行宜黄人

黄鳳閩縣人　郭逵淮陽人已上俱洪武年間任

李孟昭廬陵人　林粊連江人由舉人已上俱永樂年間任

林汶遠慈谿人由舉人　秦良廣西人已上俱宣德年間任

林僑長樂人由解元　羅文吉水人由歲貢已上景泰年間任

劉瑛成都人　劉鍾安福人由儒士

金爍鄞縣人由舉人　陳惟新長樂人由舉人已上成化年間任

陳徽陽曲人由舉人　卜垠東陽人由舉人

陳世傑莆田人由舉人　王雄洛陽人由舉人已上弘治年間任

唐瑜臨桂人由舉人　董資元由舉人已上正德年間任

尤和晋江人由舉人　孫茝　人由歲貢

姚僖桐廬人由歲貢　王業遂安人由歲貢

文吉陝州人由舉人　王楠偃居人由歲貢有儒者風

王錫恩茌平人由歲貢以直諒稱　袁豐分宜人由歲貢

張重莆田人由舉人沖和端雅　鄔嘉奉化人由歲貢

李顯朝樂至人由歲貢已上嘉靖年間任

衛鋭仁和人由歲貢　高巖閩縣人由舉人

孫表寧州籍句容人由歲貢已上隆慶年間任

侯必恭舉人四川人行端度雅有師範　梁肇修順德人由舉人

柯頌德 湖廣人由舉人　李元白 浙江人由歲貢
唐學禮 滁州人由歲貢　周曰庠 鎮江人由歲貢
譚魯 始興人由歲貢　嚴軒 德清人由歲貢廝役滿學自此始
呂鳴陽 襄陽人由舉人　李仕道 隆昌人由歲貢

訓導

王惟允 本縣人吳元年任　丁信 本縣人能詩
朱昇 本縣人　王達 本縣人由儒士
錢仲益 名允昇以字行本縣人已上洪武年間任
盧立魁 州人　任季亨 樂安人已上永樂年間任

馮善 本縣人　曾經 文江人已上宣德年間任
王輔 弋陽人由儒士　李純 安福人已上正統年間任
唐勵 錢塘人由舉人　蔡蘭 監利人已上景泰年間任
李奎 祥符人天順年間任　李時顯 安福人
洪珵 閩縣人由監生　陳孟稠 莆田人由監生
謝經 衡陽人由珙縣教諭左遷　虞煥 山陰人由舉人
項質 豐城人由舉人已上成化年間任　張琯 諸暨人由監生
何繼周 諸暨人由舉人兩典鄉試　余彪 浮梁人由監生
邵恒 黃巖人由舉人已上弘治年間任　劉震 三山人由舉人

李雄 祥符人由舉人　鄭士烈 莆田人由歲貢
葛廷輔 已上正德年間任　江旋東 墊江人由舉人
黃金 得州人由歲貢　馮富 人由歲貢
王濟 僊居人由歲貢古朴質直　陳潤 溫州人由歲貢孝行可稱
李觀 四川人由歲貢　周法 南昌人由歲貢
孟世威 靈寶人由歲貢　劉欽承 石首人由歲貢
張雲 安吉人由歲貢　謝鵬 甌寧人由歲貢
袁敏超 峽江人由歲貢　魏果 龍巖人由歲貢端方有懿行
龍愚卿 宜春人由歲貢　王錦 錢塘人由歲貢

歐陽岡 分宜人由歲貢　李春芬 宜平人由歲貢已上嘉靖年間任
張鎮 秀水人由歲貢　吳澤 蘭溪人由歲貢
林幹 臨海人由歲貢　李嶼 金鄉人由歲貢善大書已上隆慶年間任
劉舉 安東人由歲貢　俞韶 湖州人由歲貢
徐鐸 荊州人由歲貢　唐學禮
俞楷 贛州人由歲貢　胡蹇 餘姚人由歲貢
王一鶚 合浦人由歲貢著塾訓韻律　梁輔 泗州人由歲貢
姚謨 舒城人由歲貢和易有守　張焞 江都人由歲貢
任曾魯 通州人由歲貢　張用覺 蕪湖人由歲貢

論曰學校之官其祿微矣而其任則重顧祿雖微而澹泊明志者當無苜蓿之嗟任既重則嘉惠作與自可為士人矜式萬曆已前遺範有祠去思有記者無論矣邇年來如譚公魯者非矩弗蹈非義弗取每遇祭祀必虔必慎且日有程月有課少年生有踰繩墨之外者必面斥不少貸呂公鳴陽和易可親而介然不可犯諸生一切饋遺多寡不較有無不較造就亦自有方時縣大夫柴公恪與公同省且同鄉薦同官幾載未嘗以私干恐恐然若將浼焉者之二公也固澹泊自明而諸大夫國人之矜式哉嘉靖之季有一分教渺視掌教老且病其子不甘相競故縱妻妾與之相紐擁入縣庭斯文掃地甚矣萬曆戊寅有一掌教凡諸生晋謁見服美者拜匣工緻者托言借樣竟匿不還尤為可笑邇年又有一分教貪戾縱肆與縣佐有隙彼此互相傾陷者均為聖門宫墻之玷未幾無論科貢悉褫職去可無鑒乎

無錫縣學筆記卷之六 終

無錫縣學筆記卷之七

邑人談修纂

選舉

歷代取士之法設科不一而進士科則自隋煬帝始唐之設科雖多而行之最久者進士明經也宋初循唐故事後雖屢更大都專尚詞章而已我
國家廣立官人之路以科貢收學校所養以薦辟盡田野所遺比者專重進士鄉舉次之歲貢又次之而弓旌之招不復下矣

甲科

唐元和元年　李紳
宋慶曆六年賈黯榜　錢顗
嘉祐二年章衡榜　蔣之奇
八年許將榜　袁默　孫庭筠
治平二年彭汝礪榜　凌浩
熙寧三年葉祖洽榜　陳敏
六年余中榜　沈衯　沈譓　蔣之美
九年徐鐸榜　沈復

元豐二年時彦榜　費古
八年焦蹈榜　袁點
元祐六年馬涓榜　王周　沈禓
紹聖元年畢漸榜　許德之　尤輝
元符三年李釜榜　王岡
崇寧二年霍端友榜　袁植　宣和甲辰詞學孫近　丙戌詞學洪遘
四年李暐榜　孫逵
五年蔡薿榜　李謨　施垌　唐作求
大觀三年賈安宅榜　沈松年　李尚行　費肅

錢紳　李端行　袁正功　建炎甲戌詞學
宣和三年何澳榜　費介
紹興二年張九成榜　陳之淵　陳之茂　許衍之
十二年陳誠之榜　唐孚　許伸　費鍇
十八年王佐榜　吴幬　尤袤　陳篆
戴幾先　吴擣　許擣　陳長源
二十一年趙逵榜　蔣芾
二十四年張孝祥榜戴逵先　呂克誠
三十年梁克家榜　陳翥

隆興元年木待問榜　李祥　李霖
淳熙二年詹騤榜　尤槩
五年姚頴榜　沈有開
十四年王容榜　費塤
紹熙四年陳亮榜　馮多福
嘉定元年鄭自誠榜　尤焴
十六年狀元蔣重珍
寶曆二年王會龍榜　費犇
紹定五年徐元杰榜　蔣應新

寶祐四年文天祥榜　邵煥有　趙必鏞
景定三年方山京榜　尤棟
咸淳元年阮登炳榜　陳炤　邵夢接
四年陳文龍榜　鄧恢
七年張鎮孫榜　王應龍
十年王龍澤榜　孫桂發
元　陸士弘　焦禺
國朝　舊志載洪武三年徐自全榜進士錢掌查訛
洪武十八年丁顯榜　許靈　葛桓

永樂二年曾棨榜　殷序
十年馬鐸榜　張思安
正統四年施槃榜　楊㻿　王訥　成始終
十年商輅榜　許篪
十三年彭時榜　倪敬
景泰二年柯潛榜　盛顒　周清
五年孫賢榜　孫璚　楊琛
天順四年王一夔榜　談經　秦夔
八年彭教榜　陳賓

成化五年張昇榜　談綱
十一年謝遷榜　華山
十四年曾彥榜　繆昌　過鶴
十七年王華榜　陳周　呂㠯
二十年李旻榜　邵寶　陳昌
吳學　華烈　張愷　華珏
二十三年費宏榜　俞世德　朱珏　華津
弘治三年錢福榜　馮夔　羅柔　楊文
茹鑾　陸廣

六年毛澄榜　錢榮　秦金　陳策
王恂　王德
九年朱希周榜　華彔　呂元夫　鄧洹
十二年倫文叙榜　莫息　葛嵩
十五年康海榜　朱紘　俞泰
十八年顧鼎臣榜　方學　顧可學
正德三年呂柟榜　茹鳴鳳　葛恒　成周
陸禮　顧可適　李覺
九年唐皐榜　喻義　陸卿　張汝欽

過喻　顧可久　錢憲
十二年舒芬榜　曹懷　楊淮
十六年楊維聰榜　華金　浦瑾
嘉靖二年姚淶榜　華鑰　王召　茹鳴金
五年龔用卿榜　華察　談愷
八年羅洪先榜　王表　安如山　黃正色
張選　曹察
十一年林大欽　浦應麒　尤魯　王瑛
十四年韓應龍榜　王立道　陸子明

十七年茅瓚榜　王問　俞憲
二十年沈坤榜　夏子開　華舜欽　周俊民
　吳禎　華雲
二十三年秦鳴雷榜吳情　馮有年　俞謹
　李文麟　尤瑛
二十六年李春芳榜邵德　秦梁
二十九年唐汝楫榜馬濂　鄭伯興
三十二年陳謹榜　何汝徤　秦禾　汪汝達
　党緒　祝舜齡

三十八年丁士美榜華汝礪　徐卿龍　張子仁
四十一年申時行榜黄學海　華啓直
四十四年范應期榜王鑑　周子義　顧應龍
　萬言策　胡涍
隆慶二年羅萬化榜　華叔陽　龔勉　錢普
　唐喬　施夢龍　賈應璧
五年張元忭榜　施策　秦燿　吳汝倫
萬曆二年孫繼臯榜　孫繼臯　蔡惟亨　鄒迪光
　嵇應科　王問卿

五年沈懋學榜　李應祥　萬象春　嚴一鵬
八年張懋修榜　顧憲成　盧文勲　侯先春
　鄒龍光
十一年朱國祚榜　華廷詔　周子文
十四年唐文獻榜　劉源澄　顧允成　安希范
　何淳之　顧龍禎　韓文　婁希亮
十七年焦竑榜　何湛之　葉茂才　周繼昌
　楊應文　高攀龍　陳幼學　華士標
　華國榮 是年會試中式歸卒

二十年翁正春榜　吳海鰲　堵維垣
二十三年朱之蕃榜劉元珍
二十六年趙秉忠榜何棟如

論曰我　國家取人首重進士議者謂僅取文藝一日之長顧世趨奔競舍此掄材其道無繇也吾錫由進士起家能不負　國家掄材盛典者代不乏人如邵文莊秦端敏之德業黃太僕之直節余曾祖萊州公之理學尤稱邑中人望凡由此途入仕者仰體　國家首重至意有官守則效靖共之節而不知有家有言責則批鱗折檻而不有其身際昇平則休養生息以培　國家之元氣倘遇有警則折衝禦侮俾　國家之神氣以張斯為不愧科目慎毋視為長傲之階黷貨之媒而肆行無忌宦遊則尅剥民脂居鄉則豪奪閭里藉此肥家而縱欲詎知天道好旋肥家愈甚則子孫之破家愈促議者謂文藝一日之長不足以盡士盖謂此輩可無戒哉

鄉舉

宋端平元年馮道心

嘉熙四年　唐應元

淳祐三年　陳大用

九年　孫宗彊　周霆震　司馬求　唐良輔

陳淵

十二年　王棨　陶應炎　孫仲龍　唐玉傳

唐一鶚（景泰二年再舉）

寶祐三年　唐煥發　顧雄午　戴日輝

六年　張夢奎　陳士首　過如珍　賈造

章聖舉　趙必鏸
景定二年　司馬應年　陳鑑咸淳三年六年再舉　戴天驥　王颷
唐霖龍咸淳六年再舉
五年　王桂子　何巖壽　唐駿發咸淳三年六年九年四舉
薛應發　楊文龍　李蒦
咸淳三年　顧真傳　陳奎六年再舉　戴謨　王庭蘭
趙孟祐監舉　虞薦發九年再舉
六年　朱龍大　孟晦　吳夢禄　戴應牧
陳應麟　周南輝

九年　唐迪　孫逢吉　楊震發　虞應酉
趙孟徤監舉
元泰定三年尤良
至正元年　陸以衎　陳顯曾
二十五年張籌省元
國朝洪武二年錢蒙
十七年　許靈
二十三年倪峻
建文元年　許節監生　王冕監生

永樂元年　殷序　劉蒙
三年　謝寅　楊浩　唐理監生　范濂
六年　秦彧
九年　周鎬　張思安　嚴猷監生
十五年　陳直
十八年　俞雍　陳肅監生
二十一年魏楫監生
宣德元年　許恭
四年　賀思中監生

七年　談泰　楊斌
十年　彭瑛府學　陳綸監生　成始終儒士
正統三年　王訥　楊璿　馮㮒
六年　盛顒　郭炅儒士
九年　倪敬儒士　許篪儒士　劉弘
十二年　成繪　應行　楊琛　周清軍生
唐旭
景泰元年　談經　周完監生　高經　吳遜
趙紳監生　尤諤監生　張九方

四年　鄒士奇儒士　唐澤　孫瓊府學生
七年　馮泰　張遜監生
天順三年　秦孚監生　秦夔
六年　陳賔　談綱　蔣琛　繆昌
張善　黃瑜
成化元年　朱玨　陸清監生　吳萱　高政監生
李珵儒士
四年　華山　楊纓府學生
七年　華玨

十年　許禮　過鶴　莫驄　陸廣
十三年　周楫　陳周　張愷　華烈儒士
邊文顒
十六年　吕卣府學生　邵寶　俞世德　馮盛時
茹鑾儒士　陳昌　丁友禎府學生
十九年　羅柔儒士　謝監監生　尤弼　余忠儒士
華津　吳學　惠遠儒士　張泰
二十二年　秦偁儒士　許寅　葛嵩府學生　秦金儒士
楊緯監生　王恂

弘治二年　楊文　馮夔　俞鎧監生　陳筞儒士
楊珙儒士　馬萱監生
五年　華泉　華夫　莫驥　錢榮
辛銘　王德　錢李玉　談一鳳
秦鎰　吕元夫　嚴桂
八年　繆覲　楊文昇　楊修　莫息
十一年　朱儼　方學　曹英　張暉
吳棠　黃鎧蘇州府學
十四年　吳燧　朱恩　李覺　朱紘

俞泰　潘資　成周　陳才
邊永寧儒士
十七年　潘相　秦銓　王宥　李泰
吳錦　顧可學　秦鏜　陸禮
正德二年　顧可適　楊中　浦瑾　張賢
陸卿府學　張汝欽　倪容　葛恒
錢憲　余信
五年　顧彦夫　喻義　華金　丁延年
鄒經　蔡元用府學

八年 華諫 邉瑜 吳同 王憓
曹懷 楊准 顧可久
十一年 朱衮（有才名） 趙默（以長厚稱） 王召 朱象賢
王表 葛豫
十四年 王問 華冑 李芳春 吳商（府學）
孫時勉（府學） 秦泮（官生）
嘉靖元年 華鑰（解元） 王瑛 華察（監生） 錢文爵
茹鳴金 高應奎（復姓朱 府學）
四年 陸果 尤魯 談愷 曹寅

丁謹（復姓俞） 顧可宗
七年 浦應麒 安如山 曹察 張選
陳義（書算） 胡雲（府學） 黃正色（江陰學）
十年 吳汝感（路名情） 華雲（監生） 強仕 俞憲
方旦 高材 周俊民 錢永昌
錢桂 周佩（府學） 華從光（改名電）
十三年 王立道 鄒子進 華治隆 厲深甫
陸子明 党緒 夏子開 華圻
馮有年 朱才就（蘇州府學）

十六年 王業（監生） 華舜欽 吳禎
十九年 鄭伯興 秦禾 李文麟 華士弘
秦涵 成憲（監生） 鄒應奎（以孝友稱）
二十二年 尤瑛（解元） 陸以卿（監生） 鄒夢桂 秦梁
蔡瀛 祝舜齡
二十五年 沈一貫 汪汝達 邵德 馬濂
鄒懋昭 華文甫（監生）
二十八年 殷旦 施陽得（以廉介稱） 王利賓 王鑑
何汝徒（應天府學）

三十一年 錢鍾義 施顯卿 鄒是訓 萬言策
華汝礪 吳詔
三十四年 顧應龍 徐卿龍 張子仁 劉芳聲
曹徵獻（監生） 黃學海（衛學生）
三十七年 唐楨 胡潛 趙道隆（府學） 顧詵（貢生）
四十年 孫一元 華譜（更名汝梅） 顧省身 華啓直
朱蓋臣 周子義 王欽 施夔龍
錢貢 郭鈞 顧述 許騰蛟
張國維

四十三年潘應文　胡滓　施策　唐
秦燿監生　吳汝任府學　龔勉
隆慶元年　華叔陽　賈應璧　陳以忠監生　錢普
鮑治　嵇應科府學
四年　吳汝倫解元　尤可仕吳縣學
萬曆元年　蔡維亨府學　陳幼學　孫繼臯　李應祥
周子文蘇學　鄒迪光　王問卿蘇人　萬象春
鄒龍光蘇學　鄒明良　朱萬齡　浦湛如
錢如瑜府學吏名景醇

四年　顧憲成　華廷詔　張明卿　華國榮
趙一鵬復姓嚴　成心學府學　何淳之應天人　楊紹程
何湛之應天府學　王之麟　華道任更名士標
七年　顧龍禎　盧文勲府學　韓文　侯先春
顧允成府學　陸雲龍常熟學　沈國振　吳愉更名瀹
王大路監生更名大益
十年　沈學　晏希亮　華仁夫　陳文龍
高攀龍　劉陞蘇州府學
十三年　周繼昌解元　劉源澄監生　唐士元監生　堵維垣

安希范　許世卿　顧朝禎貢生　鄒近光
楊應文府學　錢會監生
十六年　錢萬善　葉茂才　張文輝　苗希明
胡熙載　周俊卿　繆孝嬰府學
十九年　趙士禎　劉元珍　吳澄時中書　陸明汝
二十二年華勤祖府學　何棟如應天府人
二十五年黃懋孝　秦延蒸　顧應暘　鮑際明
二十八年秦延壽　華國才　華允謀　張維斗
秦重泰府學

論曰國家取士甲科而下所重者鄉舉非謂其發身科目乎顧士習日偷其弊有不可勝言者如糊名易書防貪墨者之査對也而暗通關節則糊名易書不足以杜其奸搜檢廵綽防黷淺者之懷挾也而交通厮役則搜檢廵綽不足以塞其竇秋闈登雋固彬彬多文學之士而間有一二其為科目之玷大矣矧以倖得者多抗焉自高目起惟事干請恣攘奪以縱聲色口體之奉束經書置之高閣毋遇會試之期妄支長夫銀而安然不出甚者設穽狥財囚首逮繫骫三尺而不顧又何取乎科目哉

歲貢

國朝洪武二十五年 楊彔
二十六年 姚樞推官
二十七年 李定御史
二十八年 張寅縣丞
二十九年 吳信知州 吳能通判
三十年 彭詵知縣 陳禮
永樂元年 陸平郎中 黃理兵科給事中
二年 謝寅
三年 蔡弼
四年 周南
五年 陳憲縣丞
六年 宋徵推官
七年 陳惟敬
八年 許鱗
九年 范景安按察司檢校
十年 許端典史 鄭顒鹽運司經歷
十一年 楊遂
十二年 繆赳

十三年 馬驄州判
十四年 胡賓知縣 吳悅
十五年 周信
十六年 倪琰知縣
十七年 王輝衛經歷
十八年 吳瑩
十九年 趙讓通判
二十年 沈森知縣
二十一年 葛單

宣德二年 杜繹衛經歷
三年 王懋通判 陳士名
五年 陳昱 吳益
九年 王璠知州 許儁同知 趙玉斷事
正統元年 戚懋訓導
三年 吳清知縣
七年 陳勉
九年 沈宗照磨
十一年 陸志知縣

十二年 錢綱取貢
十三年 蔣琦縣丞
十四年 李宣光祿署丞 葛希賢主簿
景泰元年 周鏞
二年 賀質教諭
三年 沈浩
五年 成秩縣丞
七年 郁文典寶 葛昊
天順二年 高瑄知縣

四年 厲昇知縣
六年 施度通判 許琛 茹玉知縣 鄒鏞
葛浩按察司經歷
八年 高節
成化二年 王民
四年 苗潤原姓談以父贅苗因姓苗授合江令築城修學禱雨輒應民歌咏之
六年 俞鎧
八年 華珵光祿署丞
十年 嚴冉訓導

十二年　陳訓 縣丞
十六年　朱琛
十八年　辛銘 中弘治壬子御試
二十年　戚性 訓導能詩畫
二十二年許栗 教諭
弘治元年　鄒鵬 訓導
三年　殷貴 知縣
五年　徐元 衛經歷
七年　馬傑 訓導

九年　張綬 訓導
十一年　陸介 訓導
十三年　朱正
十五年　戚慶
十七年　談維 府經歷
十八年　秦用中
正德元年　施閭 推官
三年　呂南
四年　盛顏

六年　楊文暉　鄒承錫 教諭
八年　朱袞 中丙子御試　尤輔 訓導
十年　施誥 訓導
十二年　趙勲　秦勵 州判
十四年　俞奎
十五年　殷佐 訓導
嘉靖元年　鄒諫
二年　苗敷 訓導閏子　過暐 訓導
三年　李望 教諭

五年　顧可立 同州
七年　陳籌 知州
九年　徐坤　楊文晭 知縣
十年　談一貫 知縣有才名
十二年　浦鏜 教諭
十三年　施漸 縣丞能詩
十五年　過棟 縣丞
十七年　潘箴 教諭
十八年　徐槐 教諭

十九年彭擇良訓導
二十年　秦淮知縣
二十一年馬寶訓導
二十三年孫讓訓導　秦伯文教諭
二十五年吳侃訓導　蔡元亨推官
二十七年許點　吳崇德
二十九年陸綸　周護　袁天恩訓導　殷文輝
尤瑑教諭
三十一年費子雍教諭

三十二年陳量訓導
三十三年浦楫教諭　華衮知縣
三十五年過聞詩
三十七年顧詵中戊午順天鄉試
三十九年鄒武齡教諭
四十一年華國章教諭
四十三年俞寅教諭
四十四年楊坡訓導府學
四十五年朱孔陽訓導　曹雲鵬訓導府學　鄒芾有隱德以德行貢一

隆慶二年　華復枌教諭
三年　秦滂恩貢博學工古文任理問　趙公楷府學恩貢知州
四年　蔡澄訓導
五年　高桂訓導
六年　華子憲　王之麟府學常熟人中丙子鄉試丁丑進士
萬曆元年　秦棐恩貢　李仁恩貢府學　陸尚弟恩貢府學
虞汝典序貢　錢應奎序貢常熟學
三年　吳聘通判事親以孝聞工舉子業精甚一時竟不得一第信有命哉
五年　秦柄直諒多聞未究厥施而卒

七年　顧朝禎蘇州人中乙酉鄉試知縣
九年　張子期教諭更名淇
十一年　華復元司務
十三年　吳應兆訓導　趙陽生訓導府學
十七年　吳善徵教諭　張漸府學
二十年　秦廷默選貢　彭士化府學
二十一年鄒鳳光府學
二十二年張三才　呂瑞徵府學
二十三年華春奇選貢

二十五年劉潤　許九皋府學
二十七年浦蒙泰　吳汝霖府學
年
年
年
年
年
年
年

年
年
年
年
年
年
年
年
年

年
年

論曰國家取士重科貢則凡起自貢途無論選貢恩貢歲貢悉入仕正途也柰何上官以日暮途遠目歲貢併選貢恩貢槩鄙賤而輕忽之彼亦以不禮上官而甘於自棄何哉嘗論材品之高下因乎人豈科目所能拘試稽吾錫童謐有號白奪者有號平分者有號鵰梟者有號檮杌者有號元惡者皆進士其人而邑乘所載　國朝諸賢有以鐵面稱嚴明稱愷悌稱惠愛稱勤敏稱贍稱秀發稱才望稱曠達稱忠節稱稱孝廉稱廉幹稱者不一而足悉非起自科休休有容之大臣擇其委瑣自棄者斥逐以懲之餘悉隨材器使而不以類拘庶嚮往之途不沮則人人皆知自奮天下無不可用之材太平可跂足待矣由貢入仕者果能以名節自厲挺然自立而寵辱不驚得行其志則所知者理法而求不愧乎職守倘志不得行則蕭然就道而毫無係累上焉

可不負　國家儲養至意下焉亦不負生平所學
矣彼卑卑焉甘自處於日暮途遠之境而罔知自
愛者固為可鄙慎毋若受賕徃徃縱賊鴟張故為
驕蹇之狀以自文者大為一方民害哉

無錫縣學筆記卷之七　終

無錫縣學筆記卷之八

邑人談脩纂

先世名賢

錫山先達諸賢入鄉賢祠及七賢祠者已立小傳
自是而外考之邑乘如漢王關高彪高岱虞俊晉
顧愷之唐李紳南唐陳喬皆錫人物時學制無徵
不敢具載自宋迄今凡賢有可録且起自本學者
悉述其槩俟考德者知所鏡焉

宋錢顗字安道舉進士熙寧間由烏程令召為御史
裏行王安石初行新法顗疏論其言行乖戾剛狠
自任安石怒出顗監衢州鹽課顗行謂御史孫昌
齡曰君奴事安石以得御史自以為得策耶我視
君犬彘不若聞者悚然時號鐵肝御史
袁默字思正父繹為鄉碩儒教授諸子默少卓犖
尤深於文中進士擢京兆府教授入為司農簿獻
無逸傳神宗召對遷光禄丞太學博士哲宗即位
除湖北轉運判官默學問淵深士大夫皆宗之
袁植字材老崇寧三年進士中詞學兼茂科為監

察御史金人入寇陳邊防十三事不納引疾致仕
建炎初召爲左司諫直言忤宰臣黜守岳州會虜
騎大入叛臣李允文擄鄂州大剽荆湖植脩其奸
上之允文得疏以兵趨岳陽執植植正色詆賊不
少懾遂見害追贈龍圖閣録其後
陳敏字伯修髫丱喪父廬墓哀毁有芝生塚上從
安定先生胡瑗學舉進士除太學正從蘇軾遊甚
厚嘗守台州會朝廷命郡國立元祐黨籍碑敏碎
其石掛冠而去自號濯纓居士大觀中以八行搜

天下士殿撰李夔薦敏行能守令親爲勸駕弗就
以壽終
凌浩字直翁與同邑陳敏俱學於安定胡先生以
經術知名兩浙登甲科嘗令蓬萊武涉召拜太學
博士推安定之學以誨多士咸敬服之出倅辰州
守渠陽年六十五致仕浩與敏皆不引年而告老
人謂得安定之道而有所守者
許德之字振叔父希道爲鄉宿儒四子皆傳一經
德之居長最穎悟紹興初登進士第爲揚州法曹

侍臣薦其才徽宗召見便殿德之對治道無多術
惟進賢退不肖上嘉納之擢司封郎中遷左太常
少卿以顯謨閣知婺州坐方臘起清溪爲寇貶賓
州高宗即位復官奉祠卒
王岡字壽祺居邑之賈山耽玩經籍登進士除國
子司業通判揚州丞相呂頤浩視師辟置幕下高
宗南渡丞相拜御營使以岡爲參議官籌畫多用
其計後丐祠歸紹興初召爲比部郎中後歷金部
遷左司郎中頤浩去國岡請老以朝散大夫直秘

閣致仕
李謨字茂嘉幼孤事母孝家貧感憤向學從樂安
先生遊擢進士第有敏譽徽宗知其才擢廣東運
判入對留爲太常丞繼爲監司遍歷河北高宗即
位除直徽猷閣知鎮江臨安兩府遷寶文閣移鎮
京口終謨歷事三朝皆蒙眷奬屬當時艱閔兵走
馬於燕趙之間而智畧精敏隨事制變稱爲奇才
施垌字林宗少力學登進士再除爲太學博士宣
和末提刑江東朝廷命鑿銀林河通大江調役煩

興堈抗疏極言其害後為寖徽宗下詔奬諭進秩一等累遷至禮部侍郎顯仁太后回鑾堈考議儀注時以為宜後以敷文閣待制終生平篤意孝友在官得親書必冠帶跪讀遇恩奏補官率推其弟姪鄉里推其賢

唐作求字叔孝第進士公卿間有以作求薦於徽宗召對稱旨除御筆所禮制局檢討官遷主客郎中出守徽州以朝散郎致仕作求學術該敏家訓嚴肅勵後進以振文藝翕然以儒學名家

沈松年字性仁父復舉進士仕至左中奉大夫松年亦中進士第為潤之金壇縣以文學擢太博會靖康之難丐歸田里以圖史自娛有妹適洪忠宣公忠宣使虜且久妹携諸甥歸無錫松年力勉以學後皆中博學宏詞科适拜相遵至樞府邁再入翰苑名聞夷夏時語非松年不能有甥若是

沈有開字應先由進士累官朝請大夫直龍圖閣少好學陶然自得晚教國子下簾講授不妄請謁及教嘉王邸每進講尤詳於君子小人之辨王邸位宣入禁中賜坐問民疾苦由是忌者排有開以僞學黨廢斥十年有開屹不為動已而帝悔悟使知徽州屢求去奉使江東迎吏守門迫有開行固不往復以知太平州遂乞致仕

費肅字懿恭少秀頴拔俗尤嗜學中進士第復以薦除秘書正字紹興初大臣舉其言行與簡齋陳與義同召赴行在時被召者三人獨肅抗節固辭不起天下高之

李端行字正達與弟尚行入太學俱有俊聲同賜

大觀三年上舍第為太學博士高麗遣子入學端行請以國禮繩之儀注悉裁於端行朝士服其得體後以作詩詆蔡京出宰鄞縣發憤丐閑終身不復仕丞相呂頤浩嘗師端行逮貴猶執子弟禮

李尚行字師尹丰神秀偉賦性嚴重與兄端行同學易深造淵妙登第後為文益進而名甚高知蕭山治行顯著召為太學博士累遷司農太常少卿高宗即位出知信州潘逵趙琦起饒州為盗攻信境尚行平之高宗親書詔命奬諭進直龍圖閣還

江南東道轉運使以言去

錢紳字伸仲登進士任知州既仕而歸隱居漆塘山中志尚高潔工詩嘗著詩話若干卷所居有湖山之勝得泉於居之南味與惠泉無異名曰通惠作亭其上

陳之茂字阜卿宣和初入太學與張九成同舉進士調休寧尉除秘書郎累遷至知平江府直顯謨閣知建康隆興兩府丞相洪适復薦召對擢吏部侍郎兼中書舍人直學士院終之茂剛果英特議

論宏遠深識治體壽皇每深器待将倚大用及其殁縉紳惜之為詩清勁畫尤有法

陳之淵字宗卿習左氏春秋與兄之茂同入太學時號二陳復聯中張九成榜教授臨安府擢秘書正字後為湖南運使召還與之茂同為吏部郎中終秘書閣修撰知宣州為人温粹冲廣文尤典縟立朝蒞官不治貲産淡泊自如未嘗以名位矜驕人服其厚德

蔣芾字子禮本義與人魏公之奇四世孫祖皆為郡守遭虜難徙無錫故芾為邑人芾紹興間登進士第授建康理官秦檜欲羅致拒之檜怒終其世不召用及檜敗莊文太子薦其賢於壽皇命權直舍人院因繳内侍梁珂誥上皇歎其忠除僉書樞密院條奏邊防軍功甚悉孝宗尤極嘉奬拜右僕射同平章事上方鋭意恢復芾力陳天時人事未可舉兵凡二千餘言忤旨丁内艱去職朝廷起以左丞相不赴後判紹興奉祀以終

陳篆字師文氣豪邁為文下筆翩翩不休語意俱

到經學尤該明學者遠近交至一出規矩皆為良士舉進士官止州縣

戴逵先字子善紹興初建太學逵先與弟幾先同中選士爭傳誦其文以為式號二戴格當時太學為之語曰二戴一王辟雍之光先有王戴後有陳蔡紹興間文體粹然為之一變者實是逵先兄弟始以上舍射策賜第擢為太學博孝宗即位召試館職歷知袁州卒年六十二幾先字子微性端謹少與兄俱馳聲太學登進士稍遷至國子司業擢

禮部侍郎兼侍讀至直龍圖閣號錫谷居士

李琳陳留人父傳進士及第歷儀同三司琳登宣和辛丑進士高宗南遷父子扈蹕至毘陵傳卒勅葬晉陵定安東鄉之栢墓家錫邑之蓮蓉門琳博學有文歷官多外服秦檜死始登朝為吏部侍郎丁丑廷試琳與張綱陳誠之孟忠厚讀卷首選王十朋士論稱愜既而引疾充敷文閣待制致仕降勅褒諭孝宗朝復起為吏部尚書尋卒勅葬附父墓

尤焴字伯晦嘉定元年進士初授山陽法曹會蕭德慶犯鹽城郡檄撫諭事定就界邑宰改倅海陵條東淮制幕端平初入為軍器監簿太府丞檢詳編修累拜端明學士提舉秘書省提綱史事開國毘陵郡致歷中外踰三十年晚力抗疏丐閒年八十三終於家

李晦字顯翁其先晉陵人從尤棟學咸淳中領鄉薦肆意經史醫卜陰陽曆數字學下至稗官小說釋典道教無不涉獵有顯翁記聞校正白虎通風俗通等集自號蕙泉散吏

陳炤字元伯登進士第歷兩淮置制司叅議元兵攻常州太守姚訔以炤知兵辟為通判遂畢裹而出率義兵戰禦與訔持以忠義協力固守城陷訔死之炤猶巷戰家人請出走炤曰去此一步非死所矣因遣子出城存吾宗祀日中兵至遂死之詔贈朝奉大夫直寶章閣下有司廟祀

元陸以衡字士弘明易經遡程朱之源得象外旨趣中鄉舉授教官累遷翰林待制著宋鑑提綱

陳顯曾字景忠刻苦問學為文力追古作中鄉試歷常州漢陽建康建寧等路教授累遷儒學提舉翰林修撰致仕有昭先稿

陳汝霖字伯雨端恪有守年十八以詩經中鄉試乙科授嶺方教諭施教有方士多造就尋陞婺州路教授因世華杜門不出以高壽終有休休居士

雜録

國朝王惟允字俊民洪武初舉明經授本縣訓導三年薦為南鄭縣丞時方兵後撫民甚至累陞鎮江

府通判致仕爲人質厚氣充學博才贍所著有漢上吟等稿
朱昇字彦昇性剛介不苟合詩長於選舉明經授本縣訓導陞上虞教諭所著有九峯樵唱
許靈字至善年十八登進士授禮科給事中左遷桂平縣丞以廉能著聞
王亨字仲理性嚴正通春秋由生員擢四川按察僉事大振風紀蜀人號爲王鐵面
吳禮字幼文由生員爲功曹永樂初授刑部主事陞禮部員外督太和諸宮事嚴明有聲
王逵字逵善少貧刻苦問學究極群書舉明經授本縣訓導入爲國子助教　文皇在潛邸聞其名即位　召對稱　旨擢翰林編修預修　高廟實録尋陞侍讀學士兩主應天鄉試著天游等集
俞雍字文熙由舉人授公安知縣公恕勤敏修舉廢務每單騎行野勸民耕桑民懷其仁有古循吏風陞廉州通判致仕
許篪字仲樂聰敏好學弱冠舉進士授行人陞户

部員外郎詩工近體每賦咏成人爭誦之
陳士名字孟聲由生員入胄監授貴州新添衛知事正統末苗賊攻城士名率衆死守城完陞南清知縣寬簡得民
高曇字景雲由生員入太學授漳州府判正統己巳鄧茂七搆亂會府使督軍餉次茶鋪遇賊欲掠其芻糧執至琥珀嶺賊以刃脅之曇厲色罵曰汝等無狀上勞王師下毒黎庶指日梟首於市敢肆倡狂殺汝父母耶賊怒殺之
陳禮字允脩由生員入胄監授户部主事歷本部員外累陞湖廣左布政以勤敏稱
周世忠字士行勵志問學年踰三十不娶避亂入吳吳人丁仲舉高其行妻以女既歸買田定居揚名知縣韓約鄉飲延置賓席雍容成禮鄉里稱焉所著有廣漢集
吳益字永貞由生員入太學授懷安知縣有循良之政考最陞太僕寺丞未老乞致仕
楊琛字叔獻初領鄉薦丁父憂廬墓登進士歷官

户部郎中勤於職事善區畫常兼理諸曹務改禮
部以疾告歸築西野草堂養痾其中
王訥字敏行登進士授建安知縣轉威遠陞沂州
同知所至爲政勤敏罷官歸號萬松道人
倪敬字汝敬少孤力學舉進士授監察御史崛強
有大節遇事敢言景泰末災異迭見率同官陳敬
天修德六事疏入忤　旨出爲宜山典史攻古文
尤善吟咏及遭擯斥發於詩多托詞比事天順初
以都府都事從安遠侯柳討西寇師還卒於官

陳勉字進之慧悟秀發貢入太學爲李時勉奬與
歷官工部員外郎致仕善大書以詩畫名襟宇瀟
落有秋林集弟公懋博學好著書
錢綱字孝常累舉不第由生員入太學授偃師知
縣威惠兼濟治有成績年未七十致仕負氣好論
辨不茍容物
劉弘字超遠由舉人歷長垣知縣順天推官東平
知州致仕負氣自高為文奇古莅政嚴明而多成
績所著有蘇詩律解長垣志農事機要

周清字本澄兒時輒自挾冊從長者受句讀中進
士入翰林爲庶吉士授監察御史清軍四川有能
聲卒於叙州
張九方字應皐以春秋領鄉薦授汝寧推官不貸
姦宄爲其搆陷當路素忌九方不辨其枉即棄官
歸售文自養買舟名浮莊往來梁溪之上擇勝而
游或假宿西神僧舍娱情泉石積月忘返其學該
博詩文雄偉有覆簣歸田等集
厲昇字文暉一字文振性狷介寡合由歲貢入胄

監授浙江青田縣知縣公廉愛民年未六十致仕
民立生祠祀之所著有雪菴集
陳周字文美嘉定人先世某與吴僧道衍善衍佐
　文皇帝靖難貽詩諷之乃匿姓名徙居錫之宅
仁鄉周舉進士授户部主事督漕船奏鑿閘浙通
稅時周議欲開引鹽商入賄司徒以請周趣開之
曰引故欲開不當以賄賄而開周在不可得也遂
出爲河南參政行部得穴金擻致之庫悉償汝南
之負官租者汝民德之建却金亭　周王侵民田

周復之王衙周會周朝謁謁便殿欲折辱周周不為屈竟得出居無何病卒

張愷字元之成化甲辰進士官兵刑二部主事忤中貴左遷順德府通判歷東平知州以賢能聞特恩進階封父母擢守黎平番夷感化秩滿入覲遮道泣送不忍去逆瑾索賂不獲落職瑾誅薦除山西太原知府道陞福建都轉運使僅八月致政歸愷端厚廉平為人士信服家居三十餘年不事生産擁書閉户屏迹公府纂修常州府續志

華津字濟之成化丁未進士授湖廣松滋令以政最應召陞刑部主事慮囚淮揚多所平反改户部監通州倉剔弊除奸不避中貴歷員外郎時逆瑾用事心憚之稱曰華先生華先生云累陞山西右叅政會　武廟西幸調度供億蚤夜盡瘁凡三越月卒于官

楊文字宗周少嗜學家貧無貲躬耕自給以經術教授學者翕然宗之舉進士在告家居會江南大水下捐租之令或以二千畝利文謝曰我無求田安得有此其人慙歎而去自請教授金華上治道八事入為國子監丞應詔陳言深切時弊監有膳餘銀若干主者分致拒不受未幾遷　壽府長史引疾歸學者日衆疑然以師道自尊性尤寡合惟與尤彌友善彌由鄉舉為蒼梧令果介自信嘗七疏西南邊務多見施行四宰劇邑竟為權勢人所逐家居貧甚以壽考終

錢榮字世恩舉弘治癸丑進士授主客主事歷户部巡河郎中濬川葺堤民不知費權貴有撓政者

一繩以法多嗛之會　武廟駕自南郊還百官迎道左邏者忽執榮以去下　詔獄訊鞫無所得乃免時逆瑾亂政榮三疏乞歸養家居數年不入城府榮恂恂文雅人稱長者其居官大節凜不可犯為執政李長沙門生十四年不求薦其守可知矣所著有百川集

陳策字嘉言少孝友登進士授户部主事遷員外郎郎中出守饒州值盜發桃源洞單騎入巢諭降之以洞僻遠奏建萬年縣治縣為立祠尋擢福建

叅政時汀漳盜起策殲其渠魁蘇世浩餘黨悉降擢江西左布政值宸濠亂後撫綏凋瘵民賴以安策平居任真不立崖岸及當大事經畫周密動中機宜致仕歸卒

華泉字文光性端重寡言笑舉進士選庶吉士出為户科給事中未半載疏凡七上皆軍國大務其論天下之財聚於大臣大臣之財聚於內官尤為中外傳誦已未會試劾罷考官程敏政擬泉外補 孝廟重其去親定南京太僕主簿至滁免馬價後輸之罰斥屬官常例之饋轉寺丞出守韶州清操益勵聞父喪即日就道服闋陞四川左叅政鎮守內臣饋金鉸扇百握對使者悉焚之復以重寶啖泉欲市茶西番以規利泉峻却不許事得寢遷福建布政時閩軍變後猶洶洶泉謂亂由闕糧弊在折徵請於 朝更之衆乃定江彬用事部曲四出索貨於藩臬獨憚泉威名不敢肆 世宗登極奉表入賀還以疾終於家所著有雙梧集

秦鏜字國和性本坦夷遇義激發素以學行為時

推重事父孝母張病痿又瘖不能言嘗以意揣其欲而調護之便溺坐起躬自抱持積十九年如一日以弘治甲子舉於鄉自母病即廢南宮試有司勸駕力辭不赴議舉孝廉格於令典逮母卒而年已老乃家授南京都察院都事以卒所著有樗林摘稿

大父大邑公諱一鳳字文瑞生平嚴毅重然諾少與可每語學者謂聖賢事業非文詞講論可造須身體力行不可以纖芥自欺痛加懲艾然後欲界消滅心境清夷處事接物綽有餘裕三任儒職自奉簡朴謝饋遺而好施與每歲大比各省爭聘典試事皆以知人稱在桐廬則捐俸賻同官之喪在桂林則承督學姚公鏌之命修 孝廟實録主宣成書院教事品藻一省雋士入名宦祠在進賢尤為督學李公夢暘禮重縣志及鄉射禮皆屬編訂時譽藉甚境內盜起縣議用兵盜詗知之曰兵奚為得談公為宰吾棄刀劔為良民矣入名宦祠擢令應山值 壽藩營葬民賴撫字稍安平巨冦毛

葫蘆縛邑虎徐姓者以威望黙令平江應山士民
立去思碑鄉進士顏木記入名宦祠已復移令大
邑甫三月告歸事母甚孝與兗州守尤相愛登山
臨水一切世味漠如也
華金字子宣生而端静刻意經史正德庚午與同
邑顧彦夫喻義聯魁鄉試一時傳為盛事庚辰舉
進士除户部主事歷員外郎郎中不附權貴出為
雲南參議以廉謹稱擢天津兵備副使遇上官不
能屈節遂乞致仕金事父母甚孝待庶弟友愛乎

居無妄言詖行遠近咸愛重焉著少微堂稿
顧彦夫字承美博學工文詞累試南宫不第授南
京太常寺典簿累陞寧波府同知所至有廉能名
卒之日貧無以殮所著有瀛海集
喻義字宜之穎異好學於書無所不窺諸弟子受
業其門者叩之若探武庫隨口應不窮登進士授
户部浙江司主事累陞武昌太守甫八月丁憂當
路廉其清白令有司賻之一無所受服闋補廣西
南寧時中州二酋爭立舉兵相攻義往諭以利害

剖曲直酋即帖服在任歲二考為同寅媢嫉即疏
歸静坐一室與聖賢對面興至則怡情山水衡門
外事不與聞也
邉愉字伯山少孤而貧且善病年廿有七學農不
成始習舉子業夏夜讀書罌足以避蚊喂汗淫淫
下浹踵達旦不休年逾強登進士不樂親簿書乞
就紹興府教授旋謝病歸值同榜進士任常郡司
理廉其貧授指一有罪者以三百金為壽愉固却
不言鄉居杜門受弟子執經問業造就多名士不
問家生產卒無以為殮門人王瑛經紀其喪乃克

葬
莫同字僉吉少從邵文莊公遊領正德癸酉鄉薦
累上春官不第授廣東惠州府同知職清戎悉蠲
宿弊輿情大悦政聲籍甚檄視廣州府篆以廉勤
精敏雅為霍公韜所知擢南京工部營繕司員外
權稅蕪湖參呈挾勢扂商採木揞揮陳某寘之法
請謁不行啓閉以時商咸稱便尋陞廣江左江僉
事駐賓州山賊充斥相機設法擇人弭盗而民賴

以安同性質直不屑爲婾阿態解組歸家居惟披
閱經史有陶靖節雅致倡義建文莊公祠以保其
故業同族伯東川公墓爲市人割據憤激陳於官
不得復鬱鬱成疾而卒
顧可久字與新登進士授行人時　毅皇帝將南
狩可久偕同官疏諫　上怒詔獄廷杖左遷國子
學正　世宗入繼大統首録諫臣銓曹擬擢鎖闥
以譖阻拜户部員外郎值　獻廟議起可久從同
官後上疏復　詔獄杖之闕下不奪官出守泉州

作六條約以戢嚚訟抑豪横尤奬拔士類得知人
之譽以毋喪歸起補贛州甫三月擢廣東副使備
兵瓊海入境即按行諸部相阨塞險阻纂山海圖
説亡何崗黎出刼按圖窮治僇厓諸部落聞風欵
附境内帖然歸而杜門却掃罕入公庭性好讀書
至老不倦所著有在署讀禮温陵虔州珠崖在澗
諸集
世父中丞公諱愷字守教生有異徵登進士授户
部浙江司主事榷稅河西務時運木衛卒怙勢掠

民舟公處罰得宜事濟民不擾漕舟多過期部以
督察檄公公建白四事不踰月運餉畢至尋陞四
川司員外郎巡通州倉勳戚罔利者請增造船通
惠河公疏不便者五事竟寢在部八年先後大司
農咸倚重馬擢山東按察司副使適王少司馬檄
開馬場湖蕩方大祲乃列榜通衢因力役以寓賑
發旬有二日而工畢妖民趙雲假符印惑衆邏者
欲冒前巨冦趙雲姓氏株及邀賞廉其妄止坐雲
罪癸卯監試山東以御史試録中語侵　乘輿

詔獄坐貶五遷復爲四川按察司副使禱雨賑饑
作興士類事載達州志中累陞右副都御史巡撫
南贛汀漳時贛賊李文彪海冦徐碧溪等繹騷浙
楚閩廣間濱海城邑多殘破公招降文彪疏上機
宜六事以制碧溪未幾殲碧溪捷上　賜金幣進
官少司馬移鎮兩廣值蠻冦突發嶺西聯絡新會
殺千户黎元公畫策分兵進勦一鼓而殲其渠帥
諸巢悉平奏績第一時相以饋遺節省嗛公遂乞
致仕歸足跡不履公庭十年病膈卒

華雲字從龍力學好古從邵文莊王文成游學益進嘉靖辛丑舉進士授户部主事榷稅九江廉清不擾時權相用事雲疏　請改南京兵部主事尋陞刑部郎中再疏乞休家居勤修樂施創立義莊增建先賢祠邑人欲攙邵文莊宅者為建祠以絶其謀性端雅事必從厚喜接海内名流著作古雅人多稱之所創義莊為冢孫貪戾取敗惜哉

先大夫鴻臚公名悌字守安由生員入胄監坦夷曠達而篤於倫理事父母必承顔順志以故二尊

人特鍾愛焉日起無所事最喜誦陶靖節杜少陵詩尤工鍾王草書嘗語人曰吾幸長兄登甲第受庇實多昔王杲云門第高可畏不可恃吾吟詩作字以娱養性真非藉此博名高也邑中有富人以曖昧事與戚里有隙捐金為釋憾計固拒之平居冠必以帽衣必布素絶無貴介氣味家故不饒而樂周人急祖姑有歸華者毋姨有歸王者貧不能養每歲計饔飧費以給之晚歲謁選銓曹授鴻臚寺序班甫二載即拂衣歸與兄事母太淑人尤謹至老益篤於孝友人咸稱之

殷旦字文東簡抗方嚴言笑不苟領嘉靖巳酉鄉薦讀書禪悦院教授生徒自養足跡罕入公庭有子試府縣絶口不為干請府縣大夫益重之居喪執古禮甚嚴生平於義利之界截如也三上春官不第卒

論曰先達諸賢後學之法程也彼得祀鄉賢祠者僅自薇山先生而後豈足以盡邑中人傑乎嘗聞江右羅公洪先欲抱上世鄉賢木主以歸武進唐公

珏臨終遺命慎勿舉入鄉賢祠良有深見矧邇來間有以倖入者拘拘于祠中而不徧考之邑乘參之見聞則遺而不載者多矣以故一一備録俾自宋迄今凡有功德可記者得以流芳不朽若大父及世父先大夫悉自耳目所覩記者僅書其槩倘阿所好而溢美一字則此書遂不足以傳信吾惡乎敢若上世有諱公綽者行義甚高邑乘載焉以非起自學宫不敢具述而周世忠則以學行最一時嘗赴學為鄉飲大賓亦述其槩

書籍

四書大全一部二十本　易經大全一部十二本
書經大全一部十本　詩經大全一部十二本
春秋大全一部十八本　禮記大全一部十八本
資治通鑑一部十本　通鑑綱目一部四十本
性理大全一部三十本　四書觧義一部十本
四書輯釋一部九本　四書講説一部六本
尚書註疏一部四本　周禮註疏一部八本
論孟註疏一部五本　公羊傳一部四本

五經纂文一部十六本　通鑑總類一部十四本
十九史畧一部四本　文獻通考一部四十本
玉海一部七十五本　大明一統志一部二十四本
五倫書一部六十八本　大明律一部
大誥一部三本　稽古定式一本
佛曲一本
已上頒降官本書籍
四書一部十本　周易一部八本
書經一部　詩經一部五本

春秋一部十本　禮記一部七本
孝順事實一部　為善陰隲一部三本
已上嘉靖元年本縣知縣暢發下書坊紙書籍
居業録一部四本　學史一部二本
薛子胡子粹言二本
已上嘉靖三年本府發下書籍
文獻通考一部八十本　錦繡萬花谷一部二十本
已上嘉靖二十一年提學御史楊發下書籍
碩輔寶鑑一部

已上嘉靖四十一年提學御史耿發下書籍
姚氏世刻一套六本　端簡鄭公全書二十本
陸宣公奏議一套六本　司馬奏章一套六本
嚴文靖公集一部六本　今獻備遺一套八本
路記一套六本　撫州府志一部八本
王生藝草一套十二本　風士録一部五本
已上萬曆十八年楊給事中發下書籍

祭器

銅大燭臺二對　銅方香鑪六箇

銅象罇一箇　銅豆七十二箇

銅簠六箇連盖　銅簋六箇連盖

銅大爵十六箇　銅小爵一百二十五箇

銅犧罇一箇　銅酒罇一箇

錫酒罇七箇　錫酒壺三把

磁毛血盆八箇　竹籩八十箇

木豆八十箇　木簠三十三箇

木簋三十三箇　木燭臺四座

公用器物附

公座三副　皷一架

鍾一架　魁字屏風一座在尊經閣下

又屏風一座在會饌堂内　考試長卓八張

無錫縣學筆記卷之八終

無錫縣學筆記卷之九

邑人談脩纂

宋文

無錫縣學記　章望之

有儒生謁於前曰我無錫之士人也示予以學宮之圖曰吾大夫祕書丞張詵始謀人也其中南向者文宣王之殿也大門值其前論堂横其後後又有先生之室東西兩序則諸生之舍也葢在縣署東南三百

步之間其貲財所出則吾邑業儒葢百人矣能倡義者裒諸儒之有為之也作之日則丁酉秋也成之日則明年春也諸生入學在四月之巳卯望越十四日巳巳吾大夫與其僚宿于齋次庚午朔五皷作師生陪執事釋菜於廟庭退而宴私於論堂之上揖吾曹而謂之曰凡我造學於兹将使而習聞聖人之美用於而躬非專之决科也諸生曰敢不恭禀所教令也請以事之始末諉予以文乆吾大夫之風於敝邑何如予為之持觴以賀曰有本哉張子之為邑而子之

鄉里之慶也其令不擾而民信其文不密而民畏鄉尊耆艾之無過者而後生有勸富家群養孤獨之人而衆不憚煩則吾既知之矣政其成矣又興學校以貽人得不曰有本哉梓人之子知百木之堅脆商人之子知四方貨財之有無屠人之子善皷刀裘人之子善治皮豈皆其天才自然耶少而目治長而手治由其積習之漸耳燕趙之好巫也未必鈞好也其見者巫也吳越之好漁也未必鈞好也其見者漁也今夫孔子之道包百王之教治則堯舜光顯亂則桀紂誅亡大之通天地微之入鬼神密義精言散在經傳厥有師敎友商猶莫窮三使其閉戶學之筋骸憊矣儻有得哉勤勞已甚邈焉大道死矣無傳如皆郡縣勸儒開設學館長吏且有意焉則其民感思自興心志開而見聞博矣異時庸知是邦不由詵户曉詩書而尚禮義歟予故爲之詩曰表表南山興雲以雨木之苞矣春陽攸聚念我慮善教不有祔彼綠者絲厥抽惟緒築室維何有殿有堂有序有房閈陰啓陽翔翔者楹盤盤者梁工逸於成役奏其良我之思矣耆

之孔子我居我處友朋來萃爰飲爰食爰講爰議來懷恭人肅愼容止孰恭神明邑令有僚盛服至止徒御弗譁齋明有日其誠孔交何以薦之清酒少牢咨示父兄順聽邑命爾子爾弟曷成正性必儒其躬俾善其行貽親以不病咨示子弟優優在道律身如學以忠以孝令名匪今於後有耀貽孫以不詔中田有稷其實離離張子有猷神享人治善人之延百世攸宜爾民其承之嘉祐三年五月一日立石

此記作於宋仁宗嘉祐三年五月而張樞言爲令攄無錫州縣志悉在寧宗嘉定間記中云秘書丞張樞言始諫人也想張詵以秘書丞令錫張樞言亦以秘書丞令錫官同姓同元志不考事在先人在後誤録而後人因之及考崇寧三年王相記云無錫有學自張公詵始其興制之本見於章望之之記其誤信矣因改正之

常州府無錫縣增建學記

王相 東平人

崇寧改元上既庚用二三大臣克篤前烈追盛三代

唐虞之治爰詔冢宰慎簡乃僚置司講議政事當務之急是秋大丞相司空嘉國公本原神宗皇帝以聖智稽古即位之初慨然追法先王訓經以迪士置師儒以明道廣學校之教養嘗詔侍臣欲考古者庠序之制闢明堂辟廱以施仁發政功志未就遭元祐變革無復存者恭惟皇帝陛下盛德大業修明法度追而述之深悼風化之微而欲善天下之俗非學不能成之謹以學校爲今日先務制可之遂詔天下郡縣皆立學以三舍法取士粤明年甲申乃下詔曰神宗皇帝嘗欲以學校取士而罷州縣科舉之令其法始於畿甸此學士大夫所共知也朕不愛百萬之財以教養天下之士而以育材官人善風俗修政事爲急其詔有司罷發解及省試取士並由學校升貢庶幾追復成周之隆紹先帝之緒以稱朕所以圖治之意其年十一月甲戌皇帝視太學幸辟廱即敦化堂賜上舍釋褐者凡十有六人其次免省試者二十有六人內舍生及畿內貢士悉皆免解其數幾半三歲賜第於集英者嗚呼盛矣美矣不可以有加矣雖三代

教養之隆未有甚於茲時者也詩曰周王壽考遐不作人信乎美成在久者其必自於作人也愚竊以謂化人成俗莫不由學故先王之盛時設庠序以養賢論材德而取士自天子諸侯之子下至國之俊造莫不入學自成童而藝立至四十而仕其習乎禮樂之容講乎仁義之說敦乎孝弟之行入以養其父兄出以事其長上與朋友交而有信臨財廉處衆不爭行修於身有聞於家達於隣里鄉黨然後詢於僉言又定於鄉老之可信者而薦之始謂之秀士又之又取

其甚秀者爲選士又之又取其甚秀者爲俊士又之又取其甚秀者爲造士然後司馬辨其論隨其材而官之任官然後爵之位定然後祿之夫如是積德累善其勤若此其久亦至固非止取一日之長然後求賢審官寘彼周行如此其慎而有次第則浮僞矯激干利苟得之士不容於其間風俗不陷於偷薄而日以忠厚也宋興蓋百有五十年而天下之學始克大立稽古之制倣周之文其養也教以經藝文辭其取也考以材識行實由三舍以察士之能否而命之以

官可謂希濶之舉矣是以詔下之日遐邇慶幸而奔走趨事者以後爲羞常州無錫縣有學嘉祐礿自龍圖張公詵始其興制之本見於武寧章望之之記後四十八年其猶子元度繼宰是邑會朝廷班學制他邑皆承命經營力作不暇而兹得即舊以新之功省十倍然後知君子之澤利施者遠而事固不偶然者是學之興適在其父子屬者朝廷增養士之制礿大縣以五十人爲率後𢌞以三歲應書多寡計之無錫宜增給百人以百五十人爲率而舊舍徧迫隘不可

容今乃與其屬度學之西偏增直購地斥廣而大之別爲屋二十有六楹又遷庖厨浴室於其北鳩工於八月壬戌考成於十一月戊辰閎壯顯敞踰於昔制令以予椽於尉曹寔董𢌞事會終更屬予爲文以識其成予懼學者不明乎朝廷教養之美意而師儒之官或不揣本而齊末失其所謂作成之方謹具述明詔如上所載因誦其所聞而著之夫大學之道將欲正心誠意修身以治其國家天下而必先本於知至則所謂知至者貴達乎道德性命之理而已非止乎期命辨說形名度數之間弊於淺淺者爾故先王教法必以智仁聖義中和爲之別以孝友睦婣任恤爲之同藝則該之以禮樂射御書數至於淫詞詖行枅言破律異端之術爲之誅禁書曰格則承之庸之否則威之方今舉皆法此吾固知其教化之行風俗之成唐虞三代之治可跂足而待也異時諸生道德明秀行藝修飭歲預升選賦菁莪采芑之詩以頌明天子育材之意晝繡而歸謁謝先聖先師周覧墻屋慨然思咏令佐之功績而予因得并預兹榮附託不朽

不亦幸哉輙不自揆退爲之記俾刻諸石以告學者

崇寧三年景至日

無錫縣學記

李彌正

孔子删詩列國獨存魯頌非私魯也以其君臣有道而庶事舉也體大而有謐孰若修頖宮鄭亦周同姓國學校不修而子衿之刺興其後然明至欲毀鄉校賴國僑知政議尼不行以鄭之刺則魯之頌宜也厥今天下郡縣同被王靈固無異政至於奉令率職身

任風教不爲具文避課豈不宜大書特書行之永久
乎毘陵浙右支郡文儒逾於大府無錫於郡屬又壯
哉縣也九峯峙其西太湖漾其南山川炳靈人物阜
夥卿材民望繼踵接武服冠履業弦誦者肩摩地屬
異時庠序未稱獨廟貌岌然孤立旁無夾輔春秋二
丁官吏用事張以萱葦風雨不除道路目笑迺紹興
甲子秋詔諸縣治學舍尚或窘於獄訟簿書日不暇
給逭回未皇越明年冬邑宰胡君舜舉既下車以儒
雅飾吏事迺惕然曰德意甚渥矧大邑多士其敢後

於是營資庀具拓地度材屬主簿朱君奇視役究
心知務纖悉必躬克欽乃事以輔其長迄用有成堂
皇敞崇齋廡整絜榱桷戶牖丹雘塗塈咸極精緻庫
置什器廥蓄儲偫炊亨濯牏皆有處所凡爲屋大小
五十有四楹又撤殿葢而新之公無侈費民不苦勞
作始於丙寅春三月至冬十月工畢丁未率里之大
夫士釋菜于先聖退鄉飲酒于講堂主賓俱价升降
獻酬耆耋壯稚式序在位觴豆靜嘉殽核旅美揚觶
致戒情文俱盡禮成拜送于庠門之外觀者如堵嗟

咨憬忻喜王化之復行俾圖來諗俾記以文斯舉也
夫子以爲宜頌其敢惜辭乃具載與建本末且告諸
方來曰惟人萬物之靈者有倫有類也五典之叙自
天子下達有虞夏商之學名異實同皆以明倫爲本
周制益詳崇術立教迪德訓行悉有官師以造俊秀
養老齒胄獻馘受成咸在焉鄉舉里選之法出長入
治之政顧寓行於其間爾由漢而來取士之制一變
而升孝廉再變而置中正三變而舉進士雖科目猥
多塗轍寖廣而明君良臣賢守令率以立學官增弟

子員爲急先務葢教化淵源有在于是非直角文藝
階進取而已國朝自慶曆始詔州縣悉置學元豐推
行三舍法於賢關崇寧遂頒之天下海隅遐荒禮義
滲漉中更艱難茲道乍息今天子撫運中興儲神道
藝既修鄰睦廓廓無事乃與大臣議建太學繼及郡
邑以幸斯文縣大夫暨其僚精白承休亟就嘉績嗚
呼士之游息於斯與夫耕養家食者盍體勉勵訓飭
之勤平居孝弟忠信修身行道奉彝倫蹈聖域祿在
其中矣其或先利後義綴緝口耳之學顓以弋釣名

第如區區漢儒之陋指典籍爲拾青紫具陳車服以夸稽古力斯豈君相崇儒易俗之旨縣大夫宣化流澤之意哉紹興十六年

無錫縣重修縣學記

鄭子恭 江陰軍學教授

通天下郡縣有學縣之學無專官令實主之自縣以倩名爲令者日與簿書期會相迫逐斤斤捄過何暇論繩墨外故學之修廢視令能否錫山見謂壯哉縣學之區宇稱是耆舊所傳往時租入數夥歲計沛然

中間吏去其籍並緣爲姦乾沒十五六縣家究極莫得要領繇是所入不足以支所出其來久矣趙公崇要之爲令尹也以明敏之資行簡靜之政整大綱畧小節而劇務自理始至首問家事有吏持簿以租入不繼爲言者叱去之厥明入鄉校招諸生誨之曰冨而後教聖人論凡民耳士不與焉須冨而教則爲令者言政而後及化爲士者言利而後及義不幾於交相爲瘉乎籍使用度未從容節目未備具寘令不至闕需廢事足矣吾非念不到此顧吾以教化爲職當先務之爲急而徐思所以經理之可乎於是合一邑之士群試之拔其尤者分職餘充弟子員月書季考激勵有方明年講鄉飲酒禮又明年申行之主賓介僎濟濟在席少長以序獻酬有節觀者如堵墻目擊心諭禮遜興焉會三歲大比公應鎻廳試以詩學爲舉首而邑人之薦于鄉于學于胄監于漕闈數路得人倍蓰往年遂蒐曠典會鄉之耆英歌鹿鳴燕多士身勸爲之駕凡上春官者五六十人文教興行儒風增盛公乃節浮費㮣贏財顧視學官有不可於意者

撤而新之曩重門未建氣象淺迫於是乎外爲門三列戟未設觀瞻弗肅於是乎中設戟二十四祭服未備禮容弗嚴於是乎製子男之服墻垣堦圮棟梁榱桷敗者易之傾者正之先是學租額財四百石歲入實不登公撥閒田之在官者附益之視元額增其半外又預備鄉飲鹿鳴等費條目凡最它有紀録諸生德公之深則繪公像于學朝夕供奉之吁事久論定毁譽乃真枌公以富教之序語諸生豈無謂先生歎余而笑于列者及觀厥成無言不酬益公默窺聖人

言外之意規模先定于胷中達者信之衆人固不識也政成遄歸不鄙謂予俾記顛末辭不獲命竊自念予既冠入鄉校以課試見推爲右職迨歸自上庠邑令尹鄭公之悌鋭情教養嘗俾予與聞學政矣束於事力不逮美意未獲盡施縣今視昔予心愜焉是以樂爲之書公字履簡鄱陽人今官爲宣教郎丞相忠定公第七子凡再薦於胄闈云嘉定十年

重建五先生祠堂記　尤棟

寳祐戊午四明袁擇善尹常之無錫創先賢祠附庸於學歷十九年時丁亥二眂廟貌不如故自虞君薦發出而教授生徒乃灑掃蕪穢一撤而新已而增博論師長之負會孫君桂發居之之二人者皆鄉人也相與諏經訂禮爲之言曰必釋奠于其國之先師無先師則與鄰國合國有人焉何庸取諸其鄰我楊文靖龜山先生雖非吾錫之人而寓居於郡者十有八載今城東精舍乃其講學之地是即鄉之先師也曩者先生標表是祠居中奠位魯謂土崩瓦解之勢我

輿受之然有不依形而立者參倚如見吾黨小子忍倍此而更師乎喻工部玉泉先生尤文簡遂初先生李肅簡小山先生蔣文忠實齋先生何莫非吾錫之人而起家於邑者相望百有餘歲今里中故宅尚有揞爲藏書之所非鄉之先師與玉泉遂初實齋三先生已有秩祀而小山先生未及與享迎之致敬獨可遺乎若夫廣漢大儒非不同宗河洛景定間已縣此而陞從祀然猶不敢先之繹而江西顯門之派其師友父子視吾諸老先生所學未能無頓漸之異伊欲

借晉人將無同之說以復其位庸詎知不見幾而作乎睿厥象而儀圖之盍亦知所變置嗚呼職教者之能爲是言是必有默契於心而無疑者抑慮夫斯道之無師無傳復質之鄉老蔣公應新以其規接前輩年幾八旬其尚論人品具得之於耳聞目見真公曰如吾五先生則有可言者惟堯舜文武周公孔子孟氏所傳之道至河南二程夫子而復傳而龜山先生蓋受學於二程夫子昔伊川自涪歸獨稱楊謝長進使其學少變於凋落之餘詎有是言哉慨思龜山載

道東南士游先生之門者甚衆玉泉乃登其門而能續程夫子之道遂礽不及登其門而從玉泉學亦能續程夫子之道小山實齋二公固不及登龜山之門又不及從玉泉之學因龜山玉泉二先生論孟中庸大學之遺言而皆能續程夫子之道故玉泉得之而主紹興之正論遂礽得之而爲乾淳之老儒小山得之而居慶元之學黨實齋得之而號端平之善類自九京之莫作而國人之無所矜式也久矣不有君子其能國乎始吾之祠諸賢吾見其居於位者與先生

並果孰使之然哉近若潭之長沙有祠周元公先生而以胡子五峯張子南軒朱子晦菴爲配者而鶴山魏公了翁因其修祠嘗爲之祀亦深嘉而樂道之今可法也曲禮曰群居五人則長者必異席曷不即玉泉遂礽小山實齋四先生而配我龜山先生乎謹曰然論定然後肖其貌是歲垂光大荒落卜六月丁亥展舍采之敬周服殷冠魚雅就世枚數先生之族子裔孫渙乎無莘竊幸尤氏俞氏蔣氏文獻之存𨎮冠者五六人奔走與祭是之禮也救戚亡而扶壞爛豈曰小補之哉其礽位次未定繪事未素棟方卧疾未興虞君數四貽書俾識其事柰何不能守墳墓政懼無詞以自白其先人何敢表先儒而勵後進輙謝不敏曁歸梁溪澤中直落其成固以請自揆愚隘無能言之不出耻躬之不逮燾子侍側語之曰二子之所云一老之所發揮是即記也吾奚以文爲汝其敬誦所聞告諸執事者雖然棟豈終無言耶夫祭不越望魯可以祭泰山楚不可以祭河惟人亦然自生民以來未有夫子然終漢之世其廟猶不出闕里永平二

年詔郡縣行鄉飲始祀周公孔子亦未有作廟之文唐武德二年始命胄監立孔廟貞觀四年始勅州縣皆立孔廟出闕里遍祠夫子距今載六百五十年由此觀之其在諸子非其鄉國而祭之僭也僭祭非古也不于其僭而于其古則蒐遺黙異凡今日之所是正者庶幾解逐客之嘲棟不學妄論至此不能不爲先生之罪人

元文

無錫州學田記

薛師魯

古者設學莫重於教而立教之方必使學者無饑寒困苦之累而後教易行則士以待用田以養士二者不可偏廢也國朝踵昔成規開設學校迨慶曆四禩乃詔諸縣立學由是教養之澤布滿天下錫山爲今巨邑彬彬多文學士貢秋賦上春官視他邑爲最掄魁接踵英賢輩出比年以來學舍頽圮田租虧失生徒解散誦習不聞獘抑甚矣淳祐三載師魯被命來宰斯邑目擊其弊領事之初未克支首荷鄉達尊制

使祕撰尤祕監昆仲終始扶持吾道篤意興修殿齋堂宇廊廡庠舍煥然一新雖欲誘掖後進作成人材夫何學糧之在舊籍者十僅三四皆緣前此職錢糧者與吏並緣爲姦多借逃亡户絶之名肆隱占詭挾之弊致併去其籍而業淪於私家故一歲所入不足以贍一歲之需弊痼而不可攻攝邑職者不暇問也師魯一日因會諸友而語之曰古之爲教者一今之爲教者三彼釋老氏假禍福語誘齊民乃克侈大廬舍拉食以聚其徒今吾儒獨不能崇庠校尊聖人可乎且庠者養也非徒以養口體也校者教也非徒誦說云也今諸友誠能以詩書之澤疏瀹其身心禮樂之教磨礲其術業達則充所學以治國平天下否則隱約自養以啓迪其後昆此其爲福豈不踰於緇黄遠甚何忍覬升斗之微肆其侵漁之欺而不思爲淑後計乎癸卯之春偶自本邑吏攬尤梓没官租三百斛有奇歸之州郡師魯遂率學職闔詞以請常知郡祕閣章監丞有意作成慨然備申于臺部給憑歐撥入學以助養士伐其桀頑無恥者之謀是自歲廩日

豐士類雲集悉有弦誦盈耳之樂絶無甑塵釜魚之歎子衿之刺今可逃否乎雖然吏有時而更籍有時而泯將何以壽其永遠乎遂命鑱諸石以垂不朽淳祐五禩七月吉日

重建無錫州學記

孟　潼

無錫州儒學故縣學也元貞初陞縣爲州而學之名從以陞至正元年辛巳冬通議大夫常州路總管蔚丘薛公世昌涖糧事于州謁　先聖學宮喟然歎曰

夫子之道昭揭萬世學校爲風教本群祀完美而學宫弗葺是豈知所本耶糧事甫畢進知州奉政大夫高闕闊出教授卓真孫而告之曰儒化之盛官以立政士以立身學校廢則教養弛教養弛則儒化不行典師是職教是可不務乎即日戒命百手皆作日躬視而賞罰之於是衆工咸勸成績加倍所以崇嚴祀新舊觀者燁燁乎可覩也多士懷德而造余請記辭不獲因謂人性至善氣禀異而材質殊聖人作立之師廸之使復性而風聲氣習漸摩薫染關係至重昔

泰伯兄弟君國句吳寔宅無錫之梅里遺風餘化見於先正諸老者班班然世遠俗易爲民上者苟知崇道立賢作之以詩書禮樂之教習之以孝悌忠信之事使尚友至德追配于前人其本固有在矣教道不明人情易感於禍福彼群祀者肆爲渺漠欺罔之説傳禍福以怵之故蚩蚩者恊相之完美之唯恐後吾夫子範人情以復天理明禍福由乎天而因乎人怪神所不語非鬼無所諂何有乎欺罔宜其崇彼而忽此也今於此致美焉可謂知本多士亦知夫新學宫者将以崇教養而新爾德乎非直爲觀美也尚相與懋之時至正二年

無錫州儒學教授題名記

尤良

教官爲後進矜式掌凡學校之事必才能並著然後能稱苟官非其人如木之有蠹穀之有螟况望其能教乎無錫陞州以來居是官者若干人其間號稱職者三數君子才足以有爲德足以垂範故去而思之至今比數年間學廪縣罄官舍消落人亡政息未有甚於此時者至正甲申嘉禾朱公典教是州慨然嘆

曰國家承前代之制捐田以贍學甚大惠也倘容鼠蠧於其間師生何以給學校何以立耶吾正以師之興弊起廢庶幾其有濟乎未幾倉有餘粟帑有餘鏹大小學有師而既禀稱矣傾圯者植腐撓者易東西序有齋而弦誦與矣月講季課嚴賞罰以勵其氣貧寠老疾月繼粟以周其急此皆比數年間絶無而僅有者始公未來鄉校稱貸子錢負券成積公視事之初輙撙節經費分釐收拾償之一無吝色人以爲難

嗚呼公所設施如此大效小驗非所謂才德並著者歟方是時士子如醉而醒如餒而飽如去塵垢以濯夫滄浪之清觀感興起蓋有得於弦誦課講之外者焉故曰子帥以正孰敢不正其是之謂乎惜乎秩滿代去而弗獲究於成也冀方來者有以續前人之功而已於是諸生方以教官題名未立爲缺典又謂公之成績皆可記闔辭請曰願有述余以固陋辭弗獲故併記之庶後之君子有攷焉殆亦勸懲之一助也

時至正七年

五先生祠堂記

郭嘉

先生龜山文靖楊公也先生學以入道以道居於毘陵之錫山錫山之士其聞而知之者吾得三人焉曰尤文簡遂初曰李肅簡小山曰蔣文忠實齋其見而知之者吾得一人焉曰喻工部玉泉得續論孟大學中庸之傳三子者乾淳慶元端平間各有樹立具載前碑賢者至此有益於人者如此夫初先生之東南也又安知有紹興之時哉追夫紹興之正論莫决微玉泉一言辨主是後東南之作者繼興而名儒輩出使聖經賢傳炳如日星於千萬世之下者豈非先生啓之於前乎先生學出二程二程紹聖賢中原不傳之統先生得之遂退而修於延陵季子之墟季子名能禮者吾夫子亦嘗稱之而先生留是居焉意者亦欲因其流俗遺風以齊魯其邦與不然濡滯茲土曷其久也凡十有八年而後去道本原之天集大成於吾夫子夫子心天地天地之化寧分南北吾師人之道亦猶是也師之所存道斯存焉傳曰有功於民則

祀之又曰禹聞善言則拜矧先生心傳面授動靜云爲昭著於其耳目滲漉於其心胷肺腑哉幾三百年於茲矣而其土之耆舊若孫朝斯夕斯羹墻不倦尊先王之化於今若存既而成就居多俗爲易治而地志乃惠名其山水果山水耶抑亦先生之教漸濡熏蒸而使之然耶嗟夫好是懿德民之秉彝也朝廷化治天下明詔六事學校其一固司牧之寄至正壬午阿里罕太傅魏國忠懿公之孫野仙承務同知是邦覩楹桷之摧腐丹青之漫漶遂協謀僚佐一撤而新

之可謂知治理之本者矣堂成尊先生於中禮也四子配位鄉先生也蓋亦古之所謂歿而祀於社者義也

無錫縣學筆記卷之九 終

無錫縣學筆記卷之十

邑人談修纂

國朝文

無錫縣儒學重修記

林棐

毘陵之無錫縣肇置于前漢至宋嘉祐間邑令張詵始創廟學崇寧間元度宰邑因舊規更廣其制繼若趙舜舉趙崇要袁從加修葺者非一年至於今歷歲既久門廡俱有朽腐之患為縣者雖欲加意而公務倥偬未遑而就邑進士殷序賔今為江西右布政使守制于家適予董教事間一過之顧謂予曰古先哲王君民必立學校以教之故自三代以降未有舍此而為治者學校興則民不惑於他岐君臣父子之道賴以不墜詩書禮樂之教由講而明而進之可至於成德達材者此也吾少時處衿珮朝於斯夕於斯誦其書而求其道思欲報本而未能今於神棲聖止之地又豈可不起其景慕之心而忘其所自哉時鄉之縫掖顧必銘周恭甫葉弘道等議以克合計其門廡

若干楹崇若干尺廣視崇又若干尺各捐已資鳩工庀材營之於私第會於永樂二十一年癸卯夏六月二十日巳巳畢建凡事之巨細布政公必躬自督率弗苟緩不月餘而告完於是戟門儀乎其序以至論經之堂肄業之所庖湢墻圮悉新之咸極整潔過而式者莫不嘆服是日諸生揖予而言曰布政殷公始謀人也能倡義而從者若張公思安唐公理宋公文徵范公景安太學生胡濱等不可以一二計玆者樂享其成念夫作者之勞苟不勒諸金石何以昭示于

後以永其休幸先生記之予惟　國家之興學其造就人材之意蓋無所不至矣游於聖人之門能不忘其所自者蓋鮮矣况任非其責能輕財重義而樂成其事者哉無錫山水明秀風氣淳固人素知學修禮讓昔龜山楊先生倡鳴其學於東南嘗講道是邑遺風儒澤猶有存者夫以秀而知學之民而生於先生過化之地又幸而逢　朝廷崇儒重道之日誠千載一時也士寧有不自激勵而奮發若殷公者乎凡邑之後秀尚念之哉是為記

樂育軒記

張思安

孔子聖人也其在當時未嘗不欲得時行道然有命焉不可必得其所願欲者莫若得天下英材而教育之則斯道之傳得之者衆而天下後世無不被其澤矣聖人之所願欲者莫大於此此所以開萬世樂育之門而模範萬世也孟子曰樂得天下英材而教育之正謂是也無錫縣儒學志道齋在大成殿後之左與廡相屬古制卑隘乃正統丁卯錢塘王先生名輔字廷贊者承　恩司訓是學儒監察御史盧陵孫公鼎奉　勅職專提調學校由是精選名門右族之子補充弟子員而先生顧而樂育之然以齋居卑隘有所不稱景泰甲戌先生於齋居之後量度隙地搆軒

三間高明廣大如樂育之心軒之兩傍復造四楹以通上下無風寒雨雪之阻磚石甃其堦除冊青繪其梁棟窗牖虚明煥然可愛先生仍大書樂育二字懸於軒中師生朝暮居之接於目而存諸心講經講史而經史明考課授業而課業進啓廸指引者怡然無

倦質疑問難者歡然有常先生樂育諸士子而諸士子樂從之育故登科第貢春官成德達材彬彬焉倍加於昔時雖由上官激勸有方實本先生施教之有法也軒名樂育豈不宜哉視有居其位而不任其事食其祿而不思其報者賢不肖何如耶先生始為紹興諸暨人徙居錢塘別號三樂在任九載多所增益若重建文昌祠鼎新泮橋泮沼布磚成街植木成陰皆其倡義協謀而成偉觀者也諸士子華葵鄒鏞等徵余記之余故書其事如此

無錫縣重新儒學聖賢像記

廖　莊 吉水人

常州無錫縣儒學舊有聖賢像歲月既久冊青剝蝕不稱瞻仰餘姚邵君性以制科薦為其邑丞既三載政通民順乃於天順六年秋齋戒蠲日命工新之先聖人像次十哲像而四配像則大尹李君葉丞鄧君奎新焉邵君又以兩廡諸賢神位皆舊悉冊䕶而一新之祭器未備咸以簿正櫺星門舊以木材不勝風雨震凌毀損尤甚邵君易以石柱六覆以重簷始屹然稱孔固矣於是春秋祀事士大夫晉謁由櫺星門而兩廡而大成殿瞻聖賢之像起誠敬之心較之昔日相懸甚矣余鄉友羅君文學教於其學偕訓導蔡蘭李奎謂邵君斬斬一縣佐乃能崇學校如此其志可嘉也走書白下請余記之夫鴻濛肇判兩儀既立斯道散殊無物不有而體斯道於身則吾孔子也道大莫容於是乎歸魯序書刪詩定禮正樂贊周易修春秋以垂教萬世及乎孟子謂自生民以來未有盛於孔子信哉若四配之相傳斯道十哲諸賢相與以

輔翼之使斯道昭如日星又皆有功於聖人而斯道賴以萬世不泯無錫諸生作養於斯瞻聖賢之像明聖賢之道必得於心而履其實一旦登巍躋膴推行是道以堯舜吾君堯舜吾民則李尹邵鄧二丞之功不為無助而諸生庶亦不負於三君矣余以是記之俾刻石以勵諸生云

無錫縣廟學重修記

王　輿

弘治改元之明年知無錫縣事藍田榮君華以書來

言曰縣在江南古爲望今爲畿風化之美人才之盛固以㝠他方至於廟學之制其宏深壯偉亦雄視諸屬邑頗華譾淺繆綰章綬大懼無以祗循　德意以紹續前人休於是殫心畢力期舉廢墜邑先達都憲盛公時望聞而韙之以言于巡撫都憲王公師仁公命發公帑銀爲倡而太守華君仲賢同知吴君植通判安君積善尹君璠鄭君興推官蔡君鐸亦相與勸率之蓋廟自禮殿以至門廡學自講堂經閣以及齋舍庖廩之類皆以次繕治閱月甫𢀛工告竣事來乞

一言以鍥諸珉俾來者有考無錫有學昉於宋創建於嘉祐充拓於崇寧增修於紹興淳熙元初教授虞薦發重建延祐間主學李思孝重修至正兵燬　國朝洪武甲午袁令大興始建復之吏求樂宣德郭令文昌唐令泰安邑士殷布政序三加完葺成化辛卯同知謝君庭桂知縣李君恭又冐建殿廡門堂齋閣歷年滋多尋入於敝令君所修大率皆還其舊其肄業之所則盡撤而新之君經畫有方董率有程資用不匱工從胥勸於是易敗以成飾故以新締構堅良藻繪華好[illegible]宮徒益舊觀而奕乎垂永圖矣夫興學以敦教化育賢才此有衛之世所同求其教化之大行人才之彙征非重熙累洽之朝則不可得何也蓋感之者有淺深而成之有難易也故鋪張顯設雖舉於一時而漸涵浸漬必俟乎累世肆我　朝丕冒日出建學立師一道德以同風明禮義以淑人肇於國初而盛於今日有足徵也予生與錫隣壤而少游學於斯故嘗諳其土風接識其髦俊其君子尚氣小人健訟此其故習而今皆務禮遜舉鄉闈登甲科者

歲堇堇有之而今乃聯清而鶱華謂非　列聖眗育之恩深令長勸綏之意勤疇克以臻茲哉於戲此感彼應理勢自然前作後述君子所與將繼自今民風益淳才賢彌衆詠康衢而詷棫樸者顒顒濟濟與三代媲隆則斯學之盛與斯役之偉又將與魯侯之泮宮文翁之蜀學方駕於千古矣弘治二年臘月既望

李傑

無錫縣重修廟學記

粵昔唐虞命司徒以教民至夏商周則自王宮國都

以及閭巷莫不有學以故化行俗美賢才衆多輔成
雍熙泰和之盛治後世英君誼辟間有能知所以爲
教者然不一再傳而學舍已鞠爲蔬園儒效闒踈無
足怪也我　太祖高皇帝混一天下之初即徧建府
州縣學設師儒之官以司教事而　太宗文皇帝又
輯性理大全書頒賜之使爲師者知所以爲教子弟
者知所以學一皆孔子之道而不雜於百家衆技之
流蓋孔子之道爲教即唐虞夏商周之教也至于科
舉取士亦以五經四書爲根抵而取其文之能發斯

道者舉而用之無非欲其推行之以輔理成化爾百
五十年來太平至治超軼近代而追蹤往古有由然
矣常之無錫縣創于宋重建于洪武修餙于宣德成
化間至是而歲久滋弊燕山齋君作尹于兹始至謁
文廟升講堂環視咨嗟以興學育材爲政首務思欲
新之適義授指揮秩者數人來謁君以其事諭之皆
欣然願助貲効力君即以成算授之俾人各專所治
市材鳩工刻日肇事棟梁之撓折者易之瓦甓之脫
落者補之彩色之漫漶不鮮者加餙之廟自櫺星戟
門正殿兩廡聖賢像設學自門亭堂宇與夫講饌之
所師生齋舍文昌鄉賢之祠罔不煥然聿新經始于
正德辛未二月而落成于四月不煩民力不費官帑
而倏然就緒齋君徵予文識之夫立學以教士迺
朝廷之盛典而修學勸士亦賢尹所以圖盡其職者
諸賢士游於兹朝夕讀孔子之書明孔子之道一旦
出而効用攄宏謨以翊大化舉斯世於唐虞夏商周
之隆斯於立學修學之意無負矣否則徒藉此發身
以媒祿仕徼利達而已其可乎哉齋君名璿字德美

政廟而人服故事易集指揮鄒榮趙沔鄒鵾華塾鄒
翊華璧華基鄒福鄒申其尚義皆可嘉也是庸書之
以紀其成

錫重修廟學記　　林俊

今二氏之宮徧區内金碧緑堊吾道廟學頽陊剥弗
治彼之術售鬼以愚人與吾道盡已者異群趨之群
力舉也廟學有司之事費詘殆有然者張簡肅公介
孫侍御君鰲山提學南畿盡滛祠去之材若田之在

錫者議闢二泉精舍優祀事李忠定公翁引嫌謝馬授意修廟學以代匱有司張任爲責付專事於范郡丞澤而兼臨之守則王侯教也巡撫張公津巡按劉君景宇申令督齊擇材于成而酬傭于田之值廢易隘弘輔其牆甃正其位序之當邑大夫博士神其成舍菜馬守具書束幣授使者來莆請記嗚呼道不足立勝舊矣託辯於孟子衛孔子也表佛骨著本論衛孟子也是舉役二氏以收扳正之功殆如因敵收勝宜特書夫陽施陰成聖人成能天地參而三者也道

至聖人而止聖人至孔子而盛爲報亦答矣皇與帝與王尊也尊則分嚴故祀簡孔子萬世之師親也親則情至而祀盡天下易之渙王假有廟觀盥而不薦有孚顒若妥靈於廟假神道設教於夫子也蒙之彖養正聖功允之象朋友講習棲士於學責師道友道以成教於諸子也居肆成事學繢所以安弦蜾蠃祝類我久而似之矣樞趨對越之下殆有冥逢恍悟於羹墻夢寐之間若有若之似顏子亞聖人而幾者抑歸汶陽墮三都誅亂政集群聖而折衷其不可尚矣將有蒲之治單父之治武城之弦歌者乎賁之辭仕之辭舞雩之風詠者乎述大學作中庸傳易子弘居西河而教授者乎則將曰孔氏家法也自兹後始正德丁丑秋九月

薇山虞先生配祀記

談綱

文翁蜀治甲天下而昌黎之祀於潮也垂無窮此果其才之優道之高德之劭負不世出之器而成此偉勛哉非也由其所以致理者得其要耳要者何學校

是也夫學校者明天理則藉講習正人心則藉訓範隆治道則藉鴻儒往古聖帝明王樹無前之駿烈而垂休萬世者繇斯道也故學校興則治猶反掌孰能禦之潮人始未知學一旦得師自幽谷而遷喬木厥功懋矣功懋則思求思永則祀久理勢之自然也使二公者隆道德而致理或失其要亦惡能感人若是乎吾錫古壯邑名賢輩出聲名文物之盛異他邑號稱易治無他學校之修耳迨夫趙宋末季科舉華學校廢邑士無所歸名教弛而治道日衰先生以精敏

之學兩魁鄉薦來自晉陵避居無錫士強起師焉講說義禮考論德業聞風而來者課試無慮數百學校為之一振士田籍官懇諸當路而復之者且百家士學有所資矣鄉飲禮廢贊使邑長行之者再民風有所感矣龜山楊先生昔自伊洛載道南來居吾常者十有八年大有功於後學若王泉喻公子才遂初尤公延之授業龜山之門得窺閫奧實吾邑山斗小山李公元德實齋蔣公良貴奮起龜山之後道脉藉以不墜實吾鄉麟鳳是皆繫人心之企慕者先生諏經

訂禮立鄉賢祠以祀龜山而以王泉遂初小山實齋配焉議之精立之當而人知所景行矣諸凡學政所關舉行無遺理亂緒於既墜迴狂瀾於既倒天理賴以明人心賴以正治道賴以興卒致當時文風之盛他邑莫及先生之功一何偉與矧先生之官於邑授職不受迨胡元紹統徵書聘幣接踵於門詞愈懇禮愈厚而終不應并辭學職杜門謝所往還自號薇山老人以見志此其去就之明出處之正見機之決非學識高而操養熟弗克爾也若先生者亦有得於龜山之傳者哉藉令見用於當世其致治之効駕文翁而上追伊呂亦未可知擾今縈勛擬之昌黎亦無愧矣先生圽吾人思之祀之鄉賢祠以配龜山宜也非過也顧歷歲既久人知先生之配祀而莫知配祀所繇先生之後有曰祚者字求錫號西溪尚義博學尤長於詩克紹先生緒餘惴惴然思所以不朽先生之澤告諸邑宰麻城熊侯載道侯固學程朱之學而志伊呂之志者先生之行既符侯心之同然而祚之言又有以起侯心之嚮往故其諾速於桴鼓命余記其

事余學慚覩奥而拙於摛辭曷足以承命第居常樂道先生之行而先生之後又與余有姻雅誼不容辭因撫其槩而為之記先生諱薦發字君瑞以其子雲陽先生貴追秩承務郎同知無錫州事其七世祖申甫安定胡先生門人然則先生之學信有自哉

無錫縣儒學田碑記

秦　金

古之善作人者必惠有術養有道夫有術則惠而不費有道則繼繼不窮政斯善矣吾錫學名天下士之

盛不可殫録廩餼庖湢之外惠而養之者殆未至也在昔宋時雖嘗修舉學田之政未幾寖廢迨我　皇明正德丁丑提學御史安成張君汝立撤毀南畿郡邑諸淫祠時邑有妙覺觀者女冠樹也首在毀列觀有田則籍而隷學焉顧事經始未及致詳田乘巇而逋者歲率強半有司莫詰也越十有五載爲嘉靖辛卯邑侯桂林胡君君錫廉得其弊喟曰是唯安成所爲嘉惠學者而使然哉亟白于嗣提學御史晉江丘君以義君避之屬成于我郡憲姚江管君道夫姚江

方雅志興斆爰既我侯悉力覘定釐蠹以新用俠于袮巳乃疏其端委申請若曰是田也惟學乎籍惟佃惟租惟國之輸亦惟學乎藝議以詳允凡得田之數若而畝佃若而人二稅之入若而繇圖於程籍於志學官者於守出納有經制用有劑稽逋有罰弟子員有窶弗克婚大吉凶禮弗克成者於是資科者貢者於是賮惟禮惟義無啻以悖以永斯典既則侯與博士淯江孫益體時仙居王濟仁夫恊計於講堂後方之右偏立屋四楹以便儲貯以别廩庾既又則今提學御史東魯張君子良申毖厥成焉於乎惟我髦士繼自今尚職有利哉然循其始可謂惠而不費要其終可謂養而不窮矣彼有掠民脂血崇塔廟之奉而於名教之地顧藐焉不省噫不明乎善徒多費而易窮視兹舉其爲賢不肖何如也侯領臺命鑱石徵言余喜諸君得惠養之道術而能振民於德也庸書以詔來者俾勿壞

無錫縣學科第題名記

徐溥

無錫隷于常州爲江南大縣其山水清美土田衍沃載於圖志可考人之生其地者雖隱居丘園亦多業詩書而好文雅翊沐　朝廷作養之力者乎故自國初以來取科第者累累不絶至於今數十年　治化益崇科第益盛非他縣可及矣蓋天下承平日久凡郡縣之地以及兵衛莫不建學雖其人皆取科第至於名數之尤盛必其地人物之繁阜者爲然豈非孔子所謂庶而富富而教之意乎夫教之之人　朝廷雖設師儒以專其事而守令寔總其綱今無錫爲

縣既廢且富而有師儒以教之然所以作興而鼓舞之者惟縣令而已藍田榮君華以辛丑進士來知縣事廉慎有為廢政畢舉他日以縣士人起家科第者録其名氏悉刻之石置於學宫走書京師求記其上題矣哉榮君是舉也豈特於昔之登雋者將昭示來乆乎誠欲游於斯者觀之相與奮發激勵以興其學優而仕之念耳蓋凡載名斯石者皆入官人也其人果賢耶必指而艶慕之曰此無玷於科第者吾安可不踵其芳果不賢耶必指而嫉惡之曰此有玷於科

第者吾胡可復蹈其轍法戒昭則立德立功之念自起於是乎建名世事業以為科第光者作興鼓舞之功端有藉哉宜榮君拳拳留意以為先務而急之也予忝為郡人以是舉之善故序之而不終辭石空其後自後科第益盛不已當續刻之云

戒軒馮先生進鄉賢祠記

楊　璨

錫邑之有五賢祠乆矣五賢者閩人楊文靖邑人喻公子才尤公延之李公元德蔣公良貴是已文靖公嘗講道於邑東林精舍當時喻尤諸公嗣而明之俾後之學者皆知斯道之可尊如天之高如日之明不容異端邪説汩没之以淪胥於卑汙其有功于斯邑也大矣鄉祠之設果可缺歟成化丁亥郡貳守蒲阪謝侯庭桂邑令尹任丘賴侯瑛恊采士論進祀戒軒擇賢馮先生于五賢之下至辛卯歲遼陽李侯恭來知縣事江右劉君鍾適掌邑教又拓基营先賢祠而作新之先生徹子陽穀教諭泰徵予文為記予從兄叔璣嘗親炙先生之教獲登甲科躋膴仕予私淑艾

先生者也敢以蕪陋辭謹按先生於宣德初舉經明行修為邑庠訓導以師道自重勤於訓廸凡經其陶鑄者咸克成材著家禮集説板行於世修本邑誌書衮鉞甚嚴至於立言行己皆放斥浮詞敦尚實行切切以勸勵風俗為心拳拳以覲正民德為事卓然為東南文學倡祀之夫復何媿或者又謂五賢在宋紹興嘉定間推明師道更相授受或居儒重之官或陟清華之地或位歷六卿或名登魁選德埒道同厥祀攸宜而先生更數世之後位不過一教職其配五賢

之祀無乃氣味之不相似耶嗚呼事固有曠百世而相感者况斯文之在天地間未嘗一日乏絶師之所存道斯存焉豈以時之古今位之崇卑而有間乎昔韓昌黎稱楊少尹没可祭於社止其年滿七十去位及能詩以訓後進耳今先生勤於著述善於教養扶頽敦薄力振斯道其賢踰彼遠甚以之祠祀何疑之有繼自今已往邦人豪傑登斯堂者吾知其景仰前修莫不奮䟦感發使文靖公斯文一脉緣此而挽什一於千百則於名教豈小補哉庸書此以俟

無錫縣學筆記卷之十 終

無錫縣學筆記卷之十一

邑人談修纂

儒學先賢祠記

徐有貞

古者學官有事則釋奠於其國之先師今學校之祠先賢蓋繇斯義以起禮也然其祀事有與舉與否則係乎爲政之人焉錫山儒學之祠創自宋季中祀龜山先生文靖楊公中立而以王泉先生中丞喻公子才遂初先生文簡尤公延之小山肅簡李公元德實齋先生文忠蔣公良貴配歷元至　國初中廢至是同知郡事河中謝君時芳迺復興之使來請記其事於麗牲之碑夫道於天地間無所不在也而學之於人則有所在因其人之所在學之所在而曰道之所在自古已然中立閩人也而其學得自洛之二程程伯子之歸閩也有吾道南矣之嘆豈非以其人與學之所在而云然乎然吾道之所在雖以人亦以天故文運之所在即天運之所在初二程之學乎濂溪周子也宋運方盛於北吾道亦從而北及楊氏之學乎

程子也宋運将徂於南吾道亦從而南此其所關係
豈偶然哉道之南也自龜山傳之豫章羅氏豫章傳
之延平李氏延平傳之考亭朱子考亭因是而集大
成則斯道之有傳於今也寔自龜山始揆其功化雖
天下之學祠焉可也獨錫山哉然中立之寓於錫山
至十有八年之久是猶錫山之人也矧錫山之人之
學夫道也亦自中立始縣是祠焉以爲其國之先師
夫豈過哉喻氏來自南昌尤氏來自閩粤而並家錫
山延之學乎子才子才學乎中立所謂見而知之者
若李若蔣固皆錫山之人也生乎喻尤之後而學則
並駕楊氏所謂聞而知之者楊氏之傳雖弗若考亭
之盛而其人與道之正葢無異焉若中立力斥安石
熙豐更張之邪説子才力贊昺浚炎興恢復之正論
延之力陳道學之爲是以釋孝宗之疑元德力辯汝
愚之爲忠以袪寧宗之蔽良貴力抑彌遠之惡揚德
秀了翁之善以啓理宗之明是皆有功於其國有功
於吾道當時雖不能盡用其言然天下後世之公論
不可没也縣是而並祠於學又豈過哉時芳斯舉其

用心亦至矣吾斯舉也蓋其人吾道中人也以明[illegible]
起家裒然舉首而倅是京圻之大郡所爲所守有[illegible]
循吏風其學得之其世父侍御公德潤德潤之學[illegible]
之其師蒲州文學曹端先生理性之明厥有源委宜
其能然嗚呼世有古今道無古今人有先後道無先
後道唐虞而世唐虞也道孔孟而人孔孟也矧其餘
者哉周子不云乎士希賢賢希聖聖希天斯道也吾
将與時芳及錫山之士勉之且以勉天下之學者時
成化八年仲春既望

無錫縣儒學復五賢祠記

邵寶

無錫縣儒學之有五賢祠肇自宋季其初四人繼或
以意益至九人薇山虞薦發氏實釐而正之損五人
益一人是謂五賢五賢者爲龜山先生文靖楊公玉
泉先生喻公子才遂初先生尤公延之小山先生李
公元德實齋先生蔣公良貴位則龜山中而南面四
君子者東西列焉事具尤棟氏所爲記歷元入
國朝以意益焉者尤多且遂並列無配今考其人莫

不節具章成而其道於龜山則有間矣君子之論焉
可誣也成化中祠再葺武功伯東海徐公記焉於五
賢之承傳履歷詳矣而他不一及此其意益猶夫徵
山也然而班遷如故弗革益加其少游於斯讀尤徐
之文嘗謂是祠一失則泛再失則雜泛可裁也雜不
可辨乎益亟瞻亟興嘆而莫可告者正德丁丑夏督
學御史安成張君汝立毀諸尼若女冠之居以修我
學宮人或以是為言汝立乃問於某某謂之曰人之
言然盍亟圖之於是屬吾郡貳守盩厔范侯汝霖擇

地尊經閣後為堂四楹中龜山而從以四君子者如
虞氏鼇正之式復其榜曰五賢凡後所益者則於舊
祠祀之謂之鄉賢邑博士唐德卿劉景儀鄭大節謂
其實先斯議不可無記乃率其弟子某等來請昔韓
子稱求觀聖人之道者自孟子始孟子後千餘年而
兩程子繼之今之求道者不當自程子始乎龜山傳
程子之道而南者也其在無錫久至十有八年說者
謂其嘉泰伯延陵之風於是止而進修焉追惟其時
及門若私淑蓋繁其人而四君子者深矣是祠是配

其將自龜山以求程子乎其自程子以求聖人之道
亦將於是乎在書曰升高自下陟遐自邇斯舉也其
有之是故裁泛以義昔之君子遠矣今之君子為其
雜也而以名實立辨焉亦昔之君子之志也雖然非
賢督學其孰與成之

此記與祀諸賢一遵徵山虞先生鼇正之式凡後
所益者不與焉固有見之論若徵山修舉既墜學
政而力辭元聘似難與馮張二公並議也

七賢祠記

鄧繼曾

學足以明道者有功於道亦有功於學學者學夫道
者也而以學晦道者衆夫苟晦道不如不學不學則
道固湛若不善學則道翳生道翳生而他岐出矣他
岐之道惑人之妖也是故學足以明道者道之翊也
學之準也學有準而後道趨正道趨正而後道之湛
若者益明故曰學足以明道者有功於道亦有功於
學也堯舜禹之道明於傳心湯文周公之道明於立
事孔子之道明於述經世無為則道以心見不能無

爲則以事欲有爲而不能有所爲則繼以體心而用事其揆一也群聖人之心以事顯而六經可徵也是故經也者心之鏡事之衡萬世之準也故曰孔子賢於堯舜曾孟而下則皆學孔子而至道者也孟子歿樂正公孫之徒不能則其學而道遂晦程氏兄弟乃能續孟子之學於千有餘年之後一時及門之徒如楊文靖者所謂南州之傑寓于錫十有八年時則李忠定相與麗澤損益趨中之言深得三聖相傳之心法整綱布紀恢復中興庶幾乎周公安内攘外之謀

孔孟絶學繼於二程而中立伯紀可謂克延其緒錫之士自是知學道者多矣喻子才親授其學以授于尤延之李祥將重珍咸知所師故樗誠意之論卒啓恢復保持道學衷實與有力焉慎獄尚忠節驗元德之正學良貴本心外物界限之對是知心學者也至於

國朝文教遠被道學日明錫之士彬彬乎興起斯文爲江南名邑之冠如邵文莊寶以忠孝大節正已淑人其不附究瑾有龜山遺直焉天下所共賢也夫五君子其明諸心者皆如中立而其措於事也皆如綱皆能明于經學趨于孔子之教者皆能以其所學翊吾道者皆足以立學者學道之準者而錫人爲親焉固宜有專祠也宋寶祐間衷令擇善創先賢祠自是益損相承迄于今祠五賢伯紀以僑寓闕國賢則後賢嘉靖己丑華從龍雲益二賢從祠而大之君子曰華子可謂學道而知義矣以忠定中並文靖者推文靖之意也東西列五君子者論世也文靖從祀孔廡此復祠焉者錫道學之宗也故專祀不爲黷後之君子如其學足以明道則繼文莊而進固華子之願也嗚呼道莫明于六經是故本六經以爲學而畔者寡矣

無錫縣重修儒學記

秦梁

國家稽古定制建學立師凡以育才賢爲世用顧邇來有司往往不能廣厲學官之路而諸士子視黌舍爲捷徑者亦間有之矣教之興也寧不有待於人哉吾錫儒學故在縣治南前臨帶水左挾文筆九龍西來震澤南滙壯哉觀已乃其制則具載予所爲縣志

中蓋自宋創於嘉祐，拓於崇寧，越元季兵燹。入我明洪武初重建，增修于永宣成弘間。正德乙亥，縣令齊君璿再葺之。迄今又六十年，所矣歲久漸圮，予每至學宫，則環視咨嗟，以告有司，未遑也。今歲丁丑，縣令被召去，難其署篆者，會瑞州劉公以比部郎出佐吳郡，得借公。公負卓犖才，蒞縣踰月，百務具舉，尤毅然以修舉學宫爲首務。僉謂費且浩穰，而公一不煩民衷之贖鍰，庀財鳩工，民忞忞和會，僅兩越月，墜者興，撓者植，湧患者餙，丹雘塗塈，整雅周飭，業隆隆

新矣。乃公謂予嘗與聞教事，則率師生請記始末。予謂曾公修頖文，翁興蜀。今昔蹟之，公是舉也，豈徒崇炫觀美已哉？必將使爲師儒者群諸弟子日夕教學于斯，廟瞻先聖則思依歸，堂瞻明倫則思敦叙，閣瞻尊經則思誦法，亭瞻敬一則思彝訓，固不啻敬業樂群而遵養待用，實自兹始矣。蓋吾邑科第每舉輒數人，邇且復魁天下，即海内推先焉。彬彬乎盛哉！然假令諸士子藉是獵青紫，徼利達，視猶捷徑已已，乃考其德業則無聞焉，是昔人所謂儒效疎濶，可爲大懼者也。予嘗考鏡先哲，若喻子才、尤延之、李元德、蔣良貴四先生者，紹龜山之傳，德業隆顯，皆在崇寧修舉學宫之後。故予於諸士，繼自今願相與講明堯舜周孔之道，歸於身心性命實際，出則樹勳熙揚烈，柱石清時，退則師世範俗，砥礪後學，無令海内獨以科名推焉，庶幾哉匹休先哲，不負
國家所以建學立師之意，而一時賢大夫崇文振紀，嘉惠無窮者，其亦與有榮施耳矣。然則今日之舉，詎不偉哉？役始於秋七月戊申，越又八月巳酉竣事。予既樂觀厥成，故紀其

日月，而并公所望於多士者書之。公名體道，字親正，江西新昌人，登隆慶戊辰進士第。董役者縣簿張孟彔，相協者教諭侯必恭、訓導劉舉、俞韶，皆於法得書。

無錫縣學重修記

秦燿

蓋聞曾僖發頌犖自頖宫，文翁興學垂聲漢史，固知主持風教者必開廣厲之條，緣餙吏治者必重弦歌之地，黌舍之興，所關鉅矣。勾吳泰伯之故都，其山蜿蜒而秀明，其水演漾而澄泓，其人醇雅而多英。明

與二百餘年道化翔洽文儒輩起農夫驅犢而帶經牧豎古羊而挾筴三家之市必有講誦之聲焉學在王蔕河之上左通九箭右連百雉規䉷宏敞甲於東南與風俗人才雅相稱歷歲既久風雨旁蝕乍傾乍葺罔克大振今縣令豐城李侯廉㮣萊蕪仁希褒德比及三年政和泯化暇則與諸鄉老博士弟子講學於黌中顧瞻徘徊大用不寧於是節縮常奉鳩工庀材若廟若廡若堂若閣官齋吏廨俱用一新繚以周垣飾以丹堊曾不幾何時役成民忘版築之勞官靡

帑藏之費士之游於門者罔不目扶而心怡乃謀諸博士唐君等樹碑於門以紀侯績會予奉 命建牙於南楚行過吾鄉吾秪謁 先師之庭退而達觀乎厥營矍然與曰美哉侯功可以嗣頖水之休聲追文翁之芳躅已既之楚迺為之詞而歸諸唐君以碑之詞曰九龍之麓三讓之都有赫者宮朝詩暮書左琴右瑟集我章縫朝多耆俊鄉茂魁儒咸奮於中鄭校誰毀魯壁曷壞上雨旁風我侯涖止房皇徙倚中心是恫寧我壓釜無爾鞠草以媿章逢爰諏靈龜爰揆吉日迺營迺攻良木文甓匪脂自民匪帑自公損我齊廚減我輿皁以相共工農不知役匠不奪時舊規仍雄翼翼者廟聖師之靈俎豆是崇峩峩者閣聖師之經誦讀攸同皷鍾登堂博士正席冠帶僮僮廩人致餼饔人視職退食融融侯來朔望執經講解虛盈塞通延禮縣車洛求三老以代童蒙升歌鹿鳴雍容都雅觀者如聚昔何蕪蕪今何楚楚維侯之功我思古人魯有僖公蜀有文翁我侯三之宜矢我詩以詔無窮

儒學教諭進齋衛先生生祠記

王問

嘗觀記有之曰禮時為大夫禮本為天地之常經而以時云者何也昔者聖人有以見天下之動觀會通以行其典禮而未始不化裁於吾心之微是故禮由心生以時措之夫亦當其可而已矣不必其泥於古也然則今日生祠之建其亦變通趨時而以義起者乎蓋斯禮也三代以上吾未之前聞也近世士君子之見用也位之所在而官有司或有惠政洽于吾民

道之所在而官學校或有善教乎於多士故人心之愛慕也深而不忍賢者之將去我也間嘗有是典之舉所以永去思昭盛德識不忘而示訓於其遠者胥是焉繫祭法曰法施於民則祀之以勞定國則祀之學博無親民之責而德教之在人心勞莫尚焉是必及其生存祠而祭之而後有以致吾崇德報功之意然則生祠之作於學校信乎其有不容已者廼者吾庠典教進齋衛先生杭之仁和人也　國初有以武功封宣城伯者寔其始祖先生為之裔孫少負懿質

弱冠時輙有聲於庠人咸以巍科期之而先生亦以進取自待顧有數焉卒以明經貢於南宮未幾拜錫庠司訓歷官五載而教者有成既而晋秩典教吾錫蒞任以來恪慎厥職每師弟接遇動以至誠相與終始如一其立教也分齋校藝條約井然庶乎安定之遺矩春風和氣引掖士類庶乎明道之餘風殆四年于茲矣迄今天曹課最復膺殊擢卜日戒行諸弟子愛慕之深不忍先生之頓去於一朝也將肖貌以崇祀之而為之所先是嘉靖中嘗有司訓靈寶孟公以賢著於錫庠祠於泮水亭之左誠盛典也今茲先生之德媲美孟公而人心之感甚於疇昔合而祀之所謂禮以義起者庠友秦君瀹吳君聘秦君柄等倡為是舉鳩工餝材肖像樹碑葺墻垣飾堂宇顏其祠曰孟衛二師生祠於是相時稽吉會于明倫之堂奉先生之像于祠配列南面祀于久遠以彰師儒之賢以致通學之情請言于予以紀其事前此託予門人康啓蔡生道意予重有感焉因而歎之曰猗歟休哉君子於此可以觀衆善之集矣夫錫庠自　昭代之興

官于茲者若千人而僅見孟公之賢孟公往矣官于茲者又若干人僅見乎先生之賢孟公作於幾三十年之前先生作於幾三十年之後曠世之感師道之協秉彝之好皆於是乎在矧自今以往豈無聞先生之風而興起者乎君子於此可以觀衆善之集矣故為之記先生名銳字抑之進齋其別號云

錫邑儒學司教達泉梁先生去思碑記

黄學海

昔太史公手勒儒林傳至於廣厲學官之路而重嘆

焉乃於師門苟有用我朞月而已稱者蓋尊夫子之
業而潤色之以學顯當世此儒者用世實際儒林所
以繼循吏而傳也今於先生見之哉先生粵之順德
人也為先文康公宗姪家學淵源科甲代炳先生少
負瑰瑋才博極群書能古人文章蘊藉爾雅稱大方
家粵中多鴻抱名碩人文今為海寓稱首媲美二京
梁為粵世族稱文獻先生於梁氏亢宗又白眉也辛
酉舉于鄉即大魁天下可唾手而致者累上春官不
第　檄署興國黌序事余時承乏出守興國隸贛治

不逾月而青衿孚化頌聲蒸蒸起余嘗考最于公冀
大用先生尋以奉諱去服闋再署吾邑黌序事余時
懸車梓里余弟學憲且隸籍門下朝夕濡澤最稔不
逾月而青衿孚化頌聲又蒸蒸起當道考最會丙子
諸省大比檄諸學官文學長者典試事先生以毛詩
得主桂林棘闈先生取冠本房者俱有名士南畿解
首為吾邑周君繼昌則又先生之門下士素以入室
稱者於是頌聲蒸蒸偏海寓咸稱先生既善造士又
善知人已是冬當上春官先生以莊盆悲輟行李僉

謂先生薄於功名而厚倫懿也會邑令臨川周念庭
公以辛未進士蒞任者已六年于茲再上公車入
覲視篆兩以郡倅至居無何易去群情咸屬先生憲
臺廉先生清且才果檄下先生勰勰然辭至再不果
乃不獲已視出其揮霍才如執規為圓運量有餘時
且比部小泉范公奉　勑祥刑蒞吾邑月餘南北孔
道使客衝至送迓無虛晷益河興役動大衆以萬計
諸有司移文具吏胥請又紛案積也先生覩畫井井
各承之無觖而訟人則不以有司受吏無寅奸諸生

受約束且不敢請謁公所益徵先生名節砥礪諸生
所請衆好者翼而飛也不逾月而士民孚化頌聲又
蒸蒸起始知先生才不獨優文學已薦剡乆溢茲遷
陽朔令去陽朔隸桂林為先生舊遊地朔之士民莫
不樂先生來乃黌序同寅劉君俞君以道藝知雅不
忍先生去率諸生秦桓蔣夢鶴等謀樹石學宮右乞
余一言志教思無窮甫秉筆會邑佐李君余君張君
魯君乞余附言於石亦不忍先生去也余嘆曰先生
何以得此於士民哉即師門所稱文學政事蜚為兩

科先生兼之善政善教所至得士民心而僚友無間言當道有殊獎其所謂獲乎上有道也嗟乎秉彝好德心有同然民不能忘隨在而是今吾邑不殊曩日之興國将来遺陽朔思又何啻吾邑已也夫子曰朞月而可三年有成先生學顯當世所爲潤色夫子之業者類如此脱令太史公復作列之儒林則與申轅韓董爲伍進之循吏則公儀子産汲鄭可爲頡頏也異日者問掌故而考有司良可以風已諸門生具議立祠于學宮之左此多士無窮之心益足以徵先生之德云

邑庠司教維石高先生去思碑記

王問

先生閩之閩縣人也少負瑰瑋才文譽籍籍壬子領鄉薦繇辛未冬署教吾邑先生莅任慨然以育才造士爲已任惟時代巡劉見雲公兵憲蔡春臺公俱以文教相崇督學周乾明公式新學政郡守施龍岡公邑侯周念庭公仰體當道意作興惟勤檄下學宮旁午不啻簿書徵會之煩先生素英敏加以勵精循執恪職群諸生月試日省厘厘然手批閲課殿最無虚晷隣邑諸生嚮慕遊者且蒸蒸也先生又以餘力應酬不勌暇日更進諸生語曰今有司殿最爾輩直文藝哉其各慎爾行勵爾志毋以訟訐取辱毋以汚下取嫌至遇諸生有不平事輒毅然直之以故邑有訶朔望視學惟選雅談仁義之儔講説詩書無復往時紛紛俗狀欬士氣矣盖先生寬平和易之衷有耿介勁直之節亢爽豁達之度有整齊嚴肅之規是以諸生不徒樂坐春風論文受益又以名節相砥礪優繩蹈規偉然作丈夫子不敢自負名教皆先生薫陶德

也其他勤惰不淆賢愚有等廪餼不恡出饋遺不苟入接人以光霽御僕以慈惠皆緒餘耳肆上悦下服人無弗頌德者人情同然哉人情同然哉甫半載以當道有司駢檄交獎遠近縉紳暨通學之士下逮輿薦剡擢納溪令諸生戀戀不能捨去廼先生同寅林君李君率諸生徵言邑侯樹碑學宮志去思焉侯曰好是懿德心誠有之然有吏事不暇述也盍徵諸士大夫諸生奉命詣余請余謂世有人情之所同然而

出於天機之不可已者莫大於懿德之好惟一誠以爲之感通則無論勢分之崇卑時日之久近而人心翕然歸之矣先生位不逾儒官官不逾半載非有名物號令懾服人心向非孚之以誠通諸人心無間何感觸吾人天機有如是翕然者易中孚九二曰我有好爵吾與爾靡之益九五曰有孚惠心有孚惠我德好爵爾靡好德也惠心惠德感應也然皆本之有孚一誠也匪邑侯好爵之誠無以孚先王之德匪先生誠孚人人亦無以嘉惠德而通衆志一德交孚而不限於勢分時日豈非天機之觸諸心哉諸生執余言復二君質之邑侯侯曰美哉先生之德可爲司教者風矣美哉兹言可謂有司風矣遂命勒諸石俟後之人繹思錫類無窮云

無錫縣儒學題名記

龔勉

凡公署必有題名者何以備勸戒非徒以存往蹟也名耳何以備勸戒蓋春秋之法書官書氏書名而褒貶寓焉華衮之榮市朝之辱特在一字間所以垂勸戒者如此乎其嚴也自史筆失真而勸戒之義廖廖矣近世有所謂題名者雖若無所褒貶然其人之賢不肖公論自有不可泯者存其名以寄人之公論則歷世雖遠而臧否自明獨非春秋之遺意乎矧學校爲公論所自出而春秋一經尤師儒所誦習者則於勸戒之義胡可以弗講也吾錫爲東南鉅邑而庠校人材亦甲於天下自　國初以來凡司教者卒多醇雅端恪之士能卓然以道義自持而一無所苟間亦有齪齪庸瑣惟利是趨而不知道義爲何物者其人品之高下一考鏡之可知也顧獨無題名碑刻以存往蹟凡官兹庠者姓氏多散佚無存即欲求其人而考鏡之不可得已彼庸瑣之流固得以逃其名于後而免人之譏訕乃卓然以道義自持者亦泯泯無聞焉則後人於何而興起哉今掌教茗溪嚴君司訓東粤王君古濠梁君皆所謂醇雅端恪之士而有志于道義者其禔身率物動以前修爲法獨因題名爲缺典慨然圖所以輯之相與搜稽往牒凡爲司教者得其君而下共若干人刻其姓名籍里而刻之碑石用

以垂於不朽是豈徒以具虛文而已哉蓋人以名存實以名顯將使後之學者因其名而考其人因其人而論其世曰某也賢是無媿師道者可法也某也不賢是有玷師道者可戒也不惟爲師者有所鑒而自飭其範凡諸生之得於觀感者皆知人品之邪正莫逃於後世之公論而不敢不慎其所趨矣是爲勸戒之大端而得春秋之遺意者也其有裨風教豈淺淺哉諸君請記於余余嘉其意而不敢以不文辭也遂書此以質之倘以爲然否

無錫縣學筆記卷之十一 終

無錫縣學筆記卷之十二

邑人 談 脩 纂

無錫縣鄉賢祠題名碑記

趙應元

原夫讓王寓荆至德東徙勾吴始造風物漫開梁谿明秀之區衣冠禮樂曰於江左則有上喆偉公鏤碑版而著彜銘何可僂指　明興文教訖南吴風轉遒五湖九龍之間蔚起聞人其顯者翺翔王途身名兩泰於世而次亦鴻飛鳳舉廁足高士之林要亦翊首

善勒風流扶玄化樹末軌斯其人皆所謂朝之典刑鄉之祭酒國之羽儀家之蓍蔡生爲名世殁爲明神者矣小子生長東粤習見其鄉海南江門二君子並起宫墻洊登兩廡高山仰止心竊嚮之恨未得身司籩豆與奉春秋比於畏壘之民報庚桑楚民者耳以釋褐得梁谿令問俗於都人士僉曰此泰伯之鄉而名賢之藪也無暇遠舉即今華上君子壘壘若若不多梁谿産乎其位則自上卿以迨州縣其用則自論議以迨奔走列朝紳以直節顯居鄉閭以隱厚聞莫

弗具載華實兼綜體用後死者得與於斯文於今爲盛何必招招焉先進之從而廟貌之是式余曰否否夫射有正鵠車有司南前事之不忘後事之師也徃匠之先驅來秀之籍也梁谿文獻名天下意必有先士大夫布三侯而指四方於焉是則是傚出入不誖所聞云爾則豈惟其山川奇秀實式靈之既受事之明年拜於學宫次第謁先賢祠下低回留之不能舍去云退而檢掌故考其姓名爵謚在前代者十之七在昭代者十之三未嘗不搤掔三嘆何輓近之未既

也卜何而衆以侯王兩太僕之事告余乃參與論按名實請於督學使者江右陳公會是時使者方抗䟽申明祀典禮官如議下所司非其人無闌入非其職無旁稟即博士家廪廪懼矣及余所上記兩太僕事迄無煩言於是邑搢紳衿裾聚族而扺不佞曰祝史信矣請付惇史余惟古者以正月朔朝於鄉而復事遂定其論若乃論秀有鄉舉憲老有鄉飲游宗黨正各書其鄉之行以詔徽懲慝故曰觀於鄉而知王道之易易也豈非以明廷法宫之目可掩而父兄子弟之臆難欺哉今夫士故有設秘吐奇功名摽於天府或慷慨引義皎然揭日月之行山徼海澨詫其名氏以爲異人僊子庶幾一遇而不可跡者及過而問其鄉人則否况乎以貴耳賤目之俗情騰朝賢暮佞之月旦而操九瑕一瑜之凉修貪尸祝社稷之寵報必無幸矣故百世而下雖有孝子慈孫挾其高貲厚力竊竊然欲杓之俎豆之間而匹夫反唇千人色沮至令有司者勇議損怯議增俛入俛出幾爲懼府則玆典也其由行古之衜也梁谿之先賢祀於社者若而

人矣遞相祖也無相祧也其父而彌新也不以遠故厭也其新而若故也不以近故疑也赫赫與主血食民間夫非百世不遷之宗歟後之有事於祠者以祝嘏酳爵則儼若先賢之餘響以登餕受胙則有味乎先賢之餘瀝灑然潔白其衷斧藻其表進而步武名鄉退亦不失爲碩士以稱於來禩曰讓里之産俾後死者得與斯文繩繩不替其斯爲亢宗冢嫡耶余既伸前説諗之搢紳衿裾因先後紀其姓名爵謚共如干人勒之七尺之石劖在瞽宗

送遲菴譚先生致政歸粤序

顧憲成

嶺南遲菴先生掌吾錫之教二十遷岷藩教授邑人士愓不知其緜相與聚族而談曰先生中心好古惇行君子也其持身左一規右一矩無或渝也其莅諸子衿先德行而後文藝其時課必虔必信無或惰也其取與必慎諸子衿之貧者輒謝其羔鴈且捐廩以周之無或靳也其春秋廟祀俎豆之事必躬必親無或褻也其與人交表裏洞見無或蔽也始嘗為溧陽

矣溧陽猶是繼嘗為封川猶是當軸者謂宜越格而優異之為天下風僅僅而及是遷何也則就顧子而問焉顧子曰惟是不轂固疑之未有解也適直指陳君來按部顧子乃就直指君而問焉直指君曰惟是不轂亦疑之未有解也輒為嗟美無已已復下教數先生賢先生笑曰是吾過也世競華而吾嗜樸世競員而吾嗜方世競恭而吾嗜率吾之所為得乃人之所為失也且夫嗜樸則陋不嫺於物矣嗜方則拘不殫於理矣嗜率則徑不麗於情矣吾之所為得亦吾之所為失也以得若彼畀之非適俗之韻以失若此高之非適道之姿吾之及是遷也殆其幸歟或曰曷不矯而就中先生曰吾非不知懼并吾故吾而失之也上士矯其偏以從道下士矯其偏以從俗均之乎矯也而所從霄壤矣是故難遂者道也易眩者俗也毫釐之差千里之謬不可不懼也抑吾聞之一物不加曰樸一法不捨曰方一念不容曰率吾於斯三稱尚愧不及將焉用矯吾今且休耳無復戀長裾為矣典客懷石王子以告顧子顧子喟然嘆曰善哉吾儕

方欲為先生求所以於人而先生顧反而求其所以於已吾儕方欲推先生之得以明人之失而先生顧推已之失以明人之得信乎先生中心好古惇行君子也僅僅而及是遷滋不可知耳於是先生致其官而去不轂無能為贈爰次其言歸諸先生之橐弁以告於邑人士庶幾有味乎斯指焉其猶日在先生之側也

送遲菴譚先生序

高攀龍

蓋不佞觀於人情之隱知甚矣人之自晦其心也今有人於此執而責之曰而非直士也則未有不赧然怍於色怫然怒於言以鳴其不然者也又執一人而責之曰而胡不務任直惟憸邪之是親亦未有不怍色怒言鳴其不然者也是未嘗不知此之爲是彼之爲非而天下直躬者常什一直士之見棄者常什九何也膏粱之養鴆之能殺也夫人知之卒未有舍膏粱而饜鴆者從其明矣至於是非之實獨不然甚矣人之自晦其心也曷爲而晦也曰勝於情也夫人之情皆好譽而惡毀然又皆好順而惡逆名之曰直則喜而逆之以直則又怒名之曰邪則怒而順之以邪則又喜是非之真終不可晦者秉於好名之心而從違之實未有不爭者陷於順逆之情也何怪天下直士常什一直士之棄常什九則又何怪遲菴譚公之以王官去也譚公之師於錫諸生也見其非矩弗蹈矣見其非義弗取矣守其官求稱其事執其職務核其實諸生之言曰吾師乎使余日有程月有課猶将宵膏以助吾之不遑其父兄之言曰吾師乎使余

子弟之晝有營夕有養今而始執業之有常其胥隸之言曰吁吾手若繩吾足若羈自公來而吾無所用吾獲以漁獵人之短長縉紳先生之言曰都厥訓孔嚴厥度用臧自公來而紅紫夭麗不見于士人之冠裳然不一考而公竟以王官去矣邑之人皆相顧怪愕莫知其所以然高攀龍曰嗟乎庠序之教其不可振也夫其不可振也夫余以所觀譚公其操行方其取予審其當事也核所謂直躬者非乎然而下莫揚之上莫知之世之於公竟何如哉雖然今之君子患内信輕而外信重矣夫伸不伸者道也幸不幸者遇也人見絀之得孰知夫得之不必皆絀人見伸之失孰知夫失之不必皆伸與其遇而絀無寧伸而不遇與其絀而不遇無寧不遇而伸不務曠觀默識委運於大化信道於自成而欲斵方爲圓揉直爲曲寘力於萬有或然之幸此庸衆所以本末失之若夫譚公所得不既多哉夫直士之棄於世也久矣亦何有於譚公

奉送邑博鳳梧吕先生入試春闈序

鄒廸光

往余不佞奉子墨氏于役楚中嵩嘗入樊鄧之墟而見其水漢水其山方城渟泓律崱如帶若礪其地抱湖湘控關洛通潛會沔徹梁洋土脉膏沃𬟁爲樂區其民樸遬徑直尚禮義心竊豔之及課士而見其文無他奇然能恬愉曉暢足以達意其多士往往觖廉隅善自軔柣不逸於軌心又向往之顧未得徘徊旬日與其鄉之薦紳先生交臂奉面睹所爲行誼何如耳及余中讒歸耕考槃梁鴻溪上而君以孝廉領博士弟子師至余一見而得君之爲人直若矢敏若括圓若走環貞若石朗若鑑照照若春臺飲人以和而人不知也余嘆曰吾邑士有師矣居亡何君乃立期會定約束與諸士三令而五申之曰毋爾青樓酒家胡呼盧長夜即于滔淫毋爾華綏縞帶奇巾袨服乘軺車躍怒驫之馬毋爾作仰天眼洋洋睨其先達毋爾囁嚅栗斯覢要津走曲竇以其文爲羔雁毋爾塵尾生涯聡於本業毋爾口實舞雩而放浪泉石之畔惟爾身是檢押而先民遺則之是則士有不悪汲汲

然督過之惟恐其不後也有片懿娓娓然誘之掖之惟恐其不繼也士而家徒四壁釜魚懸鶉者必以聞於有司不則取諸囊中而給之惟恐其饑且餒也月三日以文會會之日酒漿脯糒必割於月俸之餘惟恐其不腆也不佞居恒太息師道敗壞已極鍾鳴漏盡蒲柳半衰而得一官苟延歲月虛糜五斗于于栩栩日飽苜蓿擁青氈高卧或則勾稽廩餼督促升散綜理俎豆以塞吾責止矣而人且以爲土偶人且以爲贅疣即廩食升散祭器而外稍欲以見吾志人誰應之以其科第至者則又高自位置蘧廬其宫弁髦其職而路人其子弟亡論一切即升散即廩餼即俎豆之類不以置念矣嗟乎師道若此而以繩士覯刑謂何呂君惟不輕其官自則則人而士以丕變第見君五載閭雲髮翠黛歌扇舞裙之底百無一士絲竹狗馬蹋鞠之場十無一士牙旗呵從達官貴人前五無一士斗酒浮白效竹林之高學五岳之踪三無一士而所覯士多斤斤寸尺者握瑜懷瑾爲稱首者抗志青雲之上無些小縮朒者即前諸者而有之未嘗

不瞿然省疚曰毋令呂先生知爲也夫以孔氏爲之
師而顔涿聚化墨翟爲之師而高何縣子石服禽滑
黎爲之師而索盧參易志夫顔高諸人皆古之所謂
巨狡大憝也得師而有顯名今之不爲顔涿聚者少
矣余始直謂吾邑有師乃呂君又以其餘攻帖括下
董生之帷鑿匡衡之壁囊車胤之螢左墳右典朝伊
吾而夕佔嗶然伏熱雨雪身欲焦手龜裂而不休卽
余未嘗見其文而讀之度能中彀會盧丁郢斤得心
應手無疑焉者今君且就試南宫往矣是老驥得秋

風超忽烕没之日也由此而振纓承華簪筆起居有
君文學長技在可勿論籍令抑之而抱牘爲郎寄命
百里則政猶之乎教耳牧猶之乎師黔首猶之乎縫
披耳絃歌之子游化蜀之文翁何所不足於君哉昔
陽道州爲國士師七年而遷官刺史日熟麥二斛與
其民共之不事催科及於乳哺千襁而下列之酯德
君行矣後道州而起者非君其誰君歸而入樊鄧之
墟彼樊鄧之士諸有文詞盍自輈禄者皆取嘗師事
於余者也其以吾言告之以爲然乎否

雜著

介軒先生張公賛

遼陽李　恭

金玉其聲水資其操口言足履惟忠與孝振我文風
年高德卲配享龜山有先哲道

又

安成劉　鍾

先生天資璞玉渾金先生問學宗主周程仰之如山
斗瞻之如鳳麟記後學之歸依流百世之芳聲列配

先哲允合輿情此其所以有介軒之稱也耶

書介軒先生張公賛後

門人王　訥

斯文在天地間有顯有晦聖賢作文在聖賢聖賢没
文在六經仲尼主之顔曾思孟傳之六經載之其文
固不在兹乎斯時也文顯於聖賢者也其曰自漢以
來無人識權字論敬則曰漢唐諸儒所罕得聞也斯
時也文晦於六經者也宋五星聚奎大儒繼作文靖
楊公中立閩人也北學顥昌及歸明道曰吾道南矣

公天資夷廣濟以問學充養推本孟子性善之說發
明大學中庸之道居無錫十有八年講學於東林精
舍及門高弟有王泉喻公子才登喻之門有遂初尤
公延之繼尤而作者小山李公元德實齋蔣公良貴
皆遡文靖公之學而探其源也無錫斯文始自文靖
公倡之王泉見而知之遂初小山實齋聞而知之雖
未能上續孔門授受之真然亦為之一顯矣宋季寶
祐間邑宰袁擇善建堂奉五先生榜曰先賢祠焉
天朝永樂壬辰科介軒先生張公思安以純篤之資

閎博之學挺然傑出於三百年之下登進士高第累
官提刑僉事副使先生為文字一宗周程張朱以義
理為主言必信行必果取古人孝弟廉耻可儀式者
書揭座隅朝夕諷咏且以教示鄉人馬自壬辰下距
正統丙辰逮試進士凡八科邑之士子曾無一人占
名其間斯文不絶有僅一綫耳宣德改元天屈先生
設教於鄉訥華首先立雪先生不倦於教生徒多所
造就己未科濫竽進士三人成始終楊璿及訥迄今
進士得人之盛與夫登鄉舉應春貢者多淑先生傳

庶幾乎尤喻李蔣之盛斯文為之再顯矣向非先生
教授十年訥輩殆將聾瞶如也先生之於斯文豈小
補哉僉謂先生宜配文靖公之祠禮所謂鄉先生沒
祭於社者是已致仕教諭唐旭輩具先生講學授徒
之實達諸有司遂陽李公思敬以名進士令吾邑政
通人和遹遵文教遂檄學司進先生位於文靖公之
側先生之孫元善謂訥宜有言志石訥游先生之門
久沐先生之教深敬述文靖公講學之源先生繼往
開來之功用垂永久焉成化九年秋八月

興修儒學建尊經閣頌 有序

陳公懋

無錫當大江東南號稱望縣有名山鉅川遊觀之勝
惟儒學弗稱宣德間知府事莫侯大起郡治郡學於
是邑令唐侯承其政風乃作縣廳樵樓倉驛遂新大
成殿明倫堂稍宏其規遺功於土廢興往還嗣葺維
賢 皇明百年於茲民物豐庶其浮圖淫祀之廬皆
爭雄競麗巍然渙然凡一士之家千轂之室甲第連
甍比閭突兀我夫子萬世人倫之教然其廟貌痺陋

而有不侔君子羞之也寥寥而來首風化者尊訟利私爲事前作後闕圮敗如瞽曷克政教之本哉成化辛卯教諭安成劉公始至學顧瞻咨嗟廼舉興之上其事於欽差巡撫左副都御史滕公監察御史聶公合忻相舉而罔克就其緒乃有待於吾遼陽李侯以進士來令訏謨允同畫其創制之規恢其展拓之勢而侯廉以清其政仁以和其民精白乃心經營爾勞爰作大成殿櫺星門明倫堂會饌堂頖水之橋鄉射之圃與夫齋廡庖庾皆墻臺治皆極崇廣而新復剏

尊經之閣以彰　頌教之隆其材料之費傭役之趨不煩於纖氓不罰於罔辜勸有富贖有刑天相其舉木石擁至工用畢就嗚呼聖人之道天地其大日月其明不可得而贊也其垂教萬世民生日用彝倫之道可不知所自哉惟賢建其事而底其功崇報聖化民尚趨教爲錫之來光其德之隆有不可忘者今年癸巳季冬丁丑尊經閣成以爲有學以來未覩斯盛殆山川厚靈聖人道大待人與時勃然而奮興者也公懋惟昔僖公作修學校養才受成飲酒獻功在此而制不爲徒設有補於風化多矣故有思樂泮水之頌是其望焉頌曰

言彼錫城有頖之宫文賢並作廟貌弗崇百年悠悠廼興廼廢寧若浮屠大闡克備我聖道靈會運而興徯德斯來獻爾功能恢恢廓之一新其盛規模巍巍與土俱稱龍惠高峙溪湖深流何千萬禩奕奕丕休尊我聖瞻光我儒域人材以興教肄以力周之魯侯蜀有文翁斯德斯偹今昔攸同

大魁字屏記　邵寶

大魁字一宋丞相信國文公手筆也弘治辛酉予視吉安郡學獲觀焉而摸之以歸有請屏而揭諸吾學尊經閣之下者予曰吾意也斯其稱焉爾矣越十有年正德乙亥邑令艮陽侯世卿方崇學事於是乎始屏君子以是知斯文之將大顯也是歲秋八月丁祭後五日

修廟學詩并序　邵寶

翼美郡丞范侯也以御史張君檄有事於我廟學諸
生歸德焉
翼翼廟學維邑於教弦斯誦斯自昔斯肇有宮有牆
有壇有堂孰令斯荒乃或不覆
御史來視盍修曰亟彼淫是毆亦維我職我其敢解
叶 我材孰資其萃有丘 叶 孰其我釐維范侯是咨
嘩嘩范侯維泰之彥既左京尹徵文考獻乃躬克踐
矧是政先侯不是共侯曰爾吏爾徒爾工
曰斯斯石曰斯斯木乃楹乃桷柱矯端復乃髹乃涂

乃朱乃彔祭有靈牲射有栖鵠
古人有言勿亟曰成侯旬侯月亦莫我愆程
源源泮冰下通於谿我廟維東我學維西有我者閣
登登其階 叶 共惟
聖謨式崇於丌是訓是稽
既考乃畢有酒苾苾有禮秩秩有碑紀勸維長御史
之德 叶
御史崇正
詔有德音我侯成只式如其心廢士向風 叶

維我衣冠其觀繼繼孰不侯繩而未克既小子作詩
敢曰能雅是篆是歌以告來者
翼九章三章章八句三章章九句一章四句二章
章五句

登尊經閣　陳鳳梧

傑閣翬飛出太清惠山千仞入簷青天風海濤自朝
夕聖經賢傳昭日星春雨泮池芹藻潤曉雲壇殿杏
花醒仰高不盡登臨興目送飛鴻入紫冥

謁孟衛二公生祠有感　談脩

宮墻空有舊祠名遺像蕭條慨變更滿座塵埃誰拂
拭寄居老稚自縱横暮鴉噪樹鳴長恨春草摇堦笑
薄情欲把芳樽奠椒桂却於何地展微誠

次信余韻　唐裔

良師建祀為番名何事年來遂變更香案久無烟篆
在空梁惟有燕泥横春風披拂懷賢範落日蕭條悵
世情尚有邦人瞻廟貌幾回低首效微誠

附録

復高叔祖曾伯祖木主入鄉賢祠祭合祠鄉先生文

萬曆廿有七年閏四月十三日後學談脩敢昭告於元虞薇山先生、國朝張止齋諸先生曰：鄉賢之有祠也，邇　國家崇德鉅典，所垂範後人而動之景行者，固建祠初意哉。嘉隆已前，司衡者廩廩然奉令甲惟謹，而博士弟子貟亦不敢阿所好徇干請，以故得與祀典者，違則休烈顯於無窮，窮則砥行立名，皭然不涬於浮俗，名曰

鄉賢奚忝。邇者世道日衰，突有秋闈通賄之夫，不由諸弟子公舉，奉檄濫入。稔聞　諸先生在當時悉能秉正嫉邪，自當羞與並列，渠亦安敢宴然與諸先生抗衡一堂之上乎？且也學政久弛，隷學諸後多縱肆無畏忌，　諸先生木主往往為此輩所毀，以致世遠無徵，可慨甚矣。幸邑侯新會趙公蒞任，迄今以文學飾吏治，捐五斗修學宮，論次鄉賢題名記，樹碑以垂不朽。脩入縱觀，始知上世木主已失其二，秦生延勳輩上世亦失其二。及考刻石戒軒馮先生有進鄉賢祠記，先輩揚公琛所撰，其木主亦已失去。因告之邑侯，懽然得如所請，齋沐擇吉，延本學俞生亶儒重書碑記，爰稽邑乘，序列　諸先生位次，存餘石侯後進，以體邑侯開來至意。鐫既，敬涓本日樹碑祠中，率二姓子孫奉木主入祠，以復既墜之典，庶　諸先生在天之靈亦幸義重之聚而免離群之嘆。脩生也晚，惴惴然不敢隤先世家聲，而伉直自許，竊謂公評起於學校。如大父鶴林先生宦遊守清白而悉心教養，在

在得士民之譽，居家則篤孝友，甘澹泊，絕無媕阿世態，顧宦所如江右進賢、廣右桂林、楚中應山，悉祀名宦，而本縣鄉賢祠曩者通學諸生業已具結，以方嚴取懟一顯者，未遂所請。脩自分寒微，思之每為搤腕，此居常所以痛恨於巳卯之事而不能一息置也。又如嵩峯華先生，居官不附權貴，家食則孝父母而友廣弟，二先生窮養達施，允矣後世之景行，視通賄棘闈者奚啻天淵，而祀典未舉，公評又安在乎？矧學校者，英材樂育地也，若號舍若祠宇，悉為廝役雜遝盤

擬又設學以來所未有大弊嘗觀至正學牒有禁約
臣人等毋得於廟學安下非理搔擾嗟彼胡元猶知
重道吾錫素號文獻當海宇肅清之日而狼籍若此
咎在作俑在今日凡有志於重道者可諉之曰此不
預吾事也而漫然不為之所乎第脩一介書生安能
舉積弊而釐正於一旦將草縣學筆記以俟志重道
而維風教者敢以自盟不敢以存亡變黑白不敢以
顯晦亂曲直不敢狥臆見生毀譽不敢狥人言枉是
非惟　諸先生其鑒之倘背前盟　諸先生共殛之

茲因復上世木主於祠聊具椒漿以達微忱惟　諸
先生諒脩之公宥脩之戇而來格來歆尚　饗

無錫縣學筆記卷之十二終

無錫縣學筆記後序

家大人雅負匡時之畧自己卯試順
天厄於留首南還杜門養素目睹士
習之日漓也恒蹙額語不肖曰余老矣
竊為世道慮何者士習漓則　王風
降而聖道微所關甚鉅安忍默默同

息心侶乎己亥首夏聞邑侯趙公繕
完學宫散步縱觀歸復語不肖曰余曩
遊黌校時時與曹耦相周旋齗齗如
也春秋薦享肅肅如也詞宇書舍婑
娗如也師生對語必崇禮義敦詩書
有譚奔競者譁然訕笑之鄉之縉紳

悉目試事為士人進身第一步罕有藉以為壟斷者上恬下熙號稱平世猶可仰而思也今屈指僅廿餘載士習澆漓畋視疇昔若異世然者余將為探本眇論以俟淑世來哲不肖聞命唯唯顧考核未精奚足傳信家大人

先稽邑乘率多闕典縣是遠稽儀禮古射禮諸書近考大明會典大明集禮南國賢書及他郡邑志禮臣憲臣奏疏學宮古今石刻凡有裨學政者一一采録表興賢記建置記廟制記學制尊　王章記　卧碑記　勅諭記　宸翰崇祀典記大祀記上祀記群祀記釋奠儀注及釋奠祝文昭尚德記鄉飲記射儀明職守記督學憲臣記校職陰選舉記甲榜記鄉薦記歲貢徵文獻記先賢記辭章家大人年及耆矣摒管抽思寒暑不休稿三

易而付之剞劂為世道計者亦良厚哉編中不無褒貶以示勸戒示勸者書其名示懲者併隱其姓無非欲挽漓習翊　王風維聖道與斯世斯民共遊於羲黃渾噩之天而已覽是編者能諒之否　男廷譜百拜謹序

無錫縣學筆記後跋

大父縣學筆記成不肖捧而莊誦其與善也千載而上必闡其幽其癉惡也即時事不諱允矣董狐聯管者哉第大父所與者置之勿念延直陳其非者或由此為怨府爰進

而幾諫焉大父艴然不悅曰咄哉孺子爾豈未識余之生平乎生而無善可稱則望人之進善難生而有惡可指則望人之遷善難爾旦晚侍側目余素行果有善乎抑無善可稱乎果無惡乎抑有惡可指乎顧名節不顧利害計世道不計一身余盖諄諄庭訓爾矣世變江河疇為砥柱坐視狂瀾之既倒而不為之所彼蒼付余七尺之謂何白首窮經而罔裨聖道又安以儒名為爾日誦魯鄒遺編尼父子輿

氏悉托之言以正王化以正人心何嘗怨府是懼為世道懼耳矧余日者盟於鄉賢祠數語一操觚即此盟與俱敢枉是非之實耶世有以遺直諒余唯命有以多口咎余亦唯命怨府與否奚足計哉不肖闓

而了然知大父之為是記也秉衡
鑑而無毀譽有善必書動吾人知
景行以同歸於善也有惡必書示
吾人知監戒以咸歸於善也有興
有廢必書望吾人尊先聖有隆而
毋褻也凡遊宮牆者浮英華湛道

德以維聖學於不墜由宮牆而奮
跡者礪名號樹德業翊贊聖化光
宇內而垂無窮舉世推崇儒重道
者必以吾錫為首稱固大父立言
之深意哉

冢孫高拮百拜敬跋

［康熙］東林書院志

（清）嚴 瑴 編纂

《[康熙]東林書院志》二卷附録一卷，(清)嚴㲄編纂，清康熙初年刻本。

嚴㲄，字佩之，號生軒，無錫人，布衣學者。少爲諸生(秀才)，家貧篤學，閉門不出，精研《易經》和《春秋》。其學以明末高攀龍爲宗，曾在東林書院講學多年。輯有《高忠憲公年譜》、《高子節要》和《[康熙]東林書院志》，著有《生軒存稿》、《生軒易説》、《春秋論》、《春秋集説》、《四書講義》等。

《[康熙]東林書院志》是嚴㲄在明萬曆年間劉元珍遵顧憲成之囑所編書院志的基礎上，『窮搜往牒，肅咨方聞』，『讎訂原稿，附益成書』。全書訂有凡例十三條。其上卷分有沿革、建置、先賢、祀典、公移等五個部分；下卷分有文翰、院規、灾祥、典守、義輸、軼事等六個部分；附録則收入了編者所撰論文兩篇《兩東林辨》和《東林問答》。

該志所收材料雖然有限，但作爲最早刊刻的一部《東林書院志》，它保存了第一手資料，功不可没，爲後人重修書院志打下了良好的基礎。

本書據清康熙刻本影印。

(夏剛草)

東林書院志序

錫山後學嚴𣪂撰

萬曆中載邑先輩顧端文公涇陽先生屬劉本孺先生撰東林志而高忠憲公景逸先生爲之序時方屬藁未梓且謀始則備未及興廢

大都也余小子𣪂生最晚既獲睹滄桑陵谷之變而又窮搜往牒肅諮方聞於是東林之詳始粲以析因爲讐訂原藁附益成書志二卷附两東林辯暨或問凡三卷序曰

嗚呼東林之所從来遠矣古今道濂宗孔孟孔子之文取諸文王乃文王之諸父太伯實始居勾吳伯二十傳而季札來延陵此又文王之文之遺而伯與札皆孔子之所爲誦至德而書碑樹墓者也然則吳地之有太伯季札不異文王孔

子之在周魯固不得謂聖人多起西北而不生東南矣周衰學廢秦亾足論漢廣川董氏唐昌黎韓氏稍闚孔氏門閫迨宋二程氏嘗振絶學鳴於中州而未涉江以南自將樂楊龜山先生師事二程還始

駐吾邑之東林紹明程氏學以迓
續乎文王孔子而太伯季札之呂
文教廣東南之傳者蓋於是乎益
振此東林之源而其祠所以迄今
稱道南也越二百餘季　國朝邵
文莊先生學宗龜山肄業處亦名

序　三

東林叟百餘年剔端文忠憲兩先
生直能光復故址以詔来學計其
時距龜山講學殆五百歳適值孔
子接文王之緐雖末學不敢以此
篙諛其鄉先生而要之緐有適叶
岡可誣者豈不奇哉繇是道高疑

積德立謗生萬曆中蜩螗沸羹以
東林爲質的幾二十餘載而鉤黨
之禍遂坐　熹廟之季而極會
毅廟奮起籓服手拔臣奸東林諸
舊人差次柄用即不肖者未嘗不
藥芽其間而呂　王鈇在御不復

序　四

坐有同文禁學之獄无亦皇極建
而淫朋比德者孱也皇天不弔殃
我　聖明甲申南渡之後叟有一
二遺孽忘國辱而理私怨廼復執
東林二字掘泥而揚波者而　廟
祚且隨之以抵於盡或曰東林黨

人之目幾與朝局相終始諸君子為天下首功能不為天下首過乎哉嗟嗟諸君子皆學龜山之學而今顧以其所學為趣亾之具耶按元豐元祐間有王學有程學從程氏者龜山也於吾邑一傳為喻玉泉再傳為尤遂初三傳為李小山蔣實齋於閩一傳為羅豫章載傳為李延平三傳為朱考亭宋雖南猶以是斅公者維繫百五十有二季而亾若從王氏劓章惇蔡卞諸人不斅十年汴京灰二帝狄死矣

序　五

是則程學之效燁然可睹而謂學其學而趣亾者耶且諸君子不但無趣亾之失而其功有三昔龜山立教以无欲為宗而或者疑其流於禪王文成則謂吾邑卲文莊曰惟先生克辯及文成倡學姚江以致良知為宗而或又疑其流于禪則亦惟端文忠憲二先生克辯故端文曰小心忠憲曰眞知實踐皆凜凜劼毖於儒糪朱陸幾微異同之間是功在學術矣暨丙丁之交豎忠竊政幾於戚莽移劉女嬰篡

序　六

幸賴東林多士爭先赴難而碩果
尚存者又有汲黯制淮南之風於
是九錫備物之計遲而代邸渭橋
之興速此固　九廟有靈亦孰非
諸君子呵護之勇也是功在朝廷
滕文患齊楚孟氏進效死之策龜

序　七

山先生以為知命且謂言苟出於
儀秦必知謀之私而非天命之正
矣嗟我　毅廟躬殉　社稷非龜
山所為天命之正者乎至于兩京
淪陷忠節輩出而吾邑馬文忠公
華吏部公實與其師忠憲先生步

武相望使異日謂東林明教以後
其君則蹈萬古未行之孝其下則
奮一堂相命之忠君臣朋友知生
知死是功在名教嗟夫悲夫諸君
子勞苦功多如是而必欲坐以不
韙之名如韓非所謂人臣以爭事

序　八

而亡其國者斯亦誣矣朋黨之故
歐陽氏言之甚辯余亦不必為諸
君子贅今第窮源竟委輯成一編
俾天下知東林者非猶甘陵太學
白馬清流之類蓋其地為吳太伯
故疆而其學則繇龜山呂湖二程

縣二程以溯文王孔子所爲上不得无以政下不得无以教者也庶吸吸之舌聞此可矯而邦之人或有聞風而興起者亦不愧生勾吳延陵之墟矣乎

東林書院志序

吳下後學姚宗典撰

梁谿之有東林書院其來舊矣在宋楊龜山先生剏之我明萬曆中顧端文公高忠憲公重葺而新之而屬劉光祿伯先先生爲之志因

未壽諸梓弗傳今其鄉後學嚴子佩之慨然爲詮次本末詳列興廢事蹟并諸先賢傳記立朝在野不朽諸文辭粲然成大觀焉剞劂旣竣走吳門問序於宗典余何人也蓋自少稔於庭趨見我先文毅通

籍以前一章縫後起之士翺翔于端文忠憲光祿諸名公之間以道義相期曷甚厚既與忠憲光祿同朝與聞國家大計尤敦莫逆逮後端文忠憲兩先生易名大典實擬自先文毅眞死生不貳之交老成

典刑炙第彤謝沿至今日風流盡矣記有之良弓之子必學爲箕嚴子知先文毅之於東林有干城好仇之誼而以析薪負荷庶幾望余余惟憶疇昔家庭間一二舊聞葢嘗曰顧高諸公原本龜山以恢堂

奥非徒言古人之言皆能行古人之行者也其存心必依忠孝其律身必主無欲故凡遇是非邪正之際持之獨嚴不畏當路不憚權璫侃侃告君誓以七尺殉吾道是東林之楹楔柱礎皆千常之松栢爲

之後人不知駸且以萊葹溷蘭臭以醯雞儗鳳皇何比擬之不倫哉又曰講學一事在先輩用心處尤不可及　熹廟辛壬之間遼左淪陷京師戒嚴士大夫日夜潛發其孥南還首鼠觀望時關中馮恭定

公吉水鄒忠介公特倡講社于輦轂之下一日公卿畢集互有諮叩酒三行忠介振音謌王文成人心有仲尼之詩以侑之恭定又颺言於衆曰國家多事食君之祿莫知死綏抱頭鼠竄者踵相接吾輩備

序四

員九列各宜喚起親上死長之念爲國人矜式今日講學何可已也繇此觀之東林之仕學如是朋友切劘又如是設使三事大夫盡若諸公則邉庭安危大勢豈無賴焉而今世運傾頹河决魚爛有反謂數十年門户之害肇自東林磽磽致鈌禍貽宗社如厨顧俊及之足以危漢清流白馬之竟以亡唐余每不平此言夫顧高一時之東林皆馮鄒之選也諸公皆重名教植綱常之人乃所謂鬚眉特異衣冠

序五

甚偉者也謡詠竄逐皆不得竟厥用若近之羊質而虎皮妄自稱羽翼東林而窺至以權賄殺其身以患得患失賣國家者原未嘗厠足於講堂　與于鱣魚鸛雀之數而可以是病東林哉抑何不觀東林

之鄉又有馬文忠華吏部大節炳然輝桑梓而壯山河者若而人耶生有正學死得正命前茅後勁精神在天卓哉東林斯亦刼灰桑海中之魯靈光矣故此一志也亟當懸諸日星以昭一代之冠冕俾天下萬世知真人品之在東林誠不媿關閩濂洛嚴子之功直在世道豈惟其鄉余不敏願執鞭以從事焉

東林志原序

東林之廢久矣顧涇陽先生始率同志謀諸當道而一新之已又屬志於劉伯先伯先志成以諗於予曰請言所以志予曰東林之志彚矣堂室則志什器則志圖書則志室敝可葺也器敝可新也圖書敝可更也人故則澌滅矣何以使人之不敝也曰在學學非他人還其人之謂也如目本明而還其明耳本聰而還其聰心本仁而還其仁四體本恭而還其恭如是之謂性知其如是而還其如是

之謂學不學而人敝人敝而神離矣夫以千秋之神敝於一日哀哉後之君子覩是書也而知夫器室圖書之屬其志也千秋之神之不敝者其所以志也得其所以志而志亦與之俱永矣萬曆甲寅孟秋高攀龍序

東林之有書院也以明道也龜山楊先生剏起於前涇陽顧先生繼起於後胡不介以乎若是有善脉在耳夫善合古今聖凡而一亦合順逆險夷而一一者何也善也玆脉從來遠矣自羲畫剖缺歟

中傳心已揭日月行中天孔子承之曰明善孟子承之曰性善善卽脉也無善無脉也有宋諸儒遞衍茲脉而探河洛之源發紫陽之派者非龜山先生乎先生之言曰知仁則知心知心則知性又曰人性上不可添一物堯舜亦只是率性所謂率性循天理是也味先生之言可見仁外無心理外無性卽性卽心是爲善脉晦翁朱夫子得其傳而謹守之雖以陸氏之學本於孟子而端緒稍殊輒危詞鍼砭不少假借誠恐擇善不精必至苟趨方便

執善不固必至別出歧塗惟是因漸思防汲汲不容緩耳乃至今日而無善無惡之說且浸淫于人心夫象山先生直指當下未至離性善之宗朱夫子猶汲汲防之不置況舉心體而槩之以無憑虛篾弃何所不至於是漸決而爲山陰爲盱江甚而爲姚安陽明先生豈虞其流弊至此而今人乃執告子已陳之芻狗爲先生不磨之律令名爲尊教而實以陰濟其私此涇陽先生所爲惕然懼也懼而思閑莫若修其本以勝之於是反而求之依庸

庸者何卽龜山先生所謂不可添一物者是先生特爲拈出顯示蕩平正直之規陰折影響荒唐之見期與同堂共識本心精求善脉以仰窺羲畫厥中之秘此書院所繇復講會所繇興也或曰道學之爲世詬也正爲其有善耳盍少貶焉以混於無噫嘻我固有之誰能去之去乎此而道義名節爲贅疣且將入乎彼而不道不義不名不節爲托宿矣人有安于不道不義不名不節者乎其所以不安者何也我固有之也宋淳熙時有謂誠意正心

之論上所厭聞者朱夫子曰吾平生所學惟此四字及入對首以存理遏欲爲言迨至慶元黨碑樹矣貶竄盡矣僞學之網極於彌天而柴中行應制獨自漕司云自幼習易讀程氏易傳未委是與不是僞學如以爲僞不願考校蓋前賢寧爲時貶不背自貶如此今當無忌諱之朝崇理學之日家濂洛而人關閩庶幾直剪荆蓁深入堂奧留此如綫一脉常存宇宙間所謂無古無今無凡無聖無順逆無險夷無在可容出入可容棄者其在斯乎

共在斯乎志成漫爲弁首以自鞭策矢毋負泖陽先生明善同人之旨萬曆甲寅孟秋東林居士劉元珍譔

東林書院志凡例

一朱子白鹿洞在廬山五老峰下本屬名區故志形勝吾邑東林在城東隅九龍二泉梁溪震澤皆在五里外故略而不書

一原志有建置無沿革今另爲沿革一條自宋迄今五百餘年更廢迭興之蹟歷歷可睹

一先賢傳自楊至邵八先生隻字不敢增易惟邵二泉先生傳載劉瑾餽千金玉帶一事按年譜中無是語故删之

一先賢傳原志自宋楊龜山先生而外錄羅仲素先生及　國朝邵二泉先生葢三百餘年間止載七人近按趙自天玄社道南祠諸賢履歷則自萬曆中載曁崇禎朝三十餘年間增至十二人今皆訂入以便參考若趙集未載而今宜續入者惟吾師馬素修曁華鳳超兩先生[redacted]此則采之王崇巖永積忠節合傳也

一先賢傳原志俱稱先生然如龜山先生傳中傍載事實則不得不旁及於二程諸先生之

姓名而在龜山反獨稱先生似非師前弟名
之義矣今照史傳本例如龜山先生則直書
曰楊某非敢指斥先賢史體如是也餘悉倣
之
一祠祀鉅典末學未敢輕議謹仍刻本孺先生
志艸原文
一白鹿洞志有明教一條載答問講義愚按龜
山先生及顧高兩先生全集答問講義頗多
欲爲節錄數條恐反掛一漏萬今止讀院規

中識性一篇則開宗明教之義亦思過半矣
一公移似屬具文而不嫌繁複者一以見正學
倡明之會風厲具有同心一以供後來考據
之資會計不虞無額故寧詳而勿畧也至如
丑寅之際撫按移文促毀不無惡語相加今
則盡刪務存雅道要不過略標梗概以志廢
興之感云耳
一書籍祭器等雖經毀滅悉依原志載明
一五星聚奎帝而敦濂洛關閩之傳大鳥集喪
前而鳴楊震西亭之厄可見人才隆替與正
學廢興其足以關天象而感物類也久矣今
增入災祥一條用補原志所不備
一原志無軼事今亦倣邑志例增入然所載皆
年月廢興之奇及人事之可觀可感者一切
無關名教之語不敢贅
一原志止有藁本今獲登梨皆諸君子協贊力
也志藁義輸一類故有佐工佐飾佐産等名
今附以佐梓庶幾開載明析可以志表章羨

哲之功云
一東林始末因蒐輯尚未具備即擬續梓

東林書院志目

東林書院志卷上

邑後學嚴瑴佩之氏輯

沿革

東林者宋楊文靖公龜山先生講學之所也考邑乘東林在城東弓河上宋政和間龜山先生寓是講學十有八年名東林書院歲久頹圮元至正間僧秋潭於東林左偏建禪院名東林菴　國初朱子華舍宅廣之境最幽勝卽王學士耐軒公(達)於此一夕賦梅花百咏者也然書院原址尚未復至正德間邵文莊公(寶)讀書保安寺寺在城南二里許中有精舍亦稱東林時華比部補菴公(雲)爲文莊門人以文莊學宗龜山因搆一堂亦曰東林書院而乞王文成爲記記中所述之東林乃文莊授業處寔非龜山講堂也嘉靖十三年督學聞公(人詮)始有光復故址之議隆慶元年督學耿公(定向)萬曆元年督學謝公(廷傑)又允博士盛公歟玄(繁)之請累議修舉而卒不果行至萬曆三十二年甲辰顧端文公(憲成)倡始偕高忠憲公(攀龍)等重建

書院十月落成事聞撫按道府州縣又各捐金增修道南祠於是龜山講堂復還舊觀矣端文公主盟歲集吳越士一大會月一小會時中丞周公孔教直指楊公廷筠觀察蔡公獻臣皆移檄授餐布四方來觀者上自名公卿下迨布衣莫不虛己悚神執經以聽東南講學之盛遂甲天下至四十年壬子端文公卒忠憲公主盟癸丑冬偕吳觀華先生桂森延毘陵錢啓新先生一本講易東林易道大著迨天啟中逆閹竊政鉤党禍興乙丑八月圻

毀天下書院東林首被其毒然止撤依庸堂若燕居廟暨左右長廊書室賴忠憲保護獲存明年丙寅三月忠憲殉難五月初旬撫按檄邑令某盡毀　聖廟書室繇是東林遂爲瓦礫區而道南祠以格於邑乘所載得不毀又明年戊辰崇禎改元二月御史劉公士佐請復天下書院奉　聖旨這所奏崇正闢邪朕已知道各處書院宜表章者着提學官盡行修復時吳觀華先生得　旨大悦乃函請諸當事捐貲重建麗澤堂偕先師鄒經畬先生期楨輩奉講堂舊約互爲主盟已又遇直指祁公彪佳中丞張公國維雅意作人東林不絶如綫然所望以昌明斯道克復端文忠憲之盛者實在忠憲門人華選部鳳超公允誠也不意生非其時至戊子四月鳳超公亦殉節自是東林舊人凋落殆盡道南一脉蓋不能無所俟云

建置．

龜山先生祠在東林庵之前左距城河右即書院門一楹榜曰道南祠孫文介公(慎行)書左右聯曰伊洛淵源舊梁溪俎豆新入門爲前堂進爲祠堂皆三楹祠設几案三奉木主龜山楊先生左右從祀者爲仲素羅先生德輝胡先生玉泉喻先生遂初尤先生寔齋蔣先生小山李先生二泉邵先生先是嘉靖中邑侯鄭公普即東林遺址爲堂祀先生而以喻尤李蔣四先生配不久輒廢至是增入羅

胡邵三先生盖以正學淵源自龜山先生始而七先生皆傳其學而羽翼聖真者也(從祀說見凡例及祀典中)

書院在道南祠之右面南鑿池濟以木橋橋前廣道十丈有奇建石坊額曰洛閩中樞曰觀海來游坊前爲衢通左右止亏河瀕河而東稍折而南亦濟以木橋院建大門二楹榜曰東林書院門聯曰此日今還再當年道果南兩旁翼房數間儀門一楹入門爲麗澤堂三楹左右聯曰顧聞已過樂道人善進爲穿堂再進爲講堂額曰依庸皆三楹依庸堂左右聯曰庸德之行庸言之謹又曰坐問譚論人可賢可聖日用尋常事即性即天鄒忠介公(元標)記文文肅公(玉震)書碑堂後建廟門一楹榜曰燕居廟廟額中和二字左右聯曰盡性至命立三(極木)繼往開來爲萬世師門聯曰得其門而入不可階而升入門凌級而上爲廟一楹設几案奉木主祀至聖先師孔子廟左右翼以樓祭器古樂器暨書籍悉貯焉堂左右有長廊通大門廊外俱有書室屬主院者各自營造已上皆于天啓乙丑丙寅間

折毀崇禎已巳重建麗澤堂三楹左右聯曰茅籍棟隆舊址重看大壯鶴鳴子和新知喜得中孚堂前建小坊用洛閩中樞舊額堂右搆小齋三楹顏曰來復左右聯用邵文莊憶東林詩百囀未忘初鳥韻一枝猶剩晚林香之句今齋廢堂獨存

先賢

楊龜山先生傳

楊時字中立南劍將樂人幼頴異能屬文稍長潛心經史熙寧九年中進士第時河南程顥與弟頤講學於熙豐之際河洛之士翕然師之時調官不赴以師禮見顥於頴昌相得甚歡其歸也顥目送之曰吾道南矣四年而顥歿時聞之設位哭寢門而以書赴告同學者後又見程頤於洛葢年四十矣一日見頤頤偶瞑坐時與游酢侍立不去頤既

覺則門外雪深一尺矣關西張載嘗著西銘二程深推服之時疑其兼愛與其師頤論辨往復聞理一分殊之說豁然無疑杜門不仕者十年久之歷知瀏陽餘杭蕭山三縣皆有惠政民思之不忘張舜民在諫垣薦之得荆州教授時安於州縣未嘗求聞達而德望日重四方之士不遠千里從之游號曰龜山先生時蔡京當國自覺必敗問策塾師張觷觷曰今日唯有收拾人才是第一義京因扣所知遂以時對會有使高麗者國主問龜山安在使回以聞召爲著作郎及面對奏曰堯舜曰允執厥中孟子曰湯執中洪範曰皇建其有極歷世聖人由斯道也熙寧之初大臣文六藝之言以行其私祖宗之法紛更殆盡元祐繼之盡復祖宗之舊熙寧之法一切廢革至紹聖崇寧抑又甚焉凡元祐之政事著在令甲皆焚之以滅其跡自是分爲二黨縉紳之禍至今未殄臣願明詔有司條具祖宗之法著爲綱目有宜于今者舉而行之當損益者損益之元祐熙豐姑置勿問一趨于中而已朝

廷方圖燕雲虛內事外時謂燕雲之師宜退守內地以省轉輸之勞募邊民爲弓弩手以殺常勝軍之勢執政不能用登對力陳君臣警戒正在無虞之時乞爲宣和會計錄以周知天下財物出入之數徽宗首肯之除邇英殿說書聞金人入攻謂執政曰今日事勢如積薪已然當自奮厲以竦動觀聽若示以怯懦之形委靡不振則事去矣昔汲黯在朝淮南寢謀論黯之才未必能過公孫弘輩也特其直氣可以鎮壓姦雄之心爾朝廷威望弗振

使姦雄一以弘輩視之則無復可爲也要害之地當嚴爲守備比至都城尚何及哉近邊州軍宜堅壁清野勿與之戰使之自困若攻戰畧地當遣援兵追襲使之腹背受敵則可以制勝矣且謂今日之事當以收人心爲先人心不附雖有高城深池堅甲利兵不足恃也免夫之役毒被海內京城聚歛東南花石其害尤甚前此蓋嘗罷之詔墨未乾而花石供奉之舟已銜尾矣今雖復申前令而禍根不除人誰信之欲致人和去此三者正今日之

先務也金人圍京城勤王之兵四集而莫相統一時言唐九節度之師不立統帥雖李郭之善用兵猶不免敗衂今諸路烏合之衆臣謂當立統帥一號令示紀律而後士卒始用命又言童貫爲三路大帥敵人侵疆弃軍而歸孥戮之有餘罪朝廷置之不問故梁方平何灌皆相繼而遁當正典刑以爲臣子不忠之戒童貫握兵二十餘年覆軍殺將馴至今日比聞防城仍用閹人覆車之轍不可復蹈疏上除右諫議大夫兼侍講敵兵初退議者欲

割三鎭以講和時極言其不可曰河朔爲朝廷重地三鎭又河朔之要藩也自周世宗迄太祖太宗百戰而後得之一旦弃之北庭使敵騎疾驅貫吾腹心不數日可至京城今聞三鎭之民以死拒之三鎭拒其前吾以重兵躡其後尚可爲也若种師道劉光世皆一時名將始至而未用乞召問方畧疏上欽宗詔出師而議者皆持兩端時抗疏曰聞金人駐磁相破大名刼擄驅掠無有紀極誓墨未乾而背不旋踵吾雖欲專守和議不可得也夫越

數千里之遠犯人國都危道也彼見勤王之師四面雲集亦懼而歸非愛我而不攻朝廷割三鎭三十州之地與之是欲助寇而自攻也聞肅王初與之約及河而返今挾之以往此敗盟之大者臣竊謂朝廷宜以肅王爲問責其敗盟必得肅王而後已時太原圍閉數月而姚古擁兵不進時上疏乞誅古以肅軍政援偏裨之可將者代之不報李綱之罷太學生伏闕上書乞留綱與种師道軍民集者數十萬朝廷欲防禁之吳敏乞用時以靖太學

時得召對言諸生伏闕紛紛忠于朝廷非有他意但擇老成有行誼者爲之長貳則將自定欽宗曰無逾于卿遂以時兼國子監祭酒首言蔡京用事二十餘年蠹國害民幾危宗社人所切齒而論其罪者莫知其所本也蓋京以繼述神宗爲名實挾王安石以圖身利故推尊安石加以王爵配饗孔子廟庭今日之禍實安石有以啓之謹按安石挾管商之術餙六藝以文姦言變亂祖宗法度當時司馬光已言其爲害當見於數十年之後今日之

東林書院志　先賢　上卷　九

事若合符契其著爲邪說以塗學者耳目而敗壞其心術者不可縷數姑即一二事明之昔神宗嘗稱美漢文惜百金以罷露臺安石乃言陛下若能以堯舜之道治天下雖竭天下以自奉不爲過其後王黼竭天下之力以奉上花石皆安石倡之也其釋鳧鷖守成之詩于末章則謂以道守成者役使群衆泰而不爲驕宰制萬物費而不爲侈孰弊弊然以愛爲其後蔡京輩輕費妄用以侈靡爲事皆安石啓之也伏望追奪王爵明詔中外毀去配饗之像使邪說淫辭不爲學者之惑疏上安石遂降從祀之列士之習王氏學取科第者已數十年不復知其非忽聞以爲邪說議論紛然諫官馮澥力主王氏上疏詆之會學官中有忿爭者得旨併罷時祭酒時又言元祐黨籍中惟司馬光一人獨褒顯而未及呂公著韓維范純仁呂大防安燾輩建中初言官陳瓘已褒贈而未及鄒浩于是元祐諸臣皆次第牽復尋四上章乞致仕除徽猷閣直學士提督嵩山崇福宫力辭直學士之命改除徽

東林書院志　先賢　上卷　十

猷閣待制提舉崇福宫陛辭猶上書乞選將練兵爲戰守之備高宗即位除工部侍郎陛對言自古聖賢之君未有不以典學爲務連章丐外以龍圖閣直學士提舉杭州洞霄宫已而告老以本官致仕優游林泉以著書講學爲事卒年八十三謚文靖先生在東郡所交皆天下士先達陳瓘鄒浩皆以師禮事之暨渡江東南學者推爲程氏正宗與胡安國往來講論尤多時浮沉州縣四十有七年晚居諫省僅九十日凡所論列皆切於世道而其

大者則闢王氏經學排靖康和議使邪說不作凡紹興初崇尚元祐學術而朱熹張栻之學得程氏之正其源委脉絡皆出於時子迪力學通經亦嘗師程頤云

羅仲素先生傳

羅從彥字仲素南劍人以累舉恩爲惠州博羅縣主簿聞同郡楊時得河南程氏學慨然慕之及時爲蕭山令遂徒步往學焉時熟察之乃喜曰惟從彥可與言道于是日益以親時弟子千餘人無及從彥者從彥初見時三日卽驚汗浹背曰不至是幾虛過一生矣嘗與時講易至乾九四爻云伊川說甚善從彥卽鬻田走洛見頤問之頤反覆以告從彥謝曰聞之龜山具是矣乃歸卒業沙縣陳淵

楊時之壻也嘗詣從彥必竟日乃返謂人曰自吾交仲素日聞所不聞與學淸節眞南州之冠冕也旣而築室山中絕意仕進終日端坐間謁時將樂溪上吟詠而歸恬允然自得焉嘗釆祖宗故事爲尊堯錄靖康中擬獻闕下會國難不果嘗與學者論治曰祖宗法度不可廢德澤不可恃廢法度則變亂之事起恃德澤則驕佚之心生自古德澤最厚莫若堯舜向使子孫可恃則堯舜傳其子法度之明莫如周向使子孫世守文武成康之遺緒雖

至今存可也又曰君子在朝則天下必治蓋君子進則常有亂世之言使人主多憂而善心生故治小人在朝則天下亂蓋小人進則常有治世之言使人主多樂而怠心生故亂又曰天下之變不起於四方而起於朝廷譬如人之傷氣則寒暑易侵木之傷心則風雨易折故内有林甫之奸則外必有祿山之亂内有盧杞之奸則外必有朱泚之叛其論士行曰周孔之心使人明道學者果能明道則周孔之心深自得之三代人才得周孔之心而

明道者多故視死生去就如寒暑晝夜之移而忠義行之者易至漢唐以經術古文相尚而失周孔之心故經術自董生公孫弘倡之古文自韓愈柳宗元啓之於是明道者寡故視死生去就如萬鈞九鼎之重而忠義行之者難嗚呼學者所見自漢唐衰矣又曰士之立朝要以正直忠厚爲本正直則朝廷無過失忠厚則天下無怨嗟一於正直而不忠厚則漸入於刻一於忠厚而不正直則流入於懦其議論醇正類此朱熹謂龜山倡道東南士之游其門者甚衆然潛思力學任重詣極如仲素一人而已紹興中卒學者稱之曰豫章先生淳祐間謚文質

胡德輝先生傳

胡珵字德輝郡人登宣和三年第嘗受學於龜山問辨語孟諸書究極精微故所記龜山說爲多旣得其傳又介龜山書謁劉元城于南都蟹歸元城日子聰明能護以至道當成令器遂以親承問答語退而筆之名道護錄自爲之序所友皆一時聞人與朱韋齋松尤善先是陳東上書攻六賊言者以珵潤色其書忌之遂以秘書擿他官又與李綱同舟東下貶梧州人號蒼梧太守紹興初召試王

堂尋復原官兼史館校勘時趙鼎當國以熙豐元祐舊史蕪穢屬珵與同館張嵲修正趙去位張浚獨柄又以所修史命官删定珵固求去出守嚴陵及趙再入復舉珵與嵲依前筆削成書已而秦檜柄力主和議珵與同館朱松凌景夏常明范如圭等合辭抗疏極言不可和忤檜意引去所奏大義侃侃皆珵手筆也尤善詩文安貧樂道至老好學不倦爲一時表正云

喻玉泉先生傳

喻樗字子才號玉泉其先祥符人高宗南渡徙嚴之桐廬後至無錫定居焉少慕伊洛之學從楊龜山游獨得其奥登建炎進士爲人質直好議論嘗謁趙忠簡公謂之曰公之事上當使啓沃多而施行少啓沃之際當使誠意多而語言少趙奇之引爲上客繼辟爲屬紹興初趙贊高宗親征樗謂曰六龍臨江兵氣百倍然公自度此舉果出萬全乎趙曰中國累年退避不振義不可更屈故贊上行

若事之濟否非所知也樗曰然則當思歸路耳張德遠有重望若使宣撫江淮荆浙俾以諸道兵赴闕則其來路卽朝廷歸路也於是趙奏起張知樞密院張謂趙曰此行舉動皆合人心冃掄才之功也於是往來趙張間多所裨益以趙薦授秘書省正字兼史館校勘王居正命辭曰項窮西洛之淵源遠見古人之大體樗知二公並相獨言宜且同在樞府他日趙退張繼之則氣脉長若同處相位萬有一不合是賢者自相背戾矣後果如其言先

是憣與張九成皆言和議非便忤秦檜意言者遂劾憣與九成謗訕出知舒州懷寧縣通判衢州已而致仕紹興間力主正論爲時師表天下稱之檜歿復起爲大宗正丞轉工部員外郎中出知蘄州孝宗即位用爲浙東提舉常平以治績聞樗善藻鑑若張九成樊光遠汪應辰皆其所識拔學者稱爲玉泉先生所著有易義及玉泉講解語孟大學四書性理窮行於世

尤遂初先生傳

尤袤字延之少頴異入太學以詞賦冠多士尋擢進士第嘗爲泰興令縣故有城屢殘於寇頹甚袤鳩工修築已而金渝盟陷楊州獨泰興以有城得全民爲立生祠注江陰學官需次召除將作監簿太宗正闕丞人爭求之陳俊卿曰當予不求者遂除袤虞允文以史事過三館問誰可爲秘書丞者僉以袤對亟授之張栻曰眞秘書也尋遷著作郎兼太子侍讀先是張說自閤門入西府士論𢖍沸

從臣因執奏而去者數十人袤率三館上書諫遂出典郡得台州前守趙汝愚修郡城工纔什三屬袤成之袤按行前築殊鹵莽亟命更築加高厚數日而畢明年大水更築土墉正値水衝城賴以不沒會有毀袤者上疑之使人密察民誦其善政不絕口乃録其東湖四詩歸奏上讀而嘆賞遂以文字受知除淮東提舉常平改江東先是朱熹知南康講荒政下五等戸租五斗以下悉蠲之袤推行於諸郡民無流殍進直敷文閣改江東提刑梁克

宗爲袁及鄭僑以言事去國久於外當召上可之召對言水旱之傋唯常平義倉願預飭有司隨市價禁科抑則人自樂輸必易集事累遷樞密院正兼左諭德上封事大畧言天地之氣宜通則和壅遏則乖人心舒暢則悅抑鬱則憤催科峻急而農民怨關征苛察而商旅怨差注留滯而士大夫有失職之怨廪給朘削而士卒有不足之怨奏讞不時報而久繫囚者怨幽枉不獲伸而負累者怨強暴殺人多得貸命使已死者怨有司買納不即酬

價負販者怨人心抑鬱所以感傷天和者豈特一事而已方今救荒之策莫急于勸分輸納既多朝廷吝於推賞乞詔有司檢舉行之高宗崩前一日除太常少卿自南渡來典禮散失事出倉卒上下罔措每有討論悉付之袁斟酌損益便于今而不戾於古當定廟號袁與禮官定號高宗洪邁獨請號世祖袁率禮官顏師魯等奏曰宗廟之制祖有功宗有德藝祖規創大業爲宋太祖太宗混一區夏爲宋太宗自眞宗至欽宗聖聖相傳廟制一定萬世不易在禮子爲父屈示有尊也太上親爲徽宗子子爲祖父爲宗失昭穆之序議者不過以漢光武爲比光武以長沙王後布衣崛起不與哀平相繼其稱無嫌太上中興雖同光武然實繼徽宗正統以子繼父非光武比將來祔廟在徽宗下而稱祖恐在天之靈有所不安邁論遂屈詔從之建議事堂命皇太子參決庶務袁時兼侍讀乃獻書以爲儲副之位止于侍膳問安不交外事撫軍監國自漢至今多出權宜乞便懇辭以彰殿下之德

臺臣乞定喪制袁奏釋老之教矯誣褻瀆非所以嚴宮禁崇几筵宜一切禁止淳熙十四年將有事於明堂詔議升配袁主紹興孫近陳公輔之說謂方在几筵不可配帝且歷舉郊歲在喪服中者凡四維元祐明堂用呂大防請升配神考時去大祥止百餘日且祖宗悉用以日易月之制故升侑無嫌今陛下行三年之喪高宗雖已祔廟百官猶未吉服詎可近違紹興而遠法元祐升侑之禮請俟喪畢議之詔可孝宗嘗論人才袁奏曰近召趙汝

愍中外皆喜如王藺亦望收召上曰然一日論事
久上曰如卿才識近世罕有次日語宰執曰尤袤
甚好前此無一人言之何也兼權中書舍人復詔
兼直學士院力辭且薦陸游自代上不許時內禪
議已定猶未諭大臣也是日諭袤曰旦夕制策甚
多非卿孰能爲者故處卿以文字之職袤乃拜命
內禪一時制册人服其雅正光宗即位甫兩旬開
講筵袤奏願謹初戒始孜孜典念越數日講筵又
奏天下萬事失之於初則後不可救書曰愼厥終

惟其始又歷舉唐太宗不私秦府舊人爲戒又五
日講筵復論官制謂武臣諸司使八階爲常調橫
行十三階爲要官遥郡五階爲美職正任六階爲
貴品祖宗待邊境立功者近年舊法頓壞使披堅
執銳者積功累勞僅得一階權要貴近之臣優游
循歷華要美特立以爲議已言者因以爲周必大
黨遂與祠紹熙元年起知婺州改太平州除煥章
閣待制召除給事中旣就職即昌言曰老矣無所
補報凡貴近營求內除小礙法制者雖持旨命書

請有去而已必不奉詔前數日中貴數人希賞欲
自正使轉橫行袤繳奏者三竟格不下兼侍講入
對言願上謹天戒下畏物情內正一心外正五事
澄神寡欲保毓太和虛己任賢酬酢庶務不在於
勞精神耗思慮屑事爲之末也韓侂胄以武功大
夫和州防禦使用應辨賞直轉橫行袤繳奏謂正
使有正法可回授不可直轉侂胄勳賢之後不宜
首壞國法開攀援之門奏入手詔命書行袤復奏
侂胄四年間已轉二十七年合轉之官今又欲超

授四階復轉二十年之官是朝廷官爵專徇侂胄
之求非所以爲摩厲之具也命遂格上以疾一月
不省重華宮袤上封事曰壽皇事高宗歷二十八
年如一日陛下所親見今不待倦勤以宗社付陛
下當思所以不負其托望勿憚一日之勤以解都
人之惑後數日駕即過重華宮侍御史林大中以
論事左遷袤率左史樓鑰論奏疏入不報黃耶律
延禧以手詔除丞宣使一再繳奏輙奏內批特與
書行袤言天下者祖宗之天下爵祿者祖宗之爵

福壽皇以祖宗之天下傳陛下安可私用祖宗爵禄而加於公議不允之人哉疏入上震怒裂去後奏村前二奏出袤以後奏不報使吏收閣命遂不行中宫謁家廟官吏推賞者百七十有二人袤力言其濫乞痛裁節上從之嘗因登對專論廢法用例之弊至是復申言之除禮部尚書篤當詣重華宫復以疾不出率同列奏言壽皇有免到宫之命願力請而往庶幾可以慰釋群疑增光孝治後三日駕隨出中外歡呼侍讀上封事曰近年以來給

舍臺諫論事往往不行如黄裳鄭汝楷事迁延一月如陳源者奉祠人情固已驚愕至姜特立召尤爲駭聞向特立得志之時昌言臺諫皆其門人竊弄威福一旦斥去莫不誦陛下英斷今遽召之自古去小人甚難譬除蔓草猶且復生况加封植乎若以源特立有勞優以外任或加賜賚無所不可彼其閑廢已久含怨蓄怒待此而發倘復呼之必將潛引黨類力排異己朝廷無由安静時上已屬疾國事多舛袤積憂成疾請告不報疾篤乞致仕又不報遂卒年七十遺奏大畧勸上以孝兩宫勤康庶政察奸佞護善類又口占遺書别政府明年轉故奉大夫致士贈金紫光禄大夫袤少從喻樗汪應辰游樗學於楊時時程頤高弟也方乾道淳熙間程氏學稍振忌者目爲道學將攻之袤在掖垣首言夫道學者堯舜所以帝禹湯文武所以王周公孔孟所以設教近立此名誣謗士君子故臨財不苟得所謂廉介安貧守分所謂恬退擇言顧行所謂踐履行已有耻所謂名節皆目之爲道學

此名一立賢人君子欲自見于世一舉足即入其中俱無得免此豈盛世所宜有願循名必責其實聽言必觀其行人才庶不壞於疑似孝宗曰道學豈不美之名正恐假托爲姦使真僞相亂耳待付出戒之袤歿數年侂胄擅國于是禁錮道學賢士大夫皆受其禍識者以袤爲知言嘗取孫綽遂初賦以自號光宗書扁賜之有遂初小稿六十卷内外制三十卷嘉定五年謚文簡子棐槩孫焴禮部尚書

蔣寔齋先生傳

蔣重珍字良貴從尤文簡學嘉定十六年進士第一簽判建康軍丁母憂改昭慶軍壽以公事與部使者異議請祠易簽判奉國軍紹定二年召入對首以曰天子至於庶人所當先知者本心外物二者之界限爲言界限明則知有天下治亂而已何樂其尊知有生民休戚而已何樂其奉且論苞苴有昔所未有之物故吾民罹昔所未有之害苞苴有不可勝窮之費故吾民有不可勝窮之憂遷秘

書省正字屢乞祠以伯父喪予告遷校書郎辭不許明年待命雪川移文閣門請對當路俾之添差通判鎮江府辭會行都火時史彌遠擅國乃極言主柄下移權臣勢重天下皆知有相而不知有君上讀之感動授寶章閣主管雲臺觀則告吏部不受粘職添不願貼職恩他日星變復申前說又進爲君難六箴召爲秘書郎兼莊文府教授端平初入對上五事且曰隱蔽君德昔咎故相故臣得以專詆權臣昭明君德今在陛下故臣得以責難不父乞召真德秀魏了翁用之帝謂之曰人主之職無他唯辨君子小人重珍對曰小人亦指君子爲小人此爲難辨人主當精擇人望處之要津正論日聞則必知君子姓名小人情狀矣兼崇政殿說書戒家事勿以自務積精神以格上意每草奏齋心盛服有密啓則手書削稿帝稱其平實遷著作佐郎邊帥以八陵圖來上詔百官集議實齋言史嵩之既失相位危於幕巢猶欲邀功自固其位請擇賢帥如漢用充國使之親至邊境審度事勢條

上便宜丞相主出師關洛實齋力爭會邊帥議和戰不一復召集議重珍奏曩乞專意備守不得已則用應兵今不敢變前說不聽及關洛師大衄復議進兵重珍言若耻敗而欲勝之則心不平而成忿氣不平而成怒生靈之命豈可以忿怒用哉又言邇來用臺諫頗主不必矯激之說以畏剛方大過之士竊窺選用之意正謂其平易而省事耳然數月之間一失于某再失于某借曰愼重臺綱而憂其激似當以平正者居之又論禁旅貧弱教習

頻繁輒不能堪不稍變通非消變之道兼國史院編修官實錄院檢討官言更化以來舊弊未去者尤甚狥私調停覆護姑息依違是也今又益之以輕易遷起居郎以疾求去以集英殿修撰知安吉州權刑部侍郎三辭不許自劾其不能取信朝廷之罪乞罷閒散促覲愈力而疾不可起詔守刑部侍郎致仕贈朝請大夫謚忠文重珍與真西山魏鶴山爲深交言論風度卓然不群雖取高科而讀書樂道不愧師傳云

李小山先生傳

李祥字元德學於尤遂初得龜山之傳登隆興元年進士主錢塘簿時姚憲尹臨安俾攝錄參邏者以上命監視鍛鍊當誣武臣子謗訕鞫於獄祥不許遷入門既而所告無實白尹尹驚弗從祥曰郎坐譴自甘尹具論如所讞上喜擢尹調濠州錄事參軍安豐守冒民田訟屢改屬祥還之民主管戶部駕閣文字太學國子博士司農寺丞樞密院編修官兼刑部郎官大宗正丞軍器少監言在外賢

才甚衆願更出迭入由臣始出提舉淮東常平茶鹽淮西運判兩淮鐵錢比不定遂奏銷濫惡更鑄新錢從之淮人以安遷國子司業宗正少卿國子祭酒丞相趙汝愚以韓侂胄嫉言者去國祥力爭曰頃壽皇崩兩宮隔絶國命如髮汝愚不畏滅族決策立陛下風塵不揺天下復安社稷臣也精忠掃地何以示後世除直龍圖湖南運副言者劾罷之太學六士楊宏中周端朝等上書留之俱得罪言者指曰道學解散矣主沖佑觀再請老以直

龍圖閣致仕歸無錫絕口不道前事卒葉水心銘
墓謂趙公之誣賴以明道學之禁賴以解常時祿
人緣手散親舊悉盡又謂嘗以唐虞盛治在君臣
和告孝宗又特奏五劄子爲能言言恢復事本末
有序始終一志爲能行有古今才難之嘆後贈寶
謨閣待制謚肅簡有奏議文集藏於學宮

邵二泉先生傳

邵寶字國賢生而質直寡言笑三歲失怙十九問
學于莊定山爲諸生時捴府官不到明日學師召
責至寶欲註到字寶曰實不到應受責于是應聲
荅不到者廿人皆曰寧受責毋爲欺愧邵某也早
歲舉成化甲辰進士知許州以禮讓爲治諭諸生
義利公私之辨及忠孝大節聞者感動皆知所自
立正潁考叔墓改魏文帝廟以祠漢愍帝祠范忠
宣公于襄城裴晉公于郾城毀龍骨杖妖巫尢急

民事勸課農桑倣朱文公社倉立積散法行計口
澆田法備荒九年民幾無訟入爲戶部郎歷陞副
使提學江西以身爲教先行簡而後文藝士習丕
變修濂溪書院改建白鹿洞書院作諭來學文宸
濠索題咏皆却之後濠敗人服其先見累陞副都
御史總督漕運時劉瑾怒平江伯陳熊欲論殺之
以意屬寶俾劾熊寶拒不納瑾怒勒致仕瑾誅起
巡撫貴州陞戶部侍郎以母老乞終養日就子舍
問寢視膳不以力代順志承顔八十年如一日久

之陞禮部尚書以母病辭特詔予終養一日晨起
謁
先聖及家廟端坐而逝諡文莊寶志行端介踐履
篤實問學該洽孝親睦族應務之才巨細皆適臨
事猶講學未嘗疾言遽色嘗曰願爲真士夫毋爲
假道學一切聲色貨利嬉游無益之事絕口不言
蕭然環堵惟潛心著書開拓古今獎誨後進海內
推仰稱爲二泉先生所著有簡端錄學史定性書
說濳政舉要錄容春堂勿藥集

顧涇陽先生傳
顧憲成字叔時幼誦韓文諱辨每至父諱輒婉轉
避之就讀鄰塾塒必篝燈自課書其壁曰讀得孔
書方是樂縱居顏巷不爲貧一日從師講孟子養
心章前請曰竊以爲寡欲莫善於養心心爲主欲
爲役主強則役退聽其英穎多類此萬曆丙子舉
鄉試第一文章獨開堂奧天下宗之顧自謂此非
吾安身立命處乃從事性命之學日取濂洛關閩
諸書究極其旨庚辰成進士授戶部主政與南樂

魏允中漳浦劉庭蘭友善時相張居正病舉朝若
狂爲齋醮以禱同官代憲成署名聞即馳騎往齋
壇手削去之居正卒調吏部丁亥大計有齮齕總
憲辛自修者憲成上書語侵閣臣王錫爵謫判桂
陽已復司理處泉二州壬辰大計群吏憲成舉公
廉寡慾爲天下司理第一尋入吏部會　三王並
封議起首疏力爭與工錫爵往復辨論事得寢癸
巳內計趙南星爲政盡黜要人子弟及其姻婭之
典職者憲成定左右之趙忽奉　旨罷顧亦疏請同

能不歸居無何復入選司自矢以扶陰抑陽爲
以不激不隨爲用然所推薦卒多與錫爵齟齬及
會推閣臣憲成舉舊輔王家屏以對遂削籍歸歸益
潛心理學集諸同志講論於二泉與姑蘇管志道
力辨無善無惡之說管之學一貫三教而實主佛
玆憲成謂佛學三藏十二部五千四百八十卷一
言以蔽之曰無善無惡覩七佛偈了然矣吾儒何
必以此爲學又謂辨四字於告子易辨四字於佛
氏難以告子之見性粗佛氏之見性微也辨四字

於佛氏易辨四字於陽明難在佛氏自立空宗在
吾儒陰壞實教也語語破的爲一時正學表儀城
東南故有宋楊龜山東林故址一日同邑高攀龍
與憲成弟允成曰叔時常欲搆一讀書處偕同志
友切劘其中此地乃造化所留以待叔時也憲成
因首倡議復搆講堂書舍居焉集吳越士歲一大
會月一小會條約一宗朱子白鹿洞規而大旨在
敎人識性嘗曰論本體只性善二字論工夫只小
心二字戊申起光祿辭不赴壬子卒於家憲成有
絕人之資而以全力用之於聖學故不爲一切玄
虛奇妙所惑居官雖未得究其用而與　天子宰
相爭是非者皆國本重計宗社遠猷晚年倡道東
林引掖後學論者謂其有萬物一體氣象然於邪
正義利之辨毫末不少差故自　熹廟之季以訖
與國變東林忠節輩出而不滅東京風俗之美者
實憲成所風勵居多也崇禎初謚端文所著有涇
臯藏稿小心齋劄記大學通考還經錄証性編桑
梓錄等書

錢啓新先生傳

錢一本字國端武進人萬曆癸未進士令廬陵以興起斯文爲已任建王文成祠并祀鄒文莊諸公延禮名碩倡明理學仁政具舉擢御史首疏糾按臣鉤取庫鏹按廣西一洗將迎供億之費上建儲論相二疏語多觸忌留中三月因杖給事孟養浩連及削籍接浙而行楚鄖不爲設餐一本安之歸里門絶跡公府郡守歐陽東鳳建先賢祠傍搆經正堂講學共推一本爲主盟梁溪有東林書院偕

顧憲成輩遊相往來聯合同志朝議與東林爲難一本曰不見是而無悶不見知而不悔正吾輩得力處居恒自省曰既戴天履地而爲人當參天兩地以有事又曰心術中有許多淫樂慝禮聰明中有許多亂色姦聲身體中有許多惰慢邪僻之氣要去細細查考又曰毋信庸目俗耳以是非時事臧否人物又曰天下事我做不如人做一人做不如衆人共做生平無他玩好偶潛心于六經濂洛諸書下至天文地理無不披究而尤精研易學每登壇論易語語貼切身心意知家國天下像象管見象鈔續鈔發前人之所未發皆身體而有之者又以書九疇數衍爲四千六百八爻有辭有象占驗吉凶爲範衍十卷他如取類古今儒學正脉作源編滙編又手錄時政大要爲邸鈔閒出心得以勉人學問爲黽記倡里中同壽同善會勸後生學發乎至誠規人過若恐傷之意向稍善百方誘進有急難公憤救之又私全救之所謂以乾坤一體爲量以經傳格言爲律以宋儒行誼爲標者也先

知辛日預營兆域自作寄寓逋客誌及長言數十首至期翛然而逝

高景逸先生傳

高攀龍字存之少有異稟母授果餌必傴僂而承弱冠舉于鄉邑令李復陽與顧憲成講學庠序攀龍往從之聞李材 修身爲本之旨欣然有會己丑進士選行人四川僉事張世則詆毀程朱攀龍上崇正學闢異端疏閣臣王錫爵柄政黜陟乖方又上君 同心惜才遠佞疏語侵錫爵謫尉揭陽自欲于斯道尚未有得發憤曰此行不徹此事眞負此生矣途中嚴立規程爲半靜坐與半讀書法

東林書院志 先賢 上卷 七

兩閱月始抵謫所察民情正士風輯諸儒要語朱子近思錄刊示諸生又爲地方除一大憝不以謫官爲傳舍也已而假差歸與李材 辨論數日大意謂格物致知是大學入門第一義卽中庸之明善也所以使學者辨志定業曉然知爲人爲己義利公私之界端在於此初學下手必從此始然後善必爲惡必去意誠心正而身可修善所以純粹而精止所以凝定而固也旣歸築室湖濱名曰可樓偕吳志遠歸子慕二人扁舟往來嘗兀坐相對

作靜坐說及復七規程甲辰秋同顧憲成修復楊龜山東林書院一遵白鹿洞會規每會必取儒釋朱陸眞修眞悟之辨諄切指示常曰勤物敦倫謹言敏行此東林八字訣也林居垂三十年天啟初起光祿寺丞值上元節鈌 上供天鵝群璫恣索攀龍援舊例以家鵝代并裁無名供費若干積弊如洗中官懾服會廣寧失陷外戚勛貴中官之家皆奸細窩宅攀龍謂京師禍本不可不除請逐鄭養性誅李可灼見孫愼行論舊輔方從哲紅丸一

東林書院志 先賢 上卷 八

疏作而歎曰一部春秋也持論益侃侃無所諱忌者靡不側目尋轉太常少卿有恭陳務學之要疏言明理所以明心明心所以出治如方從哲鄭養性大義不容不討不然孝非孝反以不孝爲大孝忠非忠反以不忠爲大忠黑白混淆賢奸倒置貽害何極疏上罰俸三月已轉大理少卿又轉太僕卿方鄭之党益憤且懼窮以東林爲言給事中朱童蒙因疏詆東林於是講學諸臣鄒元標等皆去位攀龍亦疏辨有講學何罪須空法紀之臣禁

學何名欲行聖明之世之語居無何即家起刑部右侍郎陞左都御史時攀龍座師趙南星爲太宰門人魏大中爲掌垣師弟相約以懲貪救民爲上會副院楊漣首擊逆閹魏忠賢二十四大罪而攀龍又列貪穢御史崔呈秀罪狀以聞呈秀遂合群小羨忠賢曰東林必殺公乙丑春忠賢矯詔戍趙殺楊魏等丙寅又逮繆昌期周順昌等攀龍度不免三月十六日肅衣冠謁道南祠夜半得緹騎信書遺表一通置於几赴池水而死表云臣雖削奪

舊係大臣大臣受辱則辱國故北向叩頭從屈平之遺則　君恩未報結願來生又有別友書云僕得從李元禮范孟博遊矣一生學問到此亦得少力心如太虛本無生死又何幻質之足戀乎友即門人華允誠也歿後北面整立履無泥滓亦無滴水入腹越數日顏色如生崇禎初逆党次第敗公論大明贈太子少保兵部尚書謚忠憲攀龍之學以復性爲宗以居敬窮理相須並進爲訣四方從游者至每先令讀小學近思錄等書次令靜坐以

培深厚之氣居恒駁禪學最嚴謂聖人之學異于釋氏惟一性字聖人言性異于釋氏惟一理字釋氏無理故最忌分別如何可以綱紀世界扶植人倫生平不二色一介不取燕居屋漏未始有惰容論者謂攀龍二十歲外便步步程朱常自云一生用易又云盡其道而生盡其道而死皆實篆也

薛玄臺先生傳

薛敷教字以身武進人爲諸生時中丞海瑞使
以忠義士目之每從其祖應旂　閱邸報有不平
目眦欲裂登萬曆己丑進士觀政[redacted]部會御史王
藩臣上疏不白憲長吳時來耿定向交參之敷教
曰是欲爲執政箝天下口也抗疏爭之甚力有平
津曲學金陵險陂之語勒令回籍歸三載薦起鳳
翔教授尋遷國子助教有　詔並封三王具疏力
諫復貽執政王錫爵書有東門黃犬追悔已遲之

語錫爵恚甚然並封事遂得寢未幾趙南星司計
事被逐復抗疏申救謫光州學正與光州士砥德
礪業一以道義相成州人負沉冤者胥之敷教多
所全活光人謂薛先生不獨師保我且父母我也
癸後光人建特祠于黌宫祀之歸從東林講學痛
自刻礪垢衣糲食有窮士所不堪者出入不假肩
輿止一老蒼頭或見惡人望望而去并蒼頭亦失
所在居喪不飲酒不食肉服闋遂茹素終身中年
婚嫁相續負郭殆盡或諷其少通融于交際間敷
教婉謝曰少秉一節老而渝之辱殆有甚焉即親
友問疾所餽藥餌亦少嘗輒謝去性至慈蠕動不
忍加害其于人則油油與偕雖遇俗客終不作分
別觀獨耳目所及凶人必剪之而後已至于解人
厄揚人善終日孜孜恒若不及嘗曰脚跟站定眼
界放開靜躁濃淡間正人鬼分胎處又曰學苟不
見性靈任是皦皦不汙終歸一節又曰今人所以
不講學者謂講學爲欺己欺人耳不知不講學者
眞能不自欺否吾謂機械變詐畢竟聞誠意之說

而戢靡麗紛華畢竟聞無求安飽之說而戢自私
自利之人畢竟聞天下一家之說而不至於十分
損人害物講學何負于天下哉詩文隨口而出不
事琱琢雖終身不仕而望重朝野奴夷入貢必問
薛先生安在所著有浮弋集泉上雜語續憲章錄
等書

許靜餘先生傳

許世卿字伯勳家貧有志操天性孝謹父早亡事大父有禮步趨無尺寸軼事母至孝爲諸生有聲受知郡邑絕不干以私萬曆乙酉舉于鄉放榜日淡然自若偕同志萊茂才清談竟日人莫知其既捷也衣食居室不渝其初揭安貧戒五日詭收田粮干謁官府借女聯姻多納僮僕向人乞覓省事戒五日無故拜客輕赴酒席妄薦館賓替人稱貸濫與義會出入佰指而自問曰若得無食言否或

以私嘗之輒指其壁謂曰此吾之息壤也可柰何偶有成當罷法持世卿急時適當一婢爲輸罰鍰卒不爲緩頰所居敝巷守令下車一謁後不得再覩其面郡守歐陽東鳳延世卿修郡志世卿曰公端人也欣然一出平生交游絕寡惟與顧憲成高攀龍薛敷政萊茂才輩以道義名節相觀摩每自策林㟲勑其子曰人何可不學但口不說欺心話身不做欺心事出無慚朋友入無慚妻子乃爲學矣五上公車不第庚子冬行至桃源河水堅遂返謝去傳金自號早白老人矢終焉之志每于隙地手蒔萊甲日不如是何能無求于人襟度洒落喜飲酒偕同志吟咏日夕不倦見俗客如目不容刺嘗曰和風未學沺油惠清節寧希望望夷所著有中解編太玄玄言露覩編諸集而特好爲詩一切欣戚悲愉之感悉于詩乎發之詩成抱膝長吟輒復瞋坐自謂調燮之妙疾革謂其子曰吾有某逋未償某施未報某家人賚未給某故人子典田所入已當其直亟取券還之翛然而逝

葉園適先生傳

葉茂才字參之家貧事親甚孝痛母先逝館歸必同父寢萬曆巳丑成進士甫授刑部三月旋告改南迎養時俗初第謁座師有贄茂才獨以貧告半刀始致芽茶二封人多怪之久而得其清節轉加畏服榷稅蕪關念商重困一以寬恤爲主去關五十里有雙港往者設界以防漏稅越雙港者罪抵越關䮕僧恣爲奸利茂才惻然曰蕪關去龍江二百里兩稅並徵寄矣柰何又益此關立罷去即越

關之禁亦念風濤不測邏卒騷擾非遠至三十里不得言漏至于平丈量禁需索種種惠政商人德之稅額外餘三千金解充邊餉仍具疏云往苦旱商楫通今歲多雨舟航湊集後不得援爲例也神祖嘉之賚白金松布旌其廉官太僕時適有御史左袒四明崑宣而力擠一時持正者抗章力諍與諸臺中書揭往復侃侃不回因作旁囂止囂說又嘗激于年例考選不公上書太宰鄭某云年例爲衙門之劣處考選尤言路一大關鍵也去取間風聲所係令處一眞品則眞者畢懼選一僞品則僞者畢進尚何以年例考選爲又嘗書高攀龍與給事中王志道書揭後力辨當年三案正論危言扶植千秋名義㝡大自筮仕至卿貳俱留都冷曹居官十二　予告十八一味恬退㝡後南工侍一出謂其弟曰此行非爲一官只以祖父母未邀封贈耳巳見權璫亂政國事日非遂不待　覃恩而歸所居數椽絶無輝煌扁額第標四字云三世無訟時指以訓子弟薄田三頃僅供饘粥終身布衣

蔬食無僕僕無雜交所交惟許世卿薛敷政高攀龍諸人不屑屑貴游干旄至止間一荅之從來未嘗片字干請惟東林會講及同善會過從不倦會畢輒扃戶不出曾有詩云涉世幸逃三見黜歸田喜遂一閒身其自寫至矣所著有見聞摘錄旁囂錄貞文傳輿至吟行於世

陳筠塘先生傳

陳幼學字志行少貧力學於書靡不窺尤好紫陽綱目萬曆癸酉舉於鄉時宰張居正以數百金邀致左塾拒弗應己丑成進士令確山歷中牟異政纍纍遷刑部平反王三百餘人民以不冤出守湖州仰惠咸並著去後數十年湖民稱說善政猶感泣弗衰自湖遷憲副予告歸最後徵光祿再轉太常亦不起官刑部時有攻紫陽者著四書删正流傳耳目幼學抗疏斥其非特自著正删正以闢之

東林書院志　先賢　上卷　四七

人始知紫陽之不可叛晚適林泉與諸先哲遊猶辨論不輟毘陵錢一本談易東林幼學善其說因歸自研勤撰成周易管窺與相質曰吾雖八十老人誠自樂此不爲疲也然竟以此成疾俾得其稿之半而終卒年八十有四家藏有欽恤題稿四書正删正罪罪知治湖實政救荒全書三方臆斷禮樂者芸堂日錄續錄等書

顧涇凡先生傳

顧允成字季時生有慧質頗好弄已禀師教幡然嚮學踞其兄憲成曰弟不學恐傷兩大人心中萬曆癸未進士移病歸丙戌廷試時　上册鄭貴妃況成射策數千言以內寵將盛群小將逞爲言讀卷者驚怖而殿之時海瑞廉節著聞爲御史房寰所詆允成與彭遵古諸壽賢合疏爭之削籍歸後以薦起南康教授累陞禮部主事有　詔並封三王又與樂元聲張納陛合疏爭之謂臣寧死不忍

東林書院志　先賢　上卷　四八

見此舉動以負　祖宗二百年養士之　恩于地下會彦功趙南星司内計盡公不撓忤當路被斥復與陳太來賈岩于孔兼薛敷教張納陛共疏申救謫判光州先是薛敷教以阻塞言路劾吳[redacted]耿[redacted]一疏長閣臣許[redacted]至以貢舉非人自劾允成上書力辨兵部沈[redacted]讀而歎曰夫夫義理中鎮惡文章中辟邪也歸從兄憲成究極性命之學每其兄渾涵脫化處弟則以毅然持之嘗辨論學術相角不下辨畢仍怡怡如孺子歎人以方之二

程云持身端毅不以私狥人人亦不敢以私干之
其擢光州當路爲假差歸豫撫某某前後撤致積
俸可千金堅辭不受曰吾敢以在假尸祿乎一日
讀朱子集有曰海內學術之弊只有兩端江西頓
悟永康事功因歎息謂此弊于今尤甚昔分爲二今
且合爲一矣又歎士習之弊在搢紳只是明哲保
身一句在布衣只是傳食諸侯一句聞者悚然嘗
曰吾輩發念舉事須于太極上有分若但跟陰陽
五行走便不濟事或疑其拘允成曰若大本大原

見得透自然四通八達誰能拘之若于此糊塗便
欲融通和會幾何不墮坑落塹愼勿艸艸開此一
路誤天下蒼生時以爲名言年五十四卒所著有
季二大辨小辨齋偶存行世

安我素先生傳

安希范字小范弱冠登第官行人當入臺省而格
于年有諷以增年者曰安生不以臺省重也遷儀
部念母請南言者曰盍少俟共以銓郎擬公矣曰
安生不以銓郎重也竟得南司封會高攀龍疏論
王錫爵得斥希范疏救語多觸忌削籍歸緘口不
涉朝事靜掃一室讀書其中時從顧憲成葺於東
林論學泰昌初起廢　詔下衆正共登希范夷然
不問遂命駕往吳興之菁山擬營菟裘以終會

光廟賓天作詩寄憤其首章云執簡定應書趙盾
舉朝誰請討陳恒其四章云受遺元老仍增秩進
藥鴻臚也賜金聞者莫不感歎

劉本孺先生傳

劉元珍字伯先弱冠舉於鄉中萬曆乙未進士歷官儀部兵部乙巳大計沈一貫當國陰庇私人比異已者將一網盡之人心憤甚莫敢發元珍抗言秉成之人既假公以蒙上復挾威以箝下所関治亂非小疏入下九卿議一貫與其黨經營百端謂不廷杖議不可息會雷震郊壇竿木　上懼乃反杖旨削籍歸一貫亦罷去當時直聲震天下皆曰不有公疏不成朝廷歸十六年　神祖遺詔起言

事諸臣元珍起光祿卿會瀋陽陷没舊賛畫劉國縉以招撫南四衛官民爲名擁數萬衆入内投揭督餉侍郎某令發天津登萊船南濟元珍復抗疏力言其奸謂宜嚴内外之防固安攘之策國儲議乃寢家居從高攀龍陳說經義有爲悖誕之說者正色斥之曰毋亂我學脈尤惡掃名者謂此輩指吾黨好名以爲口實其實彼之不好名乃深爲決裂名教地也平生慎取予而嫉惡最嚴一佞人在其側喉間輒如物梗必吐之而後已嘗東林在

鋒鏑中笑謂攀龍等曰此吾輩一大鑪錘也宜各勉之居恒嘗以子路自任故爲東林護道甚力所著有依庸絮語及東林志稿自號湖畔逸農

宿仁寰先生傳

丙申仲春泰釋菜於燕居之堂暨廟同志僉集迎主入道南祠者三一爲仁寰宿先生一爲覲菴華先生一爲幾亭陳先生三先生皆與先忠憲交契而仁寰先生交最久忠憲命三子師事之者十有六年砥礪相資者三十餘年璫禍起先生從松陽挂冠隱居著述以八十一終邑之後學皆知先生爲端人爲篤學爲循吏爲吳中耆舊人無間然玆舉非有阿好也先生諱夢鯉字龍吉別號仁寰少

年爲名諸生丙午魁南畿先忠憲序其稿有無不讀之書無不了之義不持一刺不取一文等語顧涇陽薛玄臺先生輩俱以畏友目之六上公車不第以親老就祿令松陽問民疾苦先師勾軍因上兩臺請弭三大患及平田六大議諸慶具舉浙中讀噴誦神君時同志在朝將以卓異徵先生會織造監李實附魏忠賢一疏殺六君子株連黨禍時先生亦幾爲松陽劣生所陷乃有厲鬼奪其魄謀泄而解先生得歸歸而杜門不出惟取周易一編

吳覲華先生傳

吳桂森字叔美幼有至性父喪哀毁如成人早歲廩於庠試輒冠曹偶人謂厚儲遠發一第不難而桂森不屑也時從顧憲成高攀龍輩講學不倦庠貢　廷試畢遂絶意仕進浩然而歸因學易于毘陵錢一本日夜探索幾忘寢食一本歿每歲偕同志往其廬論學靜坐志築室三年之意天啓初攀龍出山屬桂森主盟東林會逆璫難作矯　詔拆毁書院逮吳下諸忠良攀龍殉節桂森哭之慟捐

囊鏹以佐官旗需索之費時書院已成荒墟集同志鄒期楨輩于道南祠班荆論學相唁也已而相慰逆璫敗繼有表章書院之　旨桂森亟謀興復而摧殘之餘羣力不辦遂獨力建麗澤堂又搆小齋名曰來復講易于中諸士雲集其説易也謂第一要明陰陽大分蓋陰陽非一亦非兩其質則有大小貴賤剛柔動靜之殊其用則剛大所以主柔小而非柔小亦不成剛大柔小所以承剛大而離剛大便不成柔小故用九用六總之一用所以繫

向與先忠憲及啓新錢先生覲華吳先生輩所探
索淵玄者益朝夕覃思博綜約歸年而易纂全書
成若課兒說苑詩經春秋輯註五經自家類纂古
今類書皆生平抄記不輟食以飴口息以爲枕者
也八十除夕夢端文先忠憲共晰不睹聞義旁有
黃冠告以九九當歸至八十一而逝先生之去來
眞有關於斯道也已
論曰先儒謂易於言上會得者淺於象上會得者
深夫於象上會得即於身上做得斯眞易也先生

生平學易其出處言動多合龍德至全歸之時示
變入夢晝夜生死渾然滑惕夢亦易也素交亦易
抱德業同事俎豆同祠不允宜哉
邑後學高世泰撰

辭曰陰陽合德明得陰陽大分然後看八卦八卦
性情得然後六十四卦三百八十四爻從源察流
條理脈絡一一分明而又有易中眞血脈如程子
體用一原顯微無間邵子天根月窟張子一神兩
化錢子卦者掛也掛出一太極掛出一箇天地儀
象于人身等語皆羲文周孔之眞傳也蒔剖析易
義無餘蘊學者莫不虛往實歸晚年克養益粹睟
盎可挹鼓舞來學如有一言可採必筆而藏之申
戒子弟曰凡子弟有過父兄必任爲巳之責即父

兄有過子弟亦必任爲巳之責如此交相勸戒家
聲庶能不墮又倣義門鄭氏家會及五經會聯屬
子姓以爲常云所著有像象述像象金針易説譚
易隨問眞儒一脈一班錄書經説曲禮説註釋春
秋大全皇明開泰錄息齋筆記晚自號素衣學者
稱爲素衣先生祀崇正書院

鄒經畬先生傳

鄒期禎字公寧九歲時患痘劇甚作養恐驚父母寢力制之蓋至孝其天性也比長輒苦讀年三十始稱郡諸生自是爲諸生三十年試每在利鈍間顧其坐臯比而爲諸生師自壯至老亡能過之者嘗設講席洞虛宮問字之屨闐戶斗室不能容復他徙他徙者再又不能容乃就文昌閣下闢軒二架以居之度可容百五六十人如是者歲率以爲常特著爲文行社約三章以繩束而諸負笈邪僻

者相率匿影去語具高忠憲文行社記中司是春秋三榜科必有人蓋聚徒講學之盛前此未有也期禎常云聖賢下語如化工肖物一字不虛故其說書最解人頤弟子之日益進以此顧獨以爲此口耳之學非其至者因謂濂洛關閩近在吾鄉求之有餘師矣蓋指東林主盟諸先輩也一日從忠憲補及靜坐期禎曰調息亦頗有益忠憲曰不屑批閱之愯然已而從先儒存養省察諸法徧參之最後獨心旨忠憲所論覸未發功夫一語大率謂覸未之學以主靜爲訣以三敬爲宗以禮經之九容爲把柄九容色色停當身心內外自一齊收斂如是則終日研求經義亦栽培本體之助非復往來憧憧之擾此皆學問得力後証嚮語也期禎正氣強骨聞廟堂與革進退宵則喜不則憂見眉睫當食廢匕箸適　神廟冉葷之年三案議起不勝憤懣長歌短咏以鳴不平題曰委巷謠會　毅廟登極吳徵君桂森即東林廢址建麗澤堂期禎實左右之尤留心經濟實學如所纂　皇明洪範經

世要語　國朝名臣言行錄摘並鑿鑿可著廊廟而於里中疾苦尤不啻痌瘝乃身有弭亂臆言救荒末議固人心論活井田說無一非桑梓石畫期禎故以一箪名軒當庚辛大祲之歲饘粥時絕幾特水齋日玩易一卦或編輯見聞一二以當渴之飲饑之食而已平生著述甚富已刻者尚書揆一一箪軒劄記鶴湖小詠東林諸賢言行錄四種未刻者三十餘種藏于家歿時年七十有六先是郡邑守令競推擇爲鄉飲賓巡按御史祁彪佳按部

試其廬旌曰賢良方正歿而門人百餘輩奉主配
享楊龜山先生道南祠毘陵亦有道南書院祠鄉
忠公浩期禎蓋浩之裔孫云

馬素修先生傳

馬世奇字君常年十八以三試第一補邑諸生天
啓辛酉貢元甲子舉鄉薦時爲諸生孝廉已負海
內重望四方來執贄受業者不下數千人手製古
文辭及所選制舉業片楮一出卽遐徼絶域爭購
得之崇禎辛未進士改庶常授翰林院編修已而
分較禮闈復典江西鄉試所鑒拔皆當世知名士
或以金帛贄見輒峻拒曰進身之礽安得以筐篚
爲禮願他日作第一流人則受貺多矣奉使　勅

諭山東江西湖廣諸　籓賜予甚厚前後皆辭
開遇流賊道遮世奇爲言　聖天子在上汝輩欲
何爲反覆開諭皆羅拜感泣而去曰此　天使不
受　籓府一錢者也甲申春遷左諭德左春坊時
北兵南出塞闖賊報愈急　上數召對世奇奏言
目前要着在收拾人心而收拾之方須從督撫鎮
將約束部伍令兵不虐民民不苦兵始不然恐賊
勢不可支矣未幾賊遂入畿輔三月十九日城破
世奇肅衣冠捧所署司經局印北向望闕拜曰臣

不能報國一死以謝　陛下遂先覩二妾從死欲
記乃自經贈嘉議大夫禮部右侍郎謚文忠世奇
篤志嗜學無奇麗綺靡之好生平不妄取予未嘗
疾言遽色鄉邦有大利弊慨以身任勞怨罔辭尤
好推獎後進扶植善良惟不喜立門戶城府崖岸
一切不事嘗曰處世宜存生機勿萌殺機居官宜
尋退步勿爭進步少從顧憲成高攀龍游卒殉
國難人以爲不愧其師云所著有文集若干卷自
京邸寄歸藏於家門人龔廷祥癸未進士授中書

舍人乙酉五月　南都告變亦以不屈赴秦淮河
死

華鳳超先生傳

華允誠字汝立中天啟壬戌進士除工部都水司
主事見鄒元標等以講學去位遂拂衣歸己巳補
營繕司會[redacted]騎薄　都城分守德勝門凡三月然
慎不少懈督琉璃廠郤羨以萬計清節著聞改兵
部職方嫉閣銓比周爲黨上三大可惜四大可憂
一疏執政銜之乞終養歸杜門屏跡奉母秦朝夕
不離左右母老患心痛允誠伏牀以氣噓之旦必
露禱請代病良已事伯兄允謙仲兄允諠愛敬交

至教訓子姪無異視一畝一椽共之無憾造福族
里任役田葺專祠修宗譜廣同善會皆殫心竭力
勞怨罔辭不以林居玩愒也允誠友孝廉仁岡出
天性又蚤歲即從高攀龍游浚致力于心性之學
凡所造獨深每侍師側終日危坐整齊嚴肅攀龍
私心獨喜直許爲生知安行比晚反覩益密即事
鍊心助忘交屏學者謂忠憲復生矣甲申起吏部
文選司勉一再出不一月復拂衣歸世居蠶湖之
濱自東林折毀後足跡罕入城市洎遭　國變

允壹意杜門讀易戊子四月盜警狎瑧始避泰伯鄉鄒氏鄒故允誠子壻也一日亂兵入室遂被執械至金陵就訊但云頭可斷髮不可去遂及于難居恒未嘗作詩本年春偶成二律緬思古則企賢豪海外孤臣嗁雪毛眼底兵戈方載路靜中消息不容毫黙無一事陰逾惜愁有千端抗自高生色千秋青史在自餘誰數却勞勞振衣千仞碧雲端壽殀繇來不二看日月光華宵又旦春秋遷革歲方寒每爭毛髮留詩禮肯逐波流倒履冠應盡只今祈便盡不堪回首問長安葢以見志云姪採尚濂弱冠甫授室偕赴金陵亦以不屈被難

祀典

按古有釋菜釋奠之禮釋菜行於孟春而禮簡釋奠四時可行而禮煩今制學宮之祭每歲於春秋仲月上丁日行即古釋奠禮本祠之祭酌古準今行從簡每歲於正月上甲日行釋菜禮亦秋仲月仲丁日行釋奠禮

前三日齋戒前一日宿院中

釋菜儀注

先師前設爵三旁二爵先酌酒中爵待獻官行籩豆各二二豆在中盛菁菹兔醢二籩在兩旁盛棗栗無兔則以魚醢代至日夙興主祭者與陪祭俱吉服通贊唱執事者各就位　陪祭者各就位　主祭者就位　瘞毛血　迎神　鞠躬拜　興　拜　興　拜　興　拜　興　平身　行獻禮引贊唱詣盥洗所　詣酒尊所　司尊者舉冪　酌酒　詣先師孔子神位前　跪　獻爵　俯伏　興　平身　詣讀祝位　跪通贊唱陪祭者俱跪引贊唱讀祝通引同唱俯伏　興　平身　復位通贊唱送神　鞠躬拜　興　拜　興　拜　興　拜　興

平身　禮畢
祝文曰惟年月日末學某等敢昭告於
至聖先師孔子惟
師祖述堯舜憲章文武上律天時下襲水土如天
地之無不持載無不覆幬如四時之錯行如日
月之代明茲當東林書院一歲講習之初恭修
釋菜之禮尚　饗
同日

楊龜山先生神位前設爵三（旁二爵先酌酒中一爵獻官行）籩豆
各二（二豆在中盛菁菹魚醢　二籩在兩旁盛棗栗）
七先生神位前每位設爵一（分獻官行）每案設籩豆各
二（如前○通贊唱）執事者各就位　陪祭者就位　主
祭者就位　迎神　鞠躬四拜　興　平身　行
獻禮（唱引贊）詣盥洗所　詣酒尊所　司尊者舉
冪酌酒　詣
楊龜山先生神位前跪　獻爵　俯伏　興　平
身　跪（通贊唱）助祭者皆跪（引贊唱）讀祝（通引同唱）俯伏
興　平身　復位（引贊唱）分獻者詣

七先生神位前跪　獻爵　俯伏　興　平身
復位（通贊唱）送神　鞠躬四拜　興　平身　禮畢
祝文曰維年月日末學某等敢昭告於
宋楊龜山先生之神曰惟
先生倡道東南至止錫邑十八年儀刑儼在五百
歲道化如新茲當東林書院一歲講習之初恭
修釋菜之禮謹以
仲素羅先生
德輝胡先生

實齋蔣先生
遂初尤先生
玉泉喻先生
小山李先生
二泉邵先生配尚　饗（已上從祀七先生所謂謹仍志草原文者也後來續進頤高諸先生司祝文者宜于臨時一照此例宣讀）

釋奠儀注
前三日齋戒前一日宿院中午後省牲用羊豕
各一以全牲獻

聖廟主祭者恭揖而退毛血用盤盛待次早瘞
先師前設爵六三盛玄酒　登一大羹猪肉汁不用鹽醬　鉶二和羹汁用
菜木和者　簠二黍稷　簋二稻粱　籩八形鹽稾魚棗栗榛菱角芡實柿　豆八
韭菹切去本末取中四寸菁菹芹菹笋菹醓醢細切猪肉熟之和鹽酒料物魚醢細切魚
熟之和鹽酒料物糗餅用小燒餅粉餈用小糕　俎四羊首一猪首一羊前肩二猪前肩二
帛一　酒尊一
至日夙興主祭者與陪祭者俱吉服通贊唱執事
者各司其事　陪祭者各就位　主祭者就位
瘞毛血　迎神　鞠躬拜　興　拜　興

拜　興　平身　行初獻禮引贊唱詣
盥洗所　詣酒尊所　司尊者舉冪酌酒　詣
至聖先師孔子神位前　跪　獻爵　奠帛　俯
伏　興　平身　跪通贊唱陪祭者皆跪引贊唱讀
祝通贊引贊同唱俯伏　興　平身　復位　行亞獻禮
通贊唱詣酒尊所　司尊者舉冪酌酒　詣
至聖先師孔子神位前　跪　獻爵　俯伏　興
平身　復位通贊唱行終獻禮引贊唱詣酒尊所
司尊者舉冪酌酒　詣

至聖先師孔子神位前　跪　獻爵　俯伏　興
平身　復位通贊唱飲福受胙引贊唱詣飲福位
跪　飲福酒　受胙　俯伏　興　平身
復位通贊唱鞠躬拜　興　拜　興　平身　徹
饌　送神　鞠躬拜　興　拜　興　拜　興
拜　興　平身　讀祝者捧祝　進帛者捧帛
各詣瘞位　望瘞引贊唱詣望瘞位焚祝帛訖通引同唱
祝文曰某年歲次甲子某月甲子朔越某日甲子末學
某等敢昭告於

至聖先師孔子惟
師祖述堯舜憲章文武上律天時下襲水土如天
地之無不持載無不覆幬如四時之錯行如日
月之代明惟春秋謹以牲帛醴齊粢盛庶品
式陳明薦尚　饗
同日
楊龜山先生神位前設爵三　登一　鉶一　簠
一　簋一　籩六形鹽稾魚棗栗榛芡實　豆六韭菹菁菹芹菹笋菹
醓醢魚醢　帛一　俎四二俎盛羊肉二方二俎盛猪肉二方

七先生神位前設爵七　東西鉶各一　簠簋各一　籩各四（鹽 棗 栗 芡實）豆各四（韭 菁葅 筍 芹葅 各二）羊蹄一 猪蹄一○（通贊唱）各就位　迎神　鞠躬四拜　興　平身　奠帛　行初獻禮（引贊唱）詣盥洗所　詣酒尊所　司尊者舉冪酌酒　詣楊先生神位前　跪　獻爵　獻帛　俯伏　興　平身　跪　陪祭者皆跪（引贊唱）讀祝（通引同唱）俯伏　興　平身　復位（引贊唱）分獻者詣七先生神位前　跪　獻爵　俯伏　興　平身

復位（通贊唱）行亞獻禮（如前○通贊唱）行終獻禮（如亞獻禮）○（通贊唱）辭神　鞠躬四拜　興　平身　讀祝者捧祝　進帛者捧帛各詣瘞位望瘞（引贊唱）詣望瘞位　焚祝帛訖（通引同唱）禮畢

祝文曰維年月日末學某等敢昭告於

宋龜山楊先生之神曰惟　先生倡道東南至止錫邑　十八年儀刑儼在五百歲道化如新茲當（春仲秋）敬舉時祭謹以　仲素羅先生　德輝胡先生　實齋玙先生　遂初尤先生　玉泉喻先生　小山李先生　二泉邵先生配尚饗（自今以後讀祝文例見前）

歲辦

每年春孟釋菜計費銀若干春秋二仲釋奠每次計費銀若干俱於租銀內動支輪該値會者先期領辦

釋菜祭物

聖廟棗一觔　栗一觔　菁葅一束　魚二觔　酒一瓶　香燭一副

道南祠棗三觔　栗三觔　菁葅一束　魚三觔　酒二瓶　香燭三副

釋奠祭物

聖廟猪一口重若干觔　羊一羫重若干觔　帛一段　黍稷　稻粱　形鹽　藁魚　棗　栗　榛　菱角　芡實　柿　韭葅　菁葅　萊菔　芹葅　筍葅　醓醢　魚醢　糗餅　粉餈　酒一瓶　香燭一副

道南祠猪羊分用　帛　黍稷　稻粱　形鹽

藁魚　棗　栗　榛　芡實　韭菹　菁菹

芹菹　筍菹　醓醢　魚醢　酒二瓶　香燭

三副

物價貴賤無常隨時酌量損益於租銀內動

支可也

公移

請復呈辭

直隸常州府無錫縣儒學生員馬希尹王純一孫

之賢等呈爲興復先賢遺蹟以延道脉以維士風

事竊以道炳日星恒歷久而逾著學湮草莽必有

籍以更新故範俗要在作人而興教務先正學茲

邑有楊龜山先生書院剏自政和之世葺繇嘉靖

之初從游一十八年命工部以親炙而躬承正派

興起二三百載邵文莊緣私淑而力障狂瀾一時

明道法之宗瞻依孔孟通邑洗異端之習誦法程

朱詎期肯與時移教隨人息招提在望僅聞演法

壇場書院久墟無復譚經皐比嗟往喆之儀刑既

遠恐將來之趨向漸岐久議修復未行究且榛蕪

詎闕今日者斯文有幸吾道將興高山動仰止之

思倡明絕學魯國值多賢之會共翼真傳化益溥

於菁莪士式歸其鼓鑄願拓昔時之遺址劍履重

光更還異代之芳規宮墻不朽伏乞念士風之宜

振憐胥俗之久汚亟賜主持弘敷教澤俾升堂入

室翕然開道術於東南而玉色金聲卓爾遡眞源於洙泗下情無任懇企之至萬曆三十二年二月初七日呈

縣牒

直隸常州府無錫縣爲興復先賢遺蹟等事據生員馬希尹等連名具呈前事到縣擬合牒送儒學衆議果否與論允孚即査動費工價合用若干應否官民出辦逐一查明呈報以憑議後申詳修理施行須至帖者萬曆三十二年二月十九日牒

學移

直隸常州府無錫縣儒學爲興復先賢遺蹟等事承准本縣取牒前事承此遵依行帖查勘去後隨據本學廩增附生員顧麟禎鍾敬俞宰等結稱會同該學查得龜山先生書院刱造有年修葺未舉今欲恢昔時之遺址復異代之芳規眞斯文大幸與論允孚者但規制頗重費用不貲邑內縉紳先生已共集銀三百兩惟是加意正學興起入文以共成玆舉者尚有待焉爲此連名具結前來卑學今行具繇牒呈伏乞炤詳轉達施行須至牒呈者萬曆三十二年三月初二日教諭單有學訓導李從謙王杲

縣申

直隸常州府無錫縣爲興復先賢遺蹟等事蒙本府信票前事仰縣查該縣原詳修造先賢龜山祠宇逐一估計明確申府覆議轉詳等因又蒙床批查堪動錢糧該縣設處若干其少者本府措處蒙此隨行主簿張守善議估問續蒙信票差吏孔光

祚齎發銀一百兩五錢五分一厘下縣收貯縣庫候發外今准張主簿牒稱遵依會同顧高二官及原呈生員馬希尹等前詣應造祠宇處所公同酌議應用木石磚瓦釘灰等料幷夫工飯米共估價銀七百七十二兩零三分具數前來准此隨該本縣細加撿查庫有一項萬曆三十年解存各衛倉米折銀五兩一錢一分八厘七毫六系三十二年科貢項下額編進士四名每名牌坊銀三百零四兩今科止中三名存銀二百四兩又本年許春元

不受長夫銀二十九兩八錢二分八厘及有三十一年驛徒夫納差銀七十三兩七錢四分二厘巳上四項共該銀三百十二兩六錢八分八厘七毫六系查係無碍堪以動用及蒙府發銀一百兩五錢五分一厘原申邑內縉紳助集銀三百兩共銀七百十三兩二錢三分九厘七毫六系餘不敷銀五十八兩七錢九分二厘四毫四系本縣另行設處完工合無候詳允日委官辦料刻日興舉係干動支錢粮事理未敢擅便擬合具申伏乞炤詳轉

達施行萬曆三十二年三月廿三日知縣林宰

府檄

直隸常州府爲興復先賢遺蹟等事奉巡撫曹批發本府請詳動支官銀建造無錫縣龜山書院緣奉批府縣庫貯銀俱准動支委官辦料督匠興工不敷之數聽該縣另行設處詳報又蒙巡按御史馬批開該縣庫貯無碍銀兩准炤動支爲修復書院之費不足之數於本院贓充兵餉贖銀內支銷繳又蒙帶管嘗鎮兵備鄒批開無錫議復龜山先生書院既查有堪動官銀准炤府發縣委廉幹官負餙材鳩工速完具報尚少銀數另牌行助等因奉此案查先據該縣申詳前來隨該本府看得先賢楊龜山先生寓居毘陵錫山之間凡一十八年與鄒道鄉周伯忱兄弟互相切摩以故理學一脉至今猶存其淵源有自來矣無錫舊有東林書院爲龜山而創向未修葺俱巳廢壞今該縣縉紳議復舊址以表揚先哲興起後學風教所關誠盛舉也估該工料銀七百七十二兩三分及各官助

銀三百兩尚少銀四百七十二兩三分相應官助今據該縣查有三十二年科貢項下存剩銀二百四兩又本年許春元不受會試長夫銀二十九兩八錢二分八厘及三十一年錫山驛徒夫納差銀七十三兩七錢四分二厘俱各堪以動支連前各官助銀共有六百七兩五錢七分仍少銀一百六十四兩四錢六分隨查本府庫貯原發放存條粮等銀共一百兩五錢五分或係遠年貯庫或係正項支存俱堪動支發縣湊修合無候詳允日准支

府縣庫前項銀各官銀兩給發委官辦料督匠興
工尚少銀六十四兩四錢六分或批量助或聽該
縣一併設處工完冊報等因具由申奉批發前因
擬合就行爲此牌仰本縣官吏照依備奉批詳内
事理卽將本府原發助修銀一百兩五錢五分并
該縣科貢等銀三百七兩五錢七分及各官銀三
百兩照數給發廉幹官員辦料興工勒限完報完
日備造某處用過工料逐項查明并取官匠結狀
各五本申府以憑覆核轉報其不敷銀兩查照批

宗遵行毋得違悞須至牌者萬曆三十二年四月
初四日（本府知府歐陽公名東鳳以下府檄同）

直隸常州府爲興復先賢遺蹟等事蒙　欽差提
學御史楊批發本府呈請動支官銀建造龜山書
院緣由蒙批修葺書院不敷准動本院贖銀四十
兩給助之工完冊報繳蒙此案查先蒙撫按道批
詳前事已經備行該縣興工建造去後今蒙批發
前因擬合就行爲此仰無錫縣官吏查照原今事
理仰便行委廉幹官員作速辦料修葺務期堅固
不敷銀兩准于本院項下贖銀内支銀肆拾兩齊
給完日用過工料細數文册并督工官匠結狀各
一樣五本内府轉報須至票者萬曆三十二年四
月初七日

直隸常州府爲學政事蒙　欽差兵備鄒憲牌該
蒙　欽差督學御史楊憲牌照得無錫舊有楊龜
山先生書院日久湮没今據該府縣申請修葺不
敷銀兩卽便轉行常州府將原批該府動支本院
贖銀四十兩量助外其原詳六十四兩四錢六分

尚欠二十四兩四錢六分再於贖銀内照數支給
發縣工完造册繳報蒙此擬合就行爲此仰府卽
將本院助修龜山書院銀六十四兩四錢六分除
批動支贖銀四十兩給發外尚少二十四兩四錢
六分再於贖銀内照數支給發縣修葺工完册報
查考等因蒙此擬合就行爲此仰縣官吏查照先
今事理卽查建造前祠不敷銀兩除本院批助贖
銀四十兩外尚少銀二十四兩四錢六分再於該
縣庫貯贖銀内照數支給如該縣庫無前項贖銀

卽便差人赴府申請施行須至票者萬曆三十二
年四月廿七日

縣申

直隸常州府無錫縣爲興復先賢遺蹟等事蒙
欽差蘇松兵備鄒憲牌仰縣卽將武進縣解到本
道助修龜山書院銀六十兩固封差吏齎送鄉宦
吏部郎中顧涇陽宅上交收取回帖先繳仍置扁
額一座令善書照式登寫完日上立具繇申報等
因蒙此遵依除將扁額做辦完日另文申報外原

蒙助修銀六十兩照數固封差吏齎送本官收訖
取具回帖見在擬合先行申繳爲此理縣合行具
申謹申伏乞照驗施行萬曆三十二年閏九月二
十一日知縣林宰

直隸常州府無錫縣爲興復先賢遺蹟等事蒙本
府信牌該蒙撫按學院道批詳動支官銀建造龜
山書院緣由前事備奉仰縣卽將本府發下助修
銀一百兩五錢五分原申本縣科貢等銀共一百
七兩五錢七分及各官助銀三百兩照數給發廉
幹官員辦料興工勒限完報完日將用過工料逐
項查明造册并取官匠結狀申府轉繳等因又續
蒙兵道愬發助銀六十兩共銀七百六十八兩一
錢二分蒙此隨行主簿張守善督理間有本縣顧
鄉宦首倡在內經理遵將前項銀兩照數齎送本
宦佑買物料建造去後各宦又議講堂自備工本
建造不費官銀將前助銀三百兩自行支用訖其
官發四百六十八兩一錢二分顯爲造建祠堂之
用除造祠堂并石橋開河築岸等費共銀三百七

十三兩三錢五分造完工訖爲照祠宇粤成春秋
之俎豆宜設講堂雲集歲月之供億頗煩本縣會
同各官所議務須置買祀田百畝計價銀二百二
十餘兩每歲除聽辦糧外餘收米麥以供前費除
本縣捐助銀五十兩外又查前項用存銀九十四
兩七錢六分五厘尚少銀七十五兩二錢四分查
前蒙按院批詳不足之數准於本院留充兵餉贖
銀內支銷又蒙學院二次行助贖銀六十四兩四
錢六分查縣庫本院項下只有贖銀五兩四錢九

分存厘餘無可動另有一項歲徵學租銀兩堪以
動支本縣未經請明擅難支用合候轉詳示日取
送本官奏置祀田永爲久遠之計本縣查造完祠
宇用過物料細數造册先行申送伏候學按院批
示至日遵行爲此申縣合行具由謹申伏乞照驗
轉詳施行萬曆三十三年四月初九日知縣林宰

府票

直隸常州府爲興復先賢遺蹟等事蒙巡按御史
馬批發本府呈詳動支原批助銀建祠銀兩存剩

置田緣由蒙批捐助銀准于本院新收聽支贖銀
內照數動用其留充兵餉係前院贖銀照舊存庫
此繳蒙此案照先據無錫縣議申前來該本府看
得無錫縣建造龜山祠業已落成春秋之俎豆并
講堂歲月會講之供應須置買祠田歲收米麥以
供前費今據該縣議置田百畝該價二百二十餘
兩除建祠用存銀九十四兩七錢六分五厘及該
縣捐助銀伍十兩外尚少銀七十五兩二錢二分
五厘議請原批助銀內動支合無俯從准照在于
原批助留充兵餉贖銀內動支銀三十七兩六錢
一分二厘五毫給發奏買餘少銀三十七兩六錢
二分零候詳學院批助找給等因具由呈詳蒙批
前因擬合就行爲此仰縣官吏查照批詳事理即
於按院項下新收聽支贖銀內動支銀三十七兩
六錢一分二厘五毫給發置買祠田其留充兵餉
贖銀照舊存庫餘少銀兩候詳學院方許動找給
置買完日備開田坵四址并應收米麥數目册報
查考須至票者萬曆三十三年五月二十二日

直隸常州府爲興復先賢遺蹟等事蒙巡按帶理
學校監察御史楊批發本府呈請動支存剩贖銀
餘少支發學租銀兩奏買祠田緣由蒙批准照數
支送書院繳蒙批擬合就行爲此仰無錫縣官吏
即於原申本院贖銀五兩四錢九分五厘及學租
銀內支銀三十二兩一錢一分七厘五毫照數支
送書院置買祠田取領狀二紙申府以憑轉報施
行毋得遺錯須至票者萬曆三十四年七月二十
六日

縣申

直隸常州府無錫縣爲奉　旨折毀書院事天啟六年四月廿八日奉巡按徐名吉憲牌前事內開准接邸報欽奉　明旨蘇常等處私造書院盡行折毀刻期回奏欽此查得常州府無錫縣有原設書院一所擬合亟行折毀爲此牌仰該縣官吏即便督同該地方人等立時折毀折下木料俱即估價以憑題解不許存留片瓦寸椽限即日具將毀過緣繇星馳申報等因蒙此即委本縣管粮縣丞

來惟觀勘折去後隨據本官呈稱親詣東林處所喚同匠作估計折毀牌坊牆門一座價銀六兩廳屋三間價銀十八兩川堂三間價銀十兩講堂三間價銀六十兩傍小屋六間價銀一十二兩共估價銀一百零六兩續據本官查於萬曆三十三年四月初九日該陞任林知縣具申兩院用價二百五十兩置買公田一百畝照原價名民買訖又鄉官吳知州助公田一百畝亦照官價二百二十兩贖回訖又本縣鄉宦原任太常寺卿顧憲成零置基地六畝園地十畝照官價三十二兩五錢召民買訖共田地畝數至今稅粮黃册以東林立戶委是二百一十六畝田屋二項通共該價銀五百八十一兩二錢俱已照數完庫并具勘估折毀講堂等處各料細數揭帖因繇開報前來據經備文造册於天啟六年二月十七日備文粘同收過前項田屋價銀數目申府轉報今奉憲牌遵查前項東林書院房屋牌坊匾額碑碣等項先經奉文折毀易價貯庫訖見蒙守催擬合申稟爲此申縣合行

備繇具揭謹申天啟六年五月一日知縣吳大朴

憲票

巡按察院祁公名彪佳票仰無錫縣官吏即將東林書院逐一查議今應修復合該工料若干有無堪動錢粮明白具詳并原行折毀文卷一并送院查閱毋遲崇禎六年七月十二日

縣票

仰喚原管折東林書院耆民談來泰即將東林書院逐一查議今應修復合該工料若干限次日內

造冊呈通此係現奉按院憲票查復立待申報毋違崇禎六年七月十四日

查議建復東林書院回呈

耆民談來泰呈爲建復東林書院事遵蒙爺臺鈞票喚泰即將東林書院逐一查議今查得書院舊式規址坐落城東弓河前有馬頭牌坊甬道月河橋梁門導墻門明堂麗澤堂依庸堂墻門　聖殿左右藏書樓兩傍從屋週圍樹木悉嚴整壯麗天啟六年全區屋宇刻期凿毀慘無一柱寸椽堪用

者差役坐提易價倉卒變賣得價一百五十六兩又公田二百畝基地六畝園地十畝炤原價共易銀四百七十五兩二錢二項共銀六百三十一兩二錢奉文賫解蘇州府協助祠工守候批回在卷前項屋宇價值較昔建造工程十倍得一善緣欽毀木植殘損過多求售無主故耳今奉前因隨啟各位鄉紳會集公議以舊式建復除麗澤堂三間先年係貢生吳桂森捐貲建造計費工料銀二百兩有奇外餘馬頭牌坊甬道月河橋梁墻門門道川堂依庸堂墻門　聖殿左右藏書樓兩旁從屋週遭樹木屋下裝揖椅桌鋪設諸項備查當年興舉設處輸助錢粮得銀一千零二十三兩有奇陸續恭造完局冊籍具在今蒙建復合具圖式略節呈覽伏候詳示定奪施行崇禎六年七月十七日縣批准申

憲批

書院爲有宋龜山先生講學之壇豈宜鞠爲茂艸使後學仰止無地本院量捐助公費銀一百兩候

另撥解貯或建堂或贖田候銀至日該縣會同諸紳酌行繳

崇禎十三年庚辰巡撫張公國維名移文到縣助銀一百兩修復東林書院等因查到補刻

附文學盛公敏玄原呈　按慶曆間敏玄兩具呈學使者皆批允修復而卒不果或因工費浩大艱於舉行且戊寅年即物故此亦其齎志未伸之事也役雖不就願則可嘉附錄原呈以彰厥善

隆慶元年八月江門具呈耿宗師

直隸常州府無錫縣儒學應試生員盛鑿等呈爲

修復書院以勵士習事竊謂士習係於風教風教由於倡率吳下士習久靡幸藉宗師倡明斯道懇啟後學凡在陶鎔敢不思奮顧吾儒之道以學而致猶百工之事居肆以成本縣東林舊有楊龜山書院業已頹廢基址尚存理宜修復為諸生約束之地伏乞宗師老大人查明來歷批發該縣鋭意興復以崇風化其一切工費諸生別當義助為此連名具呈須至呈者

萬曆元年九月具呈謝宗師

直隸常州府無錫縣儒學生員盛鑾等呈為懇加修復先賢書院以崇正學以維名教事竊念本縣人文之盛雖宣於延陵季子以來而理學大明實倡於有宋名賢攸寓今城東有東林書院遺址乃宋楊文靖公龜山先生講學故地也寓居一十八年從遊凡數百輩道南之澤不泯迄今具載縣志隆慶元年八月內鑾等具呈　欽勅提督學校宗師耿老大人棠批看得前項書院既係名賢遺軌所存義當修復況工費一切不煩官府其事無容退托者仰縣行學聽行各生修葺完日具申新院遴取志行文學為衆所孚者主會於中率令原日本院賞等童生朝夕觀摩毋徒文具也等因經今已越六年諸生心力不協通邑縉紳先生慨焉共議修復竊念興舉廢墜雖受成於往年而作新教化端主張於今日伏乞宗師老大人備查來歷并查嘉靖年間　欽勅提督學校宗師聞老大人興復事宜批發該縣嚴加崇闢鋭意作興恢復久湮之一隅俾存名教之樂地仍令通學廩增附生員

東林書院志卷下

邑後學嚴瑴佩之氏輯

文翰

記

東林書院記　王守仁

東林書院者宋楊龜山先生講學之所也龜山沒其地化爲僧區而其學亦遂淪入於佛老訓詁詞章者且四百年成化間今少司徒泉齋邵先生始以舉子復聚徒講學於其間先生既仕而址復荒

屬於邑之華氏華氏先生之門人也以先生之故仍讓其地爲書院用昭先生之跡而復龜山之舊先生則自述其廢興而以記屬之某當是時遂陽高君文豸方來令茲邑聞其事謂表明賢人君子之跡以風勵士習此吾有司之責而顧以勤諸生則謂之何爰畢其所未備而亦遣人來請嗚呼物之廢興厥有成數矣而亦存乎其人夫龜山沒使有若先生者相繼講明其間則龜山之學邑之人將必有傳者豈遂淪入於佛老詞章而莫之知當時從龜山游不無人矣使有若華氏者相繼修葺之縱其學未即大明其間必有溯流以窮源者亦何至淪沒廢置之久又使其時有司若高君者以風勵士習爲己任書院必不至於頹圮又何至化爲浮屠之室而蕩爲艸莽之墟乎是三者皆宜書之以訓後若夫龜山之學得之程氏上接孔孟而下啓羅李晦庵統緒相承斷無可疑顧世猶疑其晩流於佛此其趨向毫厘之不容於無辨先生必嘗講之精矣先生樂易謙虛德器粹然不見喜怒

人之悅而從之若百谷之趨大川論者以爲有龜山之風非有得於其學宜莫能之然而世之宗先生者或以其文翰之工或以其學術之邃或以其政事之良先生之心其殆未以是足也從先生游者其以予言而求先生之心以先生之心而求龜山之學信乎書院之復不爲虛矣書院在錫伯瀆之上東望梅村二十里而遥周太伯之所從逃也方華氏之讓地爲院鄉之人與其同門之士爭相趨事若恥於後太伯之遺風尚有存焉特世無若

先生者以倡之邪是亦不可以無書

重修東林書院記　歐陽東鳳

楊龜山先生載道而南與晉陵鄒道鄉諸先生講學東林之上此東林書院所繇𠕇也然龜山非晉陵產以遊寓也而故所講學處存之至今豈蘇子瞻所云以天下之所共有者而獨私以爲寵其尊德樂道有異他邦也與而龜山者宋儒也余不佞鮮所窺測且以宋儒之功言之夫學士大夫以道鳴者卽其平居議論之間而端緒之所相引往往

入於人心而釀爲世道治亂否泰恒必繇兹蓋春秋之亂幾無世矣吾夫子曉長夜而日中之而後天有維地有紀故曰聖人有功於天下萬世自夫子没一傳而得曾子再傳而得子思三傳而得孟子遂寂寂無嗣者歷秦而漢而晉以及於唐如綫之緒若存若亡蓋至有宋周程諸大儒出而後復一光也非獨大經大法章明較著卽幾微纖息亦一切稟於程尺稟乎莫或假借焉於是禮義廉恥之閑因以斬然於世而吾夫子之道益尊顧其時又莫之能用越我　太祖高皇帝實始表章朝廷閭巷莫不學諸大儒之學賢知者因而契乎神明愚不肖亦賴以有所持循而不至乎蕩餘二百年化淳俗美莫有詖淫邪遁奸於其間無亦斬然以開先者端緒確而隄防之者固也然則宋儒於當代不洵稱功臣哉乃邇年以來率好爲忘筌蹄無轍迹之談而托其身於不儒不衲不方不員之地詭及居敬窮理等說輒啞然非笑長此以往其端益引而其防浸潰寧不怒乎有世道之憂愧余力

微薄不能有所轉移而東林墜緒亦罔以克振惟是晉陵尊德樂道有異他邦二三縉紳先生共起而修復之聯集同好恢弘遺業此其於道與德又非徒泛涉涯涘而已倘宋儒之學因是以張於晉陵而大明於天下滔滔世道用爲隄防而或不至如余前所憂者則裨益寧淺鮮也故特著其說以俟萬曆甲辰孟冬郢中歐陽東鳳撰

依庸堂記　鄒元標

予友顧叔時歸里偕諸君子鼎其倡學於是闢龜

山先生東林故址而搆居焉堂族曰依庸以書抵友人鄒子爲記意鄒子能悉庸義鄒子謹按庸義有二庸恒也有久而不變之義又平也有適中之義惟中斯平惟平斯常惟常斯不變渢三光包萬彙綏九有和萬邦皆是物也易之恒卦剛上柔下震巽相與而取義於夫婦夫婦之道不可以不久也故曰常夫抱隋珠和璧者終朝枵腹不如菽粟之一飽也艷山龍火藻者藍縷號寒不如緼袍之蔽體也千奇萬怪洞心駴目不如一庸之悠久也

是故人自有生以來目視耳聽手持足行自童稚至老死無異無異卽庸也父慈子孝夫義婦聽兄友弟恭或自少或自壯以至於老死亦無異無異卽庸也或曰中庸有三達德九經三重之目諄諄詳摯一庸烏足以概之曰庸斯知斯仁斯勇不庸烏足爲達庸斯通之天下達之國家不庸烏足爲九經庸斯爲禮爲度爲文不庸烏足本諸身徵諸庶民故守約而施博者皆庸也庸者何性也聖人順性而行賢人守此性不失衆人則迷此性而梏亡之今詩君子皆卓然見性能以賢人而學聖人之學然棲遲山林者久不可謂不遯矣無亦有所悔焉耶曰悔者心有所係吝悔亡者毋意必固我之謂遯之上九曰肥遯無不利無所疑也夫遯而曰肥又曰無所疑是葢以不知知以不識識指深且遠非眞依乎中庸者其孰能與於此元標束髮向道而疑惰隱隱老而彌篤視無疑之域尚遠敢曰不悔諸君子其尚自信而自知之乎謹攄愚衷爲記并係之銘以諗來學

銘曰關閩之學萃於龜山淵源伊洛吾道以南近接周程遠宗孔顔流風旣遠隱怪是奸緊我顔公力有正學洎諸君子奕奕先覺東林故匾罔或不懿顔曰依庸義包玄邈洒掃應對卽聖卽神知者曰知仁者曰仁日用不知是曰凡民下學上達厥惟聖人登斯堂者顧名思義人生泡影浮萍斯寄匪鏃且礪胡成偉器從茲竪立愼獨立志萬曆丁未夏四月吉水鄒元標頓首拜撰

重建道南祠記　林宰

宋儒楊文靖龜山先生故閩産第熙寧九年進士調官不赴師事二程於伊洛埽載道而南至梁溪之濱邑子除舍設皐比於是先生止錫十八年爲閩人欲非性之旨立儒釋之防而錫始知有程氏學先生殁書院廢爲僧區四百年而邵二泉先生復之後百年復廢今選部涇陽顧公偕諸同志請當道復焉而侍御滄宇顧公實捐厥址左爲祠祠先生祠之右翼以講堂丙舍集四方士問業其中

爲規爲約亡憮亡傲辨經析疑昭若發覆而伊洛淵源不啻披霁雾而耀日月矣先是講堂成則太府歐陽公記之兹復屬不佞宰記先生祠謂宰長兹邑且後先生而稱其鄉人也宰惟吳地自讓王肇路來季子歌風言游禮樂斌斌號文學之國矣中更六朝五季剝蝕於談塵榛蕪於戎馬悠悠聖脈奄忽長夜非先生正學南來五百年墜緒何以昭兹來許顧或謂南宋道學空談無用宰按先生築燕雲之師則云宜退守汴京不可虚內寔外金虜內寇則云宜堅壁清野潛遣援兵追襲至於二鎮不可棄和議不可從責金人敗盟問肅王使必復而後已種種石畫皆熟情形諳事變深於兵家者之言此真有用道學豈與爭機鋒而渺功寔者埒也或又以共犇應蔡京爲疑不知先生鴻才鉅識行權濟時正善學二程而融之使其志得行於靖康建炎間則女直可無南窺二帝可無北狩一祖六宗之業可無偏安江左而柰之何阨於權奸不究其用以殁此諸君子所爲扼擘太息而欲宰

之論其世也與宰於諸君子無能爲役第常讀東林會約諄諄以孟子性善之旨司南學者正與先生人性上不添一物之説互相符券至諸君子立朝大節烺然炳然今且幸際熙明獲展厥抱他日表旂常而勒鐘鼎又不第如先生之偃蹇弱宋以老也學者繇諸君子之言以求先生繇先生以溯河洛洙泗是則所爲羨墻先生矣是役也從先臺使監司守相若督撫中丞獲鹿曹公嗣山直指御史靈壽馬公起莘督學御史餘姚楊公意白備兵

觀察使餘姚鄒公龍望同安蔡公虛臺太府潛江歐陽公宜諸各捐俸錢以佐畚鍤費金三百七十有奇其羨九十有奇宰更足以金矢及毀淫之直共四百金營田二百畝供春秋祀及其學者饍經始於萬曆甲辰初夏成於是年孟冬而講堂則諸君子輸槖搆焉諸君子者顧選部公涇陽儀部公涇凡高大行公景逸安封部公我素劉職方公本孺張孝廉公弦所史太常公玉池及葉尚璽公園適陳比部公筠塘錢侍御公啟新王孝廉公儉齋

也經理其事者則顧光祿公涇白而諸生馬希尹王純一孫之賢實始其呈以請法得書萬曆丙午孟春知無錫縣事後學金浦林宰記

道南書院記　邵寶

吾邑有道南祠先是毘陵已有道南書院而邵文莊先生爲之記道南之義寔始闡發於先生故附列之

道南書院曷爲而建也爲祠宋龜山先生文靖楊公中立而建也公南劍人也常曷爲祠之公學於程門還自伊洛至常而留焉謂泰伯延陵之墟也而鄒周三公又與有故故周旋延陵勾吳之間與諸生講道者十有八年其風流在士林功化在後學者博且弘矣是以没而祠之比諸鄉先生越紹熙初郡始立祠紹定淳祐間繼祠益嚴至勝國時乃有龜山書院之刱而其圮也久矣　國朝成化初嘗起廢焉而不像寓二賢祠者如故前郡守宜賓王侯欲改圖未果今郡守前監察御史瓊臺陳侯寔乃卜吉而別建之中祠公二周既仍侑坐今

又益以道鄉而下七公禮也其謂道南何侯之志也侯之志也何以昔程伯子於公之行目送而歎焉曰吾道南矣則斯人之所在實斯道之所在也斯道之所在則地因以重有固然者侯謂夫祠名以人不若直指其道表章標榜深切著明有以新學者之觀聽而興其嚮往之心是之取爾然則於前乎曷微聖道絶塞自孟子没至於有宋千有餘年矣南安之會程子得周子之道而北洛學於是乎大振此斯文所啟之源天地間一大機會也伊

洛之游龜山得程子之道而南閩學因之大成此斯文再傳之委天地間又一大機會也是二機會者人耶天耶其然也孰能與之是故君子謹諸南安有書院焉名之曰道源爲周程志也今是院也爲龜山志也名曰道南不亦宜乎剏道南云者實出大儒之言繇今觀之於斯人斯地爲切矣之命名允矣祠有位列公南面位中餘則道鄉先生鄒忠公志完教授先生周公伯忱坑冶先生周公伯温秘書先生唐公彥思並焉皆公同門同志者也

外此數公則左右分列編修鄒公德久中丞喻公子才皆公門人也文簡尤公延之肅簡李公元德忠文蔣公良貴皆一再傳而私淑者也猶公門人也至於龜巢謝公子蘭則聞風而興起者也師友之分主賓之儀於是乎辨然則諸公於龜山何如道鄉尚矣二周兄弟氣質純明可與入道程叔子實嘗稱之秘書推演師說爲當時重編修奏議炳炳能世家學中丞力主正論爲時師表文簡立朝抗論老成典刑元德力解學禁辨忠爲國忠文抑惡揚善進退有守龜巢崇正闢邪扶植名教事載國史郡志皆無愧於龜山者也雖然祠而無祀可乎私祀可公祀不可公祀何爲而不可也公祀在典龜山既列諸　廟廷從祀矣諸賢者皆鄉賢也亦有祀於祠矣再舉則瀆是以公祀不可也私祀何爲而可也以義起禮擬諸釋菜郡守主之歲春秋一舉取諸田租以供田二百畝租若干石祭之餘以充修理之用不別科率何爲其不可也共費奚出出某項爲白金若干兩基與構居什之六田

什之四是皆有司存焉不足記其記維何斯文之機會非人力所能爲爲天下學者告也記師友之淵源與矦之志爲郡後進告弁爲將來繼矦者告也屬記者誰郡諸君子自太僕寺丞白君晟以下凡若干人執筆書者誰南京禮部尚書詔許有疾調理後學邵寶亦郡人也

書

請復公故　　顧憲成

敬故有宋龜山楊先生受業兩程夫子載道而南

一時學者翕然從之尊爲正宗考錫秉先生常講學是邑十有八年建有東林書院歲久旁落爲東林庵而書院廢矣距今五百餘年俯仰顧盼莫不喟然歎息愿等僭不自量欲相與共圖修復然念祠堂以崇先哲之懿範則道脈繫焉書院以廣友朋之麗澤則學脈繫焉所關重大若此非籍寵靈不足以樹風聲而垂永永也會庠友馬希尹等合呈上請乃敢拜手颺言曰先生之道其源遠矣其流長矣及門之樂育既多過化之餘風未泯而今

而往有能紹述遺訓如當年之在東林一傳而爲喻工部再傳而爲尤文簡三傳而爲李簡肅蔣忠文無墜道南之一綫者乎是惟先生之賜而今而往有能冥契心宗如當年之在劍南一傳而爲羅豫章再傳而爲李延平三傳而爲朱考亭直接周程之正統者乎亦惟先生之賜其大有造於吾錫何如也台臺爲斯文主盟凡在瞻聽靡不悄喁屬耳目焉幸亟允希尹等之請上之表章正學煥發幽光儼爾儀刑之如在下之開示周行振起來學駘然向往之有歸不啻九峰二泉之闕行將坐收濂洛關閩之勝其大有造於吾錫又當何如也此愿等之所以仰追明德特爲台臺懇也謹布腹心惟執事者裁命臨緘無任懸企之至

與郡侯歐陽宜諸公祖書　高攀龍

東林書院見於王文成公之記者不論矣嗣後督學者三議興復一見於聞公名人詮一見於耿公名定向一見於謝公名廷傑檄文具在而皆不果雖曾葺有祠堂三楹後竟毀爲他構良以其規制

甚陋始未嘗爲久遠之計也今籍老公祖在事以共時則可矣故倡之自涇陽先生二三同志和之已集三百餘金可爲堂構計而必上聳於老公祖且欲求轉申両院及學臺者蓋以此舉爲多士所顧因其願而重之以當塗主持便可成風風則動未必不爲流俗變化之機云耳公故所未及敢私布之

答東林諸公書　曹

龜山先生講學貴邑成就多賢遺訓相承於今爲

烈則其英靈精爽必有洋洋此地者建祠俎豆以崇功德寔天理人情之至縱微舊址尚存而禮以義起獨不宜剏舉於今日耶呈詞一至當即允行先此附復百惟炤亮是荷

馬從聘

三吳夙稱文獻之邦然經術氣節爲一時海内所推服者獨毘陵爲最盛則賴有二三名德居高而爲之倡也辱諭修復東林之舉以紹明往哲啟迪後學其意甚盛不佞叨事地方欣逢盛事敢不祗

從倘工完之日不腆姓名得附紀石之末藉光不朽爲幸大矣肅此奉復統惟台炤

上孫柏潭少宰書　楊廷筠

近聞顧涇老修葺楊龜山祠院此舉闡道與文真不朽盛事也門生初到據府詳功費七百兩除士民醵舉外尚欠六十兩有奇即批助本院項下銀四十兩尋又加助二十兩有奇以足前數但此止據府詳大較恐土木浩繁未必七百即能告竣其間細委老師知之必詳果前估不敷不妨再酌門生勸佰表章先儒得與其事寔遠有耀況老師上體於上而門生敢少不從更焉崇此奉懇統惟台炤幸幸

答顧涇陽書　鄒元標

不肖西江腐儒束髮有志於道壯而歸耕今老矣屏跡水田之坳與樵牧爲伍忽承老先生委作依庸堂記寔不自揣量竟以鄙見請正夫道公道學亦公學也或有未當老先生不妨直教元標何難剗心以承脫艸後偶得依庸堂左右一聯云坐間

譚論人可賢可聖日用尋常事即性即天拈之講壇來游者見之當亦悚然有動於中乎貴地四方之表從此普天皆鄒魯矣

序

東林會約序　高攀龍

吾錫故未有講學者有之自宋龜山先生始今東林其皐比處也自元以來東林蕪廢久復之自顧涇陽先生始先生聞諸當道既各捐金搆祠宇林侯又以其工之羨益捐俸買田供盂簪之費自涇

陽先生而下同志者又各捐金買地構講堂書舍以爲講習燕居之場而先生乃復爲約指示一時從游者攀龍讀而歎曰至矣無以加矣古之君子其出也以行道其處也以求志未有飽食而無所事事者夫飽食而無所事事斯不亦樂乎又何多事而自取桎梏爲噫正以其不能無事云爾夫人有生則有形有形則有欲有欲則有憂以欲遺憂其憂愈大蚩蚩然與憂俱生與憂俱死矣學也者去其欲以復其性所謂必有事焉而以復於無事

也無事則樂樂則生生則惡可已而浩然於天地之間夫人卽至愚未有舍其可樂而就其可憂者然徐而究其實卒未有不終於所憂而舍其所樂者烏乎其亦弗思耳矣思之如何約備矣無以加矣謹鍥以公同志者期相與不負斯約云萬曆甲辰十二月丙寅高攀龍序

眞儒一脈序

吳桂森

斯文一脈所以炳燿乾坤流行今古者惟是一二眞儒任其統而儒宗之品隲所以繼往開來者實並茂者亦惟於

廟廷從祀定其議　國朝二百六十年以來其得與茲典者四公而已然定議時惟薛文清公胡敬公無間言陳恭公未免一二致疑至王文成公則可否幾於相半葢良知之說與紫陽氏原自立一赤幟也故議之最久乃定自是宗王學者導流揚波至有心學理學之名而脈若分爲二矣悟門既闢一切窮理居敬之學視爲塵垢秕糠而流弊且中於人心於是東林君子起而維之言體則必合

之於用言悟則必證之于修程朱之說復揭中天而於文成之書則研析精微爲之剖其異指其同而脈之分者復合所謂繼往開來承千古之統者不在茲乎故今以從祀四先生與涇陽啟新景逸三先生語錄前後合爲一編按而讀之淵源一一分明後有具隻眼議　大廷之典者知儒宗一脈的有其派而千古眞常葢決不容澌滅也其一時並與聲氣同而道脈合者則有關中馮從吾少虛先生云天啟六年歲在丙寅孟冬朔吳桂森謹識

日不再得示同學　宋楊　子 浦梁

此日不再得頹波注扶桑蹉跎黄小群毛髪忽已
蒼願言媚學子共惜此日光術業貴及時勉之在
青陽行矣愼所之戒哉畏迷方舜蹠善利間所差
亦毫芒冨貴如浮雲苟得非所臧貧賤豈吾羞逐
物乃自戕胼胝奏艱食一瓢甘精糠所逢義適然
未殊行與藏斯人已云没簡編有餘芳希顔亦顔
徒要在用心剛譬猶適千里駕言勿徬徨驅馬日
云遠誰謂阻且長來流學多岐倚門誦韓莊出人

四寸間雕鎸事詞章學成欲何用奔趨利名場挾
策博塞游興趣均亡羊我慚心意衰撫事多遺忘
念子方妙齡壯圖宜自強至寶在高深不憚勤梯
航茫茫定何求所得安能常萬物備吾身求得舍
即亡雞犬猶知尋自棄良可傷欲爲君子儒勿謂
予言狂

憶東林精舍寄示華生雲　明邵　寶 邑人

東林寺裏舊書堂三十年來野艸荒百囀未忘例
馬嗣一枝猶剩晚柑香山裏龍阜神俱遠水問梅
村狐故長寄語雲生爲磨石客中新記已成章

東林書院占得東字　盛　鞶 邑人

吾道南來只在東山居徙倚水雲中雲開青嶂峰
當筆水落銀河月是弓楊子譚經還有地生公説
法總歸空江門慰藉天臺語千載斯文感興同

和東字韻　王　問 邑人

蓮蓉湖上錫城東舊是先生講學宫性善已聞推
孟子道明端爲闡中庸春生絳幄横經坐寒壓橋
門立雪從遺址久蕪今復振令人千載仰高風

秦　梁 邑人

龜山講學郭門東野蔓荒烟鬱故宫卻怪空門崇
異教祇令吾輩想高風濂溪水淨蓮花茂伊洛春
生雪色融興復斯文在今日精廬先葺樾林中

王　業 邑人

道在南兮亦在東萬方民物性相同修文德易銷
羣敵主敬功難格九重十八年來虛夜月二三門
下領春風周流孔轍原無定俎豆於今只學宫

馬一龍 溧陽

渺矣乾坤孰與同衹將吾道問窮通地靈人傑逢時起奎壁圖書在此中谿徑百年歸幻迹門牆今日振家風業林賢復儒林舊雲樹森森箭水東

孫世熙 休寧

昔年遺址在江東千載猶存伊洛風魚躍鳶飛常目在行雲流水總心融天花散雨霏林外壇杏含春入坐中選勝是誰能繼往斯文興起屬羣公

東林書院成追憶先子二首 盛淳 鑿之子

有引

先子敬玄門下士追稱文玄子好古博學文章行誼卓然於時爲四方名公所器重會耿宗師倡明斯道先子黽勉以從因念吾錫東林爲楊龜山先生講學處遂圖修復於隆慶丁卯萬曆癸酉兩具呈學院棠批允行將會同志鳩工聚材斬竣厥業不幸於戊寅之三月先子即世修復雅意竟成虛願能無媿後之君子乎垂三十年甲辰顧涇陽諸縉紳先生遡緣未就之緒經紀其成左復道南祠右建堂羣賢時至遠近交集而龜山講學之風復振一如先子所志焉九原有知良足慰已耶次東字韻以叙今昔廢興之感云

道南遺澤在茲東先子殷勤覔往蹤遠控江門盟主定近邀朋輩衆心同文壇尚爾疑殘雪講席依然振古風莫謂數奇功未就倡之必和在羣公

萬曆甲辰冬東林書院落成步楊龜山先生此日不再得七陽韻 顧允成 邑人

此日今還得重明耀扶桑厥初赤子心懸象並穹蒼無端浮雲過翳却杲杲光努力事拂拭依然露元陽理欲判危微規矩成圓方塵埃去復集眞氣消鉞芒日新又日新何用而不臧性非猶杞柳仁義寧賊戕無爲彼教惑吾道擲粃糠大哉義孔易洗心密退藏不效淺薄子爭妍等羣芳天地人毋立至大亦至剛欲仁斯仁至安所庸徬徨先生既南來道脉東林長守先與待後踄此如康莊念我踰五十徒慙闇然章從前所縈絆不脫名利塲何

當一沓躍籓決失贏羊日知其所亡月能幸無忘果能此道矣愚柔必明強浩渺重溟波一葦自堪航流光不相貸迅速轉無常朝聞夕死可仁者壽不亡苟非及時勉老至空悲傷中行未易幾必也狷與狂

東林新復龜山先生祠堂會講二首

許世卿 邑人

宋世儒風舊明時祠廟新虛堂開講席廣坐集名人見徹玄機洩談深道脈真淺衷慚妙悟空負彼

諄諄

其二

道以多言晦知從無障新試看傾耳者豈盡會心人口說都成假躬行却是真未能諳道味藐藐聽諄諄

讀東林社中齊景公有馬千駟章講義偶成二首

前人

古來曾見幾賢豪獨有夷齊一餓高扣馬盟津披胆諫辭封孤竹潔身逃一時生死窺探破萬古綱常整頓牢誰羨景公千駟冨泰山應不比鴻毛

萬曆癸丑吳叔美邀予講易東林匝月始竟予以十一月至又四日而日長至其夕相與飲酒而樂之因爲詩示學者開闗之義

錢一本 毗陵

切偲曾不畏霜嚴況復長隨一線添涉世未虛都是坎褆躬無悔復何謙蒙泉涓滴貞初筮孚鶴和鳴愼考占千載後先今劵合開闗時義好嘗拈

和前韻

高攀龍 邑人

風凜寒空天地嚴雷聲半夜一陽添相期勝友爲休復更矢虛中受益謙百慮已從歸處畫一元只在動中占人人自有圓圈在此日先生爲一拈

葉茂才 邑人

談經不覺曉霜嚴濟濟朋來樂自添教闡龍圖蒙盡解塑隆虎覯履彌謙乾坤奧窔深深玩否泰端倪細細占末學飲河愁量淺願同紋線日長拈

吳桂森 邑人

讀易三更夜氣嚴星星活火地爐添望洋海若驚

師有仰止山高得友謙月色中庭言外象梅香一點目前占義皇意思憑君看莫負天花滿座拈

鄒期禎 邑人

朝來飆發令方嚴聽得潛雷綫已添始信天開眞在子亦知陽進本謙文周孔義皆義畫悔吝凶爻盡吉占三十六宮搬弄熟超超玄著目前拈

錢學禮 邑人

今人寬處古人嚴一日工夫一日添原始閉關方有復要終伐邑乃成謙爻爻會變綫稱易念念先

幾即是占悟到退藏心密處却將何義向人拈

同諸公集東林送吳叔美丈北對 大廷

高攀龍

從人新年飛雪頻東林今日酒堪親未舒柳葉須經月欲放梅花更浹旬我向白雲尋孔樂君趨丹陛紀王春渭城一曲勤相勸落日寒風此味眞

其二

同心樂聚豈嫌頻信有人間道義親散步吟詩曾累夜閉關讀易動彌旬君趨北闕聽堯日我向東林樂點春把酒莫辭今夕醉寒風淒雪此情眞

和葉參之過東林廢院十首 葉詩補刻 前人

東林廿載各成翁興廢存亡似夢中惟有門前楊柳月清光無恙轉春風

其二

相看種木已成林愈歷氷霜氣愈沉屈指同遊二三子各須自種不凋心

其三

滿目蒿萊三徑荒秋蛩吟處舊升堂先人未死傾

葵藿一飯君恩不可忘

其四

擬栽杞菊廣除中修竹寒梅也不窮試問詩人堪涕處何如杜甫玉華宮

其五

有成有毀是眞詮大運誰能免聖賢倏忽古今成幻迹現前不動只青天

其六

幽人生計是雲烟蕩掃巢窠屏俗緣大道甚夷無

一事凡心着處總成忽

其七

浩蕩乾坤到處安孰爲私舍孰爲官但教安宅能無曠秩秩斯于本自完

其八

竹徑茅齋此日居藤梢橘刺欲教袪白雲片片溪流靜黃鳥聲聲樹影疎

其九

城頭曾築小方臺四望長空萬象恢今日荒墟惟

艸色春風依舊有情來

其十

蕞爾東林萬古心道南祠畔白雲深縱令伐盡林間木一片平蕪也號林

丁卯元日謁道南祠懷高景逸先生

鄒期禎

每逢元日坐春風筮得行藏共折衷底事舍中來鵬鳥忽驚天外墮冥鴻董狐正論三朝憤孟博遺忠一網空謁罷先賢重惆悵友朋相對思何窮

直指祁公世培興復東林二首

勾吳片地峙乾坤飽食風霜道轉尊天上忽逢驄使至人間如見馬圖存堂開麗澤延三益壇表依庸示一源旭日中天紅鶴舞蜩螗寂寂敢誰喧

其二

桑田滄海事何常只有斯文萬古光三載表章膺特旨今朝興復荷巡方青天標出一輪月太學咸聽數仞墻無限教思須共飲可容奔走利名場

吳叔美重建東林麗澤堂賦此志喜

劉士彬 邑人

葺廬仍葺舊青毡麗澤輝輝湛露鮮鳥革一朝欣向曉斯文千載復經天時過泰火經求璧道沐春風封講乾爲問東林棠郇者何如元祐洛中賢

和劉東渠韻

吳佳森

亦搆新成設舊毡昔年桃李色猶鮮寒灰再活絃歌地旭日重開禮樂天講習要尋言外意靜觀須復畫前乾暈飛鳥革無從睹寤寐羨墻見昔賢

同顧子方謁道南祠過東林廢址詩以歎之

吳應賓

同展道南祠而傷東林址東林何負國艸生巳及紀不見崔魏時金碧連雲起巍巍九千歲蓬藋安所倚萬古此東林子無忘所始

同次尾作　顧杲 邑人

秋陽暴東林巍然道南峙　先帝重賢者折毀不及此講堂遂荒蕪斯道亦已矣小人紊忠奸君子謀怒喜朝野學漸絶吾汝乃奮起一二同心人往往隔千里春秋偶相過必求是非理庶幾化党同他日能不倚悲風自南來衰艸滿基址垣墉昔誰

勤何以爲後死

附錄

七言絶句 歌絶句四首爲一闋或倍之每首末句重歌

東林道上閒步　楊龜山

寂寞蓮塘七百秋溪雲庭月兩悠悠我來欲問林間道萬疊松聲自唱酬

克己　朱晦菴

寶鑑當年炤膽寒向來塱没太無端祇今垢盡明全見還得當年寶鑑看

獨速　陳白沙

獨速溪邊舞釣簑月明醉影共娑娑手中握得桐江線釣破江天不用多

咏良知　王陽明

箇箇人心有仲尼自將聞見苦遮迷而今指與真頭面只是良知更莫疑

觀物　邵康節

七言律 歌律詩二首爲一闋或倍之每首末二句重歌

耳目聰明男子身洪鈞賦予不爲貧須探月窟方知物未躡天根豈識人乾遇巽時爲月窟地逢雷處見天根天根月窟閒來往三十六宮都是春

秋日偶成　程明道

閑來無事不從容睡覺東窗日巳紅萬物靜觀皆自得四時佳興與人同道通天地有形外思入風雲變態中富貴不淫貧賤樂男兒到此是豪雄

夜坐　陳白沙

半屬虛空半屬身絪縕一氣似初春僊家亦有調

元手屈子寧非具眼人莫遺塵埃封面目試看金
石貫精神些兒欲問天根處亥子中間得最真

月夜與諸生歌於天泉橋　王陽明

萬里中秋月正晴四山雲靄忽然生須臾濁霧隨
風散依舊青天此月明肯信良知原不昧從他外
物豈能攖老夫今夜狂歌發化作鈞天滿太清

僃東林考載前賢七言絶句四十首律詩二
十四首皆東林會中所歌之詩也今不能盡
錄各附載一闋以志雅歌之風云歌儀彙學

習禮者充歌生每歌魚貫升堂齊立對
聖像一揖擇年長聲亮一人爲倡每句倡者先歌
一聲衆生齊和一聲歌畢復一揖捲班散

院規

顧涇陽先生曰愚惟孔子萬世斯文之主凡吾
學者必宗焉善學孔子則顔曾思孟其選也是
故欲觀孔子之所以學與顔曾思孟之所以善
學孔子當於其渾然者矣其渾然者不可得而
見也當於其燦然者矣其燦然者又不可得而
悉也於是掇其要而表之謹列如左

孔子

吾道一以貫之

吾十有五而志於學三十而立四十而不惑五十
而知天命六十而耳順七十而從心所欲不踰矩

顔子

顔淵喟然歎曰仰之彌高鑽之彌堅瞻之在前忽
焉在後夫子循循然善誘人博我以文約我以禮
欲罷不能既竭吾才如有所立卓爾雖欲從之末
由也已

曾子

大學之道在明明德在親民在止於至善知止而

后有定定而后能靜靜而后能安安而后能慮慮而后能得物有本末事有終始知所先後則近道矣古之欲明明德於天下者先治其國欲治其國者先齊其家欲齊其家者先修其身欲修其身者先正其心欲正其心者先誠其意欲誠其意者先致其知致知在格物物格而后知至知至而后意誠意誠而后心正心正而后身脩身脩而后家齊家齊而后國治國治而后天下平自天子以至於庶人壹是皆以脩身爲本其本亂而末治者否矣

其所厚者薄而其所薄者厚未之有也此謂知本此謂知之至也

子思

天命之謂性率性之謂道脩道之謂教道也者不可須臾離也可離非道也是故君子戒慎乎其所不睹恐懼乎其所不聞莫見乎隱莫顯乎微故君子慎其獨也喜怒哀樂之未發謂之中發而皆中節謂之和中也者天下之大本也和也者天下之達道也致中和天地位焉萬物育焉

孟子

孟子道性善言必稱堯舜

可欲之謂善有諸己之謂信充實之謂美充實而有光輝之謂大大而化之之謂聖聖而不可知之之謂神

愚惟古之立教者各因其質之所近而輔相之與其所偏而裁成之抑揚高下初無定法至其大本大原大綱大紀自聖人至於初學俱有不能越者則亦未嘗無定法也稽古昔述生民揆

典則秩彜訓約而有章詳而有體其惟朱子白鹿洞規乎謹列如左

父子有親　君臣有義　夫婦有別　長幼有序　朋友有信

右五教之目

堯舜使契爲司徒敬敷五教即此是已學者學此而已其所以學之亦有五焉具列如左

博學之　審問之　慎思之　明辨之　篤行之

右爲學之序

學問思辨四者所以窮理也若夫篤行之事則自修身以至處事接物亦各有要具列如左

言忠信　行篤敬

懲忿窒慾　遷善改過

右脩身之要

正其誼不謀其利　明其道不計其功

右處事之要

己所不欲勿施於人

行有不得反求諸己

右接物之要

熹切觀古昔聖賢所以教人爲學之意莫非講明義理以脩其身然後推己及人非徒欲其務記覽爲詞章以釣聲名取利祿而已今之爲學者既反是矣然聖賢所以教人之法具存於經有志之士固當熟讀而問辨之苟知理之當然而責其身以必然則夫規矩禁防之具豈待他人設之而後有所持循哉近世於學有規其待學者爲已淺矣而其爲法又未必古人之意也故今不復施於此堂而特取凡聖賢所以教人爲學之大端條列如右而揭之楣間諸君相與講明遵守而責之於身焉則夫思慮云爲之際其所以戒謹恐懼者必有嚴於彼者矣其有不然而或出於禁防之外則彼所謂規者必將取之固不得而略也諸君其念之哉

愚惟朱子白鹿洞規至矣盡矣東林之會惟是偕我同志講明而服行之尚何能贊一辭哉然而發端易究竟難誠欲明者常明行者常行相與持諸久而勿壞其必飭四要破二惑崇九益屏九損而後可也謹列如左

四要

一曰識性　識性云何性者天之命也民之彝也物之則也學以盡性也盡性必自識性始性不識難以語盡性不盡難以語學吾繹朱子白鹿洞規性學也不可不察也是故父子親矣君臣義矣夫婦別矣長幼序矣朋友信矣乃其所以親所以義所以別所以序所以信者果何物乎於是乎有學矣

有問矣有思矣有辨矣有行矣乃其所爲學所爲問所爲思所爲辨所爲行者又何物乎不可不察也以至修身也言奚而忠信乎行奚而篤敬乎忿奚而懲乎欲奚而窒乎善奚而遷乎過奚而改乎處事也誼奚而正乎道奚而明乎接物也有不欲奚而勿施乎有不得奚而反求乎不可不察也察之斯識之矣識則一切皆我也不識則覿面千里也是故或生而知之或學而知之或困而知之識也饑食渴飲貿貿焉與禽獸並生並死於天地之

間不識也益亦有自以爲識者矣而高之則虛無甲之則支離其識也殆無以異於不識也究其弊又有甚於不識也此無他其於學也以已爲準而不以性爲準其於性也以其所謂性爲準而不以公共之所謂性爲準於是人執一班競開徑竇或遂妄意人倫日用之表而不安其常也見以此爲上達要之離下學而言上達卽非上達也蔬吾性者也或僅株守人倫日用之跡而不研其精也見以此爲下學要之離上達而言下學卽非下學也

局吾性者也道術始爲天下裂矣夫然後知朱子之見之正也守之確也慮之遠也防之豫也故曰白鹿洞規性學也不可不察也或曰世之言性者何如曰性一而已矣言性者亦一而已矣不聞有異同之說也自孟子道性善告子又道無善無不善而一者始岐而二矣此孔子以後之變局也今之言曰無善無不善是謂至善而二者又混而一矣此孟子以後之變局也或於同中生異或於異中強同詖淫邪遁皆從此出不可不察也曰願聞

其所以曰其以性爲無善無不善也將以破除性善也所謂認子作賊也其以無善無不善爲至善也又以張皇無善無不善也所謂認賊作子也認子作賊而性壞認賊作子而善壞生於其心害於其政發於其政害於其事而世道亦隨之壞矣非細故也曰然則子何以栽而正之耶曰吾將深言之叅諸人生而靜之上則冲漠靡朕方爲無善無不善之所影響而未有以奪之也吾將淺言之叅諸感物而動之後則紛紜靡定所據反出無善無

不善之下而不足以勝之也請就一善字爲案相提而論之由孟子則善者性之實也善存而性存矣善亡而性亡矣天下雖欲不尊視乎善不可得也由告子則善者性之障也亦與惡無以異耳天下雖欲不卑視乎善不可得也尊視乎善君子好其實將日孜孜焉望而趍之小人畏其名將日惴惴焉而不敢肆卽有非僻邪謬之干鮮不意沮而色怍矣是率天下而檢攝於善之內也卑視乎善君子且去而凌空駕虛以見奇小人且去而破規

裂矩以自恣於是親義序別信皆爲土苴無關神理學問思辨行皆爲桎梏有礙自然從上聖賢之所相與叮嚀告戒一掃而盡矣是率天下而馳騖於善之外也於此校勘何者得何者失何者爲世道人心之所由維繫何者爲世道人心之所由傾圮昭昭判矣乃陽明先生之證道天泉也曰無善無惡心之體有善有惡意之動知善知惡是良知爲善去惡是格物似欲通融和會兼而用之然者當其時高足弟子龍溪緒山互有呈正都未滿肯

各爲折衷歸於隨機接引徹上徹下不墮一邊豈不誠十分苦心哉然而竟不免於弊何也本體功夫原來合一夫既無善無惡矣且得爲善去惡乎夫既爲善去惡矣且得無善無惡乎然則本體功夫一乎二乎將無自相矛盾耶是故無善無惡之說伸則爲善去惡之說必屈爲善去惡之說屈則其以親義序別信爲土苴以學問思辨行爲桎梏於從上聖賢之所相與叮嚀告戒一掃而盡者必伸其弊也宜矣孰能於其間巧爲調停俾並行而

不礙哉吾嘗以爲陽明之揭良知直截痛快眞足以一洗支離膠固之習當與天下共推之而獨其所標性宗一語不敢瞞心附和反覆尋求實是合不來說不去而其流害又不小耳是故以性善爲宗上之則羲堯周孔諸聖之所自出下之則周程諸儒之所自出也以無善無惡爲宗上之則曇聃二氏之所自出下之則無忌憚之中庸無非刺之鄉愿之所自出也兩者之發端稍歧而其究迥若霄壤不可不察也曰告子曰無善無不善專欲袪

下一善字今曰無善無不善是謂至善却乃拈上一善字稍其立言之指倘亦微有不同乎曰固也惟是彼之於善也既妄意排擯以矯揉造作者當之而善之本相盡爲所掩此之於善也又過意描寫以渺茫恍惚者當之而善之本位竟致虛懸竊恐均之不必有當於性體耳曰無善無不善塞孟子之性善者也孟子之操懿也無善無不善是謂至善通孟子之性善者也孟子之毛鄭也槩而距之得無過乎曰岐無善無不善於性善一彼一此

門戶各別孟子之所謂性猶在也混無善無不善於性善面目無改血脉潛移孟子之所謂性亡矣岐性善於無善無不善一是一非稍有識者類能別之告子之説猶不得重滋人心之惑混性善於無善無不善呂嬴共族牛馬同曹告子之説且居然竄入羲堯周孔之宗矣論至於此與其混也寧其岐也嗚呼此吾儒之所爲硜硜護持力爭於毫厘抄忽之間而必不敢苟爲遷就與世同其汩汩者也

一曰立志立志云何志者心之所之也是人之一生之精神所結聚也是人之一生之事業所根柢也是故貴能立又貴審所立萌不越方寸而足以徹霄淵發不踰須臾而足以彌今古語能立也周子曰聖希天賢希聖士希賢程子曰莫説道將第一等讓與別人且做第二等才如此説便是自棄張子曰爲天地立心爲生民立命爲往聖繼絶學爲萬世開太平朱子曰而今緊要且看聖人是如何常人是如何自家因甚便不似聖人因甚便只

是常人就此理會得自可超凡入聖語所立也能立之謂強能審所立之謂明明強合一之謂志吾輩於此切勿草草以意氣承當始得

一曰尊經尊經云何經常道也孔子表章六經程朱表章四書凡以昭往云來維世教覺人心爲天下留此常道也譬諸日月焉照耀萬古恒於斯譬諸雨露焉潤澤萬古恒於斯學者試能讀一字便體一字讀一句便體一句心與之神明身與之印證日就月將循循不已其爲才高意廣之流歟必

有以抑其飛揚之氣俾斂然思俯而就不淫於蕩矣其爲篤信謹守之流歟必有以開其拘曲之見俾聳然思仰而企不局於支矣此豈非窮理盡性曲成不遺賢愚高下並受其益者耶若厭其平淡別生新奇以見趨是曰穿鑿或畏其方嚴文之圓轉以自便是曰矯誣又或尋行數墨習而不知其味是曰玩物或膠柱鼓瑟泥而不知其變是曰執方至乃枵腹高心目空千古見子路曰何必讀書然後爲學則亦從而和之曰何必讀書然後爲學

見象山曰六經註我我註六經則亦從而和之曰六經註我我註六經嗚乎審若是孔子所爲表章於前程朱所爲表章於後都付諸東流也已矣然則承學將安所持循乎異端曲說紛紛藉藉將安所取正乎其亦何所不至哉是故君子尊經之爲要

一曰審幾審幾云何幾者動之微誠僞之所由分也本諸心必徵諸身本諸身必徵諸人莫或爽也凡我同會願反而觀之果以人生世間不應飽食煖衣忓費歲月欲相與商求立身第一義乎抑亦樹標幟張門面而已乎果以獨學悠悠易作易輟欲相與交修互儆永無退轉乎抑亦慕虛名應故事而已乎由前則一切精神用事也由後則一切聲色用事也精神用事人亦以精神赴之相熏相染相率而入於誠矣所以長養此方之善根厥惟今日聲色用事人亦以聲色赴之相薰相染相率而入於僞矣所以斵削此方之善根亦惟今日中庸曰知遠之近知風之自知微之顯其斯之謂與

是故君子審幾之爲要

二惑

二惑云何一曰錫故未有講學之會也一旦刱而有之將無高者笑卑者駭是亦不可以已乎請應之曰固也雖然龜山先生不常講於斯乎今特仍其故而修之耳且所爲笑者謂迂濶而不切耳所爲駭者謂高遠而難從耳窃惟倫必惇言必信行必敬忿必懲慾必窒善必遷過必改誼必正道必明不欲必勿施不得必反求學者學此者也講者

講此者也凡皆日用常行須臾不可離之事何云
迂闊又皆愚夫愚婦之所共知共能也易云高遠
此其不當惑者也一日學顉躬行何如耳將焉用
講試看張留侯郭汾陽韓范富歐諸公何嘗講學
而德業聞望炤耀百世至如遡時某某等無一日
不講無一處不講無一人不與之講矣乃所居見
薄所至見疑往往負不韙之名於天下何也請應
之曰固也雖然爲中人以上者言不但張留侯輩
不講學卽臯夔稷契又何常講學爲合知愚賢不

肖說法者而言則易象曰君子以朋友講論討習
論語曰學之不講是吾憂孟子曰博學而詳說是
又何一日可不講何一處不可講何一人不當與
之講乎且所稱某某等之病不在講學也病在所
講非所行所行非所講耳夫士之於學猶農之於
耕農不以耕爲諱而士乃以講學爲諱農不以宋
人之槁苗移詬於耕而士乃以某某等之無行移
詬於講學抑亦舛矣此其不必惑者也不當惑而
惑昧也不必惑而惑懦也協而破之是在吾党

九益云何國家設學本教人爲聖爲賢非徒也惟
是士之所習者佔俾所希者科名父兄師友之問
相期不過如是而止失其本矣今茲之會專以道
義相切磨使之誠意正心修身以求馴至乎聖賢
之域而設學之初意庶幾不負一也善無方與人
爲善亦欲其無方今茲之會近則邑之衿紳集焉
遠則四方之尊宿名碩時惠臨焉其有嚮慕而來
者卽艸野之齊民總角之童子皆得饜所聞而去
則其所聯屬者多矣二也嘗試驗之燕居獨處了

無事事操則游思易乘也縱則惰氣易乘也當會
之時長者儼列於前少者森列於後耳目一新精
神自奮黙黙相對萬慮俱澄卽此反念入微便可
得安身立命之處矣三也至如家庭之間妻子之
與狎童僕之與偕煦煦耳親朋知故之往來涸涸
耳此蓋最易墮落處也當會之時非仁義不談非
禮法不動睹聽之久漸磨之熟氣體爲移肺肝爲
易一切凡情俗態不覺蕩然而盡矣四也學者第
無志於道誠有志於道方當不遠萬里尋師覓友

乃今一堂之上雍雍濟濟能彼此互相嚴憚有餘師矣能彼此互相切磋有餘友矣聲應氣求隨取隨足道孰近而事孰易焉五也一人之見聞有限衆人之見聞無限於是或參心性微密或析詩書疑義或考古今人物或商經濟大略益有精研累日夕而不得反覆累歲月而不得一旦舉而質諸大衆之中投機遘會片言立解縣是內可以裨已而外可以濟人者六也且是會也無謂每年僅八舉每舉僅三日每日僅數刻已也誠即是時反而

追按其既往凡往者之所爲揆諸目今對衆一念能悉符合否又即是時徐而預籌其將來凡來者之所爲循吾目今對衆一念能不滲漏否推勘到此處必有惺然不容瞞昧凜然不容放鬆者然則口此數刻間即所以起舊圖新而在會者務俾木會之先既會之後嘗如會時亦總之了此數刻間公案耳豈非人生一大關鍵耶七也此猶就自家檢點言也而人之檢點我尤甚若曰是依庸堂中人耶庸言信乎庸行謹乎是麗澤堂中人耶顧聞已過乎樂道人善乎又若曰是道南祠中所爲齋明盛服肅謁八先生之前者耶與時孰當楊先生乎孰當羅先生乎孰當胡先生乎孰當喻先生尤先生李先生蔣先生邵先生乎夫如是其責我也不已周乎其望我也不已厚乎縱欲姑自暴棄庸可得乎豈非人生一大幸事耶八也吾見世之能自樹者亦不少矣或立節或立功或立言非不足以名當時而傳後世也然自道觀之猶枝葉非本根也會以明學學以明道從本根出枝葉而後其

立言也聲爲律矣非復如世俗之所謂立言矣其立功也日新而富有矣非復如世俗之所謂立功矣其立節也成仁取義浩然塞天地矣非復如世俗之所謂立節矣豈非人生一大究竟耶九也凡此皆致益之道協而崇之是在吾党

九損

九損云何比暱狎玩鄙也党同伐異僻也假公行私賊也或評有司短長或議鄉井曲直或訴自已不平浮也或談曖昧不明及瑣屑不雅怪誕不經

之事妄也已有過貴在速聞速改而或惡人之言巧爲文飾怙也人有過貴在委曲容移而或對衆指切致其難堪悖也問答之間意見偶殊答者宜徐察問者之指若何明白開示而或遽爲沮抑使之有懷而不展問者宜細繹答者之指若何從容呈請而或遽爲執辨至於有激而不平滿也人是亦是人非亦非道聽塗說略不反求莽也凡此皆致損之道協而屏之是在吾党

愚所條具大都就白鹿洞規引而伸之非能有

以益之也退而思之更發深感追惟龜山先生之自洛而歸也程淳公自送之曰吾道南矣自是一傳得豫章再傳得延平三傳得考亭而其學遂大顯皆南産也淳公之言庶幾其知命歟先生之游吾錫樂而安之至歷十有八年不舍其眷眷如是蕞爾東林屢廢屢興即已大半落爲僧區幸其舊地可復於是得以嚴飭廟貌奉羅胡七君子左右以從而又於其旁闢講堂築學舍羣同志友切磨其間意亦天所貽留以惠我後人夫安知不在向者道南讖中耶然則今日之會乃一最勝機緣亦一最重擔子也如此機緣不可辜負宜作何稟答如此擔子不易肩荷宜作何承當因復綴其說與吾党共商焉

會約儀式附列於左

一每年一大會或春或秋臨期酌定先半月遣帖敦知每月一小會除正月六月七月十二月祈寒盛暑不舉外二月八月以仲丁之日爲始餘月以十四日爲始會各三日願赴者

至不必遍敦

一大會之日恭捧

聖像懸於講堂午初擊鼓三聲各具本等冠服詣

聖像前行四拜禮隨至道南祠禮亦如之禮畢入講堂客東主西分列相對二揖就坐客位先外省次外郡次同郡主位先邑父母次序師須同邑次會主俱以齒爲序或分不可同班者退一席會友續至者只於班中相對一揖中末擊磬三聲衆相對一揖仍詣

聖像前及道南祠肅揖而退第二日第三日早晚肅揖用常服其本日至者仍如第一日之禮

一小會之日恭捧聖像懸於麗澤堂春秋二仲月俱以仲丁日行四拜禮餘月自大會外俱以望日行四拜禮餘日早晚肅揖道南祠禮亦如之

一大會每年推一人爲主小會每月推一人爲主週而復始

一大會設知賓二人願與會者先期通一刺於

知賓即登入門籍會日設木柝於門客至闕者擊柝傳報知賓延入講堂

一每會推一人爲主說四書一章大會加一章此外有問則問有商量則商量凡在會中各虛懷以聽即有所見須俟兩下講論已畢更端呈請不必攙亂

一會日久坐之後宜歌詩一二章以爲開暢性靈之助會將畢就聽講中推一人朗誦嘉言善行一二則其於感發興起未必無補也

一會友畢聚惟靜乃肅須各自約束從者令於門外聽候勿得混入以致喧譁

一每會須設門籍一以稽赴會之疎密驗現在之勤惰一以稽赴會之人他日何所究竟作將來之法戒也

一每會設茶點隨意令人傳遞不必布席

一各郡各縣同志臨會午飯四位一桌二葷二素晚飯葷素共六色酒數行第三日之晚每桌加菓四色湯點一道攢盒一具亦四位一

桌酒不拘意浹而止

一同志會集宜省繁文以求實益故不拜官府不拜客有公祖父母及尊親友枉顧者即於會所荅拜會友至止投一公帖會主亦即於會所面致公帖揖謝不須復至會友舟中其同會中有從未相識者亦各於會所投帖交拜帖用古柬或單幅更雅

申訂院規

吳覲華先生曰愚按顧先生表章朱子之規詳

矣確矣無以加矣然在今日時運既移造位亦別不妨因事致囑共期永久遵行偕陳四款如左

一曰期力行以宗教

宗教者奉涇陽啟新景逸三先生之教宗而主之也蓋東林之教原本程朱而程朱之學不出居敬窮理之二法三先生於此用數十年苦功參究已極精辨析已極透然後垂之訓言則其所以嘉惠後學者至徑至切今只須奉為法程盡力步趨不

惟談玄說空之陋固當屏去聽聞即彼鵝湖姚江之辨亦不必更煩援引惟是勇心壹志確守讀書之法以求致知黙觀靜中之體以為存養於以闡先生之教於方來是為今日第一要務也

一曰課實功以窮經

千聖精神蘊於五經顯而綱常名物精而仁聖中和無不具備用世者不明經以何為經濟求志者不知經以何為抱負所以畢言功利高或異端病皆繇此顧共書既浩博共理更淵微若非實下工夫勤以習之精以講之不能粗涉藩籬何能細窺閫奧今須積年累歲相與立會講誦先易先書漸次詩經春秋禮記期於必遍務使貫串精熟則出必為名世處必為真儒是為今日第一實功也

一曰絕議論以樂時

學問二字原不尚議論維昔先賢間出清議以扶持世道蓋時或使然萬非得已如吾儕閉户人也原隔霄壤幸逢　盛世　聖天子當陽登用必貞良宣布必惠澤何緣更有游談橫議自今談經論

道之外凡朝廷之上郡邑之間是非得失一切有聞不談有問不答一味勤修講學以期不負雍熙是為今日第一時宜也

一曰屏俗氣以安分

道義同堂休戚之情本無不共然有道情有俗情何為俗情事關利害勢切身家或伸抑鬱之思或抱不平之感是也其端種種非可一二數夫布衣聚會既無馬腹之鞭居肆講求豈堪蠅營之聽故願會中一切是非曲直囂陵訐誶之言不以聞此

席至於飛書揭帖說單訴辨之類不以入此門若云將求解紛善應之方請詳規中處事接物之旨誠以此端不杜則取嫉取怨與謗與尤流弊叵測先生九損中已先點破今宜更加謹毖以息風波是爲今日第一禁戒也

典守

祭器

籩叁拾貳箇　豆叁拾貳箇　簠陸箇　簋陸箇

古樂器

琴壹張　瑟壹張　塤壹枚　篪壹枚　簫壹枚

笙壹枚　鐘拾陸口　磬拾陸面　搏拊壹面架壹座

柷壹件　敔壹件　鐘架壹座　磬架壹座

瑟柱貳拾伍箇絃全　琴軫柒箇絃全　琴足貳箇

文公家禮壹部計壹套陸冊　朱子刪議壹部計貳套捌冊
朱子年譜壹部計壹套肆冊　朱子讀解楚詞壹部計壹套肆冊
朱子註釋韓文全集壹部計口套拾貳冊

災祥

天啓五年乙丑七月廿七日金星晝見現在井度自巳至未金光閃爍八月毀天下書院首及東林
丙寅三月十七日總憲高公殉難大冰雹六月飛霜後二十一年戊子四月吏部華公殉難大冰雹霆雨十日東北方天鼓鳴
東林再毀爲丙寅五月初旬本月初六日　京師王恭廠災巡視西城御史李燦然報稱藥鐔火發聲如霹靂烟焰冲天震倒民房一萬餘間人畜糜碎不可勝數廿一日朝天宮災
東林毀凡木之屬斬伐無餘惟二杏獲免識者知其不久而復
崇禎二年己巳麗澤堂初復有二白雀集依庸堂基萬雀隨之飛鳴良久而去

義輸

佐工

顧涇陽銀壹伯貳拾兩　高景逸銀壹伯兩
顧涇凡銀壹伯兩　安我素銀伍拾兩
劉本孺銀伍拾兩　葉園適銀伍兩
張弦所銀伍拾兩　顧驤宇道南祠基地
史玉池銀拾兩　王儉齋銀伍兩
顧亭之銀拾伍兩　顧木之銀拾伍兩
顧夾之銀叁拾兩　錢啟新銀拾兩

陳筠堂銀拾兩

各上臺暨府縣佐工之費已見公移茲不錄

佐餼

撫臺周懷魯銀叁拾兩　按臺楊淇園銀貳拾兩
兵尊蔡虛臺銀貳拾兩　郡尊王鍾嵩銀叁拾兩
鹽臺左銀貳拾兩　兵尊蔡虛臺又銀拾兩
二府連銀拾兩　四府錢銀拾兩
縣尊許同生銀伍兩　蘇郡四府林銀陸兩
長洲縣尊祁夷度銀陸兩　按臺鄧來河銀拾兩

長洲縣尊祁夷度又銀陸兩　縣尊許同生又銀伍兩
三府萬銀拾兩　縣尊陳石泓銀捌兩

佐産

縣尊林平華銀伍拾兩　縣尊陳石泓銀壹伯兩
撫臺周懷魯銀貳拾兩　烏程縣尊曾銀拾兩
撫臺周綿真銀貳拾兩　吳虬峰田租壹伯石
安我素田租貳拾壹石柒斗貳升

已上書院費

佐梓

施曠如肆兩　王中訒肆兩
曹易庵肆兩　秦弱水肆兩
徐貞庵肆兩　王崇巖肆兩
唐損占肆兩　高彙旃肆兩
顧厮菴肆兩　顧退菴肆兩
華仲通貳兩　黃彥弼貳兩
侯兹泠貳兩　吳公儲 劉霽修貳兩

已上刻志費

軼事

東林有三盛有三奇萬曆甲辰十月書院落成盛之始也癸丑十一月錢啟新先生至東林講易易道大明盛之中也崇禎己巳十一月東林復建盛之終也凡盛未有不與陽生相會者隆慶丁卯始議復書院故基越六十年爲天啟丁卯書院廢而明年又議復其期適當甲子一周此一奇也隆慶改元議復萬曆改元議復崇禎改元又有修復書院之　旨三復皆元年此一奇也東林之毀繇逆

党諸人而其復也乃適當　京師彪虎伏罪之日此又一奇也然則平陂往復孰亦有數乎哉

高忠憲公自溺邑令吳槃公長子世儒至毘陵郡伯曾公櫻驚謂吳曰若欲使忠臣子孫必爲豺虎所魚肉耶遂匿世儒不使見越數日官旗受吳門義士顏佩韋等之厄醜少衰自是過衆溪遂不復大恣需索而去皆公力也已而奉　旨勘問漏洩根因撫院道勘語皆有攀龍與上年被逮諸臣同惡相濟之句府詳獨以同朝共事四字易之已而石公萬程繼任盍守徽郡時避璫辱而掛冠者自下車卽允吳素衣之請與復書院此兩郡伯不可謂忤閹之強吏衛道之功臣哉

邑令吳受監毀東林之役書院折巳并欲及道南祠時有太學沈君翼明淵同忠憲公僕執錫山志祠廟一册力爭曰講堂爲鄉紳所建或不得不毀若楊龜山祠乃數百年遺跡現載邑志是獨不可免乎役遂寢

國初王耐軒在東林庵一夕成梅花百咏或者擬其才艷而錢塘徐一夔氏則曰非寡慾之士不能至此知言哉抑耐軒又有筆疇及天游集二書姚江孫立峰先生謂其折衷於聖賢東陸之箕氏又謂其爲濂洛關閩之流亞按是時　高皇帝文治方開而耐軒精心學問乃爾卽東林講堂猶未闢然異日者羣公並起以結　國朝三百年文明光大之局未必不兆於茲而或疑靖難禪位詔出耐軒手故不秩祀典則王守溪吳匏庵二先生已辨其亡是久矣

鏡湖尤公錫志補遺謂倪靜寄先生𢾺遣使占城歸講學東林今誌傳皆不可考未知東林即此地否按靜寄爲文皇帝時諫臣其孫月樓 敂 爲景泰天順間諫臣吾邑祖孫直節應推倪氏而源流在於講學然則人之訴講學者何也

萬曆八年庚辰張江陵柄國議毀天下書院無不趨命者即賢守令保護勿毀而必更其名如白鷺洲書院改爲湖西公署之類是也按是時盛公敭玄輩已議復東林因未舉行故幸免此劫若二泉

書院在九龍山麓夙爲海內所矜式不知何以察相令下猶得巋然獨存豈前賢有靈不欲使不祥之徵形乎盛世故於吾邑留餼羊之遺耶

楊龜山先生東林道上閒步詩有寂寞蓮塘七百秋之句蓋咏廬山東林也按吾邑故無東林自先生來始有之或愛廬山東林之勝而移以名其講學處亦未可知乃萬曆間徐御史 兆魁 彈擊顧端文輩則謂今之講學者得毋效廬山東林將以清隱高天下乎繇徐言之是但知有惠遠之東林而

不知有龜山之東林矣亦但知端文輩學惠遠廬山之東林而不知其學朱子廬山之白鹿洞矣皆繇不能多讀書且不悉道學源流故小兒強作解事一至於此

人知東林之復繇顧高諸公而不知首具呈督學爲諸博士倡者實馬文忠公父涵虛先生 希尹 也先生孝友廉讓與高景逸薛玄臺葉園適三公爲忘形交比黨禍起則偕葉公挂名用晦翱翔林下耳已核其品當在管寧茅容之間而其初又勇於

任事如此古所稱載道之器非先生其誰與歸

萬曆乙巳丙午間講席方盛每月三日大會之外復有一小會高先生門人秦彥熙氏 爾載 主之約同志數人每於月之十一日赴院講論有所得輒疏記以就正先生先生平生著述甚富惟朱子節要一書尤爲有功後學彥熙刊之以行又並刊近思錄先生爲之序曰於今之時有能讀小學近思錄而斤斤修彝倫日用之間以爲學者吾必謂之曰聖人之徒矣未幾秦以疾夭先生哭之慟曰吾

未見好學如某者也

忠憲有高橋别語送魏廓園有垂絶手書貽華鳳超而師弟三人前後皆殉節因念涇陽先生麗澤衍嵩譚切於朋友一倫今驗之死生之関尤信然則彼氏所説傳衣鉢了生死亦何足云亦何足云

兩東林辨

吾邑兩東林其可徵有三東林摭遺曰龜山先生書院久廢隆萬間有庠長盛君鑾鋭圖興復具呈請之耿宗師宗師嘉允下其事于諸生僉謂以僧區言則保安本也東林支也馮擇賢錫山志大寺各有所統小寺各有所隸故城內東林庵名保安寺下院以爲保安之所統也以書院言則城東之東林本也保安之東林支也茲欲修復盍專于本爲圖之一徵也孫少宰柏潭先生東林廢紀畧曰考邑志龜山講誦故在東林禪院右偏而王文成所記東林書院在柏瀆之上東望梅村五十里而遥此則又與亐河之東林相去遼絕二徵也高先生撰顧端文公行狀畧曰楊先生令蕭山歸來依鄒忠公志完於毘陵忠公尋卒依李忠定公伯紀於梁溪凡十八年往來毘陵梁谿間棲止東林闢伊洛之學後廢爲僧舍邵文莊公圖修復之不果曰不果則文莊講學止在保安東林矣三徵也繇是觀之兩東林不可得而混也然歷覩諸序記中在文莊之東林而或援龜山以爲重在端文修復

之東林而或援文莊以爲重毋乃近于誣歟曰非
也援龜山者示嚮往也援文莊者推先志也地固
不可混而同道尤不可析而異也然則道不擇地
今夫保安之東林其亦可以翛爲初而旅春秋禴
菜之儀歟曰非也嘗洛告豐祭川先河典有訓矣
苟支與本並建嘗支子不祭之謂何是故予欲明
兩東林之辨正以表此一東林之爲重也

東林或問

粵自鵝湖新安之辨與講學一途遂如聚訟朔
洛蜀三黨之名熾君子蒙詬亦同小人然則人
品學術悠悠誰辨也余爲作或問以解之庶俾
荅素判然用息反唇之譏且免岐途之惑云爾
或曰諸先輩之在東林講座者多矣乃吳素衣真
儒一脉序獨推涇陽顧公景逸高公啓新錢公何
也曰涇陽景逸爲開宗明教之首而啓新則素衣
之師也推三公志所本也曰東林屬吳地而素衣

乃以關中馮少虚繫之東林何也曰講壇有領袖
之人因有其地之目自萬曆甲辰顧高倡學梁溪
於是前乎此而講學者以東林爲應求後乎此而
講學者以東林爲宗主蓋不啻濂洛關閩之齊壹
衆心矣況馮公師事涇陽尤所謂聲氣同而道脉
合者不繫之東林而誰繫焉曰鄒南皋亦與梁溪
倡和而必舍鄒而從馮何也曰此素衣之定識也
按從祀四先生薛文清公胡敬公朱泒也陳恭公
陸泒之漸王文成公則陸泒之深者也自文成有

無善無惡之說學者相率而趨於禪蓋朱派蕩然
矣時宜以無弊者救之救之以南皐不如其以少
虛也觀南皐太平山房續集有善念可掃及不陏
分別想不落揀擇障之言其旨居然與無善無惡
等故忠憲批其簡端曰不可訓曰甚如却有弊是
則聲氣與東林同而道脈猶藉以　東林救者南
皐也若少虛疑思辨學等集則曰吾儒論學只有
一善字曰儒佛如薰猶氷炭之不相入儒以理爲
宗佛氏以了生死爲宗曰邪固不能兼正正亦不

能兼邪吾道本大何必兼二氏而見其大此蓋言
言可以藥文成之弊而與東林性善之旨不啻如
匙之勘鑰璽之印塗者吾黨以息邪放淫爲事烏
能不慎之又慎而惟少虛之從乎是故西北有關
中之恭定山左之文清東南有梁溪之端文忠憲
皆頎然爲天柱地維而獨是馮與薛則步武相後
先不若顧高之百里並輿爲尤盛耳曰如是則辨
之精而擇之審宜壹軌於中行而毋少偏矣乃其
流則變而爲李膺范滂之徒至於明党禍成而衣
冠塗炭卒以亡國是宗文成者固有弊宗東林者
亦不爲無弊何也曰朋党之故余所謂歐陽氏言
之甚辨者是已今觀其論朋党及唐六臣傳皆言
亡國之禍繇於小人挾朋党之說雠君子以欺其
君而非繇君子所致斯言蓋今古一轍奚待余言
哉若謂李膺范滂輩爲東林之學之弊余又何能
以無辨也夫性善不可見而四端可見如忠君愛
國爲惻隱以忠愛故而不能則是小人之門呈身
非類之族爲羞惡辭讓是非若無善無惡則有統

同而無廉隅即顏山農所謂專致力於仁體而不
暇及乎其他者也山農以其術惑天下究且無羞
惡無辭讓無是非而其所爲仁體者亦且玄虛渺
茫頑鈍麻木正以成其大不仁而無復忠君愛國
怵惕惻隱之眞性是其於文成猶鬼谷門下之蘇
張荀卿門下之李斯也即文成孰料其至於是而
無善無惡之說旣倡雖欲不至是而不可得夫然
後知東林性善之旨爲無弊也性善發於孟子就
不聞老生常談然自無善無惡之說熾行之後忽

括此二字以正告天下遂犖乎有廻瀾障川之功所以薰而習之者如夫忠孝名節之爲善而毀開裂檢之爲不善善者之爲性而不善者之非性於是威不怵利不誘生死不顧而期以直達其惻隱羞惡辭讓是非之情斯膺滂之徒所爲接迹而起也然忠憲臨難貽書華鳳超曰僕得從李元禮范孟博游矣或謂此謙詞耳烏有性學若忠憲而區區負氣尚節如元禮孟博云爾者愚則謂狂狷之視中行學問品格有二而性善無二爲胡廣馮道

即竊附於中行而實陰爲小人爲元禮孟博即不得爲中行而不失爲狂狷安見忠憲之中行爲性學膺滂等之爲狂狷而不爲小人者偏非性學乎是故東林之中有以涵養兼氣節者有純任氣節者而均之其爲性善爲無弊明矣曰如是則東林宜有君子而無小人乃胡廣馮道之徒亦或不免何也曰斯不足以責東林也語性善之同即古今之遥可以收之於同聲同氣之列語氣禀習俗之異即家庭之近而不無舛錯不齊之倫如卞壺之二子一門殉節父子同也異則有父攀韓嫣而子降匈奴如李椒李陵者矣江萬里之弟萬頃以罵賊支解兄弟同也異則有兄埽漢室而弟仕僞朝如諸葛亮諸葛瑾者矣魏徵之後有魏謩祖孫之直諫同也異則荀淑之後有荀彧韓琦之後有侂胄裔祖其能逆料之乎陳瓚之家有文龍叔侄之精忠同也異則王導之家有王敦椰玭之家有椰璨宗族其能預制之乎抑非獨此蓀蕙或變而爲茅百鍊或化而爲柔如伍被諫淮南而卒與反謀

沈文阿抗覇先而終投陳室其人蓋往往不乏是一人之身且前後改觀一事之跡亦初終各異乃必欲盡千百里外之交游徒党惟我是聽而無一二之敗群不亦難與且今之致疑於君子小人之襍者謂假道學之貽訢士林耳夫假道學不待攻東林者言東林先已慮之甚久而防之甚嚴也邵文莊曰願爲真士夫不願爲假道學端文歎其深遠而涇凡先生則謂今人講學在縉紳只是明哲保身一句在布衣只是傳食諸侯一句蓋道高尺

者龐高丈入我門者壞我法諸君子方且累唏三歎蹙於勢之無可如何而急欲以登壇提命者願天下之盡爲眞而無事乎假人乃因東林之不幸有假而概議其眞豈所謂有過中求無過耶如必求其過則熱腸輕信所謂不知人之蔽諸君子亦誠有之然古之號知人者無如蘇老泉之於王荆公耍亦荆公蓬首垢面不近人情故因其太矯而卜其險譎若欺誑東林之輩則言論動作必求似乎東林之所爲我忠信彼亦忠信我廉潔彼亦廉

東林書院志　或問　六

潔我議何事彼亦議何事我讀何書彼亦讀何書此雖絶識如眉山亦恐墮其雲霧中而况識鑒遜此一等有不至如歐陽之延譽荆公趙冉之游揚逆檜者哉而亦可以株連移坐否耶故曰斯不足以責東林也曰如是則東林信無可訾而或又疑其空言而無用與拘俗而可厭何也曰覩林公乎華道南祠記及愚序謂東林有三大功則非無用明已而今且申言之如昔人議南宋道學之腐嘗謂金人入寇正不知楊龜山坐在何處愚謂天心

之悔禍不早朝廷之信任不篤卽李綱趙鼎坐在中書帥府卒不能清蠻幄以還二帝之車而獨責龜山可乎且學未有不講而能致用者如綱於七十餘日間爲中興名相而彼則嘗以易春秋疑義與吳元中許崧老輩反覆辨難其亦以是而唯綱爲無用可乎至拘俗之説愚尤見其不然夫手容恭足容重之類乃孟子踐形之教非道學拗爲之而可厭也如不喫茶不觀畫昔人已辨程子無是言抑學者亦未有沾沾從事於喫茶觀畫之間使

東林書院志　或問　七

以爲雅人深致而不可厭也凡人之足厭者爲其面目可憎語言無味耳若講學諸公在萬曆泰昌天啟崇禎之間皆衎衎嶽嶽不減魏徵張九齡之儔而識者延望丰采方謂鄭公之嫵媚復出曲江之風度如生譬之論詩正如古人所云遠猶辰告更韻於楊栁依依之什而今乃等之爲厭棄之物斯何説也夫人情之與厭反者愛敬感頌而已可愛莫若晉人風流而陶靖節曰疑義相與析則講學之詩也可敬莫若方孝孺十族之誅楊椒山兒

殺鄒南皐癸校而三公則皆以講學起家也可感莫若王陽明之功一奮而撲寧庶人之變俾宗社易危爲安生靈轉戚爲喜貽福孰甚而陽明則終身講學人也可頌莫若李崆峒之文孫文介稱其掃靡習追古道山泉激發刀斗精明品格在韓柳間而崆峒則又常與吾邑邵文莊公講學許下嗚呼吾孔子講學一言醞釀千百世魁奇俶儻之人物亦復何限而或者以可厭相譏此非無所用心之昏愚即閒居爲不善之桀黠而已矣雖然厭道

學之拘俗以爲不便於任情恣臆而逃之其弊猶易知也厭道學之平常以爲無關於了生死徹性命而逃之其弊則難知也今天下此弊亦披猖矣夫顧高諸先生嚴心學性學之辨又常與管公東溟錢公漸庵輩力排佛學之非而今日吾党之士必望而群附焉則何爲者況其弊又有不止於此昔人問羅旴江曰何謂異端旴江曰今日秀才們便是孔子之異端今和尚們便是佛之異端試問吾党之逃儒歸佛者果能斷緣息想六根圓通以證性耶果能平等無諍忍辱行持以待人耶果能六度萬行隨順無礙以濟衆生果能體取無生了本無速以究生死耶能如是庶不負此一逃若猶未也則是以和尚易秀才既爲孔子之異端以假禪學易假道學恐又將爲佛氏之異端嗟嗟何如亟反初服以守吾東林之教之爲愈乎

東林書院志序

道者天地之所以位學者聖賢之所從出也剖於羲畫儆於危微衍於洪範至宣聖氏以正心誠意格物致知約之而本體工夫易簡昭灼於是乎道學之統萬古中天矣

四子既遥大義日舛漢儒訓詁唐儒詞章譬諸土木被文繡全無血脉洙泗之緒斬焉無遺至宋之周程張朱始知返本先從戒愼恐懼立定脚跟而其揭以教人也則融會正心誠意格物致知之旨以爲居敬窮理四言今學者試一居敬而其心有不正乎意有不誠乎試一窮理而知有不致乎心正意誠物格知至非卽所謂惟精惟一允執厥中者乎則是宣聖堯舜之嫡子也程朱洙泗之大宗也學者而

無志於聖賢學者而苟志於聖賢則由程朱以求洙泗由洙泗以求堯舜亦猶之農服其先疇匠遵其規矩子孫守其祖父之傳器卽可謂之才也明也善繼述者也自後世私智者出或口誦而衆離或儒

名而墨行高擬生安耻由困勉考其學敬義無所夾持推諸心理欲幾於無別而堯舜以來相傳之意遂不能無毫釐千里之差此守先待後者所以必兢兢辨之也明之末季以道學爲諱遂有東林黨人

之號嗟乎東林何罪哉稽昔宋賢楊龜山先生游寓梁溪時講學東林其名遂著同游若胡德輝喻子才二賢俱能有功宋室其後尤遂初蔣實齋李小山諸公相繼而起悉其淵源之所漸也明儒邵二泉顧涇陽錢啓新高景逸諸公追慕前徽不泯其澤即其地創爲書院以祀先生歲時率其徒講習於中相爲砥礪其學閑邪存誠其行反躬實踐靜則有體認動則有準繩而不敢崇虛悟騖新奇以從事於

荒忽故其人心術光明操履堅卓雖攖大難不屈不撓以無忝乎天地之正理則其平居講學之功至此亦既效矣區區禍福固君子所不道也

皇清接統唐虞表章理學以考亭氏

爲正傳舉業家有不遵註者咸黜
勿進向使東林諸君子生當此時
豈不皆我
國家周召畢散之臣哉而惜乎其
不遇也史稱考亭之學得於李延
平延平之學得於羅豫章豫章之

學得於龜山而龜山則親炙二程
之門者也血脉潛通授受親切今
東林諸公發明考亭之道以溯之
於龜山爰及乎二程即以是印心
於洙泗就範於唐虞躔次相及若
經緯之在天也流派相從若河漢

之在地也試舉象山姚江之統與
爲衡量其果孰正而孰閏也耶由
是觀之則梁溪之在九州地止彈
丸黑子無足輕重至於道學一脉
嫡系繩傳文獻似續直可與濂洛
關閩配五嶽而並峙於天地之間

祚生也晚不得與東林諸君子同
時而講道猶幸數十年後得以今
於地而登其堂雖庭階蕪圯講誦
寂寥猶令人向往低徊留之而不
能去今高彙旃先生忠憲之猶子
也示余東林志所載會約及祠堂

禮器班班可考苟循其舊而興起之不猶勝於岐陽之鼓石跡僅存曲阜之履絇繶俱化者乎予於序述之餘竊有望於後之君子時

康熙己酉仲冬穀旦三韓後學吳

典祚謹序

東林續志序

天下學人少而不學人多學矣知信正學者少而惑異趍者多故儒宗一脈孤行每有厄運宋僖昭之季往往已然若吾邑之有東林書院宋龜山先生始也龜山學於程氏學成而歸淳公目送之曰吾道南矣既歸恒寓梁谿紹明程氏之學於是有東林書院書院左祠祀先生曰道南志宗也書院久且廢　國朝邵文莊先生學宗龜山議修復不果嘉隆以降則學術蓋多岐矣姚江掃除格致單揭良知其說深入人心髓而程朱正脈幾處閏位於是顧端文高忠憲兩先生倡復書院闡繹而救正之高先生之言曰止至善之學必繇格物入格物格至善也以善爲宗不以知爲宗辯性學心學幾微異同一一究晰端委專以居敬窮理兩言軌一學者使不得逃於虛詭於似浸淫於無忌憚之歸功于後學甚鉅然而側目東林者自端文時已蘖芽其間蘊積日深浸成水火乃至群不學之人詆誹學者乘奸閹竊國狂走趍附鈎黨羅織禍始

烈當是時書院毀廟貌圮先賢絃誦之席至蕩爲飛塵鞠爲茂草同文之𤕤海內憤欝而忠憲以烝炳先幾取義汨羅之沚東林厄運至此而極矣 明詔修毅廟嗣與不動聲色而誅夷大憝旋下復天下書院吳素衣先生首捐貲搆麗澤堂三楹爲之兆申酉禍移 宗社鼎湖載泣望帝魂消何所復措思慮學憲高𥡴旃先生既歸田始脩舉墜緒復建立燕居廟旁築精舍數楹額再得草廬曰君子之至於斯也將茂明先業光復吾宇後火前

薪似續一線在此日矣嚮者滅沒于烟墟梗莽杳不可得而幸乃得之設復悠悠忽忽此日其可再乎嗟乎𥡴旃之志勤矣𥡴旃事其尊人聲野先生誠敬愨至念忠憲先生一體手足之愛雍雍愉愉言容睟盎無時不感接神明而斯志斯事又烏可已然而今昔之時義則殊矣在昔微道廣而今似虞德孤在昔則知章而今自宜用晦聲氣之違合勿問也形迹之異同勿論也藏脩一室之中自審樞機自嚴師克擧好爵而利斷金豈異日事而得

毋尚悊否耶抑余於是重有感也忠憲之掌難也在丙寅三月遺表外一不遑他及唯東致家季云心如太虛本無生死何幻質之足戀蓋明以朝聞夕可之一事親摯而付之戊子四月家季直請事斯語懸隔二十餘載而師弟傳接不謀而合不介而孚要之各成其是程子云學只是成就一箇是而已錢啓新先生云易始乾終未濟不見是不失爲乾龍失是則爲未狐是非存去之介辨之早嚴之獨斯庶幾戒慎恐懼君子之中庸噫東林之爲

東林依於是焉已爾實見得是夷險以之死生以之君臣師友大義皦于星日世俗誹毁爭擾如蜩螗聚喧於神明何有而深維四十年中俯仰百變以端文忠憲兩先生至誠動物樸棫作人之雅意而未幾忽不保其終以諸黨人衝飇虐焰遮障天日慮無不立毁燼而迄於今酉不食之碩果嗚呼倘亦有懼而思悶惕惕于廢興之故者歟其廢也摧之折之人也未始非天其廢而復興也培之篤之呵護之天也而正存乎人天未喪斯文責有攸

歸矣敬識末簡以諗同志

年通家眷弟華允誼頓首拜謹序

東林會約序　甲辰

吾錫故未有講學者有之自宋龜山楊先生始今東林其臯比處也自元以來蕪廢久矣復之於邵二泉先生王文成之記可攷也嘉隆以來又蕪廢矣復之於顧涇陽先生於時中丞則嗣山曹公直指則起莘馬公督學則意白楊公兵使者則龍望鄒公郡伯則宜諸歐陽公邑侯則平華林公皆曰都時哉不可失各捐金搆祠宇同邑顧侍御驤宇公則出其所有地以爲祠址林侯復以其工之羨買田供盍簪之餼涇陽先生而下同志者又各捐金買地搆爲講堂書舍以爲講習燕居之所而先生復爲約指示一時從遊者蓋攀龍讀而歎曰至矣無以加矣古之君子其出也以行道其處也以求志未有飽食而無所事事者夫飽食而無所事事斯不亦樂乎又何多事而自取桎梏爲耶寔正以其不能無事云爾夫人有生則有形有形則有欲有欲則有憂以欲去憂其憂愈大蚩蚩然與憂俱生與憂俱死矣學也者去其欲以復其性也必

有事以復於無事也無事則樂樂則生生則久久則天天則神而浩然於天地之間夫人卽至愚未有舍其可樂而就其可憂然徐而究其寔卒未有不就其所憂而舍其所樂者嗚呼其亦弗思耳矣思之如何約備矣無以加矣謹刻以公同志者期相與不負斯約云

東林講會規則

每歲春秋上丁日開講會友至仲丁日設祭
先聖之後爲止凡十日依古禮三齋七戒之期爲十日講習之實

是日會友初到先謁
聖次謁　三公祠次謁　道南祠講畢再謁
聖俱行一揖一躬禮入座東西兩班　客東主西兩班中各以齒序不必東西走易　供書案　班揖　撤書案　班揖　客後至　班揖　勿亂威儀　勿私笑語　勿談時事　質疑問難俱于聽講畢後任從枚舉　遠客相訪卽於會所答拜不必至　客舟　客寓通名只用單帖

每期會友必登姓氏以諗後日操履　是日午飯後齊集坐上只設一點充饑　爲遠客設餜止用四簋兩葷兩素不殺生酒只數行

文獻説　　高世泰

文獻者國家之精神猶人身之元氣惟精神元氣不足而後顛仆隨之文獻之不足乃前代不能修明其典章不能錄用其賢才之故非杞宋之咎也聖人起而論列之夏時殷輅至今猶存足則能徵豈非實事

文獻要根禮來文而不關切於禮教者雖充棟之富不謂之文人而非守禮之儒雖黃耇遺黎不謂之獻然則凡修明夏殷之典章者皆夏殷之文也不必是夏殷之典籍也凡遵循夏殷之禮意者皆夏殷之獻也不必是夏殷之故老也夫子一人便足以當之夫子一言便足以兼之

夫子言禮不必取徵於一時必取徵於萬世所以不必取徵於一時者上焉無徵下焉不尊也所以必取徵於萬世者考諸不繆俟之不惑也故夏時殷輅周冕不行漢始行之今猶行之

東林志後序

珩幼孤日侍先大父惠州公先外大父胡觀察公遊江夏年家郭文毅門卽竊聞東林語迄窮經三十年閱歷四朝頻更變故益信東林有人歲庚辰珩已困頓老衿忽接治臺袁公臨侯一紙亟稱楚中學使得一正人爲高忠憲公謝玄也袁故豫章鄒忠介同鄉人生平抉軻磊落摧折不磨丙戌磔柴市者吾楚舊有濂溪書院武林葛水鑑師草刱卅幾亦復廢于乙丙年間及吾師秉憲涖楚重新講席此道方如日月經天江漢都人欣欣躍起而珩以是科方補更鳴事舉育特頒說實中癸未春房座當湖倪師以門下門生儀引見馬文忠公是時同譜在座八人復有門生見門下者文忠悅獨舉手珩云此龐眉皓髮者生耶楚學憲嘗來稱文章德行今歲舉場獨得子因與珩及君闇龔伯興兩先生商論拙選　明文元問及選中所紀學術事功當湖亦有矜色顧珩自疚形穢何敢厠足東林然驟忝十三年冰淵艱難苦恨誠懼以隕越先

大丈者重虧辱于師門也頃自吾師從滄桑陵谷
後剪除荆棘恢廓道南與同人修明遺乘命之曰
爾術奉先教有年矣豈有一言乎術拜稽首術惟
三百年綱常之重自革除衆良創其始實東林諸
君子震其後芬香奴續炳明長夜近有以陽九之
厄讖訶於數十年門戶比之漢唐宋朋黨誤國嗚
呼蜣螂轉糞于日月何傷夫朋黨惟牛李德裕雖
才踏無學術其黨無足論者若建寧元祐皆極一
代端人吉士已不得與白馬明流並論何況東林

范孟傳云善善惡惡爲王政之所願聞不悟更以
爲黨然布衣抗憤危言讜激致使公卿側足屣履
到門東林之生徒無是也甘露無謀輕召事變致
使南牙北司互相矛盾宰相肘掣一無所施東林
之節非是比也且當時皆以主闇國危奸人竊柄
宗社從而顛覆若我
毅廟在御宵旰宸膺非如桓靈之庸懦僖昭之聾
瞶徽欽之昏淫屬天降割戕我國家乃以堯舜之
主蹈恨哀乎千秋萬世讀史者定當掩卷涕零而

可以危亡潰敗委罪東林門戶耶且以漢唐全盛
之時新莽妖瞾皆不崇朝而更制服色易天下如
反掌若逆閹嬦禍紛紛建立生祠稱頌功德諸君
子脅百折不回之身爭一綫不絕之脈血肉狼籍
視死如歸卒之彼其鼠首頹異兆祈與人逮夫燕
京遘難
大行身殉社稷惜此時老成凋謝朝宁如晨星落
落而碧磬濺地依然仗此一二老爲日月爭光比
于秦淮梏咽易水金臺文謝寥寥南朝惟李侍郎

一人誰謂忠孝節義之維繫不于東林而誰屬哉
况忠憲淵流止水如鑒醴泉馬文忠華吏部淵源
步武皆揭揭于耳目或者以墻仞既廣指此中一
二蒙面洟沼頑鈍之尤者以爲詬罵則同一聖人
之裔也何以孔光附莽孔融見殺于瞞趙汝愚見
逐于侂胄師睪偏爲犬嗥是知賢則爲北地王不
肖則爲安樂公雖父子兄弟不能變化氣質又可
玉石朱紫不分致憾於當時設科之心以爲來者
不拒耶昔韓侂冑使優人王喜戟冠濶袖象大儒

戲於宋寧御前因極言紫陽迂濶不可用殊不知
投匭封事偉煌金石使當時不爲權奸泥沮立朝
僅四十六日豈不大有可觀李青蓮一代人豪爲
永王璘所迫遂不得與杜陵齊名至今惜其闇魯
儒一詩幾與王喜同竄是可爲識道學者刀圭且
夫東林合天下爲席非一鄉一邑而梁溪實爲濂
洛發源之所肇基於楊文靖左右於邵文莊而創
復大成於端文忠憲啓禎兩朝旋毀旋復三十年
來瓦礫烟銷有同禾黍今復拓廓於吾師之手是

可見之本甘泉燈傳薪火青氊如故徽音不容隕
響也若夫道未墜地振起在茲憲節宗風廣永江
漢未能舉人所不及見聞者爲阿所好但約略中
外所及知一二事如折跋扈將軍而强鎮斂容戒
軍吏無犯忤軍容兩璫以去就諍震怒
至尊一撤回一正法傚骨凌霜儼是當年衆正毅
冒兇鋒剛大不回厥承家學至遭逢
明聖得行其請功在三楚羨歸
一人則處勢得全快於忠愿有非人之所能爲者
矣然珩楚臣也請得言一二楚事以爲吾道不孤
之一助可乎吾鄉江夏賀文忠公分閳
燾廟壬戌給事易三房每爲珩言日夕捧家封史
讀書廬夙興夜寐即一焚香上告輿感動
后帝賚一貞人以事
天子已而栩栩起得一卷暗中摸索此必貞人是
年元亦出文忠門爲吾鄉竟陵劉士徵兄珩舉相
慶恐即指劉文忠謂珩士徵良不愧衙門前輩而
此中更有一士他日國家必當倚賴子識之因復

舉前夢中語相示余以姓名請文忠曰子自有同
朝日子自曉盍指鳳超華公也嗟乎文忠癸未成
仁於楚又五年丁亥鳳超盡義於吳而以不負吾
道者不負舉主此道眞不孤也今濂院南祠光聯
吳楚星霜非舊俎豆時新今日者倘亦有南歸其
人即不必爲文靖或不忝爲和靖不愧程門目送
者乎願以告今之同人以俟後之君子

門生楚臣尹珩頓首拜手

再得草廬記

吾邑城東隅故有宋楊文靖公東林書院萬曆甲辰邑先輩顧端文高忠憲諸先生倡議興復其所葺講堂前曰麗澤中曰依庸而燕居廟則室之焉稱廟所以尊
先師室燕居所以别學較也蓋諸先生當日退居弓河讀書談道以爲樂其事固屬於藏修者之所爲而其所祭告之地不在軒墀廣庭之間而在淵邃之室明以示夫林下拜瞻不敢上儗於學宫之

文廟而又有取於燕閒居息之義斯固隱而在下者學爲聖人之志焉爾迨天啟之末嘗爲異學矯旨拆毁當是之時忠憲以喬木舊臣不特進而不能行其道於朝并其桑梓弦誦處亦已磨滅剗削蕩爲丘墟是可慨也崇禎戊辰下　詔修復時吳素衣先生損貲首建麗澤堂而燕居廢址如故越二十有八年爲今歲乙未忠憲公之猶子學憲彙旃搆而新之而又即其地之東偏復搆數楹曰再得草廬蓋㳂文靖此日不再得之詩而興起者予惟廢而後復故其地爲再得而苟非乘乎不再得之日黽勉於茲廬之內則亦何以副此燕閒居息之時哉昔劉公元城歲晚閒居或問先生如何遣日公正色曰君子進德修業惟日不足而可云遣乎夫今天下之處而不願出者蓋亦多矣顧率留連於山水詩酒以此耗壯心而消餘年謂之遣日則可謂之進修則不可予觀學憲自歸田來朝夕子舍甚歡比遇載丁内艱甚哀而事其太公辟野先生孝謹益篤今乃又以其愛日之誠推而續

忠憲之志偕其從兄季遠與羣子弟雍容習禮於燕居廟之旁嗟嗟其消遣者耶其終日乾乾進德修業者耶抑予於是尤有所感也乘時惜陰之學古今人豈有異焉然忠憲自端文没後以一身繫朝野之望而群小誣詠卒胎顯禍斯其所處爲甚難顧其時海内賢士大夫猶磊落相望而愉愉然有倡和之樂則其所處又甚易學憲優游林皋無當世之責似較忠憲爲甚易而扶墜緒於一髮千鈞之際抑又甚難學者推廢興之繇與難易之故

其亦可以慨然而長思矣

同學小弟嚴穀頂首拜撰

歐林曾三公祠堂記

高學憲彙旃既復東林之燕居廟以奉
先師又闢再得艸廬爲居業地傍構一楹將祀前
太守歐陽公曾公前令林公其中屬家舒爲之記
三公何以祀以三公重有造於東林也當萬曆甲
辰講院肇建佐費醵鍰鳩工庀材礱厥經畫歐公
林公實尸之既成而記其事記東林書院者歐公
記道南祠者林公也及天啟丙寅逆閹盜柄群小
搆扇矢集東林矯　旨拆毀符檄旁午伐屋撤垣

勢如風雨又適當忠憲投淵時破巢取卵懼禍者
至欲繫忠憲公子上請曾公奮不顧身周旋艱險
引大義折緹騎匿公子一室請以身當之始免株
連三公與東林相爲始終若此雖然三公何私於
東林哉舒生也晚然嘗聞之長者矣方端文忠憲
講席初開守土大吏旌旄之式廬函牘之就正月
無虛日兩先生非公正不發憤非地方大利弊不
入告外此卽逋租之訟未嘗一煩縣官至三公之
爲守若令也不投謁禦同不受吏胥耳語同不手

一無名錢同侃侃行意雖山斗在前無所迴避歐公治行第一僅擢額上條兵意以剛寺開曹老林公應內召不預臺省選曾公清執聞海內偃蹇藩臬壽中蜚語賴

天子燭其明珠薏苡之誣以解拙宦如此此豈借汝南月旦爲游光揚聲彈冠啓事地者乎亦曰緇衣之好高山之仰內結于心耳惟東林不借地方當道重而後東林重惟三公不附東林爲重而後與東林交重於世水落石出事久論定躡前言之

自元禮門高太丘道廣青蠅貝錦固有識執贄爲呈身目摳衣爲媒進者顧終不能黜及三公躡後言之哲人其萎社稷爲墟野老遺民俯仰于曆昌啓禎間國運廢興吏治盛衰之際唏噓太息痛端文忠憲爲熙寧之司馬慶元之考亭卽亟思三公爲桑枝麥穗之漁陽釜魚甑塵之萊蕪試從衣冠輿誦下質衢謠巷議田夫牧豎之口碑數十年來郡邑長自三公外其能以康平慈惠稱清流同調名教干城者更有幾人今日甘棠之頌與替宗之祭相得益章廢墜復舉俎豆長新春秋盻蠁雲旂風馬神之格思有不樂觀其桐鄉白鹿邪大夫弟子之賢與禮樂詩書絃歌揖讓之盛也哉夫名宦鄉賢分列學宮循名核實人或意爲輕重焉斯祠也非子孫之陳乞非門生故吏之推挽地隔於閩楚豫章千里之遥而典舉于人亡代易桑田滄海市朝陵谷之後駿奔者無間言明禋者無媿色斯民也三代之所以直道而行也卽濂雒關閩諸賢當日正人心而端學術是是非非守先待後道

不越此矣忠憲端文有靈實式憑之學憲此舉爲功於東林豈小乎歐陽公名東鳳楚潛江人林公名宰閩漳浦人曾公名櫻江右峽江人

乙未清和東林後學黃家舒拜手記

來復齋記

先伯父素衣先生與高忠憲公談道東林歷晦明風雨三十餘年逆璫煽毒講肆爲墟崇禎更化奉旨興復環顧未有應者先生傾橐首建麗澤堂搆齋其側顔曰來復爲燕息居業地身歿而後人以中落鬻産齋遂轉屬他姓余甥高學憲彙旃顧而傷之謂此研綠熙易地可令屛於炊烟酒社乎捐金贖歸祀李節母與孺人其中孺人蓋先大父黄門公長女素衣先生之女兄而予之姑也嫁澄江

李元白早寡無子散髮至老餐荼茹蘗屢膺憲旌貧不能自贍緣季女適高封公迎養終身生而湯藥死而含殮封樹惟力是視先生嘗與李族書誦封公伉儷高誼甚盛今庀宇設主諸甥會祭固封公意中事亦素衣先生所式靈也復名賢之精舍繼過庭之遺志篤外氏之孝思學憲於此一舉而數善備焉自無善無惡之說行士大夫高語貝通蔑視繩簡端文忠憲諸公起而障其狂瀾其正色立朝表率閭里大約以扶植綱常廉頑立懦爲歸雖遇窮巷孤嫠幽閨弱女秉貞夭烈訟言當事爲頭栗彰至不旋踵孺人孤鶱黄鵠之操固當年所亟欲表章今日俎豆几筵香火相望九原可作嘉與樂聞又爲素衣先生同氣禮宗祭酒比肩一門清白家聲增光梟比來復舊蹟且與道南並永遊斯地者撫今追昔仰瞻　廟貌典型在左氷霜在右然後知學問名節義相表裏因悟廢興成毁如浮雲百變惟道德忠貞之風烈積久不磨靈光歸峙亦可以喟然而歎奮然而興矣於世道人心豈

小補哉

歲次甲辰孟冬朔　姪其馴頓首拜敬述

治下無錫縣學生員高陽生高永厚高永清高進
生高萬生等共　呈為聖學從新儒林同慶懇
恩永蠲書院基根事竊惟東林書院自經魏璫拆
毀屋材地基公田俱已變價解助大工逐字號基
地稅根十二畝零今經三十年仍在先忠憲公戶
內輸納子孫貧弱力不能支竊念道南祠與東林
書院雖有兩名實同一址道南祠載誌書祭得凡
邑志所載俱免起稅窮鄉梵宇皆然此舊例也况
有別處升科　國課原額本無虧損伏乞

太宗師老公祖師臺批照免豁永為定典既異於
良田美宅徒急貪宦之催科庶得與梵刹琳宮均
荷　國家之優卹　天臺衛道之功軫念之仁同
為不朽矣為此激切上呈
本府太尊宋　批書院地基儒教攸關迥不獲與
梵刹琳宮並邀　國恤良可慨歎仰縣速查別處
升科悉議除豁永著為例繳
順治十一年十月　十五　日

江南常州府無錫縣為聖學重新儒林共慶懇恩
永蠲書院基根事蒙
本府批發生員高陽生肇升等連名呈詞前事奉
批書院地基儒教攸關迥不獲與梵刹琳宮並邀
國恤良可慨歎速查別處陞科悉議除豁永著為
例繳等因蒙此遵查陞科一項案經于順治四年
有化下二十四都六啚四九里書朱德元陳炳煥
冊報丈出化字號陞漲平高低蕩四則共田八十
七畝九分共筭平米十一石五斗二升八合除額

玄于六年二月間告抵補使字號平田三十八畝
七分八釐除去平米七石五斗二升二合餘存平
米合應清出抵補道南書院基根十二畝該平米
二石三斗四升即應除豁其化下人戶錢糧即應
增補至于零星各戶陸續陞科亦應一併增入區
圖輸賦但查陞科抵補增減錢糧事宜係隸總書
承管擬合移付知會為此合付前去查照付文內
事理即將原上高陽生等告減書院基根十二畝
將化字號陞漲田畝合筭平米無虧照數抵補不

得違錯責有攸歸須至付者

計開各戶陞科

周三益告陞坟埣七分八厘九毫 元下通字流

寶振龍陞智字號基地 分三厘 開元區

劉卿陞憶豐倉基四厘

孫瑞陞邇字號基一分 元下

錢錫英升墩粮十三畝九分三厘

趙永亨陞戎字號灘蕩一畝一分 元下

吳塘升黃字號基一分 景上

東林書院志 續卷十四

陸仲陞發字號低田一分 楊下

黃道光陞重字號蕩一畝二分八厘 萬上

高辰策陞毀字號平田五分一厘二毫 楊名

周尚陞河字號蕩一畝 萬上

龔黃許惠陞身劝字號河蕩六畝

王湖陞 字號埣地三分 化下

右付總書准此

順治十二年十月初八日戶房一扇承

司

追和高忠憲公先生東林廢院詩原韻十章

寮寀生平仰若翁於今問道正吳中如何坵堵遺墟落誰使流風入道風

蕞爾荒祠道德林飛甍畫棟並銷沉雖然滿目榛蕪淚無限斯人萬古心

道南祠下暮雲荒三十年前舊講堂祭器威儀猶彷彿率由何以不愆忘

重尋講事羽書中兕虎猶疑吾道窮雲構初成新氣象巖瞻何減舊時宮

東林書院志 續卷十五

忠憲遺書著道詮聿新梁木仗高賢阿咸不僻竹林興衛道精心可問天

日覩練影見江烟符剖道卿與勝緣何若修明方不負蹉跎對面即過愆

漢家黨錮沸長安書院戈矛到宦官在昔平蕪心寄久於今輪奐報粗完

歸然廟貌又燕居平旦齋心鄙吝祛相對光天多靜侶微雲河漢樹烟疎

道岈先登百尺臺維時天地自恢恢只今數畝花
烟裏日有儒流結駟來
陽回七日見天心絳帳重開麗澤深門外擬栽桃
李樹東風花發又春林

魯沂後學宋之符

天啟乙丑東林進六君子木主不肖隨
高忠憲　葉司空後肅衣冠拜奠未幾而書院毀
矣茲承
棄旃世丈示所鐫廢院詩屈指往事愴焉追和
當時落落幾衰翁已愴斜陽不載中拜罷六賢旋
削跡城隅畫角咽悲風
嵐不高岡鶴在林立朝丰骨戒浮沉試尋百折趨
東力印取千秋未死心
誰遣芳蘭九畹荒美人留影炤空堂笵金無術吟

長句已觸危機莫肯忘是夏予有哭忠憲長歌弔湘纍忌者欲并之牽入卯秋大病問猶洶洶不已未幾　先帝登極矣
舞象龍城講院中鬚眉儼雅思無窮興亡百里悲
同運數點寒烟半畝宮予十歲從郡會識各先正時丁未八月也丑寅間龍城幾議毀幸而不果
拈來一哂不堪詮漸愧餘波又後賢半壁長江弱
于髮居然獨座與回天弘光偏安區區猶僑往鄒
黨碑屹屹比凌烟伊雒風流別有緣較昔龜山超
一格皎然出處總無愆東林先輩始終無忝要人牢籠者

鷗鳥機忘也不安盡憑羅織傳高官東林已作危
巢破羽族何心問卵完（當時令下見得如是）
一片空明映水居茱萸叢發倩誰袪同文柴市吾
師詒廿載盟心兩不疎（予師倪文正貸忠憲數句遂爲後日殉网張本鍳師血以柴市自矢仰甲申殉也）
撒手人人萬仞臺胸襟端自講壇恢如今拾礫存
先德髣髴逍遥曳杖來
孔林傳得易前心勿畏投林若不深萬壑千巖拱
吳地迥從霄漢辨瑶林

東林書院志　續卷十八

再和

尚憶鬚眉四皓翁潛扶
國本講筵中時賢漫擬
匡廬社不許遥賡殿閣風（憶嶺南御史嘲侮東林諸公謂不宜與聞朝局）
摧盡梗柟千尺林同文霜冷汨羅沉誰知萬壑趨
東泒日月長懸一寸心
門外園蔬徑草荒猶陳木主六賢堂當時夜飲裳
提耳歷歷微言未敢忘（丙寅二月十二夕事）
縱錄遺書入禁中紫蜺投座九閽窮哀哉萬古虞
廷學不祀齋宫祀澤宫

翻謗勝諦絕言詮直以繁稱抹衆賢篋底詩披遺
稿讀撥開雲霧露青天
當時榛棘蔽寒烟已分形銷付後緣病起登朝成
底事秪餘筆墨更多愆
誰使緇帷廢址安靈風先告主文官（丙子秋王李二玄司爲予言得彙牖卷日有異響）天留俎豆群公地故遺勾吳半壁完
楹桷依然築燕居賁蘢較昔倍宜袪門墻雖廣垣
籬淨莫遣人傳岐徑疎
城堞堪供望遠臺請量東瀼爲公恢杏壇一席蒼
茫在有客親看曳杖來（唐人小說有人于海山間見宣尼率七十子皆在因授簡致韓滉若果爾計東林別院可褰裳往即也）
覲海來游當日心東皋儼若萬峯深苔蕫白是凌
雲具仰止梁溪作鄧林

東林書院志　續卷十九

薛寀

乙未新復燕居廟成敬和

忠憲先師齋院詩呈

梁衕學憲

龜山嫡派紫陽翁脈演梁溪日再中三十年來典齋事道南祠畔轉春風 道統

谷乎朝士惡東林世道凌夷遂陸沉一畝故宮今尚在誰人認取不凋心 朝局

憶昔門墻廣八荒先人舊學早升堂自從點瑟音中絕遺訓書紳未忍忘 師傳

一片蕭齋院中傳來薪火正無窮得其門入如觀海不可階升比學宮 齋院

麗澤堂中演聖詮巋然遺搆仰前賢刼灰未燼看來復消息無多只問天 志喜

四郊多壘足烽烟一卷羲文好作緣再得草廬逢此日願相糾繆與繩愆 交勉

浮海若夾到處安只緣主宰是心官要知名教無成毀破碎乾坤飾自完 諸賢

儒門澹泊自堪君異學紛紜且未祛絕愛比隣禪院靜門前車馬到來踈 異學

燕居不日擬靈臺惟有依庸尚未恢千古同心應不少但能繼往自開來 頌美繼往開來頌學憲也

喜看新構轉傷心試望城頭草色深遺老無隨風月盡只今誰是舊東林 志慨

秦鏞

追祔

忠憲先師東林廢院十咏爲　橐翁表兄復建

燕居廟賦

得失何須問塞翁斯文興廢轉輪中誰知滄海揚
塵後復見當年俎豆風

封章朝奏夕投林皋比區區挽陸沉豈爲清流爭
月旦一絲九鼎障瀾心

負笈登龍半八荒天家麟鳳盡升堂傷心柴市啼
鵑血猶向傳衣記不忘

僞禁刊除日再中玄黃龍戰已途窮艸深白鹿猶
留祠禾黍蕭條哭故宮

寶籙難將救劫詮黨碑稽首禮名賢景仁君實如
無恙應柱東南半壁天

靈光石室化飛烟魚腹君恩託後緣急難還憑豫
章守破巢危卵幸無愆

升階肅肅步趨安舊日威儀憶漢官領取同游後
凋句九原翘首紀天完（忠憲未刻遺書有人完集 皆錄歷代節義士）

清波古堞映幽居道服橫經好攬祛不借春風種
桃李數竿脩竹伴瀟踈

廢祠行宮盡廢臺始知天網本恢恢道南遺築今
如昔彪虎兒孫掩面來

開來繼往孰同心家學淵源佩服深步兵不死阿
咸在肯但風流比竹林

黃家舒具草

高忠憲公東林廢院詩十首　橐舫學憲劍示
同志又搆堂故址將復舊觀和韻志感

十五來遊今作翁萋萋春草舊庭中兩賢（忠憲 端文）隔
世風常在曾拜清風坐惠風

此地探玄戢易林伊人竟作汨羅沉遙知憑吊千
季後遺表三行最痛心

宇內干戈四院荒東林尚掃讀書堂偶來訪舊捫
苔石過午徘徊饑渴忘

少入高賢月旦中當年不信一生窮而今識得窮

偏好傲睨浮雲半畝宮
無隱門風化自詮何須捉麈折羣賢招尋幾到泳
中坐莫負晴光二月天
城中何日靖烽烟老望昇平尚有緣私祀陶潛配
王績頻頻勸飲亦無愆
釋菜空堂詎敢安青蔬猶見送園官道南祠左鄰
僧舍龍象鐘魚也自完
荒院猶堪靜者居神遊太古有家袪每持玄酒酬
三益竹外人來月影踈

小搆茅堂未築臺先賢留與後賢恢燕居依舊陳
樽俎講席重逢有道來
結搆如斯易愜心此中山水自高深燕來遮莫巢
新屋鳳隱能無寄舊林

呂自咸

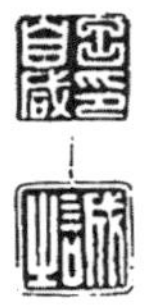

和韻　陸世鎏　吳門

驚心往事問鄰翁南北玄黃廿載中講席未寒吾
道在野花芳草領春風
把臂當年羨入林滄桑今昔歎浮沉千秋無恙求
遺事不媿忠臣一寸心
人間華屋半成荒天意猶留舊講堂下馬不須憐
幻跡春風沂水意難忘
六階成泰日方中四海無端歎困窮假使黨人今
尚在忍看芳草泣吳宮

開從章句證眞詮本地風光見聖賢總是蠻雲能
障海敢教紅日不中天
日落山空起暮烟眼前幻跡總塵緣心期只有東
林月千載依依未忍愆
講學譚經處處安聖賢槃犄媿居官百年共盡皆
秦莽仰止高山道自完
豈有離羣嘆索居莫教塵鞅未全袪道南祠畔幽
深處風雨蕭蕭竹影踈
浮雲乎楚悵登臺萬古心胸特地恢松色青青寒

不改梅花開處晚香來
百折夔危不動心從容慷慨講求深忠現止水蕭
蕭樹髣髴清光見孔林

和韻　　鄭敷教 吳門

端居識得主人翁未墜斯文條憺中不爲等閒耽
唱和一般拈出舊家風
峩峩冠劍蹈山林文獻中州未陸沉祖禰不祧千
載位兒孫猶識九原心
怨見萌奮是處荒雖陽獄麓一空堂從教剗削門

東林書院志　續卷廿六

庭限定性書中說兩忘
十二樓頭明月中辦香片片未應窮應知風雨黄
昏後收拾塵心到故宮
石鼓無聲妙不詮相逢班草坐諸賢高山流水遺
現在辜負西風立雪天
一綫清流一縷烟書麟絕筆悟因緣黨人死去留
元氣不怨君王禮數懸
此心危處向誰安役役行休物亂官大好樓臺關
兩冥先生新木未全完

猶有聞知近聖君苦禪蕭灑襲衣裾尋常樂地塵
緣外歌咏春風次第跡
冷寂三鱣舊講臺網羅今古尚恢恢實亡名在知
興復此道人間無去來
今日方知上古心星源直接見遥深千秋興廢渾
閒事莫漫新詩把入林

和韻　　姚宗典 吳門

寥寥後死又皆翁偃仰無慚溝壑中縱有元規塵
撲面一庭凉月自清風

東林書院志　續卷廿七

把臂同聲易入林莫因泰海悵浮沉吾儕弱植支
風雨今日猶懷寀栢心
孫來單絡啓山荒何况師模舊講堂忠孝豈隨陵
谷變瓣香一縷自難忘
蔬水曾聞樂在中若求知味必貧窮從來賣國衣
冠者肚餒公行出頻宮
詩書不是假名詮一綫孤明頼象賢崔魏氷山彈
指化東林楨楠自撑天
四方雲擾突烽烟何事鱣堂尚有緣學道守先非

待後老成心法總無愆

出處窮通安不安只須清夜問心官請看致命高

忠冠七尺身名萬古完

罔行示我足安居柴棘縱横盡力祛掃却胸中無

一事自培嘉種立苗蹤

王侯甲第與亭臺十載胡塵廐馬恢只此討論方

寸地還勞柱礎有人來

先生大節凛群心猶子遵時雲卧深仰止覲刑看

世世干城何患不如林

和韻　　尹　珩 大治

當年江漢比文翁拂衷歸來只此中楚水吳山同

不盡舞雩依舊坐春風

有道風流不冒林憑將炎熄起銷沉一泓禮水明

於月共洗凌霜萬古心

杏壇數葉未全荒酹與親賢賦肯堂報國傳家心

事重江湖夜雨應難忘

四海薰條禾黍中群羊處處惜途窮桑田滄海都

經過報道輿誠頌閟宮

廿年風雨謝言詮望遠登高憶昔賢何處一拳石

五色倒扶半壁杞人天

九原烽火漫吹烟一爐難灰不斷緣不見鯨桁河

決後三壇獸自保無愆

欒頭無日近長安放履相逢盡失官點易未曾周

剝復冰山指顧已銷完

剪除荆棘掃荒居力爲道南誓斬祛珍重東風實

頴栗兩行苗種自薰蹤

日落高原炤講臺頻更岍谷此重恢世間何事無

陂復重覩陽春雪後來

去國久門傷客心那堪回首雪時深不殊目送道

南日殺負當時玉筍林

和韻　　江　任 天都

斯文未喪仗天翁碩果留興此日中誰謂伊人難

再得草廬獨自映東風

旗鼓當年響士林精魂止水兩沉沉數椽遺址千

秋地萬笑寒香子夜心

泗掃寒林迥未荒青瓊無恙貼鑪堂扶節遥指天

進鴆志立清霜夢未忘
鴆濤分割廿年中水火無端直送窮往事胸濤中
夜起不堪禾黍問遺宮
棘荒秕舜薄言詮博帶哀衣諱聖賢肇造氷雷謝
巨手管筒空鑿井中天
林扉一半掩新烟拭眼何須問世緣是處觸來如
敗絮始從悟後得無愆
寂寞雲山風雨安浮情剖盡倦言官靜看木落霜
零後柯葉青青幾樹完

欹檻何妨隱者居絳霄澄淨片雲袪楮冠共嘯烟
霞裏兀坐匡牀似懶疎
荒烟祠下掃寒臺千百年間三兩恢著壁焚坑輪
劫盡吹殘又逐暖風來
不負箕裘只此心醴泉流水映花深平生仰止惟
山色獨伴筠窗月一林

和韻　周茂蘭 吳門

身經離亂忽成翁不負平生只此中人物衣冠都
改舊猶存講院仰高風

淵源理學著東林北面清池身不沉歷盡繁霜風
雪後方知勁節歲寒心忠憲被逮投池氣節不仆
著處烽烟學業荒何時舊址肯斯堂人趨熱艷遺
風遠三百年來恩竟忘
興廢存亡在眼中蕭然四壁不愁窮鷄鳴漏盡披
衣起猶憶先朝侍學宮余在都門得與幸學大典
空談忠孝豈言詮身荷綱常賴大賢自古冊心留
汗史長隨旭日麗中天
悠悠獨坐對蒼烟齷境消融近道緣但教子孫能

率舊怱然干祿也無愆
閒看車馬逐長安岩穴何曾見棄官壯士每從名
利失古來貞操幾人完
市廛宜避卜山居佇望高人共執袪戴笠荷鋤今
日事詩書筆硯自生疎
當年會講聚樓臺前哲規模何日恢荒艸殘林堪
涕泣山間惟有白雲來
後來七日見天心陰盡陽回氣自深一旦鳳凰雲
漢舞梧桐生意滿成林

和韻　朱　質　二宰

山花留我作樵翁火盡薪傳問個中擔子肩頭千
古重撥燃端賴有同風
南人罕築北方臺北學粗豪氣象恢大道竟如春
有脚楊枝折渡自南來
百家爭喙幟如林徑路臨岐歎陸沉思集好朋標
月指悟從復處見天心
薰蕕觸鼻自分烟正氣相求絕異緣白馬清流悲
水火大羣泮渙本無愆

仰遡家賢再破荒文成誰道不同堂艮知誠意渾
無二祖述能教草草忘
社稷臣圖社稷安禳奸自簡出言官訶訶笑結靈
均伴國體身名雙璧完
埋輪肸合古人詮文胄瀾翻江漢賢家法相傳青
紫外書爲何待告諸天
名城佾近聖人居黍棘離離親剪祛平地宫墻一
簣進棟隆萬木共扶疏

和韻　江　柔　西泠

道化學萌肇一中淵源百聖衍無窮靜從姤復探
根竅三六術環春滿宫
坦平素履古人心何事矛弦與鉤深抱膝歌先典
會遠輕風曉月度疎林

和韻　陳世祉　晋陵

自是東林繼晦翁豈宜興廢任寰中守先待後惟
公志應有遺賢嗣古風
憶昔耆英聚舊林杞檀雖伐道難沉野人日暮增
憑吊一片寒畦萬古心

秋來綠草一池荒何處鶩湖舊講堂明月猶留絃
誦影至今湛湛不能忘
春風曾到廣庭中氷雪空山亦不窮破壁尚疑藏
史在歸然寧讓魯王宫
羣書絕後賴言詮渺渺龍山拜昔賢濂洛一堂原
接踵不須禾黍惆蒼天
故國荆棘盡烽烟禮樂衣冠祇夢緣若使先生當
社稷滄桑何至遂成愆
序席原期天下安不關朋黨與休官人心俎豆千

秋在綠野平原悅自完
每觀元化欲深居老竹新梅不用祛大道有人堪
嗣續斯文堂搆未爲踈
三十餘年弔古臺風流今日肯重恢招賢天意無
終極剝後應知有復來
狂瀾砥柱賴同心屈指於今道孰深但使人持忠
恕教典型存處即東林

和韻 施元徵

數載歸家田舍翁興思往事悶塡中幸爾斯文天
未喪中流有柱砥狂風
從來治亂已如林不堪回首訝升沉相看莫道乾
坤改萬古常然一片心
吾道南來喜不荒往時先哲竟升堂當年遺範猶
如在孰謂今朝大雅忘
天地還生大道中一開一闔轉無窮運會雖經剝
落盡誰知倏忽已還宮

此事原來不落詮凡心掃淨即眞賢休嗟講席塵
凝久無言轉足契先天
爐香一縷篆淸烟稽首前賢誰再緣闔洛淵源危
似綫欣傳家學得無愆
干戈紛起地無安不問山林不問官泗水風光依
舊好千秋樽俎復能完
草萊初剪落新苔程門雪滿有人祛坐得春風萃
共醉數竿脩竹舊扶踈
昔年整禊並登臺唱和雍容笑語恢幾載靈光空

寂寂風清弦詠彈重來

聖賢講學只明心心正纔於道脉深爾吁我儕稱
攻玉益暢玄宗振士林

和韻　宋永培

得失齊觀謫塞翁喜逢今日定方中洗心共薦新
芹藻莫負廉頑立懦風

千尋樹影借空林懷寶何當與陸沉且勿瓶罍傷
井渫定因碩果識天心

多少牛羊落照中每歌兕虎歎途窮南山無穢容
治畫留得先王一畝宮

剩有松陰覆土臺宮墻如見舊規恢孝先便腹誇
經笥欲解人頤匡鼎來

和韻　鄒謙存

依庸講席戒言詮忠憲登壇迥衆賢造道最深遺
禍烈後人繼志莫非天

廿年遊息此中若每坐春風欲自祛歌協宮商非
漫奏念分黑白不容珠

弦歌不必藉亭臺得有亭臺氣象恢自此風聲馳
遠近應同疇昔有朋來

斯民三代本同心祇爲逡巡錮轉深俎豆薙容觀
舊物人文瞻仰再東林

和韻　鄒陞

閒開十畝舊池林鐘鼓聲傳教未沉此日再新堂
構遠從君講易見天心

蕭條竹石景都荒兎雀平分舊講堂珍重貽謀留
世澤前賢鼓吹未能忘

汨羅抱石此身安浩氣何曾繫一官脩竹茂林仍
足戀先生原付後人完

曾從我祖謁亭臺坐聽談經言味恢懿長若知三
徑改夜深應向月明來先大父經會公同學私諡爲懿長先生

和韻　張夏

偶拈興廢對閒翁千載修名唱和中止水淵源今
有屬轉移道運亦家風

宋公講席又東林指點荒蕪歲月沉修竹自分質
畝色寒梅先得廣平心

宮墻再闢伴鋤荒釋菜行香有此堂曾泥沉湘傑

蘭芷泰山梁木倍難忘
先天理數起環中剥復相因道未窮不似逆璫香
火院玄明無地弔殘宮
遺書百卷見心詮是處絃歌及象賢世忝師門私
淑早城南分與一方天
戶外高峰九點烟齋中靜坐七朝緣春來伐木支
風雨棟宇新成象不愆
書院應同學舍安廿年地稅尚輸官鏡湖一曲君
能乞倚仗毘陵免未完東林片壤地稅自宋公始行豁免

垂髫負笈此幽居聽講前堂說斬袪東圍後人仍
在座道鄉函丈不曾疎
愁居城市倦登臺喜見東林氣色恢今日上梁文
見在尚書詩句細吟來
吾道常南天地心君家世業益高深籍咸便是真
名教臧否無須到竹林

和韻　華時亨

彷彿當年曳杖翁白雲來往有無中月明閒照典
亡蹟都付漁樵一笛風
斧柯纔盡復成林鬱鬱芊芊氣轉沉似續迄今猶
未墜却從人事見天心
俯仰乾坤百事非衣冠何日拂齋堂莫言一簣艱
難甚牖戶於心正勿忘
消息于焉問此中興衰曆遞轉無窮血飛紫蓋天
應慟淚向東郊數畝宮
由來入室是真詮堂構依然想昔賢三十年來興
廢蹟半由人事半由天
桃花含雨柳含烟青草池塘了俗緣閒笑譏夫無

久計空餘遺跡掛前愆往時有御史建毀東林疏
一茆不得蓋頭安中旨多傳出縣官時璫提青多云中青剝
後故知徐有復只今草創喜垣完
行人指點聖人居滿月風塵志欲袪爲問當年禁
學者伐檀應恨計謀疎
兀然孤壑一荒臺今日丕基已漸恢夙昂轉從眠
石起一陽原是五陰來
每從講易見天心柳色池塘帶雨深松柏耐寒霜
雪後依然頽木又成林

和韻　錢肅潤

千季堂搆大開翁古木蕭森萬象中孰料重游講學地兎葵燕麥動春風

滿朝蕭艾已如林蘭芷雖芳氣自沉試看白雲吹散處悠然獨抱歲寒心

誰從理學破鴻荒一代名儒共講堂不是有心來植黨斯文未喪豈能忘

江漢長流日再中此間講道夜何窮總然林木都刊盡猶有靈光不火宮

上承理諦下言詮濂雒關閩接統賢學但有眞安有僞王淮陳賈忽欺天

人世如同弱草煙唯公矯矯却塵緣好修自古多爲害東漢諸君各負愆（離騷經豈其有他故兮莫好修之害也）

道力堅持危亦安不分林下與居官紛紛群喙何須論人自求全天付完

靜坐經季對水巵臨時偏攬屈平祛到頭一着安排定學術看來自不疎

正氣曾懸御史臺誰知天網亦恢恢魏崔死後眞儒見斯道千秋任去來

後先同道亦同心乏草根長體澤深昔日齋與今自後東林依舊說東林（時蔡爲學憲適有興復故蹟之舉）

和韻　葉光輔

鳳援龍超羡此翁清標熟讀父書中（忠憲行狀爲先司空手筆）

自慚不及門前柳曾侍先生列下風（余生晚未識忠憲）

盛衰興廢一寰中痛哭岐途處處窮砥斷碑橫人去後傳言是處有深宮

平林分得一溪烟不向塵埃締世緣心地孤明如

皎日也無功績也無愆

年來無夢到長安肯羡吳儂作熱官寂寂草堂深閉後一編玄草註初完

塵勞應不到山居鳥弄庭花艸自祛風過松吟濤勢起雨餘竹靜鳳來踈

從來不死是人心十首騷詞唱和深（原倡詩爲先司空唱韻今亡矣）寄語斯文後死者良知不昧即東林

和韻　秦坊

講堂遺址儼文翁日載荒荆細雨中悵望關河非

徃蹟欣逢俎豆舊清風

燕居初建擬儒林百代威儀嘆陸沉何幸冉共梁
木起兩楹餘奠喟同心

淡紀經營一旦荒高山企仰僅空堂魯恭釁宅聞
絲竹冠劍依稀敢盡忘

午過難言日再中狂飈吹影逝無窮一絲倘得扶
輪轉日覲依然聳岱宫

六經風雨失真詮講席橫開俟後賢誰寄典刑誰
祭酒重瞻麗日載經天

石壇零亂古松烟時見山樵向木緣元祐碑豊臣
罪小自知名姓勒無愆

痛哭長沙策治安一時霆電自中官湘流七尺悲
忠憲最喜溪流節愈完

古堞清池有道居百年塵土此中祛東南一畝關
離黍莫謂典亡料理疎

樽俎何煩更築臺幽人掃地白雲恢酌泉自薦斯
文主誰抱商家祭器來

結搆依然萬古心鳳麟巖伏寄愁深梁豀不盡淵
源水力砥狂波在此林

和韻　陳鼎茂

忠節文章推醉翁古今典釁酒杯中傷心故院游
麋鹿一縷爐烟續舊風

儒林道左是禪林茂草萋萋諫草沉借問菴傍行
路客傳宣中旨是何心

猛焰狂飈轉瞬荒過門心戰敢登堂一朝反正猶
緘口誰料沉冤久不忘

千年幽恨沅湘中奕世源流未有窮忠憤同心悲

異代燈傳那寄此遺宫

依庸入室豈言詮麗澤傳衣有衆賢將爽斯文終
未喪露雷風雨莫非天

結茅何處絶峰烟容邇宫墻曠世緣梁棟維新樽
俎舊君恩師義永無愆

誰言丘壑可圖安既毁遺基籍係官小阮重來天
悔禍故教廟貌一時完

竹影蕭蕭入燕居葛藤絲繞盡教祛媚祠若輩留
餘草應愧從前計策疎

高節凌霜並釣臺主盟已謝後人恢東隅九畹同
天力吾道應南此日求
桑田滄海豈殊心莫歎蹉跎歲月深但使聖言同
佼日願勠廢圃作山林

和韻　華廷獻

番髻頁芟此門中幾度滄桑歎路窮黨藉已隨炎
祚散瓣烟猶逐漢離宮
與亡根蔕平蕪外人物殊途落照中翻幸劫灰飛
得早絳幃不受幕南風
力不逢年也不荒枯藤爲座草爲堂三都此日誰
堪賦底是寒灰未可忘
師弟君臣沒處安殘碑何日續秤官桑田不爲賢
奸盡若個彫零若個完

萬萊能指佞人心一代玄黃血未沉責國脩書多
曲筆大端興廢屬東林
廬山白鹿已忘詮薪盡燈傳在後賢縱使幾番風
雨夜朝來仍是舊蒼天
織兒已壞大家居隻手荆榛儘自祛留得箇中方
寸地鋤風犁雨莫教疎
一綫東林是孔林海天聳氣水雲深晨鐘隱隱飛
烟裏喚醒千年學士心

和韻　顧樣

蓬逕蕭艾任渠荒休論依庸舊澤堂三徑有人心
似水清泠滋味獨難忘
祠畔蕭疏雨醮烟冥心堪共白雲緣求羊續舊盟
何日且學從先頌不愆
散步寒墟問月君開堦如水碧塵袪春犁好雨堪
驅犢偏覺書生計轉疎
出世依然入世心尚留遺跡沒苔深東林有地還
栽樹棲鳥將思返舊林

和韻　談瑛

名賢松栢寢成安俎豆何煩敦縣官勸迪後來賢
長吏忠貞廉節務修完
仰跂中天擬燕君息容矜氣並時祛從今肯搆道
遥地壇樹休教風雨疎

和韻　陳稼

學成山岳士成林眞率家風道未沉若得重題前
代額在天應妥百年心
共矢蒼松一片心秋風重握酒杯深從今淵海占
星聚桐梓千章自出林

和韻　左國棅 [illegible]

端文忠憲暨吾翁功罪死生在此中訪舊偶來尋
故址萋萋荒草起悲風
當時　詔獄盡東林惟有汨羅先自沉草就達天
三路表空留向日百年心
誰創閹祠毀院荒　先皇有詔復書堂諸臣雖死
應含笑　聖主深恩不可忘
坎壈悲吟九辨中豈知天運竟終窮龍蛇正擬與
遺殿麥秀那堪問故宮

完卵何能救劫詮在原猶幸有高賢爲修石室藏
書處但見靈光夜燭天
抱城水氣萬家烟倘得登堂便息緣議毀上書諸
賊子至今清夜可無慙
難言廿載僞長安爲借東林傳好官試問兩京夫
守日幾篇忠孝幾人完
矛齋疏圃儘堪居三徑蓬蒿盡掃祛獨有竹梧供
鳳食新栽一院影疎疎
時雨春風覆舊臺荒凉爲待後人恢欲留一線於

今日霜雪難禁撲面來
滄桑至此莫傷心回首草堂歲月深笑殺桃花流
朝露何如松節得芳林

和韻　　舒春陽 南昌

危微認是阿家翁孫子傳心入室中不與污隆爭
代序本支百世振宗風
賢聖齊驅登志林千秋論道任浮沉龜山日月梁
谿炤洞見當年不偪心
誰使蓁蕪大路荒東林無阻各升堂縱逢浩劫傳

秦火復見威儀代不忘
一自依庸只立中傳傳不計道通窮詎能黨禍攻
吾正今日重新麗澤宮
語言不費是真詮先子遺風起象賢羞殺當年黃
[redacted]者草廬再得日中天
林月依微炤曙烟道緣爭勝本人緣率由有祖依
行處得拜先師誦不愆
前身福履後身安得道何關現宰官典復只今當
易代荒丘宗廟已重完

靜氣平心禮燕居門荊蹊木兩除祛再瞻閩楚禹
江座從好誰阿親與疎
沂水雩風到講臺喟然與點豈虛恢强民富國休
言志七日天心復見來
能待皆從能守心逢原先後自資深請看溪落東
林水今已欣榮春一林

和韻　　許元溥 茂苑

文通甘作隱身翁留得箕裘天壤中九廟尚頹一
廟復冊心豈止念門風

領袖當年君子林忍教長夜自沉沉立朝風節緣
明道紹武還符香禘心
此心此理豈開荒中立祠邊[redacted]堂元祐碑刊天
啟績海桑雖變祀難忘
名臣原出鉅儒中聖學淵源到底窮真僞紛紛今
論定辦香烟繞大明宮
忠孝天生不待詮嗣宗又見仲容賢一堂仰止千
秋事撥霧欣看日在天
陵寢遥瞻遍冷烟一燈猶續道南緣辱身辱國非

徒免遺表能弭帝德懋

薪傳一脉接新安經濟分身現宰官奕葉有人光

俎豆世當鉄陷道能完

再得草廬傍燕居蓁蕪卅載一朝袪經師偏得人

師合爭羨聲名似二疎

巢痕舊掃薜侵臺肯搆於今喜獨慨莫道廢興關

係小駿奔如見聖賢來

千萬人心只一心凡夫非淺聖非深道原指點宗

風在荆棘叢中布桂林

和韻　施　用

再三珍重主人翁 劉禹錫 萬古銷沉在此中 杜牧 欲

莫忠魂何處問 許渾 野花黄蝶領春風 王建

玉露凋傷楓樹林 杜甫 高原禾黍影沉沉 温庭筠 前

朝舊物東流在 崔塗 霄漢常懸捧日心 錢起

三徑無人已自荒 皇甫冉 烏衣依舊語華堂 岑參 殘

經窗下居然在 劉長卿 此世惟君性亦忘 姚合

坐指浮生一夢中 劉滄 吳山楚澤意無窮 許渾 江漢

朝冠盖皆陵墓 唐彦謙 重叠青山繞故宮 王建

一觀如幻底須詮 趙嘏 鄉里衣冠不乏賢 杜甫 今

日亂離俱是夢 韋莊 何人倚劍白雲天 李益

忽看庭樹換風烟 劉滄 弱水蓬萊付有緣 謝宗可 自

是海邊鷗伴侶 陸龜蒙 天青水碧本無愆 無悶

教人氣盡憶長安 王翰 北闕威儀讓漢官 皇甫冉 牢

落故園征戰後 鄭谷 幾人鉄陷幾人完 張翥

每見青山憶舊居 張蕭 高人應耗化人袪 宋子京 柴

門流水依然在 韓翃 白社驚秋草木疎 黄滔

百年多病獨登臺 杜甫 浩氣常扶宇宙恢 穆頡 後

學未嘗忘教化 李郢 門前修刺孔融來 劉禹錫

不勞金偈更降心 陸龜蒙 天外山惟玉壘深 皇甫冉 欲

弔靈均能賦否 許渾 淡烟疎磬散空林 劉滄

和韻　李遜之　江上

當年血碧痛吾翁同志捐軀一網中幾欲登堂

談舊事黍離滿眼起悲風

宵人指目是東林黨籍寧隨世陸沉今日頓聽遺

址在是非不昧即良心

先人遺澤未全荒風雨漂揺舊講堂漫道東林傳

護法當時朝議詎能忘中旨聞　先忠毅爲東林護法見於天啟乙丑邸抄聖道原如日工中一特明晦理難窮碑成元祐革賢盡猶幸薪傳半畝宮

玄黄舊案不須詮珍重遺書付後賢濂洛傳心千古事好留正論麗青天

夕陽四望滿寒煙獨向林中結道緣著得書成模樣在羹牆寤寐永無愆彙翁新刊有人模樣一書

那堪回憶舊長安國學曾聞祀宦官此日磨碑看姓氏何人志節獨全完天啟丙寅毀書院後即祀逆閹於國學與先聖並

再得廬成好隱居門前荆棘盡教袪傳家只此箕裘在莫笑趨時生計疎彙翁新築名再得草廬在書院之傍

爲尋往蹟一登臺後學心胸到此恢仰止敢忘先哲矩好從良會樂朋來

每於書古見人心賢聖芳規感倍深回首不禁興感歎門前脩竹又成林

再得草廬成與同志共詠四首

泰王官畔綴吾廬左屬賢祠樾蔭餘雖聽嚶鳴終日靜侍栽脩竹一庭虛王維别業多臨水楊子玄亭只著書却笑緇塵猶沉及潛龍無悶竟何如

泰林釋菜集城東雨濕青臯草自叢俎豆猶存三代制兒童俱誦四朝風泠泠琴瑟生柯韻隱隱鐘魚出梵宮道南祠後有東林禪院吾道廢興天已定舞雩沂水樂何窮

詰人何處可追隨心放能求即是師與鹿偕遊常

落落聞雞而起醒時時此中山澤林交翠昨夜風雷筍出籬閉戶十年忘得喪前賢靜力繫吾思謂龜山先生

野他龍戚自清寧一室圖書左右銘老圃隔牆時抱甕諸兒侍側每溫經昔年立雪傳河洛此日開風感性靈家學有源探未得聆來三益啓吾扃

梁谿後學高世泰具草

再得草盧和韻并序

叢旃高先生家學世德栖隱丘園樂道著書裴足城市有東發之操而無其學似淵明之傲而歛其才仰止風標肅誠造謁幸不我棄倒屣歡迎一夕真十年矣讀

先生草盧四咏感而和之錄呈

郢正

由來天地一寥廬誰信勳名身外餘吾黨有心忠孝古當年何事殿廷虛良知未許空禪悟格物非

緣舊註書瞻仰龍山深慨慕漫廻舟楫問何如

其二

久欲尋源泗水東龜山未闢尚蒙叢道南方啓君家派學北欣觀大國風廿載孤蓬譙漢節千秋哀草盡吳宮雖嗟一綫如絲縷私淑幾希正未窮

其三

高君槃澗不阿隨別有幽居自得師挹水洗心常汲汲傍山瞻岵更時時薰風五夜摧蘭畹凝露三秋護菊籬若到物情咸若此達人何處復何思

再得草盧和韻

草盧曾不異匡廬山帶泉聲瀑自餘風過天門吹霰隸月臨姑射照清虛嶺梅寄贈遙聯句楚竹思供近纂書桃李欣欣仍滿眼只今時雨化何如

雲連嶽色蚤發東珠樹團欒世外叢森森松濤廻碧澗層層竹徑引清風已將姓氏辭芝檢時有蛟龍躍洧宮獨對虛窗開笑口縑緗萬軸莫言窮

身老惟容烟月隨飄然巾屨憶吾師誰偕揮塵談千古任擁浮雲過一時芍藥階前凭短架芙蓉江

上隔疏籬山居每憶陶弘景片片白雲慰所思

子夜焚香養靜寮桐材竹牖亦鏘鎗日邊彩尾颺三鳳架上牙籤裹六經木榻細商風雨候琳宮遙送鼓鐘靈別來許我還擔笈祭酒堂前戶未扃

楚潜後學朱士達

其四

半生鹿鹿幾曾寧手自箴規口自銘洛蜀未分疇見道嘉隆以後亦譚經冀親臯比闢宗匠敢肅千旌訪巨靈猶幸東林喬木在盡芟蓁莽復誰扃

西山張能鱗

東林書院志　續卷五五

讀槩翁高老祖臺先生再得草廬詩四章屬同志賡

和次韻　呈教

翠古伊人結草廬蹊桃徑柳惜殘餘談經展滿徽言在抗疏名垂在事虛竹石無多矜別業風雲所護山牀書悠悠泮水成今昔鈴鐸聲開尚儼如

避喧寂寂已墻東花霧春愁亂草叢莫遣移文驅俗駕聞從處士愛門風晴開孤蕙猶姿骨氣轉鳴禽各羽宮一室圖書堪枕籍世如未悉道何窮

東林書院志　續卷五六

發願當年不苟隨敢因代降歎無師輶軒古路經行處（龜山先生故宅在沂屬歸化承之監司曾經過此龜山在先生宅後）字句天心入夢時（庚辰八月官署夢一長者向予誦無將字句滿天心五字聲歷歷感人次日一孝廉持先生刻集見貽）龜山屋後山容留翠綠南來堂與兆蕃離祠前不斷傳衣者會壁秦餘最可思

卧穩龍岡自澹寧不將青史易鐘銘推門客到時携衲聽竹心閒更註經止水尋源承世學懸崖投杖託山靈何年得踏窓前路三徑烟蘿笑啓扃

治社弟馮之圖

再徘草廬和韻詩

吾徒亦自愛吾廬百代明禋聖澤餘賴有天心留後死故教荒徑未全虛抽豪名重敲金管叱馭夢迴畏簡書沂水年年春色在好從點爾問何如

把別當年易已東徘徊籬下菊花叢自來同侍程門雪獨守吾家處士風讀史羞聞長樂老塾童愁熱阿房宮天心得與斯文定吾道行藏未有窮

望隆中外競追隨渭水商巖帝者師猶記横經如昨日可憐負笈是今時徒脩天子千秋業難傷他

人一箇籬風雨敝廬雖不蔽曲肱枕上足吾思

性地寬閒一以寧洗心日日讀西銘登堂記撤皐比夜躡蹻重傳首座經南畝何曾謏後覺東山終不負生靈總來天子銀青約蹔放歸衡戶不扃

楚大冶門生尹珩

襲辛壬間

淵懿高大宗師督學三楚本性命以衡文章崇大雅而正風始期與楚人士共秉

忠憲之芳模重新　濂溪之廢址學聖於特方茨棘帖括畢志經傳謬荷甄錄改復初名每念今日長林豐草不掛藩籠深快當年仰斗瞻嵩得歸陶冶聞

吾師重壁燕居近築潛室岱宗在望滌濯欲前因病遲行具函先報手書立荅家刻惠頒學聖

可置案頭時勤誦服讀再得草廬詩春風春水恍移窮壑之情龍戰龍潛益振觀海之氣謹依原韻勉和四章雖村傖鄙言未能賡揚宗廟之美富式芳林弘構不敢峻視

夫子之宮墻云爾

春風浩蕩想高廬匡坐鳴琴講習餘得喪有幾心自審廢興靡定念常虛能潛不拔時占易鳳隱誰收獨著書自昔在茲天可問代標削述總無如

無心世用卜鄰東林靜鶯啼花滿叢錫水遠通滬

洛脉草堂重振魯鄒風詩書幸不遭秦燄制度何須表漢宮吾愛吾廬三徑逸泉甘疏潔憶陳窮

願學生平孟是隨而今仰止賴吾師廬成人醉春風裹草綻子慚夜雨時白雪難賡蘭在室絳帷不設竹爲籬此間得失何從問能戰氷堅慎自思

師居母夫人憂趾寫蓮經庭蘭呈白華之瑞遠邇獻詩如天章雲錦爛然緗帙瑰難爲和也

乾坤誰不快清寧敬義須參尚父銘龜伏馬沉總有草絲鳴石響壁藏經斯文未墜天心定吾道常

昭孔鐸靈寤寐十年觀海志嚶歌此日出柴扃

新安門人汪學聖

高蒙翁内叔新構書室於東林講院之傍取龜山先生此日不再得之句顔曰再得草廬謹次

原韻

百年傳説道南廬此日重經劫火餘時有古今分旦暮道無同異礙空虚鱣堂舊列文公訓燕室今懸揚子書好向粢墻勤晤對不須獻賦學相如

掛門窈窕水西東三徑幽花逸砌叢日月猶存君子澤衣冠無恙古人風況留詩史和空谷休悵斯榛滿故宮我欲登堂期問道却忘迻世術先窮

典型在望共追隨仰止宫墻得所師前哲遺規傳奕世後賢繼美重當時陸朱異派須分祖儒釋岐途好護籬悟得箇中消息在更於何處寄遐思

世自波翻心自寧閑來開卷見箴銘只今論友惟三益夙昔傳家有一經陶令田園居可樂馬融絳帳教尤靈堂前玉樹成林早獨倚虚窗啓復扃

江上後學李遜之

讀

蒙翁老先生再得草廬詩謹賦贈一章

昭代文臣卓有名邇年細誦白蘭吟鴻山寂寂南陔詠湘水悠悠北極心書罷法華蓮是舌廬成再得地皆金江頭孤子吞聲在盼望東林仰止深

通家社晚生大洪

奉和

蒙翁高學憲再得草廬詩

依然雲樹繞精廬此日能忘立雪餘花覆舊苔紅
雨潤竹添新籜綠天虛魯戈再見方中日秦火猶
留未燼書自是
聖思深似海來遊觀感竟何如（東林舊有觀海來遊坊）
君公經畫寄墻東手闢堂階枳棘叢魯壁又新君
子澤南天重被聖人風規模夜協三三象指顧春
回六六宫珍重分陰莫輕度隙駒不再意何窮

纔說逃名名已隨一犂吾友釣吾師直將高卧隆
中意悟却超然蓮社時（匡廬有東林慧遠結社處淵明獨不入社）學海
淵源非借筏遏雲胸次肯編籬知君久適行窩趣
月窟天心好耐思
誦到清芬逾澹寧況看芳韻集貞銘義熈處士心
戍史元祐完人語作經日暖園橋懷漢澤月明樽
俎吊湘靈千秋堂闕從今闢一任登龍莫漫扃

同學趙玉森具草

奉和

蒙翁老先生再得艸廬詩

乾坤何處是吾廬重過柴桑思有餘芹藻乍舒春
漸永淵源仍續道無虛高齋擬扣新青簡古壁應
尋舊漆書四十年前摳立地支節又欲證真如
幽徑重開惠水東先賢俎豆秩程叢綱維既立三
才極禮樂原隆百代風嚮慕書探明禹穴雲亭草
覆陋秦宫須知觀海來游客見道南歸樂不窮
久淹滄海少相隨故向河汾訪贄師正是文章方

盛日又當風雅復興時山蹊更用今成路桃李須
栽舊逕籬會見六朝懷王德門墻安得弗追思
玄黄胸戰未能寧懷刺選籃几杖銘學海一方開
講席心舟千里同傳經況瞻揮洒毫常舞獨愧傷
殘手不靈聊借半枝山水畔提撕尚感到柴扃

晚學張琴

奉和

彙翁老先生再得艸廬詩

大涯何處着吾廬此地猶沾聖澤餘因樹結茅棲
迹穩（中居皆因樹結屋）傍窗留竹受風虛月明隔院聞仙
梵日落空庭擁道書不爲窮愁妨著述開來事業
擬誰如
十年烽火撼江東一畝初開蓁莽叢正脉自堪追
往哲素心良可振頹風獨留冕服瞻遺像（廬中奉忠憲公）
像不使烝嘗冷故宮門外只今悲局蹐此中高厚

自無窮
憶昔清風一鶴隨至今三楚仰明師生民四海有
窮日大道千秋無昧時白首執經皆北面黃冠寄
興只東籬舞雩沂水還如舊本地風光最可思
道在君身未肯窮空齋運甓自爲銘虛衷與世培
三益容膝留人論九經無厭見時聊復隱有龍潛
處即爲靈吾徒出處關時數此日茅廬多半扃

琴川晚生顧翔

奉和再得艸廬韻呈

彙翁夫子政

何意乾坤有此廬我來問道愧生餘茀莽草舍求
中假杏帛文壇占左虛知愛楚風尊屈賦若除魯
史讀何書潛夫應著安時論布衲单衫自肅如
宋家南北周西東銅駝何妨荆棘叢舉世共傳山
嶽氣登庭私信義虞風何傷世外非儒服曾見雲
間有帝宮陰雨晦冥嘗起早天將旦矣我何窮
蕭條孝鶴且相隨衡嶽羅浮盛國師作賦歸來留

化日談經退後憶平時鳳毛池上千竿竹玉樹堦
前一丈籬易地昔賢無別樣羹墻寤寐繫吾思
往矣南陽習潛寧至今可比金人銘細窺劉漢盐
州業閒寫大明心呪經我輩文章韞櫝好山菴梵
唄佛聲靈一肩隨意尋高尚天地戸庭那得扃

楚南雲衲子拾殘

讀再得草廬詩四章次韻呈

老師教正

雲外天香遶故廬承先待後樂無餘閒覿山月空
林遠坐嘯江風蕩碧虛鳳之隱也惟脩德雉在梁
兮獨著書艸舍美完千古富宮墻巍望業何如

高高旭日映墻東桃李花飛滿院叢錫澗何心迎
泌水草堂淡處浴宗風琴書富擬五侯宅道氣香
芬一畝宮負笈不辭霜露冷潛龍春煖豈終窮

蒼蒼雲水樂相隨遠習周程近覿　師先代典型

彰奕世而今儀範紹前時名高山斗原無極業著
東南不寄籬風雨難移稽古力敝廬輪奐足相思

蕭然物外自澄寧不事勲名撰冑銘鳶斛飛泉皆
有派百川歸海始知經丹青色出惟學古太素眞
還識性靈曠代家珍不外得東林有節日長扃

楚黃岡門生姚維持

奉和　櫱翁先生再得草廬詩四章次韻

曠覽乾坤一草廬韋編課日警閒餘天根養靜來
無極碩果存陽合太虛法上倍加休立莫書前引
悟不須書祇因會到生生處撒手懸崖總自如

先生近學每日玩易一卦故首詠之

帝從物出序由東滿眼青黃碧綠叢閉戶二賢忘
夜雪循牆一月坐春風時逢晚召行吾學力闢新
經靖聖宮此日道南欣有託樂淡魚鳥味無窮

先生築室龜山祠傍即以其詩命廬故次及之

拂衣高蹈暢天隨繩武宗風獲我師正色立朝鐫
熱日抗顏講道罣狂時搴蓮順受心如水採菊逍
遙耻傍籬最快過庭多雅訓二蹤繼美詠言思

先生守忠憲公遺規倡明正學故二歎之

存吾順事沒吾寧大孝終身字字銘蒼石鑿垣圖
菱舍白華吐鉢寫蓮經筍泉迸出天應鑒烏兎雙
馴物亦靈求子求臣俱不忝日延嘉譽慰幽扃

先生聽蕉有不屑居我有自蘭之祥故俚言以識嘉終焉

新安年家眷晚弟凌馴

奉和

棠翁老先生再得草廬作次韻呈　政

別有乾坤置此廬文章勲業是其餘一庭脩竹春
風在滿戶踈桐夜月虛醉世可無獨醒酒然灰自
有不焚書悠然悟得潛龍旨絳帳玄亭總未如
依然龍尾隱遊東穿楊鳴琴白草叢曲曲溪流泰
代月踈踈柳拂晉時風十年寥寂千秋事萬里塵
沙一畝宮頓覺眼前天地濶阮途楊路我何窮
風遠人湮未得隨誰如韓子獨隆師生當化雀爲
猿世況值摶龍擾虎時敢向天心爭氣運聊從吾
道障藩籬石牀竹几研周易坤二乾三王賛思
百里欣聽玉宇寧幽齊更得讀西銘看山抱膝詩
成史坐竹披襟手註經會笑談玄龍亦聽竟同說
法石俱靈四方應有探奇者花徑雲關莫晝扃

虞山晚學瞿有仲具草

次和再得草廬詩奉贈

棠翁先生兼呈教政

違俗優游此一廬獨畱絕業劫灰餘帝皇王霸無
千古雪月風花有太虛白虎觀中同興席紫陽洞
裏討論昔十年去得惟矜字自領玄談歎不如
閒尋精舍到墻東坐竹看花踏草叢靜把微君千
頃水春生茂叔一堂風走西荊棘吳遺館直北塵
沙晉故宮幸有道南存俎豆可知吾道不終窮
半生踪跡效天隨茶竈書牀自得師浩劫正逢天
寳日惠風難見末和時問奇寂莫先生宅送酒蕭
條處士籬誰道此存蝌蚪字壁間絲竹繫人思
世事無言學管寧但看座右有崔銘雨滋蘚徑迎
三益月上松窗注六經道脉龜山如授受家風止
水識精靈鴉書不到潛龍地岫幌雲關底用扃

蔚村晚弟陳瑚

再得草廬和韻錄呈

彙翁老年伯大人　教正

賢祠載葺及芸廬志在編年不頼餘欲續前人心
學富邪令今日腹笥虛木奴花發隆中地蠹粉香
開鄴架書只此可覘吾道盛斗間光氣近何如
年來靡綺徧江東苓蕙爲茅竟作叢遠溯西唐傳
舊業還承北海振頽風心從七日乾終日地近楚
宮接頖宮半畝却饒千厦蔭詩書遺澤自無窮
家學相承歲月隨羲熙天寶識人師忠憲公於萬曆創興東林今繼之
公壁間絲竹應生響席右研硃豈待時悟得
靜存臻化境悴來塵事隔藩籬願言仰止憂材駑
徧岱恒華有所思
近瞻高座覲清寧領得玄言字字銘予至梁谿沃玄誨竟日
辨論不揮堅白塵探源惟誦紫陽經聊將斗室窮
天際自有心期照古靈講院昔時全盛日曾來吾
祖艸玄稿先祖石雪公以理學與徹如世祖並厠東林

荆溪年家子吴逵原具稾

東林書院志

續　卷六九

題高彙旃先生再得艸廬次龜山夫子韻

此日還再得緬然懷滄桑方悲我生晚已驚雙鬢
蒼側聞明盛時東林道同光諸賢振絶學戮力志
扶陽窮理崇實功居敬依直方行尊物自疑豈在
吐焰芒廢興固有時人謀良未臧煅煉及清流禍
國乃自戕大道昭日月寧終擲粃糠往復運相循
賢達不復藏學憲起名家靈修嗣前芳幸逢
明聖君赫焉奮乾剛奉職典三禮夙夜嘗徬徨三
楚及百粤覃敷教澤長拂衣返故林志業馳康莊
文獻猶足徵願言循舊章豈期文物區復爲戎馬
場徹桑及既雨補牢鑒亡羊斯文誠在兹任重安
可忘先哲有遺訓及時貴自强致道先居肆來學
藉梯航顯約理一轍汚隆道有嘗黽勉俟河清大
雅詎云亡再得志艸廬中心還自傷短言述所聞
聊辭小子狂

同學嚴福孫

東林書院志

續　卷七十

東林頌奉呈
彙旃高老先生
人世自今古此心此理同見說東林叟任道扶若
穿鄉跟求踐實眼界欲凌空自得揮其得豈徒言
曰從問誰居首座景逸號高翁心心尋正脈步步
著芳蹤戶直成鄒魯俗亦追羲農奈運遭陽九逆
璫敢日蒙矢心不辱國赴死獨從容　先皇隆尊
位忠憲謚褒崇迄今顛趾反舉世皆夢夢有源推
家學復見彙旃公艸廬顏再得羽翼道無窮嚶鳴

溥求友衣殿素王宮愚也誦佳句欸欸披天風神
交鮮銜阻晤對宛如躬願言道四洽天下盡朝宗
新安後學吳侃具草

丁酉過東林瞻
彙旃文宗重闢其　先忠憲講堂舊址感賦
時移無地不滄桑難再先賢舊講堂庭樹陰森迎
善氣路人感慨和遺章英靈地接梅樞淨文獻家
傳組豆香怜信天心從此復可容讀易傍宮墻
張祖房

東林行奉呈
彙旃高老先生　別正韻
天奎彩徹擁東林瞻氣遙瞻紫更深中有哲人宣
孔鐸江山何處隔餘音眼界空來跟自實人躋聖
域從茲出心傳濟美憶高翁大道昭如天際日我
休院宇號歸仁敦請主盟陶且甄會值不逢臨不
果學人驚歎墮迷津爾後逆璫熾談講堂僉毀
復誰念景翁不辱面　高皇有道楷模隨事驗何
期日月兩沉埋逐逐嗥嗥效虎豺詎信人生有恆

性燕居不惰室為齋昨貢山窗欣惕若因聞新築
潛藏閣草廬再得屬新名四律吟成開後覺緊愚
雖未睹先生莊讀房文奉作程況聽德音呼誅和
敢懸下里慚相賡俎豆依然是三代玄亭著書世
攸賴十年閉戶步前修未得由來聖脈在先生特
起鼓天風一發盡祛人世曚坐處人多聞處遠聖
人會見滿街中
新安後學吳巘

奉和

彙旃師再得草廬詩四首 有引

梁谿有東林書院自宋楊文靖龜山先生始也先生師程氏學成而歸滓公目送曰吾道南矣寓梁谿十八年講明理學天下於是知有東林院左祠祀先生曰道南久且廢邵二泉文莊先生修復之顧涇陽端文高景逸忠憲兩先生再復之偕毘陵錢啓新先生講易其間值魏璫竊柄陷正人誹正學於是書院

東林書院志　續卷七十三

毀而忠憲先生被逮盡節止水　毅廟嗣興誅夷大憝詔復天下書院吳素衣先生捐貲構麗澤堂三楹至　彙旃夫子建燕居廟旁築再得草廬自詠四首海內爭賡唱之　郃昔在師濂溪書院子弟之列辛丑秋過梁谿師以東林續志見示因得讀師詩知東林理學淵源之自敢不揣謬和以明濂溪舊生亦譜自東林云

中天同仰大賢廬一線孤燈再熾餘此意不磨良可淑斯文在御本非虛舊疆弘唱心齋說新座尚數主敬書曲曲春風來水面試呼點爾近何如

誰居卜築傍祠東漸種梧桐影欲叢俎豆猶存先代法威儀不改宋儒風闕閭同嫡原分席律呂殊聲本一宫已得入門休錯認茫茫大道杳難窮

獨撐門戶莫相隨自衍家傳自得師大海觀從虛受處寒花香在復來時石經字古無今體塵論風高不寄籬堂近龜山舊棲息毋閑鼓篋動深思

道不終淪蔓亦寧東西立論本張銘耐他庭雪深

東林書院志　續卷七十四

三尺需得河汾醉六經稽古總歸家學邃開來遙證道心靈講堂舊彥存遺燼特叩林中一啓扃

楚黃受業門人汪郃孫

奉和

棐翁先生再得草廬詩四首

當年講德結衡廬，肯構於今意有餘。岐祉荒畦供隱逸，一聲幽磬稱清虛。干雲初種堦前樹，避俗惟韜架上書。門外勞勞名利者，此中相望竟何如。

先民遺則在江東，講席依然桂樹叢。論道乍開天際月，談經直接古人風。非同綿蕞矜虛禮，已異銅駝委故宮。漫憶通家孔李誼，如君繼述信無窮。

不爲沽名名自隨，百年仙雅幾吾師。縱然湖海終

烟日，猶是春秋俎豆時。共許孤忠懸北闕，幸餘荒逕在東籬。來遊見此新輪奐，駿烈清芬重有思。

皁帽峨峨似管寧，移文不待北山銘。掃除菰土開精舍，簡點晴窗寫道經。心在江湖成逸老，地依祠廟肅遺靈。何緣得比羊求侶，三徑逢君不掩扃。

劉雷恒

棐翁夫子再得草廬成，遥同和寄

懷辰開野結蓬廬，見子遥情孤往餘。花獨何枝踞水靜，榻几幾忻映舟虚。白蘭含裹頻縈夢，翠草庭中誰受書。山鳥啼殘山月曉，村烟暖暖思紛如。

素心遥繫慧山東，所謂伊人在碧叢。樂是幽居當竹石，看他白眼踞松風。詠賡沂水慚曾子，懷好桑林頌儒宮。何日片飄湖上落，西窗剪燭證通窮。

幾度尋幽一杖隨，天青雲白念吾師。觀風竊擬探先札，辨道重來訪宋時（謂龜山先生）。待煮山泉過竹院，還歌郵酒醉東籬。好留十日疑相析，不使輕舟怨去思。

郵亭猶記昔丁寧，祇此艱危倍自銘。千歲流風餘

兩地（龜山先生知余郡劉邑，又寓錫邑講學；今棐翁夫子又以錫山之教振吾楚），一廬霽月憶三經。遥看白鹿重依好，莫使山堂更借靈。世變久知非我道，優游常得掩柴扃。

再和原韵得師書感賦

湖岳之間一草廬，貧居羸得石泉餘。懷忠有淚凝湘碧，依隱將心玩世虛。誰覺昨非歸作賦，每傷先澤憶收書（予先代藏書爲棐翁夫子督楚學時搜訪，後遭兵燹，今得乞抄）。東林夫子推文獻，嗟我孤危望炯如。

雲樹蒼蒼映浦東，懷人憶得詠芳叢。林苔卒被蟲

吟露花桂香馳蜨御風淒絕郊間鷙吹角贖然邑
語卜聲宮年來喪亂經時久那共寒窗說困窮
笑看流競望波逝孤影依依百世師運覺不堪重
惜日負薪誰與獨違時閒携稚子游田舍靜嘯山
天倚竹籬納納乾坤無是處何如窓草白家思
未能不死入黃窌豈聽文移重勒銘明月有船歌
發浦空山無伴角橫經求盟寒歲艱貞履長効先
人著述靈囑筆囑風還囑使好將野狀致巖扃

又和原韻敘懷

片箋憶得發山廬負杖巖觀感獨餘疑坐林烟相
晚慕悲看明月屢盈虛洞僧忽致三冬字郵信誰
羈一紙書拜手開緘倍惆悵貞盟寒歲復何如
也同碎地隱牆東　國難方殷家難叢（自甲申後盡父兄師友孫姪之變）感予蓼莪悲愛日狗予庭木恰長風孤懷
繚繞千尋壁幽憤嶙峋一畝宮徙倚柴門向誰語
野人於此泣無窮
岳濱峰際記追隨雲棹僧乘興訪師鸚鵡洲邊愁
客路洞庭湖畔憶君時（壬午鵬書時送師歸）懷深從我風作
坐感切離群菊炤籬珍重此身北山立敢同湘上
動人思
湖上重聞說管寧白衣藜杖海天銘時危每悵雲
供遠音杳頻疑雁未經耐可琴書供野興不將筆
墨負湘靈緘來一卷臨風讀無限愁心滿月扃

長沙門人吳傚

奉和草廬四咏

清風曠代婉匡廬野服蕭然逸興餘靜對木陽機
自息刃觀蕉鹿夢應虛眼前興廢酌尊酒身後榮

輝映史書慚愧長安塵壞客畏途鹿鹿果何如
廻瀾砥柱百川東脩竹吾廬三徑叢麟鳳羽儀原
瑞世冰霜節操可維風桃花一水忘秦代椰葉千
門憶漢宮寂寞草堂精註易屋梁書滿豈云窮
憲節當年琴鶴隨清標朗鑒士林師門墻桃李培
千樹文采琳瑯振一時咸羡冥鴻翔大澤偏宜傚
菊艷東籬襄陽耆舊今寥落珍重孤芳慰企思
衆阿堪嘉窮歌寧樂道忘懷矢著銘蓋月草玄誰
問字千秋藜閣獨傳經游辭白社空禪悟住近青

山得地靈早識助名同過影北窗高枕戶常扃

西泠晚學唐嗣蔚

奉和再得艸廬詩呈

槖翁老師請正

白華爲業艸爲廬花逕編雲太古餘萬壑宅中春不去四明亭際月常虛學航聖瀆無支派道溯仙源有化書簡點行藏依壁水東林風日待何如

新開別業道仍東玄宇春深縛化叢泗水魚龍投學海軀山日月振流風行生半接諸天界憂樂全

收一畝宮史是寤言明發重參横月落思無窮

宮墻代逈各規隨棐備丹書隱帝師香過玄亭罪墨處韻生綠竹受風時烟霞夢穩曾無係飛躍天空不着離只此靜觀深道法一廬明月重幽思

倚伏平來入濬寧心齋退密不須銘蛇龍入筆多藏帖河洛歸懷有道經結宇連雲空萬有焚香坐石走諸靈何年一洗塵根淨靜叩宗門夜不扃

楚古蒲門人吳玉佩

奉和

槖翁先生大詞宗再得草廬四首

油然修竹是吾廬講舍從新麗澤餘襟帶河山培聖祀冠簪禮樂備郊虛魚龍戢定千尋浪繩尺區分百氏書曳代人文歸大雅共王遺宅际何如

道南祠舍比城東再揭烟雲舊草叢天重毘陵崇日觀湖開震澤拓鴻風功成未許捐黄石時遯猶兹聲闕宮步武雍容蔬食槃春遊沂水不知窮

平田渤海悵波隨熊載曾聞帝者師白昔香車紉

遠甸于今水鏡越當時風維鄒魯庭榮檜酒愛柴桑狗滿籬遍是丹山鳴五色幾行珠樹燁人思

木榭蕭疏期竹亭叩將河洛發西銘井多鉛槧難宜事案有紅鷲欲換經慷慨青萍縣墓舊漸濡白兎授書靈殘山未斷斜陽裏呼詔龍威一啓扃

姑山衲大孤拜稿

丁未秋自楚走三千里得見
稾翁夫子冀旦命詣東林書院瞻仰裴回奉和再
得草廬韻四首錄呈　函丈
素題朱草待斯廬可見天心頤果餘栽竹又成淇
水綠窮源自到谷王虛歸來靖節還開逕剩得鉉
翁好授書此事悠悠前後際春風數動問何如
百折不回如水東烝嘗合復享蠶叢高歌翠竹天
心月細奏青桐上古風寇至戒傷薪木室馳還忍
見雒陽宮典亡歷歷何多故吾道繇來不可窮
東林書院志　續卷八十
東林仰止未遑隨此日升堂賴我師一部中庸同
立命（師著中庸問答）半床三易各趨時（師日玩易一卦）無糧孤鶴
仍知夜解笑梅花只隔籬除却道南不再日人生
而靜更何思
樹老風高自澹寧東西仍列舊時銘居今想見居
初古註我逌然註六經誰委鳳麟終草昧試提鐘
鼓喚心靈重來問道慚垂老假館無言一啓扃
汾陽門人馬學衣

玉泉喻先生墓
按喻氏世譜墓在錫東城外明宣德間巡撫
侍郎周文襄公設立水次東倉倉基與墓地
相銜公命縮其基屈曲其垣墉以全墓地墓
靖初鄉達邵文莊公謁墓有詩
四十年來弔古心偶因暇日遂幽尋天留丘壠睽
誰掃地近厫倉幸不侵百世簪纓遺牒遠五賢俎
豆古祠深玉泉兩字還須碣一束生芻有嗣音
康熙二年三月旣望勒石爲碣樹於墓偕其
東林書院志　軼事　續卷八十
十六世孫喻應鶴應龍應禎應祥祭告諸同
人有詩
和韻　呂自成
名賢墳墓繫人心出自東門蹟可尋尚有裔孫來
下拜能無樵子突相侵二泉舊卜幽居近六檜同
懷義憤深（用胡襄事）此日立碑仍宋額天風吹下古徽
音
和韻　喻毅
野叟時懷弔古心玉泉遺蹟幸堪尋牛眠不逐滄

衆改馬鬣猶勝風雨侵南渡出師籌策遠東郊藏
蛻歲年深從前虛碣今朝補來學誰云鮮嗣音

和韻　張夏

野步廻溪共素心前賢墓道尚堪尋東林地近神
應戀南渡年遙牧豈侵邑誌㒸墟遺跡古家藏宋
勅舊恩深邵公詩意今幾合千載看碑最賞音

和韻　高世泰

二泉能見玉泉心遺蹟曾從馬鬣尋伊洛有源師
自得江淮可禦議難侵勅書零落藏猶在著作捷

窮奮最深片石墓旁今再勒敢云末學是知音

和韻　錢肅潤

弔古相傳祇此心前人尋處後人尋始知荆棘終
難沒且喜風霜未易侵兩字玉泉碑已立千年伊
洛水逾深朝來墓下群羅拜空谷驚聞有足音

和韻　陽羡後學黃錫朋

泉臺燈續聖賢心結契須從舊蹟尋示我周行堪
共適嗟伊蔓草豈能侵高山在望覲型邇洛水窮
源得趣深莫道韓陵徒片石拜瞻應有嗣徽音

無錫縣景雲區東北五啚民喻儒喻文喻畢喻瑋
喻坤成具
呈爲天辨先代名臣恩免一坏坐稅事始祖玉泉
公諱樗係前宋紹興間工部尚書員外郎抗節當
朝著名青史濟時辨宰執稱子才之功按勅書帝
語嘉握蘭之遜崇正久瞻俎豆道南聿刈凡楚昔
日邵文莊題碣墨汁猶新近者高學憲建碑道㕛
王振舊葬一丘坐落景雲區天授鄉一都三啚追
溯褒崇載稽懿躅似當與泰伯圖共垂封樹於歷

山[illegible][illegible]宅同表豐隆於廖嶺乃者本支彫謝墓道
樣荆野蔓荒烟淚灑夕陽翁仲長林茂草心悲日
落狐狸魏相之穹碑仆矣羊公之峴首哀哉伏遇
天臺人倫師表理學朝宗封墓旌賢脩祠揚德粘
骨爲之再生往哲藉以不朽儒等係公十六世孫
犬馬私衷敢干　龍筆伏乞　天臺電覽前朝御
實軫念始祖遺徽史傳不磨綸音可據所有玄字
六百二十一號一畆七分四釐六毫墳爗　勅諭
該房恩加蠲免求將新報增漲陞科田畆頂補蕪

君子之澤千秋不斬小人之慕百世仰休爲此稟
懇具呈須至呈者
康熙八年十二月二十一日
本縣正堂吳 批
宋賢喻公文章事業刊載史書最爲明著衣冠之
藏幸其儼在道德之緒賴以長存與其履畝而發
前賢曷若封墓以彰 國典所有墳糧應予蠲免
准查新報陞科抵完前課可也等因於康熙九年
四月廿七日行仰該區書照數蠲免訖

東林書院志 軼事 續卷八 三

計開
將懷上四十六都四啚告陞優字一千二百
六十八等號折平田一畝七分四厘六毫
項補

周蓼洲先生傳 汪琬鈍翁

周順昌字景文號蓼洲蘇州吳縣人萬曆癸丑進
士授福州府推官稅監高寀殊横順昌廉其役有
犯者輒捕置於法由是與寀及監司媚寀者忤不
恤也擢吏部主事進文選司員外郎署選事俱以
廉直知名未幾引疾歸嘉善魏大中被逮過蘇順
昌往餞之與同起臥者累日且許以愛女配大中
孫官旗屢促行語侵順昌順昌張目叱曰若不知
世間有不畏死男子耶若歸語魏忠賢我故吏部

東林書院志 周傳 一

郎周某也因呼忠賢名罵不絕口在旁者愕眙率
相顧咋舌避去其語頗聞忠賢於是御史倪文煥
劾順昌不當與罪人連姻且誣其署選時贓罪有
旨削籍矣順昌猶剌剌向人罵忠賢不止也既而
前巡撫周起元之獄起天啟六年三月順昌與周
宗建等次第俱被逮順昌故廉吏慷慨敢言事既
家居數爲有司爭論閭閻疾苦及他寃抑狀以是
吳人德順昌甚官旗逮順昌者至民間籍籍譁語
魏太監矯旨殺周吏部皆大詬恨方宣詔次諸生

力言於巡撫毛一鷺請亢疏雪順昌是時吳人環集爲順昌乞留者數萬官旗咸怒叱之衆大鬨爭毆擊官旗有死者一鷺僅得免已遂拘順昌官廨中衆猶數千人守順昌涕泣尼其行吝諷謂事迫矣盍早引決順昌謝曰某小官也敢援大臣不辱例乎此行必死死見高皇帝當請殲元凶以報天子竟以中夜乘間出偕官旗赴京師遂下詔獄忠賢銜順昌刺骨坐贓銀三千兩至榜掠無完膚顧每被拷順昌必極駡忠賢如故鎮撫官許顯純命

椎擊其齒齒盡落顯純自起問曰能復駡否順昌噀血濺顯純面駡益厲與宗建相繼斃死獄中喪至吳吳人遮道皆哭失聲是日吳中大風拔木凡三晝夜乃止愍帝即位順昌子茂蘭刺指血上書訟於朝贈太僕寺卿謚忠介予特祠於是給事中瞿式耜亦特疏稱順昌及楊漣左光斗三臣者其立行最高得禍亦最慘故天子郵順昌倍渥云

或語愈曰鈍翁爲忠介立傳著其氣節不及理學似與道南一脉無與愈曰理學氣節可二乎哉二之將使依阿選輭之徒皆得托中和之說以藏身此人品學術所以日壞也按忠介當日與先忠憲往來交好先生有書遺忠憲扼腕時事見於爐餘錄及同時被逮忠憲送魏廓園有高橋別語忠介餞之約以女婚其孫三賢臭味正自相合忠憲從容赴止水而忠介慷慨就檻車且曰予小臣也敢引高公不辱之例定識定力非生平學有根底不及此揆之孔孟成仁取義夫何間然然則忠介昔爲東林死今祀東林

與忠憲廓園相次其亦可無嘗也已

錫山後學高愈紫超氏跋

熊敬修先生別傳　高芷生楚培

先生姓熊氏諱賜履字青岳一字敬修號愚齋楚孝感人其先南昌人也由順治戊戌進士入庶常歷官東閣大學士既沒而
朝廷隆禮師傅易名褒寵賜謚文端學者則皆稱敬修先生云先生生而老成端謹垂髫時贈公弘毅先生手先忠憲遺書一編授之曰東林爲道學正宗吾少幸出學憲錫山高公門高公於忠憲爲猶子以得諸親炙者啓廸後學俾得粗有聞知兒曹

東林書院志　熊傳　一

能服膺是編便是聖賢路上人也先生受簡再拜曰謹受教嗣後歷官禁近諸所講述一本東林旨趣爲宗其在閣學也
上嘗命講大學首節暨中庸性道教等義先生敷陳愷切條對曲暢每發一言
上未嘗不點首稱善後先生掌院事入直經筵首舉尚書人心道心爲對其於理欲消長辨析毫芒一時感動
當宁同列咸嘆弗如曰熊公眞耆儒也東林書院之重脩於潜菴湯大中丞也時先生適以讀禮僑居白門子仲兄節培胡瓛襄事事竣乞先生文以爲記先生感門戸之糾紛懼道脉之凌替重以默識篤行爲吾黨相勸戒且以口舌軋擊意見紛拏爲當日影附東林諸公痛下針砭累累千言皆切於人心世道嗚呼先生忠憲於明季力維正學砥柱狂瀾先生遭逢
聖明累侍講幄而持論醇正至欲并消蜀朔形迹此心此理易地皆然亦可見先生之私淑於東林者

東林書院志　熊傳　二

深而東林之流澤爲遠且長也先生詩文雜稿所著最富其精力尤在學統閑道録下學堂劄記三書今
皇上亦屢讀而嘉之至比之紫陽涑水且有將來配享文廟之褒寧止東林俎豆歟芷生嗣守先業兢兢惧東林之廢墜幸先生之從祀於兹也用敢約舉先世遺聞畧述其生平若先生之立朝大節豈功偉烈炳炳天壤不朽於千秋萬世者自有
國史在

贊曰先大夫之督學三楚也嘗建濂溪書院首校贈公弘毅先生俾主講席歸里後不遠千里時以所學相質證後遭流寇喪亂以守正不屈歿曰吾不敢負梁谿之止水也非學有源本而就義如此乎敬修先生禀承家學以相
天子論道經邦弘濟萬物可謂有體有用矣其與贈公相繼並祀於東林也雖顯晦不同而後先濟美有以也夫

陸稼書先生傳

王材任子重

國家重道崇儒德教翔洽端人正士後先輩出其粹然一出於至正爲東南道學之宗者唯陸稼書先生一人而已先生諱隴其唐宰相宣公之後世爲浙之平湖人生而粹清端嚴莊重不苟言笑孝友其天性也幼讀春秋傳過目不忘稍長博通經史慨然有志於聖賢之道於四子書章句尋復不厭不啻菽粟之於口被服之於身也故其生平所成就皆本諸躬行實踐而其文章政事表見於外者

又爲士大夫之所共知宜東南之學者咸以爲朱子之後斷推先生也年三十七舉於鄉又四年成進士授嘉定知縣縣瀕海素號難治先生潔已愛民力行節儉抑吏胥鋤豪右民俗爲之丕變去官之日小民遮道攀留哀號之聲徹數十里不絕旣不得請因刻木爲主尸而祝之會左都御史蔚州魏公環極疏薦廉吏第一復原官再授靈壽縣先生力行教養條上六事請於上官民咸便之在任七年以左都御史澤州陳公說巖薦得行取邑民

之泣而送者一如去嘉定時授四川道監察御史上疏論時政敢道人之所難言直聲震天下有與先生不合者先生遂改調歸屏居泖口閉戶讀書敝廬數椽不庇風雨布衣蔬食惟以講學爲務門人弟子從之者甚衆未嘗見其厭倦也以康熙三十一年卒享年六十有三嗚呼善人君子欲其幸而久在於世亦不可得斯亦後學之不幸也先生之學本於程朱謂不主敬無以立其本不窮理無以致其知又謂明之薛文清胡敬齋曹月川羅整

菴朱子之正脈也此外則陽儒陰釋之學創爲新說叛道離經梁溪顧涇陽高景逸起而正之爲功於學者甚大嗚呼先生之於斯道也見之精故言之切造之深故辨之晰先生之爲功於學者更大矣先生之始罷也以薦得復用數年以薦得爲御史抗疏無所忌諱與僉議持論侃侃未嘗少屈至有欲以深文中先生者賴

聖恩寬大曲爲保全歸田之後江南學臣缺

皇上獨念先生又欲起而用之而先生已不能待矣

皇上仁如天地明並日月宏開言路優容諫官扶植善類無所不至先生之遭遇可謂盛矣天不假之年未竟其施此又士君子之所共惜也昔于清端公嘗告人曰天下淸官惟陸稼書蔚州魏公亦謂余曰昔陸稼書云州縣親民之吏民間瑣細當爲分理若爲大吏惟虛公廉靜總大綱嚴責成其于事也多不如少少不如無與民休息而已迨余巡察直隸詞訟紛如見有情罪可惡者愛而理之及按其事無一字實者而文移上下耽延時日兩造之

身家俱不可問然後知稼書之教我者誠至矣余在吏部澤州陳公爲冢宰告同官曰今有志於學者必自羞乞墦賤壟斷始此陸稼書之言也願諸公共勉斯語耳夫三先生者海內所謂大賢也而居恆議論必稱述先生使後學知所景仰益見善與善之相感也嗚呼俱不可及也已所著有三魚堂集問學錄松陽講義困勉錄讀朱隨筆及點定四書大全等書行世今東林後學請於濬川　大中丞張公從祀於無錫之道南祠此非以道南之

祀重先生也亦非借先生以爲東林重也特出於一時學者仰止之思不能自已而　大中丞亦以爲非此無以慰學者之心欲世之目爲東林者皆學先生之爲人而後無愧其爲東林且欲後之從祀東林者必如先生之爲人而後無愧於從前之祀於東林者也一舉而數善備之矣先生之成進士也出吾鄉陳省齋先生之門故知先生甚悉乃次而述之且系之以論曰稼書先生之學朱子之學也由先生而溯之於二程則先生其世適也東

林顧高之學亦程朱之學也由顧高而溯之於道南則先生其大宗也要其有功於斯道也一而已矣

吳徽仲先生傳

施璜留省園

吳徽仲先生諱曰愼號敬菴徽州歙縣人也生而穎異少好學未弱冠補弟子員始而從事舉子業江左文壇名望素著繼而潛心理學家貧甚壺隱金閶閭梁谿有高彙旃先生能繼顧高諸先生主壇講學於東林書院四方來歸因往遊焉從東林諸君子後虛心請益硏求下學上達之旨析疑問難時出讜論載之紫陽通志後返故園益向學紫陽還古兩書院中會講不輟時則有胡䵍虞汪惕

若汪默菴施虹玉諸先生共相討論悉守白鹿洞學規而喫緊則主敬以立其本窮理以致其知反躬以踐其實究其得力處尤在一敬字因自號敬菴學者宗之群稱爲敬菴先生蓋先生天資高邁於書無所不讀而其尋繹把玩終身不厭倦者則惟小學近思錄四書六經及濂洛關閩諸書迄今紫陽還古之間學者蔚起知所指歸者先生汲引之力居多　大中丞考陽張公當今理學宗主也平日所傾心折服者惟先生偕汪默菴施虹玉兩

先生著述且有殘編斷簡不可輕置之語嗚呼觀張公所折服於先生如此則先生之所以爲學槩可知矣予愧鈍根俗質浪游中外三十餘年未暇講求性命之學今老而歸田時與東林講會道南遺規猶在令人嚮慕之念不輟也嘗讀先生書竊嘆其義理淵深眞足以分宋儒一席所著有周易粹言大學章句翼中庸章句翼已行於世其餘若周易翼四書翼周子太極圖翼西銘翼三十餘種因貧不能刻尚藏於家歲癸巳後學同人公舉先生主崇祀東林書院道南祠配　宋儒楊文靖公龜山先生永饗祀典云

汪默菴先生傳

陳鵬年 滄洲

文學汪先生諱璲字文儀號默菴新安之金城里人也系出周魯成公子汪侯而分派則自唐開國鐵佛公始代有聞人歷傳至文學穎悟過人十齡通經史大家然不屑事俗儒章句而惓惓於韓之原道年十六即手錄理學諸書潛心體認可謂聞道甚早矣性孝友色養其尊人卿賓惟擲公繼志守身貽親令名丁內外艱哀毀骨立行道傷之以弟殁憂勞成咯血症越四十餘年復爲其季病且

歿兩發舊疾幾憊人服其至性近世希覯少遭喪亂家中落兼治生以佐甘旨贍仲季而一燈午夜雖祁寒暑雨終其身弗稍懈中年僦居漢陰因占籍中楚文譽日噪不十年棄去淡如也惟力於躬行一言一動必秉成法身脩教成庭內肅然生平樂與善而不妄交所師友者錫山高棠旃先生吳趨徐俟齋先生及同里汪石樵葉觭崖數會友而已故高彙翁先生寄詩有曰遊吳握手皆奇士還里論心有碩儒蓋紀實也於憂患中以讀易求寡

過之旨故所著有質疑二十卷凡八易槀而研究愈精孝昌熊文端先生亟稱之曰足下辯志既勤衛道復力立言端以洛閩爲宗而其才又足以發明之故詞旨明晰發前人所未發大有功於四聖近　大中丞濟川張公序之曰力學篤行道宗孔孟理本程朱其實地發明處都從身心體驗吾知大易真詮自伊川紫陽而還汪子分一席矣其見重於有道如此又有語餘謾錄文集悠然草詩集儀典堂文錄大學章句釋義周易補註便讀月課

問答各若干卷其他校錄評選前賢書甚富或行於世或藏於家皆可垂諸不朽者年七十四卒疾革之前數日仍手答吳門蔡九霞論格物致知之義闢異說闡正學娓娓數千百言則生平之所養可知也已有子名鈞字隣石食餼有年能世其家學

贊曰予少與隣石同庠得拜先生於漢寓密窩儀範嚴肅望如山嶽及聆其聲咳談論如累日坐春風中不忍去也尤善言易每與予反覆於吉凶消長進退存亡之道不啻三致意焉後予令西安猶寓書敦勉進予以古之循吏意氣固已勤懇矣今先生歿名愈尊道愈顯雖未少見諸設施而著述弘多皆大有關於名教開示來學蓋彬彬質有其文醇儒之業不徒稱獨行君子云

施虹玉先生傳

秦源寛 岵雲

先生諱璜字虹玉號誠齋徽州休寧人幼凝重寡言笑塾師即心異之年舞勺已通孝經小學四子書稍長事制舉業應試過郡見紫陽書院中有講學者先生諦聽身心性命之緒論遂恍若有所得喟然曰學者當如是矣舉業非吾事也遂絶意仕進發憤潛修卒以理學著稱云其爲人以古道自處而一生得力尤在誠信兩字毎謂吾儒以誠守身以信應物自然內外交修而學始立其爲學以

宋儒程朱爲的兼於濂溪横渠及明河津餘干泰和諸子之書無不日夜精研晰其同異辨其源流而得其指歸所在其講學也在新安紫陽還古兩書院毎月會講皆首推先生主講席先生必先期齋戒肅衣冠斂容止危坐正論儼然以一身當嚴師益友而於先儒語録尤多所發明能使聽者亹亹忘倦以故四方學者翕然宗之其來遊錫山也以康熙壬子歳時鄉先生前楚學憲彙旃高公以忠憲公猶子主持東林書院先生負笈遊學歴吳越遡梁溪登東林講堂慨然有吾道復興之志以彙旃先生寔得忠憲公家學淵源遂執贄行師事禮高公固雅重先生毎會輒推爲祭酒先生亦直任不辭其立法引掖後進也九容以養其外九思以養其內九德以要其成而所尤諄切者惟以修身立誠深相策勵學者佩服景行一如在新安時其所著有思誠録毎日以存何念接何人行何事讀何書吐何語五者自勘座右大書毋自誣誣人毋自欺欺人以示警更有小學發明五子近思録

發明兩書皆行世最著者先生功在理學五十餘年而没没後十餘年諸同人公舉祀先生於東林道南祠先生之學益以大顯余雖不獲見先生而少時猶及事內祖學憲高公即耳熟先生名學憲公諸孫函三幼即侍東林講座習見先輩典型最心折先生者謂先生既已配食先儒矣不可無傳因縷述平生品槪而屬予傳之如此抑又聞之東林故老云先生始來會講也臨别時與高公約以某年月日必赴講及期高公設榻以待或謂公曰

迢隔千餘里安能必施君之果如約耶公曰不然施生篤行君子也如失期不來者吾不復交天下士矣言未竟先生果携其子擔囊而至論者謂非高公不能信先生非先生不能取信於高公以此兩賢之至今傳爲講堂佳話嗟乎重然諾矜期許此風今已渺然矣必誠必信如先生者眞古人哉眞古人哉

蕺川張先生傳

秦松齡對巖

先生諱夏字秋紹常之無錫人也隱居蕺川之上因自號蕺川少有至性篤孝友力學馬文肅公見而器之遂爲入室弟子焉有文名郡守山左宋公會五邑士子於龍城書院拔置第一屢試白下數奇不售乃棄舉子業潛心理學學以朱子爲宗自高忠憲周蓼洲諸公罹黨禍八人目東林爲畏途而先生信道愈篤守道愈嚴洎乎

昭代定鼎後學憲高彙旃先生暨家弱水先生始議修復東林學舍四方之士來遊者雲集嚮應春秋釋菜畢入講堂與吳徽仲汪默菴施虹玉諸君子次第講學往往推先生倡首先生升堂即席容止肅穆衣冠儼然每暨一議必原本六經參以心得往復回環極盡理趣湯潛菴撫吳至東林會講與先生上下議論輒首領之因延至吳郡學宮講孝經小學一時環橋觀聽者無不人人感動王峯趙公繼之復設講座以禮請折節致敬僉謂東林有人蓋東林自彙旃高先生即世三十餘年講席不

盡廢者以先生爲魯靈光也按先生平日束躬勵
行重規叠矩篤守居敬窮理之學不爲他岐所淆
亂讀書静坐老而不衰接引後學先經後史條理
秩如於經尤精易詩春秋自湯中丞延講孝經旋
有孝經解義其説一遵先儒而旁通曲暢使讀者
悠然有會於訓詁之外小學則有淪註後生群誦
習焉於十七史俱精熟而諸家記載亦博覽强記
凡先代典章沿革前賢軼事家世譜牒歷歷道之
如貫珠如指掌近修通省郡邑三志莫不受成焉

東林書院志　張傳　二

尤究心先儒遺書於宋元明諸賢靡不考其師承
採其要旨著洛閩源流録有功聖學甚大殘編蠹
簡窮搜訪求手跋親抄率多秘本邑中藏書家不
逮也爲文淵博詳贍成一家言爲詩眞率可喜不
假粉澤四方請乞者踵至倚侍立應未嘗厭倦嘗
書座右云治此心須是刮垢磨光潔潔淨淨生斯
世要如臨深履薄戰戰兢兢又云思狂思狷思中
行最怕落他鄉愿一徑戒色戒鬬戒苟得常防過
此物欲三關此可以知先生梗概矣卒年八十有
六著述甚富不能盡刻其五經四書述朱解孝經
問業小學淪註洛閩源流録悉行世云
史氏曰昔金華有四先生傳朱子之道治經謹守
精要者何子恭也爲書院師鄉之耆舊執弟子禮
者王會之也屏跡山中寄情嘯咏視世故泊如者
金仁山也扶翼經義主張世教者許益之也予嘗
謂菰川先生兼有四先生遺風如斯人庶不墜東
林道脉生占講席殁而俎豆於此宜哉

東林書院志　張傳　三

江南常州府無錫縣為祀典屢經論定衆議久已
僉同遵奉　憲批公籲舉行以薦明禋以慰人心
事本年九月二十八日據原呈紳士楊慶徵高芷
生秦源宄錢仲選丁紹美高愈王雲錦祝昇平王
賚張貝溯李坍斗江承詩吳雲棟高大酉楊繩武
顧光世姚日基劉上行王季思秦人紀高起經華
昌齡秦帟高峴周弧秦敬然高秵楊慎修高偺高
嶒施鋐高施鉅高泰伯龍泰雲龍華爾行等呈詞
前事呈稱錫邑東林書院係慶徵十八世祖宋朝

楊文靖公諱時講學之地旁有道南祠奉祀楊文
靖公神位自宋以迄
本朝凡前賢之有功于東林理學素著者俱在配享
之列春秋仲丁行釋菜禮例由後學公舉呈請當
道即批送入祠中並非文廟名宦鄉賢等祠可比
幸逢
昭代崇儒重道文教昌明名賢蔚起邁越前朝祀典
缺而不舉公論實有憾焉前慶徵等公舉大學士
熊文端公諱賜履陸稼書先生諱隴其張菰川先
生諱夏汪默庵先生諱璲蒙
撫憲張批行到縣妥議業經前任詳覆在案今八
月初五日慶徵等又續舉周忠介公諱順昌吳徵
仲先生諱曰慎施虹玉先生諱璜將名賢久係人
心祀典允宜修舉等事具呈
撫憲蒙批果應入祀赴縣具呈理合遵　憲循例
呈請伏乞念諸公模範旣係輿論允符則一旦表
彰自堪俎豆無愧賜批將熊文端公等四位并周
忠介公等三位置主擇吉迎送入祠不惟大快輿

情并可詳覆
撫憲將見南方子弟重賡此日還再之詩吳會衣
冠羣仰斯文在茲之盛庶幾薪傳火續抑且俗易
風移矣等情前來據此遵查得東林書院係前賢
講學之地其左建道南祠奉祀宋儒楊文靖公神
位自宋元明以至
本朝凡先儒之有功於東林者皆崇祀其中俱由後
學公舉呈請卽就本縣迎送入祠積有成例詳載
誌書實與名宦鄉賢事例不同近蒙

憲臺振興理學加意東林捐貲修葺今東林子弟
在內讀書講習克復舊規洵稱盛事今據紳士公
舉熊文端公等四位周忠介公等三位合祀道南
謹按諸公登臨山斗學有淵源著作如林一本紫
陽之正派維持名教允爲洛閩之干城考諸史朝
在定評論諸鄉野崇月旦斯文有屬世先後以同
揆道統相傳人南北而齊軌生而羣推師表書院
向藉主盟歿而長奉儀型賢祠宜崇俎豆公評允
協配享何疑爰遵
東林書院志　公呈
憲批循照舊例謹擇　　　　　　　　　　　　上迎送入
祠理合據呈申報爲此申縣合行具由謹申伏乞
照驗施行須至申者
右　　　　　　　申
總督糧儲提督軍務巡撫江寧等處地方都察院右僉都御史張
康熙五十二年十一月初一日知縣涂鍾俊
縣丞張鴻祚
主簿夏　澄
典史黃　鍾

〔雍正〕東林書院志

（清）高㠉等 主修

許　獻等 編纂

《[雍正]東林書院志》二十二卷，（清）高䧺、高崶主修，許獻、高廷珍、高陛編纂，張師載、刁承祖等審定，胡廷琦、胡慎參訂。清雍正十一年（一七二九）初刻本。

高䧺（字象郝）、高崶（字象姚）都是無錫人，係高攀龍從子高世泰（字彙旃）之孫。許獻（字鄉三），亦爲無錫人。高廷珍（字和鳴）、高陛（字季元），則是高䧺、高崶兄弟之子侄。他們是遵奉江蘇按察使刁承祖之囑托重新編纂《東林書院志》的。

《東林書院志》的成書，歷經了許多曲折。早在明萬曆年間，劉元珍曾遵顧憲成之囑，編纂過東林書院志初稿，高攀龍爲其撰寫了序言。但到了天啓年間，政治風雲突變，東林黨人遭到了以魏忠賢爲首的閹黨的殘酷迫害，修志之事隨之受挫。明末清初，布衣學者嚴㲄又『窮搜往牒』，『校訂原稿』，完成了三卷稿本，並於清康熙初年刻印，但流傳極少。之後，高世泰又在嚴㲄稿本之後加纂續卷，時任無錫知縣的吴興祚特爲之作序，然而終未付梓，散而不傳。雍正三年（一七二一），祁陽刁承祖來任江蘇按察使，道經無錫，瞻拜東林書院，有志振興理學。他『慨然念東林舊志簡略殘缺，宜增輯，爲正學光』。雍正九年出任江南提刑按察副使的張師載亦有同感，與刁承祖一起捐俸資助重修書院志。於是，高䧺、許獻、高廷珍等便在無錫縣知事胡廷琦和金匱縣署事胡慎的具體支持下，搜采群書，考訂研究，經過半年的努力，終於編成了第四稿的《東林書院志》。僑寓無錫東河之上的吏部左侍郎兼内閣學士任蘭枝以及刁承祖、張師載、胡廷琦、胡慎和許獻等分别爲該書作序。

該志訂凡例十二條，較嚴志更爲精準。全書分建置、院規、會語、祀典、列傳、典守、文翰、著述、軼事等十個方面，存有閃光的思想成果、可貴的人物傳記，載録了書院的布局沿革、完整的禮儀制度、重要的官府文件和代表性人物的著作手記等，是一部内容極爲豐富的古代書院專志。

本書據清光緒七年（一八八一）刻本影印。

（夏剛草）

東林書院志

光緒辛巳重鐫

東林志序

憶昔先大夫秉鐸錫山兩校

年甫及卄就傅於來新清

署知邑中有精舍名東林

係宗儒龜山楊文靖公講

經設皋比處也時童蒙雖

不諳所謂學而心竊向往之

嗣後時見先大夫與邑之

薦紳先生春秋釋菜講

習論復於其間並知道南

序　一

之教澤實知而東林之源流
亦遠且長也間嘗考之東林
自宋訖元頗廢於復宋後
及明之中葉端文顧公搆地
增工大興講席海內學者
雲集響應東林書院遂
與白鹿紫陽相鼎足左右
主盟事集其成者忠憲
高公也公爲儒者之宗惰澄
廢絶不幸羅閹璫之禍踵接

序 二

纍涉淵之遠躅時摩小以公
爲魁錯綱森立以故明之季
世東林爲茂艸者而高氏
詠忠憲之訓遂以理學世
其家一再傳而忠憲之猶
子彙旃先生爲榛草出
力學枝廢仍故跡而脩葺
之設先賢木主祀其中
歲時俎豆不替是東林之澤
留道脈於一綫者高氏力

序 三

也天佑我
國家聖聖相繼正學昌明於
時撫江蘇者見潛菴湯公牧
仲宋公孝先張公皆昭代鉅
儒以至於風教為己任視學

講道必於東林五十餘年
之間舊業重復蔚然還我
皇上聖智天縱聲名洋溢聖
人之道如日中天東林之光
焰浩浩蕩蕩炳耀宇宙無論

豪傑之士感憤激發下至居
沽負販莫不抵掌若繪聲
赫厥愕艷稱東林遺事者
嗚呼天運循環斯文不墜東
林之在今日可謂盛矣年來

余僑寓梁溪卜築東河之上去
東林不過數武歲在庚戌予蒙
恩給假旋里見邑都人士考德
問業於東林者皆聯袂相錯思
欲登麗澤之堂入依庸之室

與諸君子互相砥礪而還朝
迅速多矣未果越明年辛亥初
陽刁公來
簡命觀察三吳振興理學加意東
林念舊志之未備捐俸重刊

序　六

而金匱顧公留心正道共襄
盛舉爰屬彙輯先生之文孫
家郡君偕予子姪廷珍與陛等
計諸君子道統源流出處存
未散在史冊者爲之較核位

置表揚論斷彙爲一書俾
後之學者展卷而如在一堂
以此三儒廉頑百世之下比於
親炙焉與起抑不知其何如
也書成而屬序於余余受而

序　七

卒讀恍然思當時向往至今
髮種種而學不加進直爲諸
君子一所擯棄又焉敢忘其
蠡測妄贊一詞顧自惟遭際
聖明廁身文學侍從之列親見

序

崇儒重道之休風則於此書
之成會當呈之芸展秘之
天祿為萬世龜鑑左余小子
實與有責爰駢數語於先
大夫之志掛名簡末竊以自

幸云
雍正十一年歲次癸丑三月既
望
賜進士及第
誥授通奉大夫　經筵講官吏部

序

左侍郎仍兼內閣學士教習
庶吉士瀨陽後學任蘭枝拜
書

東林志序

從来理學在天地間其所以紹往聖啓来兹者必有數偉人維持於其中以闡發而倡明之而其傳始真是以後先媲美源遠流長肅丞甞而光俎豆甚盛典也自東

吳篤生大儒顧涇陽高景逸兩先生遠紹道南一脉講學東林一時從遊之盛視鵞湖鹿洞有加焉其後教澤之所涵濡蒸爲氣節蔚爲事功徵爲人品咸於東林有自起焉然則東林

之道脉實弘其間
文獻所係不綦重
哉先祖蒙吉公潛
心理學著書立説
常得忠憲高公遺
書讀之喟然嘆曰
此聖賢正派也置
主奉之服膺弗怠
瞻仰之餘因得神
交於彙旃高先生

書札往來者十有
餘載是以三吳學
者羣相引重於康
熙九年與祀東林
得從高顧諸先生
配食龜山先生歷
有年矣承祖童年
授業即熟識東林
之有正學爲先祖
所欽崇每於庭幃

侍訓時心切景仰
奈路途脩阻隔越
河山徒有志而未
逮時厪於懷恭惟
我

皇上御極之三年歲
乙巳承乏金陵上
邑因公赴蘇道過
錫城肅謁祠宇瞻
先人在天之靈慕

序五

異地相推之雅派
連久之慨然念東
林舊志簡畧殘缺
宜增輯為正學光
數年来楚南湘北

鞅掌無暇心竊懸
懸無從與力辛亥
冬十一月承祖復
奉
簡命觀察三吳得再

序六

瞻祠下重沐前輝
而書院諸生叢集
會語釐訂遺規增
入列傳多篇朗如
星日不數月成書

凡廿有二卷一展
閱閒頓覺啟迪如
新典型未遠道南
之脉始原於龜山
先生復振於高顧

兩先生者益昭然
若揭況列傳内躬
修炳如大節挺然
臚列愈詳薪傳愈
著豈非正學為浩

氣之原篤信為真
傳之本哉今承祖
又恭承
寵命陞任豫藩行將
捧選編而惕惕誦

新志而惓惓佩服
不忘奉爲龜鑑後
之君子緩時地遙
遥無從得門庭以
趨闈輿其庶於斯

序九

編賴文獻之存是
爲序
雍正十年歲次壬
子嘉平之月
賜進士出身通奉大

序十

夫江蘇按察司令
陛河南布政使義
豐後學刁承祖步
武氏薰沐拜題於
姑蘇官署

脩東林志序

東林書院肇始於宋之龜山先生重葺於明之端文忠憲兩公自来正学不明則異學爭熾龜山親炙二

程之门爲考亭開先洵乎接列聖之心傳以正学倡天下後世其講学梁溪一本河洛宗旨顯示以蕩平正直之規力黜爭影响意

見之說此書院講會所由盛也有明顧高兩公繼起承前啟後崇正闢邪東林書院復一大聚而忠憲高公兼以氣節樹於朝皎皎

清名彪炳寰宇後公以先幾之哲竟殉節終東林遂爲瓦礫一區嗚呼東林一忠憲一人寔係乎明祚之盛衰其有關於氣數豈淺

鮮哉彼蒼雖降禍東林終不忍楊氏之傳頓焉之學嶄焉而絶復挺生學憲棠旃先生搆講堂闢學舍春秋釋菜自是俎豆依然

迨

國朝定鼎以來

聖聖相承重熙累洽近復加意師儒闡明性理堯舜禹湯文武周公孔孟程朱之

道燦然如日月經天江河行地正學明而異學熄東林之或興或廢於數百年間者蘇一旦獲際其盛矣昔先清恪公撫吳時屢謁

道南輒於龜山先生有高山景行之慕而嘆息端文忠憲之遺風猶有存者因敦請耆宿於書院會講且以意授左幕諸子命師載

學務為條踐縷答後陞陛
任還朝而東林時時在念
恭惟我
皇上御極之九年師載奉
命擢任江淮而觀察刁公亦
以是歲之冬駐節三吳相
與瞻拜祠下學憲文孫隆
爲之譚往事念前徽慨然
重修書院志踰一載而書
成問序於余〻於聖人之

序　五

道未有所聞顧以獲聞於
庭訓者質之當代云爾謹
敘
雍正十一年歲次癸丑十
月上澣管理河庫道江南
提刑按察使司副使儀封
後學張師載題

序　六

重脩東林志序

今上御極之九年琦奉　命承
乏無錫邑故有東林書院宋
龜山先生所剏建而明大儒
顧高諸子所修復以興起來
學者也瞻拜祠下景仰久之

序　一

越明年大臬憲刁公捐修東
林志邑心士以琦嘗與校讎
之役不可无一言以序簡端
琦自惟奔走仕宦不足以言
學顧東林之源流與其廢興
之故諸序言之屢矣又奚以

余言爲無已姑舉平日所聞
于孔孟者質諸東林諸子之
原序以爲士子吉其可乎自
孔門言求仁子思承曰明善
誠身夫所謂仁也善也即性
也故孟子弌言蔽之曰性善

序　二

盡之矣東林之學凡以復其
性文章從此出事功由此興
窮神達化盡性致命之妙從
此臻離此而言文學則一變
而爲訓詁再變而爲詞章駢
枝綴葉其失也華而浮離此

序　三

而言事功則一變而爲功利再變而爲刑名慘急刻薄其失也靡而雜離此而言窮神達化盡性致命則甚者爲佛老近之亦入于陽儒陰墨之徒閃爍近似其失也荒而誕

嗚呼明之中季聖學之不絶如綫詞章功利之習没溺于人心伯安王氏從而橋出倡爲无善無惡之説以提醒本來覺悟後多一時中狃之士翕然從風而其流弊益深錮

序　四

而不可解於是有詆程朱之窮理爲支離而其言性也胥入於窅冥荒忽自謂通脱透悟者矣有詆程朱之居敬爲桎梏而其體性也有流于縱逸放誕自謂圓融無礙者矣

無善是無性无性是無學嗚呼此顧高諸子所以懼而東林闡衛闢邪之功爲不可已已也善乎高子之言曰如是之謂性知其如是而還其如是之謂學本孺劉子之言曰

即性即心是爲善脉无善無
脉也嗚呼道脉自孔孟來千
四百年而始續于程朱有陸
氏者出而端緒稍殊矣賴朱
子闢之而復歸於正叓三百
年而姚安之説盛行延至龍

序　五

谿王氏幾于猖狂決裂莫可
底止微東林諸子其孰與正
之此臯寃刁公表章前哲之
心其闢於學術人心者甚大
而非猶夫世之編摩綴緝者
所可比也琦不敏謬從諸君

序　六

子後尋繹先儒之緒言執筆
爲之有餘恧焉謹書此以俟
世之哲言者
奉直大夫江南直𨽻通州知
州前署無錫縣事胡廷琦相
州氏薰沐拜撰

東林書院志序

自宋以來海内以書院名者
不可勝數而東林一席實為
洛閩道脉之樞其廢興之故
所係綦重矣蓋自周元公繼
孔孟之道統于千四百年之

後二程先生得之以倡明于
伊洛閒而龜山楊氏得其宗
其學成而歸也淳公目送之
曰吾道南矣龜山往來毘陵
梁溪閒講學于東林者十有
八年于是由豫章羅氏延平

李氏傳至考亭夫子遂集群
儒之大成為萬世理學宗主
是繼洛而開閩者東林也顧
朱子之學歷元世百年閒雖
有何王金許以次相傳綿緜
延延不絕如綫至明弘正之

世則姚江之學大行而伊洛
之傳幾晦東林亦廢為邱墟
至萬曆之季始有端文顧子
忠憲高子振興東林修復道
南之祀倣白鹿洞規為講學
會力闡性善之旨以闢無善

無惡之説海內翕然宗之伊洛之統復昌明于世而龜山承前啓後之功至是益大淳公道南之語固先爲之兆矣然而莫爲之前雖美弗彰莫爲之後雖盛弗傳東林盛衰

序三

之故係于道統者如此顧使後世有文獻無徵之歎其可乎則東林重而東林之志亦綦重矣先是曾有劉志稿成而未及刊布繼有嚴志刊布而惜未詳備今中州大方伯

祁陽刁公秉憲三吳時惓惓于東林一脉蓋公之祖明大儒蒙吉先生爲高子私淑弟一人得洛閩正學嫡傳久配龜山之祀故公每臨下邑必展謁釋奠慶文獻之無徵惜

序四

前志之未備爰命書院諸生考稽故籍網羅遺文班序部居釐爲若干卷慎反覆校訂可繕寫于是方伯公暨儀封清恪公令嗣大祭張公各捐俸助梓以垂不朽於乎道脉

之在天地閒固始日月江河不可磨滅而其盛其衰若有數存乎其閒自孔孟後千四百年始有周程續其統朱子集其成又四百年而顧高振其緒中閒爲之樞紐使先哲

序五

後賢若合符節者龜山一人而已則東林文獻之傳顧不重歟方今

聖天子接唐虞之道統明精一之心傳憫天下之士未能深窺性理義藴

特須論旨通行訓誨勉以潛心正學誦法聖賢實踐躬行澄源端本

聖謨洋洋千載一時矣而斯志之成適際其會誠願讀斯志者于會語而見諸賢主敬立

序六

誠涵養克治之實功于傳志而見諸賢行己立朝經濟氣節之實行于規條創制而見諸賢苦心大力爲世道人心計者至深且遠所謂百世之下聞風興起者端在于是然

鼒方伯公所呂翊贊休明而維持道脉者其切不亦偉與慎也末學下僚得与技譬之役以勦盛舉實厚幸焉是爲序旹

雍正十一年歲次癸丑仲夏上浣之吉黔南後學胡慎拜題于金匱官署

東林書院志序

東林書院片壤耳而海內重之者過於嵩陽嶽麓無他自宋元迄今先儒之道脈於是乎在故重也重則宜志志則何以使道脈不替徵文考獻學者可以興焉爾也今夫天下名山之有志也必令人展卷流覽輒欲不遠千里而命駕焉按其紀載可躡展而徧得其勝循途歷級而直造乎其巔也則志之善者也道南之脈之起於龜山也譬則南條諸山之起脈於青城第一峯也喻玉泉以來蜿蜒鬱積而發爲巔高兩先生則衡嶽之鎮也其一時應和從游之盛則廬阜諸峯之勝也徵文考獻從卷帙得塗徑從塗徑得登躋不虛高山仰止之思也苟但得其髣髴如三神山之

縹緲海外不可得而即則志亦不足觀矣東林舊有嚴氏志意主簡嚴觀者遂有精詳不足之憾祁陽醇菴刁公係忠憲先生私淑第一人蒙吉先生文孫淵源正學驗之政績辛亥冬奉

命觀察吳中甫下車即惓惓東林志乘壬子二月季方過錫猥以見屬末學淺陋於諸賢曾

未足以窺見山足而何有於其層巒叠巘之高且大者乎然生長於斯少頗愛讀儒先書得藉是編纂以增發竊往竊亦與有幸焉用是搜採羣書參互考訂朝夕相助則高氏和鳴季元之力也凡六閱月編成二十有二卷其間知不無紕漏受啞君子而徵文攷獻期於海內志學之士一展卷而從此可典則斯編亦未必無小補云

雍正癸丑孟夏錫山後學鄉三許獻

跋

雍正壬子之春今中州方伯祁陽刁公方觀察三吳念東林志乘殘缺欲增輯爲正學光而邑侯胡公留心斯道適有同志爰以編纂事商托於家伯父象郝公維時陞与從兄廷珍適同硯席家伯父即命共任校讎之役而析衷於許鄉三先生陞既聞命乃作而言曰東林廢興之故其源遠矣其流長矣今欲輯而傳之請商所以志夫志以明教也非徒志堂室圖書什器之謂也昔先忠憲序劉本孺先生志稿有云室敝可葺也器敝可新也圖書敝可更也人敝則神離矣何以使人之不敝也曰在學至哉言乎殆即今日之所以志乎用是搜採群書參互考訂越半載而書成志會語而微言大義從可窺尋志院規而此身此心罔敢踰越他如列傳多蒐軼事數則觀於立朝大節伏處清操与夫進道之階梯學力之究竟即知諸賢之所以教吾儕之所以學而人賴以不敝神即賴以不離東林志之裨益不已多乎或謂東林之重不以志顯也則志非在所急噫是第知東林之重而不知東林之所以重也今使諸賢之道統源流不亟爲之較核位置彙而成書雖其出處本末散在史册恐亦寥落而無存閱數年而老成凋謝尚有能念先賢而談遺事者乎無有矣更閱數十年而典籍磨滅尚有可攈往事而續薪傳者乎無有矣千百世之下且不知東林爲何地東林之人爲何如人雖欲重之又孰得而重之今則道統秩然源流瞭如既至其地可按籍而稽未至其地亦可聞風而起上以備

聖天子之顧問下以邑侯賢當事之護持其庶於斯編有厚望焉茲因剞劂既竣漫識數語於簡末矣毋負先忠憲人還其人之旨癸丑仲夏東林後裔高陞季元氏謹跋

跋

東林志嚴佩之先生所編裒二卷先曾祖
學憲公復續得數卷迄今幾六十年家君
子毎有志重修適壬子春祁易　刁公秉
憲三吳展謁東林釋奠之暇過訪家君子
謂前志未備宜增訂以廣學者觀覽盍曰
令祖文孝先生心師先忠憲又與先學憲
往來問道切劘最深故惓惓於東林尤篤

跋　一

時即以編纂諸事委家君子曰與鄉三許
先生商酌且命廷珍及從弟陛臚刋東
林興廢之大槩諸賢衛道之鉅功為之誌
傳記輯遺規東林之志始詳且析凡六閱
月而書成共二十有二卷而邑侯黔南
胡公反覆考核詳加訂正陳之觀察使院
嘆為大開生面正學重光癸丑春　刁公
晉秩豫藩臨行捐廉俸付剞劂氏復得儀
封　張大恭公共襄厥事而　胡公崇儒
重道捐貲經理實鼎力始終之方今
聖天子興賢育才於凡省會書院
特諭督撫酌量舉行各賜帑金若干俾文行
兼優之士讀書其中以備
國家棫樸菁莪之選然則東林之志出行
見雲蒸霞蔚咸得究心是書以求明體達
用之學斯舉所關顧不重哉憶少侍先祖

跋　二

楚培公見四方之索是書者多嘗以增修
補輯責在後起為囑不圖至今日而樂觀
其成也爰述數語綴之簡末以志幸云
雍正癸丑四月既望東林後裔高廷珍和
鳴氏謹跋

東林書院志

光緒辛巳重鐫

道南祠圖

東林書院圖

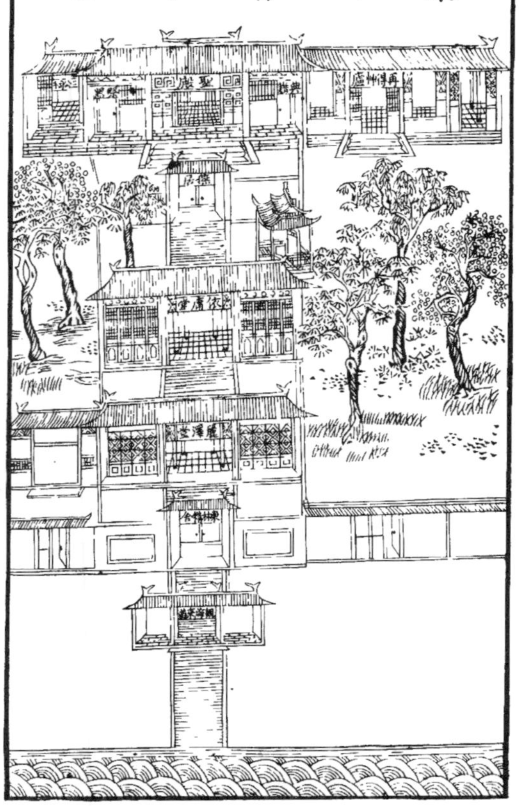

有明一代我邑東林與國之存亡相維繫則邑中掌故莫大於此乃志板久佚而印本流布未亂以前一二藏書家尚多有之自粤逆竄擾邑中藏書皆爲煨燼克復後欲求印本亦寥寥焉幸五六年前於書肆間購得全帙適修邑志尚有餘貲因與同人急謀剞劂以永其傳庶幾我邑掌故不至泯没而無可考其原書殘缺處不敢臆補悉仍其舊恐貽竄亂之譏也光緒七年九月畢工邑人趙棨識

東林書院志總目

東林自楊龜山先生講學後四百餘年遺址賴顧涇陽高景逸兩先生興復祠宇講堂而道南一脈大光嗣後更廢迭興歷可稽考志建置第一

書院之有志當以明教爲主非比郡縣名山之例故諸賢會約會語確係東林者決宜備載俾後學一展卷間即不啻親切敬聽於弟子班中則私淑之意當有油然而生者志院規第二會語第三

祠祀鉅典刻本孺先生志草具載釋菜釋奠儀物今仍之而以諸賢從祀緣起及官祭緣起添設牲牢緣起次第詳載志祀典第四

道南諸賢俎豆一堂後學仰止不知其人可乎原志止載八人後

巖佩之益以十四人蓋慎之也今據在祠從祀諸賢既經士論公舉當道允行各有本傳可采概宜訂入以備參考志列傳第五

東林建造修復俱有賢當事護持見道脈感孚無間先後彼此也志公移第六

書籍祭器向經毀滅克復舊物以俟後賢志典守第七

諸賢序記等篇具見東林源流興替之跡故於舊志所收之外復廣爲蒐採增入若干首志文翰第八

諸賢生平學力具見著述其間有不能流布漸至泯滅者將使後學無從測其高深志著述第九

事蹟宜傳列傳所略彙入諸賢軼事而以東林軼事合焉志軼事第十

凡例

凡祠宇講堂新舊規模興廢年月俱敘入建置至當年佐工佐餽佐庀嚴志削載義輸今附建置內而增以佐修若後人修葺之功不繼則前賢建置之澤亦湮載此以俟續登方可歸然百世

凡會語的係東林定本止錄顧高兩先生侃侃衛道諄諄淑人一段真精神尤令人百世可興也如端文虞山商語忠憲就正錄等書不係東林不敢濫入至諸賢亦各有東林講語則俟他日當彙爲東林諸賢會語以傳之

凡諸賢列傳每詳立朝大節而生平進德修業之處則畧焉蓋史傳體裁也今欲考其進道之階梯學力之究竟非有德有言之君子不能知亦道不到故既載列傳而墓文行狀之卓然可傳者謹倣伊洛淵源例并錄焉庶嚮往者從可窺尋爲學工夫亦有誌狀詳核不更覓傳者傳亦無以復加也若欲稱更前後變爲傳體掠美市名則愚不敢間或不及采入全文則以管窺蠡

補

凡傳文稱名從史例也有稱字稱先生者緣非史傳各照作者原文未便改從一例

凡高子會語文翰軼事未見遺書者悉據未刻稿及親筆日記編入

凡嚴氏所輯院規文翰等篇意主從簡刪削過多今悉考原本正之

凡當道申詳移檄等文及士人呈請之辭並關與替載入公移而惟事涉祠祭者則以類從編入祀典

凡文翰惟關係東林而作者分體入編如欲于諸賢集中擇其有關世教精粹可誦者登入一二既恐挂一漏萬復恐美不勝收故不多載以混體例

凡舊志序跋弁之首簡累頁太多去之恐沒前人撰次之心故如劉本孺先生志稿罕傳高彙旃先生續志亦詮次未竟二書序跋謹與嚴志原序並入文翰以志不忘

凡所標諸賢姓氏例宜從一祗因置主入祠時向有或字或號之異故各照祠內某先生神位標稱

凡諸賢傳文誌狀之內所載著述從刪以另列著述一卷也倘有藏弆名山寡陋失于登載者希不吝示知以便補刻

凡諸賢無全集傳世而所著詩文之類間有如吉光片羽不可磨滅者例既不便入文翰則採入軼事以廣其傳後學從此一斑可以窺豹

雍正十年二月上浣梁溪後學許獻鄉三氏高廷珍和鳴氏高陛季元氏全識于東林之再得草廬

東林書院志目錄

東林書院志　目錄　五

東林書院志目錄終

東林書院志　目錄　六

東林書院志卷之一
儀封張師載西銘
伊祁刁承祖醇菴鑒定
伊祁刁顯祖振菴　　　　高　隆象郝
燕山胡廷琦敬廬　　梁溪高　䄇象姚　高廷珍和鳴
黔南胡　慎敬修參訂　　許　獻鄉三　高　陛季元增輯

建置

國家建學造士士子或視爲徼求利達之塗聖賢修己淑人
之旨則荒焉卽先賢遺址建祠宇立講堂仔肩道脈啟迪英
賢則書院者學校之輔翼也志建置

楊龜山先生祠在金邑城東隅弓河之上左距弓河右卽書院門
一楹榜曰道南祠孫文介公書左右聯曰伊洛淵源舊梁溪俎豆新入

門爲前堂進爲祠堂皆三楹祠設几案五中奉楊龜山先生神位
左右四龕奉宋元明及　本朝諸賢之位祠與書院並建於萬歷
甲辰先是嘉靖中邑侯鄭公曾卽東林遺址爲堂祀先生而以喻
尤李蔣四先生配不久卽廢至是落成天啟丙寅東林書院盡毀
爲瓦礫區而道南祠以格於邑乘得不毀前堂匾四理學宗傳上元令刁承祖
題繼往開來邑尊李玫題正學津梁道憲張師載題道在是矣邑尊胡慎題聯四道啟東南一代師儒光俎豆學宗洛
閩四方賢哲共烝嘗上元令刁承祖題道衍二程無異學理宗一貫有眞傳邑尊李玫題道幸南來溯本本原原洛水薪傳延
一綫恩由北至看承承繼繼錫山俎豆永千秋道憲張師載題伊洛道統自北而南先生實承前啟後洙泗心傳有一無二諸賢
後尊聞行知邑尊胡慎題祠堂匾五洛閩中樞高世泰題輔翼孔庭察院成其範題醇儒亮節道憲劉梅題伊洛
正宗撫憲湯斌題吾道前津臬憲刁承祖題聯二持正論闢新經獨尊道統如日月之中天述梓言績絕學遞啟儒宗若江
河之行地蹟莊題載道而南揭理一分殊之旨十八年春風化雨奉神以祀萃仁至義盡之儒兩三朝威鳳祥麟臬憲刁承祖題
書院在道南祠之右門一楹榜曰東林精舍內顏洛閩中樞門前

木坊一顏曰觀海來遊徐邑尊日烱改建坊屋三楹入門爲麗澤
堂堂三楹吳覲華先生重建北壁置石刻東林書院記歐陽宜諸
撰石刻依庸堂記鄒南皐撰俱文湛持書進爲依庸堂三楹堂後
廟門一楹顏曰燕居左右聯曰得其門而入不可階而升董玄宰
書左偏碑亭一碑刻宋大中丞牧仲重修東林書院記入門凌級
而上爲廟一楹設几案奉木主祀至聖先師孔子左右聯曰盡性
至命立三才極繼往開來爲萬世師張琴書廟左右翼室各一榜
其左曰典籍右曰祭器高彙旃先生重建又右一楹爲三公祠設
几案奉木主祀郡守宜諸歐陽公郡守二雲曾公邑令平華林公
三公皆有造于東林者又左三楹爲再得草廬皆高彙旃先生建
舊制書院之前面南鑿池濟以木橋橋前廣道十丈有奇建石坊
顏曰洛閩中樞曰觀海來遊坊前爲衢通左右止弓河瀕河而東

稍折而南亦濟以木橋院建大門二楹榜曰東林書院門聯曰此
日今還再當年道果南兩旁翼房數間儀門一楹入門爲麗澤堂
三楹左右聯曰願聞己過樂道人善進爲川堂再進爲講堂顏曰
依庸皆三楹依庸堂左右聯曰庸德之行庸言之謹又曰坐間談
論人可賢可聖日用尋常事卽性卽天堂後廟門一楹榜曰燕居
廟聯曰得其門而入不可階而升廟顏中和二字左右聯曰盡性
至命立三才極繼往開來爲萬世師廟左右翼以樓祭器古樂器
暨書籍悉貯焉堂左右有長廊通大門廊外俱有書室屬主院者
各自營造天啟乙丑八月拆毀天下書院首及東林然止撤依庸
堂若燕居廟暨左右長廊書室賴忠憲保護獲存丙寅三月忠憲
殉難五月初旬撫按檄邑令某盡毀聖廟書室東林遂爲瓦礫區
戊辰崇禎改元二月御史劉公士佐請復天下書院奉旨各處書

院宜表章者着提學官盡行修復時吳觀華先生得旨大悅始捐資重建麗澤堂堂成于己巳嗣後燕居廟二公祠再得草廬俱係高棄旃先生營搆次第落成惟依庸堂則至康熙三十二年癸酉學憲許時菴先生始捐資檄縣台前後各捐銀重建甲戌二月落成今雖不能盡復舊觀而門墻靚深堂宇嚴整過者肅然誠得二三君子主持講席以繼往開來爲己任則顧高諸先生遺澤未墜而道南之派長流矣麗澤堂聯對三言教莫如詩觀悟到中庸章句身教莫如禮持循在鄉黨一篇高世泰題　光天下做箇人須循着規矩落地來有場事要識得巋巋巍巍崑山歸莊題　一堂聚四海名賢氣節文章俱自身心若力多士食百年舊德讀書尚友須從倫物立根邑尊胡慎題依庸堂匾六斯文在茲大學士熊賜履題　後學津梁上元令刁承祖題　高山仰止邑尊李玫題　風聞百世觀察使刁承祖題　南國古墳邑尊江日容題　望古遙集邑尊高　恉題　尊胡聯對四主敬存誠坦蕩蕩天空地闊窮理盡性活潑潑魚躍鳶飛上元令刁承祖題　堂號宏甫言行其坦蕩也　謹信其塗塈也精義入神窺闞奧室名麗澤詩書則徑路矣講習則步趨矣踐形盡性敢門庭觀察使刁承祖題　爲道爲法爲則

守志存愛不淫不移不屈知命達天邑尊李玫題　夫誰升堂夫誰入室皆在望且遊聖人之門何以明善何以誠身麗澤相資庶友天下之上　邑尊江日容題　常非即世天　崑山歸莊書再得草廬聯對二願聞已過樂道人善書　坐間談論人可賢可聖日用尋

佐工

顧涇陽 銀壹伯貳拾兩　高景逸 銀壹百兩

顧涇凡 銀壹伯兩　安我素 銀伍拾兩

劉本孺 銀伍拾兩　葉園適 銀伍兩

張弦所 銀伍拾兩　顧驤宇 道南祠基地

史玉池 銀拾兩　王儉齋 銀伍兩

顧亭之 銀拾伍兩　顧木之 銀拾伍兩

顧夾之 銀叁拾兩　錢啟新 銀拾兩

陳筠堂 銀拾兩

各上臺暨府縣佐工之費俱見公移茲不錄

佐餉

撫臺周懷魯 銀叁拾兩　按臺楊淇園 銀貳拾兩

兵尊蔡虛臺 銀貳拾兩　郡尊王鍾嵩 銀叁拾兩

鹽臺左 銀貳拾兩　兵尊蔡虛臺 又銀拾兩

二府連 銀拾兩　四府錢 銀拾兩

縣尊許同生 銀伍兩　蘇郡四府林 銀陸兩

長洲縣尊祁爽度 銀陸兩　按臺鄧來河 銀拾兩

長洲縣尊祁爽度 又陸兩　縣尊許同生 又銀伍兩

三府萬 銀拾兩　縣尊陳石泓 銀捌兩

佐產

縣尊林平華 銀伍拾兩　縣尊陳石泓 銀壹百兩

撫臺周懷魯 銀貳拾兩　烏程縣尊曾 銀拾兩

撫臺周綿貞 銀貳拾兩　吳虬峰 田租壹百石

安我素 田租貳拾壹石貳斗貳升

天啟丙寅書院拆毀產隨入官易價見公移

佐修

鹽院成名其範 銀叁拾兩　學臺李名振裕 銀貳拾兩

臬臺王名燕 銀肆拾兩　大學士熊名賜履 銀拾兩

太史熊名賜瓚 銀拾兩　學臺許名時霖 銀肆拾兩

撫臺宋名犖 銀貳拾兩　邑尊徐名永言 銀貳拾兩

邑尊李名繼善 銀貳百兩時道南祠傾圮重葺　學臺鄭名任鑰 銀拾兩

邑尊李名玫 銀伍拾兩　邑尊徐名日炯 銀拾兩

臬臺刁名承祖

邑尊江名日容 銀貳拾兩　　邑尊胡名廷琦

邑尊胡名愼

東林書院志卷之一 終

東林書院志卷之二

院規

大匠之有規矩，學者知守之；吾儒之有規矩，學者乃不知守之，則前賢之條列者爲虚設矣。東林會約一宗朱子白鹿洞學規而加詳焉，聖人復起無以易也。相與遵守而服行之，則前賢之意也。志院規。

顧涇陽先生東林會約

按東林落成於萬歷甲辰之秋，十月徧啓諸同人，始以月之九日十日十一日大會東林講堂，涇陽先生爰作會約以諗同志，而景逸先生爲之序。首列孔顏曾思孟，明統宗也；次白鹿洞學規，定法程也；申之以飭四要、辨二惑、宗九益、屏九損，衛道救時，周詳懇到。其間闡提性善之旨，以闢陽明子天泉證道之失，尤見一時障川迴瀾之力。是時海内論學諸賢，各有宗旨，亦每有會約，而莫如此約之醇正的實者。舊志與有異同，今則謹照原刻編定。許獻謹識

愚惟孔子萬世斯文之主，凡言學者必宗焉。善學孔子則顏曾

思孟其選也。是故欲觀孔子之所以學，與顏曾思孟之所以善學孔子，當于其渾然者矣。其渾然者不可得而見也，當於其燦然者矣。其燦然者又不可得而悉也，於是掇其要而表之，謹列如左。

孔子

吾道一以貫之

吾十有五而志於學，三十而立，四十而不惑，五十而知天命，六十而耳順，七十而從心所欲不踰矩

顏子

顏淵喟然歎曰：仰之彌高，鑽之彌堅，瞻之在前，忽焉在後。夫子循循然善誘人，博我以文，約我以禮，欲罷不能，既竭吾才，如有所立卓爾，雖欲從之，末由也已

曾子

大學之道在明明德在親民在止於至善知止而后有定定而后能靜靜而后能安安而后能慮慮而后能得物有本末事有終始知所先後則近道矣古之欲明明德於天下者先治其國欲治其國者先齊其家欲齊其家者先修其身欲修其身者先正其心欲正其心者先誠其意欲誠其意者先致其知致知在格物物格而后知至知至而后意誠意誠而后心正心正而后身修身修而后家齊家齊而后國治國治而后天下平自天子以至於庶人壹是皆以修身爲本其本亂而末治者否矣其所厚者薄而其所薄者厚未之有也此謂知本此謂知之至也

子思

天命之謂性率性之謂道修道之謂教道也者不可須臾離也可

離非道也是故君子戒慎乎其所不睹恐懼乎其所不聞莫見乎隱莫顯乎微故君子愼其獨也喜怒哀樂之未發謂之中發而皆中節謂之和中也者天下之大本也和也者天下之達道也致中和天地位焉萬物育焉

孟子

孟子道性善言必稱堯舜

可欲之謂善有諸已之謂信充實之謂美充實而有光輝之謂大大而化之之謂聖聖而不可知之之謂神

愚惟古之立教者各因其質之所近而輔相之與其所偏而裁成之抑揚高下初無定法至其大本大原大綱大紀自聖人至于初學俱有不能越者則亦未嘗無定法也稽古昔述生民揆典則秩彜訓約而有章詳而有體其惟朱子白鹿洞規乎謹列如左

父子有親　君臣有義　夫婦有別　長幼有序　朋友有信

右五教之目

堯舜使契爲司徒敬敷五教即此是已學者學此而已其所以學之亦有五焉具列如左

博學之　審問之　愼思之　明辨之　篤行之

右爲學之序

學問思辨四者所以窮理也若夫篤行之事則自修身以至處事接物亦各有要具列如左

言忠信　行篤敬

懲忿窒慾　遷善改過

右修身之要

正其誼不謀其利　明其道不計其功

右處事之要

已所不欲勿施于人

行有不得反求諸已

右接物之要

熹切觀古昔聖賢所以教人爲學之意莫非講明義理以修其身然後推已及人非徒欲其務記覽爲詞章以釣聲名取利祿而已今之爲學者既反是矣然聖賢所以教人之法具存于經有志之士固當熟讀而問辨之苟知理之當然而責其身以必然則夫規矩禁防之具豈待他人設之而後有所持循哉近世于學有規其待學者爲已淺矣而其爲法又未必古人之意也故今不復施于此堂而特取凡聖賢所以教人爲學之大端條

列如右而揭之楣間諸君相與講明遵守而責之于身焉則夫思慮云爲之際其所以戒謹恐懼者必有嚴于彼者矣其有不然而或出于禁防之外則彼所謂規者必將取之固不得而略也諸君其念之哉

愚惟朱子白鹿洞規至矣盡矣士希賢賢希聖舉不出此矣東林之會惟是相與講明而服行之又何加焉顧欲講明而服行之必飭四要破二惑崇九益屏九損凡皆互爲維持俾明者常明行者常行施之永永而勿弊也具列如左

四要

一曰知本知本云何本者性也學以盡性也盡性必自識性始性不識難以語盡性不盡難以語學吾繹朱子白鹿洞規性學也不可不察也是故父子親矣君臣義矣夫婦別矣長幼序矣朋友信

矣乃其所以親所以義所以別所以序所以信者果何物乎於是乎有學矣有問矣有思矣有辨矣有行矣乃其所以學所以問所以思所以辨所以行者又何物乎不可不察也以至修身也言能自忠信乎行能自篤敬乎忿能自懲欲能自窒乎善能自遷過能自改乎處事也誼孰從而正道孰從而明乎接物也有不欲孰禁之使勿施有不得孰引之使反求乎不可不察也察之斯識之矣識則無往而非性也不識則無往而非器也或生而知之或學而知之或困而知之識也饑食渴飲貿貿焉與禽獸並生並死于天地之間不識也蓋亦有自以爲識者矣而高之則虛無卑之則支離其識也殆無以異于不識也究其弊又有甚于不識也此無他其于學也以已爲準而不以性爲準其于性也以其所謂性爲準而不以公共之所謂性爲準于是妄開蹊徑上下走作或欲躍出人倫日用之表而不安其常也或僅株守人倫日用之跡而不研其精也無爲貴學矣夫然後知朱子之見之正也守之確也慮之遠也防之豫也故曰白鹿洞規性學也不可不察也或曰世之言性者何如曰性一而已矣言性者亦一而已矣不聞有異同之說也自孟子道性善告子又道無善無不善而一者始歧而二矣此孔子以後之變局也今之言曰無善無惡是謂至善而二者又混而一矣此孟子以後之變局也或于同中生異或于異中强同詖淫邪遁皆從此出不可不察也曰然則子何以折衷之耶曰吾將深言之參諸人生而靜之上則沖漠靡朕方爲無善無惡之所影響而未有以奪之也吾將淺言之參諸感物而動之後則紛紜靡定所據反出無善無惡之下而不足以勝之也請就一善字爲案相提而論之由孟子則善者性之實也善存而性存矣善亡而性

亡矣天下雖欲不尊視乎善不可得也由告子則善者性之障也亦與惡無以異耳天下雖欲不卑視乎善不可得也尊視乎善君子好其實將日孜孜焉望而趨之小人畏其名將日惴惴焉而不敢肆卽有非僻邪謬之子鮮不意沮而色怍矣是率天下而檢攝于善之內也卑視乎善君子且去而凌空駕虛以見奇小人且去而破規裂矩以自恣于是親義序別信皆爲土苴無關神理學問思辨行皆爲桎梏有碍自然從上聖賢之所相與叮嚀告戒一切藐而不事矣是率天下而馳騖于善之外也兩言判若霄壤而究其利害亦相什伯千萬乃欲推此入彼援彼附此强而合之耶竊見邇時論學率以悟爲宗吾不得而非之也徐而察之往往有如所謂以親義別序信爲土苴以學問思辨行爲桎梏一切藐而不事者則又不得而是之也識者憂其然思爲救正諄諄揭修之一

路指點之良苦心矣而其論性則又多篤信無善無不善之一言至以爲告子直透性體引而合之孟子之性善焉不知彼其以親義序別信爲土苴以學問思辨行爲桎梏一切藐而不事者其源止自無善無不善之一言始而無善無不善之一言所以大張于天下者又自合之孟子之性善始也是故據見在之跡若失之于修究致病之源實失之于悟所謂認賊作子也今不治其源而治其流非特不治也又從而益滋之一邊禁遏一邊崇奉何異揚湯以止沸如是而猶致咎于流之不澄何異疾走而惡影必不得矣陽明先生曰無善無惡心之體有善有惡意之動知善知惡是良知爲善去惡是格物其立言豈不最精密哉而卒不勉于弊何也本體工夫原來合一夫既無善無惡矣且得爲善去惡乎夫既爲善去惡矣且得無善無惡乎然則本體功夫一乎二乎將無自相

矛盾耶是故無善無惡之說伸則爲善去惡之說必屈爲善去惡之說屈則其以親義序別信爲土苴以學問思辨行爲桎梏一切藐而不事者必伸雖聖人復起亦無如之何矣倘可得而救正耶陽明之揭良知眞足以喚醒人心一破俗學之陋而獨其所標性宗一言難于瞞心附和反覆尋求實是合不來說不去而其流弊又甚大耳是故以性善爲宗上之則羲堯周孔諸聖之所自出下之則周程諸儒之所自出也以無善無惡爲宗上之則曇聃二氏之所自出下之則無忌憚之中庸無非刺之鄉愿之所自出也不可不察也或曰告子曰性無善無不善專欲抹下一善字今曰無善無惡是謂至善却乃拈上一善字其立言之旨倘亦有不同乎曰固也惟是彼之于善也既妄意排擯以矯揉造作者當之而善之本相盡被埋沒此之于善也又過意描寫以渺茫恍惚者當之而善之本位竟致虛懸竊恐均之不必有當于性體耳曰無善無不善塞孟子之性善者也孟子之操懿也無善無惡是謂至善逼孟子之性善者也孟子之毛鄭也槩而距之得無過乎曰歧無善無不善于性善一彼一此門戶各別孟子之所謂性猶在也混無善無不善于性善面目無改血脉潛移孟子之所謂性亡矣歧性善于無善無不善一是一非稍有識者類能別之告子之說猶不得重爲世道之害混性善于無善無不善呂嬴共族牛馬同曹告子之說且恬然竄入羲堯周孔之宗矣論至于此與其混也寧其歧也嗚呼此吾儒之所爲硜硜護持力爭于毫釐抄忽之間而必不敢苟爲遷就與世同其滔滔者也

一曰立志立志云何志者心之所之也莫貴于人莫靈于心心欲超凡民而之豪傑豪傑矣心欲超豪傑而之聖賢聖賢矣有不然

者由其漫然不知自貴耳幸而知自貴矣乃或遇富貴貧賤之交則動遇毀譽之交則動遇死生之交則動是情識可得而攙也又或恐一察挾一班語上則黜下語實則擯虛語頓則薄漸語方則左圓渾然之中强生揀擇是意見可得而攙也于是純者駁通者碍我之心且不得而有之即有所就揆之自家性命了無干涉總之浮生浪死虛擔一箇人名而已與所謂漫然者無以異矣豈不可惜昔孔子發憤至于日不食夜不寢孟子願學孔子即伊尹夷惠猶然舍之而不屑所以卒成大聖大賢由此也夫非吾師也耶是故君子立志之爲要

一曰尊經尊經云何經常道也孔子表章六經程朱表章四書凡以昭往示來維世教覺人心爲天下留此常道也譬諸日月焉非是則萬古晦冥譬諸雨露焉非是則萬古枯槁學者試能讀一字

便體一字讀一句便體一句心與之神明身與之印證日就月將循循不已其爲才高意廣之流歟必有以抑其飛揚之氣斂然思俯而就不汪于蕩矣其爲篤信謹守之流歟必有以開其拘曲之見聳然思仰而企不局于支矣所謂陶冶德性變化氣質胥而納諸大中至正之歸其功豈淺鮮耶若厭其平淡別生新奇以見超是曰穿鑿或畏其方嚴文之圓轉以自便是曰矯誣又或尋行數墨習而不知其味是曰玩物或膠柱鼓瑟泥而不知其變是曰執方至乃枵腹高心目空千古一則曰何必讀書然後爲學一則曰六經註我我註六經即孔子大聖一腔苦心程朱大儒窮年畢力都付諸東流已耳然則承學將安所持循乎異端曲說紛紛藉藉將安所折衷乎其亦何所不至哉是故君子尊經之爲要

一曰審幾審幾云何幾者動之微誠僞之所由分也本諸心必徵

諸身本諸身必徵諸人莫或爽也凡我同會願反而觀之果以人生世間不應飽食煖衣枉費歲月欲相與商求立身第一義乎抑亦樹標幟張門面而已乎果以獨學悠悠易作易輟欲相與交修互儆永無退轉乎抑亦慕虛名應故事而已乎由前則一切精神用事也由後則一切聲色用事也精神用事人亦以精神赴之相薰相染相率而入于誠矣所以長養此方之善根厥惟今日聲色用事人亦以聲色赴之相薰相染相率而入于僞矣所以斲削此方之善根亦惟今日中庸曰知遠之近知風之自知微之顯其斯之謂與是故君子審幾之爲要

吳桂森曰先生所謂四要者一曰識性繹白鹿洞規則可以識性也一曰立志以聖人必可學爲志也一曰尊經以五經四書爲常道而尊之也一曰審幾審當下講學一念誠耶僞耶爲己耶爲人耶四者入學最緊切關頭故提之爲要云

二惑

二惑云何一曰錫故未有講學之會也一旦創而有之將無高者笑卑者駭是亦不可以已乎請應之曰周也雖然龜山先生不嘗講于斯乎二泉先生不嘗講于斯乎今特仍其故而修之耳且所爲笑者謂迂濶而不切耳所爲駭者謂高遠而難從耳竊惟倫必惇言必信行必敬忿必懲慾必窒善必遷過必改誼必正道必明不欲必勿施不得必反求學者學此者也講者講此者也凡皆日用常行須臾不可離之事曷云迂濶又皆愚夫愚婦之所共知共能也曷云高遠此其不當惑者也一曰學顧躬行何如耳將焉用講試看張留侯郭汾陽韓范富歐諸公何嘗講學而德業聞望照耀百世至如邇時某某等無一日不講無一處不講無一人不與

之講矣乃所居見薄所至見疑往往負不韙之名于天下何也請應之曰固也雖然假令張留侯郭汾陽韓富諸公而知學不遂爲稷契臯陶乎所稱某某等之病不在講也病在所講非所行所行非所講耳夫士之于學猶農之于耕農不以耕爲諱而士乃以講學爲諱農不以宋人之槁苗移詬于耕而士乃以某某等之毀行移詬于講學抑亦舛矣此其不必惑者也不當惑而惑昧也不必惑而惑懦也協而破之是在吾黨

吳桂森曰所謂二惑者一則曰講學迂濶而不切又高遠而難從如朱子洞規皆須臾所不可離曷云迂濶夫婦所可知能曷云高遠此不當惑者也一則曰學顧力行何如耳若講之而所行則非何益不知此病在所行非所講耳豈得億逆其行而先詬講學也此不必惑者也世之病講學者靡不藉

口二端故爲之破其惑云

九益

九益云何國家設學本教人爲聖爲賢非徒也惟是士之所習者估僤所希者科名父兄師友之間相期相督不過如是而止失其本矣今茲之會專以道義相切磨使之誠意正心修身以求馴至乎聖賢之域而設學之初意庶幾不負一也善無方與人爲善亦欲其無方今茲之會近則邑之衿紳集焉遠則四方之尊宿名碩時惠臨焉其有嚮慕而來者即草野之齊民總角之童子皆得環而聽教所聯屬多矣二也嘗試驗之燕居獨處了無事事操則游思易乘也縱則惰氣易乘也當會之時長者儼列于前少者森列于後耳目一新精神自奮黙黙相對萬慮俱澄即此反念人微便可得安身立命之處矣三也至如家庭之間妻子之與狎童僕之

與偕煦煦耳親朋知故之往來涸涸耳又最易墮落也當會之時非仁義不談非禮法不動瞻聽之久漸摩之熟氣體爲移肺肝爲易一切凡情俗態不覺蕩然而盡矣四也學者第無志于道誠有志于道方當不遠萬里尋師覓友乃今一堂之上雍雍濟濟能彼此互相嚴憚有餘師矣能彼此互相切磋有餘友矣聲應氣求隨取隨足道孰近而事孰易焉五也一人之見聞有限衆人之見聞無限于是或參身心密切或叩詩書要義或考古今人物或商經濟實事或究鄉井利害蓋有精研累日夕而不得反覆累歲月而不得旁搜六合之表而不得逖求千古之上而不得一旦舉而質諸大衆之中投機遘會片言立契相悅以解者矣六也且是會也無謂每年僅八舉每舉僅三日每日僅數刻已也誠即是時反而追按其既往凡往者之所爲揆諸目今對衆一念能悉符合否必有惺然不容瞞昧者矣又即是時徐而預籌其將來凡來者之所爲率吾目今對衆一念能不滲漏否必有凛然不容放鬆者矣然則只此數刻間即所以起舊圖新爲衆身作結束而在會者務俾未會之先既會之後常如會時亦總之了此數刻間公案耳豈非人生一大關鍵耶七也此猶就自家檢點言也而人之檢點我尤甚若曰是依庸堂中人耶庸言信乎庸行謹乎是麗澤堂中人耶願聞已過乎樂道人善乎又若曰是道南祠中所爲齋明盛服肅謁入先生之前者耶異時孰當楊先生乎孰當羅先生乎孰當胡先生乎孰當喻先生尤先生李先生蔣先生邵先生乎夫如是其責我也不已周乎其望我也不已厚乎其愛我也不已至乎夫如是縱欲妄自菲薄耶自姑息庸可得乎豈非人生一大幸事耶八也吾見世之能自樹者亦不少矣或立節或立功或立言非不足

以名當時而傳後世也然自道觀之猶枝葉非本根也會以明學學以明道從本根出枝葉而後其立言也聲爲律矣非復如世俗之所謂立言矣其立功也日新而富有矣非復如世俗之所謂立功矣其立節也成仁取義浩然塞天地矣非復如世俗之所謂立節矣豈非人生一大究竟耶九也凡此皆致益之道協而崇之是在吾黨

吳桂森曰所云九益者國家設學本教人爲聖爲賢非止科名講學庶幾不負一也廣聯同志二也指視森嚴三也整肅習氣四也尋師覓友五也廣見博聞六也一日之中可以按既往可以籌將來七也人之責望我者愈重八也我之自樹立者方眞九也凡此之益陶鑄生平豈繫細事故欲人知所取

九損

九損云何比昵狎玩鄙也黨同伐異僻也假公行私賊也或評有
司短長或議鄉井曲直或訴自己不平浮也或談曖昧不明及瑣
屑不雅怪誕不經之事妄也已有過貴在速聞速改而或惡人之
言巧爲文飾怙也人有過貴在委曲密移而或對衆指切致其難
堪悻也問答之間意見偶殊答者宜徐察問者之指若何明白開
示而或遽爲沮抑使之有懷而不展問者宜細繹答者之指若何
從容呈請而或遽爲執辨至于有激而不平滿也人是亦是人非
亦非道聽塗說略不反求莽也凡此皆致損之道協而屏之是在
吾黨

吳桂森曰所云九損者比昵狎玩鄙也黨同伐異僻也假公
行私賊也評議是非浮也談論瑣怪妄也文過飾非怙也多

言人過悻也執是爭辯滿也道聽塗說莽也于此少不敬謹
有不覺日入于損者故欲人知所戒

愚所條具大都就白鹿洞規引而伸之非能有以益之也退而
思之更發深感追惟龜山先生之自洛而歸也程淯公目送之
曰吾道南矣自是一傳得豫章再傳得延平三傳得考亭而其
學遂大顯皆南産也淯公之言庶幾其知命歟先生之游吾錫
樂而安之至歷十有八年不舍其眷眷如是嶷爾東林屢廢屢
興卽已大半落爲僧區幸其舊地可復于是得以嚴飭廟貌奉
羅胡七君子左右以從而又于其旁闢講堂築學舍羣同志友
切磨其間意亦天之所留以惠我後人歟夫安知不在向者道
南識中耶然則今日之會乃一最勝機緣也且自先生迄于今
已四百餘歲矣頃者有事東林請諸當道當道惠然許可相與
一意表章傳諸大衆大衆翕然踴躍相與交口贊嘆非夫東林
之爲靈也先生也先生上承濂洛下啓考亭四先生之精神直
與天地相始終而先生之精神又與四先生相始終宜其有觸
而卽應不介而自孚也是故必有先生之精神而後可以通四
先生之精神必有四先生之精神而後可以通天下萬世之精
神所爲維道脉繫人心俾興者勿廢廢者復興垂之彌久而彌
新也皆自我方寸間握其樞耳然則今日之會乃一最重擔子
也如此機緣不可辜負宜作何酬答如此擔子不易肩荷宜作
何承當因復綴其說與吾黨共商爲會約儀式附列于左

會約儀式

一每年一大會或春或秋臨期酌定先半月遣帖啟知每月一
小會除正月六月七月十二月祁寒盛暑不舉外二月八月

以仲丁之日爲始餘月以十四日爲始會各三日願赴者至
不必遍啟

一大會之首日恭捧
聖像懸于講堂午初擊鼓三聲各具本等冠服詣
聖像前行四拜禮隨至道南祠禮亦如之禮畢入講堂東西分坐
先各郡各縣次本郡次本縣次會主各以齒爲序或分不可
同班者退一席俟衆已齊集東西相對二揖申末擊磬三聲
東西相對一揖仍詣
聖像前及道南祠肅揖而退第二日第三日免拜早晚肅揖用常
服其小會二月八月如第一日之禮餘月如第一日第三日
之禮

一大會每年推一人爲主小會每月推一人爲主週而復始

一大會設知賓二人願與會者先期通一刺于知賓即登入門
籍會日設木柝于門客至閽者擊柝傳報知賓延入講堂
一每會推一人爲主說四書一章此外有問則問有商量則商
量凡在會中各虛懷以聽即有所見須俟兩下講論已畢更
端呈請不必攙亂
一會日久坐之後宜歌詩一二章以爲滌蕩凝滯開發性靈之
助須互相倡和反覆涵詠每章至數遍庶幾心口融洽神明
自通有深長之味也
一會衆畢聚惟靜乃肅須煩各約束從者令于門外聽候勿得
混入以致喧擾
一每會須設門籍一以稽赴會之疎密驗現在之勤惰一以稽
赴會之人他日何所究竟作將來之法戒也

一每會設茶點隨意令人傳遞不必布席
一各郡各縣同志臨會午飯四位一桌二葷二素晚飯葷素共
六色酒數行第三日之晚每桌加菓四色湯點一道攢盒一
具亦四位一桌酒不拘意浹而止
一同志會集宜省繁文以求實益故揖止班揖會散亦不交拜
惟主會者遇遠客至即以一公帖迎謁客至會所亦止共受
一帖其同會中有從未相識欲拜者止于會所各以單帖通
名庶不至疲敝精神反生厭苦其有必不可已者俟會畢行
之

吳覲華先生申訂東林會約

愚按顧先生表章朱子之規詳矣確矣無以加矣然在今日時
運旣移造位亦別不妨因事丁寧共期永久遵行僭陳四欵如
左

一篤力行以宗教宗教者奉　涇陽　啟新　景逸三先生之教
宗而主之也蓋東林之教源本程朱以窮理致知以居敬存養二
先生用幾十年苦功而得之于性命之微修悟之法參究已極精
辨析已極透定于一尊所以嘉惠後學者至徑至切今只須奉爲
法程盡力步趨實實窮理實實居敬若夫談空說玄之陋不惟當
屏去聽聞即如鵞湖姚江之辯亦不必更煩擬議惟并心一意確
守讀書之法以求致知默觀靜中之體以爲存養于以闡先生之
教于方來是爲今日第一義也
一課實功以窮經千聖精神蘊于五經顯而綱常名物精而仁聖
中和無不具備用世者不明經以何爲經濟求志者不知經以何
爲抱負所以卑言功利見惑異端病皆由此先生所以揭尊經也

顧其書旣浩博其理更淵微若非實下功夫勤以習之精以講之
不能闖其藩籬何從窺其壺奥今須積年累歲立會講誦先易尙
書漸次詩經麟經載記期于必遍使貫串于胸中則出必爲名世
處必爲眞儒是爲今日第一先務也
一絕議論以樂時學問二字原不尙議論維昔先賢間出淸議以
扶持世道蓋時或使然萬非得已如吾儕閉戶人也原隔霄壤幸
逢盛世聖天子當陽登用必貞良宣布必惠澤何緣更有游鄉之
論夫子不云乎天下有道則庶人不議自今談經論道之外凡朝
廷之上郡邑之間是非得失一切有聞不談有問不對一味勤修
學業以期不負雍熙是爲今日第一時宜也
一屏俗梦以盡分道義同堂休戚之情一邑本無不通然有道情
有俗情何爲俗情事涉利害勢切身家或伸抑鬱之思或抱不平

之感是也其端種種非可一二數夫布衣聚會既無馬腹之鞭居肆講求豈堪蠅營之聽故願會中一切是非曲直囂凌强弱之言不以聞此席凡夫飛書揭帖說單訴辯之紙不以入此門稍近俗塵一概謝却若云將來解紛善應之方請詳規中處事接物之旨誠以此端不杜則取嫉取怨與謗與尤流弊叵測先生九損中已先點破今更宜謹毖以安素位是爲今日第一禁戒也

高彙旃先生甲訂東林講會規則

每歲春秋上丁日開講會友至仲丁日設祭

先聖之後爲止凡十日依古禮三齋七戒之期爲十日講習之實

是日會友初到先謁

聖次謁　三公祠次謁　道南祠講畢再謁

聖俱行一揖一躬禮入座東西兩班　客東主西兩班中各以齒

序不必東西走易　供書案　班揖　撤書案　班揖　客後至　班揖　勿亂威儀　勿私笑語　勿談時事　質疑問難俱于聽講畢後任從枚舉　遠客相訪即于會所答拜不必至客舟客寓逼名只用單帖　每期會友必登姓氏以諗後日操履　是日午飯後齊集座上只設一點充饑　爲遠客設饌止用四簋兩葷兩素不殺生酒只數行

按自顧端文公偕先忠憲講學東林歲有大會月有小會爰作會約規制森嚴萬歷壬子顧端文公捐館天啟丙寅春先忠憲又蒙難捐軀會講遂廢繼得表章書院之旨吳素衣先生搆麗澤堂申訂會約四款而講會復興厥後素衣先生殁先曾祖學憲公有志修復順治癸巳秋適常郡守宋公之普親臨講道尙無學舍因就東林遺址搭蓋草棚會講曾向先學憲云此地急宜振興後死者不得辭責等語故于乙未春捐貲築燕居廟及三公祠祭器典籍再得草廬復申訂講會規則數欵維時四方之來遊者雲集嚮應無異曩時迄今春秋釋菜俎豆依然幾十年來寒家罔敢或替皆守先學憲之遺訓也廷珍謹識

歌儀

蒙學習禮者充歌生每歌魚貫升堂齊立對

聖像一揖擇年長聲亮一人爲倡每句倡者先歌一聲衆生齊和一聲歌畢復一揖捲班散

歌詩

東林道上閒步　楊龜山

寂寞蓮塘七百秋溪雲庭月兩悠悠我來欲問林間道萬疊松聲自唱酬

克己　朱晦菴

寶鑑當年照膽寒向來埋没太無端祗今垢盡明全見還得當年寶鑑看

獨速　陳白沙

獨速溪邊舞釣蓑月明醉影共婆娑手中握得桐江線釣破江天不用多

咏良知　王陽明

箇箇人心有仲尼自將聞見苦遮迷而今指與眞頭面只是良知更莫疑

右七言絶句或絶句四首爲一闋或諧之每首末二句重歌

觀物　邵康節

耳目聰明男子身洪鈞賦予不爲貧須探月窟方知物未躡天根豈識人乾遇巽時爲月窟地逢雷處見天根天根月窟閒來往三十六宮都是春

秋日偶成　程明道

閒來無事不從容睡覺東窗日已紅萬物靜觀皆自得四時佳與

與人同道通天地有形外思入風雲變態中富貴不淫貧賤樂男兒到此自豪雄

夜坐　陳白沙

半屬虛空半屬身絪緼一氣似初春仙家亦有調元手屈子寧非具眼人莫遣塵埃封面目試看金石貫精神些兒欲問天根處亥子中間最得眞

月夜與諸生歌于天泉橋　王陽明

萬里中秋月正晴四山雲靄忽然生須臾濁霧隨風散依舊青天此月明肯信良知原不昧從他外物豈能攖老夫今夜狂歌發化作鈞天滿太清

右七言律歌律詩二首爲一闋或倍之每首末二句重歌

按舊東林考載前賢七言絕句四十首律詩二十四首皆東林會中所歌之詩也原詩不能盡錄各載一闋以誌雅歌之風云

東林書院志卷之二終

東林書院志卷之三

會語一

伊人往矣緒言可尋苟以藐藐聽之卽耳提猶隔也只今開卷之餘將疑處作已疑問處作已問反覆相參實落體究提耳之益不是過已志會語

顧涇陽先生東林商語上

甲辰計十則

論語曰羣居終日言不及義好行小慧難矣哉又曰飽食終日無所用心難矣哉

人生天地間日子不是胡亂度的屋不是胡亂住的飯不是胡亂喫的朋友不是胡亂搭的話不是胡亂說的事不是胡亂做的這箇心極靈極妙不是胡亂丟在一邊的今有人於此羣居終日只

弄些閑口舌鬬些小聰明又有人於此飽食終日更不用些心做些勾當我替他計算他意中還過得去否將來還得箇好結果否聖人不以顯言斷之曰當如何當如何亦不以直言斷之曰無如之何而但曰難矣哉所以使之惕然反求而自悟也誠能惕然反求而自悟卽欲須臾安之有不可得而況終日乎如其不能卽以此終身猶且茫然罔覺悍然罔顧而況終日乎此聖人之意也蓋一字之間含蓄無窮似微而顯似婉而直雖千言萬語何以加之其垂警深矣

細玩此二條聖人應是重有所感而發蓋當時人見孔子與羣弟子講于杏壇之上非先王之法言不言非先王之法行不行多疑其迂拙且以腐儒目之邪言不及義好行小慧的却嚣然自以爲伶俐見孔子汲汲皇皇忘寢忘食略無休暇々嗤其勞苦至以栽

氏擬之那飽食終日無所用心的却飄然自以爲擻脫曾不知迂拙者極是穩當伶俐者反落險途勞苦者到底安閑擻脫者竟何歸着是則流俗之所謂難聖人之所謂易流俗之所謂易聖人之所謂難其見眞天淵之隔也吾儕試各思之當與人羣時免得言不及義好行小慧否當不與人羣時免得無所用心否如其免得幸甚如免不得其與人羣也便須斷送了一夥的性命卽不與人羣也亦須斷送了一生自家的性命此聖人所以深爲之危也

再玩此二條不可泛泛看他如泛泛看他便如世間浮游浪蕩子一般此等人聖人何須齒着他當知羣居終日言不及義好行小慧是有作有爲的學問飽食終日無所用心是無作無爲的學問蓋學之多歧千萬不等而總其大都只有兩端高則空寂卑則功利如是而已聖人恐人失脚其中一一爲之點破孟子闢楊墨比

之洪水夷狄猛獸本要形容他直恁地橫反覺得楊墨不是尋常人孔子只輕輕下一二語於世間種種聰明奇特各圖以其學鳴者無高無下都收入個中却把他品題得如浮游浪蕩子一般那種種聰明奇特一切掃盡更沒些兒氣焰卽使兩人者聞之亦當啞然自失此眞聖人距詖息淫妙手也

論語曰君子食無求飽居無求安敏于事而愼于言就有道而正焉可謂好學也已

學有本領有規矩繩墨無求飽無求安本領也敏事愼言就正有道規矩繩墨也未知學人要看他規矩繩墨既知學人要看他本領本領不淸食便要求飽居便要求安滿腔子都是俗腸何緣得有佳處縱去敏事也只是意氣上激作縱去愼言也只是唇吻上照管縱去就有道而正也只是影響上步趨其與不學者亦何以

異故聖人往往就此與人磨勘曰士志于道而恥惡衣惡食者未足與議也曰士而懷居不足以爲士于是見顔子之簞瓢陋巷則贊之見子路之衣敝縕袍不恥與衣狐貉者立則美之又往往以此磨勘自家曰飯疏食飲水曲肱而枕之樂亦在其中矣曰富而可求也雖執鞭之士吾亦爲之如不可求從吾所好至孟子亦曰堂高數仞榱題數尺我得志弗爲也食前方丈侍妾數百人我得志弗爲也盤樂飲酒驅騁田獵後車千乘我得志弗爲也何其謹嚴如此諦觀自古及今其間懷才負智銳然以英傑自命者比肩而是究竟實能大有建立的亦寥寥可數揆厥所由大都爲安飽二字悞却然後知聖人之言直將人世間一個公共貼身病根拈出吾儕應須痛與刮除不留纖芥方可丁長孺講富與貴一章甚好曰聖賢無討便宜的學問學者若跳不出安飽二字而猶妄意

插脚道中此正討便宜的學問也

或曰食無求飽飽焉止矣未至于食前方丈也居而求安安焉止矣未至于千門萬戶也聖人何必過爲之防曰人心如太虛纖翳稍着便爲全體之累如何論得分數況乎充一求飽之心勢不至食前方丈不饜充一求安之心勢不至千門萬戶不饜涓涓放海星星燎原自應謹其微耳曰情念百端獨舉是兩者何曰以其切于人爲日用之所不能免也是故于此無染一切無染矣于此有染一切有染矣切宜細細檢點連根拔去不可漫將大話駕過也

論語曰民之于仁也甚于水火水火吾見蹈而死者矣未見蹈仁而死者也

鄒公賓出所著民之于仁章講義視予意最眞切予因問在座諸君子孔子明言志士仁人有殺身以成仁無求生以害仁何云未

見蹈仁而死者也或曰死而成仁卽死猶不死耳予曰論理固然非事實也合得理合不得事聖人之言將無墮于空或曰此變耳不可以爲常也予曰常與變人世所時有合得常合不得變聖人之言將無墮于偏曰然則註說非乎曰這也泥不得曰然則云何曰味孔子語氣正謂世人有求生以害仁無殺身以成仁也曰試舉看曰水火生生之具人之軀命所關也仁生生之理人之性命所關也論眞心性命重而軀命輕論凡心性命輕而軀命重于是向軀命一邊走則熙熙而來攘攘而往無不竭蹶以趨至于犯危冒險公然以其身納諸罟擭陷穽之中略不顧惜向性命一邊走則乍而作乍而輟纔遇些利害便逡巡卻步千思萬算要他拚卻這身子去做他如何肯故曰水火吾見蹈而死者矣未見蹈仁而死者也蓋深嘆人之悠悠云爾記者得其意下文卽繼之曰當仁

不讓于師蹈仁而死言勇也當仁不讓亦言勇也內不見身之可愛天下更尙有何物足以掛礙我者以此蹈仁方纔脚跟十分牢實這條路方纔走得到外不見師之可讓天下更尙有何人足以牽制我者以此當仁方纔肩頭十分堅硬這條擔方纔勝得起志士不忘在溝壑勇士不忘喪其元孟子此二語正與蹈仁而死同指蹈仁何必死志士何必在溝壑勇士何必喪其元只是辦得這片心便一直做去更無回頭轉腦半上半落耳象山先生云我這裏是鼎鑊刀鋸的學問卽此意也乃或自命曰仁實不能不以生死繫念自命曰志實不能不以在溝壑繫念自命曰勇實不能不以喪其元繫念彼其意豈非欲兩全而無害卒之時會不常事變叵測往往至于免不得死又成不得仁免不得在溝壑又成不得志免不得喪其元又成不得勇將無兩失之也故曰以金注者昏以瓦注者明

矜代

自高曰矜上人曰代就兩字分看如此其實一也

矜字從矛代字從戈人心中如何容得這箇物事

又曰矜字左從矛右從人代字左從人右從戈乃人我角立之象其究也亦兩傷焉故自高者非特自戕賊已也人亦隨之矣上人者非特戕賊人已也我亦隨之矣昔程伯子論忠恕二字曰充得去時天地變化草木蕃充不去天地閉賢人隱愚于矜代二字亦曰克得去時天地變化草木蕃克不去天地閉賢人隱

程子曰仲尼只說一個仁字孟子開口便說仁義出來

孔子透體是仁孟子透體是義

乙巳計八則

子曰吾嘗終日不食終夜不寢以思無益不如學也

周聖因舉此一章爲問衆請究其說予曰此文義不難曉卻拈出來作商量此意殊令人有省孔子嘗言學而不思則罔思而不學則殆兩下病痛一般今獨抽一邊說且以身所經歷爲證心是萬事萬物之主何所不統思是心之官終日不食終夜不寢以思何所不了乃曰無益不如學也此在吾輩各自反而參之史際明曰古人以心爲嚴師又以師心自用爲大戒于此參得分明當有會處

麗澤衍

東林大會自去歲甲辰十月始至今歲乙巳九月再尋盟焉吳越之間一時諸同志翩翩騈集于是中丞懷魯周公直指淇園楊公觀察虛臺蔡公並移檄授餐邑侯平華林公復偕庠師全

初單公敬齋王公日造而臨之禮意殷洽不肖憲等相顧躍然
以言又悚然以懼喜者喜不見擲于諸君子懼者懼無以稱塞
嘗晉之明德也退而作麗澤衍以請益
易曰麗澤兌君子以朋友講習又曰兌說也兌爲澤兩澤相麗互
相滋益生氣津津有說道焉此造化以自然之兌示人也君子觀
其象而以朋友講習講是研窮討論功夫習是持循佩服功夫曾
子曰以文會友言講也曰以友輔仁言習也朋友講習互相滋益
生理津津有說道焉此人心本然之兌恰與造化同符也請衍其
說自古未有關閉門戶獨自做成的聖賢自古聖賢未有離羣絕
類孤立無與的學問所以然者何這道理是箇極精極細的物事
須用大家商量方可下手這學問是箇極重極大的勾當須用大
家幫扶方可得手故學者惟其無志于道則亦已耳幸而有志于

道定然尋幾箇好朋友并膽同心細細參求細細理會未知的要
與剖明已知的要與印證未能的要與體驗已能的要與保持如
此而講如此而習講以講乎習之事習以習乎講之理一意敦修
兩下交發緝熙賡續循環無間于是礙者通泥者析故者新相推
相引不覺日進而高明矣于是怠者起斷者聯生者熟相漸相摩
不覺日進而光大矣于是羣一鄉之善士講習即一鄉之善皆收
而爲吾之善而精神充滿乎一鄉矣羣一國之善士講習即一國
之善皆收而爲吾之善而精神充滿乎一國矣羣天下之善士講
習即天下之善皆收而爲吾之善而精神充滿乎天下矣其悅當
何如哉行難者曰人倫有五君喜臣起是君臣相悅也父慈子孝
是父子相悅也夫唱婦隨是夫婦相悅也兄遜弟恭是兄弟相悅
也其舉朋友講習何居曰固也惟是君臣父子夫婦兄弟各有專
主而朋友則無所不攝君臣之義父子之親夫婦之別兄弟之序
各有專屬而講習則無所不貫況事變之來千頭萬緒儘有上不
可言于君親中不可言于兄弟下不可言于妻子而獨可從容擬
議于朋友者人情之蔽千態萬狀儘有上之君親莫能諭中之兄
弟莫能諭下之妻子莫能諭而獨朋友能因機轉移者論至于此
然後知非朋友無以成其君臣父子夫婦兄弟非講習亦無以成
其朋友也非徒然也君臣之相與也以敬勝父子夫婦兄弟之相
與也以愛勝勝則偏偏則弊亦必以朋友之道爲之調變乎其間
乃克有濟故夫都俞吁咈則君臣之朋友也義方幾諫則父子之
朋友也鷄鳴昧旦則夫婦之朋友也伯氏吹塤仲氏吹篪則兄弟
之朋友也于是以敬勝者因而有以聯之肅然相臨而不至于相
隔以愛勝者因而有以維之歡然相款而不至于相昵于是君而

君臣而臣父而父子而子夫而夫婦而婦兄而兄弟而弟穆穆熙
熙分願各足天壤快事信無以加于此矣不肖等目擊龜山先生
東林書院蕪廢多年有慨于中賴當道主持修復竊常僭顏其堂
曰麗澤蓋取諸兌左右題以樂道人善願聞已過兩言乃就講習
中舉其至切要者揭而標之時用觀省謂之樂必有一段踴躍鼓
舞油油不能自已之意謂之願必有一段祈求冀望喁喁不能自
已之意是又取諸兌之說也今幸諸先生長者不我遐鄙儼然既
臨東林草木亦爲欣欣生色伏乞提之命之匡之直之輔之翼之
俾不肖等得以對彛訓奉楷模講之習之永佩無斁是舉龜山先
生[illegible]之緒一旦煥然而復光也是舉一堂之上前後左右人人
與[illegible]道之要也所以功德我東林遠矣其悅當何如哉詩云人
之[illegible]我示我周行敢以爲諸先生長者祝又云中心藏之何日忘

之敢以爲諸先生長者報
高存之問子曰行已有恥又曰巧言令色足恭左丘明恥之丘亦
恥之匿怨而友其人左丘明恥之丘亦恥之夫宗族稱孝鄉黨
稱弟此士之上品而夫子獨以行已有恥爲首恥心是人人有
的而巧言令色足恭匿怨友人往往以爲無妨不以爲恥世人
所恥乃在惡衣惡食衣敝緼袍與狐貉並立等項惟夫子左丘
明獨以此爲恥可見人之所恥又各不同孟子曰人不可以無
恥恥之于人大矣敢問何以爲行已有恥望明教之
孔子之告門人多矣獨與子貢論士提出一恥字乃是爲千萬世
人起死回生存之發此一問且謂人之所恥各有不同又恐人于
生死路頭認差了也這個恥來自丹田通體透過極有精神極有
氣力人若動了這念眞是無堅不入無鋭不破只看所恥何在耳

所恥在不賢不聖道德不如人究不到賢且聖不肯干休苟不到
賢且聖不肯干休處心積慮便只知有是非那一切利害如何過
捺得他此是長養天理種子也生路也所恥在不富不貴榮華不
如人究不至富且貴不肯干休苟不至富且貴不肯干休處心積
慮便只知有利害那一切是非如何管束得他此是長養人欲種
子也死路也中庸曰知恥近乎勇正謂兩下所恥不容並立不賢
不聖之恥存于胸中卽有不富不貴之恥登時粉碎何處安頓不
富不貴之恥存于胸中卽有不賢不聖之恥登時粉碎何處安頓
知恥者于此辨得清楚只有不賢不聖之恥更無不富不貴之恥
也孔子嘗自言其爲人也發憤憤與恥同一血脉恥者憤之根憤
者恥之用憤要發恥要知發得時一憤便成孔子之聖知得時一
恥便逼孔子之憤此等精神直是十分精神此等氣力直是十分

氣力竟其分量豈僅僅宗族稱孝鄉黨稱弟賢于硜硜一項人而
已哉吾輩試各猛省還能宗族稱孝否還能鄉黨稱弟否如其能
之猶爲行已有恥之次如其不能去之千里矣嗟乎古之士以賢
于硜硜一項人而已爲恥今之士至求其爲硜硜而不可得有過
而詰之則曰吾非不能吾不屑也內以欺已外以欺人偃然自處
于稱孝稱弟之上曾不少遜焉此正市井駔儈者流耳尙何所用
恥耶存之曰何以行已有恥愚竊謂有恥必自知恥始知恥必自
知學始吾輩今日于此相與聚頭商量相與切心理會汲汲皇皇
如饑如渴實轉死回生一大機緣也珍重珍重
高存之又問論語記子所雅言詩書執禮子罕言利與命與仁子
不語怪力亂神竊惟聖人所罕言所不語必有深意所雅言決
非詞章記誦資人口耳津津拈出必有一段懇切爲人至意後

人纔說詩書執禮往往以爲尋常無奇忽而不察聖人何不慮
天下後世厭忽不察廼區區于先民尋常之訓守而不失如此
望明教之
吾夫子贊易敘書刪詩正禮修春秋總是一個脉絡而獨雅言詩
書禮也豈不似乎或含或顯或洩或秘分作兩樣曰利曰命曰仁
各是一個端緒而均之其罕言也曰怪曰力曰亂曰仁各是一個
機緘而均之其不語也豈不似乎公私莫辨邪正莫別混作一樣
且所雅言如此所罕言所不語如彼又豈不似乎株守尋常櫝藏
妙密而于門弟子有隱也竊嘗思之矣學者之侈虛馳而忽眞修
也久矣寧卑無高寧淺無深寧近無遠寧庸無奇庶幾其知返乎
此一說也雖然是猶有高卑淺深遠近庸奇之見也究竟卽卑卽
高離卑無高卽淺卽深離淺無深卽近卽遠離近無遠卽庸卽奇

庸而無奇卽之者一之也取之日用而有餘離之者二之也求之渺茫而不足此又一說也故曰下學而上達又曰庸德之行庸言之謹所以提撕天下萬世者至矣此吾夫子之意也至于記者之意又不可不察記雅言所以立的記罕言不語所以樹防且其記罕言也本欲表夫子之罕言命與仁也至于罕言利凡稍有識者皆能之亦何待夫子卻將箇利來與命與仁配列而爲三其記不語也本欲表夫子之不語神也至于不語怪力亂凡稍有識者皆能之亦何待夫子卻將箇怪力亂來與神配列而爲四意若曰世之好言命好言仁者方自以爲識貫天人怎知恰與好言利者等世之好語神者方自以爲心逼造化怎知恰與好語怪好語亂好語力者等其薄之甚矣于以見吾夫子之雅言乃所以爲高爲深爲遠爲奇而其言聖人之罕言語聖人之不語者反所以爲卑爲

淺爲近爲庸也此記者之意也其所以發吾夫子之蘊至矣謝上蔡問鬼神有無程伯子曰待說與賢道沒時古人因甚如此說待說與賢道有時又恐賢問某尋游定夫問陰陽不測之謂神程叔子曰賢是疑了問是揀難的問而其開示來學則曰盡性至命必本于孝弟窮神知化必由于禮樂嗚呼微矣由洙泗以來凡幾千百年玄談與論汗牛充棟求其善繼吾夫子法門者舍兩先生夫誰與歸

孟子曰鷄鳴而起孳孳爲善者舜之徒也鷄鳴而起孳孳爲利者蹠之徒也欲知舜與蹠之分無他利與善之間也

凡做人須于起頭處便着精彩有一生之起頭則一生之吉凶悔吝係焉有一日之起頭則一日之吉凶悔吝係焉古者八歲入小學十五入大學一生之起頭也鷄鳴而起一日之起頭也這都是緊關所在不得草草善乎孟子之推言之也曰孩提之童無不知愛其親也及其長也無不知敬其兄也是就一生起頭處推出一箇源頭令人直直認取當初帶下的心至此曰鷄鳴而起孳孳爲善舜之徒也鷄鳴而起孳孳爲利蹠之徒也是就一日起頭處推出兩箇路頭并令人密密勘破後來攙上的心誠能認取原初帶下的心那攙上的自然無所掛搭誠能勘破後來攙上的心那原初的自然無所混淆庶幾可保必爲舜不爲蹠矣此眞吾人喫緊第一步也愚請贅以兩言一曰起處一正便無往不正縱或有時而斜亦屬偶誤容易滌除起處一斜便無往不斜縱或有時而正亦屬偶合容易消散是故趁未定者願其審幾之早也一曰一生不過百年一日不過百刻少未幾而壯矣壯不能復轉而少壯未幾而老矣老不能復轉而壯旦未幾而晝矣晝不能復轉而旦晝未幾而夕矣夕不能復轉而晝是故時已過者願其回頭之早也

念哉念哉

就常情看一念之善未必甚有益一念之不善未必甚有損孟子卻曰這一邊便是從古來衆口贊揚的至聖那一邊便是從古來衆口唾罵的劇盜是將小處說做大有人于此驟而譽之以舜必愕然驚曰天下之生久矣曾見幾箇舜來我何敢望他驟而詬之以蹠必憤然怒曰天下之生久矣曾見幾箇蹠來我何至便與他一樣孟子卻曰兩下所爭不多只在利與善之間是將大處說做小將大處說做小所以教人之愼其始將小處說做大所以教人之思其終讀者亦曾貼身一理會否

吉人之惟日不足正是孳孳爲善凶人之惟日不足正是孳孳爲利孟子又就上提出鷄鳴而起一語更覺十分警策人心惟危道

心惟微正是利與善之分孟子又就中點出一間字更覺十分細
膩
人只有善惡兩路既曰孳孳爲善舜之徒應曰孳孳爲惡蹠之徒
可也舍曰惡而曰利反覺放寬一步何也人本有善而無惡亦本
好善而惡惡秉所有而殉所無違所好而趨所惡夫豈其情只緣
他起了一點利心凡是但問孰是便我者遂向前孰是不便我者
遂退後更不暇問善惡耳既不暇問善惡自然善一邊少惡一邊
多久之且移其好于惡移其惡于善至于有惡而無善矣故爲惡
者爲利之標末而爲利者爲惡之根本也與其禁之于標末不若
禁之于根本所以舍曰惡而曰利也辭若平而意更切矣此孟子
救正之苦心也他日又曰求則得之舍則失之是求有益于得也
求在我者也求之有道得之有命是求無益于得也求在外者也

求在我孳孳爲善之謂也求在外孳孳爲利之謂也如此則有益
如彼則無益以見利之不可必求也再攷梁惠王以利國問則爲
言利之必至于危國而繼之曰未有仁而遺親義而後君者也宋
牼以不利說秦楚則爲言利之必至于亡人國而繼之曰未有君
臣父子兄弟仁義相接而不王者也豈不謂孳孳爲善不求利而
利自至孳孳爲利利未得而害且隨之以見利之必不可求也大
率利之一字入人最易惑人最酷故提出箇善字與利對言是將
本心開發他提出箇命字與利對言是將造化攔截他提出箇害
字與利對言是將禍患聳動他如是庶幾其有省乎此又孟子挽
回之苦心也嗟乎一善一利我自爲之舜蹻我自當之吉凶
禍福我自嘗之乃至費聖賢許多計慮許多說話也讀是而不動
心眞麻木漢

丙午　計九則

顔淵喟然歎曰仰之彌高鑽之彌堅瞻之在前忽焉在後夫子
循循然善誘人博我以文約我以禮欲罷不能既竭吾才如有
所立卓爾雖欲從之末由也已

此章乃顔子深有得于夫子而極其形容之辭通篇只是一意不
必分先難後獲看蓋仰之彌高是欲仰之而無由也鑽之彌堅是
欲鑽之而無由也瞻之在前忽焉在後是欲瞻之而無由也顔子
以爲這豈是夫子没箇好方法與我博我以文一些子也不少約
我以禮一些子也不多可謂循循善誘矣又豈是我不肯着實體
會博我以文即文即我也雖欲不爲之博不得約我以禮即禮即
我也雖欲不爲之約不得可謂既竭吾才矣畢竟無如之何也是
所謂父不得而傳之子子不得而受之父也而教窮是所謂知之

所不得而知能之所不得而能也而學窮越近越遠越親越疎不
亦仰之彌高乎不亦鑽之彌堅乎不亦瞻之在前忽焉在後乎故
曰如有所立卓爾雖欲從之末由也已反覆玩味分明將吾夫子
一片神無方化無體的境界信口吐出而記者特以喟然歎三字
發端又分明將顔子一片默不能含語不能洩的境界信手拈出
嗚呼微哉

博文是開拓功夫約禮是收斂功夫只此兩言括盡入道竅門
即博而約即約而博頓宗也由博而約由約而博漸宗也博自我
博約自我約時而出之了無方所圓宗也以博格約以約格博見
其合則疑分之者之爲破碎見其分則疑合之者之爲顢頇孟子
之所謂執一也

博約二字憑人如何看看得活時千經萬典都在這裏余偶讀易

而悟耳試舉其畧乾坤一闔一闢也坎離一虛一實也震艮一動一靜也兌巽一見一伏也皆可作博約註疏引而伸之自一卦至六十四卦無不具有斯理也

太極渾然何博何約自其動而生陽動極而靜靜而生陰靜極復動于是千變萬化紛然而出錯雜不齊惟聖人全體太極由此而下皆在紛然不齊之中或偏于陽或偏于陰偏于陽者能放而不能收偏于陰者能收而不能放博文約禮所以燮理陰陽還歸太極也千病萬病總之只此兩病千方萬方總之只此兩方至于斟酌先後調劑重輕存乎人之自審而已

問陽明先生博約說何如曰試舉看曰說云文也者禮之見于外者也禮也者文之存乎中者也文顯而可見之禮也禮微而難見之文也又曰文散于事而萬殊者也故曰博理根于心而一本者

也故曰約是故約理必在于博文而博文乃所以約禮也然否曰子疑之乎曰疑之曰何疑曰傳習錄言理只在此心譬之樹木心便是根許多條件便是枝葉須先有根然後有枝葉不是先尋了枝葉然後去種根可見功夫全在根上如博約說功夫却全在枝葉上矣盍曰博文必在于約禮而約禮乃所以博文也其可乎曰這疑得極是據愚見博我以文約我以禮二語渾成原是明白更不須代爲安排布置翻入支離去也

雖欲從之末由也已意若曰使回而得從夫子不知又見何等境界也所以狀夫子之不可測量如此也吾見其進未見其止意若曰使回而天假之年不知直造到何等境界也所以狀顏子之不可測量如此也故知顏莫如孔知孔莫如顏千載而下猶可想見其當時相與之際也

論語曰興于詩立于禮成于樂

此章當與志道章參看曰道曰德曰仁曰藝循其名似乎有精粗曰志曰據曰依曰游核其功似乎有深淺聖人恐人泥而不察分而爲二故于此合而言之蓋志道者自發自心銳然有以自奮是不待詩而興者也其次習于詩而興焉即游藝亦志道矣據德者自信自心凝然有以自守是不待禮而立者也其次習于禮而立焉即游藝亦據德矣依仁者自得自心怡然有以自適是不待樂而成者也其次習于樂而成焉即游藝亦依仁矣如此看來何精何粗何深何淺總來只是一個

孟子曰孔子登東山而小魯登泰山而小天下故觀于海者難爲水遊于聖人之門者難爲言觀水有術必觀其瀾日月有明容光必照焉流水之爲物也不盈科不行君子之志于道也不

成章不達

座中問此章大指何如予曰只是八箇字眼界欲空脚跟欲實辟仲子聞而善之一日問曰這是舊說這是新說予曰都忘之矣

東林書院志卷之三終

東林書院志卷之四

會語二

顧涇陽先生東林商語下

丁未 計七則

雲間張侗初太史過𣆀東林出弦歌樓記會示予予讀之有省以億測請正

記曰丁未孟冬望夕予同年錢用章讌會講諸公于虞山弦歌樓而令公耿侯爲之主先是侯以重九會書院學道堂既別去諸公懷侯之教也至十月乃復尋會會畢用章觴而樂之是夕也集江以南諸同志暨邑之士大夫凡四十餘人賓筵雅飭四座清爽山光在牖月影在簾觴咏恬怡譚塵霏霏淸音自和不以絲竹邑之士大夫喜曰美哉悅而羣君子之志于斯也已又喜

曰美哉南方之雝雝者歟樂而止和而有禮王教之盛也時予亦觀其美焉則諗于邑士大夫曰斯樓之集也虞山之教至精微者也賓不能以告之主令不語于堂之人今夫講學者傳聖人之精神者也衆人執講學以求聖人而聖人之精神不傳則或于觴咏讌遊之間而傳之然而所之者鮮矣則猶之乎一堂之講學也衆人以爲義理在聖人所傳之書其講明分析在明道者之口與吾之耳而于吾所講之人了不相干則聖人之精神何時而傳乎此時不認取則既以爲今日未言及克己明日未言及主靜而自己當下之聖脉遂絕矣故吾以爲不如觴咏讌游之間可傳也今夫言學問者言克己也主靜也而茲樓之集二者靡不有焉深盃綢繆高譚浹洽樂矣賓主之間誰爲束縛而乃恂恂動乎情止乎禮也杯則盃著則著矣此時有操存乎無操存乎何以一人而及四十餘人無不然也四方之羣而至者貌不習也坐之一室而飲之酬之遺其形骸耳目而懽然羣油然無疑焉此時爾我分別之私待克乎不待克乎若當此克之容着力乎不容着力乎且無論集者之爲學道人也即奔走而趨事者誰不欣欣覩主賓之盛滿樓之歡洽而闇然無厭斁矣乎此誰爲操之存之而克之也故曰茲集也虞山之至精微者也雖然不能知也知之則滿樓皆聖此非誑言也有聖人之體也不待操存而自靜不待克而自廓然其大同觴咏讌遊皆眞靜也皆萬物一體之初也此時假令着一操存克己之想舉手皆惢雖滿目皆胡越矣故曰聖人之體只此在也主賓之間能知此一段性體透露處急認取所與讌之人能認取所讌之人則一堂講學口答耳聽莫不皆是特人處處自見刻刻常

新巳爾故曰先天一畫總是水流物生當下功夫只在吟風弄月見得便見知得便知各人飲酒各人果腹到得無主無賓一齊大醉此時弦歌樓上宛然聖堂却不曾減得用章甕頭一滴酒也令公深于道而不得以傳會之人諸賓懷令公之教而不得有言以告令公非無言難言也夫與會者紀之亦幾于多言也巳矣是月廿有四日記

侗初此篇指點當下可謂最親切其喫緊爲人處却在認取二字蓋必如是纔有個分曉不至草草混過也又在處處自見刻刻常新二語蓋必如是纔有個歸着不至明明放過也可謂最周匝矣有語予曰孔子猶曰操則存茲云不待操而存顏子猶曰克己茲云無已可克將孔顏出于今人下乎其操也無乃騎驢覓驢其克也無乃揠肉做瘡乎曰此是活語不可作死語看若作死語看既

不待操又何待認既無可克又何可取一切俱成矛盾矣非個初指也曰意者孔操顏克是功夫個初所言是本體歟曰似也而未盡也竊以爲這只是本體的影子卻正是功夫的樣子曰何謂本體的影子曰惟茲弦歌樓之會個中消息信至精至微矣要其所爲至精至微者果因茲樓而有乎抑不因茲樓而有乎子試爲我參焉曰難言哉將謂因茲樓而有則主人能建之何以不能爲客子語之客子能登之何以不能爲主人語之且未會之先既會之後又安在也吾固不得而知也將謂不因茲樓而有則凡耳遇之而成聲孰非弦歌凡目遇之而成色孰非山光月影凡口得之而成味孰非用章甕頭酒精精微微潑天撒地所在狼籍不少何獨于茲樓乎津津侈之吾亦不得知也難言哉曰審爾借是認取本體可矣若執是認取本體其與擊盤爲日捫指爲月者亦何以異

故曰這只是本體的影子曰何謂功夫的樣子曰孟子之言必有事也曰勿忘勿助夫忘者弛之而怠惰蔑用其心者也助者張之而亢厲過用其心者也子試爲我再參焉諸君子之雍雍于茲會也還着得個怠惰否曰着不得怠惰曰還着得個亢厲否曰着不得亢厲曰昔白沙先生嘗言舞雩三三兩兩正在勿忘勿助之間今如子云弦歌樓三三兩兩亦正在勿忘勿助之間引而伸之獨居猶是造次猶是顛沛猶是卽孟子之所謂必有事也孟子之所謂必有事卽孔子之所謂操顏子之所謂克個初之所謂處處自見刻刻常新也何必曰孰爲有待孰爲無待作分別相故曰這正是功夫的樣子億測如斯未審荐得個初宗旨荐不得個初宗旨須索更爲我下一轉語方許再登弦歌樓也

附錄

高存之曰影子一語點破不做工夫的假本體樣子一語提醒不識本體的造功夫此義甚精非億測之所能及也王龍溪問佛氏實相幻相之說于陽明陽明曰有心俱是實無心俱是幻無心俱是實有心俱是幻龍溪曰有心俱是實無心俱是幻是本體上說功夫無心俱是實有心俱是幻是功夫上說本體正可與存之所言參看或疑焉予曰請再證諸陽明陽明曰不覩不聞是本體戒愼恐懼是功夫又曰戒愼恐懼是本體不覩不聞是功夫未達予曰凡說本體容易落在無一邊陽明所云無心俱是幻景逸所云不做工夫的本體也今曰戒愼恐懼是本體卽不覩不聞原非是無所云有心俱是實此矣凡說功夫容易落在有一邊陽明所云有心俱是幻景逸所云不識本體的工夫也今曰不覩不聞是功夫卽戒愼恐懼原非是有所云無心俱是實此矣如此看來何等

分明曰然則影子之云幻相也樣子之云實相也于本體則以幻顯實于功夫則以實掃幻兩意亦互相發也子曰然君可謂能得之言語之外矣假令有人于此過而詰曰旣是本體的影子曷云功夫的樣子旣是功夫的樣子曷云本體的影子卽予亦何辭以對有友從弦歌樓來謂予曰樣子影子之說良善第意中尚未能盡了請爲我重宣之予曰請借子爲證子試想未上此樓之前與在此樓時意思何如曰不同曰子試想旣下此樓之後與在此樓時意思何如曰不同曰覺得那時意思好曰覺得在此樓時意思好委如個初太史所言曰如此看來這意思恰是十分正當處豈得不謂之樣子雖然何其與前後不相應也可見這意思只是霎時間的事容易消散豈得不謂之影子友曰然則樣子之云專據見在而言也影子之云通照過去未來而言也命之矣

讀何初張太史會中語略

略曰東林會上諸先達屬不佞講不佞遜謝良久謹啓曰鄙見竊謂今日之會須要認取源頭方許滿堂聽講若認得眞法法都活句句都靈也不佞竊見會講就座之始最可認取當下工夫夫先達教語未發後進疑難未陳四座寂然各有主宰此時諸觀氣象若何若說一念不生將四座等于木偶土梗云何有言即聞即應靈體固不應寂也若說念起會上此際作何念乎影未來而先造影影何從來乎是礙虛也若說靜俟先達之教以豁我心靈則我之心靈竟付于先達之口又逐于我之耳乎若說尋求妙義思索疑端以答會上傾耳之意則此尋求思索先自擾擾可謂性靈乎即發揮問辨不幾馳逐光景了故事乎此際氣象最宜認取若自已做得主宰則此氣象所謂百萬

軍中出奇應變寂然不動若自已做不得主宰便是行伍小卒聽命金鼓衆進而進衆退而退將自已性命隨逐波流一生聽講不曾聽得一句亦大可惜世間書院會講作興甚難幸遇此會便是一息千古切莫錯過須各各認取本體眞如明鏡光光爍爍並無夾帶並無倚靠胡來胡照漢來漢照胡漢非我胡漢皆我若言無影不照便是頑銅若言未影先照便于鏡上妄添丹彩添一分丹彩却礙一分光明也得道之人神高于聖賢而慮下于輿隷我自光明別無倚靠被四表格上下蓋天蓋地開闢一人言言皆自我性中流出不經耳目不貸知見到此即見賢思齊誦讀尙友都用不着所謂神高于聖賢既信得本體光明與皂廝養同是光明愚夫不識不知信口說來皆我本體靈印故曰舜好善而好察邇言眞是眞見本體無毫釐增減處所謂慮下于輿隷講學之會的是如此是之謂各人一段大光明各人一段眞秘密會中先達提醒人詳矣總不離此當下工夫作學人一生受用也

詳繹此篇恰如向各人五臟六腑中在在穿過一番把他東馳西騖諸般安排計較的妄情盡數抄破正是要爲各人顯出本來面目也本來面目何在曰既云本來面目何所不在即篇中已大段說明了也乎往時在會下只要看座上諸公作何舉動諸所提唱作何分付既退猶然默默追惟今日某公能覺我宿夢某公能療我沉痾復一一自參自按有時當大暑中遍身凜如寒冰有時當大凍中遍身熱如焦火且不知作何究結而今讀至神高于聖賢慮下于輿隷二語更恍然忽自失也願大家就此切身體會透出一箇消息來庶幾實實有受用處不枉這番合并耳若逐隊而來

逐隊而去漫曰如是如是回家只剩得一雙空手何益何益

知味

座中講人莫不飲食也鮮能知味也二句高存之曰此所謂當面蹉過也乎爲之悚然因曰今日之會正是當面的箇中何味不具能不蹉過否乎聞水潤下潤下作鹹鹹能消可以破堅火炎上炎上作苦苦能勁可以持脫木曲直曲直作酸酸能歛可以攝浮金從革從革作辛辛能爽可以豁滯土稼穡稼穡作甘甘能平可以劑于過不及之間而約之中今日之會既爾肅肅又爾彬彬既爾融融又爾洩洩一舉動莫不凝目而視也一談論莫不傾耳而聽也寧無有入焉而消可以破吾心之堅者乎寧無有入焉而勁可以持吾心之脫者乎寧無有入焉而歛可以攝吾心之浮者乎寧無有入焉而爽可以豁吾心之滯者乎寧無有入焉而平可以劑

吾心之過不及而約之中者乎在各人自味之而已予嘗一日散行至圃中見園丁壅土藝菜適童子摘二李以進因命以其一勞園丁園丁仰口承之予莞爾而笑園丁曰小人何知只這果兒須下了喉入了腹方是小人的于時不覺心動命再以其一勞園丁園丁謝曰請大人留用如何只管別人不管自家于時又不覺心動今日之會倘然當面蹉過得無反為園丁笑抑予亦徒言之耳又得無只管別人不管自家如園丁所云也退而追記其語以自惕

讀琴川耿明府云生死說

按孟子曰養生者不足以當大事惟送死可以當大事註以事親言海門周公曰此章之意蓋指自養自生自送自死孟子嘗言養生喪死無憾而禮記中亦有送死之語皆不為事親言莊

子曰吾以萬物為齎送此送之說也是故夕可没寧吾知免夫吾今庶幾皆送死之道到此方大事了畢故曰可以當大事語云蓋棺事乃定亦近此意佪初張太史曰人須生能死得死能生得方會了生死自夫子言生死而後之言者獨孟子夫子曰朝聞道夕死可矣又曰未知生焉知死孟子却恐人錯認了生是形生之生眞要人死得一番過來方謂之知生方謂之聞道故曰養生不足以當大事惟送死可以當大事人若在肢體心知上認過生便如所說養口養耳養目養四體雖件件有個節制道理都是養其形生之生不是養其不生之生不足以了此一件大事直要把此形生殼子斷送過了無一些兒倚靠方謂之了此一件大事耿明府聞而善之于是座中諸君子各以其說遞相參證明府一一條答之萃成一編緘而示予予不能更有所加也漫題數字聊為蛇足云爾

予竊見時過玄客授四語曰若要生此身除非死此心此心若不死此身安得生為之擊節稱善今讀耿明府所與諸君子往復生死說更憬然有省故反而賡之曰若要生此心除非死此身此身若不死此心安得生不識可作是編註脚否也

又

予既已復耿明府尋默念曰此猶是對治法非究竟法執對治為究竟其去道也遠矣然則如之何曰須是生死二字一齊放下如之何能一齊放下曰有個源頭在易不云乎窮理盡性以至于命窮理便說得生死盡性便了得生死至命便造得生死如此且無生死可言而所謂一齊放下者亦成剩語矣若曰那個是生那個是死那個死的要他生那個生的要他死恰好墮生死中也異日

尚當就明府結此一案

戊申　計十六則

讀錢漸菴先生空說請正

說曰弟子有問予曰佛氏說空宋儒闢之得否予曰夫子稱顏子屢空豈其與佛氏之空有以異乎弟子曰空等也有闢之有稱之弟子固不知其解第空而加之屢者曷故予曰此是顏子之空未盡也若空盡即是太空之空何必云屢云屢者謂顏子此時未到心齋坐忘之境猶有時而不空即所謂三月不違三月之外不違未可必也弟子曰聖門之空與佛氏之空一乎予曰此以語末學支離纏擾之徒誠為駭聽若細思當自得之弟子曰佛之空老之無儒者所深病而子云云彼老氏之無亦無妨于聖門之旨耶予曰周濂溪無極而太極朱子力辨其說云無

玄之無與老氏之無相去千里夫周子無極之無因無議矣乃老氏之無究其實歸于玄牝玄者無也而牝則有生生之意焉亦何嘗離有無而二之也論者不深究無之說而漫然議其無當恐亦不足服老氏之心然則佛氏之空亦從可知已蓋佛氏之空非果空也以空爲空便是頑空卽佛氏亦不取弟子曰請聞空之旨予曰夫子毋意毋必毋固毋我空耶非空耶無可無不可空耶非空耶無論心境靜時湛然澄然乃謂之空卽應事接物間涉而不有過而不留無纖毫渣滓得與其間豈不謂之空中庸一書到百辟其刑天下治平終歸不顯終是篤恭不顯篤恭非空而何蓋堯舜事業至巍煥之極若一着有心便是不空五伯假之只是出之有意此心不空耳故曰堯舜事業一點浮雲過太虛言其空之至也人之心體猶兩目然目中瓦礫屑

固着不得金玉屑亦着不得倘曰我力爲善而以所爲善事置胸中便是金玉屑矣可乎不可乎竊見世人好爲名者終日營營了無息念固無足論乃亦有眞心爲善上爲國下爲民如漢宋之黨豈非君子乃執着一說而不肯俯心降氣員融其間終是其心體不空也只如韓范富歐上殿相爭如虎下殿不失和氣果能不執成說亦庶幾乎空之一節矣惜乎其他未盡然也故夫空之說不獨可以見性且可以禔身可以蒞官可以理國理天下此豈一于墮空者耶佛家有云終日喫飯未嘗咬着一粒米終日穿衣未嘗掛着一絲頭得無與行所無事之說合乎世儒不將佛氏之書反覆參究而第見空與寂滅字面遂謂與吾儒相背力肆詆排此何以令佛氏首肯也弟子曰子之論空然矣乃孟子云萬物皆備于我則性體又得無是實乎予曰惟空乃能實性體所以不實者只爲私意橫據于中憧憧往來而萬理隨之亡耳若心如太虛然太虛中形形色色何所不有故曰强恕而行求仁莫近恕者去私之方也仁則萬物原備者無一不備矣故曰有主則虛又曰有主則實虛與實一體也

竊惟空是狀吾性之不墮於有實是狀吾性之不墮於無空與實一物而兩名者也儒者以實自居以空歸佛委非通論第當論其所謂空者或同或異何如耳然而論至于此又非須臾可了今姑以兩言剖之果異耶固應置之不待執我之所謂空格彼之所謂空果同耶但明吾之所謂空而彼之所謂空自不能外矣亦不必借彼之所謂空證我之所謂空也未審然否敢請正

翁以無善無惡爲空乎愚竊惟言空莫辨于中庸矣然而始之曰喜怒哀樂之未發謂之中則是所空者喜怒哀樂也非善也終之

曰上天之載無聲無臭至矣則是所空者聲臭也非善也夫善者內之不落喜怒哀樂外之不落聲臭本至實亦本至空也又欲從而空之將無架屋上之屋疊床下之床也故篇內曰明善曰擇善曰得一善數致意焉非强人增其所本無直恐人闕其所本有耳若曰不當以善事置胸中勿置可耳并善而株連之是懲噎而斷喉非但廢食已也至于執着一說不肯俯心降氣竊恐眞眞爲國爲民者當不如此此正不免墮入惡道去何善之云未審然否敢請正

金玉瓦礫之喻驟閱之似爲有見再檢之殊覺不倫然而千百年來聰明伶俐漢都被他瞞過何也夫善者指吾性之所本有而名之也惡者指吾性之所本無而名之也金玉瓦礫就兩物較之誠若判然若就眼上看金玉瓦礫均之爲惡也非善也以其均之爲

眼之所本無也取所本無喻所本有非其類矣竊意借眼喻性卽如所云喜有喜時的眼怒有怒時的眼以此爲善惡之比猶屬第二層事等于告子湍水東西之說況今擬諸金玉瓦礫有何干涉然則當何如曰性以善爲體猶眼以明爲體此體萬象咸備曰實此體纖塵不着曰空所謂一物而兩名者也厥有祟無妄生分別總爲性體之障耳未審然否敢請正

駈翁謂孟子原未嘗直指性善只道情善耳據其言求之豈不信然第其所以如此者正謂性微而情顯微者難見顯者易見爲未知性人設方便耳若自知性者觀之且不待取徵于情也況可認其只道情善又可泥其未嘗直指性善別生擬議耶敢請正

孟子曰乃若其情則可以爲善矣乃所謂善也蓋因用以顯體也愚欲于此作一轉語曰乃所謂性則無不善矣乃所以善也蓋因

體以知用也昔邵堯夫與趙商州論洛中牡丹趙曰先生洛人也知花爲甚堯夫曰洛中以見根撥而別花之高下者爲上見枝葉而知者次之見蓓蕾而知者下也通乎此可與言性矣未審然否敢請正

翁謂性體虛明湛寂善不得而名之以善名性于是天下所謂善獨不謂善天下所謂惡獨不謂惡其流之弊有不可勝言者非但區區議論之得失而已也未審然否敢請正

說者皆謂孔子會問禮于老子何嘗闢老子然而以德報怨一語實出道德經其意主于平等寃親正與無善無惡之說相表裏觀孔子之答或人一則曰何以報德一則曰以直報怨以德報德其亦何嘗草草放過也試令老子聞此語還肯服否孔子不能服老子而欲儒者服佛氏此必不得之數也吾儕只論道理何如耳豈計其服不服哉且佛氏之空果與吾儒不異乃其棄家入山等三綱五常于聲色貨利一槩而掃之何也亦還能服儒者之心否敢請正

又

奉教而歸取所賜性學總論讀之大都翁之言性也無則并善亦無有則并惡亦有又謂虛明湛寂者性圓活流動者亦性故遇善卽能爲善遇惡亦能爲惡于是愚之惑也滋甚已而讀至人心道心之辨乃始釋然其說曰人心無定也道心有定也性道心也心如水性卽水之澄徹處凡水之渾濁者不得而比之也心如鏡性卽鏡之明瑩處凡鏡之昏暗者不得而比之也味斯言也可見純乎善不雜乎惡道心也何也道心有定也能爲善亦能爲惡人心也何也人心無定也翁而以人心爲性也卽告子諸人之說吾且

不能奪之矣翁而以道心爲性也尙何疑于孟子之所謂善哉敢請正

再讀澌庵先生會語

會語云有問陽明先生無善無惡之說予曰性體寂然湛然固是無惡然善亦不可得而名故云無善無善無惡正所謂至善也曰告子以無善無不善論性孟子便謂其率天下之言而禍仁義今之說得無與告子同乎予曰正不與告子同告子無善無不善云者直視性爲渾然一物原無仁義在其中故有杞柳桮棬之喻若乃陽明無善無惡之云正謂性體虛瑩湛寂如太空然太空中無一物障礙亦無一物不化生其間吾性四端萬善測之不見其形涵之自有其理所謂天下之大本卽在未發之中此之謂也若執性指之曰此爲仁此爲義此爲禮智信孰是

仁義禮智信而可執着爲有如孝已執一孝尾生執一信便害了多少事舜之所以不告而娶與夫堯不能舉之十六族而舉堯不能誅之四凶而誅俱從自家一點虛明中變化出來倘執曰娶可無告乎堯之賢否是非豈不善而我可顛倒爲乎則是便爲善所礙矣故夫善不可執正謂性體虛瑩原無善不具而亦原無善可名也豈與告子無善無不善之說同乎故夫子告子路好仁好智好信好直好勇好剛皆示以不學之蔽正恐人之執着仁智等爲善而欲學以反其虛明之初也願知道者察之

善是仁義禮智之統體仁義禮智是善之條件書曰善無常主是以條件言中庸曰擇善而固執之是以統體言條件之善不可執統體之善又何嫌于執也雖然此亦就宇面上擬議而云爾會得

時言仁卽性之全體在仁言義卽性之全體在義言禮卽性之全體在禮言智卽性之全體在智有何剩欠若認定是一偏之物孔門不以仁爲宗乎孟門不以義爲宗乎程門不以敬爲宗乎王門不以良知爲宗乎豈皆秘其全不以示人耶竊恐此說亦不必執也至引孝已尾生爲證蓋疑孝已爲孝所害尾生爲信所害據鄙意還是孝爲孝已所害信爲尾生所害耳未審然否敢請正

仁智信直勇剛皆美德也孔子不曰六德六蔽而曰六言六蔽極有斟酌六言猶六字蓋所謂名目云耳好而不學只是好個名目中間實落道理並未實心體究于是而執正行則泥于此不執旁行則流所以有蔽可見蔽由不好學生非好德生好德非蔽徒好德之名目乃蔽也學之爲貴如此然則學何在曰在明善

陽明之無善無惡與告子之無善無惡不同向來亦曾有是說仔細推敲畢竟不免費個轉語便不自然今姑無論假如有人于此揭兼愛爲仁宗而曰我之兼愛與墨氏之兼愛不同也揭爲我爲義宗而曰我之爲我與楊氏之爲我不同也翁還肯之否程伯子云凡立言無使知德者厭無德者惑今必援孟子之所力擯還而翻孟子之案得無犯此二病乎敢請正

又

崇翁指示業條列以請已伏而思之古之言性也出于一今之言性也出于二夫旣謂之性安得有二當是各人認取處不同耳出于一純乎太極而爲言也出于二雜乎陰陽五行而爲言也書曰惟皇上帝降衷于下民詩曰天生蒸民有物有則蓋皆就陰陽五行中拈出主宰所謂太極也以其渾然不偏曰衷以其確然不易曰則試于此體味可謂之無善無惡乎可謂之有善有惡乎可謂

之能爲善亦能爲惡乎是故以四端言性猶云是用非體卽以四德言性猶云是條件非統體縱諄諄然遍人而榜示之曰善還在可疑可信之間惟知帝衷物則之爲性不言善而其爲善也昭昭矣且以無言性直無到善其無也荒以有言性直有到惡其有也雜縱爲之妙其形容曰虛明湛寂還在若離若合之間惟知帝衷物則之爲性不言虛明湛寂而其爲虛明湛寂也昭昭矣之兩者宜何從焉緣此處是吾人一大頭腦又是當今論性家一大公案遂不覺其瑣瑣惟翁始終不吝裁正是荷

子曰由誨女知之乎知之爲知之不知爲不知是知也

頃赴虞山之會座中有問誨女知之一章應之曰此言知在心不在閑見乃易簡直截最上第一義也是知也與是禮也一般全要看一是字僉曰然至舟中覺胸中未大穩在旣抵錫晤高存之復

相商確語次忽流出一機因曰昨所講似是而非正墮不知爲知之中了也存之曰何予曰聖人過何等人便識他有何等病識他有何等病便下何等藥節宣補瀉毫髮不爽今把提醒子貢的話頭移在子路身上便不着拍試看子路與子貢行徑是一樣是兩樣存之曰恐不同予曰然子貢專在聞見上着力故聖人特以多學而識挑之爲他掃去子路却非瑣瑣要廣見聞者觀其言曰有民人焉有社稷焉何必讀書然後爲學可見只是他心粗信口便說不肯沉潛理會耳竊以爲泛泛看來偏物而知則難知的曉得是知不知的曉得是不知似易雖愚夫皆可與能細細看來知的曉得是知則易不知的曉得是不知却難雖賢者亦多錯過且如子見南子必有個該見的道理在子路本不知也却便不悅又如論衛政先正名必有個該正的道理在子路亦不知也却便以爲

迂至于佛肸之召則曰子之往也如之何公山弗擾之往則曰末之也已壹似逼達世故諳練人情胸中了了無待商量擬議然者此正不知爲知之也孔子見其每事爾爾要一一救正他如何救正得許多故特向他頂門下一針曰誨汝知之乎所謂知之云者非可憑空胡亂杜撰非可臨時造次主張須是我這裏光光淨淨一切呈出本相没些子遮蓋在那知不知處清清楚楚一切還他本相没些子鶻突在乃所謂知之耳故曰知之爲知之不知爲不知是知也若但任自家意思見以爲如此便道如此見以爲不如此便道不如此自汝視之横說竪說何所不可何等惺惺自有識者視之都是綑捏支吾也註云子路好勇蓋有强不知以爲知者因此向來俱說知之便認個知之不知便認個不知莫得自欺竊意子路質直的人恐不至强不知以爲知瞞心昧認還是那知不

知處未能一一曉然耳這等看來知之爲知之不知爲不知兩爲字須貼着首句知之兩字說方有下落如註說似乎推深了一步却不曾打着子路眞痛痒卽子路聞之亦未必肯心服是反放鬆了一步也蓋子貢之病病在泛濫則欲其反到約處討個歸宿無泥枝葉而忘本根子路之病病在鹵莽則欲其反到實處討個端的無徇影響而迷眞際症候不同用藥亦别故夫子于子貢之多學而識旣非之于子路之何必讀書又使之一操一縱各有攸當使必桎梏見聞槩與破除只是個死方子如何活得人盡再徵諸不知而作章不知而作正犯了不知爲知之的病多聞而擇多見而識亦便是不知而作的藥緣此等人方務作聰明好自用見謂就手拈來頭頭是道偃然以上知自處遂不免墮坑落塹去諺云扒得高跌得低此輩是也所以特特爲下這一劑使之虛心平氣

做些鈍根的功夫庶幾退步處卽進步處耳謂之知之次蓋對生知而言其始八門不能無殊總之是一家人可追隨而上非有判然懸絶之等故曰及其知之一也今人將這次字說得壞了以爲專求諸見聞之末比于玩物喪志審爾是乃知之蠹也吾夫子安得輕以知之次與之且不觀夫子之自道乎曰我非生而知之者好古敏以求之者也曰吾嘗終日不食終夜不寢以思無益不如學也凡此皆吾夫子身親經歷過來特拈出示人其意蓋與不知而作章互發是則雖聖人猶然做次等事也况其他乎乃欲獨信自心舉聞見而一空之竊恐徇内遺外其弊亦與徇外遺内等究竟脫不得不知爲知之五字也存之曰如此校勘這五字應是世間通病其幾甚微其害甚大吾輩切宜猛省不可只去子路身上吹求予曰善初謂是知也與是禮也皆直指本體之辭今看來又

須識得入太廟每事問乃眞不知爲不知者于此認取是字方悟并功夫亦攝于其中方悟這話頭極易簡又極精密極直截又極周緻極能開發人又極能磨練人展轉玩繹眞覺意味無窮耳苟不求其所以但見聖人曰是亦隨聲而和之曰是夫豈特草草看了這知抑且草草看了這不知以爲最上第一義吾夫子其首肯乎否也

又

或問知之爲知之不知爲不知是知也多聞擇其善者而從之多見而識之知之次也說者以爲一求諸內一求諸外兩下正相反今合而言之何也曰這裏各有個意思患人之專狥聞見也故以爲兩下正相反欲其無舍心而逐物患人之專掃聞見也故合而言之欲其無私心而自用會得時實並行而不悖也看來知之次

次字甚活乃可上可下之辭陽明以爲第二義亦是第下語覺稍重耳蓋良知無待聞而知見而知有待有待者安得不讓無待者爲第一義究竟聞而知的即不聞而知的見而知的即不見而知的原無二物况多聞而擇便不落多聞多見而識便不落多見其亦何嘗非第一義也陽明只要人識取頭腦故于此特致抑之之意庶幾聽者因而發深省耳切莫錯認曰何謂可上可下曰識得頭腦這個知便是德性之知直透向上一層去不識得這個知只成得聞見之知而已行不免流入下一層去矣如此理會這次字何等含蓄大能陶鑄人在彼執一說以相格者或失則蕩或失則支均之未達吾夫子之圓指也

東林書院志卷之四終

東林書院志卷之五

會語三

高景逸先生東林論學語上

先生曰所謂妄者亦是本心也所謂昏者亦是本心也但人不曾覺耳一覺即昏與妄便不見也譬如此掌正則本心也反則昏與妄也只是此掌也

先生曰論學則必以知性爲本論性則必以復性爲本

彥文問曰荀彧何如人先生曰這樣人算不得帳不過曹操一謀士耳彥文曰彼不喜操加九錫而爲操所殺此意何如曰這還是他知有漢處他不認得人知漢而不知操總之只是見識淺陋故失身而遭戮

先生曰聖人正脉只以窮理爲先故曰窮理盡性以至于命苟不

窮理便有破綻朱子曰知有不至即其不至處惡即生焉以爲自欺之主譬之一張桌子須要四隅皆見不然一隅有污穢不知也又如一間屋一角不照即躲藏一賊不知也

先生曰上下遠近智愚之分也夫人之心念念明徹則漸近于堯舜一路故曰上念念迷昧則漸近于桀紂一路故曰下又曰善不止于至善則其智猶可移于愚惡不至于極惡則其愚猶可移于智所謂不移者只上智與下愚耳

彥文曰近看二程先生語錄開口便教人讀論孟今日看論語夫子云事君盡禮人以爲諂也程夫子解云若他人言之必曰我事君盡禮小人以爲諂彥文思之眞有味也先生曰聖人之言大抵如此皆慨嘆之意也曰我愛其禮曰是禮也曰拜下禮也曰事君盡禮聖人處處見禮他人處處見物

先生曰事卽是學學卽是事無事外之學學外之事也然學者苟[illegible]隨事精察明辨的確處之事事合理物物得所便是盡性之學若是箇腐儒不通世務不諳時事在一身而害一身在一家而害一家在一國而害一國當天下之任而害天下所以大學之道先致知格物後必歸結于治國平天下然後始爲有用之學也不然單靠言語說得何用

彥文云老師詩云本體覩聞爲入竅工夫戒懼是天然二句彥文思之眞妙也先生曰爾看不覩不聞時有何色相可是冲漠無朕否人于不覩不聞時此心無所思慮便是本體卽是吾人本色何等戒謹恐懼故曰天理之本然此處認得眞却無差謬彥文曰如此本體卽工夫工夫卽本體也夫子所云工夫戒懼是天然也又曰不是天然戒懼便有害本體所以戒謹恐懼而曰乎其所不睹

不聞

與光問先生著述先生曰程子至中年始著述且著述之事甚非學者所可用心何也著述者乃不得已之言也亦是不忍人之心吾人一生學問有得力處若無人可授豈忍自私只得筆之于書以公後世無益身心之贅言又奚著述哉

先生謂彥文曰中庸一書只是性與教兩項事說天說命說中說誠說道說聖說神都是說性說學說問說擇說執說五達道說九經都是說教惟天下至誠便是說性到其次致曲便是說教若說性工夫便一毫不可加若說教工夫便一毫不可少

先生曰吾人自朝至暮俱在人欲中滾過日子人只有一箇心此心一刻不在則一刻是欲欲非但嗜欲之欲此心纔有所向便是欲最細要用心研究

先生曰悔者入吉之路吝者入凶之門纔悔便有吉之道纔吝便有凶之道

有友言某眞可爲民父母先生曰眞是清愼勤但非君子也反與君子作敵參夫曰旣能清愼勤何不爲君子先生曰要曉得自來有清愼勤的小人君子以清愼勤做人小人以清愼勤做官王莽臣有孔光王舜者彼何等清愼勤然而不可以此藉口而忽清愼勤也

岳鍾伊問曰原憲之克伐怨欲不行與顏子之非禮勿視聽言動功夫何如先生曰不同這要在源頭上看有箇主客之分一箇是以禮爲主以巳爲客一箇是以巳爲主以禮爲客原憲之克伐怨欲不行還是巳爲主彥文曰克伐怨欲不行可是著察否先生曰能不行也是著察但著察也有不同聖人是聖人之著察顏子是

顏子之著察原憲是原憲之著察

有友問曰易之剝卦曰剝床以辨蔑貞凶何謂也先生曰辨是床脚上木也剝床及膚膚不是人之肌肉卽是床上之薦耳蔑貞不是爲君子言是言小人自蔑其貞性也小人之貞性旣蔑是小人之凶也非爲君子言所以上九剝極其廬而小人無安身之所矣

彥文曰用九天德不可爲首天德何以不可爲首先生曰乾卦文爻皆用九非惟乾卦凡六十四卦中一百九十二陽爻咸用九天德不可爲首者是不以一爻爲首也羣龍卽六龍也六龍名雖有六其實只是一龍之變化故曰六位時成六龍卽六龍之位也時成卽六龍之時也時當潛而潛時當見而見時當惕而惕時當躍而躍時當飛而飛時當亢而亢聖人六龍之德咸備隨時變化若神龍然故曰時乘六龍以御天

彥文問曰知言養氣是一是二先生曰知言是格物致知養氣是正心誠意都是一串工夫不是兩件不要輕看了知言卽是知道卽是知德淫邪遁三者皆由心蔽而生夫人之心一有所蔽便淫不知其陷邪不知其離遁不知其窮孟子之知言皆由心無所蔽

先生曰直其正也何不言直其敬也而曰直其正也君子敬以直內何不曰正以直內而曰敬以直內看來敬字只是一箇正字伊川先生言敬每以整齊嚴肅言之整齊嚴肅四字恰好形容得一箇正字

參夫問曰羅整菴馮少墟兩先生學問何如先生曰都好是吾儒之極純者參夫曰某先生言兩先生俱不透何也先生曰兩先生於儒極透但闢佛或未當且今之言透不透者多言禪之透不透耳參夫曰吾儒之學旣透矣不透禪是欠缺否乎先生曰非欠缺

也禪之一宗惟濂溪明道兩先生眞能知得後來闢佛者總闢他不服參夫曰整菴先生陽明先生俱是儒者何兩下議論大相反也先生曰學問俱有一箇脉絡卽宋之朱陸兩先生這樣大儒也各有不同陸子之學是直截從本心入未免道理有疏略處朱子却守定孔子家法只以文行忠信爲教使人人以漸而入然而朱子大能包得陸子陸子粗便包不得朱子陸子將周子太極圖通書及張子西銘俱不信便是他心粗處朱子將諸書表章出來由今觀之眞可續六經這便是陸子不如朱子處先生曰朱夫子嘗云子靜會說眞能說得人涕泗交流某也會說只恐壞了人不敢此便是聖人心腸

先生謂彥文曰一部易原始要終只是一箇敬懼無咎而已故曰懼以終始無咎者善補過者也易中凡說有喜有慶吉元吉都是及于物處若是本等只到了無咎便好

彥文曰近見康節先生孝弟詩有云奇哉讓瘦分懷橘一句遂知易之所言吉凶不在禍福而在仁義先生曰何爲也彥文曰讓瘦故事是漢時張禮兄弟二人爭死之事彥文以此知吉凶只在此處論其弟爲兄替死豈非吉道乎先生曰是昔有友問予曰朝聞夕死何以爲可乎答曰我有四字人忽以爲常不必說其友極叩之予曰當死便死彼亦不悟參夫曰先生之言雖是四字曲盡其妙當字卽是道字便字卽是可字先生曰然

彥文問曰齋之爲言齊也所以齊不齊而致其齋也當其時也寂然無事一毫思慮容不得何又曰思其笑語思其居處先生曰程夫子已論過此乃言衆人之齋耳衆人之心如何得湛然純一思其笑語思其居處精神併歸一處

彥文曰體用猶闔闢也寂然不動體也感而遂通用也先生曰然

彥文請于先生曰不肖今年止看得十五卦雖不能十分透徹確守定程朱兩夫子傳義爲本領解去如有不明再參訂諸家不知是否先生曰四聖二賢是易之本領諸家各自成家彥文曰觀華吳先生以天理二字發明易道眞透徹先生曰然又要知吳先生說大明是甚彥文曰易之大明卽人之明德人能明其明德透徹終始便是易之大明終始也先生曰天理與明德何異彥文曰天理云者是天然一定之理明德云者是明此天理天理卽明德明德卽天理本無異也先生曰明德纔是我之天理彥文曰這等看來天理二字還是大家公共所有之理我能明此明德透徹方是我之實有諸已之德也先生曰然

先生曰齋戒三日極進學問所云齋者要胸中潔淨無事一念不

雜纔算得齋如一念不雜之時正好體認此眞體也又曰所言人心道心今日正好體認吾輩今日初坐時其心何等危而不安這道心何等微而難見既坐下漸漸體貼漸漸收斂危者便覺稍安微者亦稍漸著這就是精一底工夫精者不昏一者不散常常如是便是允執矣

先生曰惟精是格致工夫惟一是誠正工夫精是博文之事一是約禮之事所以程朱只以居敬窮理爲教居是居其所窮之理窮是窮其所居之敬本體卽工夫工夫卽本體

先生曰聖人允執其中時時未發故爲允執

先生曰適于義適亦可莫于義莫亦可此兩句原因義之與比一句發無適無莫一味隨義而轉夫子之仕止久速只隨義轉也葉玄室先生曰君子之于天下也這一句極要體會可見君子之所

作所爲直要通得天下人纔行得不然若守定一已之獨見而不能通之于天下雖是眞心爲國爲天下也行不去先生曰不能通天下而欲行一已之獨見不要說天下人不從卽同志中也不從必竟要行須是天下人無論賢愚不肖都通得方可行也

先生曰知之者不如好之者好之者不如樂之者這是論造詣之深淺耳若論知之者便是知到這樂處始可言知知之而不知其樂是知箇甚麽然這樂人雖不曾到此境界若不樂是人人皆有的人要知樂且于這不樂處反觀予嘗體之人之不樂俱有一箇緣故其病只在一箇對待心與境相對境安得如我心便不樂矣人與我相對人安得如我心便不樂矣至于聖凡相對天人相對種種懸慕皆爲不了之心皆爲不樂矣試觀聖門只是以求仁爲本仁則樂不仁則不樂凡不樂處皆是不仁仁便對待者皆一貫

矣故程子曰此道與物無對大不足以明之天地之用皆我用也萬物皆備于我須反身而誠乃爲大樂若反身未誠則猶是二物有對以已合彼終未有之又安得樂由此體之可知樂矣

有友曰不可與言而與之言失言先生曰這與中人以下不可以語上一般是爲傳道而言若凡事料其不可與言遂不言其如世道何且世道雖否塞全賴正人君子之言當時夫子周流天下明知其道不行其言無益矣只此心不容已故不得不如此所以晨門亦知之曰是知其不可而爲之者歟又如陳恒弑君夫子請討明知無益曰以吾從大夫之後不敢不告也吾輩今日所言豈能必人之聽且行亦欲存此公論耳

先生謂彦文曰人有邪見積于胸中久則必洩無微不彰不容遮掩乃天理也極是可畏不可不愼

彦文問曰聖人時時未發是時時對越上帝無時而不敬也何至祭祀時又要三戒七齋何也先生曰聖人雖無時不敬平常不廢應接若至祭祀時皆謝絕收斂精神以對鬼神耳

有友講掘井九仞章先生曰吾人一生止掘得一井掘之不皆九仞亦有一仞而卽得泉者惟以得泉爲主顧人力何如耳

有歌白沙詩倒翻秦漢從頭數惟有堯夫認得眞參夫曰若自秦漢惟有堯夫認得眞其間周程張朱諸先生皆認不眞也先生曰不然此乃二人學問氣質相近處所遇皆當盛世得以自樂者若周程張朱諸先生是爲天地幹蠱之人白沙康節是享現成家當者若其最苦心竭力者又莫過朱夫子于世上無一事不理會過在吾道可謂鞠躬盡瘁死而後已者矣

先生講自行束修以上二節曰此二節舊俱隨文生解咸曰誨者

誨其行束修者啓者啓其憤發者發其悱復者復其三隅反是無頭緒的學問不知聖人教人只在一處徹上徹下不過如此但隨人向道之志求道之切如何耳自行束修以上是有志向道者聖人未嘗無誨未嘗不接引之大道也人却不知當面蹉過了聖人亦無如之何故必須憤悱三隅反而後可啓發反復也憤悱三隅反曲盡求道者曲折憤是不得入門心憤懣也悱是見得在眼前只口說不出三隅反是觸着便動念有領會了學者總在一處求故有此三樣景象聖人總在一處教全不是只啓其憤發其悱復其三隅也

先生謂彦文曰易是現前的物事看繫辭首章可知只平鋪着看尊卑貴賤動靜剛柔吉凶變化自然而然執一件不是易遺一件不是易聖人說一部易却像不會說一般故朱子曰易是不惹着

事的不好將大話說不好將巧話說不得粗說不得細說程子曰體用一原顯微無間眞知易者哉

幾希者差不多也人與禽獸人看了差多聖人看了却差不多險矣哉

先生謂彦文曰此心者火光然摇摇不定初學要一眼看定不放他東適西適久之自有妙處

先生謂彦文曰五更初覺甚好體認彦文曰諾

先生曰胸中無事則眞元之氣充溢于中而諸邪不能入矣

先生謂彦文曰兩年來愈知虚見無用之學必須躬行實踐方有益不然却是當面蹉過因曰某人見地最好與之言亦相入但考之躬行便內外不合是以知虚見無益

有友問太極圖先生曰太極者據易而言也天地間莫非易易有太極非易之外別有所謂太極也且以吾身言之吾身是易此時當下寂然無些子聲臭即是太極周子云寂然不動者誠也誠即太極也

有友言羅整庵先生言理氣最分明云氣聚有聚之理氣散有散之理氣散氣聚而理在其中先生曰如此說也好若以本原論之正無聚散氣亦無聚散何也以人身言之身爲一物物便有壞只正爲殊上論本原上如何有聚散氣與理只有形上形下之分更無聚散可言

先生曰文文山公惟其義盡所以仁至伯夷以父命爲尊叔齊以天倫爲重皆是義盡處故夫子稱其仁微子去之箕子爲之奴比干諫而死亦是義盡處故夫子稱其仁道理只是一箇義盡處即是仁除義無仁

有友問曰不逆詐不億不信彼之眞詐眞不信者我若不知反被他欺侮如之何可先生曰不逆詐不億不信雖被他欺還好還是君子心腸雖不能如先覺者却于自已無損若存一箇逆詐億不信便是一箇小人心腸王霸之分正在此處

吾輩處事接物只是至誠直道行去不必添一毫算計所以孟子云君子可欺以其方難罔以非其道小人以方而欺君子君子寧受其欺也若罔以非道君子必不從彦文曰罔以非道君子不從君子非明受小人欺者若察察爲明者豈能察察到底若偶惑于利反受其非道之罔不可知也先生曰然其友又曰譬如老師當任薦一人其後改節有累老師將何處之先生曰昔程夫子有云寧百受人欺不可使好賢心腸或替聖賢心腸如此

彦文問曰中生可謂孝乎先生曰中生可謂純孝矣彦文曰說者

云申生不逃而自殺使父有殺子之名可謂孝乎先生曰彼已言之矣云天下無無父之國故不可逃而自殺若不自殺父必親殺之伯奇亦然若説伯奇申生知道未必然若論爲子道可謂純孝矣

有友問曰衛之壽伋何如先生曰亦可謂盡義矣彦文曰二子之心與伯夷叔齊同先生曰然

人之不仁只是一箇難字阻礙了必將此難字打透方可言仁難者何仁是也天理必與人欲相逆纔去做難底事是向天理上行然人欲隨之又要獲了既先難又後獲方純乎天理非仁而何顔子克已若紅爐點雪不必言難天下歸仁反從獲上説若樊遲根器大不同故曰先難後獲

有友論天人先生曰天人原是一箇不是兩箇人之所爲處卽是天譬之命該做官者必須讀書做文字讀書做文是人然肯讀書做文又是天彦文曰命之所有先天也人之肯爲後天也無先天不起後天無後天不成先天先生曰然

有友言體認與揣摩先生曰體認者是實實有這件在此若人與人相會已見其人又細認之揣摩者是未見其人而想像之所以與體認大不同朱子曰因其所發而遂明之發處卽是實有這件矣但人都覷面蹉過是見其人不知認也

參夫曰開伊洛之源者濂溪周先生也二程先生親得其祕宜乎大闡發之何程子不言濂溪且尹川作伯淳行狀云先生之學得之遺經卽太極圖通書直至朱子始爲表章何也先生曰二程不過再見茂叔耳教尋孔顔樂處但指點其源頭再見之後各處做官卽太極圖通書似俱未見伯淳先生曰再見茂叔後吟風弄月

以歸有吾與點也之意又曰吾學雖有所受天理二字却是體貼出來說大學云孔氏遺書初學入德之門説中庸云孔門傳授心法常教人讀書必先語孟不是程子表出四書聖學眞無入門云得之遺經豈不信然

有友問明哲保身先生曰此身是千古之身保得方成千古危邦不入亂邦不居邦有道則見無道則隱皆明哲保身也若有封疆之責便以保封疆爲明哲保身矣死于其職又以死職爲明哲保身矣若不顧名節便喪其千古之身偷生幾年終歸一死何曾保身般之三仁是三樣明哲保身楊雄者錯認了這一句綱目書莽大夫楊雄死是眞死矣

先生曰回之爲人也擇乎中庸一句乃是中庸之大關節處博學審問思辨俱是擇乎中庸得一善不是今日得一善明日又得一善從始至終只此一善也不是得一萬事畢性道無窮學問亦無窮但擇得一善拳拳服膺便日新又新

有友問兩端用中先生曰在民爲兩端在聖人卽爲中又一友曰兩端譬之賞邊或云與之一或云與之三一則輕三則重用中則與之二先生曰是子莫之中也非聖人之時中也兩端是可一可三用中是可與一則與一爲中可與三則與三爲中可與二則與二爲中故曰中無定體隨時而在

先生曰惟權乃所以爲經也非權則經不可用矣經譬之稱也權則稱錘也稱一定不可移權則隨輕重而定故權字卽時字也

彦文問曰夫子動靜只在幾上用功否先生曰没有甚麽只是平常彦文曰何以謂之研幾先生曰研到極深處方知是平常若説有箇幾可研便不是幾也

聖人書惟有論語更妙卽言忠信行篤敬一段眞非大聖人不能言也其中本體工夫精粗微顯無有不盡者然忠信篤敬又非今之人所謂老老實實之言行可算得也畢竟至立則見其參前在輿則見其倚衡纔算得

先生曰學者于理氣心性一一要分剖得明白不明理性固不明心氣不明心氣亦不明理性延平先生默坐澄心體認天理默坐澄心便明心氣體天理便明理性

彥文曰靜中充塞時或時黑暗或時若白日中天明明白白先生曰此氣機也彥文曰都不管他何如先生曰不必管他此時正要認眞假眞者無起滅假者有起滅

彥文曰卽妄而求眞轉妄卽眞也卽非而求是轉非卽是也先生曰然

參夫曰天地位萬物育有言必是聖人之德居天子之位使鳥獸艸木魚鼈咸若方是眞天地位萬物育也又一說云但眞能有致中和者便是天淸地寧卽是天地位萬物育矣此兩說不知何如先生曰且看中和與天地萬物是一是二若一只中和便是位育除中和外無位育也若以中和觀之隨處是位育有何加損但致中和者如眼淸的人眞是天淸地寧日月光華萬物欣欣各適其適不中和者却如病眼的人舉目都是煩惱如何有此氣象必說聖人居天子之位纔算得致中和却是孔子顏曾思孟俱是不中和了卽後來人言孔子刪述六經垂憲萬世此還在功業上論且中和位育原非兩事得位原無加損

有友論性與氣先生曰性與氣要人自認不可分而爲二亦不可混而爲一何也觀孟子口之于味也一章可知矣這章書一向看不明白只爲看上節命字作氣數之命不知上節性是氣質之性命是天命之命衆人認爲人之性君子則認爲天之命故能轉欲而爲理下節命是氣數之命性是天地之性衆人認爲天之命君子則認爲人之性故能盡性以至命一自氣質中提出賦畀之正來一自氣數中提出稟受之全來

先生謂彥文曰近日看來學問最易簡却要多讀書朱子晚年云某自過江來只不住教人仔細讀書這道理書中俱備卽如五經便是五樣少看一經便少一樣妙理理只是一箇妙處不同所以傳說告高宗說學字便云學于古訓乃有獲如何可不多讀書

先生問華鳳超曰丈之資質純美講言所志鳳超曰志不敢言但亦欲做些工夫還無下手處先生曰論語上有三樣志曰志于道志于學志于仁燕超曰舍弟志趣甚好嘗欲從訒庵家叔同處自

已做些工夫被學生子耽誤先生曰動與靜原是一理學與教原非二道學所以要靜者非是閉門討箇境界之靜只要研窮得如何是道知道便知忙閒都是也應事不損精神怕應事便損精神信得本來無事應事何妨靜中體貼正要體貼此理

先生曰看來學問只是反躬二字最妙反躬卽退藏也

先生謂彥文曰人只有這本心得之爲聖爲賢失之爲禽爲獸此本心非惟聖賢卽忠臣義士節婦貞女皆得此本心者也所以他亦垂千古不朽如陶壽亭張中丞岳武穆之類一點本心不昧于古常存又如露筋一女子亦遂不可磨滅此等皆如出鑛成金彥文聞之悚然

先生曰朱子云一覺則義理便在有友曰甘食悅色他也知道又豈不是覺先生曰甘食悅色之時正是昧了此覺

所謂平天下章先生曰天下如許大治天下如許難得其要眞簡易直截也看來亦無他只一箇性字性者孝弟慈是也孝弟慈前章已盡言之矣到此章只以孝弟慈爲矩絜此矩而放之四海無不準也其本只在忠信忠信者天然本質忠信是眞體孝弟慈是眞用天下之大眞機括只這些子透此纔是物格纔是知本舉而措之天下裕如何都爲一財字迷昧了故末專說財孟子曰王何必曰利亦有仁義而已矣眞知本者哉

先生曰富與貴兩章只是一箇凡情與正性相對耳欲惡是凡情不處不去是正性欲惡眞則轉凡情而爲正性下章是夫子拈出一箇眞欲眞惡來若眞能好仁惡不仁方純是正性無世間凡情矣

司馬仲貞問子罕言利與命與仁先生曰一邊是天理微妙處一

東林書院志　卷之五　十四

邊是人欲横流處天理微妙處聖人不言人欲横流處聖人亦不言此是記者之撮要也命與仁聖人何嘗不言但未嘗言命與仁之所以然故記者曰罕言

彦文問曰孔子之從心所欲不踰矩纔算得眞率性先生曰然

彦文問曰率性與透性何別先生曰率性是誠明透性是明誠彦文曰近世儒者皆云透性及考其行事有大差謬者果透性乎不透性乎先生曰孔子自十五志學便志于矩所以至七十纔能從心不踰後世儒者儘有透的于矩則未也所以只說得透性說不得盡性聖人便是窮理盡性以至于命毫釐之差差于矩也

彦文問曰孔子之作春秋首書春王正月辨者多矣夫子何以言之先生曰元年者乃魯隱公之元年也春天之春也王正月者是周王之正月也極明白更有何疑

先生曰朱子解大學明德適心性情俱已說盡虛靈不昧心也具衆理性也應萬事情也張横渠云心統性情亦此謂也談一函曰性與情俱無工夫惟心有工夫性與情做不得主惟心做得主先生曰然

先生曰人每日思量計較的算不得心是情識也要識心在那澄然無事時見然而還不是性性不可見天理是也在未發時見所以程子云吾學雖有所受然天理二字是某體貼出來天理須是自家體貼出來說不得

先生曰口言程朱之學終身不知所學何事程朱之學主敬窮理主敬者主一之謂今人說敬與一無干胸中眞無事方是一方是敬理者性也窮是窮此性故曰窮理盡性若泛泛思量道理與窮理亦無干大抵都是訛以傳訛

東林書院志　卷之五　十五

彦文曰心中無事心氣俱和平先生曰無事時即是中中則自然和

先生謂彦文曰吾人本分二字要緊聖賢不過一箇本分本分即素位也若一越分便是無忌憚如魚投網如蛾投火至死後已眞是可哀

先生曰碌碌營求者本求衣食要之未必能遂其欲安分無求者但菲衣菲食亦未必因其不營求而遂凍餓以死在人所志如何耳嘗見四方來此者若眞心爲學主人自然恭敬苟非爲學而志于營求主人亦未必因其營求有厚贈也

陳貞甫問曰周濂溪開伊洛之源其學直接洙泗何所自而然先生曰濂溪是讀易而默契道體所以作太極圖通書即提出太極兩字讀易者須先通太極圖通書通書曰易通俱是發明易道末

章說山下出泉靜而清靜是濂溪要訣程子又恐人認靜字不明故只言敬其實敬則自靜也

先生曰羅近溪先生之書眞明心書也學者一向執著者看之甚有益但初學之士先無定見看之恐發狂其說心處極透若天理二字與程朱脉絡全不相干所以有流弊

彥文問曰顏子居陋巷不出用世是有夫子在也曾子在夫子没後亦未見其用世何也先生曰聖賢之所爲決不差顏子有顏子事曾子有曾子事卽孟子眞命世才救世行道之心何等緊切然曰于崇吾得見王退而有去志故仕止久速聖賢惟義是從

先生謂彥文曰近溪先生粹仁篇該抄錄數段一看甚好但克己復禮一說不可解易是聖人親自言者乾之九二曰閑邪曰存誠豈可不信便欲將克字當作能字然則邪不必閑乎所以明道先

生與韓持國云不必克乃是道也非持國分上事若持國之已還須要克此言却眞確而無弊也

彥文曰不肯自與開陽習靜兩月初坐七日夜半忽起念看逝者如斯夫不舍晝夜反之自已眞有於穆不已體段彼時湛然無物直與天地上下同流彥文認爲本色不知然否先生曰此是好消息是爾容處久氣淸若動中亦如此便妙矣

先生問參夫曰精義入神何以言之參夫曰一向解說一事有一義必條分縷析毫無滲漏確乎不移方是先生曰此只算得精義算不得入神還有意在入神更不着絲毫意也聖人所以爲聖人只毋意必固我

先生問李潤卿曰面前是何物與我此中同否潤卿曰此體原是一個何分內外人有此身便有內外之分無我纔能合一先生又曰面前還是空的不是空的潤卿曰空與不空皆人之見也其實亦無空亦無不空若會得說空也得說實也得先生曰面前都是天天那有空不空人只有了軀殼便隔礙了天聖人形色天性全是天

先生曰易都是現前的不可泥在這部書上其實吾心卽易心未必是易易方是心故曰以此洗心心是易了謂之洗心不然只是憧憧往來之心非寂然不動感而遂通之心也密是不測處密方是易矣

先生曰乾知大始坤作成物凡忽然而覺處皆是乾知其是而行之便是坤道知其不是而行亦是坤道

李潤卿曰昔有一友因兄弟不和成仇後聞講學而歸心中只是不快直一夜不睡忽思大舜處傲弟孟子說象憂亦憂象喜亦喜

仁人之于弟不藏怒不宿怨釋然大快與兄弟歡然白首無一言鄉黨皆化之彥文曰由此推之豈止弟也仁人之于人也不藏怒不宿怨則無人不可處矣先生曰然怒怨要藏宿他何用徒自苦耳

先生謂李潤卿曰吾輩學問無他只是學天惟天好學至於伎倆人各有能有不能倒難學天乃自然之理無所爲而爲何等自在

先生曰羅近溪所言學者假操存假工夫親切痛快今學者不知本領卽愛人親人煦煦然都是一箇假仁體甚害事

有友言思先生曰憧憧往來豈是思思正思其不思者故思曰睿睿作聖無思所以無不思若着於思便是有所

彥文問曰大人與天地日月四時鬼神合卽學者一念反觀無纖毫人欲處亦與天地日月四時鬼神合也先生曰堯舜與人同正

同乎此處大人者與小人對言所貴乎學者只不走小人路耳天
地以生生爲德人苟存生生之心卽與天地合德日月以貞明爲
德人能明德卽是與日月合明四時以生長收藏爲序吾人一語
一默一進一退不失其序則與四時合矣鬼神以福善禍淫爲吉
凶夫人勸善懲惡則與鬼神合矣如此存心與大人何異與天地
日月四時鬼神又何嘗不合

先生曰佛氏謂生死事大故其徒眞心究竟我夫子云朝聞道夕
死可矣其言何嘗不懇切吾輩何無一人眞心究竟者

有友問人死時何修而可以不苦先生曰要臨死快活須生前喫
苦

有友問初學何以入門先生曰人只有一箇身身只有一箇心身
譬之宅心譬之宅中主人身非心譬之有宅而無人居心非身譬

之有人而無宅住學問入門先要究身心二字

先生曰有物必有則者至善也窮至事物之理窮至于至善處
也

先生曰人以陸象山先生爲禪學象山何嘗看佛書其學分明是
孟子一脈先立乎其大者但彼資性高當下見得如此將得手處
教人言之太易不善學者無彼之天資又無彼之人力效其現成
口吻故有病耳象山畢竟少了朱子窮理工夫說他不入微則可
謂之爲禪非也卽陽明先生分明是象山一派象山從是非之心
透入陽明從致良知得手彼之工夫眞萬死一生中得來後人夾
雜情識發用出來都當了良知作用乃其弊也以四無立教先生
之過也薛方山公有云朱子之學孔子教人之法也陸子之學孟
子教人之法也此可爲千古定案

先生謂彥文曰默坐澄心體認天理胸中無物便是天理無物者
無妄也若無事尋事又是無妄之往矣

先生謂彥文曰所謂立志者不是如世人立箇主意要做件好事
孟子言志者氣之帥也先立乎其大者使物不能奪此爲立志

先生曰明道先生三代後聖人也諸葛武侯三代後伊呂也

彥文一日請于先生曰仲素羅先生始來貴邑從龜山先生居東
林抄學庸半載至今配享龜山不肖等從夫子亦有年矣學未成
而道未聞反而思之眞有可愧先生曰吾輩所修之業千秋之業
也但不可時刻放過自有至處

先生謂彥文曰張南軒先生之學全以主敬爲主日事靡他及行
無越思此八字乃主敬要訣

先生曰朝聞道夕死可矣說者皆以爲未聞道則不可死予獨以

爲未聞道則不可生生死一道也既不可死又可生乎

先生曰敬而無失最要講求程子說中也者天下之大本曰惟敬
而無失最盡敬不可爲中敬而無失乃所以中也敬如何能無失
只因强持爲敬不能無失若將程子此言反看敬而無失惟中最
盡敬不能無失中乃所以無失也故復性之學只復于未發乃是
敬而無失

黃炯伯問曰學何以入門先生曰四書五經皆聖賢之言苟會得
則一言一字皆可入門會不得雖誦讀終身汗牛充棟無益卽將
論語首節註細看便可知其曰學之爲言效也人性皆善覺有先
後後覺者必效先覺之所爲乃可以明善而復其初也可見效先
覺非但效其行事是效其明善復初不然效得一件兩件好事也
只是行仁義非由仁義行也

炯伯問曰孔子云五十以學易可以無大過其過何如先生曰聖人說假我數年明白是四十之時也聖人豈無過聖人有聖人之過賢人有賢人之過學者有學者之過聖人稍不如天便自以為過過者無心之謂吾輩而今且不好說過恐猶是惡也稍有意為之卽是惡炯伯曰如何可免此先生曰過與學對有一分學力便可少一分過惡

子靜問曰朝聞道夕死可矣敢問道何以聞先生曰何莫非道聞與不聞須自知子靜曰註中一句極平常話近日體之甚有味其曰道者事物當然之理苟得聞之則生順死安可見道只是事物當然之理信到透處死亦是當然之理何不可之有先生曰然聞此言眞信者便是聞道只是信難

先生曰家庭日用只好循理行去不可要像自己意思雖父子家

人到說不得處宜從容消融不可動氣一動氣大有害釁從人起不妨釁從我起便不是

參夫講子奚不為政章先生曰此所謂當下也他人言當下是虛底聖人言當下是實底入太廟每事問當下是禮故曰是禮也語默動靜當下是道故曰是丘也在家只是當下為政故曰是亦為政也

先生曰學必由格物而入

又曰格致至一旦豁然知性矣

彥文曰近看繫辭至無思也無為也寂然不動眞是無思無為方能寂然不動先生曰此三句一齊來不是易何能無思無為何能寂處不動何能遂通天下之故是易方如此不然無思無為不過槁木死灰不要說吾儒釋氏亦謂闡提可救惟墮落無為廣大深坑者救拔不得伊有受用不肯回頭也佛言闡提大惡人也

先生謂彥文曰人忽然警覺可是覺否彥文曰是覺也是乾知也乾知若電光石火承之者坤方能久先生曰忽然警覺是迷而復者也隨起隨滅算不得眞性若是眞性自無起滅學要格到無起滅處

先生曰只將尚書天敘有典一節王道蕩蕩一節細體之便見天理所謂有天下而不與焉者也

有友問理氣先生曰欲明理先明氣氣苟不明理亦不透先儒云論性不論氣不備試看天地間可是一氣否無論人物同此氣卽金石瓦礫亦同此氣也知氣之同則知理之同萬物統體一太極也若到成形便不同無論瓦礫金石人物之不同卽人之同類者亦有不同物物一太極也同一氣也而有春夏秋冬之異宜同一

理也而有仁義禮智之異用觀物有溫凉寒熱之異性則知人有剛柔陰陽之異稟同者不妨其為異異者不害其為同所謂敦化川流因氣觀理更明白也

彥文問曰曹月川先生何如人先生曰是文清一派學問彥文曰人多不知何也先生曰凡言悟者俱未知之月川文清俱是天生聖質只依本色便是故其議論俱是實實落落躬行踐履不談悟語儒者以為未透更不知彼無迷何必悟彥文又問曰呂涇野先生何如先生曰涇野先生一生極喜明道與明道學問極有契合全是仁體彥文曰涇野先生看他最嚴于規矩先生曰彼教學者只以安貧改過四字看來學問除此四字亦無學問矣

季彭山四書私存解喜怒哀樂至萬物育焉云上言修道工夫本只是循得天命之性故狀性情之德以見心體本如此而學道者

嘗以此爲則也先生曰過到此節從來無此語之透
先生曰除了稟受只可言天不可言性性者以受命言
先生曰除了氣化何處有道一陰一陽非氣化而何
先生曰學問不透只説得身內事不見身外事説着便以爲氣化
不知氣化與身是一是二

東林書院志卷之五終

東林書院志卷之六

會語四

高景逸先生東林論學語下

先生曰人不識這箇理字只因不識性這箇理字吾之性也人除了這箇軀殼內外只是這箇理程子云性卽理也如今翻過來看理卽性也夫人開眼天地間化化生生充塞無間斯理也卽吾性也人只爲有了這箇軀殼便隔礙了且將吾身四體觀之譬之耳目手足隨處有傷便渾身俱痛何也以一體故也程子以醫者言手足痿痹爲不仁此最善名狀吾人與人痛癢不相關都是不仁旣知萬物一體人之疾痛苛癢焉有不相關者乎只爲有了私意便與人隔絶如赤子無知將入井人皆有怵惕惻隱之心以此時無私故也此處識仁方有入處

先生曰大學在明明德在新民在止于至善三句一句少不得如此方是聖人之學不然儒有能明德者若單言明德一句卽佛氏亦可攙入矣若單言新民一句卽五伯亦可攙入矣直到了止至善彼二家便攙入不得看來聖人文字最妙只古之欲明明德于天下一句三句都包在其中苟非人欲凈盡天理到粹美處亦算不得明德新民也

先生曰華氏三日之會所得云何彦文曰會中諸友眞懇切實甚有感激處不肖亦不容不發憤矣先生曰前者首日上午方是會之正格若往日之會止算得以文會友還算不得以友輔仁何也凡會之正格是學者煅錬之大火候也吾人終日孤居獨處雖云學問未經煅錬臨此大會方血戰是時大家俱有一箇收斂貼身意思其中或有所疑各呈所見商量印証方有益也不然會時單

[illegible]章者義只是故事而已雖有所聞亦不過長得些聞見還不[illegible]之正格彥文曰誠然

彥文曰涵養須用敬進學在致知其程門宗旨乎先生曰是程門教人入門法也若明道體貼天理廓然大公物來順應伊川在物爲理處物爲義方是宗旨雖然學問不過體天理而已但天理二字要自己體貼出來實有諸已方爲自得孟子所爲深造之以道欲其自得之也自得之則居之安居之安則資之深資之深則取之左右逢其原學至左右逢原方是自得

先生坐麗澤堂見月明如晝謂希顏彥文曰此月與我等相貫通否月與我是一是二希顏曰不省昏昧胸中不能坦然故不合一彥文曰不省昏却不昏但未免念有起伏時時覺得不爲觸過耳先生曰只要坦然坦然無疑便內外合一人在月中如魚在水中

東林書院志　卷之六　二

魚肚裏水與肚外水總是一水人身外月與身裏月總是一月人須要與天日常灌輸莫滯膩胸中若有滯膩雖有所得不過陰靈存想而已此處須要用力透出方是大明中天

先生曰人之所欲有甚于生所惡有甚于死蹲蹴之食不受不屑是所欲有甚于生所惡有甚于死者也雖然須要窮理格物若不窮理格物便有謹于大而略于小也何也譬如人之稍知學問者使之爲穿窬決不肯爲若使之講分上得財則爲之矣講分上得財與爲穿窬雖不同究其非有而取則一也所謂向爲身死而不受今爲妻妾宮室窮乏而爲之者是皆失其本心也

先生曰大學始終本末四字括盡經世之術何也凡見一事即有一箇本末凡做一事便有一箇始終從本而治之末在其中審其何者爲先則知何者可後如此處事事皆不廢矣以一身言之心爲本而身爲末心得其正而身修矣以一家言之身爲本而家爲末能修其身而家齊矣以一國言之家爲本而國爲末能齊其家而國治矣以天下言之國爲本而天下爲末能治其國而天下平矣故曰君子不出家而成教于國此之謂也

彥文問曰君子深造之以道欲其自得之也深造于道而自得何修而後能也先生曰聖賢所言俱是向內工夫近裏着已所謂深造于道者即退藏于密之謂此箇深字即極深研幾深字深造以道是尋原左右逢原方爲自得

有友問君子素其位一句文理何以言之先生曰素其位猶言性其情所謂性者是固有之也註中猶現在現字要玩言現在之位皆是素也大舜飯糗茹草而至袗衣鼓琴常人以爲驟來富貴聖人處之若固有顏子陋巷是視貧賤爲固有居之何陋雖之夷狄

東林書院志　卷之六　三

不可棄以夷狄爲固有孔子厄于陳蔡以患難爲固有如此素位豈不自得所謂素者本來如此潔白譬之一幅白紙原無一點顏色若富貴貧賤患難却如白紙上加些文彩黑白耳實到此素處有何加損添減哉

先生曰喜怒哀樂情也其未發則性也性何嘗有喜怒哀樂當喜而喜原無喜當怒而怒原無怒哀樂亦然

先生曰女爲君子儒一節註子程子以爲已爲人分別君子小人爲人者不必言矣即爲已者非學力到純粹處恐已私猶未盡去謝氏以義利分別君子小人爲利者不必言矣即爲義者苟非精義入神恐利心猶未斷若說以道分君子小人子夏學以致道豈不是道此還是子夏之仁何也只將局面一看便見孔子之心無刻不在天下故欲老安少懷友信是何等局面此方是君子儒

有友講九思章先生曰聖人說九思盡矣九思是人少不得的除了九思更無可思矣九思之思無思之思也

有友問原始反終先生曰這不是言語解說得的要解說只須周子無極而太極便是原始太極本無極便是反終這等解說不難但一件甚難周子所云無極者卽是無欲也無欲到極處便是太極如今人眞能無纖毫之欲方能原始方能反終不信但看天天何嘗有始終天旣無始終則命亦無始終命旣無始終則性亦無始終性旣無始終則心亦無始終天命心性旣無始終則人亦無始終矣人旣無始終則生死之說了然矣

有友曰文公解仁字云心之德愛之理可謂明白透快矣但要與初學解彼猶不能明白何以解之方能使之明白也先生曰心未便是仁心之德方是仁如耳目未是耳目之德聰明是耳目

之德也愛未便是仁愛之理方是仁如仁民愛物是愛民吾同胞物吾與是愛之理也

有友曰耳目手足視聽持行皆天則也先生曰固然先要曉得耳目手足未有視聽持行之際原是一箇天則也有此天則方能視聽持行皆爲天則也

先生謂吳心矩曰學問之道無他性而已矣無志于學問者不必言旣有志學問須要復性纔是眞有志復性非靜不可學之所以必要靜者只爲有生以來積習旣久私欲已深錮蔽遮掩若靑天之覆陰雲如止水之起波濤初學要靜中澄定此心久之如陰雲旣散方見靑天若波濤暫息方見止水靜後須從無意中猛提看此性本來無物何嘗錮蔽得他眞要信得過方是易簡

有友言某先生只是讀書某先生只是會友云不讀書不會友則過不得日子先生曰讀書會友俱是養法如身是魚書與友是水讀書與會友如魚之得水李見羅先生更說得全云讀書會友靜坐三者缺一不可但人不可有着耳要隨人便切不可讀書者厭人靜坐會友者厭人讀書

先生曰人只是一个眞眞便做得大事業自古大人物做大事業只是一箇老老實實有一毫假意便弄巧成拙

先生曰生之謂性與生生之謂易何所分別觀華吳先生曰生只是一箇生告子生之謂性原不差但認食色爲生便差了無怪其以人與犬馬爲一生也先生曰正是繼之者善原是一箇源頭到成之者性人與物便有分別觀華先生曰成之者性也不差也是一樣人物之分別只是主宰處有些子不同物之爲物俱隨造化轉人之爲人便有一箇自能主宰者在可以不隨造化轉也所以

人之性爲貴

羅近溪先生云時昏時明昏明雖二此知却無兩也彥文信此只以此知爲主昏明非其體也皆氣之開蔽耳與吾知體何尤先生曰亦是但知便着在用上乃心之靈非性也彥文曰正不敢自認還想進一步先生曰也不可急如此做去自有至處至處則豁然矣學問無窮至死後已

先生曰佛氏能中而不庸常人能庸而不中中而不庸非眞中也庸而不中非眞庸也聖人之道中庸而已

諸友請于先生曰先生在京講學與鄒馮兩先生以何者爲教先生曰鄒先生要人見性馮先生只教人務學余只言存心人只是這箇心思量算計的還不是乃心之用耳不識心學問便差了若撥轉這箇心正了便是存孟子說存心是以仁禮存心也仁禮存

心又不是有箇仁禮存在心上這箇仁禮非他孩提知愛稍長知敬存心只是愛敬人能愛敬人便是存心這愛敬之心乃是吾人不易之眞心聖人教人存心存此耳這愛敬二字不要看小了愛敬人便是孝弟不愛人必惡人不敬人必慢人惡人慢人卽是不仁不禮不仁不禮卽是不孝不弟孝弟之至通神明光四海事天明事地察只是一箇愛敬故天子得萬國之歡心諸侯得一國之歡心大夫士庶得一家之歡心至災害不生禍亂不作此之謂存心

華認菴講吾嘗終日不食先生曰這箇思字要認得眞夫子言思不如學者憧憧之思孟子言思則曰心之官曰思思則得之洪範思曰睿睿作聖心之官則思正是睿聖之思此思字有箇解註虛靈不昧而已吾人時時虛靈不昧便是心之官在了一不虛不靈

便昧了心之官變而爲耳目之官矣故思者神明不測之謂也夫子云何思何慮殊途同歸一致百慮人心在同歸一致處便是心官若在殊途百慮上便是憧憧

先生曰孝經之作是孔子因曾子是箇眞孝之人故發揮孝道孝經通天徹地眞六經領袖也昔日未曉敬二人而千萬人悅所敬寡而所悅衆後來方知今人聞一箇孝子悌弟人人便想慕而樂道非敬寡而悅衆乎彼孝子悌弟所敬不過一人而千萬人俱悅所以爲要道

先生謂其弟曰人家要昌必先有綱紀禮義方有可昌之理易曰家有嚴君父母之謂也若父母已亡長兄卽是父也人家大小俱有一箇統率紀綱凡事稟命長上商確後行必無有差不然人倫有乖家無統率則無禮義無禮義之家鮮有不敗者

非義之財人說得之無傷不知悖出悖入之感應不爽余嘗驗之非義之得不但非義而失還要加倍用去甚者還要連身與子孫俱帶貼在裏許

韓參夫講二三子以我爲隱乎先生曰聖人說話俱是實實指出若曰是禮也是丘也是字最有味參夫所言天則二字極是人人有此天則天則者何也天然自有之則卽有物有則之則聖人所以爲聖人無他只是指點得箇天則出上蔡講論語師晁章畢曰一部論語俱如此看知此則謂之知道

先生答山西辛復元曰公天生聖賢如此行去卽是吳康齋也吾輩當在下風第學問無窮工夫無盡昔聞白沙從康齋半年云未有得後歸陽春臺靜養十九年方云有得更不知前之半生無得是何也後之有得不知所得何得公于此究之必有說也公今如

此行去正是享現成家當亦成人品第恐非天所以生公之意也

先生謂許涵滄曰學者要多讀書讀書多心量便廣濶義理便昭明讀書不多理便不透理不透則心量窒塞矣吾人心量原是廣濶的只因讀書少見識便狹窄若讀書窮理工夫到窮得一分理心量便開一分讀書卽明心也

先生曰敬以直內適得吾體程子恐人認有敬字在故曰主一之謂敬又恐人認有一字在故曰無適之謂一此心無適卽是一卽是敬

先生講一鄉之善士云此是孟子極尙友之量若說一鄉之善士方友一鄉之善士意思便隘了此章全在一箇友字一箇斯字心胸要濶擇善要眞心胸濶則無一善之不取擇善眞則無邪正之不分故到一鄉則一鄉之善皆爲其友至一國則一國之善皆爲

其友至天下亦然至千古亦然自古眞能友善者孔子是也到一處則友一處之善到衛則友蘧伯玉史魚到晉則友叔向到鄭則友子產二千七十莫非其友等而上之伏羲堯舜禹湯文武周公皆爲其友蓋孔子之取善眞如伯樂之過冀北而馬羣遂空古今天下不過這幾人都是他取去了

先生曰人無學問眞是難過有無限難處事二氏離事養心便是討便宜吾儒須事事中節纔算得所以貴乎學也

左傳文章甚好見識甚陋如趙盾弑君許世子弑父經有明文添出出境不出境嘗藥不嘗藥爲千古之疑故看春秋者要以經正傳不可以傳疑經要知此生止有此事所以說原始反終蓋名曰原始還易明反終更信不過曰原得始便反得終孔子曰未知生焉知死原是一理且觀喜怒哀樂未發時潔潔淨淨便是人生而

靜人之性也原始原此反終反此今日夕胸中膠膠擾擾便不是原始既不能原始如何反終

談一函講民之于仁章先生曰仁是人之性命水火不過養此性命耳蹈仁便不死故曰未見蹈仁而死

先生書卞子靜扇云人心須常息息止息也息則生矣復于未發之謂息但自反熠羣妄了不可得習之久而自能復也

道其不行矣夫此句讀之令人有多少感慨眞是人人當面蹉過緣是極平常人謂此不是道要別尋道所以蹉過譬如要尋趙甲當面見了趙甲曰此不是趙甲舍之別尋趙甲豈復有趙甲耶觀華吳先生曰昨看薛文淸語錄有云人不知中庸是不知涵養性情也先生曰此言極透中庸即是人的性情不是別物

人不知學險矣哉人心一時無主便愁苦無聊日間還有警省時此苦便有解說時夜間作苦夢猶有覺時至于死矣更無解救可不懼哉

無事時寂然不動體也而用在于體有事時感而遂通用也而體在于用故曰顯諸仁藏諸用

五更睡覺時猛然自省吾性可潔潔淨淨否可完完全全否何曾有污染何嘗有遮蔽何曾有欠闕說能何嘗不能說知何嘗不知此所謂性善所謂明善也

彥文曰敬則虛虛則靈先生曰虛便是敬敬字只是一箇警字時時警覺便是敬程子恐人着一箇敬故解曰主一之謂敬又恐人着一箇一又曰無適之謂一無適無着也着敬便不是敬

呂大臨先生有云惻隱羞惡辭讓是非操存久則發見深忿懥恐懼好樂憂患放舍甚則日滋長學問用力全在於此

誠便是天思誠云者不是思个誠所思者誠也

天下之言性則故而已矣所謂故者是故物也盤古至今雖千萬世只此一物先輩嘗言當下當下若果淸楚一毫無雜便是此物

心與氣不是兩物充塞者是氣主宰者是心主宰是氣之精靈充塞是氣之全體又曰淸則爲神濁則爲氣

學問要時時照顧此心一不照顧此心便放矣心一放口便要多言動腳便要多事不可不愼

彥文問曰前承夫子指點大開眼孔請問不知何修而能開此眼孔也先生曰陸象山先生所謂四方上下曰宇往古今來曰宙吾人心體本如是實體得來眞信得過便是大開眼孔且此心非止方寸也方寸不過是心之位耳其量充塞宇宙彥文曰近日體西銘意思覺得心境開濶苟能充之可是大開眼孔否先生曰然

先生曰剝者剝落剝而後復人自孩提終日要長要短到長大便要名利要貨色種種膠固無出頭處而今吾輩學問正要逐旋逐剝使之剝盡而後始有復之機也然不是容易須要一番苦工夫至九死一生中透出方得力也譬如這箇橘子去皮纔見瓤去瓤纔見子子分兩瓣兩瓣中間纔見一些子芽這芽還不是直等乾元一至從芽中發出者却無形可見方眞體

彥文問曰靜中澄然無事久之有倦意何如先生曰若眞是本色何有倦怠所謂倦怠還不是眞底必竟是把捉此時更要全放下所謂大休歇也又問曰沖漠無朕時何以用工夫曰要認認便是窮理愈認愈有滋味

彥文曰不肖今日偶思之不覺淚下彥文生年三十六靜追往事眞無片善寸長可言上負天地之覆載中負父兄師友之教育下負妻兒子女之屬望追之時刻苟免禽獸足矣先生曰學問也不要十分看難了只依自家本色今人所患者都是當面蹉過只是這一靈是吾之眞主宰到捨了這現在底又要去別尋箇甚麽

有友問明善先生笑曰日用所言皆明善也只看顏子之明善其曰有不善未嘗不知人只要自巳知不善卽是善也知不善而不復行明善也不是除了這箇不善又去尋箇善人只要肯去自巳明便好所謂自家痛癢自家知不是人替得底師友只好說說了不肯行終是沒奈何

先生曰禮義之悅我心猶芻豢之悅我口也其他皆與我沒相干譬如今人之好色好財者無了財色便不悅豈惟不悅反增愁苦貴者高官大爵前呼後擁豈不悅不做官便不悅矣富貴人到死時可帶得去否嘗有一富人臨死自嘆曰吾今日始知銀子無用

至哉言也人能早知無用而急回頭便有無限意味出來釋氏每以生死事大而爲堅苦之行吾儒生死一關打不破終日營營碌碌反被他笑眞是可醜

有友講孝經嚴父配天曰爲人子必致父配得天來方爲大孝先生曰不然嚴父云者尊嚴其父如天所以瞽瞍這樣頑大舜只是尊嚴之如天後世之不孝者只是不知尊父如天故耳若說要孝子箇箇使父母配天卽大舜不能爲孝子矣瞽瞍又豈能配得天

彥文曰近日覩華先生講繫辭其意曰聖人作易總來只是要人能變化一部易只說得變化二字先生曰正是彥文問曰夫子大象是總解一卦之義乎先生曰此是夫子之易夫子特地教人用易之方故六十四卦六十四箇以字繫辭內又總說兩箇以字以此洗心退藏于密以此齋戒神明其德看來讀易又只是以此齋戒以此洗心耳先生謂彥文曰不曾看過六十四卦看不得繫辭若不知得繫辭却也看不得卦繫辭是易原若有入處便可聞道

先生謂參夫曰讀書後靜坐否參夫曰未也先生曰學者靜坐是入門要訣讀書靜坐不可偏廢伊川先生曰節嗜欲定心氣靜坐却是定心氣之法

先生曰大舜有大焉先要知得這善與人同一句是箇頭腦果是善決是與人同若知得善眞與人同便眞能舍巳從人眞能樂取于人以爲善也聖人取人之善譬如今人善看文者一般將他好處圈出來卽做文字的人連自家還不知那一句好被他圈出便躍然如何不鼓舞興起能取諸人以爲善便是與人爲善者也

一友問李見羅先生止修之學先生曰止是至善修是修身善是身之命脉身是善之歸宿此身乃塊然之身也止于善這身便活

此善乃無聲臭之善也修于身這善便實

先生曰一部易只是說一箇中字若不識得這箇中字看不得易

彥文曰看來易中所言只是一正一反如此則吉不如此則凶先生曰然

彥文曰素履往無咎何也先生曰素履兩字即是率性素者原初本色彥文曰到上九視履考祥其旋元吉是動容周旋中禮也先生曰然看卦要拿定看如履先要柔履剛說而應乎乾所以成卦履虎尾不咥人亨虎也不要說是乾人之所履都是危機動脚如履虎尾而敬畏所履自無咎而不至咥人也通卦只是一箇意思只將九五一爻看九五陽爻而居君位中正不偏可云善矣還有貞厲之戒恐其忘了履虎尾之意及至上九也還要視履考祥始爲大吉彥文曰六三一爻朱子以秦政項羽比之何如先生曰不

象六三一爻他是一卦之主又是陰柔之質而居不當之位故有許多不好便有戒辭似云若欲視目却眇若欲行足却跛眇目跛足之人一步不可輕動且卦中武人多是說陰弱之利彥文曰六三却好撰成強先生曰武人爲于大君解者皆以武人志剛而不可爲君這却不象似云六三若欲自爲主便似眇目跛足之人一舉便有蹶跌若不自用如武人之聽命于主帥指麾然後可免咥人之凶所云志剛者正欲其堅剛其志一心歸命而爲于大君大君指九五也

有友問曰體用之說云何先生曰言體則用在體言用則體在用譬如吾人之一身體也其運動用也即體即用即用即體體用一原二乎哉

先生謂友曰今日坐此愁苦之心可能放下否對曰不能先生曰正是這樣所在就要一箇究竟纔好所謂窮致事物之理譬如坐此思量愁苦是沒用底不如且放下正好偷閑快活一時若這裏放得下便有進道之機自古聖賢豪傑俱從困苦中得力者多人若從此逼迫出便可向道故易曰困而不失其所亨不然一生受苦也是枉了所以釋氏謂之苦緣人若遇了苦境便有入道之緣分人遇困苦而不得力便蹉過了這緣分矣

彥文問曰靜中體貼心與氣何以分別先生曰氣即心也心之充塞爲氣氣之精靈爲心譬如日廣炤者是氣凝聚者是心明便是性又曰虛空都是氣不知道者不知耳人之在氣猶魚之在水張子所謂太和謂道太虛謂天指點人極醒

彥文問曰武侯學須靜也之靜何如先生曰他是胸中無事閑居抱膝長吟在軍中雖終日戰鬭却如無事一般胸中常安靜無事

故思慮細密而神化不測彥文曰與程夫子百官萬務儘悠悠意思何如先生曰也差不多但程先生知此即是道武侯是資稟暗合道妙他如此學不知此即是道也

李見羅先生云古來人品是人品學問是學問最說得好又曰自古來若武侯郭令公狄梁公韓魏公范文正公這都是天地間氣所生都是大豪傑大人品所以他的見識與常人不同作用俱暗合道妙若此等人有大聖人指點却又是學問中大人品矣

彥文問曰董子云道之大原出于天又曰正其誼不謀其利明其道不計其功似這樣言語却象知道者之言後之諸儒俱說他未透性何也先生曰即其所云道之大原出于天一句便有病彥文于是恍然

先生曰學問並無別法只依古聖賢成法做去只是體貼得上身

求雖是聖賢之言行卽我之言行矣我朝曹月川先生是理學之道看他文集不還是依了聖賢實落行去將古人言語略闡發幾句並無新奇異說他便成了大儒故學問不貴空談而貴實行也

先生曰顧先生有一言至平常又至精微曰人要識得自家體驗之有無窮意味今人之不肯實心向學只是不曾識得自家若欲識得自家便要究原此身之所從始還要反此身所從終便不容不學矣

聖人情順萬物而無情廓然大公物來順應儒者若識得這箇道理透便是舜之八元當舉而舉之四凶當誅而誅之與已何與焉所謂終日在塵而不惹塵者也

聖門言仁只是說行處多如視聽言動恭寬信敏惠五者行於天下俱是說行只如此體貼便知爲仁之道矣

先生曰人要識得自家易曰大哉乾乎剛健中正純粹精也人人原來俱是這樣底而今當下且自試看果如此否

有友言仁智劉本孺先生曰仁智原分不得未有昏昧之仁者亦未有刻薄之智者

參夫曰伯夷隘柳下惠不恭隘與不恭君子不由也由是觀之千古聖賢相傳止一平常中庸之道不然卽若夷之清惠之和且爲隘與不恭君子亦不由吾人必學孔子學方不差孔子豈不清是時而清豈不和是時而和先生曰這公孫丑上一篇是孟子天德王道其願學孔子必以伯夷伊尹柳下惠來形容時中這些子略差便做到聖人也有弊

先生曰巳矣乎吾未見能見其過而內自訟人作事差後知悔知改常人往往有之聖人說巳矣乎却似絶望意思何也看來此工夫極大非有過然後悔改之謂是研幾之學也直在幾上用功過未形而潛消默奪之謂且訟之云者如兩人並爭方爲訟若一人何云訟人心天理人欲之界若兩造然內自訟者非幾微卽見聞於卽時消釋三千七十子中獨顏子能之夫子巳矣乎正如未聞好學之謂若待過形于外說不得未嘗不知未嘗復行矣

有友言伊尹湯聘章先生曰要見聖人正在此處見方親切聖人不是胡亂動得必至誠到極處方能動如人求神亦必至誠到極處方能感格若衆人不因富貴動必因功名動伊尹囂囂然與舜飯糗茹草若終身同

參夫問曰明道先生說康節先生之學內聖外王據先生之學可爲安且成似此言康節之學不可及矣何伊川先生每與議不合康節嘗云你說生薑樹上生也由你說是伊川不足康節之學矣

先生曰二程中正康節精微要知康節之學與聖人少差一綫聖人便不如此康節從圖南一脈來有些仙氣嘗觀與伊川論雷從何處起伊川云起處起康節便要知其起於某方某向多此一算故明道云康節欲將傳與某某兄弟那有此閑功夫然康節之學是潔淨精微又不可以數學擬之故云數到康節纔是易之眞數

宣城王台文來問學先生曰孟子言人皆可以爲堯舜從那裏見得台文曰耳之所聞目之所見口之所言手之所持足之所行自然而然這箇不待安排措置者卽與堯舜無二先生曰這箇卻是不得爲堯的也是這箇爲桀的也是這箇只看這箇爲處何如

台文曰告子云生之謂性何如先生曰生是人物所同性則人物各異若以生爲性只知人物之同處不知人物之異處故孟子以白之謂白問之而告子曰同又以羽雪玉問之而告子曰同以犬

中與人同矣若能知其異又初不害其為同也毫釐之差如此
先生曰顏子形容高堅前後苟非竭才之學眞難窺測論語形容夫子其曰溫良恭儉讓其曰子溫而厲威而不猛恭而安其曰子之燕居申申如也夭夭如也若溫良恭儉讓還是從應接處形容子溫而厲還是動容處形容至于燕居乃是從聖人獨處無事時形容今日想像眞是一夫子宛然在目中也鄒荊璵先生問曰夭夭二字何以解之先生曰就是桃之夭夭純是一團生機
先生曰聖人全體是一團太和元氣顏子仰鑽瞻忽亦在此參求進進不已所以自云竭才卽曾子稱其有若無實若虛犯而不校是何等氣象夫子亦形容曰如愚吾輩要會此意
參夫問曰夫婦有別何謂也先生曰男正乎外女正乎內夫唱婦隨無乖陰陽之道是也參夫曰是夫夫婦婦謂之有別矣有謂各

夫其夫各婦其婦者何如先生曰亦有別之一也參夫曰不若各盡其道之為全此為有別之第一義也
彥文問曰聖人臨死順之乎收斂精神乎先生曰此處如何着得收斂
彥文問曰王龍溪之辭受不明必是良知之學誤之也先生曰良知何常誤龍溪龍溪誤良知耳彥文曰龍溪之差恐亦陽明先生教處未加謹嚴耳弟子如此為師者恐亦不得辭其責先生曰我朝文清先生與陽明先生俱是大儒第文清先生之學嚴密無流弊陽明先生未免有放鬆處彥文曰陽明一路學問看來畢竟有滲漏先生曰然
先生曰詩必以小序為準國史明得失之迹豈可不信但首兩句是眞其餘皆後儒附會之言所以朱夫子不信小序是連眞者皆不信矣將許多思賢詩俱作淫辭解如雞鳴丘中皆思賢詩也彥文曰詩中多以美人喻君喻賢者先生曰然
參夫曰溼野先生曰易只是一部易那裏有許多易伏羲之易卽文王之易文王之易卽周公之易周公之易卽孔子之易豈可分別伏羲文王周公孔子耶觀此言却分明說朱子之說不是矣先生曰朱子之言豈有不是且觀之現前天地有自然之易觀之天尊地卑一章天地之易何常要畫及至伏羲畫出便是伏羲之易伏羲之畫已備又何消得辭說及至文王繫之以彖辭便是文王之易智者觀其彖辭則思過半矣又何消爻辭周公又繫之爻辭便是周公之易孔子又發揮出許多義理便是孔子之易程子之傳又是程子之易只一箇易伏羲文王周公孔子程子又各不同
先生曰以此洗心退藏于密隨處是密程子曰密者用之源顯諸

仁卽是藏諸用譬如一株樹春氣一動抽芽發枝枝葉都是春發出是顯諸仁然春都在枝葉卽是藏諸用夫子言仁曰恭寬信敏惠可見仁都在事上離事無仁密不在寂然不動中尋又不是舍寂然不動處有密密只是藏諸用
有言以易洗心是二物何如先生曰此言固好然以此洗心豈不是以易洗心須知易方是心心未必是易到得憧憧往來之心變成寂然不動之心渾是易矣豈不是以易洗心
先生曰費而隱卽是顯諸仁微之顯卽是藏諸用
先生曰程子云孟子才高學之無可依據且學顏子余則曰顏子才高難學學者且學曾子有依據
陳如觀云勿亡勿助可以為孳孳為善之註腳否先生曰也是嘗思明道云鳶飛魚躍與必有事焉意同此意要善會此是立本功

夫然立本正要致用所以伊川云必有事焉須是集義不知集義却是都無事也彥文曰既言事必須有事可見先生曰心爲體則身爲用身爲體則心爲用無用便是落空學問

先生曰鼓萬物而不與聖人同憂言聖人與天地都是一樣只是這憂與天地不同聖人吉凶與民同患故憂百姓的憂患卽是聖人之憂患也若論大業盛德成象成形知來通變聖人與天地俱是一樣

彥文曰邵康節先生明道嘗許之內聖外王之學何以後儒論學只說程朱不提康節何也先生曰伊川言之是矣云康節乃空中樓閣看來他天資高胸中無事日日有舞雩之趣未免有玩世的意思

先生曰程朱之後明道者多行道者少學問須要身體力行纔得

不然只是空口說空話

吾輩相聚得一刻無妄卽做了一刻聖人如此勉勉循循做去自有長進不要欲速不要忘了

彥文曰偶思日月至焉至字有主客之分先生曰張子云內外賓主者顏子是仁在內爲主日月至焉者是仁在外爲客此爲內外賓主之辨

先生曰曾齋有用夏變夷之才與予見南于意思同又曰有曾齋之志有曾齋之德則可不然只學金華四先生爲安穩

賀伯恭篤實君子也深服白沙白沙人品可知矣

先生曰形形色色皆用也顯諸仁也然仁卽藏諸用矣程子曰大小大字只曰誠之不可揜如此

彥文曰不肖近來覺得坐行語默皆瞞不得自家先生曰此是得力處心靈到身上來了但時時默識而存之可也

先生曰孔子以下曰顏曾思孟孟子而後曰周程張朱却象匹定一股非偶然也

孟子言養氣孔子不言養氣然三戒却是養氣妙訣戒色則養其元氣戒鬭則養其和氣戒得則養其正氣孟子言持志卽是養志戒卽是持志也

先生曰胸中無事則眞氣充溢于中而諸邪不能入

先生曰夫子云躬行君子則吾未之有得非謙辭乃實語也聖人眞見得躬行君子之難故發此言躬行君子惟踐形之聖人形色化而爲天性者方是從心不踰也若只如世上所云躬行者聖人看了還是文還算不得其究便是曾子之動容貌斯遠暴慢正顏色斯近信出辭氣斯遠鄙倍者矣

先生曰一向不知陽明象山學問來歷前在舟中似窺見其一班二先生學問俱是從致知入聖學須從格物入致知不在格物虛靈知覺雖妙不察于天理之精微矣知豈有二哉有不致之知也毫釐之差在此

先生曰金一出鑛于古不變吾人學問亦如此苟能煉鑛爲金始能不變無他眞而已矣

有友言名先生曰名者實也聖人言名卽是實世之所謂虛名者反被人笑罵何常有名故夫子曰疾沒世而名不稱又曰君子去仁惡乎成名又曰善不積不足以成名沒世不稱無名可知不成名無名可成也

有友講以約失之者鮮矣先生曰約只是一箇小心約至至盡處卽道也

先生問諸友曰夫子云德之不修章又曰出則事公卿章看這兩段是何等謙退有不敢自居之意及過宋而曰天生德于予桓魋其如予何又曰文王既没文不在茲乎又曰知我者其天乎看這數段是何等自任何也劉本孺先生曰聖人時時以天自對所以自信如此若說工夫便不敢易言之此正見得聖人與天是一个先生曰然葉玄室先生曰正爲聖人日用工夫時與天游故臨患難愈信得過若常人平日不曾有道工夫臨患難更信不過先生曰兩說甚然

有一玄客至東林先生初不與言久之曰東林朋友俱是硜硜者不知玄雖然仙家惟有許旌陽最正其傳只淨明忠孝四字談玄者必盡得此四字方是眞玄其人默默

君子不幸爲小人所薦終身之羞也若小人罵斥君子乃君子之榮也小人不知以此害君子不知其爲愛君子也參夫曰看來天

下道理若非易簡便不是先生曰是便是天下至難者惟易簡不歷盡險阻不到易簡處

先生曰乾之九二二爻一部中庸盡在矣

先生曰不出戶庭與不出門庭兩爻人時時用得着如事之當做者不做便是不出門庭之凶矣事之不當做而做便是出戶庭而咎矣

先生曰聖人是依乎中庸吾輩且莫想依但只今日也擇明日也擇意味自然深長若顏子之服膺勿失已是依了吾輩擇到熟後不知其然而然便是依也

彥文問曰黙坐澄心體認天理可是擇乎中庸否先生曰體認處正是擇

人知得性善便是易簡

彥文問曰一向俱忽略過孔子云朝聞道請問道何以聞先生曰道要自聞人替不得說不得有說不得無故大易不言有無若說有其實無聲臭若說無其實俱是實理道即性也性有甚物可見譬之附子大黃附子性熱必服之發熱方知是熱大黃性寒服之發寒方知是寒人性因感而發有惻隱羞惡辭讓是非方知有仁義禮智

先生曰伯淯先生終日端坐如泥塑人及至接人渾是一團和氣學者想此氣象是甚涵養

所貴乎聞道者是內外透體通徹無一毫凝滯方算得若主敬工夫依舊與未聞道一樣做

彥文問曰出入無時莫知其鄉是何也先生曰此是因操舍言是

形容人心惟危也

先生曰主是工夫一是本體主則有意在主到熟後纔是一也

學未有得則敬以求之既得則敬以守之敬以學之所以成始而成終者也

先生曰性體原形容不得若着言語便隔一層了自古來聖人形容性體者無過孔子中庸二字形容得最好彥文曰人生而靜以上不容說纔說性時便已不是性矣此程子之言最有味先生曰誠然

先生問秦開陽曰一向靜坐浮思何如曰間有之曰體貼這易甚甚麽的開陽黙黙頭之謂彥文曰易不是這一本書彥文曰除了這憧憧往來者便是易這箇原無起滅原無間斷俱爲這憧憧往來者攪亂耳先生曰識得易便有着落所謂知止也知止則隨處

是易

先生曰大學一書自得程朱發明後惟有王陽明致良知李見羅止修俱不可廢但陽明格物斷不是彼云極力致良知于事事物物之間使事事物物各得其正却是誠意正心事矣非格物也若見羅物有未格則格之云云八條目譬之一盤內有八樣物任人自取却無先後矣格物是大學最初下手處也

先生曰易云有天道焉有地道焉有人道焉兼三才而兩之故曰六六者非他也三才之道也可見天人雖是一箇畢竟天有天之道地有地之道人有人之道雖不可分而為二亦不可混而為一稍有偏重便非全體又曰說道理也不費辭說但看得中庸費而隱一句即可了然矣所謂顯諸仁藏諸用體用一源顯微無間也若偏于靜便歸索隱一路上去偏于動便有半途而廢之病

窮理者格物也知本者物格也窮理一本而萬殊知本萬殊而一本

學有無窮工夫心之一字乃大總括心有無窮工夫敬之一字乃大總括

先生曰嘗怪學人好言虛空者其實何曾虛空惡言虛空者便以為流于二氏又不識虛空嘗竊反之吾人太虛之體還虛乎不虛乎喜怒哀樂之未發有物乎無物乎寂然不動至靜之中空乎不空乎伊川云整齊嚴肅上蔡云常惺惺和靖云其心收斂不容一物此時還虛乎不虛乎空乎不空乎但吾儒之所謂虛所謂空者要知與二氏不同須自研究方識得

先生曰天命之性堯舜與桀紂何嘗有添減但堯舜則兢兢業業都歸于道心桀紂則放蕩淫佚全歸了人心只是觀之所不同者學與不學耳學則為堯為舜不學則為桀為紂可畏也哉

先生曰不思不勉者天道也必思必勉者人道也以人道而造天道則為明誠以天道而行人道則為誠明要之明則可以誠誠則便是明無二也在人學之生熟何如耳

先生曰無極而太極有極便不極矣人要將伎倆骨董一一掃淨方有入道機括

先生謂用行曰當今之世乃擾攘之秋只可閉門潛修若要在世路上走必須一雙好眼睛雖殺身也要成得一箇仁纔好不然徒死無益直如草木耳余嘗觀之三國時人才最多而成名者却少你看孔明高卧隆中直待先主三顧方出是何等識見其他曹操之下有荀彧等袁紹之下有田豐等孫權之下有周瑜陸遜等彼雖云盡忠各為其主不過成就了賊做耳人生眞險矣哉無他其

要在不知春秋之大義耳由是觀之春秋綱目二書學者決不可不讀

先生曰明道先生眞亞聖也余觀彼透體于二氏中過來者至如言語文字之間並不惹着些子若他人未免有惹着　夫曰朱子嘗言龜山近禪何如先生曰朱子立教清本澄源防微杜漸所以教人多指用處說龜山常于體上點龜山論道不可離是在體上說朱子便在用上分別是不是亦防微杜漸意也且程門上蔡與游楊三先生皆從禪裏打過來獨龜山言佛蔽處最精

開陽曰一向靜中亦是澄然無事但不貫通耳先生曰要曉得澄然無事者是何物周季純看之何如季純曰沖漠無朕之中萬象森羅已具此即吾之本色也若能時時如此依此本色行去却無差謬雖云前言往行未能一一識得若存得此本眞便能知之為

知之不知爲不知隨事可參求隨物可格致也先生曰說得差不多但須曉得沖莫無朕者卽性也性卽理也理卽善也

台文曰發與未發說者有云自開闢以來於穆不已者是無一息之停也所爲萬古常發萬古常不發何如先生曰所爲萬古常發萬古常不發者是言性體如此也中庸言未發不言不發所謂未發指喜怒哀樂而言若性體說得不發說不得未發中者性體也萬古常發萬古常不發者中也喜怒哀樂未發之時正是萬古常發常不發之中也如此看來兩說皆通

按先忠憲語錄載八遺書及未刻稿中者久已膾炙人口獨東林論學語二卷爲世所罕覯是編爲先忠憲講學東林時丹陽門人周季純彥文錄德興門人祁徽于可久輯天啟間新安程覺我夢暘曾授之梓日久遺失家藏僅有次卷深憾不得窺見全豹鄉三師復檢出抄本一帙前有周季純自序而吳素衣鄒經畬忠畬三先生俱各有序言但校之微有異同今參互考訂仍編次二卷與顧端文公東林商語並載焉[illegible]

東林書院志　卷之六

補錄未刻稿東林會語　一則

吾人時刻受用者性而已矣性之所以爲性者善而已矣天地間止是此件故可欲者止是此件受用者止是此件元亨利貞皆善也元而亨而利而貞貞而復元故曰繼之者善元始之故曰善之長天地一闔一闢吾人一呼一吸繼繼而不已者皆是此件故曰生生之謂易孟子道性善而必稱堯舜者何也性無象善無象稱堯舜者性象善也若曰如是如是云爾此須在思慮未起時認取思慮未起時便是此件則剛健中正純粹精求與堯舜有一毫不同者不可得也及動念便差動步便差求其與堯舜一毫對同者不可得也由其同故人皆可爲由其不同故不可不爲何以爲之曰堯舜所不爲者斷不可爲所以爲堯舜也

按顧涇陽先生與先忠憲公講學宗旨全在揭出性善二字以砥無善無惡之狂瀾此條廣大精微兩端俱竭則會語之闢宗明義章矣檢未刻稿得此如獲拱璧亟爲補錄用著提撕

東林書院志卷之六終

東林書院志　卷之六

東林書院志卷之七

列傳一

儒者之患莫大乎遺事而談理故無論在邦在家必有行事足徵而後人品可據東林諸賢名在天壤四海之內百世之下莫不嚮往而不知其立身行已出處操履之詳後之聞風而起者安所倣焉志列傳

楊龜山先生傳　宋史

楊時字中立南劍將樂人幼穎異能屬文稍長潛心經史熙寧九年中進士第時河南程顥與弟頤講孔孟絕學於熙豐之際河洛之士翕然師之時調官不赴以師禮見顥於潁昌相得甚懽其歸也顥目送之曰吾道南矣四年而顥死時聞之設位哭寢門而以書赴告同學者至是又見程頤於洛時蓋年四十矣一日見頤頤偶瞑坐時與游酢侍立不去頤既覺則門外雪深一尺矣關西張載嘗著西銘二程深推服之時疑其近於兼愛與其師頤辨論往復聞理一分殊之說始豁然無疑杜門不仕者十年久之歷知瀏陽餘杭蕭山三縣皆有惠政民思之不忘張舜民在諫垣薦之得荊州教授時安於州縣未嘗求聞達而德望日重四方之士不遠千里從之游號曰龜山先生時天下多故有言於蔡京者以爲事至此必敗宜引舊德老成置之左右庶幾猶可及時宰是之會有使高麗者國主問龜山安在使回以聞召爲秘書郎遷著作郎及面對奏曰堯舜曰允執厥中孟子曰湯執中洪範曰皇建其有極歷世聖人由斯道也熙寧之初大臣文六藝之言以行其私祖宗之法紛更殆盡元祐繼之盡復祖宗之舊熙寧之法一切廢革至紹聖崇寧抑又甚焉凡元祐之政事著在令甲皆焚之以滅其跡

自是分爲二黨縉紳之禍至今未殄臣願明詔有司條具祖宗之法著爲綱目有宜於今者舉而行之當損益者損益之元祐熙豐姑置勿問一趨於中而已朝廷方圖燕雲虛內事外時遂陳時政之弊且謂燕雲之師宜退守內地以省轉輸之勞募邊民爲弓弩手以殺常勝軍之勢又言都城居四達之衢無高山巨浸以爲阻衞士入懷異心緩急不可倚仗執政不能用登對力陳君臣警戒正在無虞之時乞爲宣和會計錄以周知天下財物出入之數徽宗首肯之除邇英殿說書聞金人入攻謂執政曰今日事勢如積薪已然當自奮厲以竦動觀聽若示以怯懦之形委靡不振則事去矣昔汲黯在朝淮南寢謀論黯之才未必能過公孫弘輩也特其直氣可以鎮壓奸雄之心爾朝廷威望弗振使奸雄一以弘輩視之則無復可爲也要害之地當嚴爲守備比至都城尚何及哉近邊州軍宜堅壁淸野勿與之戰使之自困若攻戰略地當遣援兵追襲之腹背受敵則可以制勝矣且謂今日之事當以收人心爲先人心不附雖有高城深池堅甲利兵不足恃也免夫之役毒被海內京城聚斂東南花石其害尤甚前此蓋嘗罷之詔墨未乾而花石供奉之舟已銜尾矣今雖復申前令而禍根不除人誰信之欲致人和去此三者正今日之先務也金人圍京城勤王之兵四集而莫相統一時言唐九節度之師不立統帥雖李郭之善用兵猶不免敗衄今諸路烏合之衆臣謂當立統帥一號令示紀律而後士卒始用命又言童貫爲三路大帥敵人侵疆棄軍而歸孥戮之有餘罪朝廷置之不問故梁方平何灌皆相繼而遁當正典刑以爲臣子不忠之戒童貫握兵二十餘年覆軍殺將馴至今日比聞防城仍用閹人覆車之轍不可復蹈疏上除右諫議大夫兼

侍講敵兵初退議者欲割三鎮以講和時極言其不可曰河朔爲朝廷重地而三鎮又河朔之要藩也自周世宗迄太祖太宗百戰而後得之一旦棄之北庭使敵騎疾驅貫吾腹心不數日可至京城今聞三鎮之民以死拒之三鎮拒其前吾以重兵躡其後尚可爲也若种師道劉光世皆一時名將始至而未用乞召問方略疏上欽宗詔出師而議者多持兩端時抗疏曰聞金人駐磁相破大名劫虜驅掠無有紀極誓墨未乾而背不旋踵吾雖欲專守和議不可得也夫越數千里之遠犯人國都危道也彼見勤王之師四面而集亦懼而歸非愛我而不攻朝廷割三鎮三十州之地與之是欲助寇而自攻也聞肅王初與之約及河而返今挾之以往此敗盟之大者臣竊謂朝廷宜以肅王爲問責其敗盟必得肅王而後已時太原圍閉數月而姚古擁兵逗留不進時上疏乞誅古以

肅軍政拔偏裨之可將者代之不報李綱之罷太學生伏闕上書乞留綱與种師道軍民集者數十萬朝廷欲防禦之吳敏乞用時以靖太學時得召對言諸生伏闕紛紛忠於朝廷非有他意但擇老成有行誼者爲之長貳則將自定欽宗曰無逾於卿遂以時兼國子祭酒首言三省政事所出六曹分治各有攸司今乃別辟官屬新進少正未必賢於六曹長貳又言蔡京用事二十餘年蠹國害民幾危宗社人所切齒而論其罪者莫知其所本也蓋京以繼述神宗爲名實挾王安石以圖身利故推尊安石加以王爵配饗孔子廟庭今日之禍實安石有以啓之謹按安石挾管商之術飾六藝以文姦言變亂祖宗法度當時司馬光已言其爲害當見於數十年之後今日之事若合符契其著爲邪說以塗學者耳目而敗壞其心術者不可縷數姑卽一二事明之昔神宗嘗稱美漢文

惜百金以罷露臺安石乃言陛下若能以堯舜之道治天下雖竭天下以自奉不爲過守財之言非正理曾不知堯舜茅茨土階禹曰克儉於家則竭天下以自奉者必非堯舜之道其後王黼以應奉花石之事竭天下之力號爲享上實安石有以倡之也其釋鳧鷖守成之詩於末章則謂以道守成者役使羣衆泰而不爲驕宰制萬物費而不爲侈孰弊弊然以愛爲事詩之所言正謂能持盈則神祇祖考安樂之而無後艱爾自古釋之者未有泰而不爲驕費而不爲侈之說也安石獨倡爲此說以啓人主之侈心後蔡京輩輕費妄用以侈靡爲事安石邪說之害如此伏望追奪王爵明詔中外毀去配享之像使邪說淫辭不爲學者之惑疏上安石遂降從祀之列士之習王氏學取科第者已數十年不復知其非忽聞以爲邪說議論紛然諫官馮澥力主王氏上疏詆時會學官中

有紛爭者有旨學官竝罷時亦罷祭酒時又言元祐黨籍中惟司馬光一人獨褒顯而未及呂公著韓維范純仁呂大防安燾輩建中初言官陳瓘已褒贈而未及鄒浩於是元祐諸臣皆次第牽復尋四上章乞罷諫省除給事中辭乞致仕除徽猷閣直學士提舉嵩山崇福宮時力辭直學士之命改除徽猷閣待制提舉崇福宮陛辭猶上書乞選將練兵爲戰守之備高宗卽位除工部侍郎陛對言自古聖賢之君未有不以典學爲務除兼侍讀乞修建炎會計錄乞恤勤王之兵乞寬假言者連章丐外以龍圖閣直學士提舉杭州洞霄宮已而告老以本官致仕優游林泉以著書講學爲事卒年八十三謚文靖時在東郡所交皆天下士先達陳瓘鄒浩皆以師禮事時暨渡江東南學者推時爲程氏正宗與胡安國往來講論尤多時浮沈州縣四十有七年晚居諫省僅九十日凡所

論列皆切於世道而其大者則闢王氏經學排靖康和議使邪說不作凡紹興初崇尚元祐學術而朱熹張栻之學得程氏之正其源委脈絡皆出於時子迪力學通經亦嘗師程頤云

羅豫章先生傳

宋史

羅從彥字仲素南劍人以累舉恩爲惠州博羅縣主簿聞同郡楊時得河南程氏學慨然慕之及時爲蕭山令遂徒步往學焉時熟察之乃喜曰惟從彥可與言道於是日益以親時弟子千餘人無及從彥者從彥初見時三日卽驚汗浹背曰不至是幾虛過一生矣嘗與時講易至乾九四爻云伊川說甚善從彥卽鬻田走洛見頤問之頤反覆以告從彥謝曰聞之龜山具是矣乃歸卒業沙縣陳淵楊時之壻也嘗詣從彥必竟日乃返謂人曰是吾交仲素日聞所不聞奧學淸節眞南州之冠冕也旣而築室山中絕意仕進終日端坐間謁時將樂溪上吟詠而歸恒充然自得焉嘗采祖宗故事爲遵堯錄靖康中擬獻闕下會國難不果嘗與學者論治曰祖宗法度不可廢德澤不可恃廢法度則變亂之事起恃德澤則驕佚之心生自古德澤最厚莫若堯舜向使子孫可恃則堯舜必傳其子法度之明莫如周向使子孫世守文武成康之遺緒雖至今存可也又曰君子在朝則天下必治蓋君子進則常有亂世之言使人主多憂而善心生故治小人在朝則天下亂蓋小人進則常有治世之言使人主多樂而怠心生故亂又曰天下之變不起於四方而起於朝廷譬如人之傷氣則寒暑易侵木之傷心則風雨易折故內有林甫之姦則外必有祿山之亂內有盧杞之姦則外必有朱泚之叛其論士行曰周孔之心使人明道學者果能明道則周孔之心深自得之三代人才得周孔之心而明道者多故視死生去就如寒暑晝夜之移而忠義行之者易至漢唐以經術古文相尚而失周孔之心故經術自董生公孫弘倡之古文自韓愈柳宗元啟之於是明道者寡故視死生去就如萬鈞九鼎之重

而忠義行之者難嗚呼學者所見自漢唐豈矣又曰士之立朝要以正直忠厚爲本正直則朝廷無過失忠厚則天下無嗟怨一於正直而不忠厚則流入於刻一於忠厚而不正直則流入於懦其議論醇正類如此朱熹謂龜山倡道東南士之游其門者甚衆然潛思力行任重詣極如仲素一人而已紹興中卒學者稱之曰豫章先生淳祐間諡文質

胡珵德輝先生傳　毛

先生名珵字德輝常州晉陵人登宣和三年第嘗受學於龜山問辨語孟諸書究極精微故所記龜山語爲多既得其傳又介龜山書謁劉元城於南都嘗歸元城曰子聰明能護以至道當成令器遂以親承問答語退而筆之名道護錄自爲之序所友皆一時聞人與朱韋齋松尤善先是陳東上書攻六賊言者以先生獨爲其書忌之遂以祕書擢他官又與李綱同舟東下貶梧州人獨惜其太守紹興初召試館職復原官兼史館校勘時趙鼎當國以韋元祐舊史兼職屬先生與同館修正以所修史命官刪定先生與同館與張嵲依前筆削成書已而秦檜相去出守嚴陵及趙再入復與先生景嘗明范如圭等合辭抗疏極言不可和議仵檜意引去所奏大

義侃皆先生手筆也允善詩文安貧樂道至老好學不倦爲一時表正

喻玉泉先生傳　宋史

喻樗字子才其先南昌人初愈藥仕梁位至安州刺史武帝賜姓喻後徙嚴樗其十六世孫也少慕伊洛之學中建炎三年進士第爲人質直好議論趙鼎去樞莞居常山樗往謁因諷之曰公之事上當使啟沃多而施行少啟沃之際當使誠意多而語言少鼎奇之引爲上客鼎都督川陝荊襄辟樗爲屬紹興初高宗親征樗見鼎曰六龍臨江兵氣百倍然公自度此舉果出萬全乎或姑試一擲也鼎曰中國累年退避不振敵情益驕義不可更屈故贊上行耳若事之濟否則非鼎所知也樗曰然則當思歸路毋以賊遺君父憂鼎曰策安出樗曰張德遠有重望居閩今莫若使其爲江淮荊浙福建等路宣撫使俾以諸道兵赴闕命下之日府庫軍旅錢穀皆得專之宣撫來路卽朝廷歸路也鼎曰諾於是入奏曰今沿

江經畫大計略定非得大臣相應援不可如張浚人才陛下終棄之乎帝曰朕用之遂起浚知樞密院事浚至執鼎手曰此行舉措皆合人心鼎笑曰子才之功也樗於是往來鼎浚間多所裨益頃之以鼎薦授秘書省正字兼史館校勘初金既退師鼎浚相得驩甚人知其將並相樗獨言二人宜且同在樞府他日趙退則張繼之立事任人未甚相遠則氣脈長若同處相位萬有一不合或當去位則必更張是賢者自相背戾矣後稍如其言又嘗曰推車者遇艱險則相詬病及車之止也則欣然如初士之於國家亦若是而已先是樗與張九成皆言和議非便秦檜既主和言者希旨劾樗與九成謗訕樗出知舒州懷寧縣通判衡州已而致仕檜死復起爲大宗正丞轉工部員外郎出知蘄州孝宗卽位用爲提舉浙東常平以治績聞淳熙七年卒初樗善鑒識宣和間謂其友人沈晦試進士當第一建炎初又謂今歲進士張九成當第一凌景夏次之會風折大槐樗以作二簡遺之後果然趙鼎嘗以樊光遠免舉事訪樗樗曰今年省試不可無此人於是光遠亦第一初樗二女方擇配富人交請婚不許及見汪洋張孝祥乃曰佳婿也遂以妻之

按先生自桐廬徙錫其先則自南昌徙桐廬而舊志云其先祥符人高宗南渡徙錫嚴之桐廬後至無錫定居者謬蓋舊志所載七先生俱係歐陽宜諸晉陵先賢傳此篇則歐陽宜諸採之毘陵正學編而注云自幼居無錫不當稱寓先生建炎三年進士若果南渡而徙嚴何得自幼居錫獻又按錫山舊志云桐廬人至樗徙居無錫雖徙錫之早晚難決而謂南渡徙嚴然後至錫則惑矣且攷龜山先生建炎元年自毘陵召赴維揚行在二年復寓毘陵半載遂還將樂終焉則豈龜山寓毘陵時玉泉尚未徙桐廬乎舊傳又謂少慕伊洛之學從楊龜山先生游舛誤明矣今從宋史正之

尤遂初先生傳　宋史

尤袤字延之常州無錫人少穎異蔣偕施坰呼爲奇童入太學以詞賦冠多士尋冠南宮紹興十八年擢進士第嘗爲泰興令問民疾苦皆曰邵伯鎮置頓爲金使經行也使率不受而空厲民漕司輸稿秸致一束數十金三弊久莫之去乃力請臺閫奏免之縣舊有外城屢殘於寇頹毀甚袤即修築已而金渝盟陷揚州獨泰興以有城得全後因事至舊治吏民羅拜曰此吾父母也爲立生祠注江陰學官需次七年爲讀書計從臣以靖退薦召除將作監簿大宗正闕丞人爭求之陳俊卿曰當予不求者遂除袤虞允文以史事過三館問誰可爲秘書丞者僉以袤對亟授之張栻曰真秘書也兼國史院編修官實錄院檢討官遷著作郎兼太子侍讀先是張說自閤門入西府士論鼎沸從臣因執奏而去者數十人袤

率三館上書諫且不往見後說留身密奏于是梁克家罷相袤與秘書少監陳騤各與郡袤得台州州五縣有丁無產者輸二年丁稅緡凡萬有三千家前守趙汝愚修郡城工纔什三屬袤成之袤按行前築殊鹵莽亟命更築加高厚數月而畢明年大水更築之墉正值水衝城賴以不沒會有毀袤者上疑之使人密察民誦其善政不絕口乃錄其東湖四詩歸奏上讀而歎賞遂以文字受知除淮東提舉常平改江東江東旱單車行部覈一路常平米通融有無以之賑貸朱熹知南康講荒政下五等戶租五斗以下悉捐之袤推行于諸郡民無流殍進直秘閣遷江西漕兼知隆興府屢請祠進直敷文閣改江東提刑梁克家薦袤及鄭僑以言事去國久於外當召上可之召對言水旱之備惟常平義倉願豫飭有司隨市價糴科抑則人自樂輸必易集事除吏部郎官太子侍講累遷樞密院正兼左諭德論對又申言民貧兵怨者甚切夏旱詔求闕失袤上封事大畧言天地之氣宣通則和壅遏則乖人心舒暢則悅抑鬱則憤催科峻急而農民怨關征苛察而商旅怨差注留滯而士大夫有失職之怨廪給朘削而士卒有不足之怨奏讞不時報而久繫囚者怨幽枉不獲伸而負累者怨強暴殺人多特貸命使已死者怨有司買納不即酬價負販者怨人心抑鬱所以感傷天和者豈特一事而已方今救荒之策莫急于勸分輸納既多朝廷吝于推賞乞詔有司檢舉行之高宗崩前一日除太常少卿自南渡來恤禮散失事出倉卒上下罔措每有討論悉付之袤斟酌損益便于今而不戾于古當定廟號袤與禮官定號高宗洪邁獨請號世祖袤率禮官顏師魯鄭僑奏曰宗廟之制祖有功宗有德藝祖規創大業爲宋太祖太宗混一區夏爲宋太宗自真宗至

欽宗聖聖相傳廟制一定萬世不易在禮子爲父屈示有尊也太上親爲徽宗子子爲祖父爲宗失昭穆之序議者不過以漢光武爲比光武以長沙王後布衣崛起不與哀平相繼其稱無嫌太上中興雖同光武然實繼徽宗正統以子繼父非光武比將來祔廟在徽宗下而稱祖恐在天之靈有所不安詔羣臣集議袤上議如初邁論遂屈詔從禮官議衆論紛然會禮部太常寺亦同主高宗謂本朝創業中興皆在商正取商高宗實爲有證始詔從初議建議事堂令皇太子參決庶務袤時兼侍讀乃獻書以爲儲副之位止于侍膳問安不交外事撫軍監國自漢至今多出權宜乞便親辭以彰殿下之令德臺臣乞定喪制袤奏釋老之教矯誣褻瀆非所以嚴宮禁崇几筵宜一切禁止靈駕將發引忽定配享之議洪邁請用呂頤浩韓世忠趙鼎張浚袤言祖宗典故既祔然後議配

享今忽定於靈駕發引一日前不集衆論懼無以厭服勳臣子孫之心宜反覆熟議以俟論定奏入詔未豫議官詳議以聞繼寢之卒用四人者時楊萬里亦謂張浚當配食爭之不從補外進袤權禮部侍郎兼同修國史侍講又兼直學士院力辭上聽免直學士淳熙十四年將有事於明堂詔議升配袤主紹興孫近陳公輔之說謂方在几筵不可配帝且歷舉郊歲在喪服中者凡四維元祐明堂用呂大防請升配神考時去大祥止百餘日且祖宗悉用以日易月之制故升侑無嫌今陛下行三年之喪高宗雖已祔廟百官猶未吉服詎可近違紹興而遠法元祐升侑之禮請俟喪畢議之詔可孝宗嘗論人才袤奏曰近召趙汝愚中外皆喜如王藺亦望收召上曰然一時論事久上曰如卿才識近世罕有炎日語宰執曰尤袤甚好前此無一人言之何也兼權中書舍人復詔兼直

東林書院志　卷之七　尤傳　十三

學士院力辭且薦陸游自代上不許時內禪議已定猶未諭大臣也是日諭袤曰旦夕制冊甚多非卿孰能爲者故處卿以文字之職袤乃拜命內禪一時制冊人服其雅正光宗卽位甫兩旬開講筵袤奏願謹初戒始孜孜興念越數日講筵又奏天下萬事失之於初則後不可救書曰愼厥終惟其始又歷舉唐太宗不私秦府舊人爲戒又五日講筵復論官制謂武臣諸司使八階爲常調橫行十三階爲要官遥郡五階爲美職正任六階爲貴品祖宗待邊境立功者近年舊法頓壞使被堅執鋭者積功累勞僅得一階權要貴近之臣優游而歷華要舉行舊法姜特立以爲議已言者因以爲周必大黨遂與祠紹熙元年起知婺州改太平州除煥章閣待制召除給事中既就職卽昌言曰老矣無所補報凡貴近營求內除小礙法制者雖特旨令書請有去而已必不奉詔甫數日中

貴四人希賞欲自正使轉橫行袤繳奏者三竟格不下兼侍講入對言願上謹天戒下畏物情內正一心外正五事澄神寡欲保毓太和虚已任賢酬酢庶務不在於勞精神耗思慮屑屑事爲之末也陳源除在京宮觀耶律适嘿除承宣使陸安轉遥郡王成特補官謝淵李孝友賞轉官吴元充夏永壽遷秩皆論駁之上並德納韓侂胄以武功大夫和州防禦使用應辦賞直轉橫行袤繳奏謂正使有正法可同授不可直轉侂胄勳賢之後不宜首壞國法開攀援之門奏入手詔令書行袤復奏侂胄四年間已轉二十七年合轉之官今又欲超授四階復轉二十年之官是朝廷官爵專徇侂胄之求非所以爲摩勵之具也命遂格上以疾一月不省重華宮袤上封事曰壽皇事高宗歷二十八年如一日陛下所親見今不待倦勤以宗社付陛下當思所以不負其託望勿憚一日之勤

東林書院志　卷之七　尤傳　十四

以解都人之惑後數日駕卽過重華宮侍御史林大中以論事左遷袤率左史樓鑰論奏疏入不報皆封駁不書黄耶律适嘿復以手詔除承宣使一再繳奏輒奉內批特與書行袤言天下者祖宗之天下爵祿者祖宗之爵祿壽皇以祖宗之天下傳陛下安可私用祖宗爵祿而加於公議不允之人哉疏入上震怒裂去後奏付前二奏出袤以後奏不報使吏收閤命遂不行中宮謁家廟官吏推賞者百七十有二人袤力言其濫乞痛裁節上從之嘗因登對專論廢法用例之弊至是復申言之除禮部尚書駕當詣重華宮復以疾不出率同列奏言壽皇有免到宮之命願力請而往庶幾可以慰釋羣疑増光孝治後三日駕隨出中外歡呼兼侍讀上封事曰近年以來給舍臺諫論事往往不行如黃裳鄭汝楷事遷延一月如陳源者奉祠人情固已驚愕至姜特立召尤爲駭聞向特

立得志之時昌言臺諫皆其門人竊弄威福一旦斥去莫不誦陛下英斷今遽召之自古去小人甚難譬除蔓草猶且復生況加封植乎若以源特立有勞優以外任或加錫賚無所不可彼其閑廢已久含憤蓄怨待此而發倘復呼之必將潛引黨類力排異已朝廷無由安靜時上已屬疾國事多舛袤積憂成疾請告不報疾篤乞致仕又不報遂卒年七十遺奏大略勸上以孝事兩宮以勤康庶政察邪佞護善類又口占遺書别政府明年轉正奉大夫致仕贈金紫光祿大夫袤少從喻樗汪應辰遊樗學於楊時時程頤高弟也方乾道淳熙間程氏學稍振忌之者目爲道學將攻之袤在掖垣首言夫道學者堯舜所以帝禹湯武所以王周公孔孟所以設教近立此名詆訾士君子故臨財不苟得所謂廉介安貧守分所謂恬退擇言顧行所謂踐履行已有恥所謂名節皆目之爲道

學此名一立賢人君子欲自見於世一舉足且入其中俱無得免此豈盛世所宜有願循名必責其實聽言必觀其行人才庶不壞於疑似孝宗曰道學豈不美之名正恐假託爲姦使眞僞相亂耳待付出戒敕之袤死數年韓侂冑擅國於是禁錮道學賢士大夫皆受其禍識者以袤爲知言嘗取孫綽遂初賦以自號光宗書匾賜之有遂初小稿六十卷內外制三十卷嘉定五年謚文簡

李小山先生傳　宋史

李祥字元德常州無錫人隆興元年進士爲錢塘縣主簿時姚憲尹臨安俾攝錄參邏者以巧發爲能每事下有司必監視鍛鍊囚服乃已嘗誣告一武臣子謗朝政鞫於獄祥不使邏者入門旣而所告無實具以白尹尹驚曰上命無實乎祥曰即坐譴自甘憲具論如祥意上駭曰朕幾誤矣卿吾爭臣也遂賜憲出身爲諫大夫祥調濠州錄事參軍安豐守臣冒占民田訟屢攻而不決監司委祥卒歸之民未幾其人易守濠以嫌換司理廬州守出改官奏留之不可主管戶部架閣文字太學博士國子博士司農寺丞樞密院編修官兼刑部郎官大宗正丞軍器少監言忝朝蹟八年在外賢才不盼眾願更出迭入由臣始出提舉淮東常平茶鹽淮西運判兩淮鐵錢比不定祥疏乞官賜錢米銷濫惡者廢定城與國漢

陽監更鑄紹熙新錢從之淮人以安遷國子司業宗正少卿國子祭酒丞相趙汝愚以言去國祥上疏爭之曰頃壽皇崩兩宮隔絕中外洶洶留正棄印亡去國命如髮汝愚不畏滅族決策立陛下風塵不搖天下復安社稷之臣也奈何無念功至意忽體貌常典使精忠巨節怫鬱黯闇何以示後世除直龍圖閣湖南運副言者劾罷之於是太學諸生楊宏中周端朝等六人上書留之俱得罪主沖佑觀再請老以直龍圖閣致仕嘉泰元年八月卒謚肅簡

蔣實齋先生傳　　宋史

蔣重珍字良貴無錫人嘉定十六年進士第一簽判建康軍丁母憂改昭慶軍尋以公事與部使者異議請祠易簽判奉國軍紹定二年召入對首以自天子至於庶人所當先知者本心外物二者之界限爲言界限明則知有天下治亂而已何樂其尊知有生民休戚而已何樂其奉且論苞苴有昔所未有之物故吾民罹昔所未有之害苞苴有不可勝窮之費故吾民有不可勝窮之憂遷秘書省正字屢乞祠以伯父喪予告遷校書郎辭不可明年待命雲川移文閤門請對當路憚之添差通判鎮江府辭會行都火應詔曰臣頃進本心外物界限之說蓋欲陛下親攬大柄不退託於人盡破恩私求無愧於已倘以富貴之私視之一言一動不忘其私則是以天下生靈社稷宗廟之事爲輕而以一身富貴之所從來

爲重不惟上負天命與先帝聖母至於公卿百執事之所以望陛下者亦不如此也昔周勃今日握璽授文帝是夜即以宋昌領南北軍霍光今年定策立宣帝而明年稽首歸政今臨御八年未聞有所作爲進退人才興廢政事天下皆曰此丞相意一時恩怨雖歸廟堂異日治亂實在陛下爲有爲天之子爲人之主而自朝廷達於天下皆言相而不言君哉天之所以火宗廟火都城者殆以此臣所以痛心者九廟至重事如生存而徹小塗大不防於火之未至宰相之居華屋廣袤而焦頭爛額獨全於火之未然亦足以見人心陷溺知有權勢不知有君父矣他有變故何所倚仗陛下自視不亦孤乎昔史浩兩入相才五月或九月即罷孝宗之報功寧有窮已顧如此其亟何哉保全功臣之道可厚以富貴不可久以權也上讀之感動授寶章閣主管雲臺觀則告吏部不受貼職祿不願貼職恩他日星變求言復申前說又慮柄臣或果去位君心易縱大權旁落則進爲君難六箴召爲秘書郎兼莊文府教授端平初入對上五事且曰隱蔽君德昔告故相故臣得以專詆權臣昭明君德今在陛下故臣得以責難君父乞召眞德秀魏了翁用之帝謂之曰人主之職無他惟辨君子小人重珍對曰小人亦指君子爲小人此爲難辨人主當精擇人望處之要律正論日聞則必知君子姓名小人情狀矣兼崇政殿說書戒家事勿以白務積精神以寤上意每草奏齋心盛服有密啓則手書削稿帝稱其平實遷著作佐郎邊帥以入陵圖來上詔百官集議重珍言史嵩之既失相位危於幕巢猶欲邀功自固其位請擇賢帥如漢用充國使之親至邊境審度事勢條上便宜丞相主出師關洛重珍力爭會邊帥議和戰不一復召集議重珍奏曩乞專意備守不得已

則用應兵今不敢變前說不聽遂自劾以密勿淸光乃不能遏兵端乞免說書職遷著作郎兼權司封郎官起居舍人言近者當侍講席旋命止之或曰是日道流生朝夫輟講偶以他故則當知聖躬舉措之難或所傳果得其實則當知聖心持守之難帝曰非卿不聞此言關洛師大衄復進兵重珍言若恥敗而欲勝之則心不平而成忿氣不平而成怒生靈之命豈可以忿怒用哉又言爾來用臺諫顚主不必矯激之說似畏剛方太過之士竊窺選用之意正謂其平易而省事耳然數月之間一失於某再失於某借曰愼重臺綱而憂其激亦當以平正者居之又論禁旅貧弱教習頗嚴輒不能堪不稍變通非消變之道兼國史院編修官實錄院檢討官言更化以來舊弊未去者五徇私調停覆護姑息依違是也今又益之以輕易遷起居郎以疾求去以集英殿修撰知安吉州權

刑部侍郎三辭不許自劾其不能取信朝廷之罪乞鐫斥置閒散促覲愈力而疾不可起詔守刑部侍郎致仕贈朝請大夫謚忠文

虞薇山先生傳

談縉

有宋虞先生錫人也諱薦發字君瑞髫齔時已負穎異資讀書過目成誦致孝於親養生送死情文咸備與弟應酉極友愛且訓迪之以底於成待宗族以姻睦有被兵掠者爲之經紀其家處約好施不以産業爲意與人交和而不同故舊有過不輕棄之於貴勢未嘗挫也學成德修而不輕爲世用值國步多艱科舉革錫學無師士子罔有攸歸乃延禮先生爲師及事事詔士子曰文靖楊公載道而南居於常十有八年邑之東林精舍即其講學地非鄉之先師歟自時屯學弛以來其祠亦圮茲將明聖賢之道不復先師之祀可乎於是日與士子推闡經旨考論德業務求實效會於有成重建賢祠中文靖位而配以玉泉小山實齋文簡四先生春秋祀焉鄉飲禮壞矣贊邑長修之秦淮海墓沒於豪矣謀復之士有

田籍官俾給驛傳先生言於師若憲諏律引誼其言懇懇諸使從其請得免者甚衆先生爲師垂十餘稔不受廩祿著錄弟子殆數百人皆因材而成就之以故文風之盛冠諸邑當路貽書先生將致都下而行其法於他學先生謝不往併辭錫學事又貽書曰杭學者一省之望爲杭學得賢師江左之士有所式矣尋遣使賫授興國路儒學教授之敕先生皆力辭不赴自是杜門不出謝絕所交者日以著書講學自娛積文集二十卷號薇山老人以見志學者稱爲薇山先生年七十有八卒於元延祐間後以子志道貴追秩丞務郎同知無錫州事時邑士大夫及羣弟子相與謀曰先生修學政於久廢扶名教於陵夷立師道而成人才功德深且遠矣遂進先生配祀文靖闕年寖多人知仰先生之名而未必知先生之烈若是也乃謀昭揚之俾薇山之烈揭如日星庶幾學者有所

觀感而興起於無窮焉

墓誌銘　　韓性

薇山先生既葬十有八年其嗣志道使使至山陰貽性書曰先人力學勵行期見於用維卒不施抱志而没不肖孤承乏官使掌恩退秩承務郎常州路同知無錫州事惟是塚木盈把矣而刻石未立懼無以追不孝願爲銘詩刻之冢上以示無止性辭不獲則諾而爲銘公諱蔦發字君瑞虞氏遠有世緒居丹陽者尤稱大族六世祖諱申行甫其字爲安定先生門人實生衢州府君諱溯以恩贈中奉大夫再世曰將仕郎諱柄娶於晉陵遂遷晉陵於公爲曾祖祖諱伯夔考諱杲皆耆年隱德爲善士宋德祐中公避地無錫樂其風土遂居焉幼頴悟讀書過目成誦未弱冠試鄉校輒高等賈師憲爲淮東閫擬試甚盛試者多爲卷以幸得公笑曰是罔利

者非耶一卷可矣已而果中前列文聲益著家公鉉翁爲郡守客之郡齋屢上吏部未幾而科舉革矣公益力于學不倦性純孝事親葬祭盡禮與弟應酉極友愛自爲師生待宗族盡姻睦之道族人有被掠於兵者有去從異教者公詢訪得之經理其田宅賴以不絶與人交和不苟同故舊有過不輕棄喜節義處約而好施人有急難周之惟恐後歲歉貴糴損其直與人富人稍稍效之平生口不言錢不以産業爲意視貴勢不以一毫挫也無錫學廢士無所歸强起公爲師招諸生坐齋中講説義理考論德業士聞風而至課試無虛數百士有田籍官俾給驛傳公言大帥若憲輒力引誼其言懇懇諸使素重公從其請得免者且百家鄉飲酒久廢贊使邑長行之再龜山先生之來南也居於常者十八年公爲祠堂奠龜山于中而列鄉之先賢于左右歲時祠焉秦淮海之墓在惠

山南爲趙氏業公諭趙歸其地於學爲之封植士論韙之爲鄉校官十餘年廩祿皆辭不受而校官之所當爲者舉行無遺文風之盛他邑莫能及聲譽聞于中外當路遺書於公將致公都下而行其法於他學公謝不往因遂辭學事則又貽書曰杭學者一省之望爲杭學得賢師江左之士有所式矣公又力辭即遣使賚敕授與國路儒學教授拜命不赴自是杜門謝所往還號薇山老人以見志學者稱之爲薇山先生延祐甲寅初行科舉右丞相許公董試江浙擇試官必當世師表遣使致公公曰科舉興廢吾道所係今取士本朱文公貢舉私議吾游場屋時所願行者不意暮年見之且所避者利祿也今幸無是遂應命試闈經疑問忠恕或引天地忠恕以對他試官曰天地豈有忠恕耶乙其處公曉之曰此非川流山峙之意乎他不對且轉語同列若此者黜公作色曰此程

子之説君非寡陋者豈偶忘之耶吾無書自隨君求程氏書觀之毋令人笑其陋也他試官始愧服公因盡閲餘卷黜而復取者數人監試佟公曰非公幾誤事公之學精而守固於此亦可少見矣素不喜佛老氏學不道禨鬼神異之事暇日惟以詩書自娛每戒其子曰爾旣仕當以職業自見謹勿藉手書尺求知也由是志道累任果有立文集雜著二十卷藏于家素康强少疾童顔蒼鬢如未始衰者一日忽晨起正衣冠步入正寢顧諸子曰今日三月十九日也顔色不異雙眸烱然拱手避足而逝嘗試論之士患於無才有才矣患不知學學不足致用猶無學也足以致用而汲汲焉惟用之求不得則若有歉焉者有道之士不是爲也公負穎異之才而加之力學故其成就有過人者卓然以經術行誼爲東南學者所宗足以致用而用之不究從容進退皆適其宜可爲賢矣

安定先生以體用之學教人公其有得於家傳者歟知其家學久而彌長追榮錫爵人所共羨而公之志不若是止也夫學見於用者微其用用之不究者尚其志志之難言也久矣公之所望於後而後人之所當益勉者也予故反覆論著而不敢略也遂爲之銘銘曰學成於巳以用而彰譬彼導江其波洋洋行甫氏虞學于安定位不稱名以鴻厥慶其傳七世是生先生束髮亹亹祖訓是承跂彼修途有捷坐趨珮玉長裾獨行徐徐用之於鄉鄉人是懌行於膠庠矜佩是式論議巳綜操履彌堅索其緒餘可知其全不薇於山於焉是息以順以甯緊學之力學期於成用不期售鬱彼新阡克昌爾後

邵二泉先生傳　明史稿

邵寶字國賢無錫人年十九學於江浦莊㫤㫤深許之成化二十年舉進士授許州知州月朔會諸生於學宮講明義利公私之辨正潁考叔祠墓改魏文帝廟以祠漢愍帝不稱獻而稱愍從昭烈所謚也巫言龍骨出地中爲禍福寶取骨毀於庭杖巫而遣之躬課農桑倣朱子社倉立積散法行計口澆田法以備凶荒弘治七年入爲戸部員外郎歷本部郎中遷江西提學副使釋菜周元公祠修白鹿書院學舍處學者其教以致知力行爲本江西俗好陰陽家言有數十年不葬父母者寶下令士不葬親者不得與試於是相率舉葬以千計寧王宸濠索詩文峻卻之後宸濠敗有司校勘獨無寶跡遷浙江按察使再遷右布政使與鎮守太監勘處州銀礦寶曰費多獲少勞民傷財慮生他變卒奏寢其事進湖廣布

政使正德四年擢右副都御史總督漕運劉瑾擅政寶至京絕不與通瑾怒漕帥平江伯陳熊欲使寶劾之遣校尉數輩要寶左廡門危言恐之日行逮汝張綵曹元自內出語寶曰君第劾平江無後患矣寶曰平江功臣後督漕未久無大過不知所劾二人默然出越三日給事中劾熊併及寶勒致仕去瑾誅起巡撫貴州尋遷戸部右侍郎進左侍郎命兼左僉都御史處置糧運及會勘通州城濠歸奏稱旨尋疏請終養歸御史唐鳳儀葉忠請用之詔都便養乃拜南京禮部尚書再疏辭免世宗即位起前官復以母老懇辭帝許之命有司以禮存問久之卒贈太子太保謚文莊寶三歲而孤事母過氏至孝甫十歲母疾爲文告天願減巳算延母年及終養歸得疾左手不仁猶朝夕侍親側不懈學以洛閩爲的嘗曰吾願爲眞士大夫不願爲假道學舉南畿受知於李東陽爲詩文

典重和雅以東陽爲宗至於原本經術粹然一出於正則其所自
得也博綜羣籍有得則書之簡取程子今日格一物明日格一物
之義名之曰日格子所著學史簡端二録巡撫吳廷舉上於朝外
定性書說漕政舉要諸集若干卷學者稱二泉先生

顧涇陽先生傳　明史稿

顧憲成字叔時無錫人萬歷四年舉鄉試第一八年成進士授戶
部主事大學士張居正病朝士羣爲禱憲成不可同官代之署名
憲成聞馳往手削去之居正卒改吏部主事請告歸讀易春秋者
三年補驗封主事十五年大計京朝官都御史辛自修掌計事工
部尚書何起鳴在拾遺中自修坐是失執政意給事中陳與郊承
風旨並論二人實庇起鳴攻自修於是二人並罷并責御史糾起
鳴者四人憲成不平上疏語侵執政并責大臣言官各務自反被
旨切責謫桂陽州判官稍遷處州推官丁母憂服除補泉州推官
舉公廉第一擢吏部考功主事歷本司員外郎會有詔三皇子並
封王憲成偕同官上疏曰皇上思祖訓立嫡之條欲暫令三皇子
並封王以待有嫡立嫡無嫡立長臣等伏而思之待之一言有大
不可者太子天下本豫定太子所以固本是故有嫡立嫡無嫡立
長就見在論是也待將來則非也皇上動稱祖訓祖訓所載立嫡
待嫡之條意各有主與建儲事判然不類皇上第以其合於已意
援而附之爲遵祖訓乎爲悖祖訓乎不可一我朝建儲家法東宮
不待嫡元子不並封廷臣言甚詳皇上概弗省豈皇上創見有加
列聖之上乎不可二有天下者稱天子天子之元子稱太子天子
繫乎天君與天一體也太子繫乎父父子一體也主鬯承祧於是
乎在不可得而爵今欲並封三王元子之封何所係乎無所係則
離乎其爲名有所係則離乎其爲實不可三皇上以爲權宜云耳
夫權宜者不得已而行之也元子爲太子諸子爲藩王於理順於
分稱於情安有何不得已而然乎耦尊鈞大逼所由生而始任之
不可四皇上以祖訓爲法子孫以皇上爲法皇上不難創其所無

後世詎難襲其所有自是而往幸皆有嫡可也不然是無東宮也又幸而如皇上之英明可也不然凡皇子皆東宮也無乃殽萬世之大患乎不可五皇后與皇上共承宗祧期於宗祧得人而已皇上之元子諸子即皇后之元子諸子恭妃皇貴妃不得而私之統於尊也豈必如輔臣王錫爵之請須拜王后爲母而後稱子哉皇上何不斷以大義而爲此區區不可六况始者奉旨少待二三年而已俄改二十年又改於二十一年然猶可以歲月期也今曰待嫡是未可以歲月期也命方布而忽更意屢遷而愈緩皇上何以謝天下不可七自並封命下叩閽上封事者不可勝數至里巷小民亦聚族而竊議是孰使之然哉人心之公也而皇上猶責輔臣以擔當錫爵夙夜趣召正欲爲國家定此大事排羣議而順上旨豈所謂擔當必積誠感悟納皇上於無過之地乃眞擔當耳不然

皇上且不能如天下何而况錫爵哉不可八皇上神明天縱非溺寵狎昵之比而不諒者見影而疑形聞響而疑聲即臣等亦有不能爲皇上解者皇上盛德大業比隆三五而乃來此意外之紛紛不亦惜乎不可九伏乞令王元子早正儲位皇第三子皇第五子各就王爵父父子子君君臣臣兄兄弟弟宗廟之福社稷之慶悉在是矣憲成又遺書錫爵反覆辨論其後並封議遂寢二十一年京察吏部尚書孫鑨考功郎中趙南星盡黜執政私人憲成實左右之及南星被斥憲成疏請同罷不報尋遷文選郎中所推舉率與執政牴牾先是吏部缺尚書錫爵欲用羅萬化憲成不可乃用陳有年後廷推閣臣萬化復不與錫爵等皆恚萬化乃獲推會帝報罷而止及是錫爵將謝政廷推代者憲成舉故大學士王家屏忤帝意削籍歸事具有年傳憲成旣廢名益高中外推薦無慮百

十疏帝悉不報至三十六年始起南京光祿少卿力辭不就四十年卒於家天啟初贈太常卿魏忠賢亂政其黨石三畏追論之遂削奪崇禎初贈吏部右侍郎謚端文憲成姿性絕人幼從武進薛應旂遊授以考亭淵源錄遂有志聖學暨削籍里居益覃精研究一以程朱爲宗力闢無善無惡心之體之說邑故有東林書院宋楊時講道處也憲成與弟允成倡修之常州知府歐陽東鳳與無錫知縣林宰爲之營構落成偕同志高攀龍錢一本薛敷教史孟麟于孔兼輩講學其中學者稱涇陽先生當是時士大夫抱道忤時率退處林野聞風響附學舍至不能容憲成嘗曰官輦轂志不在君父上官封疆志不在民生上居水邊林下志不在世道上君子無取焉故其講習之餘往往諷議朝政裁量人物朝士慕其風者多遙相應和由是東林名大著而忌者亦多旣而淮撫李三才

被論憲成遺書葉向高孫丕揚爲延譽御史吳亮刻之邸抄中攻三才者大譁而其時于玉立黃正賓輩附麗其間頗有輕浮好事名徐兆魁之徒遂以東林爲口實兆魁騰疏攻憲成恣意誣詆光祿丞吳炯上言御史得風聞言事然遠隔數千里豈能無訛如御史兆魁所指臣與憲成同鄉親見其行事不如御史言一曰滸墅有小河商舟如織東林專其稅爲書院費夫關旁小河廣不踰五尺其橋踦亦非商舟所能由往來不過小艇從不征稅其訛一也一曰關使至東林輒以書招之即不赴亦必致厚餽夫東林豫會者非里居薦紳則青衿子弟皆不招自來未嘗招人何爲厚餽其訛二也一曰講學所至僕從紛紜縣令館穀供億非二百金不辦夫薦紳赴會大率攜僕二三棹一小舟無擾道途也會饌簡素主者自辦致累長吏其訛三也一曰會時必談時政郡邑行事偶相

左必令改圖夫會中條約先講書一章後以次詰難終則童子歌詩而退四座無譁無一語他及安得千郡邑事其誣四也黃正賓歙人與憲成非有戚故憲成於諸生贅悉卻不納何有染指正賓之事其誣五也惟憲成貽書救三才誠爲出位臣嘗咎之憲成亦自悔然臣今日非爲憲成辨也恐憲成被誣而天下遂以講學爲戒絕口不談孔孟之道將國家正氣從此而損此臣所以不能已於言也疏入不報嗣後攻擊者不絕比憲成歿攻者猶未止諸凡救三才者爭辛亥京察者衛國本者發韓敬科場弊者請行勘熊廷弼者抗論張差梃擊者最後爭移宮紅丸者忤魏忠賢者率指目爲東林抨擊無虛日借魏忠賢毒焰一網盡去之殺戮禁錮善類爲一空崇禎立始漸收用而朋黨勢已成小人卒大熾禍中於國迄明亡而後已

行狀

高攀龍

先生諱憲成字叔時別號涇陽先生生而沉毅迥異常兒十歲讀韓文諱辯遇南野公諱宛轉避之有不可避者輒鬱不樂年十五六家貧不能延師就讀鄰塾歸必篝燈自課多至達旦書其壁曰讀得孔書纔是樂縱居顏巷不爲貧年二十一爲隆慶庚午補邑諸生第一萬歷丙子舉鄉試第一其冬南野公卽世先生居憂當是時先生名滿天下其於文章斟酌今古獨闢乾坤學者宗之如山於岳如川於海而先生退然謂此非吾人安身立命處心所冥契則五經四書濂洛關閩務於微析窮探眞知力踐自餘皆所不屑矣庚辰服闋應春官試名在二十廷對舉二甲二名主事戶部與南樂魏崑溟允中漳浦劉綗華庭蘭以道義相琢磨時稱三解元江陵相憚其風采一日謂申相國曰貴門生有三元會公知之耶曰評隲時事居然華衮斧鉞一世矣相國曰不知江陵因舉三元者三解元某某也而三先生者果以時事日非相約貽書申公諷其匡救先生書旣具及覩魏劉兩先生書嘆曰至矣余言贅矣遂止江陵病舉朝若狂爲禱於神先生獨不可同官危之代爲署名先生馳騎手抹去之壬午江陵死先生調吏部日孜孜人才與同僚爲會以所見聞相證還方下吏巖穴潛德務於闡人所不知尋以錢太安人年且週甲告歸讀易春秋者三年丙戌除封司主事丁亥大計京朝官先是南北都御史久未得人一日特旨辛自修改都察院左都御史海瑞陞南京都察院右都御史中外相慶聖明英斷兩人眞都御史矣當路不悅也於是御史房寰有疏醜詆海公先生弟季時適以丙戌廷對觀吏部政遂偕同年彭旦陽遵古諸景陽壽賢糾之雖各得削籍正氣爲一吐及是辛公司計

所是非皆與時俗迕當路益惡之而工部尚書何起鳴在拾遺中人有謂何若能去辛大當執政意卽與辛偕歸公他日不失舊物何大喜遂訐辛給事陳與郊承風旨並論辛何抑揚其語實斷斷辛而辛何果並罷去先生上言略曰起鳴之爲君子爲小人其訐辛自修也果有據果無據而御史高維崧等之合糾起鳴也爲公爲私此皆章章較著者也皇上爲起鳴罷自修謝之矣而又降及維崧等四御史何歟皇上以爲用人出自朝廷是也今起鳴訐自修則罷自修訐維崧等則降維崧等可謂出自朝廷與自修之賢與否臣姑無論職司考察反被中傷大計重典一朝而壞亦姑無論惟是以維崧等之疏出自承望則臣以爲謬矣邇年以來猜忌繁興讒誹殷積幸而昨者本部奉旨考察不問恩怨秉至公命下之日中外翕然稱服以爲我皇上之明二三執政之有容如此亦見

人心之公昭昭不泯而挽回有幾矣何竟復覩是紛紛乎在起鳴既疑以宿釁蒙垢在自修又疑以忤時招尤在起鳴既見以有援而巧爲排在自修又見以受屈而急於辯皆過矣顧獨坐維嵩等承望耶即爾彼給事中陳與郊等深詆自修又何爲者爲今之計臣以爲莫若各務自返而已起鳴當思何以爲衆論鄙自修當思何以爲儕友猜維嵩等當思何以言出而召侮與郊等當思何以言出而啟疑至於執政大臣尤宜倍加簡省風厲百僚若無若虛孜孜汲汲積而久之精神透徹誠意孿如本無偏好誰能求同本無偏惡誰能求異雖褊心鋭氣皎皎而負爲高者亦慚悔而恍然自失矣先是御史甘士价進和衷之説其指甚美第不務拔本塞源而徒欲調停於聲色之間其究非强上以狥下則强下以狥上此臣之所以不容已於言也臣又見今之時非科道而建言者必

詬之曰出位曰好名又曰是爲進取之捷徑耳不然則又曰是多行不諱計畫無之聊借以蓋醜而脱計網也斯四者亦誠有之而不可不求其故也明興二百餘年西漢之經術東漢之節義唐之詩詞宋之理學並彬彬稱隆而獨言官之氣稍不振天下多故危言讜論往往出於他曹即如我皇上蒞祚故相張居正用事數年之内言官有相率讃頌耳保留耳祈禱耳吴趙鄒沈王艾之儔何寥寥也又如近日維嵩等合糾起鳴本屬公議及皇上詰責所以輒惶恐推避莫適爲首謝罪不暇竟無能自見始末開廣聖心誠令維嵩等披露情愫曉暢事實章晰誼理剴篤言詞皇上一覽而悟未可知也臣甚惜之由此觀之使言官不爲利誘不爲威愓無事不瑣屑以取厭有事不依回以取容牽裾折檻時不乏人他亦無由而犄其説矣然則使人之得以出位而言者臺省之爲也夫

人情無不喜順而惡逆況居尊顯者乎其喜能令人榮其惡能令人辱有一人焉端言正色侃侃不顧安得而不名高名高矣而當之者苦於不堪厭恨之廢棄之摧折之則天下皆咈然不平於其心一旦時移事改是非論定夫安得而不加殊擢也是故抑者予其揚者也屈者藉其伸者也退者佐其進者也假令其言是恬然而受之其言非廓然而容之録其長不疵其短褒其直不嗔其狂用其言何必計其人不用其言何必疾其人審如是人人而能言也何名可賈何利可徼而亦何醜可蓋非徒然也而我反因之獲容直之名收用言之利矣然則使人之得以賈名得以徼利又得以蓋醜者廟堂之爲也至于建言之人大都負氣自喜不耐矜束遇事發憤往往過當聽者方内懷不服退而詢其行事又不足以滿其意則曰爾以古人畜我何不以古人自畜而承望意指者又

因而媒孽之尋垢索瘢無所不至于是遂置其言不復採而并賤其人假令士能潔躬修行入不愧妻子出不愧朋輩則其人重其言亦重夫安得而無聽然則使人之得以舉而納諸羣詬之中者建言者之爲也故臣以爲亦莫若務自反而已自反則上何暇以言爲罪下何暇以言爲高惟各盡其在我而已矣先是科臣楊廷相欲痛懲矯激之非臣愚以爲將來之患正恐不在矯激如曰囊居正用事宜尚異今非其時也宜尚同則唐虞之際猶然朝有吁咈野有誹謗而孔子亦云邦有道危言危行不以唐虞有道望斯世斯民而僅僅較短長於居正柄國之日此臣之所痛也疏奏有旨切責謫湖廣桂陽州判官時王京兆麟語人曰顧勳部折衷辛何甚當自反之説拔本塞源吾輩當各寫一通置座右陳司寇雨亭公謂王婁江曰顧勳部立論最公何以不免婁江艴然曰渠執

書生之見銜道路之言焉知廟堂苦心司寇曰書生之見當守道路之言當採勳部苦心亦不可不察也先生之桂陽其士人皆進而問業先生以桂陽爲柳子厚蘇子瞻兩公謫居莊定山先生亦謫於此大有惠德於民題所居曰愧軒志愧前哲又以柳氏文而已蘇未離乎文莊庶幾離乎文矣深愧文字外無以益桂陽多士其先行後文類此戊子司理處州府先生念太安人不欲行太安人不可會季時授南康郡博季時曰叔出季處乎即日乞休而先生至官專務教化有兄弟訟數年不決者呼謂之曰汝兩手兩足相爭否兄弟手足也而相爭非怪事乎而恬不以爲怪何也旣相爭自相治可矣各授之杖謂其兄曰爲吾撲若弟謂其弟曰爲我撲若兄兩人相顧愕然先生故促之兩人叩首請曰曩者官爲析曲直故不服今我服矣不知曲直也願得自新先生喜令兄弟相

揖謝兩人大哭而去時蔡御史按浙不敢以吏事見先生假之差歸已丑居太安人憂辛卯復司理泉州壬辰計羣吏先生舉公廉寡慾爲天下司理第一尋擢主事考功銓司出而再入者自先生始是年詔三皇子並封先生倡四司上言（疏已見本傳）又自爲書貽婁江公曰昨請教册立之事實百其難明旨一定何以轉移人情洶洶何以鎮定上欲不愆于明旨下欲不駭乎人情故曰難也究竟則請期一着尙自可圖然而非閣下莫能任蓋自萬歷十四年以來廷臣之以建儲請者不啻數十疏而皇上之旨亦幾變矣然曰待二三年則二三年而已也曰待過十齡則是至十齡而已也曰二十一年則是二十一年而已也期未至而請之皇上得執激擾以爲辭期旣至而請之皇上亦何辭以謝天下此遷延之法可得而窮者也今者以待皇后生嫡子爲辭從今以往復何所據以請

乎此假借之法不可得而窮者也閣下試揣意而思之皇上之旨所以屢遷者何也建儲盛典也九廟式靈兩宮欣願百官萬姓之所瞻企而言及者輒獲罪若有大不滿其意者何也亦可推矣三王並封耦尊齊大亦可觀矣閣下不念之耶昔者秦皇漢武寧不蓋世之雄一念小偏便墮入婦人女子之手雖二君孰意及此乎若曰有嫡立嫡無嫡立長兩語炳若日星誰能奸諸則長幼有序之說明旨不啻再見何至今日乃更益立嫡之條重之以祖訓藉之以中宮彌縫轉易挽回轉難歲復一歲有何底止竊以爲宜聽九卿科道仍尊屢旨合辭以請而閣下從中調停懇示定期即甚遲不得越一年庶幾聖心確有所主不開窺伺之端人心專有所屬不萌二三之釁議論方囂而復定國本幾搖而復安眞閣下事矣倘一請不得當至于再至于三又至於十百至於去就可也至

于死生可也若乃皇上懸不必然之說以蓋其立長之成命閣下又操必不然之見以成其立嫡之托辭交相爲負非所望於今日君臣也癸巳內計功郎趙儕鶴先生秉至公從事執政弟弗顧也執政所庇弗顧也太宰甥弗顧也已之姻弗顧也計典出人謂二百年來未有慊於輿情若此者而先生與李公元沖實左右之政府大恚趙先生乘劉黃門道隆疏論科道拾遺者不宜留用遂票旨切責降調先生與元沖公上疏曰頃者皇上切責吏部專權結黨趙南星降調外任臣等與南星生平以道義相期許及在同部又以職業相切磋惟茲內計之典始而咨詢繼而商確臣等皆與焉至於議留虞淳熙楊于庭二臣臣等亦以爲誼出憐才嘗從史之今南星被罪臣獨何辭以免南星一意奉公不以情庇不以勢撓庶幾少挽頹風以報皇上而竟不免於罪況臣等自揣才識不

逮南星遠甚其迂戇椎魯又或過焉若復靦顏在列將來招釁速戾有不止於南星者然則與其去南星孰若去臣等與其留臣等孰若留南星伏惟皇上擴天地之量垂日月之明念南星自謀則拙謀國則忠還其原職以示任事者之勸無徒快破察諸人之心倘始終以爲專權結黨乞將臣等一併罷斥無令南星獨蒙其責不報無何先生司選以扶陽抑陰爲體以不激不隨爲用于婁江公待以至誠每事必告冀轉移之而一切推用賢才與世牴牾者公所陽諾實所陰尼先生覺其機惡值公假沐推孟公一脈王公德新不以告疏上輒下矣公又陽喜謂先生曰主上朕兆殊佳自此正人亟宜推用先生又覺其機惡曰幸有好朕兆正不須急激聒也無何而會推閣臣之命下矣先是先生在勳司適鄒南皋先生請去婁江曰昨文書房傳旨云放去先生曰不然若放去果是

相國宜成皇上之是該部宜成相國之是若放去爲非相國不宜成皇上之非該部不宜成相國之非公語塞竟疏得留用又一日太宰孫公立峰罷推代者時少宰趙公定宇署篆婁江屬以首推大宗伯羅康洲萬化先生曰不可內閣者翰林之結局冢宰者各衙門之結局今天下大勢折而入內閣矣況可併冢宰據之乎選郎劉用齋曰嘉靖間不嘗用呂餘姚嚴嘗熟乎先生曰是時威權在世廟斷自聖心則可今日威權在內閣出自相指不可我太祖罷中書省而設六部惟恐其權之不散嚴分宜以來內閣合六部而攬之惟恐其權之不聚散則互鈐權臣不得行其私國家之利也聚則獨制各人不得守其職權臣之利也安危大機於是乎在如之何背聖祖而從分宜乎況往者內閣之推往往用各衙門不專翰林卽冢宰兼翰林亦得今不能以內閣與各衙門共而更以

冢宰與翰林共其亦頗矣故論用人之大道止當問其孰可內閣孰可冢宰不可問其孰爲某衙門論救時大機通冢宰於翰林其勢易通內閣于各衙門其勢難不可不深計也劉閣之愕然因與先生謁少宰少宰曰業已成議且近有吳鎭訐絕婚事奈何先生曰國家大事甯避小嫌自王楊相繼在部其於內閣指使若奴婢至陸平湖始正統均之體孫餘姚遵而不變內閣切齒相繼免歸千思萬算出此一着吏部內閣合爲一家其禍不可勝言矣昔高中玄以內閣兼冢宰一日進閣一日進部是以全身爲分身也今內閣用其本衙門爲冢宰是以分身爲全身也作用若殊巧妙則一竊恐日圖其彀中而不知耳趙悟曰如公言利害乃爾遂往言於婁江婁江曰誰爲此議曰顧稽勳公無以奪而冢宰得陳公心谷矣婁江嘗一日謂先生曰近有怪事知之乎先生曰何也曰內

閣所是外論必以爲非內閣所非外論必以爲是先生曰外間亦有怪事公曰何也曰外論所是內閣必以爲非外論所非內閣必以爲是相與笑而罷及是推閣臣陳公心谷謂先生且勿言各疏所知各疏七人皆合而首舉舊輔王對南先生又皆合陳大喜令先生言之婁江婁江大恚曰何不舉康洲曰外論不與者半脫言官言之將自認乎推閣下任乎推閣下任何用吏部自認又何成吏部二者皆所不敢出也婁江益恚曰前推羅君冢宰君謂翰林只宜推內閣今推內閣又不可何耶先生曰前論事今論人也婁江復屬相國趙蘭溪言之先生曰公論所在司官不敢誤堂官也復自貽書於陳陳曰公論所在本部不敢誤朝廷也少宰趙心塘羅之門人也又言之陳陳曰此非本部所得專也又言之先生先生曰此非本司所得專也趙謂陳曰明日會推必推之陳笑曰堂

官曰司官手二百年故事也假令老先生舉曰而司官不舉筆作何收拾及會推王給諫彈羅疏亦至而婁江必不容先生矣遂削籍歸給事遂公碓齋上疏極論謂憲成以直道被斥恐今而後非如王國光楊巍也者則不能一日爲太宰非如徐一櫝謝廷宋劉希孟也者則不能一日爲司官臧否混淆舉錯倒置將使黜陟重典爲權門供愛憎銓衡重地爲私門樹桃李天下不知有是非人心不知有勸懲風靡波流莫究所終矣碓齋亦黜先生嘗曰天下事君相同心方可爲其次閣銓同心亦得一半今皆無之止有三十巡撫十三提學可選擇而使若盡得人士習民生庶幾小補方日孜孜焉當是時太宰則宋陸孫陳四司則王秋澄公教鄒大澤公觀光孟雲浦公化鯉儕鶴先生以及先生皆極一世之選雖人不竟用而賢賢相續後先一道至先生司選而人心益蒸蒸丕變

矣然中貴干請不行柄國者好惡相左兩者合而爲一陽施陰設不盡逐之不已自先生去而隄防盡決識者不能不嘆息痛恨云先生歸且以積勞成疾頭岑岑暈眩作楚乙未春幾殆諸子環泣先生張目曰人有來處應有去處夫何傷已忽爇吟詩曰茫茫大化任推遷消息盈虛總自然若欲箇中生去取請觀四十六年前越丙申丁酉始漸愈病中體究心性愈微故劄記始於甲午戊戌始會吳中諸同志於二泉之上與管東溟辨無善無惡管之學一貫三教而實主佛學先生謂佛學三藏十二部五千四百八十卷一言以蔽之曰無善無惡七佛偈了然矣故取要提綱力剖四字又以辨四字於告子易辨四字於佛氏難以告子之見性麁佛氏見性微也辨四字於佛氏易辨四字於陽明難在佛氏自立空宗在吾儒陰壞實教也其言曰自古聖人教人爲善去惡而已爲善爲其固有也去惡去其本無也本體如是工夫如是其致一而已矣陽明豈不教人爲善去惡乎然既曰無善無惡而又曰爲善去惡學者執其上一語不得不忽下一語也何者心之體無善無惡則凡所謂善與惡皆非吾之所固有矣皆非吾之所固有則皆情識之用事矣皆情識之用事則皆不免爲本體之障矣將擇何者而爲之未也心之體則無善無惡凡所謂善與惡皆非吾之所得有矣皆非吾之所得有則皆感遇之應迹矣皆感遇之應迹則皆不足爲本體之障矣將擇何者而去之猶未也心之體無善無惡吾亦無善無惡已耳若擇何者而爲之便未免有善在若擇何者而去之便未免有惡在若有善有惡便非所謂無善無惡矣陽明曰四無之說爲上根人立教四有之說爲中根以下人立教是陽明且以無善無惡掃卻爲善去惡矣既已掃之猶欲留之縱曰爲

善去惡之功自初學至聖人究竟無盡彼直見以爲是權教非實教也其誰肯聽既已拈出一箇虛寂又恐養成一箇虛寂縱重重教戒重重囑付彼直見以爲是爲衆人說非爲吾輩說也又誰肯聽夫欣上而厭下樂易而苦難人情大抵然也投之以所欣而復困之以所厭畀之以所樂而復攖之以所苦必不行矣故曰惟其執上一語雖欲不忽下一語而不可得至於忽下一語其上一語雖欲不弊而不可得也羅念庵曰終日談本體不說工夫纔拈工夫便以爲外道使陽明復生亦當攢眉王塘翁曰心意知物皆無善無惡學者以虛見爲實悟必悞此語如服鴆毒無不殺人海內有號爲超悟而竟以破戒負不韙之名正以中此毒而然也且夫四無之說主本體言也陽明方曰是接上根人法而識者至等之於鴆毒四有之說主工夫言也陽明第曰是接中根以下人法而

昧者遂等之於外道然則陽明再生目擊茲弊將有摧心扼腕不能一日安者何但攢眉已乎先生之說甚詳見證性篇於是先生時時謂攀龍曰日月逝矣百工居肆以成事吾曹可無講習之所乎錫故有東林書院宋龜山楊先生所居楊先生令蕭山歸來依鄒忠公志完於毘陵忠公壽卒依李忠定公伯紀於梁溪凡十八年往來毘陵梁溪間棲止東林闢伊洛之學後廢爲僧舍邵文莊公圖修復之不果及是先生弔其墟慨然曰其在斯乎遂聞於當道葺楊先生祠同志者相與搆精舍居焉甲辰冬始會吳越士友先生爲約一以考亭白鹿洞規爲教要在躬修力踐嘗言講學自孔子始謂之講便容易落在口耳邊去故先行後言愼言敏行之訓恆惓惓焉至其自道不居仁聖卻居爲誨看來說聖說仁聰明才辨之士猶可覔些奇特逞些伎倆逞些精采推倒不厭不倦處

便一切都使不着然則孔子所謂工夫恰是本體世之所謂本體高者只一段光景次者只一副意見下者只一場議論而已深慮世之學者樂趨便易冒認自然故於不思不勉當下卽是皆令查其源頭果是性命上透得來否勘其關頭果是境界上打得過否皆先生喫緊爲人處也丁未婁江相再徵先生夢爲祖道執其手曰有君如是何忍負之鄭重叮嚀至於再三至於涕泣不覺大聲而呼室中盡驚而淚且漬枕矣先生不忍虛此一段誠意遂述寤言貽之弗省也戊申詔起南京光祿寺少卿先生商諸同志或謂宜行或謂宜止先生曰仕宦寧退毋進吾衰矣當從其退者遂乞骸骨而會太宰孫立亭公有不察於沈司馬繼山李司徒修吾先生曰太宰爲人所誤乙未之事可歎已今或自執所誤則前誤遂不復贖公之晩節可惜天下亦承其弊吾身在進退之間此大竅

竅可以完三賢撤一網遂爲書貽公當是時司徒已見彈射白之政府然與時局忤甚遂憎茲多口朝論紛紜海宇震撓或謂先生宜有以自明先生報曰讀南北諸君疏有爲之躍然以喜者矣何喜也喜聞善也有爲之赧然以恥者矣何恥也恥溢美也有爲之悚然以懼者矣何懼也懼滋競也有爲之愀然以憂者矣何憂也憂激禍也然則凡曲直我者皆提策我者也凡提策我者皆玉成我者也尙不知何修可以副德意之萬分一而何較哉東司徒曰赤金在烈焰中借火之力得眞色見於世亦如我輩借諸賢力得眞身見於世諸賢誠有功於吾輩古人所以拜昌言也凡先生之爲自反類此蓋先生謂當江陵時吳趙沈鄒諸君子出萬死力爲宇宙扶植綱常魏中丞見泉公爲侍御時論科道積弊侵蒲州相國落職李司徒抗疏救之亦落職自後司徒敭歷中外吳浙諸相

無有悅之者四明銜之獨甚及鑛稅事起豺狼彌天司徒屹然扼南北之衝江淮千里民恃以無恐而不思亂此其人誠世道所賴故於朝於野惓惓爲天下共惜其實誠見其大也先生每謂吾之觀人於尼聖得五案焉進有非刺之狂狷退無非刺之鄉愿一也大受小知二也察衆惡三也皆好不如善者之好皆惡不如不善者之惡四也觀過知仁五也若夫朋交情好非所以論先生矣而先生豈區區以朋交情好爲門戶角立於天下者耶嘗見其貽所知書曰竊觀近局誠若冰炭弟從旁靜察亦只是始於意見之歧成於意氣之激耳未始不可轉移聯合也誠欲爲之轉移聯合蓋有道焉局內者置身局外以虛心居之乃可以盡己之性局外者宜設身局內以公心裁之乃可以盡人之性何言乎虛也各就己分上求不從人分上求也各就獨見獨知處爭慊不就共見共知

處爭勝也何言乎公也是曰是非曰非不爲模稜也是而知其非非而知其是不爲偏執也夫如是將意見不期融而自融矣何所容其歧意氣不期平而自平矣何所容其激其於國家倘亦有利哉乃若自責則輕以約責人則重以周所愛則惟見瑜且併其瑕而瑜之所憎則惟見瑕且併其瑜而瑕之在事之人旣然持議之人復然如水濟水如火濟火是化君子而小人化一家而敵國也是舉百年有限之光陰盡用之於相爭相競而不用之於相補相救也是舉兩下有限之精神盡爲各人區區之體面用而不爲君父赫赫之宗社生靈用也豈不惜哉先生之用心如此先生孝友慈惠渾然天成父南野公豪傑士也不能餬其口顧慨然慕范文正公爲人先生爲諸生有司餉膏火資公謂士不受人憐必謝去之爲快先生斤斤奉以周旋高邁夙成者以此先生兄弟四人公

命伯仲治生叔季治經治生者佐治經者故先生與季時不問生産仲公有心計多天幸籌稍稍起其末年兄弟各念南野公之慕范公而賚志長終也捐産以贍其族之貧區之役君子謂人有其志則天遂其事已先生於兩兄嚴之如父於弟賚之如友一動一止無不自仲肩之一字一句無不自季參之而東林之創經紀者仲也切磋者季也先生曰吾多助於兄弟如是幸矣夫於宗親有養之終身者有及其再世者於師生養死殯之於友髫齔之交無不白首相歡即有緣而爲利幾敗其名者夷然不問也於同邑之宦於四方者必黙爲提挈有一長可見者必力爲表章其人不知也於兄弟之子愛之如子教之如父有前後母者有嗣嫡者必使各得其所曰吾以兄弟視諸孤猶之子也以吾父母視諸孤均之孫也何前何後何嗣何嫡念其伯兄少獨勤苦思得報而無從伯

之諸子試有司必爲通名曰試士公典也吾念吾兄而聊通諸子以備採擇私情也於子則絶不爲干請嘗戒其長君曰凡爲父兄莫不愛其子弟莫不願其讀書進取今府縣考童子吾始終不欲以汝名聞於主者非恝也非棄汝而不屑也吾自有說就義理上看男兒七尺軀頂天立地如何向人開口道一求字孟夫子齊人一章便是此字行狀讀之汗顔不可作等閑認也就命上看窮通利鈍墮地已定如何增損得些子眼前那箇不要做秀才到底有箇數在若可以勢求可以賄求那不會求的便没分造化亦炎涼矣就吾分上看本無尺寸之長賴祖宗之庇倖博一第再仕再不效有丘山之罪猶然煖衣飽食安享太平在昔大聖大賢往往厄窮以老甚而流離顛沛不能自存我何人斯不啻過分矣更爲汝干進是無厭也就汝分上看但在志向何如若肯刻苦讀書到底

工夫透徹科甲亦自不難何有於一秀才若允肯尋向上去要做箇人即如吳康齋胡敬齋兩先生只是布衣都成大儒至今說起兩先生誰不敬慕連科甲亦無用處何有於一秀才汝試繹而思之識得此意省多少閑心腸省多少閑氣力省多少閑悲喜便是一生眞受用也先生於世無所嗜好食取果腹衣取蔽體居取坐臥不知其他四壁不堊庭草不除帷帳不飾一几一榻敝硯禿筆終日儼然冥坐讀書四方酬答而已憂時如疾痛好善如饑渴無所不坦易至關綱常者毅然執之不移無所不渾厚至關邪正者井然辨之必悉早見也又不以成心逆物嫉惡也又不以已甚求備語言傷重喜怒希形常曰極論中和位育之脉吾輩一嚬一笑一語一黙在在與天地相對越與萬物相往來何容兒戲未嘗絶郡縣竿牘而非一方之寃抑不告未嘗絶當路交際而辨貨取之

介最嚴丁儀部長孺見一選司老胥屈指最廉正者曰吾目中所見陳尚書心谷孫尚書立亭顧選君涇陽孟選君雲浦而已先生之學性學也遠宗孔聖不參二氏近契元公恪遵洛閩嘗曰語本體只是性善二字語工夫只是小心二字又曰心不踰矩孔之小心也心不違仁顏之小心也此其學之大旨矣先生有絶人之資其於世也百家衆技當無所不臻其妙而獨以全力用之於學一切伎倆不得而歧之故其功專其於學也百家衆說當無所不造其微而獨以全力用之聖學一切玄妙不得而歧之故其學純於凡五經四書直從神情血脈字字咀嚼故密察不差毫髮於凡聖賢豪傑直從皮毛骨髓人人對勘故權衡不爽錙銖嘗曰周元公之於道至矣所以爲之推行其道使得昌於當時者程伯子也所以爲之推明其道使得傳於後世者朱晦翁也元公藏之用其源

深兩先生顯諸仁其流遠又曰二程與橫渠康節一時鼎興氣求聲應此吾道將隆之兆也微元公孰爲之開厥始流傳最久分裂失眞有禪而儒有霸而儒有史而儒此吾道將渙之兆也微晦翁孰爲之持厥終元公之功不在孟子下晦翁之功不在元公下攀龍亦曰自孟子以來得文公千四百年間一大折衷也自文公以來得先生又四百年間一大折衷也先生自甲午以來見理愈微見事愈卓充養愈粹應物愈密從善如流徙義如贅殆幾於無我矣吾推其志必也友一鄉之善友一國之善友天下之善友萬世之善其不然者曰小家相先生不屑矣必也堯舜其君皋夔其相唐虞斯世孔孟吾徒其不然者曰第二義先生不屑矣天假之年進不可量天假之位用不可量壬子五月二十又三日以微疾恬然而逝得年六十有三昔人於明道先生之亡曰伯淳無禍天下

人也無禍吾於先生亦云所著有藏稿二十二卷劄記十二卷大學通考質言東林會約商語行於世尚存劄記三之一存稿十之三還經錄證性編桑梓錄未刻甲寅公嗣與渟等以母朱太安人命厝先生於賢關橋而令攀龍次其言行請誌銘於南皋鄒先生竊惟天生非常之人必有以也不命之平治天下則命之平治萬世如涇陽先生者謂天無以命之乎不宜使之與於斯道謂天有以命之乎不宜使其窮於斯世意者所命在此不在彼歟則無涯之日自今伊始何以使之信而可傳耶今天下可以徵信先生使傳於後世者舍南皋先生誰與歸故敢九頓以懇

高景逸先生傳　明史稿

高攀龍字存之無錫人少讀書輒有志程朱之學舉萬歷十七年進士授行人四川僉事張世則進所著大學初義其說一遵古本詆程朱章句之誤請頒天下攀龍憤抗疏力駁其謬其書遂不行侍郎趙用賢都御史李世達被訐去位朝論多咎大學士王錫爵攀龍上疏曰近見朝宁之上善類擯斥一空大臣則孫鑨李世達趙用賢去矣小臣則趙南星陳泰來顧允成薛敷教張納陛于孔兼賈巖斥矣邇者李禎曾乾亨復不安其位而乞去矣選郎孟化鯉又以推用言官張棟空署而逐矣夫天地生才甚難國家需才甚亟廢斥如此後將焉繼致使正人扼腕曲士彈冠常人有爲善之心而中疑小人有爲惡之志而愈決世道人心何可勝慨且今陛下朝講久輟廷臣不獲望見顏色天言傳布雖曰聖裁隱伏之

中莫測所以啟中外羣言不曰輔臣欲除不附己則曰近侍不利用正人陛下深居九重亦曾有以諸臣賢否陳於左右而陛下於諸臣亦嘗一思其得罪之故乎果以爲皆由聖怒則諸臣自孟化鯉而外未聞忤旨何以皆罷斥即使批鱗逆耳如董基等陛下已嘗收錄何獨於諸臣不然臣恐陛下有驅邪之果斷而左右反借以行娟嫉之私陛下有容言之盛心而臣工反遺以拒諫之誚傳之四海垂諸史冊爲聖德累不小輔臣王錫爵等跡其自待若愈於張居正申時行察其用心何以異於五十步笑百步即如諸臣罷斥果以爲當然則是非邪正恒人能辨何忍坐視至尊之過舉得毋内洩其私憤而利於斥逐之盡乎末力詆鄭材楊應宿讒諂宜黜應宿亦疏訐攀龍語極妄誕疏並下部院議請薄罰兩臣稍示懲創帝不許鐫應宿二秩謫攀龍揭陽添注典史御史吳弘濟等論救并獲譴攀龍之官七月以事歸尋遭親喪遂不出家居垂三十年言者屢薦帝悉不省熹宗立起光祿丞天啟元年進少卿明年四月疏劾戚畹鄭養性言張差梃擊實養性父國泰主謀今人言籍籍咸疑養性交關奸宄別懷異謀積疑不解當思善全之術至劉保謀逆中官盧受主之劉于簡獄詞具在受本鄭氏私人而李如楨一家交關鄭氏計陷名將失地喪師于簡原供明言李永芳約如楨内應若崔文昇素爲鄭氏腹心知先帝症虚故用泄藥罪在不赦陛下僅行斥逐而文昇猶潛住都城宜勒養性還故里急正如楨文昇典刑用章國法疏入責攀龍多言然卒遣養性還籍孫慎行以紅丸事攻舊輔方從哲下廷議攀龍引春秋首惡之誅歸獄從哲給事中王志道爲從哲解攀龍遺書切責之尋改太常少卿疏陳務學之要因言從哲之罪非止紅丸其最大者

在交結鄭國泰國泰父子所以謀危先帝者不一始以張差之梃繼以美姝之進終以文昇之藥而從哲實左右之力扶其爲鄭氏者力鋤其不爲鄭氏者一時人心若狂但知鄭氏不知東宮此賊臣也討賊則爲陛下之孝而說者乃曰爲先帝隱諱則爲孝此大亂之道也陛下念聖母則宜選侍之罪念皇考則隆選侍之恩仁之至義之盡也而說者乃曰爲聖母隱諱則爲孝明如聖諭目爲假託忠如楊漣謗爲居功人臣避居功甘居罪君父有急袖手旁觀此大亂之道也惑於其說孝也不知其爲孝不孝也以爲大孝忠也不知其爲忠不忠也以爲大忠忠孝皆可變亂何事不可妄爲故從哲養性不容不討奈何猶令居輦轂下不一按問即時從哲輩與援甚固摘疏中不孝語激帝怒將加嚴譴葉向高力救乃奪祿一年旋改大理少卿鄒元標建書院攀龍與焉元標被攻攀

龍請與同罷詔留之進太僕卿擢刑部右侍郎四年八月拜左都御史楊漣等羣擊魏忠賢勢已不兩立及向高去國魏廣微日導忠賢爲惡而攀龍爲趙南星門生並居要地御史崔呈秀按淮揚還攀龍發其穢狀南星議戍之呈秀窘急走忠賢所乞爲義兒遂摭謝應祥是謂攀龍黨南星嚴旨詰責攀龍遽引罪去頃之南京御史游鳳翔出爲知府許攀龍挾私排擠詔復鳳翔故官削攀龍籍呈秀憾不已必欲殺之竄名李實劾周起元疏中遣提騎往逮攀龍晨謁宋儒楊龜山祠以文告之歸與二門生一弟飲後園池上聞周順昌已就逮笑曰吾視死如歸今果然矣入與夫人語如平時出書二紙告二孫曰明日以付官校因遣之出扃戶移時諸子排戶入一燈熒然則已衣冠自沈於池矣發所封紙乃遺表也云臣雖削奪舊爲大臣大臣受辱則辱國謹北向叩頭從屈平之

遺則復別門人華允誠書云一生學問至此亦少得力時年六十五遠近聞其死莫不傷之呈秀憾猶未釋矯詔下其子世儒吏部坐世儒不能防閑其父謫爲徒崇禎初贈太子少保兵部尚書諡忠憲授世儒官初海內學者率宗王守仁攀龍心非之其學一本濂洛以靜爲主操履篤實涵養邃密粹然一出於正爲當代大儒與顧憲成修復東林書院講學其中憲成卒攀龍專講席海內士大夫識與不識稱高顧無異詞名更出憲成上亦稱景逸先生攀龍削官之秋詔毀東林書院後崇禎嗣位學者更修復之文震孟嘗語人曰攀龍事皆合道繼之者允誠然自然與勉強終有別也時以爲篤論

行狀　葉茂才

明興二百五十餘年吾邑以理學名者邵文莊公而下代不乏人而隆萬以來則有顧涇陽先生於邑之東林闢道南精舍以鼓舞善類講明正學士蒸蒸向往幾與白鹿紫陽鼎立宇內維時與涇陽先生相左右繼先生爲主盟而集其成者高先生存之也先生諱攀龍存之其字世稱景逸先生天啓丙寅没於黨禍今上龍飛郵典渙頒贈太子少保兵部尚書賜祭葬廕子沉冤得白孤世儒等將營窀穸謀所以不朽者而先以狀屬余余與存之同入泮又同舉禮部少而壯壯而老出入相友者幾四十年知存之者宜莫如余乃勉爲詮次以備采擇高之先有孟禾公者始居邑東南隅孟禾生耕樂耕樂生省軒省軒生雪樓雪樓公配浦氏生二子長靜成公材起家孝廉令浙之黃巖有循良聲居鄉以長厚聞卒祀名宦鄉賢祠次靜逸公校無子靜成公生繼成公德徵子七人配陸氏無出貳室邵氏出者五存之其二也方在襁褓靜成公抱以

屬弟曰是兒生有佳荷之兆弟其子之遂爲靜逸公後存之官光祿少卿及晉刑部侍郎兩遇覃恩贈祖靜成公嗣父靜逸公如其官祖母嗣母贈淑人生父繼成公嫡母陸生母邵援移封例贈亦如之存之少有異稟言動不苟五六歲時嗣母授以果餌必傴僂而受或命自取亦如所授之數而止其根器夙成已露一班矣稍長從文學茹澄泉先生游於孝廉許靜餘先生亦尊事之以學行相砥礪未冠補邑諸生壬午舉於鄉年二十一耳爲沈相國龍江公徐中丞簡吾公所識拔一見以天下士期之癸未丁嗣母艱戚易備至喪葬如禮至丙戌丁亥間邑令李元沖延江右羅止菴與涇陽先生講學於黌宮士紳雲集存之躍然喜曰吾夙有志於學今得縣父母爲嚆矢吾學其有興乎於是早夜孜孜以全副精神用於止敬慎修存心養性遷善改過間而學始有入門矣迨己丑

成進士與薛以身王信甫歐陽千仞輩同出趙儕鶴先生門趙爲振古人豪同門皆表表英傑一時聚樂所見益遠以大所得益深以遂交相勸勉有不詣其極不止者未幾聞嗣父訃星夜馳歸擗踴悲號幾不欲生讀禮三年孺慕如一日自料理襄事外惟定省生父洎嫡母與講學會友翻經閱史爲日程他無所置念也服闋謁選授行人時有四川僉事張世則疏詆程朱以所著書獻求頒行天下存之不勝駭愕上崇正學闢異說以一人心以端正本疏得旨程朱正學崇尚已久豈可輕議近來士習𤣥虛何裨實用高攀龍所言有關世教張世則勤集浮詞來奏姑免究未數日復上今日第一要務疏內言天下之大本與天下之大機欲上法祖操心講學勤政發帑理財亹亹數千百言語甚剴切疏留中不下說者謂此兩疏關係學脈紀綱甚大雖一行一不行而存之素所蓄

東林書院志　卷之七　高行狀　五九

積已吐露於大廷矣時僚友同志者若聊城逯與權江右陳彝仲徽郡拱平叔皆海內名士存之與上下其議論或紬繹往古或參酌來今或講究典墳或諮訪人物或善以相長過以相規往往至丙夜不休稱莫逆友後諸公皆蔚爲名臣存之有力焉行人署中多藏書恣意探討得其要領者手自摘錄一日讀薛文清粹言曰一字不可輕與人一言不可輕許人一笑不可輕假人惕然有當於心自後每事必求無愧三言而後已因作日省編以先儒所論切要工夫分附大學章句下爲初學指南又集崇正編以先儒所論儒釋分歧處彙成一書以端學脈久之忽自念讀書雖多不甚得力者尊德性功夫少也當分日之半讀書半靜坐爲涵養德性之地每出遊則於水邊石上茂林修竹處靜坐習儀則於禪扉靜坐夜以至平旦氣清時即擁衾危坐一日坐久精思閑邪存誠句

覺當下無邪渾然自誠更不須覓怏然如脫纏縛從此反躬實踐會友談心無非是物不自知其情之適理之親也壬辰臘月齎詔至金陵事畢謁鄒南皋朱虞對瞿洞觀諸先生請益諸先生傾蓋如故深契其揭各傾吐底裏互相質證以存之爲海內有數人物定交而別抵家斯夕娛親外益務親師取友考德問業往毘陵謁錢啓新先生往姑蘇謁王少湖先生每對諸子曰錢先生謂孔門學脈凡事只求天知此語甚確王先生謂上君子處不足善其身達不足善天下焉能爲有無須是立得大節居鄉勿爲鄉愿居官勿爲鄙夫方有可說處此語令人惕然深省又云吾汎雅不若逕凡勇勵不若文石直截緊嚴不若𤣥臺樸齋其篤信先覺之言不難以身下人如此癸巳冬抵京會戶部郎鄭材楊應宿陰有所附麗掊擊諸賢甚力存之憤激上君相同心惜才遠佞以臻至治疏

東林書院志　卷之七　高行狀　六十

有旨着部院會同該科從實究問及會議疏上應宿有奥援止降級調外存之則謫尉揭陽矣赴謫所途遇東粵陸古樵聞白沙先生主靜之學自歎於道尚未有見發憤曰此行不徹此事眞虛過一生矣途中嚴立規程取前所爲涵養德性之法靜坐與讀書互用如是者兩閱月而心氣澄清與膠膠擾擾之時大有徑庭過汀州陸行宿旅舍對山臨澗種種悅心手持二程詩見明道先生之言曰百官萬務兵革百萬之衆飲水曲肱樂在其中萬變俱在人其實無一事猛省曰原來如此實無一事存之平日深鄙學者張皇說悟此時看作平常在揭揚三月日於衙齋課士正文體釋書義集諸儒要語刊示之諸生彬彬顧化又得艮友蕭公自麓羅念菴先生門人也學以主敬立基與存之合轍將歸自麓贈言曰公當潛養數年不可發露前輩皆黙用一番堅苦工夫故得成就耳

存之深然之攄行復爲地方除一大憝至漳州與李見羅先生辨
論數日李意主明宗修身爲本學之宗也知本則心意知物各止
其所便有無所事事光景格致誠正不過就缺漏處照管提撕耳
存之則謂格致是大學入門第一義郎中庸之明善也所以使學
者辨志定業剖爲巳爲人之界别義利公私之極其所關最爲喫
緊初學下手必使此心光明洞達無毫髮含糊疑似於隱微之地
以爲自欺之主然後善必爲惡必去意誠心正而身修善所以純
粹而精止所以凝定而固也不然非不欲止欲修而氣稟物欲拘
蔽萬端恐不能實用其力矣且條目次第雖非今日致明日誠然
著先後字亦有意義不宜籠侗說過其恪遵程朱如此然存之嘗
謂余曰李見老揭修身爲本於學者甚有益故遊其門者俱切實
可觀其於明宗之旨蓋未嘗不心服也丙申連遭生父母喪哀毁

骨立寢苫枕甶一遵古禮雖格於限制不得終三年喪而朞服內
稱降服子朞以外稱心喪子識者以爲得體云遺命析産爲七存
之曰兒有嗣産在不敢當盡出爲喪葬資餘置義租贍親族洎父
妾之無出者迨四喪畢遂築室湖濵爲終老計名其樓曰可樓言
無所不可也攜一二童子相羊湖上動以旬月計同志如吳子往
歸季思來訪相與焚香兀坐坐必七日取大易七日來復之義作
復七規程是秋始會蘇常諸友於二泉之上與管東溟先生辨無
善無惡之旨觀聽者踵相接至無所容於是涇陽先生倡議曰百
工居肆以成其事吾輩可無講習之所乎乃集同志數人醵金數
百卜築楊龜山先生講學遺址相傳所謂東林者與諸友棲息其
中每月集吳越士紳會講三日遠近赴會者數百人存之與涇陽
先後主盟每一開講得聞所未聞靡不忻饜而去存之每謂學者

曰諸兄雖從事講學終不可無端居靜定之力蓋各人受病不同
而救療之方總以調養元氣爲主大聖大賢善養浩然之氣故能
收攝精神主靜立極學者神短氣浮須得數十年靜力方可變化
氣質培養德性而其最受病處又在自幼以干祿爲學先文藝而
後德行俗根入髓非頃刻可拔必埋頭讀書使義理浹洽變易其
俗腸俗骨澄神默坐使塵妄消散堅凝其正心正氣乃可耳至其
自驗進學之序則曰吾至丙午方信得孟子性善之旨至丁未方
信得程子鳶飛魚躍與必有事焉之旨至辛亥方信得大學知本
之旨至壬子方信得中庸二字之旨至此覺得天地間道理只是
停停當當一箇中平平常常一箇庸有一毫走作便不停當有一
毫造作便非平常本體如是工夫如是天地聖人不能究竟況於
吾人寧有涯際勤物敦倫謹言敏行兢兢業業斃而後巳云爾嗚

呼存之見地至此眞不負蕭自麓所謂潛養數年默而成之者矣
又數年抵庚申洗心退藏其工夫愈嚴密應用愈圓融與朋友交
懇懇欵欵愈深沉而和易僉謂集東林之大成者在存之矣明年
天啓改元奉遺詔起諭籍諸臣臺省交薦起光祿丞意欲不行吾
輩勸駕者謂義不可辭乃幡然曰義果如是且吾親未霑一命臨
席而單車就道至歲暮抵京隨作一偶粘座右云精白厥衷一牵
世不我容惟不佚終日可耳於是以東林講會屬諸友吳覲華主
其不損不加眞性靖共乃位勿昧其可仕可止本心次年二月陞
少卿署寺事值上元節缺上供天鵝臺璫恣索存之援舊例以家
鵝代譁者帖然署寺數月裁無名供費發舖行物價革諸曹鋪墊
積弊如洗中官見者懾服退相戒毋犯既而廣寧失陷京師阽危
人無固志存之鎮以安靜疏薦孫公愷陽董公見龍李公之藻覽

公善繼等及愼㦯內守令之選行保甲防禦之法得旨允行又見
外戚勳貴中官家皆奸細窟宅京師禍本不可不除輒抗疏披瀝
言之大宗伯孫公淇澳追論舊輔紅丸事下部院九卿科道會議
存之持論益鑿鑿不少顧忌諸貴戚大臣近侍皆側目斂手思有
以中傷之矣尋轉太常少卿有恭陳務學之要以立致治之本疏
疏內復及方鄭二氏傳旨欲重處葉相國維持僅止罰俸復轉大
理少卿晉太僕卿疏辭不允遂乞差還里舟中閒寂著周易孔義
大旨謂五經註於後儒易經註於夫子說易者明夫子之言而明
易矣數年前與錢啟新先生講易東林多所闡發欲勒成一家言
未就至是始得卒業其言易簡而精微多前人所未發三呈居數
月即家起刑部侍郎復疏辭不允乃與門人華水部同舟北上時
楊副院大洪疏論魏忠賢大罪二十四奉旨切責矣又有旨逮林

東林書院志 卷之七 高行狀 卅三

御史杖萬工部矣中官圍首輔門索御史毆工部郎至死不問矣
天下大柄駸駸盡歸宦寺無可奈何存之乃謂當事曰今日外庭
法用正直內閣法用和婉內閣當借用外庭不可以正直而疑其
激外庭當責成內閣不可以和婉而疑其媚如此乃相成也又曰
中官用事未能拔其毒且須殺其毒宜如歸德相公故事諄諄勸
化諸璫勿與吾輩爲敵庶幾搢紳之禍可減萬分一耳無何總憲
員缺舉朝會推莫踰存之者存之發憤辭曰趙太宰是龍座師可
與門人分掌部院乎大司寇喬公左司寇饒公皆正人也而饒公
資俸深受杖更慘可越次用龍乎不若用副院署事便僉曰然擬
副院名上魏璫大怒傳旨推見在者衆復強存之存之讓饒太宰
亦許註饒而河南道堅執不從卒以存之名上次日得旨存之益
踽蹐不自安乃具疏懇辭曰都御史者古御史大夫之職也天下

事皆得言之無奈世習之漸靡久矣臣子不以直心爲國則有難
振之氣以請託賄賂爲固然則有難洗之習以同異起愛憎以愛
憎爲臧否則別白之難無端而分畛域疑弓影則調伏之難所以
離者緣人各有私故因私成隔必居此位者先無私而後可以消
人之私先無隔而後可以通人之隔至御史簪筆者關公論之明
晦巡方者係億兆之安危必爲之長者合爲一體萃爲一心惟君
國是殉無茍營身家而後可弘濟於艱難不然御史之失職即都
御史之失職也其關係何如者而以臣當之如覆餗何疏上不允
乃就職存之謂安民務在懲貪欲懲貪必自輦轂始一入中臺即
有禁絶書儀榜懸掛通衢明示爲人臣者不當以好貨爲貪吏的
也適有兩御史同道一至廉即今謝操臺註上考一至貪即崔呈
秀立疏糾之奉旨著吏部從重議處部覆仰承德意褫呈秀職贓

東林書院志 卷之七 高行狀 卅四

私著撫按會勘的實依律遣戍時謂存之新入臺能舉職矣呈秀
昏夜乞哀於忠賢忠賢是時如鷙鳥伏匿雖不即爲解救而與呈
秀結父子歡恨外庭實甚存之知時事不可爲惟有興吏治以安
民生可少延旦夕乃復具申嚴憲約一疏大意欲責成撫按以約
束司道責成司道以約束府州縣責成府州縣以安民生條列五
十餘欵如農桑水利敦教化育人才正人心厚風俗以至刑名錢
穀積貯給散保甲防禦彰善癉惡剔蠹釐奸之法甚具而要以躬
行倡導節用愛人爲主掌憲風規大略可覩然無如羣小之搆陷
何也時魏南樂爲臺省交參懼不能容與呈秀共入閹幕恐嚇忠
賢合謀以傾正人遂借會推巡撫一事爲一網盡羅之計首擊去
夏文選魏都諫次部院次政府次及言官之忠鯁與各衙門之守
正不阿者靡一孑遺乙丑春夏間緹騎四出矯旨逮楊副院等六

人至京各坐重贓先後斃詔獄諸奸恨未已并欲坐存之贓藉吳錦衣孟明以百口保始獲免至要典錄成坐遣官一案爲南道游鳳翔所訐削籍爲民追奪誥命存之欣然曰非此異日無以見諸公地下先是京師議毀鄒南皐馮少墟等所建首善書院削兩公籍至是議盡毀天下書院而東林尤所最忌欲索價萬餘濟大工及拆估入官僅得三四百金而東林遂爲瓦礫區學者無立錐之地矣當是時存之屏跡湖上玩易不輟客至斷橋以禦之丙寅春復逮繆西溪周來玉兩公存之自度不免而絕不露一毫聲色至三月十六日早肅衣冠謁龜山祠歸與一二親知看花園中談笑自若忽傳有緹騎消息存之微笑曰此信果的吾視死如歸耳又數舉原無生死四字以示在坐曰原無生死何得視生死爲二若臨死轉一念便墮苦海安所稱立命哉平生講學此處看透得力

不少是夕祖孫父子相聚晚酌無一言及家事第云吾有贍田二百畝售之可當緹騎費俟天明蕭然就道耳兒輩各歸寢吾亦安枕矣至夜半復傳前信至存之起坐問曰信的乎步入書齋取紙書數行鎖篋中復至夫人所欵語半晌出兩孫趨侍論之曰吾此行未卜歸期叮嚀汝者只四字曰無貽祖羞而已復取篋中紙手自封固置几上曰以此付官旗勿先啟視兩孫出寢戶閉以爲復就榻矣頃之不聞聲響子若孫推戶入第見一榻栩然徧覓不可得亟發几上封視之乃遺筆也云臣雖削奪舊係大臣大臣受辱則辱國故北向叩頭從屈平之遺則君恩未報結願來生臣攀龍垂絕書乞使者執此報皇上諸子讀未竟大驚急趨視池濱已化去矣是十七日丑時也午後府帖至縣知官旗於隔晚到府存之赴水適當其時豈其靜養一生神明黙啟至誠前知耶胡其從容

暇豫不疾不徐一至此耶所最異者平立水面冠不濕履無泥擁起竟日無滴水出口停歛數日以待長君顏色如生觀者無不驚爲神云存之之學以程朱爲的以復性爲主以知本爲宗以居敬窮理相須並進爲終身之定業四方從遊者至先令讀小學近思錄等書次卽令靜坐以養深厚之氣作心性說曰心與性謂之一則不可混謂之二則不可分佛氏所謂性皆心也言慈悲卽仁言般若卽知絕不言禮義故所謂仁知者非吾聖人之仁知也聖學從窮理入故卽心卽性佛氏不窮理故是心非性又曰佛氏一切平等最忌分別是非如何紀綱得世界紀綱世界全要是非明白聖人因物付物是者是之非者非之我無與也所以能開物成務又曰學必由格物而入有物必有則則者至善也窮至事物之理窮至於至善處也格物不至於極處多以毫釐之差成千里之謬

又曰吾性本來無物不可自生纏擾本來具足不可自疑虧欠本來蕩平正直不可自作迂曲本來廣大無垠不可自爲局促本來光明洞達不可自爲迷昧本來易簡直截不可自爲造作作氣質說曰性者學之原也知性善而後可言學知氣質而後可言性性非學不復學非變化氣質不能復性人自受形以後天地之性已爲氣質之性矣非天地之性之外復有氣質之性也善反之則氣質之性卽爲天地之性非氣質之性之外復有天地之性也故曰二之則不是作靜坐說曰靜坐之法不容一毫安排只平平常常黙然靜去晝前之易如此人生而靜以上如此喜怒哀樂未發如此靜中妄念强除不得昏氣亦强除不得眞體旣顯妄念自息妄念旣息昏氣自淸由靜而動亦只平平常常靜時與動時一色動時與靜時一色不過借靜坐中認此無靜無動之體云爾又曰惟

天理在靜惟喜怒哀樂未發渾是天理濂溪主靜主於未發也主靜之學始於愼獨終於無欲又曰靜中看工夫動中看本體工夫未是靜中作主不得本體未眞動中作主不得學無動靜其初靜以澄之至無動無靜乃眞靜也又曰有理靜氣靜之別理靜者理明欲淨胸中無事而靜也氣靜者定久氣澄不著於物而靜也兩者交資互益不可偏廢如但以氣而已動即失之何益哉其闢陽明無善無惡之說謂道性善者以無聲無臭爲善之體陽明以無善無惡爲心之體一以善即性也一以善爲意也故曰有善有惡者意之動佛氏亦曰不思善不思惡以善爲善事惡爲惡事也此何可言明善作洗心說曰無求飽無求安不作居食想彼富我仁彼爵我義不作富貴想仰不愧俯不怍不作怨尤想用則行舍則藏不作窮達想行不義殺不辜得天下不爲有甚動得我人知豁

豁人不知豁豁有甚苦得我非仁無爲非禮無行有甚恐得我江漢濯之秋陽暴之有甚汚得我鳶戾天魚躍淵有甚局得我識得這箇眞更有何心可洗如何識得曰退藏於密而已愈密則愈眞是謂一物不容是謂無聲無臭是謂洗心作主敬說曰學有無窮工夫心之一字乃大總括心有無窮工夫敬之一字乃大總括千聖萬賢只一敬字做成主一之謂敬無適之謂一如何能無適明道曰學者須先識仁識得仁以誠敬存之勿貳以二勿參以三是謂主一又曰主敬有三法伊川整齊嚴肅上蔡常惺惺和靖其心收斂不容一物是也然惺惺與收斂難得恰好纔著意便不是惟整齊嚴肅未嘗不惺惺未嘗不收斂内外卓然不犯手也其自學教人之法總不出此諸說中欲學者進則以此施之天下退則以此修之吾身如行者之有家耕者之有畔宛若程朱家法也存之

者近頗多有二十餘種皆闡世教翼朱子節要一書與近思錄相表裏尤覺苦心無論長篇短述隻語單詞皆膾炙人口不可殫述嘗語同志曰天下事敗於邪見之小人無見之庸人僞見之君子曰人一點恥心被馮道滅盡一點畏心被王安石滅盡後世食君禄遊之者眞小人而無忌憚矣曰天下不患無政事患無學術者天下之大本也學術正政事焉有不正末世以講學爲諱[illegible]政事何曰政事本於人才舍人才言政必無政財用本於政事舍政事言財必無財曰聖人之學常用逆法凡人自幼與人欲日順一日故與天理日逆一日聖人自幼與人欲日逆一日故與天理日順一日曰吾儒學脈有二孔孟微見朕兆朱陸遂成異同文清文成便分兩歧我朝學脈惟文清得其宗百年前宗文清者多百年後宗文成者多宗文成者謂文清病實而不知文成病虛畢竟

實病易消虛病難補今日虛病見矣吾輩當稽弊而返之於實此數條者前無所因後無所襲獨見而獨言之其憂世淑人砭俗列淵之意溢於言表矣其持身也目不視非禮之色耳不聽非禮之聲手不接非禮之財足不履非禮之地門不納非禮之人其刑家也孝友天植與我生我咸得其歡五弟一兄白首無間與夫人王氏雍雍肅肅相莊如賓視猶子如子視猶子之子如孫義方之訓諄諄之誡洋洋如也下至臧獲馭之嚴而有恩與司馬之僕無二其待師友也於澄泉靜餘總角論文世締其好無論已厥後子弟之向學者之交亦靡不終始相歡緩急相周患難相恤如左右手者其待戚里也若外家若甥家壻家貧者助賢者獎孱弱者[illegible]能文者薦拔其待鄉邑也孝義忠節力爲表揚大利大害力爲興除凶年饑歲力爲賑濟至設爲役田役米以蘇糧長之困設同善

會以恤邑中之鰥寡孤獨者尤厚恤其貧而賢者其施益弘且遠矣評者謂其立朝也有斷斷休休誾誾侃侃氣象涉世也有不流不倚不爭不黨氣象燕居也有申申天天氣象誨人也有循循善誘氣象進而危言危行奮不顧身也有壁立萬仞砥柱中流氣象退而願學孔孟不雜異端也有醇乎其醇精金美玉氣象禍患突臨從容就義也有內省不疚不憂不懼氣象嗚呼斯眞存之之實錄也夫余猶記曩者赴任滁陽存之手書偕行說贈余偕行者與時偕行也易言與時偕行者三乾也損也益也余謂乾之時行存之有其五焉其謫籍家居者餘三十年遯世不悔若將終身時潛而潛也主盟東林闡發聖賢之精微以興起斯文爲已任時見而見也曰就月將瞬息存養而頃刻靡敢怠皇時惕而惕也遲疑於出處進退之間自試於勲寺冏卿之際時躍而躍也至於掌憲內

臺爲衆賢之領袖時當外計作貪吏之鍼鉎則幾於亢矣刷中涓伏負嵎之虎憸邪逞報復之謀履霜堅冰存之必有炳於幾先者而無奈適遭其窮不得不時亢而亢其追隨屈平而含笑以入於水也所稱進退存亡不失其正者非與存之每自謂一生用易不盡耳惟是吾黨失一良友海內失一斗山在朝在野失一規矩準繩之君子不能不爲世道三歎息也余無似不能彷彿存之之萬一詎能闡揚懿美以昭示來茲所恃大君子椽筆鴻裁一言表章千載不朽

顧涇凡先生傳　明史稿

顧允成字季時憲成弟性耿介自厲名節舉萬歷十一年會試十四年始赴殿試對策中有曰陛下以鄭妃勤於奉侍冊爲皇貴妃廷臣不勝私憂過計請並立東宮進封王恭妃非報罷則峻逐或不幸貴妃弄威福其戚屬左右竊而張之內外害可勝言頃張居正罔上行私陛下以爲不足信而付之二三匪人恐居正之專尙與陛下二此屬之專遂與陛下一二則易簡一難圖也執政駭且恚置末第會南畿督學御史德清人房寰連疏詆都御史海瑞允成不勝憤偕同年生彭遵古諸壽賢抗疏劾之略言寰詆瑞大奸極詐欺世盜名嬉笑駡詈無所不至世乃有妬賢醜正不復知人間羞恥事如寰者臣等自幼讀書即知慕瑞以爲當代偉人寰大肆貪汙聞瑞之風宜愧且死反敢造言逞誣此臣等所痛心因劾其

欺罔七罪始寰疏出朝野多切齒而政府庇之但擬旨譙讓及得允成等疏謂寰已切讓不當出位妄奏奪三人冠帶還家省愆且令九卿約束辦事進士毋妄言時政南京太僕卿沈思孝上言二三年來今日以建言防人明日以越職加人罪且移牒諸司約禁而進士觀政者復令堂官鈐束之夫禁其作奸犯科可也而反禁其讜言直陳教其砥行立節可也而反教以緘默取容此風一開流弊何極諫官避禍希寵不言矣庶官又不當言大臣持祿養交不言矣小臣又不許言萬一權奸擅朝傾危宗社陛下安從聞之臣歷稽先朝故事練綱鄒智孫磐張璁並以書生建言未聞以爲罪獨奈何錮允成等耶疏入忤旨被責三人遂廢寰復詆瑞及思孝言臣爲善二十年曲謹木彊無不如瑞獨崇詭飾虛則不屑爲其言絶狂誕寰自是獲罪清議出爲江西副使給事中張鼎思劾

其奸貪褻亦許鼎思請寄事諸給事中不平連章攻寰寰與鼎思並請遂不復振久之南京御史陳邦科請錄用允成等不許巡按御史復言之詔許以教授用允成歷任南康保定八爲國子監博士遷禮部主事三王並封制下偕同官張納陛工部主事岳元聲合疏諫曰冊立大典年來無敢再瀆者以奉二十一年舉行之明詔茲旣屆期羣臣莫不引領而元輔王錫爵星駕趨朝一見禮部尚書羅萬化儀制郎于孔兼即戒之弗言慨然獨任臣等實喜且慰不意陛下出禁中密札竟付錫爵私邸而三王並封之議遂成爾次輔趙志皋張位亦不預聞夫天下事非一家私議元子封王祖宗以來未有此禮錫爵安得專之而陛下安得刱之當是時光祿丞朱維京給事中王如堅疏先入帝震怒戍極邊維京同官涂杰王學曾繼之斥爲民及是諫者益衆帝知不可盡斥但報遵旨

行已而竟寢未幾吏部尚書孫鑨等以拾遺事被責允成謂閣臣張位實爲之上疏力詆位因及錫爵納陛亦抗章極論并侵附執政者帝怒謫允成光州判官納陛鄧州判官皆乞假歸不復出

行狀　高攀龍

季時諱允成別號涇凡即世所知涇陽先生母弟也季時少敏慧頗好弄年十四從師少弦張公習舉子業弗善也以語季時父南野公公曰是兒非落人下者師笑曰吾亦知之不激不奮耳公然之令更他師居半歲季時忽謂涇陽先生曰弟知過矣請歸稟繩墨先生大喜請於張公復之衆未信久之果如所言先生問季時弟何感遽如是季時曰恐傷兩大人心先生曰此是爲人根子久之業日進萬歷己卯舉鄉試癸未舉會試丙戌大廷對策指切時事不少諱其略曰陛下所以策臣者無慮數十百言究其指歸賞罰二科而已夫賞者勸天下之法然有不倚於賞者所以勸天下之意也罰者懲天下之法然有不倚於罰者所以懲天下之意也今賞罰之法甚具然而德澤不究法令不行此無異故則聖制言之矣所以風厲之者非其本督率之者非其實也本也實也即臣愚所謂意也竊觀當今之勢而根極其體要所以累皇上之意者大幾有二明以好示天下而此二者恆陰移其所好明以惡示天下而此二者恆陰移其所惡二者何也以內寵之將盛也曰羣小之將逞也夫人主崇高富有無一不足以厭其欲昏其志而惟色爲甚聖王之所亟遠也昨者皇上以鄭妃奉侍勤勞特冊封爲皇貴妃大小臣工不勝其私憂過計因而請冊立皇太子因而請加封王恭妃皇上不溫旨報罷則峻旨譴逐矣夫皇太子國之本也忠言嘉謨國之輔也兩者天下之公也鄭貴妃即奉侍勤勞以視

天下猶爲皇上一己之私也以私而掩公以一人而掩天下亦已偏矣偏則皇貴妃或得以愛憎弄威福於內其戚屬或得以愛憎弄威福於外閹人侍妾又或將乘其偏而得以愛憎弄威福於內外之間若然則賞罰云者將不爲皇上之好惡用而爲內寵之好惡用欲其信且必未可也人主雖甚神聖其聰明不足以徧天下將必有所寄之寄之得其人則安不得其人則危非細故也邇年以來皇上明習政務聽覽若神蓋辨及左高察及淵魚幾於徧矣竊聞之道路往往二三羣小伺察而得之此可謂寄得其人耶皇上非不知不得其人而姑寄之者其亦有不得已也蓋曰朕向以天下事付張居正而居正罔上行私一時公卿臺省從風而靡外庭之不足信明甚故寄耳目于此輩示天下莫能欺也臣以爲不然善爲治者以全而收其偏不聞以偏而益其偏皇上懲居正之

尋散而公之於九卿可也若聚而寄之於此輩則居正之專尚與皇上爲二此輩之專且與皇上爲一救之難爲力也不更倍乎且此輩之始用事適皇上銳精求治之初彼方見小信以自結其所指蹤類依公義猶若未害久則陽公而陰私矣又久則純出于私矣若然則賞罰云者將不爲皇上之好惡用而爲羣小之好惡用欲其信且必未可也德澤之壅法令之尼有由也臣愚以爲欲效忠於皇上當自今日始欲效忠於今日當自兩者始時讀卷官大理何心泉者謚于衆曰此生作何語耶眞堪鎖榜矣大學士婁江王公取閱之稍易置二百十三名季時退自傷以爲不幸不逢皇上即達死不恨矣適南京右都御史剛峰海公屢爲房御史所詆季時憤曰臣下皆自處於私奈何望皇上無私也於是與彭公旦陽諸公景陽合疏言之數其欺妄之罪凡七且曰八固有食穢自

肥而幸人之不我攻者矣未有執己之貪而不畏人攻反欲攻人之廉且昌言于君父之前者夫欲天下人爲寳甚易爲瑞甚難寳身享貪饕之利而反得笑瑞之迂拙臣等之所痛心也昔司馬光言小人傾君子其禦之之術有三曰好名曰好勝曰彰君過而已今觀寳之詆瑞千有餘言槩不出此曰欺世盜名非所謂禦之以好名者乎曰居己獨淸非所謂禦之以好勝者乎曰貶奪主威損辱國體非所謂禦之以彰君過者乎以寳之詆瑞吹毛求瘢宜無不至而所據者不過如此適足以明瑞之無他瑕玷而寳之陰險窺覘亦無所用其狡也陛下方重瑞惜瑞借其人以風天下而寳乃欲逆銷天下之氣節抑慷慨之士令無容足之地是陛下之所褒寵之所必斥也士君子之所師寳之所必擯也以此仇正無恥之人晏然居師表之位驅天下之士而入於諂詐臣等有裂冠冕而去耳不與之並列於朝也臣等新進小生發天下之淸議雖寳有奸如山不可動搖然公論旣明人心自快寳雖頑鈍無恥亦何面目一日立於東南諸士之上乎臣等何仇於寳何私於瑞但恐是非之公鬱而不宣一瑞尚不足惜如瑞者相繼而指爲邪則君子之道日消矣一寳尚不足畏如寳者相繼而傾賢能則小人之道日長矣剝復否泰之機於是乎在不可不爲之深慮也疏奏得削籍歸會南太僕繼山沈公南臺警亭陳公直指厚齋荆公先後奏薦戊子奉旨起江西南康府教授季時念其母錢太安人老又善病不忍去左右遂致仕無何丁太安人憂服闋再起保定府教授累遷禮部儀制司主事有詔並封三王於是又與張公文石等合疏言之已而考公郎趙公儕鶴司內計盡公不撓盡黜當路私人當路銜而計去之於是又抗疏言之謫光州判官季時無論立

朝即伏處田野乎其憂國憂時無一念不于君父傾注無一事不思于世路隄防先是己丑薛玄臺因南都耿總憲定向以不送揭帖參御史王公藩臣疏劾其阻塞言路當路大恚之座師內閣頴陽許公輒疏論玄臺吏科都給事陳海寧復望風排擊季時聞之仰天浩嘆上書許公曰閣下憤進士薛敷教之觸事陳言至以頁舉非人自劾且欲皇上敕下九卿科道各陳紀綱何爲而正風俗何爲而淳允以爲無庸謀之九卿科道也朱子謂紀綱之所以振以宰執秉持而不敢失臺諫補察而無所私天下之人自將各自矜奮吏相勸勉而禮義之風廉恥之俗已丕變矣然則紀綱之正風俗之淳不在於以勢相脅在於以道相成不在於使人不敢言在於使人無可言耳近見吏科陳給事中言路一疏悍然以言路自任而謂出于臺省爲蕩蕩平平不出于臺省爲傍溪曲徑不知

言路者天下之公非臺省之私也出于公卽蕩蕩平平出於私卽傍溪曲徑陳三謨曾士楚輩曷嘗不臺不省不言竟以爲何如也其云今日爲臺諫者無事不得言言路不可謂塞雖一學究得上書一市井傭奴得擊鼓而訟言路不可謂塞卽一二誤攖聖怒相率營救舉得畢其忌諱之言言路不可謂塞其説美矣然言者如李君懋檜劉君志選高君桂饒君伸等何不聞其相率營救也豈惟不救或攘臂而助之攻無他此皆攖宰執之怒犯臺諫之忌諱者也間有一二上攖聖怒相率營救乃杜欽谷永附外戚而專攻上身之故智其上書擊鼓之云又無能爲宰執臺諫重輕者耳以此而遂謂言路不塞雖張居正時此路固未嘗塞也何謂壬午以前爲諱言壬午以後爲輕言也其云近時行險僥倖之徒託身言路功名富貴操左券而收故躁妄者爭趨頑鈍者爭附以允所覩

記如前五八外其建言者不過黃君道瞻盧君洪春王君德新及允兄憲成以庶官之夥三四年之遥僅僅幾人而止何名爭趨何名爭附何名舉世輕言也其以建言爲釣名爲掩過爲躐位爲取捷徑夫是非有眞名亦何易釣過亦何易掩也卽如彼附曾王反罵曾王天下終不信其非權門之客昏夜受遺白日請禁天下終不信其非壟斷之夫至于躐位捷徑之説則往時建言諸公信有一二要亦晚節不終務爲容悦抑一節自喜袖手旁觀者耳設守其故吾矯矯不變則進退維谷未見其位之躐徑之捷也信若彼言必使天下盡效彼無違夫子以順爲正京堂美職操右契而收乃爲不躐位不捷徑耶且近時建言者每每有觸而云非無事而喟然嘆也倘臨江父老罪無可矜則道瞻不言倘皇上不廢郊祀則洪春不言倘何尚書起鳴不搆陷辛左都自修則德新等不言倘部給事庶不請申出位之禁則懋檜等不言倘戊子順天科場毫無弊竇則桂等不言倘耿右都定向不逢迎當事而以先發後聞參王御史藩臣則數敎不言何得訴建言者不啟蟄而雷鳴不鷄晨而雞號也其云今日時異勢殊既無嚴嵩張居正之威福又無鄢趙曾王諸人之阿比何得有楊繼盛艾穆鄒元標之慷慨夫以堯舜之世克艱不輟誨慢遊不輟規贊襄不輟勸損益不輟警其亦何嘗不慷慨也豈如彼狃于陳三謨曾士楚之從容便以慷慨爲奇而謂堯舜之世無得有是乎且彼乞墦丐子反復趨附以苟饜足自其常態宰執大臣富貴已極豈有未饜何苦爲彼曹所弄徒以益人之富貴而損已之名實哉又見章儒試於有司奔競成風孤寒往往擯于府試致書邊南亭郡伯言之豐城李見羅先生坐雲南報功事被逮麗于大辟輿論寃之廣東布衣翟從先欲

詣闕申救不遠三千里特過涇上商于季時季時喜曰甚善布衣又欲進澄海唐曙臺所輯禮經於朝季時卽復喜曰甚善並爲代具疏草平生所深惡者鄉愿道學謂此一種人占盡世間便宜直將弑父弑君種子揞布人心一日喟然發嘆涇陽先生曰弟何嘆也曰吾嘆夫今人之講學者先生曰何也曰恁是天崩地陷他也不管只管講學快活過日先生曰然則所講何事曰在縉紳只明哲保身一句在布衣只傳食諸侯一句先生爲俛其首又一日讀朱子集有曰海內學術之弊只有兩端江西頓悟永康事功季時曰此弊於今尤甚因取集中無極辨王伯辨與凡論及兩端者輯爲一編名曰朱子二大辨涇陽先生爲序而行之又摘其論及治道者輯爲惟此四字編而自爲之序居恒吶吶如不能出諸口及遇可否紛紜刀斬斧截大指一依於正不喜爲通融和會之説有

疑其拘者語之曰若大本大原見得透把得住自然四通八達誰能拘之若於此糊塗便要通融和會幾何不墮坑落塹喪失性命吾輩愼勿草草開此一路誤天下蒼生聞者咸悚其論人或反世之所褒譏每於一言一動間斷其生平毫髮不爽其籌事或違衆之所成敗徐而按之若合符節錢啟新先生嘗言吾黨不乏有心人至推有眼者須首季時也性孝友事兩尊人懇惻深至有以曲當其心涇陽先生舉丙子而南野公遂棄養兄弟間語及輒相對欷歔且相勗曰吾父居恒好稱范文正公之爲人此是萬物一體胚胎念庭周師分俸佐讀命無受此是鳳凰翔于千仞風格吾兄弟當無失此意其奉錢太安人依依膝下無異嬰孺癸未舉南宮不卽廷對者以太安人也不赴南康命者以太安人也性甚介取予纖毫不苟壬辰謫別駕光州差歸中丞景黙曾公檄所司致俸

東林書院志 卷之七 顧行狀 七三

薪謝不受越十四年繼撫中州者復修景黙故事季時屬涇陽先生固辭之曰吾不可以欺曾公也計後先所積可千金季時歿而州守璩公又以二百四十金爲賻兩孤以季時志告於几筵而返爲性慷慨好行義邑大祲餓莩載道季時廩粟僅盈百輒捐其半以賑其業師尤公張公歿並爲經紀其喪門人孫申卿以遺孤托悉力維持不恤恩怨性好靜每日兀坐一室好整案頭惟攤書一帙卒業而後易之諸一切文具及觚碼之屬位置有常好樸衣不求華食不求精取給而已左右使令蒼頭一二人間行里巷角巾布鞋遇者不知誰也丙申九月病不食者四旬涇陽先生以間問有病苦否曰無之有欲言乎曰無此時惟凝神定氣以待天機且欲爲此身計此身非我有爲子孫計一人各有一乾坤吾無與也其超然於死生之際如此久之竟愈又十一年而卒得年五十有

四或有問於涇陽先生曰昔明道象山兩先生皆得年五十四季時與之同壽其到處可得言乎先生黙然久之乃曰弟庶幾能見大意矣往者與弟燕坐予問曰近日做何工夫弟曰上不從玄妙門討入路下不從方便門討出路畢竟如何是恰好處予曰須要認得自家弟曰弟黙黙自忖性頗近狷情又頗近狂如之何予曰試湊看弟曰居恒妄想欲作天下第一等人不近狂乎反而按其實尚未能跳出硜硜窠臼也不近狷乎竊恐兩頭不着也予曰如此雖欲不爲中行不可得矣弟曰此甚難言今世所爲中行大率孔子所爲鄉愿也弟何敢效且弟撿點病痛是一箇粗字去中行彌遠予曰此卻是好消息惟粗定不走入鄉愿路矣乃所以與中行近也粗是眞色練粗入細細亦眞矣狂狷原是粗中行中行只是細狂狷不出一眞若不論眞與否只論粗細鄉愿且有細于中

東林書院志 卷之七 顧行狀 七四

行處非特狂狷不如也弟曰粗之爲害亦正不小猶幸自覺得耳今但去密密磨洗予曰尚有說在弟謂性近狷還是習性情近狂還自習情若論眞性情兩者何有於此參取明白方認得自家既認得自家一切病痛都是村魔野祟不敢現形於白日之下矣弟曰此性善之旨也弟亦曾煞用工夫來及臨境這病依舊又發熟處難忘可奈何予莞爾而笑弟懷疑而去越日侵晨遽過予齋謂曰弟今豁然卻多卻一疑且如人欲適京水則具舟楫陸則具車騎徑向前去無不到者其間倘遇艱阻只須耐心料理若因此便生懊惱甚者且以爲舟楫車騎之罪欲思退轉別尋方便誤矣余曰如是如是弟復曰原來孔子拈出中字正要喚醒狂狷自是精神歸一心體漸平天假之年夫孰測其所至哉夫先生所謂認得自家其旨甚微季時自見本色蕩平正直爲之卽是更不必添入

較量非其平時賓主之分素明決見不至此此可以識季時之大矣而攀龍則追惟曩昔季時謂余曰世態易陷人學術易誤人子其慎諸余曰學亦有誤乎季時曰噫難言也余因歷舉諸家季時曰姑舍是余曰子之意何居曰繹孔孟微言守程朱家法庶其少差乎余于是始知所向先生又曰子之于弟相勸相規忘爾忘汝其怡怡也既爲道義中天親其切切偲偲也又爲天親中道義此其相與爲何如耶豈惟先生卽余三四同志親而愛之敬而畏之實異姓之天親同儕之師保也嗚呼已矣所著有小辨齋偶存小辨齋者季時讀書處也

東林書院志卷之七 終

東林書院志卷之八

列傳二

錢啟新先生傳

明史稿

錢一本字國瑞武進人萬歷十一年進士除廬陵知縣徵授御史入臺卽發原任江西巡按祝大舟貪墨狀大舟至遣戍已論請從祀曹端陳眞晟羅倫羅洪先於文廟出按廣西帝以張有德請備大禮儀物復更冊立東宮期而申時行柄國不能匡救一本上論相建儲二疏其論相曰昨命旨下輔臣令輔臣總政夫朝廷之政輔臣安得總之內閣代言擬旨本顧問之遺遇有章奏閣臣宜各擬一旨今一出時行專斷皇上斷者十一時行斷者十九皇上斷謂之聖旨時行斷亦謂之聖旨惟嫌怨所在則以出自聖斷爲言罪何可勝誅所當論者一評事雒于仁進四藥之箴陛下欲見之施行輔臣力勸留中既有言及輔臣之章亦盡留中不下道吾君以遂非文過如此復安望其盡忠補過耶所當論者二科場弊竇汙人齒頰而敢擬原無私弊之旨以欺吾君臣請執政子弟有中式而被人指摘者除名改應又與見從仕籍者暫還里居俟父致政乃議進止毋令犬馬報主之心不勝其牛馬子孫之計所當論者三大臣以身殉國安復有家乃以遠臣爲近臣府庫又合遠近之臣爲內閣府庫開門受賂自執政始而歲歲申餽遺之禁何爲哉所當論者四墨敕斜封前代所患密啟言事先臣弗爲今閣臣或有救援之舉或有密勿之謀類具揭帖以進雖格言正論讜議忠謀已類斜封密啟之爲非有公聽並觀之正況所言公當與天下公言之所言私忠臣不私奈何援中書之故事啟留中之弊端昭恩怨之所由示威福之自已所當論者五我國家倣古爲治部

院卽分職之六卿內閣卽論道之三公未聞三公可盡攬六卿之權歸一人掌握而六卿又頫首屏氣唯唯聽命於三公必爲請教而後行也禮部尚書于愼行號有夙望於題各省主考再請教於輔臣他可知矣所當論者六三公職在論道師道之教訓今講幄經年不御是何師也傳傳之德義今外祭匱乏私藏充盈不能一爲救正是何傳也保保其身體今聖躬常年靜攝尙以多疾爲辭是何保也其兼銜必曰太子之師傳保而冊立皇元子之儀至今又復改遲臣不知其所兼者何職矣所當論者七翰林一途謂之儲相累資躐級循列卿位以覬必得遂使國家命相之大任僅爲閣臣援引之私物庸者習軟熟結納之態黠者恣憑陵侵奪之謀外推內引瑫閣表裏始進不正安望其終故自來內閣之臣一據其位遠者二十年近者十年不敢不止嵩之鑒不遠而居正蹈之

居正之鑒不遠而時行又蹈之繼其後者庸碌罷駑或甚於時行褊隘執拗又復爲居正若非大破常格公天下以選舉相道終未可言所當論者八先民詢芻蕘之言明王設誹謗之木今大臣貌孔而質虎跡尹而心莽懼人攻已而欲鉗天下之口不日之爲奸爲邪爲浮薄必詈之爲讒爲謗爲小人目前之耳目可塗身後之是非難罔所當論者九君臣之分等於天地今上名之曰總政已亦居之曰總政以其身居於寵利之極耐彈忍辱必老死於位而後已古所謂元老大臣乃如是耶其不知進退存亡者耶大臣旣無難進易退之節天下安有頑廉懦立之風舉一世之人心風俗糜爛於乞墦登壟之坑滔滔而莫之止是故陛下之治前數年不勝其操切慘刻而勢燄爍人後數年不勝其姑息委靡而賢愚共貫前之政自居正總之今之政自時行總而皆不自朝廷總也所當

論者十然君道莫先論相而取人亦在修身願陛下勿以國本爲兒戲昔孔子以九經告君而先之修身勸賢大抵讒夫女謁貨利之交一有惑溺則內之心志泱不淸明外之身體泱不强固矧以蠱處之褻媟而爲善潛之驪姬狐媚旣以蠱其心鹿臺又復移其志陛下之方寸臣知其不能自持者多矣抑何以貴德尊士而修身取人哉其論國本曰自古人君未有以天下戲如今日者亦未有皇言之如綸如綍乃轉展靡定反覆不一如此者匹夫無信不能自立矧在萬乘周幽晉獻之禍可以立覩臣竊爲陛下危之夫陛下所以遲遲建儲者謂欲效皇祖世宗之爲耳然皇祖中年嘗立莊敬爲太子封皇考爲裕王非終不立太子也矧今日事體又迥然不同皇貴妃寵過皇后其處心積慮無一日而不萌奪嫡之心無一日而不思爲援立其子之計此世宗時所無也凡子必依

於母皇元子之母壓於皇貴妃之下陛下曰長幼有序皇貴妃曰貴賤有等倘一日遂其奪嫡之心不審陛下何以處此此世宗時所無也景王就封止皇考一人在京今則章服不別名分不正弟旣憩母之寵而朝夕近倖母又覬子之立而日夜樹功此世宗時所無也傳聞陛下先曾失言於皇貴妃皇貴妃執此爲信及今不斷蠱惑日深一日剛斷日餒一日事體日難一日此世宗時所無也前者有旨不許諸司激擾愈致遲延非陛下預設機穽以禦天下言者乎使届期無一人言及則佯爲不知以冀其遲延有一人言及則禦之曰此來激擾我也改遲一年明年又一人言及則又曰此又來激擾我也又改二三年必使天下無一人敢言而後已庶幾依違遷就以全其衽席昵愛之私而曾不顧國本從此動搖天下從此危亂臣以爲陛下之禦人至巧而爲謀則甚拙也此等

機智不可以罔匹夫匹婦顧欲以欺天下萬世耶疏入留中時廷臣相繼爭國本惟一本言最戇直帝言之無何杖給事中孟養浩中旨以養浩所逞之詞根託一本造言誣君搖亂大典遂斥爲民屢被薦卒不用一本初官江西與王時槐善及罷歸潛心六經濂洛諸書尤研精易學著述滿家與顧憲成輩分主東林講席學者稱啟新先生里居二十五年預剋卒日賦詩誌之如期而逝天啟初贈太僕寺少卿

墓表　　姚希孟

錢公之坳也有寄窩逋客自誌業已納壙中吉水鄒先生復系之銘矣是時顯皇帝在位諸逐臣槩不錄留爲聖子神孫紹庭首事公遂以舊御史終天啟二年用鄒先生及諸公言凡以國本譴逐者存則不次擢用坳者優數階於是先生得晉太僕寺少卿予祭

一壇先生之子春亦嘗以御史昌言抵權貴出參外藩近得召用亦太僕寺少卿旌忠褒直哀死榮生一門兩世載錫之光而前後闕巧相符又一奇也太僕公念主恩重不可不揭之以賁隧道屬我史臣書其事夫公之可書者無如國本一疏謂自古人君未有以天下之本爲戲如綸如綍乃展轉靡定如此者一人言及即曰此激擾也改遲一年居期而又有一人言及又曰此激擾也復遲二三年必使天下無一人敢言庶得委曲遷延以全其昵愛之私語揣摩多中且齒及椒掖上嗛之姑寢弗報踰四月杖孟給事養浩以公疏與給事疏同指并褫公官爲編氓則公去國之由也若其遇事憤激侃侃發抒惡持斧之使包匭恣入谿壑罔饜無以風厲下僚而反敎之貪負陛下任使則有糾舉江西按臣祝大舟疏惡秉國成者實有總攬之權迸迸駕明旨以箝衆口使嘉言路塞直臣道消科名私及子弟餽謁遍滿長安則有敬陳論相大義一疏念邊陲孔棘動需干城而使過之典明王所不廢則有請釋李材疏河西敗衄樞管之臣茫無成算而徒與言官爭是非則有參兵部侍郎許守謙疏墨令狼籍截道司府大吏容隱爲奸則有訪問貪官疏其他疏不勝舉至崇祀一疏所推擇爲文毅文恭兩羅公布衣陳眞晟學正曹端尊獎明儒紹明理學公所托寄在是矣自蒙譴歸葺毗陵先賢祠即其旁搆經正堂與遠近賢士大夫考德問業其中是時椒蘭臭味過從摩間者在同邑則今大宗伯孫公贈尚寶丞薛公在錫山則贈太常少卿贈尚寶丞兩顧公今少司寇高公前光祿少卿劉公贈光祿少卿安公在金沙則贈光祿少卿于公在雲陽則贈太常少卿姜公講席雲蒸擬於河汾鵝湖之盛而公與顧奉常實爲尸盟奉常之學大公獨高奉常救世之

衷苦公持世嚴定陵末年謠詠競起羣鋒衆簇攢集於東林公出而與諸君子萃處於講堂之上辭氣嶄如也於行藏誹譽之關郞如也讀書研理愈邃而著述亦愈積黽黿類也取其黽勉亡息之義則有黽記尋洙泗之脈以瀹其流而堤其泛潰則有源滙編睠顧宗國觸事痗心竊取考亭之法備神廟一朝信史則有邸抄其於易自田何而下亡所不披晰而澄心冥契所得於靜悟爲多則有像象管見有象抄有範衍圖書象數變通之妙秦漢以來鮮知者邵堯夫總明蓋世然得李之才秘授而後能窮其奧如公無師之智不傳之習究其所得略與堯夫等其寄窩逋客自誌亦髣髴安樂窩遺韻焉堯夫之將坳也先語君實吾欲觀化一巡又題一詩有客問年幾何六十有七歲之句公先期營窀穸刻期八月竣事又以掘地得錢兆在庚戌遂賦詩曰庚戌年遙月易逢今年九

月便相衡又曰月朔初逢庚戌令夬行應不再次且至月圓後成行亦預曉臧獲無爽昔人謂邵子觀天地運化陰陽消長以達乎萬物之變然後頽然其順浩然其歸繼之者其公乎然邵子生平不立朝惟以槩由外臣爲康濟自身之計視公則異地矣公通籍神宗之世始而娼繼而蹇程伯淯朱仲晦之遭遇公互有之伯淯爲監察御史裏行惟積誠感悟不欲掇拾短長其所值爲王介甫猶可以道理規諷然未嘗不面折之仲晦在外則鞫治大吏在內則力詆時相夫豈得已公所遇固非韓平原而唐仲友王淮之徒不乏也即伯淯處此能養其鋒稜不試哉自公歸田後朝事屢變而黨人之禁愈烈稍以儒名者無所容其身其禍擬於南宋惟公能以天山之遯自免而同志諸君受齒齕者十八九矣英明嗣服萬類維新跧伏者進竄謫者庸幸國脉醇厚同心僇力可以望太

平猶異於宋之嘉定使公在當筮得利見之爻爲羣龍先路而今已矣公嘗言天下事一人爲不若衆人爲夫與公共爲天下事者孰如公之子今太僕公行出而大用於世公之靈尚式憑哉公生平好獎與後進某以壬子冬侍公於經正堂負牆終日受誨孔多即不敢言堯夫之於歐陽棐然其不見棄於有道久矣故標其大節垂於麗牲之石使世之君子過而式焉公諱一本字國瑞別號啟新先生常州武進人登萬歷癸未進士始爲廬陵令著循吏聲今猶俎豆學宮比桐鄉之朱邑云

安我素先生傳　明史稿

安希范字小范無錫人萬歷十四年進士授行人遷禮部主事乞便養母改南京吏部二十一年行人高攀龍以趙用賢去國疏爭之與鄭材楊應宿相訐攀龍謫揭揚典史御史吳弘濟復爭亦被黜希范上疏曰近年以來正直之臣不安於位敢言之士削跡於朝趙南星孟化鯉爲選郎秉公持正乃次第屏黜趙用言節槩震天下止以吳鎮暨子一疏而歸使應宿材得窺意指交章攻擊至如孫鑨之清修公正李世達之練達剛明李禎之孤介廉方並朝廷儀表鑨世達先後去國禎亦堅懷去志天下共惜諸臣不用而疑閣臣娼嫉不使竟其用也高攀龍一疏正直和平此陛下忠臣亦輔臣諍友至如應宿辨疏塗面喪心無復人理明旨下部科勘議未嘗不是攀龍非應宿及奉處分之詔則應宿僅從薄謫攀龍

反竄炎荒輔臣誤國不忠無甚於此乃動輒自文諉之宸斷坐視君父過舉彌違補衮之謂何苟俟降斥之後陽爲申救以愚天下耳目而天下早已知其肺肝矣吳弘濟辨别君子小人較若蒼素乃與攀龍相繼得罪臣之所惜不爲二臣正恐君子皆退小人皆進誰爲受其禍者乞陛下立斥應宿材爲小人媚竈之戒復攀龍弘濟官以獎忠良并嚴諭閣臣王錫爵無挾私植黨仇視正人則相業光而聖德亦光矣時南京刑部郎中譚一召主事孫繼有方以劾錫爵被遣希范疏入帝怒斥爲民希范恬靜簡易與東林講學之會熹宗嗣位將起官先卒贈光祿少卿

葉開適先生傳　明史稿

葉茂才字參之無錫人萬歷十七年進士除刑部主事以便養改南京工部榷稅蕪湖課登輒縱民舟去既而課羨請以餉邊卒不取一錢就改吏部進郎中三遷南京大理丞復引疾四十年起南京太僕少卿時朝士方植黨爭權祭酒湯賓尹修撰韓敬既敗其黨猶力庇之御史湯世濟者敬邑人也疏陳時政陰詆發敬奸弊者茂才馳疏駁之其黨給事中官應震輩遂連疏力爭茂才更具揭發其隱因移疾乞休世濟益恚偕同官金汝諧牟志夔攻之不已茂才再疏折之竟自引去當是時黨人惡踞言路凡他曹有言必合力逐之茂才既去黨人益專無復操異議者天啟初召爲太僕少卿改太常皆不赴四年擢南京工部右侍郎明年抵官甫三月以時政日非謝病歸友人高攀龍被逮赴水死使者將逮其子

茂才力救免之未幾卒茂才恬淡寡嗜好通籍四十年家食強半始同邑顧憲成允成安希范劉元珍及攀龍並建言去國直聲震一時茂才祗以醇德稱及官太僕清流盡斥邪議益棼遂奮身與抗人由是服其勇時稱東林八君子憲成允成攀龍希范元珍武進錢一本薛敷教及茂才也

行狀　鄒期相

嗚呼傷哉吾師之亡也而吾邑典型摧殘極矣師之友爲端文顧先生忠憲高先生暨毘陵玄臺薛先生肩弘任鉅終始相成毘陵物偕端文忠憲肩之端文物偕忠憲肩之忠憲以不辱身殉吾師獨肩之清風正氣皎然孤行於天壤間岱宗峙而羣峯仰溟渤王而百谷趨吾黨倚焉一邑倚焉海內正人君子倚焉無何今上二年春一疾卒矣二孤繼斌光輔謂師列三品例得恩卹光輔爲請於朝曰臣父茂才苦節一生竭蹶以死願比李得陽例邀恩闕下臣母先臣父七年卒并得合葬臣卽死不恨天子哀憐其意錫之祭葬制下二孤泣捧以告於靈蓍日而吉將徵文於當世鉅公元老先期手行實暨師母華安人懿行纍纍屬期相爲之狀以期相兄弟受業門生也固辭不獲謹按實而狀之吾師姓葉諱茂才字參之號玄室晚更開適世稱開適先生葉之先自無名公由吳江同里遷石幢三世爲樂善公樂善生芮芮生樸樸生敕封南京吏部郎中蓉溪公聯代有隱德具世德傳蓉溪公配許安人生二子師其長也次茂德號玄宇師生丰骨迥異稍長授讀靡弗倒帙誦封翁奇愛之過庭授一詩一掛羊裘便有心處名傳說到於今當初若著蓑衣去烟水茫茫何處尋嘯之也師跪而受教又一日授嚴先生祠堂記反覆解諭美之也師復跪而受教迨甲辰奉使過

七里灘咏過庭曾記說嚴灘此日頹波孰障瀾知師學淵源遠矣師爲文晨起搦管稿完纔脫手曰吾以求放心也未幾補邑諸生尋食廩餼教授來學絡繹於錫山毘陵維陽新安每以卒歲爲期門下士鬱然起爾時仲兄期楨從之游沐浴最深追邁母安人艱哭不起及見封翁掩淚強爲解頤間從館歸必朝夕封翁臥起不離左右戊子薦舉於鄉墨論刊程膾炙人口得報不謁客不設筵不赴衆宴束身靜氣專意計偕已丑聯捷洗盡世俗奔趨態曰吾固守吾貧也於主司無所贄初異之久之服師痛母安人不獲見也封翁會逢花甲千里而不及上壽也曰天乎肯容小臣茂才緩臨軒一對乎玄臺先生曰吾輩必非戀一官者廷試畢亟圖之師唯唯臚傳二甲授刑部甫三月改南工部迎養師初按部於堂翁亦無所贄堂翁異之乃令一日署六象兵刑錢穀悉令究心師曰

是其試我乃成我也寅而出酉而入政事煩瑣從容應之恬不爲難亦久之服未幾典稅蕪關竣壬辰改南吏部封蓉溪公如其官毋贈安人迎養封翁如初封翁曰吾故有戀鄉癖安能拘拘官署爲師爲體其意乞請還里僦居於墅封翁曰吾故有厭城癖安能碌碌塵市爲師爲體其意因不復强甲午遘封翁艱而師痛可知也曰天乎安得有吾親呼而詔告我者乎死而復甦者再嗣後孺慕終身遇忌日一稟古禮時物不薦不忍御也讀禮餘間館穀餬口儼如貧生其在秦彥熙氏期相始獲從之游沐浴名教不減仲兄且盡悉師権蕪狀師蒞關介然無所犯左右跪請曰關政例有費某字號備某項公費某字號備某項私費師介然如故左右跪請再四師厲聲曰不要說你們即左右列金剛擡我不動矣關政一清去關可廿里有雙港往設界防漏稅師力創之駔儈無所容

其奸迨國賦完端坐放關不取分文放船時惟聞大聲號呼祝頌而去任滿爲立石建祠尸祝至今猶餘額外金疏奏餉邊仍具請往苦旱商旅不通今通而得羨非臣願也矢不敢爲例上嘉悅之白金松布旌其廉比歸惟圖書數卷劇盗且排戶入止見此數卷者搖手戒勿僞爲太息而去嗟乎師之節至令宵人見信乎語具玄臺先生所撰封翁志中戊戌陞本部郎中歷轉南銓始終不狗一毫情面人亦無敢干以私已而請告已亥補禮部郎中仍請如故辛丑補尚寶司司丞丙午陞本寺少卿戊申陞南京大理寺寺丞屢荷國恩請告如初嘗言吾上半生受貧之益下半生受多病之益惟貧故知節儉惟病故知養杜門卻掃不屑屑于貴游干旄至止鮮得接其顏面而亦不輕投片紙隻字壬子陞南京太僕寺少卿搜剔利弊馬政爲肅從來未有適觸唐御史建議護奸具國

事宜參公論一疏所爲揑造浮詞者發摘四明崑宣以忠於皇上者也欲箝人之口絕不言四明崑宣而後爲不立門戶不起風波儼然立於四虛之大道一言齒及則爲大貪大惡之小人矣噫何其敢於扶小人而抑君子護奸雄而禍天下若斯之烈也疏上不報已而具早賜譴斥以釋羣疑一疏牟金二御史相繼論職疑職有所主使然者不知職素無依傍門戶之交也昔日論四明崑宣者保無奸人竄入畢竟奸者少而忠者多後來被論之臣寧保其不借一節以概生平畢竟借者少而眞者多疏上仍不報與過道長書去就語默士人立身之大節是非邪正世道理亂之大機大節者人所自立無待於外求大機者天下共公之事非與天下人共相印證恐一隅之見未合大方又曰盜木占廠之事百十年而一見科場之事三年而再見後來者見破甑可修履虎無恙人人

徼倖歲歲生心其弊實可勝言哉不獨此也發盗木占廠者現在臺省其主持有人發科場之弊者强半去位其主持無人有人則三尺可以必行無人則上下易以蒙蔽書聞朝野傳誦已而作旁囂說官臺諫者自爲天子耳目臣他曹出位建白即目之爲旁囂不知天下事非一家私議何正何旁期於至當而止已又作止囂說有患說而止有避咎而止有孤立無援卒遇暴客而退縮以止止則止矣非止之善也定水不波太虛無翳蟬噪逾靜鳥鳴更幽何囂之有識者韙之目擊年例考選上鄭太宰末議年例兩銜門劣處也必其人素行未孚昭於人之耳目者乃可以服人心也今有人焉議論正直素無顯過而忽遭外轉能令人信乎考選一事尤言路大關鍵也得其人則拔茅連茹數世受正人之利不得其人則引類呼朋數世受匪人之害甚不可輕於去取也今有人焉

律身廉介政體公平而臺省不與能令人信乎去一眞品則眞者畢懼畱一僞品則僞者畢進眞者畢懼久亦化而爲僞矣僞者畢進究且無一眞品矣尙何以年例考選爲太宰下其議著爲令尋請告歸癸丑錢啟新先生講易東林點朱吟互相酬和期相問易道陰陽詩道性情一乎二乎師曰一也陰陽理而草木蕃無言之詩也性情調而位育臻無體之易也蛙聲螟竅豈曰能詩數墨尋行未爲善易吾弗取也已而述張子云大易不言有無言有無諸子之陋也蓋性一太極極本無極謂之無則太極也謂之有則無極也有無俱泯爲物不貳不可析而分也分則多歧一則共貫惟不言有無是名知性期相爲謹受教已而感經筵久曠有還宣侍講王昭素執易蠕頭取象拈之句時言者以門戶二字齒及東林有三黨存亡宗社計片言曲直咎休占之句戊午值花甲爲詠前

途知已窄晚節莫救疎又曰嘉種時遲養微瑕懼放過又曰披沙須識寶揮劍定降魔幾於行年六十而六十化情見乎詞矣光廟登極喜懼交迫堪勒詩史熹廟壬戌起太僕少卿癸亥轉太常寺卿恭遇先帝覃恩可朝請夕下師見璫勢漸盛拂衣東還甲子陞南京工部侍郎乃謂其弟玄宇公曰一官非吾願也但南曹冷局祖父母未邀一命中實怦怦姑且一往已見權璫亂政極矣恨不及請上方時與同志緦緦憂形於色疏請休致拂衣如初曰從此不入春明夢矣所居陋巷門不得容軌室不能布席布衣蔬食淡淡穆穆升其堂無世俗輝煌扁額止標三世無訟四字以戒子姪薄田百畝聊供饘粥晏如也三案事發辨論不已師跋忠憲先生三案書後事有三尺童子曉然明白而聰明特達之士反眩瞀而不得自決必待日久而後論定者何也心無偏主雖愚必明心有係累雖智必愚其勢然也神廟晚年有張差入宮之事升遐後有稱遺詔立貴妃之事光廟不豫有崔文昇李可灼進藥之事及光廟晏駕今上登極之前有傳顧命立選侍爲妃之事張差一案劉廷元以爲風癲科臣何士晉部臣王之寀陸大受等以爲別有主謀而神廟聖斷以張差付法司以兩內侍付司禮俱置極刑而內外帖然矣然士晉卒不免外補之寀禁錮大受被察而廷元獨無恙也進藥一案舊輔方從哲賞之舉朝爭之最後孫宗伯發憤極言而可灼遣戍文昇僅漏網也立后立妃之案禮臣孫如游執奏于前科臣楊漣臺臣左光斗等力主移宮於後皆侃侃直言與王陵汲黯爭烈而當時依違其間徘徊顧望者則從哲與諸大臣也此三案者或見於聖諭或見於章奏在朝在野無一人不耳而目之者而安所容其諱哉秉史筆者只據事直書之足矣可以人情

二字抹殺天下萬世之公論也哉當日滿廷幾成聚訟不若吾師片言足千古也矯旨折毀東林過廢院有感詩曰世法遞與還遞滅乾坤不毀只吾心又曰惟有靈臺須保護片時傾圮卽成徭迨忠憲先生以不辱身殉而官旂至欲洗其家師既呼天乎胡至此極也又重懼破巢之取卵也匍匐毘陵澄江得道府力護而師乃稍釋也曰吾身名遑恤令罪不及其孥足矣跋忠憲先生遺表屈平之節先生之所優也先生之學之養非屈平之所望也太息伊人悲歌當哭龜山道脈今誰續痛哭同心淚眼枯至狀忠憲先生萬語千言言言肝膈非師能道隻字乎今上登極日月重新諸奸竄伏追念者碩止需大用而吾師何以摧折也哲人云亡典型頓失泰山頹而梁木壞寧第期相區區之痛也哉嘗自題小像人生宇宙間第以形論動植之物均耳惟有超乎形者在乃能參三靈

萬不死不生與造物相終始豫罝生壙有云人生看破無壽天彭籛殤子同歸老又曰方寸虛明淨如掃胸中一點無煩惱偶哭一同志曰人生有正氣有客氣客氣今安在哉惟有正氣浩然於天地間嗚呼足以占師生平矣哭師者曰薦賢公牘公所倡也公死疇為齒牙我而噓拂我者同善廣濟公所亟也公死疇為衣被我而骨肉我者誦師者曰昂昂若千里駒同君子羣而高立其幟冥冥若天外羽遠小人射而不攖其鋒則又有誦之者曰辨三案於簡端鑿鑿董狐直筆疏兩義於當事琅琅山甫名篇吾兄期楨贊之曰萬金一麾矢志已定歷四十年氷清玉瑩履幾踐斗蕭然寒畯二泉讓冽九龍讓峻同志傳述均以為確論跡師居恒定志於恬澹得力於學問交修互砥於三益端文忠憲玄臺三先生其表表者他如欲新先生偕名孝廉許靜餘先生均白首一日師不狥

友友不狥師每握手輒辨折爭論如上殿狀未幾不失和氣又未幾爭執如初徹宵旦不休無欲而剛道氣可寶恥不與黨似皇甫規私慟人亡似郭林宗而絕跡梁碭似申屠蟠至端容整襟危坐終日似明道又似晦翁期相不敬無能領略萬分一追念音容惝恍係之矣所著有八貞女傳旁囂錄三案書後葉氏宗譜見聞摘錄興至吟皆關係世道人心藏於家二孤將奉旨大葬吾師議別營宅兆而以師有自營生壙不忍離兩大人左右師素志也二孤不敢違先志遂葬師於封翁之昭而安人合焉

陳鈞塘先生傳

明史稿

陳幼學字志行無錫人萬歷十七年進士授確山知縣政務惠民積粟萬二千石以備荒墾萊田八百餘頃給貧民牛五百餘頭覈黃河退地百三十餘頃以賦民里婦不能紡者授紡車八百餘輛置屋千二百餘間分處貧民建公廨八十間以居六曹吏俾食宿其中節公費六百餘兩代正賦之無徵者栽桑榆諸樹三萬八千餘株開河渠百九十八道布政使劉渾成弟㸌成助妾殺妻治如律行太僕卿陳耀文家人犯法立捕治之汝寧知府丘度慮幼學得禍言於撫按調繁中牟秋成時飛蝗蔽天幼學捕蝗得千三百餘石乃不為災縣故土城卑且圮給飢民粟俾修築工成民不知役縣南荒地多茂草根深難墾令民投牒者必入草十斤未幾草盡得沃田數百頃悉以畀民有大澤積水占膏腴地二十餘里幼

學疏為河者五十七為渠者百三十九俱引入小清河民大獲利大莊諸里多水為築堤十三道障之給貧民牛種貧婦紡具俱倍於確山越五年政績茂著以不通權貴當考察拾遺掌道御史擬斥之其子爭曰兒自中州來咸言中牟治行無雙今予殿何也乃已稍遷刑部主事中官採御園果者怒殺園夫母棄其屍河中幼學具奏建置之法嘉興人袁黃妄批削四書書經集註名曰刪正刊行於時幼學駁正其書抗疏論列疏雖留中鏤板盡毀以員外郎恤刑畿輔出矜疑三百餘人進郎中遷湖州知府甫至即撲殺豪惡奴有施敏者士族子楊陞者人奴也橫於郡中幼學將施敏置諸獄敏賂貴人囑巡撫巡撫檄取親鞫幼學執不發檄愈亟幼學立杖殺之敏獄詞連故尚書潘季馴子廷圭竄入都遇人輒罵幼學幼學言之御史疏劾之遂下獄他奸豪復論殺數十輩獨楊

陞畏禍歛跡置之已念已去陞必復逞遂捕置之死郡中謠曰公來如砲施敏薙窖公去如雷楊陞飛灰幼學疾惡嚴其於細民務安全之諸孝子節婦善人無所不旌揚一郡大治霪雨連月禾盡死幼學大舉荒政活飢民三十四萬有奇御史將薦之徵其治行推官閻世科列上三十六事御史以聞詔加按察副使仍事郡事久之以副使督九江兵備幼學年已七十其母尚在遂以終養歸母卒不復出天啓三年起南京光祿少卿改太常少卿俱不赴明年卒年八十四矣中丞湖州並祠祀之

薛以身先生傳

明史稿

薛敷教字以身武進人祖應旂字仲常嘉靖十四年進士由慈谿知縣屢遷南京考功郎中主京察大學士嚴嵩以給事中王曅嘗劾之令尚寶丞諸傑貽書應旂令黜曅應旂反黜傑嵩大怒應旂又黜常州知府符驗嵩令御史桂榮劾應旂挾私黜郡守謫建昌通判歷浙江提學副使應旂雅工場屋文字與王鏊唐順之瞿景淳齊名天下稱王唐瞿薛其閱文所品題百不失一以大計罷歸顧憲成兄弟方少從之學敷教遂與善用風節相期許及舉萬歷十七年進士與高攀龍同出趙南星門益以名教自任會南京御史王藩臣疏劾巡撫周繼不具揭都察院爲其長耿定向所劾左都御史吳時來因請申飭憲規藩臣坐停俸敷教上言時來壅遏言路代人狠噬而二三輔臣曲學險詖又故縄庶宋以崇九列塞

主上聰明宜嚴黨邪之禁吏易兩都臺長以清風憲疏上大學士申時行等疏言故事御史建自北京即日投揭臺長南京則以三日藩臣廢故事薄罰未爲過必如敷教言將盡抑大臣而後可耶副都御史詹仰庇劾敷教煽惑人心淆亂國是詔敷教歸省過三年以教職用大學士許國以敷教其門生而疏語侵己尤憤自請罷斥因言邇來建言成風可要名可躐秩又可掩過故人競趨之爲捷徑此風既成莫可救止方今京師訛言東南赤旱臣未爲憂而獨憂此區區者彼止一時之災此則世道之慮也時來亦乞休力詆敷教及主事饒伸帝慰留國時來都給事中陳與郊復上疏極詆建言諸臣帝亦不問二十年夏起敷教鳳翔教授旋遷國子助教明年力爭三王並封又上書王錫爵言中宮有出而始重則仁聖之心不安後宮有出而終輕則慈聖之體亦屈錫爵無以難

尋以救南星謫光州學正省母歸遂不復出數教淚身嚴苦垢衣
糲食終身未嘗受人饋家居二十年力持清議鄉人欲爲非憚不
敢發大吏有舉動多用數敎言而止後與憲成兄弟及攀龍輩講
學卒贈尚寶司丞

墓誌銘　　高攀龍

嗚呼余何忍銘以身耶以身與余同舉進士同出高邑趙儕鶴先
生門兩人相見相笑以爲相遇晚自是無日不相過從交相勵勉
以身古心古貌所據皆古人準則其識甚傲而本眞應物又合人
樂而親之是年余以憂歸以身以言事歸兩家相距不五十里旬
日不見輒相念而以身造余爲多一蒼頭挾一被一笈至於家不
以以身爲客蔬食菜羹研經訂史未嘗不窮日落月有過相規凡
以身言余有疑其偏者已竟服其義蓋余受以身規恒十之九以

身受余規恒十之一有事相搦凡余言以身至拂然去已復歡然
來蓋以身爲余容者恒十之一余爲以身容者恒十之九如是二
十四年如一日也嗚呼已矣以身不可作矣余忍爲之銘耶以身
病余過之自論學憂時外無雜言將瞑命其孤以墓石屬余嗚呼
余又何忍不爲以身銘耶以身大父學憲公諱應旂世稱方山先
生生景尼公諱近魯性至孝居方山先生憂而卒遺命斂用哀経
配劉太孺人生子三以身其仲也諱數敎號玄臺字以身娠時有
青雀入懷之祥生而絕穎少不好弄五歲即善屬對十五補諸生
海忠介公撫南都見而亟賞曰生寧獨文人必忠義士當是時以
身慨然以天下自任每從方山先生閱邸報有不平目眦欲裂先
生從旁覘之心獨喜會顧叔時季時兩先生問業先生呼以身謁
曰此東南珍物若與若兄弟交已復手一編示曰洙泗以下姚江
而上盡是矣於是以身復以道自任戊子舉京兆明年成進士會
南御史王公藩臣上疏不白憲長都御史吳悟齋耿楚侗交參之
以身曰是欲爲執政箝天下也上疏爭之略曰臣無言責性惡權
奸頃見左都御史吳時來欲申飭南臺憲規其言專爲定向而發
竊以爲遠臣箝口近臣熄威摘祖宗之片詞營狐兔之私窟必欲
創一警百譬爲腹心吁亦狡矣掌院者陛下之掌院言官者亦陛
下之言官事可風聞聽斯無壅就使藩臣論列果非定向不宜阻
遏節節關白動成掣肘假令設有彈劾長官者誰與通之隱機先
露則危其身讜議復停則負其志事當密而不密禍且移之國家
時來安得視僚友爲重而視陛下爲輕耶如海瑞先朝憲直也房
寰醜詆尙自包容定向何人敢妨言路爲時來者不惟不能參駁
反爾朋連無論愧古名臣即回思抗論嚴嵩一疏有靦面已大抵

少年厲志多思竪立垂老頹顏輒喪生平見人覆轍怒髮裂眦戀
已浮榮脇肩攘臂何則道心難固勢利易迷習尙使然也即二三
輔臣陽託歆醇陰圖登壟遍又故峻諸司共繩庶采九列之體貌
尊而九重之聰明塞矣嗚呼害可勝道哉伏乞亟下明詔嚴黨邪
之禁更易兩都臺長以清首憲疏奏當路大恚座師穎陽許公至
以貢舉非人自劾以身奉旨歸明年庚寅蔣孺人卒辛卯授經玉
隆觀壬辰秋起鳳翔府教授尋遷國子監助教癸巳入都有並封
三王子詔以身具疏力諍復貽婁江公書有曰中宮有出而始重
則仁聖之心不安後宮有出而終輕則慈聖之體亦屈並封事寢
大計難作時考功郎爲儕鶴趙先生盡黜當路私人内閣張洪陽
位與婁江公合謀借劉黃門道隆論拾遺事奪其官士論大譁以
身與于公孔兼陳公泰來賈公巖顧公允成張公納陛各具疏詞

南星考察京朝官先黜其姻親都給事王三餘又黜本部尚書孫
鑨甥本部司官呂胤昌而後舉執政所陰庇之臺省表裏爲奸邪
者盡黜之命下之日舉朝震肅咸謂二百年未見而一旦奪南星
官謝諸黜者何以令天下於是閣臣益怒盡奪六君子官而以身
得光州學正以身與光州士砥德勵業不啻父兄於子弟諸生有
以口語得罪府椽椽誣生殺人罪郡守以椽故成其獄以身廉得
情白之守守不可以身持之堅竟得白光人負沈冤者胥之以自
以身多全活之光人謂以身寧獨師保我實父母我也庚子歸省
劉太孺人遂不復之光州癸卯太孺人卒以身執喪不飲酒食肉
服闋遂不食肉甲辰顧涇陽先生修復東林書院萃同志講學以
身喜曰此吾歸宿地矣自是恒居東林所與知交必勸之講學曰
天生英雋决不欲其斤斤結裹自家閨閫撿柙祇賢落魄爾曰脚

東林書院志 卷之八 薛誌銘 二十

跟站定眼界放開靜躁濃淡間正人鬼分胎處曰道德功名文章
氣節白介然無欲始又曰學苟不窺性靈任是皎皎不汙終歸一
節但世風靡矣不變著節太奇而憂混同一色託大道無名以濟
其私則中庸之說誣之也平生所持如此故筮仕以來未嘗受人
一餽垢衣糲食以没其身嘗有詩曰百年吾取與留作後人箴又
曰古人持晚節休作等閒看余猶憶始交以身時餽之食則稍嘗
而謝曰不可以此滑吾手及病余餽藥餌復稍嘗而謝曰行就木
矣不敢忘當年矢志以身於忠孝廉節之死不二其天性也性復
至慈蠕動之物不忍傷害於人油油然雖至俗客不憎惡獨惡傷
害人者尤惡傷害善人者耳目所及盜賊兇人必使不得虐民後
已嘗見一人毀葉參之以身從稠人中憤然起余力挽之不得自
後其人所在以身必避匿終身不與見至解人之戹揚人之善常

若不及拈筆成詩文率本於情止於禮義嘗作眞正銘曰學尚乎
眞眞則可久學尚乎正正則可守眞而不正所見皆苟正而不眞
終非己有君親忠孝兄弟恭友褆身以廉處衆以厚良朋切劘要
於白首鄉里謗怨莫之出口毋謂冥冥內省滋疚毋謂瑣瑣細行
匪僻讀書學道係所稟受精神有餘窮玄極趣智識寡昧秉拙省
咎殊途同歸勞逸離狃世我用兮不薄五斗世不我用徜徉五柳
無貴無賤無榮無朽殞節逢時今生諒否必眞必正夙所自剖寄
語同心各愼厥後以身年五十九而卒自同好至鄉閭婦豎無不
思而痛之嗚呼此可觀以身之眞正矣所著詩文諸集藏於家銘
曰飄乎自樂耶幾春服舞雩之點懍乎自持耶則蓬門委巷之思
渾渾乎同羣耶幾油油與偕之惠孑孑乎獨往耶則望望去之之
夷夫固不敢謂其即點也思也惠也夷也夫安得謂其非狂也狷

東林書院志 卷之八 薛誌銘 二十一

也清也和也猗歟斯人蕩滌污世砥柱流俗是之謂忠信廉潔爲
聖人所思世人所師

劉本孺先生傳　　明史稿

劉元珍字伯先無錫人萬歷二十三年進士初授南京禮部主事進郎中親老歸養起南京職方釐汰老弱營軍歲省銀二萬有奇三十三年京察吏部侍郎楊時喬都御史温純盡黜政府私人錢夢皋等大學士沈一貫密爲地詔給事御史被黜者皆留且不下察疏元珍方服闋需次抗疏言一貫自秉政以來比暱儉人叢聚奸慝假至尊之權以售私竊朝廷之恩以市德使夫守法者不聊南輿者無忌二百年鉅典一旦決裂而陛下顧獨任其咎罔上不忠孰大於是近見夢皋有疏每以黨加人從古小人未有不以朋黨之說先空善類者所關治亂安危之機非細故也疏奏留中一貫亟自辨乞明示獨斷之意以釋羣疑夢皋亦詆元珍爲温純鷹犬疏皆不報未幾勅諭廷臣以留用言官之故貶元珍一秩調邊

方一貫佯救給事御史侯慶遠葉永盛等亦爭之不從時員外郎賀燦然南京御史朱吾弼相繼論察典而主事龐時雍則直攻一貫欺罔者十誤國者十且曰一貫之富貴日崇陛下之社稷日壞問國之亂萌朝之疵政則曰上爲政我不知也不則曰吾謀不用也曰吾逆知其無補不若從容以圖之也同妾婦之順從效閹寺之曲蓋眞孔子所謂鄙夫孟子所稱民賊須南郊雷震正當一貫奏請頒行勅諭之時意者天厭其奸以警悟陛下俾早除讒慝予帝得疏怒命并元珍燦然貶三秩調極邊頃之慶遠及御史李柟等申救帝益怒奪其俸謫元珍等極邊雜職俄御史周家棟指陳時政語過激帝遷怒元珍等皆除其名然察疏亦下諸被留者皆自免去光宗即位起元珍光祿少卿時遼瀋旣没故贊畫主事劉國縉入南四衞以招撫軍民爲名投牒督餉侍郎令發舟南濟議者欲推爲東路巡撫元珍上疏言國縉乃李成梁義兒成梁棄封疆國縉爲營免遂甚稱本楊鎬李如柏畏師國縉甫爲贊畫即奏保二人欲坐杜松以違制創議用遼人冒官帑二十萬金募士兵三萬曾不得一卒之用被劾解官乃恕擁數萬衆欲問道登萊窺處內地萬一敵中間諜闌入其間何以備之疏下兵部巡撫議遂寢未幾元珍卒官初元珍罷歸以講學爲事又與錢一本爲同善會表節義䘏鰥寡行義重於時

按萬歷乙已先生抗疏論四明相庇其私人錢夢臯遂除籍歸會顧涇陽先生倡復東林書院先生實捐貲築講舍與同志討論濂洛之源精求性命之奧㲃而涇陽遂屬志于先生甲寅先生志成景逸先生爲之序其所以志而先生自序復大闡一時明善同人之旨厥功偉矣東林自壬子癸丑而後鋒鏑紛起先生顧謂此吾輩一大鑪鞴不如是眞者不成其眞贋者不成其贋東林蓋先生居嘗以子路自任故衞道甚力先生歿而高景逸先生爲文以祭之有云兄氣剛毅兄資明膚起我柔靡開我愚蔽小大之務每就兄正面不自見以兄爲鏡兄不我拒無語不吐兄可余否亦不爲

忤東林之學瘳人私邪人思斬伐絕其萌芽兄益砥礪引爲已肩莊言正色四座懍然兄力甚強倚兄無恐吾道何孤兄乃先亡有淚漣漣而豈止情悲睠茲頹風孰其維之余有兄無兄之勇失兄左右益成羣遷兄神千秋洋洋周遊庶其相余無爲兄羞而此外如丁長孺亦有云吁嗟東林橫羅世網兄賈後勁而氣獨往夏樹芳亦云時有涇陽倡道東林左提右挈公則同心如握天杓以揭斗英兩越三吳賢士響臻貫心爲道豈曰逃名皆實錄也惜先生原志以未授梓遂令後之學者無從得見獻讀列傳至先生不勝大輅推輪之感云

詩歌題跋

墓誌銘　　高攀龍

天之爲國家生才也有一時之事必有一人當之蓋不常之事非常人所任必生挺特奇拔之士一舉而振天下之聾瞶夫然後常人之心不爲憸人所奪天下之亂者可一治則吾本孺劉公者是也當萬歷甲辰乙巳間四明相當國忮沈歸德相又以假王事忮江夏郭宗伯其徒乃爲妖書中之引繩批根思一網異己者會大計諸奸多麗考功法相蠱惑上謂計典不公盡復言官之黜者

留察疏不下人心憤甚莫敢先發公乃抗疏略曰朝廷磨礪一世伸正絀邪以端揆大臣無樹私交無作好惡無朦上而箝下彰善癉惡佐天子持衡焉不意今日乃有罔上行私如首輔沈一貫者又有頑鈍無恥如刑科給事中錢夢皐者夢皐爲人臣無暇毛舉擬索跡其推年例而妄奏求容掛察典而秉機建議壟斷如市士林不齒迨至兩蒙留用因蠱惑聖衷猜疑部院併考察全疏亦中格矣臺省被察諸臣槩留用矣國家代守之典章屑越于一朝朝野駭聽僉謂夢皐之黨陰謀叵測將異日種種僥倖之門從此闢也甚堪慮也夫使夢皐羞惡未滅亦宜驚彈射而斂跡胡乃恣起風波動駕言於楚事含沙反射蔓衍何極僉謂夢皐之黨機鋒叵測將異日種種傾危之隙從此開也甚可畏也夫使政府無私人則奸慝寧蟄於上罔邪謀亦安能下逞乃一貫實爲戎首秉政以

來不問輔佐皇上救生靈于塗炭者何事起忠良於擯抑者何人年來比昵憸人乖謬尤甚即如考察一事皇上豈有愛於夢皐而故昵之豈有私於臺省諸臣而獨寬之蓋由一貫曲庇私人內則假公以朦上外則挾威以箝下既借皇上之權以伸其意復竊皇上之德以固其交使守法者抑勒無聊席輿者高張無忌將來誰肯爲皇上觸權要持國是乎一貫之敢於欺罔如此所關治亂安危之幾會良非細故幸皇上自爲社稷計疏奏神祖玩之不已意不怍也下公卿議四明及其黨經營百端謂不庭杖公議不可息會雷震郊壇竿木上燼反杖旨繼公疏者兵部郎龐公時雍有旨皆削籍南臺省陳公嘉訓孫公居相相繼極論四明乃罷去當是時公直聲震天下公歸十六年庚申神祖遺詔徵言事廢棄者起光祿少卿辛酉三月至京是時遼瀋陷沒舊贊畫劉國縉以招撫南四衛官民爲名擁數萬衆入內投揭督餉侍郎令發天津登萊船南濟公上疏極論國縉誤國上曰所奏關切機宜下部議覆部畏國縉之黨不覆也而兵垣請擢國縉爲東路巡撫者則格不行公素强無病京邸忽病不起矣公名元珍字伯先木孺其別號也歲庚子公爲南職方有垣長握六篆操諸司權莫敢與抗者公每事必理折之垣長曰此郎君不可與爭鋒輒唯唯聽命公益核軍需之假冒黜選鋒之羸弱裁操賞之冗濫歲省金錢二萬有奇乙巳言事歸與顧涇陽先生講學東林自喜得歸宿地錢啟新先生行同善會於毘陵東林益暢其義邑中好義者百餘人應之忠孝節義之貧者有助鰥寡孤獨之賢者有助公與陳志行葉參之安小范及余五人主之亦有言林中人不應爲蛇足者公毅然不惑至今行而安之吾輩與斯人之徒漠然不相關自身痛癢不自知

可以稱人乎於是知公之所見大也公少苦貧故勤於理生而恤人之窮未嘗意倦性方嚴尤肅于閨門而體人之情未嘗不周嘗曰家衆造惡皆由放蕩必示以不可犯之法至於臨事詔之當先語之當悉勿以不言之喻不戒之孚望蚩蚩氓公十六年林皐無念不爲國杜門不與外事無念不爲民彰善鋤兇昭雪冤抑矻矻然惟力是視嘗有知交當路蘇之富民被誣陷大辟者投暮夜金公怒叱去之徐廉其事冤也密爲雪不令之知其不愧獨知如此公於世浩浩獨往余每謂公乙巳疏爲閔曹建言法夫楚宗駢戮妖書煽虐天下岌岌矣馴至考績大典羣奸亦從而奸之小臣不敢言大臣不敢言臺省不敢言公於其時睨而自視舍我其誰是所謂天下一人也自是諸賢繼起共拯天下之溺一言而開物成務建言者法也閔曹建言者法也公之功大矣天不使之長年以

濟天下何哉公弱冠成進士卒年五十有一所著有文訣文衡依庸絜語三畏堂素業湖畔逸農遺稿藏於家公之大節表表細行卓卓總其大都曰剛曰明曰忠曰義嗚呼世豈可無斯人哉有斯人而使天下知天生人才自足備一時不測之用爲人臣而敢於欺其君者未得遂長驅無礙也于是乎銘曰太湖三萬六千頃浴日沐月天地闢上有羣山儲眞精龍蜒虎蹲護其脈湖山森聳若執圭湖波隱見如拱璧山環水廻自千古下爲先祿劉公宅形所託兮來寧兹神何方兮無不適有時吐氣成長虹猶能三褫奸雄魄

張弦所先生傳

高隆

先生姓張氏初名大受改名夢時字伯可無錫人少穎異隨父大參澄齋公讀書貴州署爲文超軼不羣侍塾師坐一書樓手題云上此樓去一動一言務遵聖訓下此樓去一事一念務慊親心此其立志已不同矣年十五以縣試第一補諸生明年行冠禮老儒姚潛坤作字說以贈之益自勵繼入太學萬歷癸卯與于鄉甲辰下第歸適涇陽先生與先忠憲公創起東林書院左右翼以精舍約六人爲築先生首任其一解橐授工與諸公切偲砥礪其中以參訂道德性命之奥兼精書法暇則游戲筆硯日揮數幅爲欒真草隨意天啟壬子謁選授安吉州知州爲治大得民心剿盜禁郎生餘黨殺長與令石有恒將犯安吉先生率士一戰而殲大敗民苦解絹請上憲易爲官輸民便甚羣立生祠以報德歷遷常德府

同知山東鹽運使運同寬商恤竈國課無虧及沿海告警先生竭守禦之策民賴以安一時有循良之目將有殊擢竟告老歸家居講道東林刻有會講商語蒲榻笑拈二編每兒孫造膝必與評文論古或拈經書一二章令細參之次第質問移時不倦案頭惟存彭澤香山明道康節白沙陽明數編以當尚友臨卒客有以死生之故及曾孟莊周異同問者徐答曰爽然生死之故從而玩之所以爲莊周者流了然生死之故從而慎之所以爲曾孟者流與其玩也寧慎客曰先生真當世之曾孟與曰曾孟則吾豈敢全要看臘月三十日（臘月三十日忠憲遺書中語）是先因呼筆大書曰朝聞夕可千古光輝浮生如寄視死如歸落地一靈終天敢逃伯可字可自返庶幾書訖湛然坐逝

許靜餘先生傳　　嚴敳

許世卿字伯勲家貧有志操天性孝謹父早亡事大父有禮步趨無尺寸軼事母至孝爲諸生有聲受知郡邑絶不干以私萬歷乙酉舉於鄉放榜日淡然自若偕同志葉茂才清談竟日人莫知其旣捷也衣食居室不渝其初揭安貧戒五曰詭收田糧干謁官府借女聯姻多納僮僕向人乞覔省事戒五曰無故拜客輕赴酒席妄薦館賓替人稱貸濫與義會出入恒指而自問曰若得無食言否或以私嘗之輒指其壁謂曰此吾之息壤也可奈何偶有戚當麗法持世卿急時適鬻一婢爲輸罰鍰卒不爲緩頰所居敝巷守令下車一謁後不得再覩其面郡守歐陽東鳳延世卿修郡志世卿曰公端人也欣然一出平生交游絶寡惟與顧憲成高攀龍薛敷教葉茂才輩以道義名節相觀摩每自東林歸勅其子曰人何

可不學但口不說欺心話身不做欺心事出無慚朋友入無慚妻子乃爲學矣五上公車不第庚子冬行至桃源河氷堅遂返謝去傳金自號早白老人矢終焉之志每於隙地手蒔菜甲曰不如是何能無求於人襟懷灑落喜飲酒偕同志吟咏日夕不倦見俗客如目不容刺嘗曰和風未學油油惠清節寧希望夷所著有中解編太玄玄言露頴編諸集而特好爲詩一切欣悅悲愉之感悉於詩乎發之詩成抱膝長吟輒復與坐自謂調變之妙疾革謂其子曰吾有某逋未償某施未報某家人賚未給某故人子典田所入已當其直亟取劵還之翛然而逝

王儉齋先生傳　　錢肅潤

王永圖字惟懷一字新之南直宜興人父彝敘爲諸生時偕無錫顧端文入郡守龍岡施公龍城社名齊志合以貢仕爲馬平令同邑若史孟麟吳正志張納陛皆出其門惟懷年甫十四德性醇密端文一見稱之曰此子疑道之器也許妻以女攜至涇上親自課教之爰以錫籍補諸生尋食餼越十載領萬歷庚子應天鄉試甲辰從端文興起東林書院交宇內賢豪印證學脈其爲學以澹泊爲宗而自信則在勿欺不爭四字故處鈍處後見者靡不化服久之選冀州學正歷國子博士戶部司務所在有積遷刑部員外郎會魏奄以冒功靡茅土封京官爭題楔䛕之同列請署名惟懷笑謝曰吾若列名於是有愧元祐石工多矣堅不許後璫敗諸署名者皆得罪獨得無坐人始服其先見崇禎初晉郎中奄黨若五虎

五彪諸獄悉屬攷案爲之引繩披根無所枉撓其案呈凡數千言奏下之日輿論大快至如敉救關節兩案事係國體尤持論平允大司寇倚重焉出守韶州數辨寃獄敷惠政韶人畏愛交至俄罹謗賴廷議得白嘗調以病乞假歸道卒居恆孝友廉讓事大父母死生協禮事繼母得其歡心爲宗黨所稱著有儉齋文集藏於家其書法最有名

史玉池先生傳　明史稿

史孟麟字際明宜興人萬歷十一年進士授庶吉士改吏科給事中疏劾少詹事黃洪憲典試作奸左都御史吳時來沮抑言路執政庇之格不行員外郎趙南星主事姜士昌相繼劾兩人并及副都御史詹仰庇執政滋不說吏科都給事中陳與郊素附執政屬同科給事中李春開三疏訐南星士昌妄言帝止下春開疏而留南星士昌奏不發給事中王繼光萬自約不平復抗章論時來等詞甚峻切孟麟亦上疏力攻春開語并侵執政因求罷不許孟麟竟自引歸春開亦謝病去後以考察罷孟麟尋召爲兵科右給事中二十年大學士趙志皋張位言凡會議會推並令廷臣類奏取自上裁用杜專權孟麟疏爭曰自臣通籍以來竊見閣臣侵部院之權言路希閣臣之指官失其守言失其責久矣陛下更置輔臣

與天下更始政事歸六部公論付言官天下方欣欣望治奈何忽有此令曩太祖罷中書省分設六部恐其專也而官各有職不相侵越則又惟恐其不專蓋以一事任一官則專不爲害即使敗事亦罪有所歸此祖宗建官之意也今令諸臣各書所見類奏以聽上裁則始以一部之事分而散之於諸司究以諸司之權合而收之於禁密事雖上裁旨由閣擬脱有私意奸其間內託上旨外諉廷言誰執其咎又脱有馮保張居正者夤緣爲奸授意外廷小人趨承扶同罔上朝廷不得察其非當官不能爭其是又誰執其咎臣竊謂政權分之六部不可以爲專惟六部不專則必有專之者是乃收攬威權之漸必不可從也忤旨不納再遷吏科都給事中三王並封議起孟麟于孔兼等詣王錫爵邸爭之又進或問一篇別白尤力尚書孫鑨考功郎中趙南星掌癸巳京察孟麟實佐之南星以譏言斥孟麟亦引疾歸召拜太僕少卿復以疾去孟麟素砥名節復與東林講會時望益重家居十五年召起故官督四夷館會覩梃擊事疏請册立皇太孫絶羣小覬覦之望且救御史劉光復帝怒謫兩浙鹽運判官熹宗立稍遷南京禮部主事累擢太僕少卿卒

鄒南皋先生傳　明史稿

鄒元標字爾瞻吉水人九歲通五經泰和胡直嘉靖中進士官至福建按察使師歐陽德羅洪先得王守仁之傳元標弱冠從直游卽有志聖學舉萬歷五年進士觀政刑部張居正喪父奪情元標憤抗疏切諫且曰陛下以居正有利社稷耶居正才雖可爲學術則偏志雖欲爲自用太甚其設施乖張者如州縣入學限以十五六人有司希指更損其數是進賢未廣也諸道決囚亦有定額所司懼罰數必取盈是斷刑太濫也大臣持祿苟容小臣畏罪緘默有今日陳言而明日獲譴者是言路未通也黄河泛濫爲災民有駕簏爲巢啜水爲餐者而有司不以聞是民隱未周也其他用刻深之吏沮豪傑之材又不可枚數矣伏讀勅諭朕學尙未成志尙未定先生旣去前功盡隳陛下言及此宗社無疆之福也雖然學

固未成矣弱成聖學者未可謂在廷無人也志固未定矣輔翼聖志者未可謂在廷無人也且幸而居正丁艱猶可挽留脫不幸遂捐館舍陛下之學將終不成志將終不定耶此臣所未解也臣觀居正疏言世有非常之人然後辦非常之事若以奔喪爲常事而不屑爲者不知人惟盡此五常之道然後謂之人今有人於此親生而不顧親死而不奔猶自號於世曰我非常人也世不以爲喪心則以爲禽彘可謂之非常人哉疏就懷之入朝適廷杖吳中行等元標俟杖畢取疏授中官紿曰此乞假疏也及入居正大怒亦廷杖八十謫戍都勻衛衛在萬山中夷獠與居元標處之怡然益究心理學學以大進巡按御史承居正指將害元標行次鎭遠一夕暴死謫居六年居正歿召拜吏科給事中首陳培聖德親臣工肅憲紀崇儒行飭撫臣五事尋劾罷禮部尙書徐學謨南京戶部尙書張士佩徐學謨者嘉定縣人嘉靖中爲荆州知府景恭王之藩德安欲奪荆州城北沙市地學謨力抗不予爲王所劾下撫按逮問改官荆州人德之稱沙市爲徐市萬歷中由張居正所引累遷右副都御史撫治鄖陽居正歸葬父學謨事之謹召爲刑部侍郎越二年擢禮部尙書自弘治後禮部長非翰林不授惟席書以言大禮故由他曹遷萬士和不由翰林然先歷其部侍郎學謨徑拜尙書廷臣以居正故莫敢言居正卒學謨急締姻於大學士申時行以自固及奉命擇壽宮通政參議梁子琦劾其始結居正繼附時行詔爲奪子琦俸元標復劾之遂令致仕歸慈寧宮災元標復上時政六事中言臣曩進無欲之訓陛下試自省果無欲耶寡欲耶語云欲人勿聞莫若勿爲陛下誠宜翻然自省加意培養當是時帝方壯齡留意聲色游宴謂元標刺己怒甚降旨譙責首輔

時行以元標已門生而劾罷其姻學謨亦心憾遂謫南京刑部照磨就遷兵部主事召改吏部進員外郎以病免起補驗封陳吏治十事民瘼八事疏幾萬言所司不能盡用文選缺員外郎尙書宋纁請用元標久不獲命纁連疏趣之給事中楊文煥御史何選亦以爲言帝怒詰責纁謫文煥選於外而調元標南京刑部尙書石星論救亦被譙讓元標居南京三年移疾歸久之起本部郎中不赴旋遭母憂里居講學從游者日衆名高天下中外疏薦遺佚凡數十百上莫不以元標爲首卒不用家食垂三十年光宗立召拜大理卿未至進刑部右侍郎天啟元年四月還朝首進和衷之說言今日國事皆二十年諸臣醖釀所成往者不以進賢讓能爲事日錮賢逐能而言事者又不降心平氣專務分門立戶臣謂今日急務惟朝臣和衷而已朝臣和天地之和自應向之論人論事者

各懷偏見偏生迷迷生執執而爲我不復知有人禍且移於國今與諸臣約論一人當惟公惟平毋輕搖筆端論一事當懲前慮後毋輕試耳食以天下萬世之心衡天下萬世之人與事則議論公而國家自享安靜和平之福因薦涂宗濬李邦華等十八人帝優詔褒納居二日復陳拔茅闡幽理財振武數事及保泰四規且請召用葉茂才趙南星高攀龍劉宗周丁元薦而恤錄羅大紘雒于仁等十五人帝亦褒納初元標立朝以方嚴見憚晚節造詣純粹不復形崖岸務爲和易或議其遜初仕時元標笑曰大臣與言官異風裁踔絶言官事也大臣非大利害卽當護持國體可如少年悻動耶時朋黨方盛元標心惡之思矯其弊故其所薦引不專一途嘗欲舉用李三才因言路不與元標卽中止王德完譏其首鼠元標亦不較南京御史王允成等以兩人不和請帝諭解元標言

臣與德完初無纖芥此必有人交搆其間臣嘗語朝士曰方今上在冲歲敵在門庭祇有同心共濟儻黨同伐異在國則不忠在家則不孝世自有無偏無黨之路奈何從室內起戈矛耶帝嗣位已久而先朝廢死諸臣猶未贈卹元標再陳闡幽之典言益懇切其年十二月改吏部左侍郎未到官拜左都御史明年典外察去留惟公御史潘汝楨過庭訓雅有物議及庭訓秩滿汝楨注考溢美元標疏論之兩人並引疾去巳言丁巳京察不公專禁錮異巳請收錄章家禎丁元薦史記事沈正宗等二十二人由是諸臣多獲昭雪又言明詔收召遺佚而諸老臣所處猶是三十年前應得之官宜添注三品崇秩昭陛下褒尊耆舊至意帝納其言於是兩京太常太僕光祿三卿各增二員孫愼行之論紅丸也元標亦上疏曰乾坤所以不毀者惟此綱常綱常所以植立者恃此信史臣去年舟過南中南中士大夫爭言先帝猝然而崩大事未明難以傳信臣初不謂然及旣入都爲人言先帝盛德宜速登信史諸臣曰言及先帝彌留大事令人閣筆孰敢傾此臣始有疑於前日之言元輔方從哲不伸討賊之義反行賞奸之典卽謂無其心何以自解於世且從哲秉政七年未聞建樹何事但聞馬上一日三趣戰喪我十萬師徒試問誰秉國成而使先帝震驚誰秉國成而使奸人闖宮誰秉國成而使豺狼當路憸邪亂政從哲何詞以對從來懲戒亂賊全在信史失今不成安所底止時刑部尚書黃克纘希內廷意羣小和之而從哲世居京師黨附者衆崔文昇黨復彌縫於內格愼行與衆議皆不得伸未幾愼行及王紀偕逐元標疏救不聽元標自還朝以來不爲危言激論與物無猜然小人以其東林也猶忌之給事中朱童蒙郭允厚郭興治慮明年京察不利巳

潛謀驅逐會元標與馮從吾建首善書院集同志講學童蒙首請禁之元標疏辨求去帝巳慰留允厚復疏劾語尤妄誕而魏忠賢方竊柄傳旨謂宋室之亡由於講學將加嚴譴葉向高力辨且乞同去乃得溫旨興治及允厚復交章力攻興治至比之山東妖賊元標連疏請益力詔加太子少保乘傳歸陛辭上老臣去國情深疏歴陳軍國大計而以寡欲進規人爲傳誦四年卒於家明年御史張訥請毀天下講壇力詆元標忠賢遂矯旨削奪崇禎初贈太子太保吏部尚書諡忠介

馮少墟先生傳　　明史稿

馮從吾字仲好長安人萬歷十七年進士改庶吉士授御史巡視中城閹人修刺謁拒卻之禮科都給事中胡汝寧傾邪狡猾累劾不去從吾發其奸遂調外時當大計從吾嚴邏偵苞苴絕跡二十年正月抗章言陛下郊廟不親朝講不御章奏留中不發試觀戊子以前四裔効順海不揚波已丑以後南倭告警北寇渝盟天變人妖疊出累告厲精之效如彼怠斁之患如此近頌敕諭謂聖體違和欲借此自掩不知鼓鐘於宮聲聞於外陛下每夕必飲每飲必醉每醉必怒左右一言稍違輒斃杖下外廷無不知者天下後世其可欺乎願陛下勿以天變爲不足畏勿以人言爲不足恤勿以目前晏安爲可恃勿以將來危亂爲可忽宗社幸甚帝大怒欲廷杖之會仁聖太后壽辰閣臣力解得免尋告歸起巡長蘆鹽政

潔已惠商奸宄斂迹既還朝適帝以軍政故大黜兩京言官從吾亦削籍猶以前疏故也從吾生而純懿長志濂洛之學受業許孚遠罷官歸杜門謝客取先正格言體驗身心造詣益邃家居二十五年光宗踐阼起尚寶卿進太僕少卿並以兄喪未赴俄改大理天啟二年擢左僉都御史甫兩月進左副都御史廷議三案從吾言李可灼以至尊嘗試而許其引疾當國何心至梃擊之獄與發奸諸臣爲難者卽奸人也由是羣小惡之已與鄒元標共建首善書院集同志講學其中給事中朱童蒙遂疏詆之從吾言宋之不競以禁講學故非以講學故也我二祖表章六經天子經筵皇太子出閣皆講學也臣子以此望君而已則不爲可乎先臣王守仁當兵事倥傯不廢講學卒成大功此臣等所以不恤毀譽而爲此也因再稱疾求罷帝溫詔慰留而給事中郭允厚郭興治復相繼詆元標甚力從吾又上言臣壯歲登朝卽與楊起元孟化鯉陶望齡輩立講學會自臣告歸乃廢京師講學昔已有之何至今日遂爲詬厲因再疏引歸四年春起南京右都御史累辭未上召拜工部尚書會趙南星高攀龍相繼去國連疏力辭予致仕明年秋魏忠賢黨張訥疏詆從吾遂削籍鄉人王紹徽素銜從吾及爲吏部使喬應甲撫陝捃摭百方無所得乃毀書院曳先聖像擲之城隅從吾不勝憤悒得疾卒崇禎初復官贈太子太保謚恭定學者稱少墟先生

孫淇澳先生傳　明史稿

孫愼行字聞斯武進人幼習聞外祖唐順之緒論卽嚮學萬歷二十三年舉進士第三人授編修累官左庶子數請假里居鍵戶息交覃精理學當事請見率不納有以政事詢者不答四十一年五月由少詹事擢禮部右侍郎署部事當是時郊廟大享諸禮帝二十餘年不躬親東宮輟講至八年皇長孫九齡未就外傅瑞王二十三未婚楚宗人久錮未釋代王廢長立幼久不更正臣僚章奏一切留中福府莊田取盈四萬頃愼行並切諫已念東宮開講皇孫出閣係宗社安危疏至七八上代王廢長子鼎渭立愛子鼎莎李廷機爲侍郎時主之其後羣臣爭者百餘疏帝皆不省愼行屢疏爭乃獲更置楚宗人擊殺巡撫趙可懷爲首六人論死復錮英嫌等二十三人於高牆禁蘊鈁等二十三人於遠地愼行力白其

非叛諸人由此獲釋皇太子儲位雖定福王尚留京師須莊田四萬頃乃行羣小多窺伺廷臣請之國者愈衆帝愈遲之愼行疏十餘上不見省最後貴妃廹羣議無策復留王請帝留王慶太后七旬壽節羣議益籍籍愼行乃合文武諸臣伏闕力請大學士葉向高亦爭之强帝不得已許明年季春之國羣情始安韓敬科場之議愼行擬黜敬而家居時素講學東林敬黨尤忌之會吏部缺侍郎廷議改右侍郎李鋕於左而以愼行爲右命俱未下御史過庭訓因言鋕未履任何復推愼行給事中元詩教和之愼行遂四疏乞歸出城候命帝乃許之已而京察御史韓浚等以趣福王之國謂愼行邀功列之拾遺疏中帝察其無罪獲免熹宗立召拜禮部尚書初光宗大漸鴻臚寺丞李可灼以紅鉛丸藥進俄帝崩廷臣交章劾之大學士方從哲擬旨令引疾歸賚以金幣天啟元年四

月愼行還朝上疏曰先帝驟崩雖云夙疾實緣醫人用藥不審閱邸報知李可灼紅丸乃首輔方從哲所進夫可灼官非太醫紅丸不知何藥乃敢突然以進昔許悼公飲世子藥而卒世子卽自殺春秋猶書之爲弒然則從哲宜何居速引劍自裁以謝先帝義之上也合門席藁以待司寇義之次也乃悍然不顧至舉朝共攻可灼僅令回籍調理豈不以已實薦之恐與同罪與又豈以已實忠愛不知爲罪歟許世子以死愛父尚不能自明從哲之愛先帝於何處明乎臣以爲從哲縱無弒之心卻有弒之事欲辭弒之名難免弒之實實錄中卽欲爲君父諱不敢不直書方從哲連進藥二丸須臾帝崩恐百口無能爲天下萬世解也然從哲之罪實不止此先是則有皇貴妃欲爲皇后事古未有天子既崩而立后者儻非禮官執奏言路力持幾何不貽禍宗社哉繼此則有諡皇祖爲

恭皇帝事歷考晉隋周宋其末世亡國之君率謚曰恭而以加之我皇祖豈眞不學無術實乃咒詛君國等於亡王其設心謂何後此則有選侍垂簾聽政事劉遜李進忠么麽小監何遂膽大揚言說者謂二豎早以金寶輸從哲家若非九卿臺諫力請移宮選侍一日得志陛下幾無駐足所聞爾時從哲濡遲不進科臣趣之則云遲數日無害任婦寺之縱橫忍君父之杌隉爲大臣者宜爾乎臣在禮言禮其罪惡逆天萬無可生之路若其他督戰悞國罔上行私縱情蔑法干犯天下之名義釀成國家之禍患者臣不能悉數也大抵從哲挾私任術寡廉鮮恥其智力不用以奉公室而用以遂私門其權謀不用以扞外侮而用以耗國脈春秋無將漢法不道陛下宜急討此賊雪不共之讐毋詢近習近習皆從哲所攀援也毋拘忌諱忌諱卽從哲所布置也并急誅李可灼以洩神人

之憤時朝野方惡從哲慎行論雖過刻然爭韙其言顧近習多爲從哲地帝乃報曰舊輔素忠慎可灼進藥本先帝意卿言雖忠愛事屬傳聞并進封移宮事當日九卿臺諫官親見者可據實會奏用釋羣疑於是從哲疏辨刑部尚書黃克纘佑從哲亦曲爲辨慎行復疏折之曰由前則過信可灼有輕進藥之罪由後則曲庇可灼有不討賊之罪兩者均無辭乎弑也從哲謂移宮有揭但諸臣之請在初二從哲之請在初五爾時章疏入乾清不入慈慶者已三日國政幾於中斷非他輔臣訪知與羣臣力請其害可勝言哉伏讀聖諭輔臣義在體國爲朕分憂今似此景象何不代朕傳諭一言屏息紛擾君臣大義安在又云朕夌虐不堪晝夜涕泣六七日夫從哲爲顧命元臣使少肯義形於色何至令聖躬憂危如此惟阿婦寺之意多戴聖明之意少故敢於陵皇祖悖皇考而欺陛

下也末復力言克纘之謬章並下廷議既而議上惟可灼下吏戍邊從哲置不問山東巡撫奏五月中日中月星並見慎行以爲大異疏請修省語極危切秦王誼漶由旁枝進封其四子法不當封郡王厚賄近倖遂得溫旨慎行堅不奉詔三疏力爭不得二年七月謝病去其冬廷推閣臣以慎行爲首吏部侍郎盛以弘次之魏忠賢抑不用用顧秉謙朱國禎朱延禧魏廣微朝論大駭葉向高連疏請用兩人竟不得命已忠賢大熾議修三朝要典紅丸之案以慎行爲罪魁其黨張訥遂上疏力詆有詔削奪未幾劉志選復兩疏追劾詔撫按提問遣戍寧夏未行莊烈帝嗣位以赦免崇禎元年命以故官協理詹事府力辭不就慎行學既深造其操行嶠然不淄爲一時搢紳冠朝士數推轂入閣吏部尚書王永光力排之迄不獲用八年廷推閣臣屢不稱旨最後以慎行及劉宗周林釬名上帝即召之慎行已得疾既入都未及陛見而卒贈太子太保謚文介

東林書院志卷之八終

東林書院志卷之九

列傳二

吳觀華先生傳　　華貞元

先生名桂森字叔美別號觀華延陵季子後也父給諫震華公母孺人曹氏嘉靖乙丑歲八月二十三日生先生乙亥給諫公歿先生年甫十一戊子遊庠辛卯廩諸生己亥曹孺人歿先生年三十五曰吾終日呫嗶冀得寸進以慰母耳今已矣即斷名心曰吾聞人子以不辱身爲孝乃從事問學甲辰東林書院成吳越士友會集其中先生以朋友講習不可不謹約爲朔會折衷於景逸高先生五經不可不講約爲經會參酌於明經諸友凡相約爲會者又不但以講而以心砥新錢師廼迫欲以易授謂先生曰我之求人甚於人之求我癸丑冬設皋比東林迎錢師講易旋與諸友約曰吾輩入東林決不可資人之勢先生蓋將人隱微俗腸抉出令轉向高明路頭耳師卒講喜甚曰吾道行於錫矣迨東林大會高先生推先生講席曰今日之會始真每赴毘陵經正堂會錢師獨以先生名點示衆友曰此真道學乙卯先生年五十一以真舉試第一師曰觀華出司教尚有人先生曰吾從東林先生遊朝斯夕斯終身焉於斯庶幾有聞耳矣丙辰倡道鵝湖諄諄以當今此學孤立責大事難相勉丁巳仲春會錢師曰一息千秋先生廼就錢師於龜山以易正焉草像象述避作不敢居錢師歿先生偕余與恕行儲先生會龜山三年廬冢之思也嗣後歲會毘陵以繼其志謂諸友曰入錢師之門方知立身行己之嚴名利心絲毫未斷勿得言學戊午舉家會會必手書詩禮兩條粘之壁曰居家而理止是性情調攝就詩禮可味也辛酉高先生北上以東林囑先生主盟

向奉教高先生者咸皈依先生高先生曰觀華善用易易道其復興乎乙丑毀書院人諱講學是時堅志者數人僻遠間起容有之然無講習之所矣九日會鴻山盤旋石壁之下吟曰坐談莫畏西風急立酒斟時宇宙春兌而震也其先生之洊雷乎會蓬萊會華藏會荊溪會於山之首河之干在處提醒焉當黑夜時種得星星火以待日坎而離也其先生之繼明乎憶余初交時覺先生臨下太嚴情如不能達性稍急有不可於心則發或移時不解先生曰吾近返家庭左右前後渙然各心學問不得力正在此然庶幾所以感之者曰需而已矣後乃愈和人得先生懽有事喜色相商能得隱情如一二童僕若自率其天者先生以藏身之恕喻之人蓋久而徵矣親者如其親故者如其故笑語歡狎人自意適焉道雖孤高相與無異朋友各如其朋友謂講習不可久輟春和則會秋爽則會歲暮爲考德課功時則會曰草野之人自相聚樂諒無與時禁也茹淡衣素非爲節省就便濟施必以義急人難不居德曲體人情不狥情無藝之征必如其令暮夜私之不驚驟橫逆卒至則謹避之絕不向人言修形豐頤神凝氣爽格清而色榮潤意趣暢而節制自存心事顯明用意微婉無事靜坐卓然豎起如緊握然有事應酬專一無二必期了結纔了便休講論必嚴又每大段發出不瑣屑聽人講忻忻如也竟其說不漏一語亦不從中斷絕橫起一見有不合曰且商量言而當輒錄之友有悟未到者或爭之急曰且從容其自認了悟者不爲置辨慕名而來殊不見意趣則任其去聞一友根器善亟致之徐爲開導後生小子念頭向上即忘年下之以致誘掖有縉紳開講而借重先生者卒不一就其爲量大任人飛躍不束以繩度其爲教微非細心觀察不知其意

義所在也先生曰中節者天理合縫處也自然和余故審視於容色言動處己處人之際稍得先生之和卽其可見而其不可見者躍如矣余與先生相處最久親先生矣懼行己不可對先生尤懼獨知萌念處不可對先生若乃人之領取不同則又各厭所欲而去此先生風雷物物震動而巽入之也先生學力大改過勇實就氣質變化又從難克處克將去勤敏讀書日用飲食皆體察實地尊師取友嚴憚切磋乃陶鑄實功理明則心靜心愈靜則理愈明兩者交養日有進益不可量也先生一日睡起結裍豁然如大寐得醒向來諸想忽爾解脫余問作何景象先生曰一念不起鬼神莫知默識乎此一可主矣東林學脈言體必於用離體無用離用亦無體言悟必於修不悟何修不修亦何悟先生蓋經二十多年切身修証而一朝聞之豈易言歟譬如虎之可畏人盡會說終不

似曾經虎傷者出口自異爲實見得也丙寅高先生歿乃敘明與以來七先生語錄合爲一編復剖其異而表其同曰眞儒一脈戊辰著一班錄至如禪門直指修眞要訣則就心與氣之同而揭其端頭之異未見道卽是博雜既見道無非窮理也共謂高先生之道一以貫之夫亦見而知之也歟向問先生睡時若何曰吾睡不便放倒須收攝此心至是而靜焉致虛動焉致察無非心矣故曰乾以居之冒天下之道學者最苦物欲之累動卽撲滅之終未得力先生曰不在動念時也爲胸中尙留得些子根枝看來只是心君不出頭之故心君不出頭看來又只是敬不足之故夫乾其靜也專專之爲義主一之謂本體惟是一箇本體工夫須做專主工夫一非落空主不着相不落空一卽是主不着相主卽是一敬成片段一可得矣數年來先生舊病時發愛先生者常以藥餌勸或

謂可鍼而愈或謂某得老氏術可邀致之先生亦未直拒也微笑而不答病少間輒看書尋復會友若并其病而忘之余故謂己亥以後透過名利關乙丑以後透過災禍關此則生死關頭抑且透過二氏一大事爲了生死吾儒一大事爲了性命生死是一己生死性命是天地民物公共性命崇禎二年己巳尤復書院先生卽自經營先搆麗澤堂不日成之與經畲忠餘兩鄒先生倡和其中諸友輳集喜覩舊時威儀先生曰冷淡莫如今日卽今來者向學者也越冷淡越眞切庚午賓筵尊先生於乾位詔修熹廟實錄入先生工圖傳先生嘗謂余曰凡事放得下惟放東林不下余則謂凡事放得下故放東林不下放不下者何天理民彝不容泯滅者也又語余曰當年被難諸君係大關係卻未知易學今有以易來者雖病臥床褥猶當强語之蓋以廣吾師之教也先生著乾坤否

泰之說直是以人道挽回造化眞消息而學易金鍼則引向入門而挈其要領雖不得其人面授一生學易精神已世世矣從來聖賢非通卽窮文序先困後井孔序先井後困反覆原只一事辛未春先生退處僻巷懸雌雄困象也時也壬申懸朱子像以歿身相遇也可知井通矣十一月朔余赴會東林先生竟於是日長逝余謂先生進道譬之山焉望而趨之一步近一步登而陟之一步超一步至頂以上己不屬山則向年豁然大悟者不容說矣天一也其下有山歟其在山中歟卽上卽下卽內卽外邈而奇也其先生之一貫歟

墓誌銘

鄒期禎

覲華先生萬歷間以明經高等薦盍古徵君流也稱素衣何居先生志也先生早歲廩於庠膺薦時譏艾耳人謂先生厚儲遠發一

第不難而先生不屑也即不然而以明經起家當新朝破格用人之際大用不難而先生亦不屑也抱牀頭易退而從東林諸先生游波褐以老每自署東林素衣故學者稱爲素衣先生云先生氣格魁梧神采奕奕其尊人給諫公奇之期以遠大當其業舉子時便已手書周易朝夕玩味若有夙契者然會甲辰歲涇陽景逸諸先生興復龜山書院會四方名公講學先生欣然偕季君揚華往焉有所得歸而書之咀嚼不倦壬子猶以賓興第一游京兆不售遂謝舉業先是庚戌謀之兩兄紹華見華二公及季君爲五經會召一邑當門名家共相參訂每會奉
先師像於堂集一門子姓尊卑長幼數十人輪講五經闡發聖賢教人之旨言言約到身心以追琢太上不朽第一義辰集酉散菜羹蔬食敝衣芒履綽有雅趣而子弟斌斌稟業肅如雍如等常迎

賓燕客之所儼然杏壇一會矣三年經會竣復彷義門鄭氏家會以淑子弟日異而月不同月異而歲不同更覺斐然乙卯需次貢邑令登其堂見門閫如故異之北上時景逸先生餞於東林贈以詩曰君趨北闕瞻堯日我向東林樂點春先生微笑曰吾以例不能無行聊結諸生之局此行也涉長江遡黄河望泰嶽一瞻天子宮闕即當返初服不能以東林風月獨讓先生也試畢遄歸尋東林舊業時啟新先生有經正堂會啟新先生者先生尊人給諫震華公之年友也邃於易先生往會聞其易而旨之歸而謀於景逸先生曰安可當吾世而不令錢先生之道行於吾邑耶於是迎至東林授易以兩月卒業適當日至啟新先生闡閉關之義學者無不醉心而先生尤有妙契遂偕荆溪儲君恕行同邑華君始德請於先生納拜受易下帷山房日夜探索幾忘寢食每玩一卦即進

而請証啟新先生點化既有妙手而先生以過人之解發憤求之遂能直抉羲文周孔之精藴而發前人所未發先生歸啟新先生目送之曰吾易在梁溪矣嗣後東林有會則迎啟新先生於上座經正堂有會則偕一二同志往寒暑晦明無輟蓋神魂寢處樂在其中矣啟新先生歿每歲九月偕同志往龜山論學或至經正堂靜坐以志築室三年之意會辛酉冬景逸先生出山則以東林無主者造先生再拜囑以主盟先生曰諾往者先生見贈二語今借以贈先生可矣先生出可令唐虞再見而鄙人亦何敢虚春風沂水之樂耶當是時羣賢蔚起朝野蒸蒸先生代景逸先生司其壇坫而景逸在都中以政暇講學於首善書院三千里外遥相應和一時大儒如少墟馮先生南皋鄒先生輩聞東林有先生羣然向往脈脈神交已而景逸先生請告歸見講堂四座春風喜吾道有

人適先生六秩贈以詩曰龜山此日誰能得屈指東林定屬君景逸先生亦謂偕先生以東林老矣不謂景逸先生再起家少司寇晉總憲而逆璫難作矯旨拆毁海内書院而尤注毒於東林承風者奉命恐後寸椽片瓦靡有孑遺獨道南祠格於邑志所載無可誰何先生不勝扼腕無何景逸先生亦不免先生哭之慟捐白鏹以佐官旗需索之費稍定乃謀之同志講學乃諸先生一段淑世苦心不虞孽小兒忌如此然平陂往復天道之常不久當復興吾輩今日但肩後死之責爲吾分所能爲以待時可耳於是手纂眞儒一脈冠國朝從祀四先生於首而以涇陽啟新景逸三先生繼之敘述道脈淵源閒步至東林憑弔荒墟集同志於道南祠班荆論學相唁也已而相慰未幾逆璫敗聖天子照見景逸先生沉冤卹典屢下賜謚忠憲且以劉侍御言有表章書院之旨先生喜不

能寐亟請於當道議復然景逸先生後人摧殘之餘力不能辦先生曰曩者高先生見托雖力綿不敢任業許之況今日晦而復明忠憲之靈在上其敢忘諸於是同志安无咎氏小築祠旁以館守祠者而先生則獨力建麗澤堂三楹以會友搆小齋三間以栖息過垣數十丈以防斧斤牛羊之入而依庸堂則俟之當仁而大有力者而書院復新當東林之毁也爲丙寅五月適與京師駙馬街天變會而重建落成之日爲己巳十一月又適値京師彪虎復罪之日先生所論平陂往復灼灼不爽自是學者翩然來集先生乃以往年所受錢先生易蘊耳提面命開關起鑰如醍醐灌頂聞者虛往實歸而於來學不便褻殘者皆於先生平館信信宿宿友至如歸不減東林盛時光景凡歷兩寒暑上下經十翼俱徧先生之說易也謂第一要明陰陽大分葢陰陽非一亦非兩其質則有大

小貴賤剛柔動靜之殊其用則剛大所以主柔小而非柔小亦不成剛大柔小所以承剛大而離剛大便不成柔小故用九用六總是一用所以繫辭曰陰陽合德明得陰陽大分然後看八卦八卦性情得然後六十四卦三百八十四爻從源察流條理脈絡一一分明而又有易中眞血脈如程子體用一原顯微無間邵子天根月窟張子一神兩化子錢子卦者挂出一太極挂出一箇天地儀象於人身使戴天履地之人皆知有參天兩地之事又謂乾坤成列而易行乎其中坎乾來主坤也人心之誠也震誠之動艮誠得止也離坤順從乾也人心之明也巽以入之兌以說之自誠明自明誠非誠與明乾坤或幾乎息此皆先生獨得之秘論學則曰敬字甚不易識故先儒言主一又言無適無適之義非精心體認不得能眞誠敬然後能眞無事不言敬而言無事妄也故程子曰學

者須先識仁識字有無窮旨趣識仁則識敬矣曰覺一也從仁義禮智有覺眞覺也此之謂性靈若曰穿衣喫飯運水搬柴此有生後之覺但形靈耳至於廿食悅色正迷而蔽此覺者曰唯聖人心卽理理卽心故與天爲一學者終日察識終日體驗終日保任何有已時講說云乎哉曰胸中絲毫有所爲必不足與議道曰怒最難克惟有一段生意流行則怒不期消而自消矣曰欲念難清欲而依附於理者尤難清語皆入微其論講學謂當今而有一言及學者幾於朝陽之鳴矣然言畢竟非學人第一義朱子曰處貧賤從貧賤上做工夫處富貴從富貴上做工夫此是學人第一義也又謂道學一脈於衰世大不便有三凡講學人於君身先閉逸樂門於權倖先閉威福門於一世先閉賄賂門皆人所大不便則學人之不合時宜何怪其辨王學謂致良知自是千古獨解當時所

詮極完全無弊後人只認知字丟卻致字與本旨毫釐千里其辨禪學曰不煩深辨只一言蔽之曰舍修齊而談性命論治曰治世無奇法只要邪正分明未有人心不正而能開太平者曰春秋二百四十年世道大壞其流毒皆坐利之一字以此卜今日世趨豈不可畏劉念臺先生起家大京兆有防功利一疏謂中興第一疏可也皆是救世名言先生幼有至性方七齡給諫公筮仕河南彰德司理臨行繞膝哭者竟日十一齡給諫公見背哀毁若成人奉母曹孺人愉愉色養事二兄如父事無大小稟而行待季弟曲盡友于之誼遭喪從兩兄後所行一依文公禮彷其制爲喪轝上下山陂靈輴無少軒輊癸巳遭回祿僅存歷事數椽客往唁之見其手一編不輟好行仁義每切己溺己飢之思而於親戚故舊注情尤篤或閔其癸或恤其貧終身不厭聞人急難密爲解紛不令知

且助以金錢有聞先生訃而泣下沾襟者此非聲音笑貌可爲也其訓子姓多格言莊語庚午秋一家兩得雋以其步武庚午喜甚然不效世俗燕飲之樂第集子姓百餘人如向年家會然徵一二執友談說詩書及忠孝大義將別先生爲申言曰今日之會所祝者惟是不隨末俗矯矯自立大要有三字曰讓曰忍曰厚而又曰居家凡子弟有過父兄必任爲己之責卽父兄有過子弟亦必任爲己之責如此交相勸戒家聲庶能不墮聞者皆爲感動晚年充養益粹睟盎可挹音咳和平於來學不問賢愚傾心開導學者有一言可採必筆而書之居平自奉甚菲所食蔬一盂所衣布一縷充然有餘一二蒼頭睢睢于于了無俗態於宅旁覔小構獨居其中疎竹數竿蕭蕭有致自謂樂無踰此余嘗贈以八言先生和云家人問我樂何事踏遍空庭無處尋此其會心何如哉平日深居

簡出卽邑令下車止投一名刺千旄在浚有踰垣閉門之風友至則敬屏酬答茗椀鑪香所談惟義理所証惟身心友退復扃關靜坐終年不惹一事獨於逆璫變起齟齬齒擊謂刑餘何足責獨恨鬚眉化爲陰耳郡侯曾公力衛忠憲與緹騎抗先生不勝感激於其入覲爲詩四章攀轅而送之今上龍飛籙而得豐謂聖天子當有非常舉動已而賜環之命日下麟鳳滿朝乃舉手加額因復東林以爲鼓吹休明助謂老人從此得安衡泌歌咏太平矣其留心世道如此己巳有建言郡邑當徵一二耆宿朔望講學黌宮報可適玉峰非鳴何先生秉鐸吾邑謂此豈異人任惟吳年伯先生乎特借重賓筵先生強起應之適會纂修熹廟實錄詔下郡邑采取時學博冠龍黃君吾弟公寅秉筆稔知先生隱德入鄉賢傳以待新朝幣聘隱然爲一代國史之光云先生向論國朝儒宗於布衣中自從祀胡敬公外至吳聘君曰此翁眞以聖賢自期待古今罕見又嘗言每見陳剩夫周小泉王心齋三布衣發志處令人心神躍躍此其所契遠矣何必服冕乘軒以爲榮哉稱曰素衣先生卽以千秋可也先生之學其入門在窮經其砥礪在會友其實踐在體認入德其妙悟在直見乾元其涵養在終日乾乾一語蓋其識趣高明壯歲卽能擺脫功名二字歸併一路而適遇錢高兩大儒交爲夾輔故其一往深詣遂能登峯造極如此先生世受尚書而旁通諸經至於易則性命以之嘗言觀象玩辭觀變玩占易之妙全在能玩愈玩愈無窮易方到得身上不徒口耳所著有像象述像象金鍼易說譚易隨問其大旨得之敬新先生而復引伸觸類闡其未悉之奧他著述不下百種如眞儒一脈一癍錄書經說曲禮註釋春秋大全纂四書講義皇明開泰錄息齋筆記存笥草四

名家二妙集不可殫述其餘天文地理醫卜星歷之類無所不通貫而非其好也先生疾在肝肺二家一日讀程子未有好學致病之語稍加頤養病良已丙寅慟高先生復作旋發旋愈講易不輟平生所見書無不讀讀無不纂纂無不手錄近年再書周易全文妙楷精工錦帙牙籤極其珍重盖性所嗜也今年秋季喜景逸先生朱子要書散而復合手不能釋猶恐學者不知摘者之旨取朱子全書按次對訖命諸子曰先生此書各宜寫一部細玩方知人要如此做功未及半覺體中作惡然猶矻矻不休眞有不知老之將至者焉一日屈指謂諸子曰吾病至仲冬朔恐有別症易簀前一日午刻忽呼熱水濯足晚命易一新單盥漱至再就寢半夜作喘起坐呼蒼頭問曙星在何處蒼頭以復曰四更矣諸子環侍先生端坐如故少頃脩然而逝果以仲冬朔日此其去來抑何了了

殆庶幾通晝夜而知者乎至此而先生渾身皆易矣如先生者方謂之眞學謂之眞儒忠憲歿先生肩後死之責先生歿誰其肩後死之責哉余益誌先生而不能無感也已

華認菴先生傳

華允誼

萬曆甲辰間顧端文高忠憲兩先生倡復書院講明程朱絕學毘陵錢啓新先生復説易東林直提人象曠若發蒙一時有志之士蒸蒸爽起而卒成爲眞儒者惟覲華吳先生從叔認菴先生兩先生並受易啓新師覲華力大而識敏開拓心胸勇進勤從學未易殫究先生體約而思精深心密詣切入性體其於易殆飲食衣被其中終身焉勿斁也葢先生至性孝友事父靜菴翁母呂孺人篤孺子慕弗忍暫違左右二十七遊庠三十五庚寅始就城館赴覲華五經會先生潛心大全説易每令人頤解高先生亟語曰所重不在講先生心識焉癸丑從錢師受易丙辰館伯兄燕超所伯兄自謁高先生不覺通身汗悚志升而習降特延先生相與晨夕討論摩切身心季弟汝立深信不疑卽肅拜受教庚申先生赴仲冬

望會高先生特留靜坐徹夜且凝神肅穆數問先生如何先生茫無以應益瞀然內省得靜坐説敬陳几上如對神明久之始知平平常常默然靜去是性體一毫意見着不得是戒懼功夫雖熟處難忘而好惡炯然知所取舍辛酉三月赴仲丁祭祭前齋戒復偕靜座高先生事來卽應事不凝心應了復坐心無一事始知學問要約只是此性一性瑩然靜如是動亦如是無隱之教更切爾壬戌家季既第歸泊然榮進銳意向往亟師事高先生先生實介紹焉癸亥館陸明逵家高先生時相約過從徹叩心得先生曰雜念不能無只覺得差早高先生首肯示立本兩字乙丑書院燬丙寅二月赴覲華家會高先生在坐復語以擇善立本善則生生滿前本則洗心藏密頂門下鍼不啻鄭重三月難作高先生脫然委化痛悼深切莫可告語惟日勤教言拳拳弗失而已壬申冬覲華復

逝去先生與覲華志一道同歲數會會必留相切磋覲華又善用
易懲窒遷改師型友澤肺腑相輸委至是益不勝德孤之感癸酉
館族弟家始祖專祠之議倡自先生家季殫心力成之祠成而肅
雍之道興焉嗣是家居者累年口手一編悅心研慮體之身驗之
家門以內誠積而感通更凜凜藏身之喻也癸未甲申復來舍下
恆半日靜坐半日送難析疑得畢商上下經易義國變後世滿冝
羅先生所居幸僻遠知己靜集和風拂坐清氣洗人然不敢出門
一步矣大約先生之學三四轉手一受命高先生逮深造自得微
顯融會益信聖賢之言字字句句日用所必需用則安不用則危
用則吉不用則凶一切逆順得失落地分定略不由人添減惟旦
晝勿梏分別界分清楚義理尤著殊便取用自怡悅爾故壘恥絣
罄或竟日不舉火而孔顏樂意氤氳滿懷病甚羸骨支牀愬愬勿

敢委墮暝然後已父母喪困瘁幾不勝卒賴學力堅凝黽勉詳慎
無纖毫貽悔於厥心生萬歷丙子卒今壬辰年七十有七丙申春
仲邑中同志友奉主道南祠儼然與疇昔諸君子並俎豆一堂嗚
呼先生可以無憾論曰古道衰莫甚於師友如先生於忠憲於覲
華寤寐心師形神在友古人哉一脈梯接以迄家季又何淵源朌
合不爽也憶甲子冬忠憲解職還里先生徵問曰都人士有識先
生者否曰未也惜矣人在天中不見天先生則邈矣忠憲微笑曰
弟違世非邈也相視莫逆若此哲人云亡先生時同家季閉門掃
軌兀坐斗室先生收視返聽凝神不分家季整齊嚴肅澹若無思
爲者而胸次淨徹天宇如洗先生恆望而喻焉蓋一之至矣家季
之得統於忠憲也唯先生實啟之豈偶然之故歟

安貧說爲華訒庵作

吳桂森

春日同志會集偶談及安貧樂道之可貴者愚曰道未易言也若
貧而樂則華訒庵有焉爾騰龔君聞之欣欣向慕願得華先生之
樂也囑愚請其說訒庵至則舉斯語爲爾騰請訒庵笑曰夫安貧
者有道可樂也吾未知道惡能樂則貧又惡能安張子有云其實
只是計窮力屈才短不能營畫耳愚曰吾見貧者衆矣惟先生之
貌愉愉然鼻端栩栩然無時不自足者豈無道而能處之若是先
生曰吾不知所以處貧也而知以貧處身愚曰處身何如先生曰
貧無食矣處之使有食吾惡乎能以無食處吾身而藜藿等於膏
粱矣貧無衣矣處之使有衣吾惡乎能以無衣處吾身而韋帶等
於輕煖矣故凡吾之所需求增之不能則以自減補之既減之不
足則以自勤補之是以歲不入者屢矣計吾食未能半給也吾朝
得粥一溢焉午得粥一溢焉則得之於減也粥又不可繼吾場之

瓠纍纍可摘庭之蔬生生可採耘之植之未嘗一日輟吾鋤者則
得之於勤也愚曰減之善矣如苦而不甘何勤之善矣如勞而不
逸何處貧之難正惟是勞與苦情有不可堪則何以處之先生曰
吾以義處之藜藿何味曰吾義也咀之有餘味荷鋤何趣曰吾義
也操之有餘趣故凡一切世味中所必不可已與必不可堪者吾
以義視之而不可已者不覺自已不可堪者不覺能堪是以人於
貧或超而出之吾於貧常穴而入之也尚得爲善貧乎哉桂森曰
噫唏至哉言也先生自謂以貧處身實以貧處心也心得其處矣
則境遇之順逆難易若浮雲之變遷而太虛常定夫安得而不樂
是故人皆求出於貧之外先生能入於貧之中求出於貧者日勞
而日拙能入於貧者日逸而日休是道也無入不自得之道也無
入不自得道有妙於此者乎請以是爲爾騰復

丁景素先生傳　明史稿

于孔兼字元時金壇人萬歷八年進士授九江推官入爲禮部主事再遷儀部郎中疏論都御史吳時來晚節不終不當謚忠恪因請謚楊爵陳瓚孟秋乃奪時來謚而謚爵忠介大學士王家屏以爭冊立求去孔兼上言陛下徇内嬖之情而搖主鬯之器逐敢諫之臣天下萬世不識謂陛下何如主申生廢而晉國亂楊廣立而隋祚亡古人覆轍後代永鑒且貴妃一時之狐媚雖能惑主而陛下他年色愛既弛必興怨艾奈何不納輔臣之言反重諫官之罰且移怒吏部削籍三人夫萬國欽獲罪申時行饒伸獲罪王錫爵非獲罪於陛下也輔臣於數千里外能遙制朝權若此毋乃陛下以此示恩欲其復來共成他圖耶自陛下有近日之舉而善類寒心邪臣鼓掌將來逢君必巧豫教無期申生楊廣再見於今此宗

廟之不利非直臣等憂也帝得疏怒甚已竟罷中明年正月有詔並封三王孔兼與員外郎陳泰來合疏爭曰立嫡之訓自古有之然歷考祖宗以來未有虛東宮之位以候嫡子者待中宮產子必宮闈中有鐘鼓之樂若文王之於后妃而後螽斯之慶可望陛下當自知之昔陛下正位東宮年甫六歲仁聖皇太后方在盛年先皇帝曾不少待陛下豈不省記乎地逼則嫌生禮殊則分定願收還新論建儲封王一時並舉宗社幸甚未報孔兼又言陛下堅持待嫡之說既疑羣臣謗訕又謂朝綱倒持遂欲坐諫者以無禮於君之罪夫謂元子當立不容緩者君子也此有禮於君者王如堅諸人是也謂並封可行逢上意者小人也此無禮於君者許夢熊一人是也今欲以無禮之罪而加之有禮於其君者何以服人心昭國法臣又惟巫蠱之謗啟於堯母承乾之誅成於偏愛自古亂臣未有不窺人君之隙而逢迎以遂其奸者蓋至後日而追尋禍始錫爵之兩論並擬其負國誤君大矣既不能轉移君心決計於初遂乃以杜門求去爲計夫前無失策一去可以成名失而後爭爭而不得雖去不足塞責矣人謂錫爵言無不盡特苦陛下聽斷之不行臣則云陛下悔心已萌特憂錫爵感爭之未至若姑云徐徐坐視君父之過舉錫爵縱不爲宗社計獨不爲身名計乎會廷臣多諫者其事竟寢亡何考工郎中趙南星坐京察削籍孔兼泰來各疏救帝積前恨謫孔兼安吉判官泰來饒平典史孔兼投牒歸家居二十年杜門讀書矩矱整肅鄉人稱之無間言

丁愼所先生傳　明史稿

丁元薦字長孺長興人父應詔江西僉事元薦舉萬歷十四年進士請告歸家居八年始謁選爲中書舍人甫期月上封事萬言極陳時弊言今日事勢可寒心者三飢民思亂也武備積弛也日本封貢也可浩嘆者七征斂苛急也賞罰不明也忠賢廢錮也輔臣妬嫉也議論滋多也士習敗壞也褒功恤忠未備也坐視而不可救藥者二則紀綱人心也其所言輔臣專斥首輔王錫爵元薦座主也二十七年京察元薦家居坐浮躁論調閱十有二年起廣東按察司經歷移禮部主事甫抵官値京察事竣尚書孫丕揚力清邪黨反爲其黨所攻副都御史許弘綱故共掌察見羣小横甚畏之累疏請竣察典語頗示異郡小藉以攻丕揚察疏猶未下人情杌隉慮事中變然無敢言者元薦乃上言弘綱持議不宜前郤并

盡發諸人隱狀黨人惡之交章論劾無虛日元薦復再疏辨晰竟不安其身而去其後邪黨愈熾正人屏斥殆盡至有以六經亂天下語入鄉試策問者元薦家居不勝憤復馳疏闕下極詆亂政之叛高皇邪說之叛孔子者疏雖不報黨人益惡之四十五年京察遂復以不謹削籍天啟初大起遺佚元薦格於例獨不召至四年廷臣交訟其寃起刑部檢校歷尙寶少卿明年朝事大變復削其籍元薦初學於許孚遠已從顧憲成遊慷慨負氣遇事奮前屢躓無少挫通籍四十年前後服官不滿一載同郡沈淮召入閣邀一見謝不往嘗過高攀龍所給事中魏大中至攀龍請與交歡辭曰吾老矣不能涉嫌要津遽別去當東林浙黨之分浙黨所彈射東林者李三才之次則元薦與于玉立

華燕超先生傳　高世泰

先生姓華氏諱允誠字汝翼號燕超無錫人年甫踰冠洗滌磨礪檢束精嚴于世俗脂韋波靡之習一毫不染萬歷庚子登賢書壯遊東林奉教於錢啟新先生與先忠憲公一見汗出浹背覺從前多俗情用事竟夕不寢盟心自誓屏習心遠習氣非濂洛關閩之書不讀非孝弟忠信之言不言尤潛心易理凡卦爻靡不體認于身心天啟壬戌振鐸于揚之寶應日與二三同志研求性命之學心誠口苦聞者莫不悚然諸生中有爭地終歲不解者至是化其教各讓不取先生卽其地築堂三楹顏曰興讓率諸生有志行者講習其中立規條以約束之皆眞切懇到而尤以正人心辨是非爲急曰是非明而好惡公好惡公而賞罰當賞罰當而勸懲備從善去惡返正易邪之念決矣甫蒞任卽請祀劉龔部靜之先生于

學宮五選賓筵惟劉學博春宇翁一人餘不濫舉也先生嘗謂弟允誼曰學者稍着科第官爵一念卽患得患失之根此根不除一生功力左旋右轉總成無父無君種子允誼佩服先生之教亦成名儒先忠憲嘗稱先生之爲人純然若赤子退然若處子至辨義而趨毅然若勇夫猛士誠知先生所圖維者皆千秋事也年至中歲遂卒先忠憲志其墓學者稱燕超先生

余振衡先生傳

高世泰

余公諱玉節字聲子號振衡大治人公自幼卓異博覽羣書十齡應童子試遂以答策該雅見重於有司耑業詩經能通大義於匡鄭之外以自名家尤留心世務年未三十應貢入長安足跡所歷必詢其風土考其得失丁酉科登賢書辛丑捷南宮榜放已聞贈公石工翁訃慟絕而蘇馳騎就道寢苫啜粥深以不及含殮爲終天恨自燕入楚奔走凡三千里無一人識其新貴也服除授戶部主事差榷臨清關稅公處脂弗潤惠商東胥僅求及額秩滿旋里囊無豐貲守先人田廬曾無少益秉清愼以訓諸子恥寂味淡者數年强起歷刑部郎時璫焰方張刑獄多溢公引法不曲平反必寬保全善類咸有徐杜之目焉尋求補外得吉州下車之日諏採民困知吉所苦者馬驛漕艘爲甚乃竭慮講求祈爲畫一令甲所

出大族無梗至今便之未幾會璫有廢書院之議且所在議祠璫公當政暇嘗與儒生講學鷺洲念先儒舊跡不忍毀廢力圖存之吉人攝其嚴正遂無敢以祠璫請者及璫敗而豫章士夫乃交口頌之蓋遇事無激烈之跡居官無苛刻之羞履讒人高張之日而能潔身守正毀譽不及可爲難矣崇禎御極方期大用適妖賊狂逞嶺北撫按請以公爲參藩之任時小民承晏旣久聞風股栗又兵弛將懦皆目未按旌旗耳未聞金鼓者當事深以爲慮議將主撫公曰如彼綠林小醜不能滅此朝食異日大敵在前何以禦之獨毅然主勦單車就道訓兵揀將清野足糧凡城守斥堠號令賞罰方略所布如宿帥然不數月而民有固志士多壯心遂屢衄賊鋒蹐蹋遠竄詳具所著佐虔制勝諸欵中捷聞特擢僉都御史巡撫南贛已巳以勞得疾卒治後事惟掾吏數人畢簡敝笥中袍服圖書以外曾無長物爲官入訣者莫不嗟嘆公牧身惟謙抑對物不揚才及決滯獄臨巨戎嘗俾人驚相遜謝向非古今機要素明於衷胡爲定變應卒若濟安流如此奚忝古名臣也哉

劉念臺先生傳　明史稿

劉宗周字起東山陰人父坡爲諸生母章氏娠甫五月而坡亡旣生宗周家酷貧攜宗周育之外家後以宗周大父老疾歸事之析薪汲水持藥糜伺息望顔三年未嘗少惰宗周少端穎稍長卽志聖賢之學然體孱甚母憂念不置遂成疾以貧故忍而不治萬歷二十九年宗周成進士母卒於家宗周奔喪旋里爲堊室中門外日哭泣其中服闋選行人請養祖父母遭喪居七年始赴補而母以節聞於朝建坊旌表光宗在東宮久輟講宗周抗疏言之帝不省時中朝有崑黨宣黨咸與東林爲難宗周上言東林顧憲成講學處高攀龍劉永澄姜士昌劉元珍輩皆賢人于玉立丁元薦亦較然不欺其志有國士風是故摘流品可也爭意見不可攻東林可也黨崑宣必不可黨八大譁御史孫光裕上疏力詆帝不問乃

請告歸天啟元年起儀制主事抗疏言魏進忠導皇上馳射戲劇而奉聖夫人客氏出入自由無以閑內外且一舉逐諫臣三人罰一人皆出中旨左右將日進鷹犬聲色指鹿爲馬生殺予奪制國家大命今東西方用兵奈何以天下委閹豎乎進忠者卽魏忠賢也帝大怒欲重譴之大學士葉向高等力救乃停俸半年尋以國法未伸請戮崔文昇以正弑君之罪戮盧受以正交私之罪戮楊鎬李如楨李維翰鄭之范以正喪師失地之罪戮高出胡家棟康應乾牛維曜劉國縉傳國以正棄城逃潰之罪進李三才爲兵部尚書錄用清議名賢丁元薦李樸等諍臣楊漣劉重慶等以作仗節徇義之氣帝切責之累遷光祿丞尚寶太僕少卿未幾移疾歸四年起右通政至則忠賢已逐東林殆盡宗周復固辭忠賢責以矯情厭世遂削奪崇禎元年冬召爲順天府尹疏辭不許明年九月入都上疏曰陛下厲精求治宵旰靡寧然程效太急不免見小利而速近功何以致唐虞之治夫今日所急急於近功者非兵事乎誠以屯守爲上策簡卒節餉修刑政而威信布之需以歲月未有不望風束甲者而陛下方銳意中興刻期出塞當此三空四盡之秋竭天下之力以奉飢軍而軍愈驕聚天下之軍以博一戰而戰無日此計之左也今日所規規於小利者非國計乎陛下留心民瘼惻然痌瘝而以司農告匱一時所講求者皆掊克聚斂之政正供不足繼以雜派科罰不足加以火耗水旱災傷一切不問敲扑日峻道路吞聲小民至賣妻鬻子以應有司以掊克爲循良而撫字之政絶上官以催徵爲考課而黜陟之法亡欲求國家有府庫之財不可得矣功利之見動而廟堂之上日見其煩苛事事糾之不勝糾人人摘之不勝摘於是名實紊而法令滋頓者特嚴贓

吏之誅自宰執以下坐重典者十餘人而貪風未盡息所以導之者未善也賈誼曰禮禁未然之先法施已然之後誠導之以禮將人人有士君子之行而無狗彘之心所謂禁之未然也今一切詿誤及指稱賄賂者卽業經昭雪猶從吏議深文巧詆絶天下遷改之途益習爲頑鈍無恥矯飾外貌以欺陛下士節日隳官邪日著陛下亦安能一一察之且陛下所以勞心焦思於上者以未得賢人君子用之也而所嘉予而委任者率多奔走集事之人以摘發爲精明以告訐爲正直以便給爲才諝又安得賢者用之卽得其人矣求之太備或以短而廢長責之太苛或因過而成誤有動遭譴謫已耳陛下所擘畫動出諸臣意表不免有自用之心臣下救過不給讒諂者因而間之猜忌之端遂從此起夫恃一人之聰明而使臣下不得盡其忠則耳目有時壅憑一人之英斷而使諸大

夫國人不得衷其是則意見有時移方且爲內降爲留中何以追喜起之盛乎門戶二字數十年來殺天下多少正人傷天下多少元氣而今猶葛籐未了陛下欲折君子以平小人之氣用小人以成君子之公前日之覆轍將復見於天下也陛下求治之心操之過急醖釀而爲功利功利不已轉爲刑名刑名不已流爲猜忌猜忌不已積爲壅蔽正人心之危所潛滋暗長而不自知者誠能建中立極默證此心使心之所發悉皆仁義之良仁以育天下義以正天下自朝廷達於四海莫非仁義之化陛下已一旦躋於堯舜矣帝謂宗周語疎闊而嘉其忠藎下所司知之未幾都城戒嚴帝不視朝章奏多留中不報傳旨辦布囊八百中官競獻馬騾又令百官進馬宗周曰是必有動上以遷幸者乃詣午門叩頭諫曰國勢强弱視人心安危乞陛下出御皇極門延見百僚明言宗廟山

陵在此固守外無他計且速發章奏早決廟謨俯伏待報自晨迄暮中官傳旨乃退又造內閣言之諸閣臣唯唯而已帝用滿桂爲武經略使中官提督京營協理城守宗周言桂不勝任而宦官典兵必悞國不報已而桂果敗時逆案雖定其遺黨猶在朝乘國家多事謀傾東林去之大臣韓爌錢龍錫李邦華喬允升曹于汴張鳳翔胡世賞朱世守一時並斥順天巡撫方大任夙附東林亦疏詆道學宗周言爌于汴立身無玷鳳翔邦華有才世賞世守端謹以時類詿誤方亟望賜環而忌者鼓掌稱快且朝夕倡黨論以肆羅織夫兵禍亟正臣子卧薪嘗膽時何暇乘機逞報復至如大任者謂非一詈道學無以自脫於東林而不知立論之舛所關世道人心不淺也疏亦不報滿桂旣敗帝出馬世龍於獄命爲總理任張鳳翼爲督御史吳阿衡監軍宗周劾三人不足用已復進祈天

永命之說言法天之大者莫過於重民命則刑罰宜當宜平陛下以重典繩下逆黨有誅封疆失事有誅一切詿誤重者杖死輕者謫去朝署中半染赭衣而最傷國體者無如詔獄副都御史易應昌以平反下吏法司必以鍛鍊爲忠直蒼鷹乳虎接踵於天下矣願體上天好生之心首除詔獄且寬應昌則祈天永命之一道也法天之大者莫過於厚民生則賦斂宜緩宜輕今者宿逋見征及來歲預征節節追呼閭閻困敝貪吏益大爲民厲貴州巡按蘇琰以行李被訐於監司巡方黷貨何問下吏吸膏吮脂之輩接迹於天下矣願體上天好生之心首除新餉并嚴飭官方則祈天永命之又一道也然陛下天之宗子而輔臣宗子之家相也陛下夢卜求賢參大政者率由特簡亦願體一人好生之心毋驅除異己搆朝士以大獄結國家朋黨之禍毋寵利居功導人主以富强釀天

下土崩之勢周延儒溫體仁見疏不懌以時方禱雨而宗周稱疾指爲偃蹇激帝怒擬旨詰之且令陳足兵足餉之策宗周條畫以對延儒輩不能難京尹爲卿貳遷轉之階無舉其職者宗周政令一新挫豪家尤力閹人言事輒不應或相詬誶宗周治事自如武清伯蒼頭毆諸生宗周痛捶之枷武清門外嘗出見優人籠篋焚之通衢賙恤單丁下戶備至居一載謝病歸都人爲罷市八年七月內閣缺人命吏部推在籍者以孫愼行林釬及宗周名上詔所司敦趨宗周固辭不許明年正月入都愼行已卒與釬同入朝帝問人才兵食及流寇猖獗狀宗周言陛下求治太急用法太嚴布令太煩進退天下士太輕諸臣畏罪飾非不肯盡職業故有人而無人之用有餉而無餉之用有將不能治兵有兵不能殺賊流寇本朝廷赤子撫之有道則還爲民今急當以收拾人心爲本收拾

人心當先寬有司參罰參罰重則吏治壞吏治壞則民生困盜賊由此日繁帝又問兵事宗周言禦外以治内爲本内治修則遠人自服帝舜干羽舞而有苗格願陛下以堯舜之心行堯舜之政則天下自平對畢趨出帝顧溫體仁迂其言命鈩輔政宗周他用旋授工部左侍郎踰月上痛憤時艱疏言陛下鋭意求治而二帝三王治天下之道未暇講求施爲次第間多未得要領者首屬意於邊功而罪督遂以五年恢復之説進是爲禍胎己巳之役謀國無良朝廷始有積輕士大夫心自此耳目參于近侍腹心寄于干城治術尙刑名政體歸叢脞天下事日壞不可救厰衛司譏察而告訐之風熾詔獄及士紳而堂廉之等夷人人救過不給而欺罔之習轉甚事事仰成獨斷而諂諛之風日長三尺法不伸於司寇而犯者日眾詔旨雜治五刑歲躬斷獄以數千計而好生之德意泯

刀筆治絲綸而王言褻誅求及瑣屑而政體傷參罰在錢穀而官愈貪吏愈橫賦愈逋斂扑繁而民生瘁嚴刑重斂交困而盜賊益起總理任而臣下之功能薄監視遣而封疆之責任輕督撫無權而將日懦武弁廢法而兵日驕將懦兵驕而朝廷之威令并窮於督撫朝廷勒限平賊而行間日殺良報功使生靈益塗炭一旦天牖聖衷撤總監之任重守令之選下弓旌之招收酷吏之威維新之政次第舉行方與二三臣工洗心滌慮以聯泰交而不意君臣相遇之難也得一文震孟而以單辭報罷使大臣失和衷之誼得一陳子壯而以過戇坐辜使朝亡無吁咈之風此關於國體人心非淺鮮者陛下必體上天生物之心以敬天而不徒倚風雷必念祖宗鑑古之制以率祖而不至輕改作必法堯舜之恭己無爲以簡要出政令法堯舜之舍己從人以寬大養人才法堯舜之從欲

而治以忠厚培國脈并法三王之發政施仁亟議拊循以收天下泮渙之人心而且還内廷掃除之役杜後世宦官之釁正懦帥失律之誅杜後世藩鎮之釁愼天潢改授之途杜後世宗藩之釁三釁既除亟下尺一之詔痛言前日所以致賊之由與民更始遣廷臣齎内帑巡行郡國爲招撫使以招其無罪而流亡者陳師險隘堅壁清野聽其窮而自歸誅渠之外猶可不殺一人而畢此役奚待於觀兵哉疏入帝怒甚諭閣臣擬嚴旨不稱令再擬每擬上帝輒手其疏再閱起行數周已而意解但降旨詰問謂當虛心酌慮且奬其清直宗周感激遂陳人心道心之辨勸帝執中以出政時太僕缺馬價有詔願捐者聽體仁及成國公朱純臣以下皆有捐助又議罷明年朝覲宗周以輸貲免覲爲大辱國帝雖不悅心嘉其忠益欲大用體仁懼亟募山陰人許瑚疏論宗周道學有餘才

諝不足帝以瑚同邑知之眞遂以其秋三疏請告去至天津聞都城被兵遂留養疾十月事稍定乃上疏曰己巳之變誤國者袁崇煥一人小人競修門戶之怨異己者概坐以崇煥黨日造蜚語次第去之自此小人進而君子退中官用事而外廷浸疏文法日繁欺罔日甚朝政日隳邊防日壞今日之禍實己巳以來釀成之也且以張鳳翼之溺職中樞也而俾之專征何以服王治之死以丁魁楚等之失事於邊也而責之戴罪何以服劉策之死諸鎮巡勤王之師爭先入衛者幾人不聞以逗留蒙詰責何以服耿如杞之死今且以二州八縣之生靈結一飽颺之局則廷臣之纍纍若若可幸無罪者又何以謝韓爌張鳳翔李邦華諸臣之或戍或去豈昔爲異己驅除今不難以同己相容隱乎臣於是而知小人之禍人國無已時也昔唐德宗謂羣臣曰人言盧杞奸邪朕殊不覺羣

臣對曰此乃杞之所以爲奸邪也臣每三復斯言爲萬世辨奸之要故曰大奸似忠大佞似信頻年以來陛下惡私交而臣下多以告訐進陛下錄清節而臣下多以曲謹容陛下崇勵精而臣下奔走承順以爲恭陛下尚綜覈而臣下瑣屑吹求以示察凡若此者正似信似忠之類究其用心無往不出於身家利祿陛下不察而用之則聚天下之小人立於朝有所不覺矣天下即乏才何至盡出中官下而陛下每當緩急必委以大任三協有遣通津臨德纔有遣又重其體統等之總督中官總督將置總督何地總督無權將置撫按何地是真以封疆嘗試也且小人與中官每比周以相引重而君子獨岸然自異故自古有用小人之君子終無黨比中官之君子陛下誠欲進君子退小人決理亂消長之機猶復用中官參制之此明示以左右袒也有明治理者起而爭之陛下即不

用其言何至并逐其人而御史金光辰竟以此逐若惟恐傷中官心者尤非所以示天下也至近日刑政之最舛者成德傲吏也而以贓戍何以肅懲貪之令申紹芳十餘年監司也而以莫須有之鑽刺戍何以昭抑競之典至鄭鄤久于鄉議而杖母之獄或以無告坐何以示敦倫之化此數事者皆爲故輔文震孟引繩批根卽向驅除異己之故智而廷臣無敢言陛下亦無從知之也嗚呼八年之間誰秉國成而至於是臣不能爲首揆溫體仁解矣語曰誰生厲階至今爲梗體仁之謂也疏奏帝大怒體仁又上章力詆遂斥爲民十四年九月吏部缺左侍郎廷推不稱旨帝臨朝而嘆謂大臣劉宗周清正敢言可用也遂以命之再辭不得乃趨朝道中進三劄一曰明聖學以端治本二曰躬聖學以建治要三曰重聖學以需治化疏凡數千言所以規切君身者甚至帝優旨報之明

年八月未至擢左都御史力辭有詔敦趣踰月入見文華殿帝問都察院職掌安在對曰在正己以正百寮必存諸中者上可對君父下可質天下士大夫而後百寮則而象之大臣法小臣廉紀綱振肅職掌在是而責成巡方其首務也巡方得人則吏治清民生遂帝曰卿力行以付朕望乃列建道揆貞法守崇國體清伏奸懲官邪飭吏治六事以獻帝褒納焉俄劾御史喻上猷嚴雲京薦袁愷成勇帝並從之其後上猷受李自成顯職卒爲世大詬中書王育民爲絳州知州孫順行賄宗周上疏自劾二人並獲罪京師戒嚴請旌死事盧象昇而追戮誤國奸臣楊嗣昌逮跋扈悍將左良玉防關以備反攻防潞以備透渡防通津臨德以備南下帝不能盡行閏十一月召見廷臣於中左門時姜埰熊開元以言事下詔獄宗周約九卿共救入朝聞密旨譴二人死宗周愕然謂衆曰今

日當空署爭必改發刑部始已衆皆許諾及入對御史楊若橋薦西洋人湯若望善火器請召試宗周曰邊臣不講戰守屯戍之法專恃火器近來陷城破邑豈無火器而然我用之制人人得之亦可制我不見河間反爲火器所破乎若望作奇巧惑主心乞放還本土示絕異教帝曰火器乃中國長技若望特令監試耳宗周曰火器終無益成敗國家大計以法紀爲主大帥跋扈援師逗留奈何反姑息爲此紛紛無益之舉帝乃令議督撫去留宗周請先去督師范志完且曰十五年來陛下處分未當致有今日敗局不追原禍始更絃易轍欲以一切苟且之政補目前罅漏非常治之道也帝變色曰前不可追今善後安在宗周曰今日第一議在陛下開誠布公公天下爲好惡合國人爲用舍進賢才開言路次第與天下更始帝曰日下烽火逼畿甸且國家敗壞已極當如何宗周

曰武備必先練兵練兵必先選將選將必先擇賢督撫擇賢督撫必先吏兵二部得人宋臣曰文官不愛錢武官不惜死則天下太平斯言今日鍼砭也論者但論才望不問操守未有操守不謹而遇事敢前軍士畏威者若徒以議論捷給舉動恢張稱曰才望取爵位則有餘責事功則不足何益成敗哉帝曰濟變之日先才後守宗周曰前人敗壞皆由貪縱使然故以濟變言愈宜先守後才帝曰大將別有才局非徒操守可望成功宗周曰他不具論如范志完操守不謹大將偏裨無不由賄進所以三軍解體由此觀之操守爲主帝色解曰朕已知之敕宗周起時吏部尚書鄭三俊以病不入戶部尚書傅淑訓申救姜埰熊開元帝不納宗周出奏曰陛下方下詔求賢二臣遽以言得罪國朝無言官下詔獄者有之自二臣始陛下度量卓越如臣宗周屢以狂妄寬鈇鑕詞臣黃道

周亦以戇直復原職臣等何幸嘗使過之典二臣何不幸不邀法外恩帝曰道周有學有守非二臣比宗周曰二臣誠不及道周然朝廷待言官有體言可用用之不可置之即有應得之罪亦當付法司今遽下詔獄終於國體有傷帝怒曰法司錦衣皆刑官何公何私且罪一二言官何遂傷國體假有貪贓壞法欺君罔上皆不可問乎宗周曰掌錦衣者皆膏粱子弟未必讀書知禮義每聽寺人役使即陛下問貪贓壞法欺君罔上者亦不可不付法司也帝大怒曰如此偏黨豈堪憲職詞色甚厲宗周謝罪諸輔臣乞宥尚書林欲楫張國維徐石麟范景文侍郎馮元飈皆申救帝曰開元此疏必有主使疑即宗周僉都御史金光宸爭之力帝益怒并命議處五府勛臣亦出班求宥帝不聽命削宗周籍刑部議罪光宸貶三秩調用諸輔臣持不發仍至御前懇救乃免議罪責其愎拗

偏迂竟斥爲民廷臣先後請留者至數十疏帝堅不聽歸二年而京師陷宗周慟哭徒步荷戈詣杭州責巡撫黃鳴駿發喪討賊鳴駿以鎮靜爲言宗周勃然曰君父變出非常公專閫外不思枕戈泣血激勵同仇反藉口安民作逡巡計耶鳴駿唯唯明日復趣之鳴駿曰發喪必待哀詔宗周曰嘻此何時也安所得哀詔哉鳴駿乃發喪哭臨畢宗周問師期鳴駿以甲仗未具對宗周知其不足有爲乃與故侍郎朱大典故給事中章正宸熊汝霖召募義旅將發而福王監國於南京起宗周故官宗周以大仇未報不敢受職其年六月疏陳時政四事自稱草莽孤臣言今日大計舍討賊復仇無以表陛下渡江之心非毅然決策親征亦無以作天下忠義之氣至討賊次第一曰據形勝以規進取江左非偏安之業請進圖江北鳳陽號中都東阨徐淮北控豫州西顧荆襄而南去金陵

不遠請以駐親征之師大小銓除暫稱行在少存臣子負罪引慝之心從此漸進秦晉燕齊必有響應而起者一曰重藩屏以資彈壓淮陽數百里設兩節鉞不能禦亂爭先南下致江北一塊土拱手授賊督漕路振飛坐守淮城久以家屬浮舟遠地是倡之逃也於是鎮臣劉澤清高傑遂有家屬寄江南之說軍法臨陣脫逃者斬臣謂一撫二鎮皆可斬也一曰慎爵賞以肅軍情請分別各帥封賞孰當孰濫輕則收侯爵重則奪伯爵夫以左帥之恢復而封高劉之敗逃亦封又誰不當封者武臣既濫文臣隨之外臣既濫中璫隨之恐天下聞而解體也一曰核舊官以立臣紀燕京既破有受僞官而叛者有受僞官而逃者有在封守而逃者有奉使命而逃者法皆不赦亟宜分別定罪爲戒將來至於僞命南下徘徊順逆之間實繁有徒必且倡爲曲說以惑人心尤宜誅絕又言當

賊入秦流晉漸過畿南遠近洶洶獨大江南北晏然而二三督撫不聞遣一騎以壯聲援賊遂得長驅犯闕坐視君父之危亡而不救則封疆諸臣之當誅者一　凶問已確諸臣奮戈而起決一戰以贖前愆自當不俟朝食方且仰聲息於南中爭言固圉之策卻兵權於閫外首圖定策之功則封疆諸臣之當誅者又一　新朝既立之後謂宜不俟終日首遣北伐之師不然則亟馳一介間道北進檄燕中父老起塞上名王哭九廟厝梓宮訪諸王更不然則起閩帥鄭芝龍以海師下直沽九邊督鎮合謀共奮事或可爲而諸臣計不出此則舉朝謀國不忠之當誅者又一　罪廢諸臣量從昭雪自應援先帝遺詔及之今乃概用新恩誅閹定案前後詔書鶻突勢必虎虎之類盡從平反而後已則舉朝謀國不忠之當誅者又一臣謂今日問罪當自中外諸臣不職者始詔納其言宣付史館

中外爲悚動而馬士英高傑劉澤清深疾之宗周連疏請告不得命遂抗疏劾士英言陛下龍飛淮甸天實予之乃有扈蹕微勞入內閣進中樞宮銜世廕晏然當之不疑者非士英乎於是李沾侈言定策挑激廷臣矣劉孔炤以功賞不均發憤冢臣朝端譁然聚訟而群陰且翩翩起矣借知兵之名則逆案可以燃灰寬反正之路則逃臣可以汲引而閣部諸將且次第言去矣中朝之黨論方興何暇圖河北之賊立國之本紀已疎何以言匡攘之畧高傑一逃將也而奉若驕子浸有尾大之憂淮揚失事不難譴撫臣道臣以謝之安得不長其桀驁則亦恃士英卵翼也劉貴諸將各有舊汛地而置若弈棋洶洶爲連雞之勢至分剖江北四鎮以慰之安得不啟其雄心則皆高傑一人倡之也京營自祖宗以來皆勳臣爲政樞貳佐之陛下立國伊始而有內臣盧九德之命則士英有

不得辭其責者總之兵戈盜賊皆從小人氣類感召而生而小人與奄宦又往往相表裏自古未有奄宦用事而將帥能樹功於方域者惟陛下首辨陰陽消長之幾出士英仍督鳳陽聯絡諸鎮決用兵之策史可法卽不還中樞亦當自淮而北歷河以南別開幕府與士英相犄角京營提督獨斷寢之書之史冊爲弘光第一美政王優詔答之而促其速入士英益怒佯具疏辭位且揚言於朝曰劉公自稱草莽孤臣不書新命明示不臣天子也其私人朱統鎮遂劾宗周請移蹕鳳陽蓋以鳳陽高牆所在欲以罪宗處皇上而與史可法擁立潞王其兵已伏丹陽當急備澤清初倚東林極重宗周至是恨甚遣客刺之傑亦遣人行刺時宗周居丹陽佛寺危坐終日前後所遣刺者詢其生平俱不敢加害而去會黃鳴駿入覲兵抵京口與防江兵相擊鬬士英以統鎮言爲信亦震恐頃

之澤清劾疏至言宗周勸往鳳陽爲謀不忠料事不智抗稱草莽孤臣無禮陰撓恢復不義欲誅臣等激變士心召生靈之禍不仁劉良佐亦疏言宗周力持三案爲門戶主盟倡義親征圖晁錯之自爲居守司馬懿之閉城拒君陛下既不爲諸奸所容莫若順成其志暫幸鳳陽疏未下澤清復草一疏署傑良佐及黃得功名上之言諸人往以梃擊紅丸謀害皇祖母皇考今歲迎立時又力戴疎藩詆誣聖德非臣等與馬士英朱國弼歃血訂盟馳書約史可法翊戴則天位久屬他人宗周等謀危聖躬已見于駐鳳陽一疏鳳陽無城郭止有高牆陛下新承大統欲安置于烽火凶危之地此必非宗周一人逆謀乃姜曰廣吳甡合謀也曰廣心雄膽大行僞言堅不快陛下之得位故密通死黨宗周先翦除內外翊戴諸忠然後迫刼乘輿遷居別郡耳乞逮曰廣等三奸付之法司明正

其謀危君父大罪如牲宗周入都臣等即渡江赴闕面訐其奸正春秋討賊之義疏入舉朝大駭乃傳諭諸人和衷集事宗周不得已以七月十八日入朝初澤清疏出遣人錄示傑傑曰我輩武人乃預朝事耶得功亦馳疏明不預聞士英尼之不上可法不平遣使偏詰諸鎮咸云不知可法遂據以入告澤清聞之即言疏實已草而良佐等知狀可法駁議公疏臣不知其何心宗周既入都士英不使入對給事中陳子龍以爲言不省宗周甫視事即引董仲舒言請正心以正朝廷會設東廠給事中袁彭年爭之被謫宗周復力言其冤等爭阮大鋮必不可用皆不納九月遂抗疏乞休詔許乘傳給登極恩典臨行疏陳五事一曰修聖政毋以近娛忽遠猷國家不幸遭此大變今紛紛制作似不復有中原志者土木崇矣珍奇集矣俳優雜劇陳矣內豎充廷金吾滿座戚畹駢闐矣讒

夫昌言路扼官常亂矣所謂狃近娛而忽遠圖也一曰振王綱無以主恩傷臣紀自陛下即位中外臣工不曰從龍則曰佐命一推恩近侍則左右因而秉權再推恩大臣則閣部可以兼柄三推恩勳舊則陳乞至今未已四推恩武弁則疆埸視同兒戲表裏呼應動有藐視朝廷之心彼此雄長即爲犯上無等之習禮樂征伐漸不自天子出所爲褻主恩而傷臣紀也一曰明國是無以邪鋒危正氣朋黨之說小人以加君子釀國家空虛之禍先帝末造可鑒也今更爲一元惡稱冤至諸君子後先死於黨死於徇國者若有餘戮揆厥所由止以一人進用起無限風波動引三朝故事排抑舊人私交重君父輕身自樹黨而坐他人以黨所謂長邪鋒而危正氣也一曰端治術無以刑名先教化先帝頗尚刑名而殺機先動於溫體仁殺運日開怨毒滿天下近如貪吏之誅不經提問遽

科罪名未科罪名先追贓罰假令有禹好善之巡方借成德以媚權相又孰辨之又職方戎政之奸弊道路嘖有煩言雖衙臣有不敢問者則厰衛之設何爲徒令人主虧至德傷治體所爲急刑名而忽教化也一曰固邦本毋以外釁釀內憂前者淮揚告變未幾而高黃二鎮又治兵相攻四鎮額兵各三萬不用以殺敵而自相屠毒又日煩朝廷講和今日遣一使明日遣一使何爲者夫以十二萬不殺敵之兵索十二萬不殺敵之餉亦必窮之術耳若不稍裁抑惟加派橫征蓄一二蒼鷹乳虎之有司以天下徇之已矣所謂積外釁而釀內憂也優詔報聞明年五月南京不守六月潞王降杭州亦失守宗周方食推案慟哭自是遂不食移居郭外有勸以文謝故事者宗周曰北都之變可以死可以無死以身在田里尚有望于中興也南都之變主上自棄其社稷尚曰可以死可以

無死以俟繼起有人也今吾越又降矣老臣不死尚何待乎若曰身不在位不當與城爲存亡獨不當與土爲存亡乎此江萬里所以死也出辭祖墓舟過西洋港再拜叩頭躍入水中水淺不得死舟人扶出之絕食二十三日始猶進茗飲後勺水不下者十三日與門人問答如平時竟以閏六月八日卒年六十有八

秦水庵先生墓誌銘　高攀龍

夫人子弟樂與善人居必善人也吾嘗以此驗人百不失一近世名家子吾得一人焉曰秦彥熙其所延於家北面嚴事者爲吾師澄泉茹先生吾同年葉參之吾友歸季思吳子往四君子懔懔法度他子弟窺影匿避彥熙獨山嶽崇之芝蘭親之非見善不及者哉季思子往至余水居彥熙亦時時來靜坐一日問心余曰子以何者爲心曰方寸是也余曰未也特其位耳曰思慮者是也曰未也特其用耳曰舍是尙有心乎余曰子以眼前虛空者何物曰虛空則無物矣曰何者爲天曰穹然上覆余曰皆非也無之而非天無之而非心人心湛然無欲一腔六合一物也彥熙躍躍喜曰久矣哉欲封之矣一日問修余曰人心之迷常在至近如子之族大族也飢者寒者日當吾前而漠然視之是其心槁而不生又何言

修彥熙又躍躍喜曰念之素矣嘗欲祠吾宗雙孝子以南畝三百周近宗之困者而未逮也凡彥熙之可與語類如此其人孝悌人也事所後母談孺人所生母吳孺人交盡其力吳孺人嗜芡孺人亡終身不忍食與兄霞玉公弟華玉公自飲食至産殖必共必均事必身先之誠心闓修於家庭至和溢發於倉宇秦氏世敦孝友彥熙眞不愧其先矣自奉甚樸食不求珍衣不重綺每冬寒歲飢粥餒者粟凍者襦殍者以爲常吾嘗謂彥熙之可使爲善如水之赴於壑火之赴於薪不可使爲不善如取火之不可於方諸取水之不可於陽燧可使就善人如耳入師曠之音口入易牙之味不可使就不善人如刺之不容於目如臭之不容於鼻蓋其性然也萬曆丁未十一月廿二日余居水居彥熙令人逆余歸至則一息如縷令諸子拜床下張目視余端坐舉手而瞑嗚呼若彥熙者全歸矣又何憾焉彥熙字也名爾載别號水庵彥熙歿記其大及所嘗與語者如此銘曰已乎彥熙使其達耶登賢選良翼吉人乎翱翔耶其窮耶載詠載觴偕幽人乎徜徉孝悌可植家人之坊惠逈足蹈宗人之康天獨不令其年之長已乎彥熙湖山蒼蒼湖水洋洋大蓋爲宇大塊爲牀三十二年旅寓者暫億萬斯年永完者常

宿仁寰先生傳

高世泰

丙申仲春，參釋菜於東林之燕居廟，同志僉集，迎主入道南祠者三：一爲仁寰宿先生，一爲勸庵華先生，一爲幾亭陳先生。三先生皆與先忠憲交契，而仁寰先生交最久。忠憲命三子師事之者十有六年，砥礪相資者三十餘年。璫禍起，先生從松陽挂冠隱居，著述以八十一終。邑之後學皆知先生爲端人，爲邃學，爲循吏，爲吳中耆舊，人無間然。茲舉非有阿好也。先生諱夢鯉，字龍吉，別號仁寰。少年爲名諸生，丙午魁南畿。先忠憲序其稾，有「無不讀之書，無不了之義，不持一刺，不取一文」等語。顧涇陽、薛玄臺先生輩俱以畏友目之。六上公車不第，以親老就祿，令松陽，問民疾苦，先郵勾軍，因上兩臺請弭三大患，及平田六大議，諸廢具舉，浙中嘖嘖誦神君。時同志在朝，將以卓異徵，先生會織造監李實附魏忠賢，一疏殺六君子，株連黨禍，時先生亦幾爲松陽劣生所陷，乃有厲鬼奪其魄，謀泄而解。先生得歸，歸而杜門不出，惟取周易一編，向與先忠憲及啟新錢先生、觀華吳先生輩所探索淵源者，益朝夕覃思，博綜約歸，年而易纂全書成。若課兒說苑、詩經、春秋輯注、五經百家類纂、古今類書，皆生平抄記，不輟食以飴口，怠以爲枕者也。八十除夕，夢端文、先忠憲共晰不睹聞義，旁有黃冠告以九九當歸，至八十一而逝。先生之去來，真有關於斯道也已。

姜同節先生傳

明史稿

姜志禮，字立之，丹陽人。萬歷十七年進士，歷建昌、衢州推官，入爲大理評事。三十三年以囚多瘐死，疏言：「犴狴之間，一日斃十五人，積日而計，亦何紀極。又況海內小民，罹災祲而轉死溝壑，及爲礦稅所羅織、貂璫所攫噬，含冤畢命者又復何限。乞亟爲矜宥，勿久淹縶，且盡除礦稅，毋使宵人竊弄魁柄，賊虐烝黎。」不報。歷刑部員外，出爲泉州知府，遷廣東副使，並有聲。進山東右參政，分守登萊。福王封國河南，詔賜田二百萬畝，跨山東、湖廣境。及既之國，遣中貴徐進督山東賦，勢甚張。志禮抗疏曰：「臣所轄二郡，民不聊生，且與倭鄰，不宜有藩府莊田以擾茲土也明甚。且自高皇帝迄今，累十餘世，封王子弟多矣，有賜田二百頃、延連數十郡者乎？繼此而封，尚有瑞、惠、桂三王也，倘比例以請，將予之乎，不予之乎？不予，則疇非毛裏之親；予之，則將無地可給。況國祚靈長，久且未艾，嗣是天家子姓各援今日故事以請，臣恐方內土田不足供諸藩分裂也。」帝大怒，貶三秩，爲廣西僉事。久之，遷江西參議。天啟三年，由浙江副使入爲尚寶少卿，尋進卿。河南進玉璽，魏忠賢欲志禮疏獻之，志禮不可。忠賢怒，令私人劾其衰老，遂乞休，詔加太常少卿致仕。已而削奪。崇禎初，復官。志禮性澹樸，所居多政績，亦以行誼稱於鄉。

賀亨陽先生傳　　　　高世泰

先生姓賀氏名時泰字叔交湖廣江夏人平時寡交遊惟與同里郭宗伯文毅諸公同學齊名文毅貴顯立節于朝先生隱居明道于野雖家貧日甚仍夷然自如嘗遇歲除不能具一杯羹以一母雞豆二升易三日糧度歲賦詩自勵曰清苦丈夫志風霜善自持陽和非不愛義命貴安之是時長君文忠公尚幼風度端整屹如莊士先生目顧而心許之自是益樂飢課子迄長君貴即大書廳事云當年雞豆未忘念此日兒孫勿妄思以故長君自釋褐及授命成仁一惟奉先生教不敢忘先生規風矩雅素爲鄉黨模楷比于郭有道邵安樂年二十七患耳聾自念奉親遺體曷由全歸一日見先忠憲公依庸堂取道不遠人之義乃作人模樣一書自人之大體小體以及同體異體辨析凡數十條先大夫視學楚中時

傳諭新生謁文廟日各向先生家求人模樣一本以遵古乞言禮歸里後又重鐫板于東林書院中傳布來學所以廣先生之敎也著有思聰錄一卷首條云王陽明致良知三字道破古今次條云有本體有工夫有效驗良知本體自家認透徹了只下致字工夫去做效驗自在其中矣又云士人所守若未能定先從鄉黨中尋一个貞節婦做樣子便不難了又云若愛一文錢不值一文錢從來有名士不用無名錢其學其守迹可見矣嘗與山右河汾人辛復元爲性命友手書論學交最善別著三世事小錄及女箴二十四則皆有裨名教有關世道之言爲四方人士所傳誦學者稱亨陽先生

汪鶴嶼先生傳　　　　張夏

汪康謠字淡衷南直休寧人精研理學以紫陽爲宗弱冠舉於鄉萬歷癸丑成進士授諸暨令摘姦鋤暴不避權貴晉戸部郎監草場歲防有功司庾臨淸值白蓮煽亂爲捐俸籌防禦賊知有備從他境去遷郎中出守漳州嘆曰是紫陽舊治也一考故憲申之爲自約者八約屬者三又有八禁五不擬著爲令皆實心實政數讞積獄全活多人有洸海遺颶風者七十四人鎮將及僚佐利其金誣坐爲寇獨廉其實盡釋之漳故有洋餉上供外歲羨數萬亦纖毫無染舉卓異第一推漳南參藩適魏崔肆焰崔爲同門友嘗授意招致澹衷不從守漳三載迄不通一字崔銜之大中丞周起元坐贓數萬下漳州籍沒士民洶洶泣訴澹衷泣謝之乃閣其事不累漳一人益忤璫意推陞疏上遂矯旨削奪聞命遄行窘甚至鬻

藏墨以佐行李去漳三載民思其德奉祀朱文公祠額曰新安兩夫子崇禎改元擢福寧兵憲時閩海多事爲之廣什伍集亭障嚴接濟嘗以元旦馳師賊不及備斬馘無算且謂使功不如使過海弁有驍勇絕人者重囚有謀勇出死力者破格用之屢奏奇功寇平以疾告歸日講學天泉還古兩書院精治尚書原本朱子之意而爲之註偕諸兄弟立約按季出錢用資貧乏名曰偕與會宗黨賴之自初仕以至官成從未至郡邑干謁歷官二十餘載淸貧如故見地靜定遇死生利害絕不以動其心年六十八卒所著有書傳刪補蓀猗園集閩讞湲紀行於世學者稱鶴嶼先生

李元沖先生傳　　陳鼎

李復陽字宗誠江西豐城人萬歷癸未進士授無錫縣令蒞任編役最均催科有法戊子己丑歲凶加以疫癘捐俸出鍰以蘇民困循行阡陌訪問疾苦鄉老莫不樂親焉向爲江右李見羅門人傳止修之說至是與顧憲成講學黌宮時高攀龍年方二十五往聽之躍然喜曰吾學其有興耶後乃相與開講席立文會朔望紳士畢赴三年四境大治陞吏部與憲成同佐計事以考功郎趙南星降調同憲成上疏略曰頃者皇上切責吏部專權結黨趙南星降調外任臣等與南星生平以道義相期許及在同部又以職業相切劘惟茲内計之典始而諮詢繼而商確臣等皆與焉今南星被罪臣等獨何辭以免伏惟皇上擴天地之量垂日月之明念南星自謀則拙謀國則忠還其原職以示任事者之勸無徒快被察諸人之心倘始終以爲專權結黨乞將臣等一併罷斥無令南星獨蒙其責不報其切直如此歷遷通政司左參議卒學者稱元沖先生後崔魏以其疏救南星斥爲黨人削奪崇禎立乃復

周懷魯先生傳　　高世泰

周公諱孔教字懷魯江西南昌人也登萬歷年間進士初令臨海以循卓徵入爲御史適趙考功儕鶴論時事忤當路有客諷公糾之公不應史奉常玉池應召而北公時爲督學約玉池偕詣京兆少薇啟諸執政請行東宮三禮久之執政議欲先大婚而後冊立公又與王詮部瞻生力言其不可當三殿之災也諸公率捐俸佐大工有所知謂公行當及臺省矣公曰是何薄待吾君之甚也且薄待吾君以好貨則捐俸假令薄待吾君以好色將何捐所知艴然而去其立朝大節卓卓如此及巡撫江南適顧端文公與先忠憲公興復東林書院公偕督學楊公觀察蔡公過東林率諸士大夫講正心修身之學遂與顧端文先忠憲訂爲石交每事咨詢疏稿多屬兩先生鑒定而公之善政亦滿江左如舉劾各屬賢否請停織造止派諸疏戊申救荒請蠲請賑諸疏凡此皆公一片眞精神所注有不在僅僅指陳是非條畫利害間已也後晉秩總河三吳諸父老日夜北走叫閽闔乞直指鄧公特疏以請上不允特加慰勉曰大得民心久著勞績促赴河任公遂行先忠憲公乃同顧端文公輩扁舟卮酒以送之後逆璫斥爲黨人削奪崇禎初乃復

歐陽宜諸先生傳　　明史稿

歐陽東鳳字千仞潛江人年十四喪父哀毁骨立毋病嘔血踞而貸之舉於鄉縣令憫其貧遺以田二百畝謝不受舉萬歷十七年進士除興化知縣大水壞堤請賑於上官不應遂自疏於朝坐越俸停俸然竟如所請稍遷南京刑部主事劾祭酒馮夢禎兩廣總督侍郎陳大科不檢兩人遂罷去進郎中稍遷平樂知府撫諭生猺皆相親如子弟因白督學監司擇其俊秀者入學猺漸知禮讓稅使横行東鳳力抗之以才調常州布帷瓦器胥史不能牟一錢會奸人劇盜且盡憲成輩講學爲建東林書院居四年謝事歸起山西副使擢南京太僕少卿並辭不就卒於家其後閩人曾櫻知常州府事復與東林無錫人合祀東鳳宰櫻曰三公祠

東林書院志卷之九終

東林書院志卷之十

列傳四

魏廓園先生傳　　明史稿

魏大中字孔時嘉善人自爲諸生讀書砥行從高攀龍受業家酷貧意豁如也舉於鄉家人易新衣冠怒而毁之第萬歷四十四年進士官行人數奉使秋毫無所擾天啟元年擢工科給事中楊鎬李如楨既論大辟以僉都御史王德完言大學士韓爌遽擬旨減死大中憤抗疏力爭詆德完晚節不振盡喪典型語幷侵爌帝爲詰責大中而德完恚甚言曩不舉李三才爲大中所怒兩人互詆訐疏屢上爌亦引咎辭位御史周宗建徐揚先張捷徐景濂温皋謨給事中朱欽相右德完交章論大中久而後定明年偕同官周朝瑞等兩疏劾大學士沈㴶語侵魏進忠客氏及議紅丸事力請誅方從哲崔文昇李可灼且追論鄭國泰傾害東宫罪持議峻切大爲邪黨所仄目太常少卿王紹徽素與東林爲難營求巡撫大中惡其人特疏請斥紹徽紹徽卒自引去再遷禮科左給事中是時恤典冒濫每大臣卒其子弟賓緣要路以請無不如志大中素疾之一切裁以典制四年還吏科都給事中大中居官不以家自隨二蒼頭給爨而已入朝則鍵其戶寂無一人有外吏以苞苴至舉發之自是無敢及大中門者吏部尚書趙南星知其賢事多咨訪朝士不能得南星意率怨大中而是時觝排東林者多屏廢方恨南星輩次骨東林中又各以地分左右大中嘗駁蘇松巡撫王象恒恤典山東人居言路者咸怒及駁浙江巡撫劉一焜江西人亦大怒給事中章允儒江西人也性尤忮嫉其同官傅櫆假汪文言發難文言者歙人初爲縣吏智巧任衞負俠氣于玉立遣入京

朝事輸貲爲監生用計破齊楚浙三黨窺東宮伴讀王安賢而知書傾心結納與談當世流品光熹之際外庭倚劉一燝而安居中以次行諸善政文言交關力爲多魏忠賢既殺安府丞邵輔忠遂劾文言褫其監生既出都復逮下吏得末減益游公卿間輿馬嘗塡從戶外大學士葉向高用爲內閣中書大中及韓爌趙南星楊漣左光斗與往來頗有迹會給事中阮大鋮與光斗大中有隙遂與允儒定計囑槐劾文言并劾大中貌陋心險色取行違與光斗等交通文言肆爲奸利疏入魏忠賢大喜立下文言詔獄大中時方遷吏科上疏力辨詔許履任御史袁化中給事中甄淑等相繼爲大中光斗辨大學士葉向高以擧用文言亦引罪求罷獄方急御史黃尊素語鎭撫劉僑曰文言無足惜不可使縉紳禍由此起僑頷之獄詞無所連文言廷杖褫職牽及者獲免大中乃遵旨履

任明日鴻臚報名面恩忠賢忽矯旨責大中互訐未竣不得赴新任故事鴻臚報名狀無批諭旨者擧朝駭愕槐亦言中旨不宜旁出大中乃復視事未幾楊漣疏劾忠賢大中亦率同官上言從古君側之奸非遂能禍人國也有忠臣不惜其身以告之君而其君不悟乃至於不可救今忠賢擅威福結黨與首殺王安以樹威於內繼逐劉一燝周嘉謨王紀以樹威於外近且斃三戚畹家人以樹威於三宮深結保姆客氏伺陛下起居廣布傅應星陳居恭傅繼教輩通朝中聲息人怨於下天怒於上故漣不惜粉身碎首爲陛下力陳今忠賢種種罪狀陛下悉引爲親裁代之任咎恐忠賢所得溫旨卽出忠賢手而漣之疏陛下且未及省覽也陛下貴爲天子致三宮列嬪盡寄性命於忠賢客氏能不寒心陛下謂宮禁嚴密外庭安知枚乘有言欲人弗知莫若弗爲未有爲其事而他人不知者又謂左右屏而聖躬將孤立夫陛下一身大小臣工所擁衛何藉於忠賢若忠賢客氏一日不去恐禁庭左右悉忠賢客氏之人非陛下之人陛下眞孤立於上耳忠賢得疏大怒矯旨切讓尙未有以罪也大學士魏廣微結納忠賢表裏爲奸大中每欲糾之會孟冬時享廣微偃蹇後至大中遂抗疏劾之廣微慍益與忠賢合忠賢勢益張以廷臣交攻陽示斂戢且曲從諸所奏請而陰伺其隙迨吏部推謝應祥巡撫山西廣微遂嗾所親陳九疇劾大中出應祥門推擧不公貶三秩出之外盡逐諸正人吏部尙書趙南星等天下大權一歸於忠賢明年逆黨梁夢環復劾文言再下詔獄鎭撫許顯純自削牘以上南星漣光斗大中及李若星毛士龍袁化中繆昌期鄒維璉鄧渼盧化鰲錢士晉夏之令王之寀徐良彥熊明遇周朝瑞黃龍光顧大章李三才惠世揚施天德黃

正賓輩無所不牽引而以漣光斗大中化中朝瑞大章爲受楊鎬熊廷弼賄大中坐三千矯旨俱逮下詔獄鄉人聞大中逮去號泣送者數千人比入鎭撫司顯純酷刑拷訊血肉狼籍其年七月獄卒受指與漣光斗同夕斃之故遲數日始報大中死屍潰敗至不可識莊烈帝嗣位忠賢被誅廣微槐九疇夢環並麗逆案大中贈太常卿謚忠節

楊大洪先生傳　　明史稿

楊漣字文孺應山人爲人磊落負奇節萬歷三十五年成進士除常熟知縣舉廉吏第一擢戶科給事中轉兵科右給事中四十八年神宗疾不食且半月皇太子未得見漣偕諸給事御史走謁大學士方從哲御史左光斗趣從哲問安從哲曰帝諱疾即問左右不敢傳漣曰昔文潞公問宋仁宗疾內侍不肯言潞公曰天子起居汝曹不令宰相知將毋有他志速下中書行法公誠日三問不必見亦不必上知第令宮中知廷臣在事自濟公更當宿閣中曰無故事漣曰潞公不訶史志聰此何時尚問故事耶越二日從哲始率廷臣入問及帝疾亟太子尚躊躇宮門外漣光斗遣人語東宮伴讀王安帝疾甚不召太子非帝意當力請入侍嘗藥視膳薄暮始還太子深納之無何神宗崩八月丙午朔光宗嗣位越四日

不豫都人喧言鄭貴妃進美姬八人又使中官崔文昇投以利劑帝一晝夜三四十起而是時貴妃據乾清宮與帝所寵李選侍相結貴妃爲選侍請皇后封選侍亦請封貴妃爲皇太后帝外家王郭二戚畹偏謁朝士泣愬宮禁危狀謂帝疾必不起文昇藥故也非誤也鄭李交甚固包藏禍心廷臣聞其語憂甚而帝果趣禮部封貴妃爲皇太后漣光斗乃倡言於朝共詰責鄭養性令貴妃移宮貴妃即移慈寧漣遂劾崔文昇用藥無狀請推問之且曰外廷流言謂陛下興居無節侍御蠱惑必文昇藉口以掩其用藥之奸文昇之黨煽布以預杜外廷之口既損聖躬又虧聖德罪不容死至貴妃封號尤乖典常尊以嫡母若大行皇后何尊以生母若本生太后何請亟寢前命疏上越三日丁卯帝召見大臣并及漣且宣錦衣官校衆謂漣疏忤旨必廷杖囑從哲爲解從哲勸漣引罪

漣抗聲曰死即死耳漣何罪及入帝溫言久之數目漣語外廷毋信流言遂逐文昇停封太后命再召大臣皆及漣漣以小臣預顧命感激誓以死報九月乙亥朔昧爽帝崩廷臣趨入諸大臣周嘉謨張問達李汝華等慮皇長子無嫡母生母勢孤子甚欲共託之李選侍漣曰天子寧可託婦人且選侍昨於先帝召對羣臣時强上入復推之出是豈可託幼主者請亟見儲皇即呼萬歲擁出乾清暫居慈慶語未畢大學士方從哲劉一燝韓爌至漣趣諸大臣共趨乾清宮閹人持挺不容入漣大罵奴才皇帝召我等今已晏駕若曹不聽入欲何爲閹人卻乃入臨羣臣呼萬歲請於初六日登極而奉駕至文華殿受羣臣嵩呼駕甫至中官內豎從寢閣出大呼拉少主何往主年少畏人有攬衣欲奪還者漣格而訶之曰殿下羣臣之主四海九州莫非臣子復畏何人乃擁至文華殿禮

畢奉駕入慈慶宮當是時李選侍居乾清一燝奏曰殿下暫居此俟選侍出宮訖乃歸乾清宮羣臣遂退議登極期語紛紜未定有請改初三者有請於即日午時者漣曰今海宇清晏內無嫡庶之嫌父死之謂何含斂未畢袞冕臨朝非禮也或言登極則人心安漣曰安與不安不在登極早暮處之得宜即朝委裘何害議定出過文華殿太僕少卿徐養量御史左光斗至責漣悞大事唾其面曰事脫不濟汝死肉足食乎漣爲竦然乃與光斗從周嘉謨於朝房言選侍無恩德必不可同居明日嘉謨光斗各上疏請選侍移宮初四日得俞旨而選侍聽李進忠計必欲皇長子同居惡光斗疏中武氏語議召皇長子加光斗重譴是日漣遇內豎於麟趾門內豎備言狀漣正色曰殿下在東宮爲太子今則爲皇帝選侍安得召且上已十六歲他日即不奈選侍何若曹置身何地怒目視

之其人退給事中惠世揚御史張潑入東宮門駭相告曰選侍欲垂簾處光斗汝等何得晏然漣曰無之出皇極門九卿科道議上公疏未決初五日傳聞欲緩移宮期漣及諸大臣畢集慈慶宮門外漣語從哲趣之從哲曰遲亦無害漣曰昨以皇長子就太子宮猶可明日爲天子乃反居太子宮以避宮人乎即兩宮聖母如在夫死亦當從子選侍何人敢欺藐如此時中官往來如織或言選侍亦顧命中人漣斥之曰諸臣受顧命於先帝先帝自欲先顧其子何嘗先顧其嬖媵請選侍於九廟前質之若曹豈食李家祿者能殺我則已否則今日不移死不去一燝嘉謨助之詞色俱厲聲徹御前皇長子使使宣諭乃退復抗疏言選侍陽託保護之名陰圖專擅之實宮必不可不移臣等言之在今日殿下行之在今日諸大臣贊決之亦惟今日其日選侍遂移宮居仁壽殿明日庚辰

熹宗即位自光宗崩至是凡六日漣與一燝嘉謨定宮府危疑言官惟光斗助之餘悉聽漣指漣鬚髮盡白帝亦數稱忠臣未幾選兵科都給事中御史馮三元等極詆熊廷弼漣疏論其事獨持平旋劾兵部尚書黃嘉善八大罪嘉善罷去當選侍之移宮也漣即言於諸大臣曰選侍不移宮非所以尊天子既移宮又當有以安選侍是在諸公調護無使中官取快私讎既而外廷惑流言謂選侍備受逼迫御史賈繼春上書內閣曰天地之大德曰生帝王之立極曰孝未有當新君御極之初首勸主上以違忤先帝逼逐庶母表裏交搆羅織不休如李選侍之事者先帝彌留之日親論諸臣選侍曾產數胎育有幼女欷歔情事草木感傷而玉體未寒遂不能保一姬女願委曲調護令選侍得終天年皇幼女不虞意外于是光斗先上疏述移宮事而帝遂降諭言選侍氣毆聖母及要挾傳封皇后與郎日欲垂簾聽政語又言今奉養李氏於噦鸞宮尊敬不敢怠大學士從哲封還上諭帝復降諭言選侍過惡而自白踐養優厚俾廷臣知未幾噦鸞宮災帝諭內閣言選侍暨皇八妹無恙而是時給事中周朝瑞謂繼春生事繼春與相詆諆乃復上書內閣言當日移宮立刻驅逐伶仃之皇八妹入井誰憐孀寡之未亡人雉經莫訴先帝一妾一女遂不能庇通國嗟憤泣下霑衣朝瑞與辨駁者再漣恐繼春說遂滋亦上敬述移宮始末疏且言選侍自裁皇八妹入井蜚語何自臣安敢無言臣寧使今日忤選侍無寧使移宮不速不幸而成女后獨覽文書稱制垂簾之事帝優詔褒漣志安社稷復降諭備述宮掖情事繼春及其黨益忌漣詆漣結王安圖封拜漣不勝憤冬十二月抗章乞去即出城候命帝復褒其忠直而許之歸天啓元年春繼春按江西還抵家見

帝諸諭乃具疏陳上書之實帝切責罷其官漣繼春先後去移宮論始息天啓二年起漣禮科都給事中旋擢太常少卿明年冬拜左僉都御史又明年春進左副都御史魏忠賢用事羣小附之憚衆正盈朝不敢大肆漣益與趙南星左光斗魏大中輩激揚諷議務植善類抑憸邪忠賢及其黨銜次骨遂興汪文言獄將羅織諸人事雖獲解然正人勢日危其年六月漣遂抗疏力攻忠賢列其二十四大罪言高皇帝定令內官不許干預外事祗供掖廷灑掃違者法無赦聖明在御乃有肆無忌憚濁亂朝常如東廠太監魏忠賢者敢列其罪狀爲陛下言之忠賢本市井無賴中年淨身夤入內地初猶謬爲小忠小佞以倖恩繼乃敢爲大奸大惡以亂政祖制以擬旨專責閣臣自忠賢擅權多出傳奉或徑自內批壞祖宗二百餘年之政體大罪一劉一燝周嘉謨顧命大臣也忠賢令

孫傑論去急於翦已之忌不容陛下不敢父之臣大罪二先帝賓
天實有隱懋孫愼行鄒元標以公義發憤忠賢悉排去之顧於黨
護選侍之沈漼曲意綢繆終加蟒玉親亂賊而讎忠義大罪三王
紀鍾羽正先年功在國本及紀爲司寇執法如山羽正爲司空清
修如鶴忠賢搆黨斥逐必不容盛時有正色立朝之直臣大罪四
國家最重無如枚卜忠賢一手握定力阻首推之孫愼行盛以弘
更爲他辭以錮其出豈眞欲門生宰相乎大罪五爵人於朝莫重
廷推去歲南太宰北少宰皆用陪推致一時名賢不安其位顚倒
銓政掉弄機權大罪六聖政初新正資忠直乃滿朝薦文震孟熊
德陽江秉謙徐大相毛士龍侯震暘等抗論稍忤立行貶黜屢經
恩典竟阻賜環長安謂天子之怒易解忠賢之怒難調大罪七然
猶曰外廷臣子也去歲南郊之日傳聞宮中有一貴人以德性貞

靜荷上寵注忠賢恐其露己驕橫託言急病置之死地是陛下不
能保其貴幸矣大罪八猶曰無名封也裕妃以有娠傳封中外方
爲慶幸忠賢惡其不附己矯旨勒令自盡是陛下不能保其妃嬪
矣大罪九猶曰在妃嬪也中宮有慶已經成男乃忽焉告殞傳聞
忠賢與奉聖夫人實有謀焉是陛下且不能保其子矣大罪十先
帝靑宮四十年所與護持孤危者惟王安耳卽陛下倉卒受命擁
衛防維安亦不可謂無勞忠賢以私忿矯旨殺於南苑是不但仇
王安而實敢仇先帝之老奴況其他內臣無罪而擅殺擅逐者又
不知幾千百也大罪十一今日獎賞明日祠額要挾無窮王言屢
褻近又於河間毀人居屋起建牌坊鏤鳳雕龍干雲插漢又不止
塋地僭擬陵寢而已大罪十二今日廕中書明日廕錦衣金吾之
堂口皆乳臭誥勅之館目不識丁如魏良弼魏良材魏良卿魏希

孔及其甥傅應星等濫襲恩廕褻越朝常大罪十三用立枷之法
戚畹家人駢首畢命意欲誣陷國戚動搖中宮若非閣臣力持言
官糾正椒房之戚又興大獄矣大罪十四良鄉生員章士魁坐爭
煤窑託言開礦而致之死假令盜長陵一抔土何以處之趙高鹿
可爲馬忠賢煤可爲礦大罪十五王思敬等牧地細事責在有司
忠賢乃幽置檻阱恣意搒掠視士命如草菅大罪十六給事中周
士樸執糾織監忠賢竟停其陞遷使吏部不得專銓除言官不敢
司封駁大罪十七北鎮撫劉僑不肯殺人媚人忠賢以不善鍛鍊
遂致削籍示大明之律令可不守而忠賢之律令不可不遵大罪
十八給事中魏大中遵旨蒞任忽傳旨詰責及大中回奏臺省交
章又再褻王言毋論玩言官於股掌而煌煌天語朝夕紛更大罪
十九東廠之設原以緝奸自忠賢受事日以快私讎行傾陷爲事

縱野子傅應星陳居恭傅繼教輩投匭設阱片語稍違駕帖立下
勢必興同文館獄而後已大罪二十邊警未息內外戒嚴東廠訪
緝何事前奸細韓宗功潛入長安實主忠賢司房之邸事露始去
假令天不悔禍宗功事成未知九廟生靈安頓何地大罪二十一
祖制不蓄內兵原有深意忠賢與奸相沈漼創立內操藪匿奸宄
安知無大盜刺客爲敵國窺伺者潛入其中一旦變生肘腋可爲
深慮大罪二十二忠賢進香涿州警蹕傳呼淸塵墊道人以爲大
駕出幸及其歸也改駕四馬羽幢靑蓋夾護環遮儼然乘輿矣其
間入幕効謀叩馬獻策者實繁有徒忠賢此時自視爲何如人哉
大罪二十三夫寵極則驕恩多成怨聞今春忠賢走馬御前陛下
射殺其馬貸以不死忠賢不自伏罪進有傲色退有怨言朝夕隄
防介介不釋從來亂臣賊子只爭一念放肆遂至不可收拾奈何

养虎兕於肘腋间乎此又寸磔忠贤不足尽其辜者大罪二十四
凡此逆迹昭然在人耳目乃内廷畏祸而不敢言外廷结舌而莫
敢奏间或奸状败露则又有奉圣夫人为之弥缝甚致无耻之徒
攀附枝叶依托门墙更相表里迭为呼应积威所劫致掖廷之中
但知有忠贤不知有陛下都城之内亦但知有忠贤不知有陛下
即如前日忠贤已往涿州一切政务必星夜驰请待其既旋诏旨
始下天颜咫尺忽漫至此陛下之威灵尚尊於忠贤否耶陛下春
秋鼎盛生杀予夺岂不可以自主何为受制么么小丑令中外大
小惴惴莫必其命伏乞大奋雷霆集文武勋戚敕刑部严讯以正
国法并出奉圣夫人於外用消隐忧臣死且不朽忠贤初闻疏惧
甚其党王体乾及客氏力为保持遂令魏广微调旨切责涟先是
涟疏就欲早朝面奏值次日免朝恐再宿机泄遂於会极门上之

忠贤乃得为计涟愈愤拟对仗复劾之忠贤诇知遏帝不御朝者
三日及帝出群阉数百人衷甲夹陛立敕左班官不得奏事涟乃
止自是忠贤日谋杀涟至十月吏部尚书赵南星既逐廷推代者
涟注籍不与忠贤矫旨责涟大不敬无人臣礼偕吏部侍郎陈于
廷佥都御史左光斗並削籍忠贤憾不已再兴汪文言狱将罗织
杀涟五年其党大理丞徐大化劾涟光斗党同伐异招权纳贿命
逮文言下诏狱鞫之许显纯严鞫文言使引涟纳熊廷弼贿文言
仰天大呼曰世岂有贪赃杨大洪哉至死不承大洪者涟别字也
显纯乃自为狱词坐涟赃二万遂逮涟士民数万人拥道攀号所
历村市悉焚香建醮祈祐涟生还比下诏狱显纯酷法拷讯体无
完肤其年七月遂於夜中毙之年五十四涟素贫产入官不及千
金母妻止宿谯楼二子至乞食以养征赃令急乡人竞出赀助之

下至卖菜佣亦为输助其节义感人如此崇祯初赠太子太保兵
部尚书谥忠烈官其一子

周蓼洲先生傳

明史稿

周順昌字景文吳縣人舉萬歷四十一年進士授福州推官捕治稅監高寀爪牙不少貸寀激民變刼辱巡撫袁一驥質其二子并質副使呂純如或議以順昌代順昌不可純如以此銜順昌擢吏部稽勳主事天啟中歷文選員外郎署選事力杜請寄抑僥倖清操嚼然乞假歸順昌爲人剛方貞介疾惡如讎巡撫周起元忤魏忠賢削籍順昌爲文送之指斥無所諱魏大中被逮道吳門順昌出餞與同臥起者三日許以女聘大中孫旂尉屢趣行順昌瞋目曰若不知世間有不畏死男子耶歸語忠賢我故吏部郎周順昌也因戟手呼忠賢名罵不絕口旂尉歸以告忠賢御史倪文煥者忠賢義子也誣劾同官夏之令致之死順昌嘗語人他日倪御史當償夏御史命文煥聞大恚遂承忠賢指劾順昌與罪人婚且誣

以贓賄忠賢卽矯旨削奪先所忤副使呂純如順昌同郡人以京卿家居挾前憾數譖於織造中官李實及巡撫毛一鷺已實追論周起元遂誣順昌請囑有所乾沒與起元等並逮順昌好爲德於鄉有冤抑及郡中大利害輒爲所司陳說以故士民德順昌甚及聞逮者至衆咸憤怒號冤者塞道至開讀日不期而集者數萬人咸執香爲周吏部乞命諸生文震亨楊廷樞等前謁一鷺及巡按御史徐吉請以民情上聞旂尉厲聲罵曰東廠逮人鼠輩敢爾大呼囚安在手擲鋃鐺於地聲琅然衆憤憤曰始吾以爲天子命乃東廠耶遂蜂擁上勢如山崩旂尉東西竄衆縱橫毆擊斃一人餘負重傷踰垣走一鷺吉不能語知府寇慎知縣陳文瑞素得民曲爲解諭衆始散順昌乃自詣吏又三日北行一鷺飛章告變東廠刺事者言吳人盡反謀斷水道刼漕舟忠賢大懼已而一鷺言縛得倡亂者顏佩韋馬傑沈揚楊念如周文元等亂已定忠賢乃安然自是緹騎不出國門矣順昌至京師下詔獄忠賢嫉許顯純鍛鍊坐贓三千五日一酷掠每掠治必大罵忠賢顯純椎落其齒自起問曰復能罵魏上公否順昌噀血唾其面罵益厲遂于夜中潛斃之時六年六月十有七日也明年莊烈帝卽位文煥伏誅實下吏一鷺吉坐建忠賢祠純如坐頌璫並麗逆案順昌贈太常卿官一子給事中瞿式耜訟諸臣冤稱順昌及楊漣魏大中清忠尤著詔謚忠介

繆西溪先生傳　明史稿

繆昌期字當時江陰人爲諸生有盛名舉萬曆四十一年進士改庶吉士年五十有二矣有同年生忌之揚言爲于玉立所薦自是有東林之目張差梃擊事劉廷元倡言風癲劉光復和之疏詆發奸者謂不當詫之爲奇貨居之爲元功昌期憤語朝士曰奸徒狙擊青宮此何等事乃以風癲二字庇天下亂臣賊子以奇貨元功四字沒天下忠臣義士哉廷元輩聞其語深疾之給事中劉文炳劾大學士吳道南遂陰詆昌期時方授檢討文炳再疏顯攻昌期即移疾去既而京察廷元輩復思中之學士劉一燝力持乃免天啟元年還朝一燝以次輔當國其冬首輔葉向高入小人間一燝于向高謂欲沮其來向高不悅會給事中孫杰承魏忠賢指劾一燝及周嘉謨忠賢遽傳旨允放昌期急詣向高力言二人顧命重

臣不可輕逐內傳不可奉向高怫然曰上所傳何敢不奉昌期曰公三朝老臣始至之日以去就力爭必可得也若一傳而放兩大臣異日天子手滑不復可止矣向高默然昌期因備言一燝質直無他腸向高意稍解會顧大章亦爲向高言之一燝乃得善去兩人故向高門下士也昌期尋遷左贊善進諭德楊漣劾忠賢疏上昌期適過向高向高曰楊君此疏太率易其人於上前時有匡正烏飛入宮上乘梯手攫之其人挽衣不得上有小璫賜緋者叱曰此非汝分雖賜不得衣也其强直如此是疏行安得此小心謹慎之人在上左右昌期愕然曰誰爲此言以誤公可斬也向高色變昌期徐起去語聞於漣漣怒向高亦内慙密具揭請帝允忠賢辭忠賢大慍向高懼思所以自解乃揚言此非我意門生繆昌期迫我也會有言漣疏乃昌期代草者忠賢遂深怒不可解及向高去韓爌秉政忠賢逐趙南星高攀龍魏大中及漣光斗爌皆具揭懇留忠賢及其黨謂昌期實左右之而昌期於諸人去國率送之郊外執手太息由是忠賢益恨昌期知勢不可留具疏乞假遂落職閒住五年春以汪文言獄詞連及削職提問忠賢憾不置明年二月復於他疏責昌期已削籍猶冠蓋延賓令緹騎逮問踰月復入之李實疏中下詔獄昌期慷慨對簿詞氣不撓竟坐贓三千五毒備至昌期不勝刑四月晦斃於獄莊烈帝即位贈詹事兼侍讀學士録其一子詔并予謚而是時姚希孟以詞臣持物論雅不善左光斗周宗建力尼之遂并昌期及周起元李應昇黃尊素周朝瑞袁化中顧大章皆不獲謚福王時始謚文貞

陳中湛先生傳　明史稿

陳于庭字孟諤宜興人萬歷二十三年進士歷知光山唐山秀水三縣徵授御史甫拜命卽論救給事中汪若霖詆大學士朱賡甚力坐奪俸一年頃之劾職方郎中申用懋趙拱極黃克謙爲宰相私人不宜處要地又劾賡及王錫爵當斥已言論德顧天埈素于清議不宜久玷詞林語皆峻切視鹺河東劾稅使張忠撓鹽政正陽門災極陳時政闕失父喪歸服除起按江西時稅務已屬有司而中官潘相欲親督湖口稅于庭劾其背旨虐民淮府庶子常淇作奸論寘之法改按山東光宗立擢太僕少卿徙太常議紅丸事極言崔文昇李可灼當斬尚書王紀被斥特疏申救再進大理卿戶部右侍郎改吏部進左侍郎尚書趙南星既逐于庭署事大學士魏廣微傳魏忠賢意欲用其私人代南星且許擢于庭總憲于

庭不可以喬允升馮從吾汪應蛟名上忠賢大怒謂所推仍南星遺黨矯旨切責幷楊漣左光斗盡斥爲民文選郎張可前御史袁化中房可壯亦坐貶黜自是淸流盡逐小人日用事矣崇禎初起南京右都御史與鄭三俊典京察盡去諸不肖者南御史差竣例聽北考于庭請先考於南報可名拜左都御史以巡方責重列上糾大吏薦人才修荒政覈屯鹽禁耗羨淸獄囚訪奸豪弭寇盜八事請於道日核實課功優詔褒納給事中馬思理御史高倬余文縉坐事下吏並抗疏救之秩滿加太子少保三疏乞休不允兩浙巡鹽御史祝徽廣西巡按御史畢佐周並擅提指揮非故事事聞帝方念疆埸多故欲倚武臣旨下參覈于庭等言軍官起世胄率不循法度概列彈章將不勝擾故小過薄責以懲凡御史在外者蓋然不自二臣始且巡按代天將命而戒飭撓於武弁何以抑驕悍帝以指揮秩崇非御史得杖令會兵部稽典制以聞典制實無杖指揮事乃引巡撫勅書提問四品武職語以對帝以比擬不倫責令再核于庭等終右御史所援引悉不當帝意疏三上三御史削籍歸家居二年卒福王時贈少保于庭端亮有守子廷儒當國于庭其里人無所附麗與溫體仁不合故卒獲重譴去

王軒鎌先生傳　　明史稿

王家禎長垣人萬歷三十五年進士天啟五年歷官右僉都御史巡撫甘肅松山部長銀定歹成擾西鄙二十餘年自家禎受任三犯三卻之先後斬首五百四十擢戶部右侍郎轉左崇禎元年二月攝部事邊餉不以時發至七月遼東兵鼓譟巡撫畢自肅自縊死帝大怒削家禎籍尋敘甘肅功復其冠帶九年七月京師被兵起兵部左侍郎未幾總理盧象昇入衛命家禎以本官兼右僉都御史總理河南湖廣山西陝西四川江北軍務代象昇討賊會河南巡撫陳必謙罷即命兼之中州賊爲象昇必謙所蹴勢少衰及兩人去諸將左良玉陳永福羅岱等彼此觀望馬進忠等復蔓南陽家禎督將士會勦賊不敢大逞而楚人在朝者言家禎高郎汴梁置全楚度外帝下詔切責乃遣兵救襄陽大戰牌樓閣亦不能

大創其冬家丁鼓譟燒開封西門家禎暮夜自外歸慰諭加犒賞發往南陽討土寇楊四乃定楊四者舞陽劇盜也與其黨郭三海侯馭民等降於陳必謙既而復叛大爲南陽汝寧患南陽同知萬年策與監紀推官湯開遠諸將良玉及牟文綬等連破之四焚死馭民三海亦爲參將陳永福副將龍在田守備劉洪起等所破擒土寇略定是時流賊盡趨江北劉都震驚良玉既平四往援擊走賊湖北給事中羅志儒言家禎奉命討安慶賊未嘗一出中州帝以家丁之變已心輕之而給事中鍾斗亦上疏請更總理家禎遂稱病帝雖其代不許至四月以總理授熊文燦令家禎專撫河南文燦未至會安慶告警詔遣良玉赴援家禎以中原方急守僨宜不遣其秋劉國能等犯開封裨將李春貴等戰歿家禎拒守賊乃去敗書聞令所司議罪文燦亦已至軍乃落職閒住十七年李自成陷京師遣兵據長垣設僞官家禎謀舉兵誅之未發爲賊所覺與子元炌並自經死

蔡雲怡先生傳　　明史稿

蔡懋德字維立崑山人幼受書卽志聖學篤好王守仁書舉萬歷四十七年進士授杭州推官山東白蓮賊起浙中奸人亦殺長興知縣而是時調浙兵援遼兵不樂行謀爲變皆賴懋德籌畫事乃定天啟五年行取入都里人顧秉謙柄國欲用爲吏部懋德不與通秉謙怒部擬給事中而旨改禮部儀制主事吏部尚書崔景榮請仍用懋德等爲言官旨復不許進祠祭員外郎都城建魏忠賢祠尚書率諸司謁賀獨懋德與同官翁鴻業中道託疾歸崇禎改元由主客郎中出爲江西提學副使頒守仁拔本塞源論於諸生自著管見臆說數千言發明良知之學士多興起遷浙江右參政分守嘉興湖州劇盜屠阿丑衆千餘出沒太湖當事議勦之懋德曰此計可擒也悉召瀕河豪家把其罪簡壯士與同發遂擒阿丑

當事以懋德爲知兵尋遭內艱去服除起井陘兵備久旱懋德禱卽雨他邑爭迎以禱又輒雨甫三月以遼東巡撫方一藻薦調官寧遠祖大壽久鎮遼部下頗不戢懋德諷之大壽爲申約束中官高起潛倨甚懋德導以謙恭亦稍折節以守松山及修臺堡功數敘賚會災異求言懋德上省過治平二疏規切君相一時咸笑爲迂被旨切責楊嗣昌亦惡懋德言其清修弱質不宜邊地乃改濟南道濟南新殘破大吏多缺人懋德攝兩司及三道印招流移安反側恤凋瘵諸廢畢興遷山東按察使河南右布政司田荒穀貴吏日急催科而賊流言先服者不輸租民日望其至懋德亟檄州縣停徵上疏自劾詔鐫七級仍視事十四年十二月擢右僉都御史巡撫山西召對稱旨賜酒饌銀幣明年春抵任大盜王冕等爲亂討平之總兵許定國援河南潰而歸懋德定其亂十月京師戒嚴卽統兵入衛詔扼守龍泉固關二關而賊已陷河南將犯平陽竟懋德亟馳河上禦之數月至十六年冬賊入潼關陝西盡陷自蒲州北抵保德二千餘里悉與賊鄰恃黃河爲限窮冬冰合賊騎得長驅懋德連章告急請禁旅及保定宣府大同兵馳赴河干合拒中朝亦以山西爲憂廷臣請防河者甚衆然無兵可援總兵周遇吉鎮寧武僅得自顧宣大總督王繼謨奉命防河亦不至懋德以疲卒三千當數十萬强寇日奔走平陽汾州閒猶屢挫之大慶風陵吉鄉諸渡十二月苛嵐保德俱告警太原洶洶晉王手書趣懋德還懋德不得已分兵守二郡以十八日去平陽越三日賊卽渡河副使李上焜知府張嶙然等棄城先遁俄復還越二日李自成至嶙然迎降平陽遂陷十七年正月巡按御史汪宗友劾懋德不待冰泮遽還太原致名城淪覆詔奪官候勘以郭景昌代之懋

德先遣兵禦賊而屬城盡陷反拒官軍懋德乃與布政使趙建極諸監司毛文炳藺剛中畢拱辰太原知府孫康周署陽曲縣事長史范志泰等大集城中人誓以死守懋德哭衆皆哭聲震原野罷官命適至或請出城候代懋德不可曰吾已辦一死矣景昌卽至吾亦與俱死是月晦賊游騎抵近郊自成知懋德賢遣使招諭曰撫軍若降吾且大用懋德憤立火其檄斬使人頭懸城上二月五日賊悉衆薄城遣部將牛勇朱孔訓王永魁出戰俱敗歿明日自成具鹵簿督衆力攻城上發礟擊之賊多死又明日晝晦大風拔木飄瓦終夜不息守者皆仆懋德知不能支預草遺表時懋德調陽和兵三千協守剛中慮其內應移之南關外果叛降賊而部將張雄者守新南門與賊通懋德召中軍副總兵應時盛謀將調雄守大南門未幾雄縋城出降語其黨曰城東南角樓貯火器火藥

我下卽焚樓樓焚守者悉走賊乘勢登城懋德北向再拜出遺表付友人拔刀自刎爲麾下所奪時盛請下城巷戰遂扶懋德上馬時盛持矛突殺殺數十人至炭市口賊騎充斥時盛呼曰且擁公出西門懋德遽下馬曰我當死封疆汝輩可自去衆復擁懋德上馬至水西門懋德叱曰汝輩欲陷我不忠耶復下馬據地坐盛時已出城還顧不見復斫門入語懋德曰請與公俱死遂偕至三立祠懋德就縊未絶時盛釋甲加諸肩乃絶時盛再拜訖卽取弓絃自勒死建極危坐公堂賊擁至晉王府見自成欲授以官叱曰我天朝方伯乃仕賊耶自成令曳出斬之下階連呼萬歲曰臣失守封疆死有餘罪自成以爲呼己也曳還問曰既呼萬歲何不受官建極厲聲曰我呼當朝皇帝寧呼賊耶大駡自成立殺之文炳被執誘以官不從抗駡數日被殺妻趙妾李亦投井死子兆夢甫數

歲被掠去士民以忠臣子贖而歸之剛中被執説之降大駡曰豈有藺坦生屈膝求活者乎賊殺之首既墮復躍起丈餘賊皆僻易拱辰被執賊適得新刀拱辰睨視之問何睨曰欲得此斫頭耳賊遂取斬之康周率死士巷戰被執説降不從乃見殺志泰不食死福王時議懋德不守河爲失策乃謚忠襄賜祭葬建祠不予贈廕餘賜卹有差

黃石齋先生傳

明史稿

黃道周字幼平漳浦人天啟二年進士改庶吉士授編修爲經筵展書官故事必膝行前道周獨否魏忠賢目攝之未幾內艱歸崇禎二年起故官進右中允三疏救故相錢龍錫貶三秩調他曹龍錫得減死五年正月方候補遘疾求去瀕行上疏曰臣自幼學易以天道爲準上下載籍二千四百年考其治亂百不失一陛下御極之元年正當師之上九其爻云大君有命開國承家小人勿用陛下思賢才不遽得懲小人不易絶葢陛下有大君之實而小人懷干命之心臣入都以來所見諸大臣皆無遠猷動尋苛細治朝亡者以督責爲要談治邊疆者以姑息爲上策序仁義道德則以爲迂昧而不經奉刀筆簿書則以爲通達而知務一切磨勘則葛藤終年一意不調而株連四起陛下欲整頓紀綱斥攘外患諸臣

用之以滋章法令摧折縉紳陛下欲剔弊防奸懲一警百諸臣用之以借題修隙斂怨市權且外廷諸臣敢誑陛下者必不在拘攣守文之士而在權力譎巧之人內廷諸臣敢誑陛下者必不在錐刀泉布之微而在阿柄神叢之大惟陛下超然省覽旁稽載籍自古迄今決無數米量薪可成遠大之猷吹毛數睫可奏三五之治者彼小人見事智每短於事前言每多於事後不救凌閭而謂凌城必不可築不理島民而謂島衆必不可用兵逃於久頓而謂亂生於無兵餉糜於漏卮而謂功銷於無餉亂視熒聽浸淫相欺馴至極壞不可復挽臣竊危之自二年以來以察去弊而弊愈多以威劓頑而威滋殫是亦反申商以歸周孔捐苛細以崇惇大之時矣帝不懌摘葛藤株連數語令具陳道周上言曰邇年來臣所目營心計無一實爲朝廷者其用人行事不過推求報復而已自前

歲春月以後盛談邊疆實非爲陛下邊疆乃爲逆璫而翻邊疆也去歲春月以後盛言科場實非爲陛下科場乃爲仇隙而翻科場也此非所謂葛籐株連乎古聖賢所經營不過兩事外患未弭則大臣一心以憂外患小人未退則大臣一心以憂小人今獨以遺君父而大臣自處於催科比較之末行事而事失則曰事不可爲用人而人失則曰人不足用此臣所謂舛也三十年來釀成門戶之禍今又取縉紳稍有器識者舉網投阱即緩急安得半士之用乎凡絶餌而去者必非鯔魚戀棧而來者必非駿馬以利祿豢士則所豢者必嗜利之臣以箠策驅人則就驅者必駑駘之骨今諸臣之才具心術陛下備知之矣知其爲小人而又以小人矯之則小人之焰益張知其爲君子而更以小人參之則君子之功不立天下總此人才不在廊廟則在林藪臣所知識者有馬如蛟毛羽

健任贊化所聞習者有惠世揚李邦華在仕籍者有徐良彥曾纓朱大典陸夢龍鄒嘉生皆卓犖駿偉使當一面必有可觀陛下必欲振作人才當敦尚風節則作人之道得矣語皆刺大學士周延儒溫體仁帝益不懌責以挾私逞臆斥爲民九年用薦召復故官明年閏四月久旱修省道周上言近者中外齋宿爲百姓請命而五日內繫兩尚書未聞有人申一疏者安望其戡亂除凶贊平明之治乎陛下焦勞於上小民展轉於下而諸臣括囊其間稍有人心宜不至此又上疏曰陛下寬仁弘宥有身任重寄至七八載罔效擁權自若者積漸以來國無是非朝無枉直中外臣工率苟且圖事誠可痛憤然其視聽一係於上上急催科則下急賄賂上樂鍥覈則下樂巉險上喜告訐則下喜誣陷當此南北交訌奈何與市井細民申勃谿之談修睚眦之隙乎時體仁方招奸人搆東林復社之獄故道周及之旋進右諭德掌司經局疏辭因言己有三罪四恥七不如三罪四恥以自責七不如者謂品行高峻卓絶倫表不如劉宗周至性奇情無愧純孝不如倪元璐湛深大慮遠見深計不如魏呈潤犯顏敢諫清裁絶俗不如詹爾選吳執御志尚高雅博學多通不如華亭布衣陳繼儒龍溪舉人張燮至圜土纍係之臣樸心純行不如李汝璨傅朝佑文章意氣坎坷磊落不如錢謙益鄭鄤鄤方被杖母大詬帝得疏駭異責以劖饋是非令陳狀道周回奏語復多覆護帝益怒嚴旨切責道周以文章風節高天下嚴冷方剛不諧流俗公卿多畏而忌之爲藉不如鄤語爲口實其冬擇東宮講官體仁已罷張至發當國擯道周不與其同官項煜楊廷麟不平上疏推讓至發言鄤杖母明旨煌煌道周自謂不如安可爲元良輔導給事中馮元飈詆至發忮至發兩疏辨道

周遂移疾乞休不許十一年二月帝御經筵詢用人之法道周請培養人才且言勦賊當審形勢說甚具刑部尚書鄭三俊方下吏講官黃景昉救之帝未許而帝適追論舊講官姚希孟嘗請漕儲全折以爲非道周聽未審謂帝將寬三俊念希孟也因言故輔臣文震孟一生蹇直未蒙帷蓋恩天下士生如三俊歿如震孟希孟求其影似未可多得帝以所對失實責令回奏再奏再詰至三奏乃已凡道周所建白未嘗得一俞旨道周顧言不已六月廷推閣臣道周已充日講官遷少詹事得與名帝不用用楊嗣昌等五人道周乃草三疏一劾嗣昌一劾陳新甲一劾方一藻同日上之其劾嗣昌謂天下無無父之子亦無不臣之子衛開方不省其親管仲竟比之豭狗李定不喪繼母宋世共指爲人梟今遂有不持兩服坐司馬堂如楊嗣昌者宣大督臣盧象昇以父殯在途搥心飲

血請就近推補乃忽有并推在籍守制之旨夫守制者可推則闕
喪者可不去聞喪者可不去則爲子者可不父爲臣者可不子郎
使人才甚乏奈何使不忠不孝者連茵引蘖種其不祥以穢天下
乎嗣昌在事二年倡溢地之談飾樂天之說其才智亦可睹矣更
起一不祥之人與之表裏陛下孝治天下縉紳家庭小小勃谿猶
以法治之而冒喪斁倫獨謂無禁臣竊以爲不可也其論新甲言
其守制不終走邪徑託捷足古有忠臣孝子無濟於艱難者决未
有不忠不孝而可進乎功名道德之門者也臣二十躬耕手足胼
胝以養二人四十餘削籍徒步荷擔二千里不解扉屨今雖踰五
十非有妻子之奉婢僕之累天下卽無人臣願解清華出管鎖鑰
何必使被棘負塗者祓不祥以玷王化哉其論一藻則力詆和議
之非帝疑道周以不用怨望而縉紳勃谿語欲爲鄭鄤脫罪下吏

部行譴嗣昌因上言鄭杖母飛走不如今道周又不如鄭何用談
綱常爲且其意徒欲庇凶徒遮前言之謬立心可知因自乞罷免
帝優旨慰之七月五日召內閣及諸大臣於平臺并及道周帝與
諸臣語所司事久之問道周曰凡無所爲而爲者謂之天理有所
爲而爲者謂之人欲爾三疏適當廷推不用時果無所爲乎道周
對曰臣三疏皆爲國家綱常自信無所爲帝曰先時何不言對曰
先時猶可不言至簡用後不言更無當言之日帝曰淸固美德但
不可傲物遂非且惟伯夷爲聖之淸若小廉曲謹是廉非淸也時
道周所對不合指帝屢駁道周復進曰惟孝弟之人始能經綸天
下發育萬物不孝不弟者根本既無安有枝葉嗣昌出奏曰臣不
生空桑豈不知父母顧念君爲臣綱父爲子綱君臣固在父子前
況古爲列國之君臣可去此適彼今則一統之君臣無所逃於天

地之間且仁不遺親義不後君難以偏重臣四疏力辭意詞臣中
有如先朝劉定之羅倫者抗疏爲臣代請得遂臣志及抵都門聞
道周人品學術爲人宗師乃有不如鄭鄤疏臣始歎息絶望帝曰
朕正擬問此事嗣昌又言道周自謂不如鄭安知綱常帝方爲嗣
昌解道周卽奏大臣聞言義當退避未有御前爭辨不容小臣盡
言者嗣昌佯奏臣爲綱常名教不容不辨實非體道周清品人望
所歸願納其言放臣還里帝曰道周疏亦不爲奪情古時人心多
無所爲今則各有所主所以孟子欲正人心息邪說古之邪說別
爲一教今則直附於聖賢經傳中係世道人心更大道周曰臣平
生恥言人過今御前爭辨亦非體但爲天下後世留此綱常名教
天理人心而已帝復難辨久之問爾言不如鄭鄤何也對曰臣章
見棄通國孟子不失禮貌臣言文章不如鄭帝曰章子不得於父

豈鄭杖母者比爾言不如豈非朋比道周曰衆惡必察帝曰爾言
陳新甲走邪徑託捷足且其中言歉美容悅叩首折腰者誰耶道
周不能對但言人心邪則行徑皆邪帝曰喪固凶禮豈遭凶者盡
凶人盡不祥之人道周曰古三年喪君命不過其門自謂凶與不
祥故兵禮鑿凶門而出奪情在疆外則可朝中則不可帝曰人既
可用何分內外道周曰我朝自羅倫論奪情前後五十餘人多在
邊疆故嗣昌在邊疆則可在中樞則不可在中樞猶可在政府則
不可止嗣昌一人猶可又呼朋引類竟成一奪情世界益不可帝
又駁問久之道周曰今日獨立敢言之人少讒諂面諛之人多臣
不得不言帝曰昔孔子誅少正卯當時亦稱聞人止因言僞而辨
行僻而堅故不免聖人之誅今人多類此道周曰少正卯欺世盜
名心術不正故聖人誅之臣心正所行事皆正無一毫私帝曰向

以爾偏私示裁抑後聞爾有操守旋復官不圖恣肆乃爾本當按問念列講官姑出候旨道周曰臣今日不盡言則臣負陛下陛下今日殺臣則陛下負臣帝曰爾一生學問止成佞耳叱之退道周叩首曰臣敢將忠佞二字剖析言之夫人在君父前獨立敢言爲佞豈在君父前讒諂面諛爲忠耶忠佞不别邪正不明何以致治帝曰非輕加爾以佞但所問在此所對在彼非佞而何再叱之退嗣昌奏道周所持者經微臣所行者權乞賜優容帝曰此非專爲卿近來人心偷薄朕欲正人心故特召面諭念卿申救令候處分嗣昌復懇優容帝曰朕已優容多矣乃召文武諸臣咸聆戒諭而退是時帝憂兵事謂可屬大事者惟嗣昌破格用之道周守經失帝意及奏對又不遜帝怒甚欲加以重罪憚其名高未敢決會劉同升趙士春亦劾嗣昌將予重譴而部擬道周譴顧輕嗣昌憚道

周輕則論己者將無已時也亟購人劾道周刑部主事張若麒者素附嗣昌謀改兵部遂言道周及其黨造設奸言虧損聖德舉古今未有之善言盡出道周而凡可歸過君父者無不至倘不頒示前日召對始末則背公死黨之徒或鼓煽以惑四方或私記以疑後世致聖天子正人心息邪説至意悉爲掩沒帝乃傳諭數百言戒廷臣毋爲道周劫持相朋黨貶道周六秩爲江西按察司照磨而若麒果得兵部久之江西巡撫解學龍薦所部官推奬道周備至故事但下所司帝亦覆閲大學士魏照乘者惡道周擬旨責學龍濫薦帝遂發怒立削二人籍逮下刑部獄責以黨邪亂政並廷杖八十究黨與欲寘之死詞連編修黄文焕吏部主事陳天定工部司務董養河中書舍人文震亨並繫獄戶部主事葉廷秀監生涂仲吉救之亦繫獄尚書李覺斯讞輕嚴旨切責再擬謫戍烟瘴

帝猶以爲失出除覺斯名移獄鎮撫拷治者四乃復還刑部逾年尚書劉澤深等言二人罪至永戍止矣過此惟論死論死非封疆則貪酷未有以建言者道周無封疆貪酷之罪而有建言蒙戮之名於道周得矣非我聖主覆載之量也夫陛下所疑者黨耳黨有見諸行事道周抗疏祇託空言一二知交相從罷斥烏覩所謂黨而煩朝廷大法乎且陛下豈有積恨於道周萬一聖意轉圜而臣已論定悔之何及仍以原擬請乃謫戍廣西時楊嗣昌已死周延儒再當國方參用公議欲爲道周地也十五年八月帝召輔臣問及故庶吉士張溥延儒因言溥與黄道周爲人皆偏止因善讀書人多惜之帝不答蔣德璟曰道周蒙戍極感聖恩但家貧子幼實爲可憫黄景昉陳演吴甡復相繼言帝顏頗霽明日傳旨復故官道周在途疏謝因極稱解學龍葉廷秀賢請釋歸田里不許既還

朝尋以病歸福王監國起吏部左侍郎道周不欲出馬士英遣人諷曰人望在公公不起欲從史可法擁立潞王耶道周不得已乃趨朝至則陳進取九策優旨報聞其年九月拜禮部尚書協理詹事府時朝政日非劉宗周姜曰廣高弘圖徐石麒輩皆去國道周亦有去志明年三月乞祭告禹陵瀕行又陳攻取之策時不能用事竣將旋里會南都覆沒唐王聿鍵至衢州遂奉表勸進及王監國命以本官兼武英殿大學士參贊機務王素重其學行禮敬備至時召何吾騶蔣德璟等未至道周爲首輔一日賜宴鄭芝龍以侯爵欲位其上道周與爭眾議抑芝龍文武大不睦有諸生上書詆道周迂不可居相位王知出芝龍意下督學御史撻之然是時國勢衰微兵食俱乏政歸鄭氏諸大帥選愞觀望不敢出道周憤自請督師乃以七月二十二日啓行僅齎一月糧以虛聲鼓動忠

義士得卒九千餘人從廣信出衢州抵至撫安遺黎聯絡聲勢遠
近頗響應十二月進至婺源遇我
大淸兵戰敗被獲一軍盡覆執至江寧幽於別室從容著詩文數
卷聞當刑書絕命詞衣帶間過東華門坐不起曰此與高皇帝陵
寢近可死矣監刑者從之幕下士兵部主事趙士超等四人皆死
道周學貫古今詩文敏捷所至學者雲集講論不倦所居銅山在
孤島中有石室道周自幼坐臥其中故學者稱爲石齋先生精天
文歷數皇極諸書所著易象正三易洞璣學者窮年不能通其說
而道周用以推驗治亂歿後家人得其小冊自推終於丙戌年六
十二始信其能知來云

文湛持先生傳

明史稿

文震孟字文起吳縣人待詔徵明曾孫也祖國子博士彭父衛輝
同知元發並有名行震孟弱冠舉於鄉績學砥行負盛名十赴會
試至天啟二年始以殿試第一授翰林院修撰時天下多故而魏
忠賢漸竊柄外庭應之數斥逐大臣震孟憤其年十月上勤政講
學疏言今四方多故無歲不蹙地陷城覆軍殺將乃大小臣工卧
薪嘗膽之日而因循粉飾將使祖宗天下日銷月削非陛下奮然
大破常格鼓舞豪傑心天下事未知所終也陛下昧爽臨朝寒暑
靡輟政非不勤然鴻臚引奏跪拜起立如傀儡登場已耳請按祖
宗制唱六部則六部以次白事唱六科則六科以次白事糾彈敷
奏陛下與輔弼大臣面裁決焉則聖智日明習而百執事各有奮
心若僅揭帖一紙長跪一諾北面一揖安取此鴛行豸繡橫玉腰

金者爲經筵日講臨御有期學非不講然侍臣進讀鋪叙文辭如
蒙師誦說已耳祖宗之朝君臣相對如家人父子咨訪軍國重事
閭閻隱微深居九重情形畢照奸詐無所藏左右近習亦無緣蒙
蔽若僅尊嚴若神上下拱手經傳典謨祗守故事安取此正笏垂
紳展書簪筆者爲且陛下既與羣臣不洽退入內庭耳目所觸發
德性所薰烝自不越中涓常侍之言帝王宏遠規模豈若輩所能
解於是危如山海而閣臣一出共偷安無事慘如黔圍而撫臣坐
視竟嚴譴莫施近日舉動更可異者鄒元標去焉從吾杜門首揆
冢宰亦相率求退三朝耆遺一旦以講學故不安其位空人國逐
名賢有似僞學之禁唐宋末季可爲前鑒尚書王紀削籍甚出
都人爲快於馳驛破帽蒙頭人謂華於蟒玉今諸臣被道學名以
去其貴且甚於三公國家爵祿名號不足爲榮豈平世所宜有疏

入忠賢屏不卽奏侯帝內宴爲偶人戲畢因進震孟疏曰所言傀儡卽偶人也見聖躬短小遂以相比不殺無以示天下帝頷之一日講筵竣忠賢傳旨廷杖震孟八十首輔葉向高在告次輔韓爌力爭會庶吉士鄭鄤疏復入內批俱貶秩調外言官交章論救向高言尤力不納震孟不赴調而歸六年冬太倉進士顧同寅生員孫文豸坐以詩悼惜熊廷弼爲兵馬司所緝獲御史門克新指爲妖言以震孟及編修陳仁錫庶吉士鄭鄤皆與往還株連及之並斥爲民崇禎改元召爲侍讀改左中允充日講官三年春都城戒嚴大臣多去國忠賢遺黨王永光輩日乘機報復順天巡撫方大任遂希指力詆東林震孟抗疏極陳其謬因言永光乘朝廷倉猝謀翻欽定刑書深籌密算無非續翟魏游魂方今摧抑之餘士氣已盡何忍復興黨議空人國而後已帝方眷永光不報尋進左諭

德掌司經局直講如故五月復上疏曰羣小合謀欲借邊才翻逆案天下有無才悞事之君子必無懷忠報國之小人今有平生無恥慘殺名賢之呂純如且藉奧援思辨雪永光爲六卿長假竊威福倒置用舍無事不專而濟以很發念必欺而飾以樸機深計巧投無不中人皆知盧杞奸邪畏林甫岸谷以年例大典而變亂祖制以考選盛舉而擯斥清才舉朝震恐莫敢訟言臣下雷同豈國之福帝以殺名賢及年例考選無所指令再陳震孟言殺名賢者故吏部郎周順昌年例則抑吏科都給事中陳良訓考選則擯中書舍人陳士奇潘有功是也純如常語人冢宰不去此案必翻故永光倡邊才之說而純如辨冤疏卽繼之非合謀而何永光窘密結大奄王永祚謂士奇出姚希孟門震孟希孟舅也帝遂疑之永光辨疏得溫旨而責震孟任情牽詆然羣小翻案之謀亦由是中

沮震孟在講筵最嚴正嘗講君使臣以禮章反覆規諷帝卽出尚書喬允升侍郎胡世賞於獄一日進講見帝足加膝適講五子之歌至爲人上者奈何不敬以目視帝足帝卽袖掩之徐爲引下時稱眞講官旣忤權臣欲避去出封益府便道歸遂不復出五年卽家擢右庶子久之進少詹事初天啟時詔修光宗實錄禮部侍郎周炳謨載神宗時儲位臲卼及妖書梃擊諸事直筆無所阿其後魏忠賢盜國柄御史石三畏劾削炳謨職忠賢使其黨重修是非倒置震孟摘尤謬者數條疏請改正帝特御平臺召廷臣面議卒爲溫體仁王應熊所沮炳謨字仲觀無錫人萬歷三十二年進士三畏劾時炳謨已假歸卒於家矣崇禎初贈禮部尚書謚文安其父子義嘉靖中庶吉士萬歷中至吏部侍郎卒謚文恪父子皆以學行稱於世八年三月賊犯皇陵震孟陳致亂之源言陛下初御

極廢黜諸臣彙征連茹而謀國罔效致聖衷懷疑羣邪何隙沿至於今魑魅歡舞於離明狐鼠縱橫於城社逆氣足以召逆妖氛足以成妖此致亂之源也堂陛之地欺猜愈深朝廷之間克削日甚縉紳蹙靡膊士子嗟東濕萬民失業商旅怨咨此又致亂之源也兵不精而日增餉隨兵而日益餉益則賦重賦重則刑繁有司以功令之嚴日取鵠形鳩面之赤子箠之梏之冤痛之聲下徹於地此又致亂之源也盜賊四起調將徵兵而兵無紀律淫汚殺掠慘不可言民間有賊兵如梳官兵如櫛之謠民安得不爲盜盜安得不日增此又致亂之源也當事諸臣不能憂國奉公一統之朝强分畛域加膝墜淵總由恩怨數年來振綱肅紀者何事推賢用能者何人安內攘外者何道富國强兵者何策陛下宜奮然一怒發哀痛之詔按失律之誅正悞國之辜行撫綏之實政寬閭閻之積

通先收人心以遏寇盜徐議財源之濬毋徒竭澤而漁盡斥患得患失之鄙夫廣集羣策羣力以定亂國事庶有瘳乎帝優旨報之亦不能盡行也故事講筵不列春秋帝以有裨治亂令擇人進講震孟春秋名家體仁慮其譏切時政或當帝意受眷知隱不舉次輔錢士升指及之體仁佯驚曰幾失此人遂以其名上及進講果大稱帝旨震孟乃兩疏辭疾不許六月帝將增置閣臣召廷臣數十人試以票擬震孟疾不入祭酒倪元璐無疾亦不入明日命取姜逢源陳子壯張至發及震孟等九人履歷又命廷推在籍者體仁方得疾在告帝以七月特擢震孟禮部左侍郎兼東閣大學士入閣預政兩疏固辭不許閣臣被命即投刺司禮大奄兼致儀狀震孟獨否掌司禮者曹化淳故王安從奄雅慕震孟令安從子官中書者屬震孟鄉人述其意震孟卒不往震孟既入直體仁疾愈

亦入每擬旨必商之震孟有所改必從喜謂人曰温公虛懷何云奸也同官何吾騶曰此人機最深詎可信震孟不謂然越十餘日體仁窺其疏所擬不當輒令改不從則徑抹去震孟大慍以諸疏擲體仁前體仁亦不顧都給事中許譽卿者故劾忠賢有聲震孟及吾騶欲用爲南京太常卿體仁忌譽卿伉直諷吏部尚書謝陞劾其與福建布政使申紹芳營求美官語侵震孟體仁擬殊干法紀當貶謫度帝欲重擬必發改已而果然遂擬斥譽卿爲民紹芳提問震孟爭不得有憤言及譽卿疏辨侵體仁體仁因述擬旨始末且言陞疏改擬時士升以陞劾故重而述吾騶震孟意謂當行勘或令回奏臣以冢臣所糾復誰勘遂擬削籍震孟咈然曰科道爲民是天下極榮事陛下勸懲天下止賞罰大權如震孟言是朝廷賞罰不足爲勸懲以股肱心膂臣爲此悖理滅法語臣不知其何心數日以來聚謀援草欲爲譽卿攻臣者實繁有徒臣身可殺心不可移也帝果怒責吾騶震孟徇私撓亂二人疏辨不聽遂罷吾騶落震孟職閒住方震孟之拜命也即有旨召還諸邊鎮守內臣不知者遂謂震孟力及次輔王應熊之去在直者止震孟及張至發忌者謂震孟爲之由是有譖震孟居功者帝意遂移其在閣止兩月爾震孟剛方貞介有古大臣風扼於權奸不竟其用歸半歲會甥希孟卒哭之慟未幾亦卒廷臣屢請卹典不許十二年詔復故官十五年贈禮部尙書賜祭葬官一子福王時追謚文肅二子秉乘俱有學行乘遭國變死於難

金狷菴先生傳　明史稿

金鉉字伯玉武進人占籍順天之大興祖汝升南京戸部郎中父顯名汀州知府鉉有大志少以聖賢自期年十八舉鄉試第一明年崇禎改元成進士不習爲吏改揚州府教授日進諸生闡濂洛正學燕居言動俱有規格諸生嚴憚之歷國子博士工部主事中官張彝憲奉勅總理戸工二部將別建公署鉉恥爲屈抗疏言建署非體恐諸曹奔走承順遐交結之條蕩廉恥之節忤旨不納署既成彝憲檄諸曹謁見視堂官禮鉉憤然曰是欲屬吏我耶復抗疏曰彝憲監視錢穀未嘗有堂屬相臨之體今乃違陛下勅諭乖祖宗典制抗顏眛心妄自尊大以聖朝廸簡之臣子令磬折傴僂強抑刑餘下不亦輕朝廷辱一世之士耶况從此奔趨納結彼日驕此日諂于憲典壞士風弊胡可勝言臣自矢無玷生殺予奪一

聽至尊決不敢匍匐彝憲之庭犯交結近侍律疏入益忤旨責以沽名鉉乃約兩部諸僚有私謁者欣唾其面彝憲愠甚鉉當榷稅杭州辭疾請假彝憲乃摭火器不中程劾鉉落職杜門謝客環堵蕭然躬爨以養父母學日益邃有詢以宗旨者正色曰日用躬行未之有得何宗旨爲朝士仰其賢薦章屢上十七年春始起兵部主事巡視皇城京師陷鉉慟哭急趨入朝見宮人狂奔出知帝已崩解牙牌北向四拜投金水河從者力挽之鉉怒奮臂躍入死母章妾王弟錝並同日死福王時贈太僕少卿謚忠節

本朝賜謚忠潔

馬素脩先生傳　明史稿

馬世奇字君常無錫人祖濂進士桂林知府世奇幼穎異嗜學有文名舉崇禎四年進士改庶吉士授編修座主周廷儒世奇同郡也當國世奇務引大義非公事不以告十一年帝以頻歲用兵海內勞苦遣詞臣分諭諸藩世奇使山東湖廣江西諸王府所至卻餽遺還進左諭德父憂歸服除會廷儒再相世奇遠權勢不入都及還朝進左庶子則廷儒已賜死親暱者卒避去世奇力經紀其喪時寇警日聞帝數召廷臣問計世奇言弭亂以人心爲本闖獻二賊除獻易除闖難獻專刑戮人所畏闖佯不殺人所附也今欲收人心在勅督撫鎮將嚴束伍部令兵不虐民人心親附賊勢乃孤帝稱善爲下詔申飭已賊薄都城諸大臣無能畫一策世奇太息泣下曰事已不可爲吾死而已城陷世奇方早食投筯起問帝

安在或言已出城明日知帝崩東宮二王被執曰吾得死所矣其僕曰如太夫人何世奇曰正恐辱太夫人耳作書別母肅衣冠拜所著司經局印望闕拜曰臣不能報國一死謝陛下將自經二妾朱李盛飾前世奇訝曰若以我死將辭我耶對曰主人盡節我二人拜辭從死耳世奇曰有是哉二妾拜訖並先縊死世奇乃自縊福王時贈禮部右侍郎謚文忠

本朝賜謚文肅世奇砥礪名行居館閣最有聲好推引後進不妄取與居父憂時蘇州推官倪長圩其門人也以贖鍰三千金助喪辭曰蘇大饑留此賑民可也長圩以三百金犒從者立送所司爲鄉邑修學費其疏財樂義如此

吳霞舟先生傳　　張夏

吳鍾巒字巒穉一字峻伯南直武進人初讀陽明傳習錄悅之繼讀釋氏壇經及聞養生家言又皆悅之弱冠奉父教受業端文顧公公亟賞其文時四方來學者衆每課試必列第一載從忠憲高公游聞其講論始悟向來所悅之皆非學術一軌于正一時名碩若孫文介張淸惠繆文貞馬文忠相得甚歡而李忠毅應昇偕兄應旻北面問業幾于無言不悅當忠毅觸璫被逮親戚交游俱避匿不敢送緹騎自江陰過郡城巒穉乃出逆于道舍之家論學數日訂婚姻然後去比忠毅就獄慘死輯其前後詩文書札爲端友集以表之其後巒穉以貢試至都門石齋黃先生負重望在詞林一見喜曰吾雅慕李仲達恨不得見今見先生如見仲達矣相與飲酒竟日而別巒穉二十補諸生至五十八崇禎甲戌始繇光州

學博連舉進士選爲長興令方赴任在途述孫文介困思抄爲守身法以自省在長興靖盜安民暇則與諸生講德考業浙士爭師事之獨念旱潦相仍地方憔悴催餉不中額丙子分考浙闈得士錢肅樂等己卯中使崔璘以巡察鹽糧出其兒郡縣體與撫按同巒穉矢志不肯屈膝爲時人所忌遂中蜚語罷歸庚辰家居讀易朝夕不輟時四郊多壘士爭談經濟巒穉曰不明於死生必不能忠義不知忠義必無經濟作勸學說與同志砥礪焉荆溪再相自以有故舊招之出補官巒穉笑不應辛巳詔蠲逋賦湔除外任錢糧參罰各官補紹興府照磨居一年量移桂林府推官甲申六月聞國變痛絕復蘇曰馬素脩必能死節已而果然是年冬擢禮部主客司主事以淸獄未行乙酉七月抵南雄聞南都復潰留不進自是轉從閩浙兩粵間辛卯八月自普陀渡海入昌國衛城至九月二日積薪自焚於文廟左廡樓下年七十五巒穉嘗作十願齋說以教子孫其一曰吾願子孫世爲儒不願其登科第其二曰吾願其讀聖賢書不願其好釋典乞靈西竺其末則曰吾願其見危授命不願其偷生事仇其示閑亦嚴矣居海外時親友有以書招其歸者作止歸說謝之吳之先本無錫人洪武間始祖肇以微辟官御史建文遜位棄家從亡後遇赦還托醫藥爲業戒子孫勿入城市三遷至武進之横林鎮卒葬其鄉及巒穉歸骨從葬墓側論者謂吳氏祖孫忠節與明代相終始學者稱霞舟先生

陳幾亭先生傳

明史稿

陳龍正字惕龍嘉善人父于王福建按察使龍正游高攀龍門崇禎七年成進士授中書舍人時政尚綜覈中外爭爲深文以避罪東廠緝事尤寃濫十一年五月熒惑守心下詔修省有哀慤上帝語龍正讀之泣上養和好生二疏畧曰回天在好生好生無過減死臯陶贊舜曰罪疑惟輕是聖人於折獄不能無失也蓋獄情至隱人命至重故不貴專信而取兼疑不務必得而甘或失臣居家所見聞四方罪犯無甚窮凶奇謀者及來京師此等乃無虚月且罪案一成立就誅磔亦宜有所懲戒何犯者若此纍纍臣願陛下懷帝舜之疑寧使聖主有過仁之舉臣下獲不輕之愆蓋陰指東廠事也越數日果諭提學中官王之心不得輕視人命已復進特

闡揆職二疏語刺執政大學士劉宇亮擬温旨帝令改擬他輔遂擬嚴旨帝留中不下其冬京師戒嚴詔廷臣舉堪任督撫者御史葉紹顒舉龍正久之刑部主事趙奕昌請訪求天下眞賢才太平可立致帝令奕昌自舉亦以龍正對帝皆不用龍正居冷曹好言事十二年十月彗星見是歲冬至大雷電雨雹十三年二月京師大風天黄日眚浹旬不解龍正皆應詔條奏大指在聽言省刑十五年夏帝復下詔求賢且云拯困甦殘不知何道龍正上言拯困甦殘以生財爲本但財非折色之謂以折色爲財則取於人而易盡必知本色爲財則生於地而不窮孔子言足食不言足金孟子言師行而糧食不言師行而金從孫武子言因糧於敵不言因金菽粟爲本金銀爲末灼然易見今持籌之臣曰設處曰搜括曰加派皆損下之事聚斂之别名也民日病國奚由足臣謂宜專意墾荒申明累朝永不起科之制招集南人巨賈盡墾荒田使畿輔河南山東菽粟日多則京倉之積邊軍之餉皆可隨宜取給或平糴或拜爵或中鹽國家命脈不專倚數千里外之轉運則民間加派自可盡除故曰生財以菽粟爲本誠要務也翌日復進用人採本疏帝皆優答焉然是時中原多殘破有田不得耕龍正儒者執常理而已給事中黄雲師劾其學非而博言僞而辯又以進墾荒議爲陵競帝不問時議欲用龍正爲吏部御史黄澍以僞學詆之十七年正月左遷南京國子監丞甫抵家而京師陷福王立於南京用爲祠祭員外郎不就南京不守龍正已得疾遂卒門人私謚曰文潔

華鳳超先生傳

明史稿

華允誠字汝立無錫人曾祖舜欽瑞州知府祖啟直四川參政允誠早有志行受易於同郡錢一本天啟二年殿試對策極陳奄寺之害主者不敢進呈寘於二甲乃從同里高攀龍講學首善書院已與攀龍先後旋里遂受業爲弟子傳其主靜之學四年春從攀龍入都授都水司主事攀龍去官允誠亦乞假歸崇禎改元起營繕主事進員外郎明年冬京師戒嚴分守德勝門四十餘日不稍懈帝微行察知之賜白金及叙功復加俸一年久之改職方員外郎謝絶請寄門庭肅然五年六月憤溫體仁閔洪學亂政疏陳三大可惜四大可憂言三四年來天子焦勞於上羣工執掌於下孜孜月不暇給而法令滋章臣民解體人才蕩盡根本受傷夫以天子聖德加之勵精何難坐躋至治乃當事者借皇上剛嚴而佐以

舞文擊斷之術倚皇上綜核而騁其持籌握算之能遂使和恆之世競尚刑名清明之躬寖成叢脞以聖主圖治之盛心爲諸臣鬬智之捷徑可惜者一人臣趨事赴功止此精氣今但以窺瞷微旨爲盡心指摘細瑕爲快意大僚驚魂於回奏諫臣亦命於守科直指風裁徒較事件長吏考課惟問錢糧遂使官守言責止歸簿牒之煩吏治民生盡成鉤較之務以多士修職之精神爲小人邀承之能事可惜者二廟堂不以人心爲憂政府不以人才爲重四海漸成土崩瓦解之形諸臣但有角戶分門之念意見互觭議論滋擾遂使危動危撫等于築舍忽用忽舍有若舉碁以興邦啟聖之歲時爲即聾從昧之舉動可惜者三人主所以聽一天下者法令也喪師悞國之王化貞何以與楊鎬異辟流已愛民之余大成何以與孫元化並逮甚至一事偶悞一言偶拂執訊隨之反使輕猾

者不以捍網爲懼而矜矯者且以對吏爲榮刑罰不中鈇鉞無威一可憂也國家所恃以爲元氣者公論也直言敢諫之士一鳴立斥指佞爲賢之章非奸則黨不惟不用其言并錮其人又加之罪遂使人人相戒喑默求容是非共蔽忠讒互淆二可憂也國家所賴以爲防維者廉恥也今大臣握重權而有徒隸之心小臣占風氣而鮮特立之槩近者中使一遣妄自尊倨鮮與抗衡羣事阿諂皇上以爲近臣可倚而不知倖竇已開以爲可惟吾操縱而不知其屈辱士大夫已甚貪競成風羞惡盡喪三可憂也國家所藉以進賢退不肖者銓衡也古者丞相之職實兼今之閣部權太重而易以爲奸國朝罷丞相以用人之權歸吏部而閣臣不得侵焉今次輔體仁與冢臣洪學以同邑爲朋比惟異己之驅除閣臣兼操吏部之權吏部惟阿閣臣之旨造門請命夜以爲常統均大臣甘

作承行之吏黜陟大柄祗供報復之私而且遍布私人脈暗通乎南北封疆重寄憂獨遺於君王甚至庇同鄉則逆黨可公然保舉而白簡反爲罪案排正類則講官可借題逼逐而薦剡遂作爰書陛下惡諸臣之欺欺莫大於此矣怒諸臣之擅擅莫專於此矣厭諸臣之黨黨莫固於此矣威福下移舉錯倒置四可憂也臣區區之心願陛下尚德緩刑用賢去佞勿以至神至聖之資爲臣下所悞勿以治人治法之大爲奸邪所牽勿過於嚴致士氣人心日趨頑懦勿偏爲任致名流善類永錮淸時使臣言得行卽治臣以出位僭越之罪臣有餘榮矣疏奏朝士共危之允誠亦囑家人以身後事帝疑其受指他人責令回奏允誠乃列上洪學徇私數事言山東巡撫徐從治南京刑部尚書沈演南京右都御史唐世濟皆洪學鄉人其錦衣世廕乃雲南冒功所得并宜追奪且曰體仁生

平紾臂塗顏廉隅掃地陛下排衆議用之意其悻直寡諧或可倚仗豈知一厠搢路薰灼頓張又有如洪學者爲羽翼必收盡天下之私人戕盡天下之善類兩年來無一人敢犯其鋒者臣忠孝自盟豈肯受人指使帝褒體仁純忠亮節而摘其疏中握定機關語再令陳狀允誠復上言二人表裏朋比朝端共知年來政尚綜覈凡外廷一事之悞一言之訛政府無不抉摘小者引罪大者奪官乃兩月以來何獨洪學事事盡善一無可抉摘乎洪學之言每遇缺員必干請不至者方登啟事也體仁之言曰門生不令推舉也乃温育仁銅臭小人文義不識部考之卷滿堂掩口而裒然首拔鄧英論沈演而譎誰不知體仁私意而其劾羅喻義止以左右非人一語爲所深恨遂遭斥逐此非事之彰明較著者乎帝亦悟兩人同里有私乃奪允誠俸半年而洪學亦旋罷去其冬以省親歸

事母色養備至母年八十三而終哀毀骨立服既闋未及赴京而京城陷福王立起驗封員外郎落官十餘日見劉宗周高弘圖徐石麒等悉去位即引疾歸允誠踐履篤實晚年涵養益粹不以功名利祿動其心周延儒之再召也遣人以京卿啗之拒不應及赴南都馬士英亦先詣卒不報謝國變後屏居墓田不肯薙髮與從孫尚濂同被執至南京伏法

龔佩潛先生傳　　　　陳鼎

龔廷祥字伯與號佩潛無錫人家貧歲獲館穀以奉二親父歿居喪盡禮事母至孝嘗游馬世奇門甚敬其爲人曰吾所賞者不獨以文也崇禎癸未成進士受知於房考劉理順深器重之未選國變聞劉公及馬公俱殉難京師廷祥設兩公位爲文以祭北面舉酒以竹如意擊石歌罷失聲哭一如謝翺祭文信國狀自以未得死所不敢死福王立補選授中書謂所親曰吾半生食貧今又冷署不能具肥甘輕煖之奉少博老母歡奈何或答之曰古人以孝養不以祿養廷祥曰父母以此教子則可人子惡得爲是言聞者歎服已得封差候禮部銀牌未給未出都北師渡江廷祥痛哭而言曰吾今得死所矣且曰吾不死恐負劉公及馬先生時有解之者曰子官不過中書任不過月餘子未有死責且家有老母未可

死也廷祥曰有諸孫在爰手書寄其子曰此時惟捐軀以見志而已但思一見母而不得肝腸寸裂血淚滿襟汝等須善事之繈付家人越日乃具衣冠別文廟大呼劉公馬先生曰吾今得從遊於地下矣遂登武定橋投秦淮河而逝時乙酉五月某日也

東林書院志卷之十終

東林書院志卷之十一

列傳五

鄒經畬先生傳　錢肅潤

先生姓鄒名期楨字公寧無錫人性至孝讀書攻苦年三十始爲郡諸生屢舉不售經年矻矻揣摩制義偶於羣書中得王文成集薛文清粹言慨然曰讀書有向上路沾沾章句無爲也既從顧涇陽高景逸兩公講學東林每尋格致之義頗有所得一日從高公言及靜坐先生曰調息亦頗有益高公曰不屑也先生聞之憮然又一日問操存法高公曰平日功夫何如先生曰好看書高公曰此處正好用功乃從先儒操存諸法遍參之最後獨心肯高公所論觀未發功夫一觀而用寂一語大率謂觀未發之學以主靜爲訣以主敬爲宗以禮經之九容爲把柄九容件件停當身心內外一齊收斂則終日研求經義亦是栽培本體之助至此始悟看書靜坐原非兩截無事時他念不生非復往來憧憧之擾臨事因而應之主張自在不至錯亂此眞學問得力後証驗語也先生嘗云聖賢下語如化工肖物一字不虛故其說書最解人頤弟子日益以進當其棲息玄宮問字屨滿斗室不能容復他徙徙之後又不能容乃就文昌閣下闢軒二架以居之度可容百五六十人如是者歲率以爲常特著爲文行社約三章以繩束之諸負挾邪僻者匿影去自是春秋二榜科必有人金門玉堂聯鑣並進壇坫之盛前此未有後因吳君覲華於東林廢址建麗澤堂爲之左右提倡每歲聚學者說書堂中風雨寒暑無徵期故講席得以不墮其造就後學如此平生實心學問尤留心於經濟嘗纂皇明洪範經世要語及名臣言行錄軸盤鑿可著廊廟爲人嚴氣正性雖身列章

縫而心憂社稷天啓間三案議起不勝憤激長歌短咏以鳴不平題曰委巷謠崇禎初政事一新有擬請復東林疏弭亂臆言救荒末議固人心論治井田說皆一時碩畫惜未有推而行之者御史祁公彪佳廵按吳中式其廬不見題扁額曰理學眞儒後舉賢良方正復不出安貧樂道雖饘粥不繼日惟玩易一二卦或編緝見聞一兩行以當渴飲飢食而已壬午卒年七十六學者稱經畬先生門人嚴穀等謚曰懿長先生

鄒忠餘先生傳　　鄒陞

先生諱期相字公寅號忠餘吾祖懿長公諱期楨胞弟也與懿長公聞濂洛關閩之學其學以無欲爲宗愼獨爲要邑人稱二鄒夫子云先生弱冠郡縣試皆第一與懿長公同補博士弟子員嘗讀書湖濱瘞巨人骨夜夢緋衣人謝曰願有以報公天啓辛酉中副車需次將貢崇禎丙子奉旨在京三品以上及科道官舉賢良方正一人補州縣正缺先生以同邑浙江道監察御史張公纘曾薦授廣西奉議州州去交趾二百里無城郭宮室先生除荆棘蓋草舍一二楹聚土人講鄉約立記善惡簿人知嚮化兩廣制臺張公憐君才賢委署義利武緣所至稱仁廉庚辰升浙江都司經歷攝雲和縣事有東陽縣生員許然率其徒數百人來雲和先生怪然踪跡用好言遣之然去日然兄許都反金華報至先生戒城守夜

秉燭肅衣冠獨坐廳事曰賊來願以身殉聞賊退乃罷其然之來雲和也將爲都內應雲陽不至糜爛先生力也甲申聞國變掛冠歸寄居錫山睢陽廟傍僧舍每向人談及國事嗚咽流涕有哭國難詩二首有句云推胸欲報無由報空使孤臣血滿巾有辨統詩和文信國正氣歌一首作詩後絕粒數日死時甲申八月二十日也享年七十先生未仕時設教洞虛宮弟子恒數百人與懿長公遞主東林講席自號曰三勿居士

張泰巖先生傳　　秦鏞

先生諱雲鸞字羽臣別號泰巖無錫人幼篤學湛於經術有聲黌序間久之以經師教授里中士出其門者甚衆顧先生之學其淑人者最優於講當其南面而施講幄所詮說與時師異考古證今精晰無遺學者羣疑滿腹衆論塞胸得其一言砉然立解迭起問難酬答精敏四座厭心聞者以爲有横渠擁臯比氣象故事直指文宗按部及邑令下車率詣文廟製講學官必以先生應先期敦趣之至期歷階而升一揖就位容止肅然講畢傳會時政間及邑中利弊誾誾侃侃當事爲之動容昔唐堯臣以上堂獻茶聽講得悟先生以言論風旨悚動上官賢於堯臣遠矣邑龜山祠春秋會講顧端文高忠憲兩先生狎主齊盟遠近四集先生儼然就座宣明聖學危言微論令人汗下又不減象山白鹿一會聽者揮扇時

也蓋先生之學得之心而述之口者如此甲寅乙卯間楚黃陳公以聞爲邑令知先生最深每試必首顧弗利場屋爲諸生祭酒有年乃嘆曰吾不以所學獻當宁施行之乃顧數數提耳無庸也於是發憤著爲經正錄一書庚午秋蹇蹇走三千里獻闕下尋奉旨下提學御史臣問狀果否言行允符學臣以賢良方正狀上聞遂特授明經之科以歸士論偉之嗟乎以先生所學如此不當如尹和靖朱晦庵爲崇政殿說書耶今之經筵講官卒無踰先生者其次則當造士臨雍備五更三老之位又其次則當如胡安定教授湖州卒以其科條施行天下凡此皆先生之所優爲者而區區以訓詁之學閧非所云也論者以爲先生在漢世當與鄭玄諸儒奪席數重大先生固非爲康成之學者萬歷之季溫陵李氏之書盛行於時溫陵之學蓋本於文成龍溪先生著論以爲其說非是息

邪詎誣坐此輩耳故其書曰經正而是時東林兩先生方闡明性善力闢無善與二王相牴牾先生之言實與東林相表裏大其苦心衛道彰彰如是而或以爲訓詁而已者則已誣矣鏞少也嘗執經侍先生云先生講論既畢必及時政得失唏吁久之或聞朝廷用一正人行一正論則欣欣喜而相告雖其身不離於鄉校而盡思巳宏遠矣先生於壁經爲顓門之學其於謨訓誓命之大尤盡心焉使其所施設得行於時當不令天下訾講學之儒爲無用也

黃日齋先生傳　　張　夏

黃廣原名伯英字冠龍南直無錫人先世常熟人建文朝忠臣叔楊公鉞之後避居錫西胡埭代有耆儒冠龍幼敏且恪隨父塾游涇里因登顧端文尚寶兩先生之門初命題中庸何爲而作也句千言立就端文奇之及長從於東林乙丑丙寅間書院毀璫焰熾日趨書院舊址講習不輟會忠憲赴止水有司欲繫其子旋奉旨究漏洩因上臺責保狀急高氏四顧無應者慨然要華孝廉國才同署狀極陳罪不及孥之意獲免嘗奉部檄修神光憙三廟實錄緯有史法以貢除鎮江郡博合兩庠士訂三山社入我敬亘公大心書院擢令安遠甫任捐俸竣城工初邑有重囚董傳羅江譚應瑞鍾世修者讞辟候決忽流寇至斬獄釋囚脅之曰從行者賞否則誅董傳等數囚佯從之中途紿以家近挈妻子仍奔赴獄明年寇再至數囚復請願出死力守城城得不潰當事者未有以請也至是部移適下數囚在決中爲力請於郵部曰囚懼法愚也不從賊志也守城功也請罪必不可贖乎何以勸後郵部疏題得開釋其識時勢達經權類若此居二年卒於官

秦澹緣先生傳　　錢肅潤

先生姓秦名重泰字原博别號澹緣無錫人尚書端敏公立孫少好濂洛關閩之學萬歷庚子舉于鄉得山東鄆城教諭鄆當白蓮兵燹後饑孛爲燬先生至僑寓民間怡然甘之榜一聯於座右云祿薄而君恩實厚毋自薄以負其厚位卑而師道宜尊毋自卑以褻其尊其志趣不苟如此居四年士子愛戴如安定先生在蘇湖時尋以臺司交薦遷福建長樂縣令長俗故多挾睚眦忿服毒草圖命者先生廉知之令鑿毒草地爲渠毒賴之風以息諸如黜奸胥懲豪棍平反疑獄禁斂公費嚴緝冦賊海之鱣鯨波不作境内以安一邑士民建祠祀之性素不耐挈拳曲跽時適伏謁一上臺稍稍失度竟以此忤當事論調先生欣然束裝不少顧距莅任僅三百日時論以公之長樂踪八十日之彭澤令差多三之二云及

歸放懷詩酒杜跡城市縣舉賓筵不赴間共故令許公同坐放棹洞庭卜築乾元觀倘徉林壑者九年以崇禎丙子冬疾卒年六十五

陳並漁先生傳　　高陞

先生姓陳氏諱正卿字並漁無錫人父太常鋐塘公東林之儒者也先生爲人敦孝讓飭廉隅有父風學亦如之中萬歷乙卯舉人屢上公車不第退而閉戶讀書深求理學之奥緣鋐塘公與先忠憲公同登萬歷己丑進士素以道義相切劘先生亦嘗訪道於先忠憲與之語卽大有領會先忠憲甚器重先生亟稱之曰鋐塘有子又從錢公啓新學易而易理以精其所交惟馬君常先生爲最深一言一動無不視傚性至介剛直不撓見有不宜鄉飲而以勢相射者必攻擊之見有未當銓除而以賄僥倖者必指摘之不遇私牘於公門不樹聲援於貴戚邑之人莫不敬而畏之曰此真道學家風也先生家故貧瘠田數畝僅供饘粥時値飢饉指其囷語家人曰吾欲出此以賑桑梓則苦不給欲自食之則不忍獨飽奈

何從此惟日啜三棗下以泉水遞減至一棗越八日卒先生既歿先生之次子禮祉以聟幕參軍於順治戊申之歲代本郡司馬捧檄釐理西禮伏三邑三邑地磽土瘠民不聊生爲繕文申請督撫具題詳豁荒糧六千五百石有奇以善繼先人之志詩云君子有孝子其先生之謂乎先生之崇祀道南也以禮祉成進士之明年歲在屠維大淵獻之春距先生歿十有六年矣余生也晚禮先生於祠考先生之行謹敘次其梗槩作傳用以俟後之君子俾讀而有感云爾

顧庸菴先生傳　　錢肅潤

先生姓顧名樞字所止別號庸菴端文公長孫幼凝重步趨不苟造就塾父夔州公延馬文肅及吳儀部霞舟錢太守疑菴輩先後授尚書以書經名家已而從高忠憲公講求性命慨然欲棄帖括從事最上特不敢重違父意俛首操觚天啓辛酉舉鄉試爲書經名魁後屏居涇臯深自斂跡不問生産不事干謁亦不入城市不赴講會閉戶讀書於五經無不淹洽貫徹所極深研者周易一經反復潛玩日易之學格物知至之學也晚爲易稿折衷諸家之說大約主理不主數嘗言程朱易至矣近世若孫文介明雅義倪鴻寶兒易黄石齋易象正皆吾所不解又言吾祖於易理最精獨無著述僅仍舊解略爲去取而已後生小子可妄肆穿鑿乎其於易不尚文辭蓋心體而躬行之矣先生之爲學原本家庭以性善爲

宗以無欲爲括而敦行以復性踐禮以克欲則其自主之階津也嘗論明儒獨服膺薛文清胡敬齋二公而謂白沙陽明未免一線之差又曰端文主無欲二字靈丹一粒點鐵成金忠憲主格物二字繭絲牛毛滴水不漏並直接宋儒其議論醇正若此

施曠如先生傳　　高世泰

憲副施公諱元徵字泰先別號曠如世爲無錫人公生而不茹腥豐頤廣額爲文章精緻沉鷙萬歷戊午舉於鄉已未成進士年二十有四首謁選得台州司理台負山濱海奸民往往嘯聚公至兼攝郡篆調和軍民冦氛以輯移疾歸癸亥補京衛武學教授丁外艱服闋除南京國子助教會思宗登極崔魏伏辜而一時璫孽未靖公慷慨上封事如劉公宗周文公震孟姚公希孟等皆昌言宜大用時論重之遷刑曹旋擢職方司協理司事員外郎時都城有警環畿內外千里罕有擐甲死綏爲朝廷効力者公日夜警備兼攝郡捕領一十八營天子嘉厥績特台加服俸者二賞銀幣者四除武選司郎中武選向多請囑公涖事其弊一清楚冦亂當事議保障南服擢公湖廣按察司副使時賊已踞承天距麻城僅三百

里公疾驅至麻麻有虎頭關巨盜實爲賊援公督兵先擒之賊失其援退而走蜀三楚復寧丁内艱起補福建按察司副使兼布政司右參議而閩中復亂賊掠興泉漳福間公請勦於撫軍率兵駐仙邑以三部軍並進而復以一兵截其歸路賊不支故軍行七日而殺賊殆盡前後擒賊無算南歸後遂閉戶隱居飄然世外公初受業於本孺劉先生登第後乃遊先伯父忠憲之門忠憲一見稱爲任道之器自此益勵進修言動必以忠憲爲法研求濂洛關閩遺書務在躬行心得不爲矯激奇特之行以釣名嘗有言曰凡事要高人一着即是私意未淨自流俗觀之似高按之聖賢之中道無當也斯言洵得師心印而亦善於自道矣當忠憲殉璫難公既周旋烈禍尋得追卹復爲補疏請諡蔭後忠憲家日田止水方塘至不能守行路太息余以購復商於公公慨然倡出公議堅申大

義而余得以貲酬之卒歸舊業即池上老屋改爲祠邀官祭焉通國莫不手額以白首門生爲此昔人居場制服不尚美於前矣公雖托於逃禪往往入名山參古德好講出世法而未嘗暫忘東林先賢之教甲午乙未間督學使者及郡邑大夫有過問講席者爰採物望首以皋比推公公執卷登座或演舊聞或出新見能令人人悅服書院自拆毁後雖未獲復舊觀而仲丁釋菜歷數十年不廢公每祭必至登降有秩灌獻有恪遠邇少長屬目心儀禮成福飲公入座輒長喟穆然情深稱説古先諷切後學客無不聳聽者邑中同善會倡自啟新錢先生暨忠憲原以分財教善兼行當年有會即有講講即有刻甚鄭重也歲久不無停廢得公踵行之余幸從公共事按籍給散計已舉八十一會公又深繹同善之旨恒以此敷訓於家且親課諸孫長孫某登庚子賢書公稱鄉先生幾

六十年得見玄孫鋐高考終時年七十八端坐拂鬚整冠而逝

周仲馭先生傳

明史稿

周鑣字仲馭金壇人父泰時雲南布政使鑣舉鄉試第一崇禎元年成進士授南京戶部主事榷稅蕪湖以憂歸服闋授南京禮部主事抗疏極論內臣言官二事言張彝憲用而高弘圖金鉉罷王坤用而魏呈潤罪趙東曦斥鄧希詔用而曹文衡能關王弘祖李曰輔熊開元罪且每贖即報半屬內侍溫綸自今銀鍊臣子委褻天言祇徇中貴之心臣不知何所極也言官言出禍隨黃道周諸臣爲賢不效而忠世揚劉宗周勿復進華允誠諸臣駁奸無濟而陳子龍姚希孟鄭三俊皆蒙譴且每本嚴諭率皆直臣封章自今播棄忠良獎成脅小祇快奸人之計臣益不知何所極矣帝怒斥爲民鑣自是名聞天下初鑣世父尚書應秋叔父御史維持以附魏忠賢並麗逆案鑣深恥之通籍後即交東林矯矯樹名節及被

放與宜城沈壽民讀書茅山是非不少假廷臣多論薦之十五年起禮部主事進郎中爲吏部尚書鄭三俊所倚用鑣言察典鑣舅揭陽知縣張明弼時論譏其薄而鑣榷稅蕪湖時不能持廉遺物議爲人好名頗飾僞給事中韓如愈疏論之罷歸福王立于南京馬士英既逐呂大器以鑣及雷縯祚曾主立潞王議令未統鎮劾曰廣因言鑣縯祚等皆曰廣私黨請悉置於理復指鑣權閹事王令刑部逮治而士英劾周鍾從逆并及鑣鍾亦逮治鑣叔父維持鍾弟前蕭山知縣銓因言鑣與鍾有隙私刻燕中紀事國變錄諸書爲撰勸進表下江南策誣鍾爲之致臣家臣邑不能洗從逆名且鑣倡異謀罪在社稷詔所司并勘阮大鋮居金陵時諸名士顧杲等由留都防亂公揭討之主之者鑣也大鋮以故恨鑣鑣獄急屬御史陳丹衷求解於士英爲緝事者所獲丹衷出爲長沙知州

周仲馭先生傳　陳鼎

周鑣字仲馭金壇人幼孝友及長性剛介不阿舉崇禎元年進士歷官至禮部儀制司員外郎廉潔自持非義不取與執政素不合小人皆惡之及歸閉門不見一客研窮程朱正學有以白沙新建之說告者輒掩耳而不欲聞曰吾將洗耳於江流也甲申李賊陷北都烈皇帝殉社稷鑣痛哭三日夜淚盡繼之以血及福王立南都召諸舊臣鑣以三朝舊典力阻定策遂忤權奸當賊相馬士英當國特薦起從逆賊臣阮大鋮大鋮素惡東林諸賢作正續蝗蝻錄有十八羅漢五十三參善財童子七十二賢聖菩薩又蠅蚋錄有八十八活佛三百六十五天王五百尊阿羅漢共千有餘人皆海內賢良欲盡殺之以空天下遂首逮鑣及雷縯祚下獄矯旨賜死鑣僕某既殮亦縊死主棺旁縯祚字介公太湖人崇禎庚午鄉科累官山東武定僉事道歷任以清正著所至有善政至今民猶思之不置焉或曰鑣與縯祚死之夕而士英大鋮已陰具表獻南都於我朝矣我師不納乃遁

成寶慈先生傳　明史稿

成勇字仁有安樂人天啓二年會試答策極言宦官之禍被放又三年成進士同年生邀謁魏忠賢持不可授饒州推官謁鄒元標於吉水師事之中使至知府以下俱郊迎勇獨不往且捕笞其從人中使將愬之忠賢會敗獲免丁內外艱歷開封歸德二府推官流賊攻歸德乘城守擊敗之崇禎十年行取入京時變考選例優者得爲翰林公論首勇而吏部尚書田唯嘉爲任濬地抑勇及他寡援者二十三人爲部曹勇得南京吏部主事輿論大譁勇恬然不數日即辭朝去明年二月帝御經筵問講官保舉考選得失諭德黃景昉訟勇及朱天麟屈講官鞏和之帝親策諸臣天麟得翰林濬亦得御史而勇以先赴南京不獲與尋用御史涂必泓言授南京御史楊嗣昌奪情入閣黃道周何楷林蘭友劉同升趙士春言之咸獲譴勇憤其年九月上疏曰禮莫大於倫倫莫大於君親未有不知君親而可齒於人類者也況儼然秉國之鈞天子是毘者乎嗣昌謂古列國之君臣可得而避今一統之君臣無所逃於天地之間是三年之喪可行於古不可行於今也嗣昌所引者何代之經所遵者何國之典信如其言是凡爲臣者皆不當終三年喪終則爲後君爲不臣先聖之書詩可焚先王之典禮可廢不舉人類化爲禽獸不止留一嗣昌而生天下不臣不子之心何如去一嗣昌而樹萬世爲臣爲子之鵠嗣昌當以一身去留係社稷安危耶秉樞兩年一籌莫展邊境頻告流寇披猖無問其經濟矣清議不畏名教不畏先聖之訓詞萬世之是非不畏無問其品望矣嗣昌去則所全者大既盡子道亦完臣節不則既爲今日之賊子必爲他日之亂臣且既不知有父矣又執猶子之誼事程國祥以

其爲父同年讓行讓坐何薄於親而厚於親之友耶疏入帝大怒命削籍提訊刑官擬杖徒不許嗣昌疏救亦不納乃擬遣戍命詰主使姓名勇獄中上書言臣十二年外吏數十日南臺無權可招無賄可納不知有黨帝怒切責竟戍寧波衛中外薦者十餘疏皆不召最後用劉宗周張瑋言命吏部覆議久之執政合詞請擢用命刑部核奏請復故官帝以勇宥罪方新不當復職命以他官用甫聞命而京師陷福王時起御史不赴後披緇爲僧越十五年而終

刁蒙吉先生傳

高世泰

先生姓刁氏名包字蒙吉別號用六居士北直祁州人貞惠先生諱克俊之子幼負異才能日讀千言有黃冠相之曰鳳目獅鼻山項虎背亭亭岳峙非凡相也迨涵養日充剛方厚重見者有泰山巖巖氣象持身不苟見義勇爲生平力學要在謹言行闢程朱一脉之傳舉天啟丁卯鄉試再詣春官不第因慨然謝公車一意聖賢之學搆齋曰潛室亭曰肥遯置五經四子性理綱目濂洛關閩諸書其中讀之忘寢食遠邇慕之來學者屨滿戶外著希聖學規十二條以相砥礪甲申闖變設思廟主服衰朝夕哭臨及僞命敦趣七發書拒斥之幾及於難會闖敗得解自後肥遯志益決日惟杜門立課考驗身心案頭置一册名潛室劄記有得雖夜半必篝燈識焉取古文之發明正學者彙爲斯文正統以授學者嘗曰道

之不明禪學害之也禪何與於吾學借禪以混於儒者害之也爰作辨道錄尚辨姚江傳習錄之非先是聞容城孫鍾元先生闢良知之學以子靜直接孟子陽明直接陸子心竊向之後乃折以羣儒析其純駁衡量謹嚴絲毫不爽歲戊戌始得先伯父忠憲遺書讀之喟然謂此聖學眞派也吾尊之若天地親之若父母敬之若神明乃所願則學高子也置主奉之順積樓一如奉貞惠禮自檢或有過差或工夫稍不精實即詣兩主前長跪自訟久之方起每推先忠憲爲朱子後一人欲以遺書續近思錄朱子節要之後明儒自嘉隆後統緒曰歧得先生論定始有薛胡羅高之稱復上書燕山王大宗伯謂河津餘干已從祀泰和梁溪當補祀其服膺先忠憲如此事父母至孝父殁三日勺水不入口哀毁月餘鬚髮盡白治喪一倣古禮既葬廬於中庭三年不葷酒入內母年九十三

而歿先生年已六十有六號慟幾絶嘔血數升病卧猶席衰加絰不數月病革肅衣冠起凝神正坐命子濂告辭家廟毋柩及忠憲主前從容而逝學者私謚爲文孝先生

石芝道氓曰昔孟氏未得爲孔子徒竟以私淑肩尼山之統先生屹起伊祁紹衣正學迹其心師先忠憲事死如事生云時地雖隔謂之梁溪見知可也先生屢貸寓書東林與余往復論道而余徒負淵源無能效麗澤之益先澤未斬願學在人世之聞先生之風者可以興矣

陳子衆先生傳

高世泰

先生姓陳氏諱揆字子衆浙之嘉善人也少善病絶意進取專心經史多所發明父幾亭先生故先忠憲門人方有明萬歴甲辰重建東林書院其時四方學者觀海來遊執經請業於先忠憲者背趾相錯而幾亭先生實稱入室弟子先生淵源家學晩歳研悅性理裒輯幾亭全書人之讀幾亭書者僉謂幾亭有子先生爲人謹飭端重虚己下人以余爲先忠憲從子執子姪之禮維謹其生平學問所發作而見之文字者甚多而入德齋戒二篇尤爲探天根而躡月窟備載余紫陽通志余服膺先生最切而先生亦謬以余爲知道凡函丈晤對竿牘往來所商確皆聖賢甲裏事故余以爲東林自先忠憲而後壇坫久虚若得先生尸之庶幾老成典型於是乎在因欲倣朱韋齋公命其子文公師事劉白水與胡籍溪劉屏山三先生故事貽書敦請冀先生至止爲兒輩矜式而先生亦適于辛亥七月二十一日修書并詩箋見寄命其使曰爲我往別梁溪高某使不解何語比持余札歸則先生已於二十三日午刻端坐而逝嗚呼先生已矣惟是道南一脉前無古人後無來者茫茫墜緒我其如先生何先生其如我何然于此可以見先生居平之得力于學問者深用是于去來之際洒脱如斯也爰以先生祔祀于幾亭先生之旁欷歔涕泗而爲之傳

高彙旃先生傳

熊賜履

先生姓高氏諱世泰字彙旃晚號石屋遺氓無錫人明倡道東林忠憲公諱攀龍從子也贈公諱士鶴於東林復建之歲生先生生而凝重如老成人性孝友與諸兄弟讀書必雁序好學彊記贈公每於夜臥蹴呼背誦日所讀書更雜問他卷中句字輒琅琅不失一字少侍東林講席忠憲公即以道器許之年十五爲邑弟子員崇禎丙子舉應天鄉試第六明年中會試廷對擬第一以嘗忌東林者擠之抑置二甲第一故例同年序齒錄多隱年先生曰父母生身之年可忘則何所不忘具以實書授禮部主客清吏司主事己卯奉命主廣東鄉試先是忠憲公以建言謫廣東揭陽縣典史途中發憤進道往返三時著有三時記先生至是攜以爲法庚辰陞本部司員外郎中旋有湖廣按察使司僉事提督學政之命

先生初拜命疏言鄉飲濫觴優劣先實請申飭有司得優旨獎勵外列遵制明道宗經習史敦行適用舉才釐弊之條廣厲學官著眞僞偏全邪正三者之辨謂入門一誤遂徑遂差生心害政由此而致楚人士無不悚息自新者江夏故有濂溪書院因下令修葺遴通省學者二百餘人砥礪其中立會規五則有收斂精神慎衛威儀調爾性情等語凡初入爲弟子員者必令謁賀亭陽先生家求人模樣一册以示矜式時武當山太和宮有內監司香稅者謁文廟脇諸生講書明倫堂諸生非之稅監怒誣陷諸生數十人以毀折宮坊入告奉嚴旨著學臣回奏先生疏言內監僭虐罪狀爲諸生辨理甚力得旨撤回寬諸生獄纂三楚文獻刻楚衡述風始錄南雅諸書癸未任滿回籍自是家居事父母曲盡孝養而無日不以東林先緒爲己任葺道南祠麗澤堂更建燕居廟再得草廬三公祠備俎豆飭威儀集一時同志恪遵忠憲遺規春秋會講四方學者相率造廬問道祁陽刁先生包篤信忠憲爲師與先生往復論學朔南相望學者有南梁北祁之稱休寧汪學聖參究禪宗幾二十年聞先生講道東林野服造門而請先生與言後學宗派惟程朱程朱宗派惟孔孟闢發程朱是爲正宗厭薄程朱是爲亂宗世之談性者既荒唐於禪宗之徒尤荒唐於援儒入禪之徒必欲堅持三教一家之說惜誤用其精神矣留語數十日而學聖遂悟從前所學之非關中李顒學尙姚江特造東林會講先生因語之曰言滿天下無口過其惟紫陽朱子乎六經皆我註脚是陸象山之口過也滿街都是聖人是王新建之口過也顒因答云陸王矯枉救弊其言如藥中大黃巴豆疏人胸中積滯未可概施之虛怯之人先生所慮極是退而語其從遊謂宜奉爲典型新安汪知

默陳二典胡淵汪佑吳曰愼朱弘施璜輩講朱子之學于紫陽書院因汪學聖遊先生門相次問學於是更定紫陽通志錄以廣薪傳又以中庸一書與紫陽諸子答問往復著中庸問答先生之學近守忠憲遠宗朱子而尤以朱子大學格物補傳爲聖賢切實要領工夫謂朱子早慮後人認作空知但說靈明知覺而於事物都不能貫通故提出一理字以實知字再提出表裏精粗以實理字蓋人心之靈猶如火火必有所附麗而後見其光明物乃知之附麗處格則推致廣遠所以用而不窮之法也離物言心遂爲二氏之別傳舍格物而單提良知終非聖門之正的爲其與致知在格物之旨不符耳故講大學者或提致知或提修身或提誠意頭緒愈紛不如仍本聖經明文在格物爲大定同邑菰川張夏嘗贊之曰必先格物必讀補傳不雜二氏嚴辨無善於紫陽爲聞知於忠

憲爲親見肫肫乎孺慕之終身惓惓乎葵藿之餘戀侃侃乎劾璫之勁節矯矯乎挂冠之卓撰循循乎院規之博約秩秩乎家法之詒燕皆實錄也先生主東林書院三十餘年搆止水祠祀忠憲纂高子節要輯年譜踵行忠憲同善會八十六次孳孳焉守忠憲之道以待後之學者故學者莫不知有彙旃先生其歿也上距萬歷甲辰東林之建蓋七十有三年云先生督學吾楚先公受知實最深嘗拔置濂溪書院命主講席先公感先生之教遺訓家庭必毋忘東林一脈然則先生之教思不私吾楚而吾楚之被澤亦弘且遠矣

熊祈公先生傳　　錢肅潤

熊祚延字祈公湖廣孝感人幼莊重寡言笑弱冠補博士弟子下帷攻苦尫羸骨立長老皆服其精進嘗曰聖門唯顏淵好學不幸早卒曾子獨能大聖道之傳于是裒集曾氏生平言行編爲一帙曰希曾錄朝夕展玩亦步亦趨未常少違孝事父母色養兼至母病篤籲天請代處友重然諾見義勇爲四方學者造門請益則謂之曰聖學無過求仁仁道至大其體無方其用不息學者求仁誠非弘毅不爲功彼二氏之謬妄百家之支離正坐不弘不毅耳爰作弘毅解示學者學者稱爲弘毅先生先生於書無所不讀自經史外如天文地理河渠兵法禮制樂律一切經濟書靡不洞悉源委而尤究心當世之務默坐澄觀籌度曾不爽毫髮居恒每自比管葛而顧不輕於一試故人亦莫之識也崇禎甲戌流寇大起鄉

里震動先生避地白雲山將終老焉諸父老請於先生謂公邦人領袖信義素爲所服若義旗一舉四方響應相與戮力保障以待官軍賊宜可辦也且多出衆言激之先生不得已同衆出山糾集義旅布部伍申約束立營寨整器械旬日之間軍事大備賊聞之遁去相戒勿犯熊公里如是者數年鄉人安堵如平時先是有勸先生應制舉者先生曰予將效魯仲連蹈東海死爾何應舉爲至庚辰辛巳間無錫高公彙旃督楚學政興復濂溪書院修明正學先生矍然起曰吾師高公係忠憲公從子爲東林嫡傳安可當吾世而失之始攜弟祚永同出應試高公閱卷亟加嘆賞拔冠十軍待以殊禮遂入室考道研精高子遺書得東林先賢洛閩一脈歸而集衆衞鄉里如故亡何爲里左豪惡所忌勾引賊衆大至爲亂乃號召義旅若干人與賊交鋒會大風霾晝晦士卒相失先生僅

從十餘騎遇賊大隊於水田中田淤馬足陷竟被執因仰天嘆曰予老逢掖不知兵且平昔服膺曾氏教臨深履薄兢兢惟隕越是懼不幸遭世亂竟落賊手循省生平有乖全歸之義誠無面目見先賢於地下既乃曰成仁取義孔孟訓也我心如皎日更復何恨言已罵賊不絕口遂被害時長君賜履方九齡能讀父弘毅齋諸書守之勿失順治戊戌成進士入翰林累官武英殿大學士兼刑部尚書康熙庚戌以覃恩贈其父如子官其後賜履歸里讀書下學堂作學統全書及閑道錄皆明先生之學也次君賜瓚丙辰進士官翰林院編修一堂砥行並能復先生之教云

惲遜菴先生傳　　高秸

先生姓惲名日初字仲升武進人初爲名諸生與復社楊維斗錢吉士諸公角藝論文卽以天下爲己任聞其師劉念臺先生絕粒死爲位以哭甲午拜劉先生墓於下蔣其子汋彙平生著述成全書并其事蹟爲年譜曰初訂正并爲先生作行狀其末云日初之得從先生學也以清惠張公故清惠從先生所歸命日初亟往見曰劉先生今之周濂溪也後數年先生罷中執法乃始執弟子禮謁見先生於都門因侍問答請先生旣直舉原本覩之又責以鞭辟近裏一日先生覩以未發與發陰陽動靜一致之妙日初日此理在心體之自見而求之書冊者不信也如中庸末言上天之載無聲無臭又何居先生曰正中庸一書歸宿也不徒曰天而曰上天之載分明有主宰是者此主宰非耳目見聞所及故曰無聲無

臭吾人行止起居寤寐飲食無非此消息卽至萬事萬化闔闢縱橫未嘗動著纖毫乃所謂無聲無臭也豈求之窅窅冥冥莽蕩無歸者哉日初聞教色悅復進曰中庸旣明道之所自出又從夫人之所大同者指出中和若曰天命之性非他也卽此喜怒哀樂是也子思喫緊爲人於此最切首從天命起末歸天命結中間就日用人倫天下國家章主其大用極之聖神功化而一本於天德之達不得有幾微增損夫子謂一書歸宿恍在是乎先生曰今日所言毋已太高更須自已反觀得力安在日初日俗儒病坐不知若使知而不行與不知何與程子曰識得此理以誠敬存之而已所以愼獨爲千聖傳心之要劉先生領之其爲狀大略如此一日攜狀過梁溪并劉先生平日所著書示余祖學憲公且曰先生壬子起官道謁忠憲相與講正有問學三書皆儒宗關鍵劉先生之學

即忠憲公之學也因作高劉兩先生正學說略曰忠憲先生得之悟畢生祗重修持會稽先生得之修末後亟稱解悟忠憲先生以格物爲宗成乎形之謂物本乎天之謂則會稽先生以慎獨爲宗一於位之謂獨原於性之謂誠要以窮理主敬用各有當而進實相資孔門之博約也虞廷之精一也兩先生所由有接其傳學者毖容以偏廢也宗仰高劉窮理主敬之學契合如此學者稱遜菴先生

孫蘇門先生墓誌銘　湯斌

康熙十有四年乙卯四月二十一日前萬歷庚子舉人徵君孫先生卒於輝縣夏峯之居第。時監司郡縣之大夫與方數百里鄉大夫士哭弔屬路不絕城內外市者罷耕者廢耒里老嗟嘆子弟輟誦絃督學使檄郡邑列祀百泉書院其冬十月十六日塟夏峯之東原距生萬歷甲申十二月十四日享年九十有二矣道學之傳自濂洛關閩諸大儒後莫盛於明之河東姚江先生幼當梁溪吉水講學都門之日與鹿忠節公一室默對以聖賢相期許忠節既没獨肩斯道者四十載年愈高德愈劭眞積力久篤實輝光四方學者不謀而合曰夏峯今之河東姚江也兩朝徵聘十一次纁帛賁於巖谷守令敦趨就道者數矣先生堅卧不起故天下稱爲徵君焉先生諱奇逢字啟泰號鍾元保定之容城人高祖端會

祖廷寶皆有隱德祖臣嘉靖辛酉鄉薦任河東鹽運司運判以清慎稱父丕振庠員授儒官孝友著聞母陳孺人兄弟四人兩兄奇儒奇遇皆庠員弟奇彥以貢士任武城知縣先生少年慷慨有大志十四歲謁楊尚寶補庭補庭問設在圍城中內無糧芻外無救援當如之何先生應聲對曰效死勿去補庭曰此足下子生平矣補庭者忠愍公子也十七舉於鄉私第不蓄一錢兩居父母憂治喪一準古禮偕兄弟結廬墓側飲食必祭風雨霜雪哀音動人嘗語人曰少年妄意功名自雙親見背哀慟窮苦中証取本來面目覺向來氣質之偏蓋學問實得力於此云居京師見曹貞予公舉仁體以告恍然此心與天地萬物相通時桐城左忠毅嘉善魏忠節長洲周忠介以氣節相高見先生皆傾蓋定交高陽孫文正公督師關門鹿忠節爲監軍約先生同遊塞上徧覽山海形勝指畫

如掌孫公留共勷軍事急辭歸語茅元儀曰將相不合未有能立功於外者公信不愧古甫如時不可何天啟末年逆閹竊柄左魏周三君子相繼逮繫過白溝緹騎森布先生與門人張果中拮据調護供其橐饘且告之曰雷霆雨露總是君恩諸公主張宜早定其子弟僕從厰衛嚴緝莫敢舍者先生與鹿太公爲之寄頓左嘗嘗督學三輔又屯田有惠政時坐熊經畧臟考掠備至先生與鹿太公謀設醵建表於門曰願輸金救左督學者聽於是鄉人投匭者雲集左旣考死則又按籍儀散去京師不二百里舉旛擊鼓不畏閹知閹亦竟不知也當事急時遣弟奇彥同鹿公子馳闕門上書高陽公求援公即具疏以邊事請陛見面奏機宜都門喧傳公與晉陽之甲閹夜繞御床而泣公抵通州亟降旨勒回公回而諸君子不可救矣蓋正人爲國家元氣非但急友難也事之不成則

天也而世徒以節俠視之過矣客氏弟光以時焰牢籠士大夫介所知送名馬以家貧不能具芻秣辭致芻秣之需以病軀不能乘辭待小人不惡而嚴類如此崇禎戊辰督學御史李公蕃舉孝行奉旨建坊旌表給二丁侍養丙子容城被圍土垣將圮窮七晝夜爲攻具先生指示方畧士民協力捍禦城賴以全事定巡撫都御史恤刑部郎交章聞於朝特詔褒嘉兵部尚書范公景文聘贊畫軍務固辭不就時寇氛漸逼都城攜家入五峰山結茅雙峰親識從者數百家修武備嚴教條所以整齊約束之法甚具更日與其徒講學習禮賦詩倡和絃歌之聲相聞當兵戈搶攘時雍容禮樂盜賊睥睨不敢犯嗚呼先生之不用於時豈先生無意於世蓋亦知天意之不可回也　國朝順治初祭酒特舉長成均以許文正相擬中外大臣推轂日至先生絕意仕進移家共城闢兼山堂讀

易其中率子孫耕稼自給簞瓢屢空怡然自適遠邇負笈來學者甚衆有大僚歸老於家北面稱弟子者有千里遣其子從遊者公卿持使節過衛源不入公署屏騶從以一見先生爲快先生涵養益邃自强不息毎晨起謁先祠畢退居一室澄心端坐即疾病未嘗有惰容接人無貴賤少長各得其道與後學答問隨人淺深亹亹窮晝夜不倦子孫甥姪數十人揖讓進退皆有成法閨門內外肅肅穆穆寂若無聲而諸事俱有調理媚族故舊恩意篤厚爲之經理婚嫁喪葬惟力是視閭節孝事必爲之表揚先賢祠祀廢墜者必倡衆爲之修理見人家庭乖違與父言慈與子言孝綏譬曲喻必歸於道而後已故賢者悅其誠不賢者服其化即兒童牧豎亦知歡喜尊敬至於事變之來衆人震撼不知所抵者處之裕如未嘗幾微動於中也其學以愼獨爲宗以體認天理爲要以日用

倫常爲實際嘗言七十歲工夫較八十而密此念無時敢懈此心庶幾少明又曰生平所見有時而遷而獨知之地不敢自欺識得天理二字是千聖眞脈非語言文字可以承當故言心即在事上見言已即在人上見言高遠在卑邇上見言上達在下學上見戰兢惕厲不敢將就冒認愼是愼獨而已所著有理學宗傳四書近指讀易大旨書經近指聖學錄兩大案錄甲申大難錄歲寒居文集答問日譜畿輔人物考中州人物考孝友堂家乘四體酌乙丙紀事孫文正公年譜共若干卷嘗嘆世之學者不務心得株守藩籬物我未化先生眞見道之大原無建安無靑田惟以庸德庸言直證天命原初之體可謂千聖同堂造化與遊者矣程子曰世無眞儒天下貿貿焉莫知所之人欲肆而天理滅自先生講道山中公卿大臣四方學士聞風而起皆知聖賢之可爲異端邪說不足

以亂孔聖之真其有功於斯世斯人大矣若其自得之深精微之蘊非學問有得於心者烏能測其所以然乎斌何敢謂知足以知之然奉教有年竊覩其語默動靜元氣渾淪全體大用光明洞徹其斯爲凝道之君子何疑歟

東林書院志卷之十一終

東林書院志卷之十二

列傳六

秦大音先生傳

高嶐

先生姓秦氏諱鏞字大音號弱水先忠憲公高弟也父水菴故事忠憲爲入室弟子并率先生拜忠憲於講壇誡之曰自今以後一言一行必以吾師爲法先生遂受業[illegible]學力行克成父志崇禎丁丑又與余祖彙旃公同登進士文章氣誼互相砥礪旋筮仕江西清江既又補山東蓬萊後以考選擬授儀曹姜公曰廣在揆席飏言衆中秦某清品真才他年公輔器也乃擢河南道監察御史居未久見國事日非遂力求去歸隱於東林之南顏曰千休館歲時朔望謁祖祠外終不一至家也先生幼有孝行事父母竭盡色養撫二弟友愛特至且以道義相劘切居官公勤仁恕所至輒有

善聲去清江時上官檄催門稅甚急乃捐俸三百金應之謂父老曰以此爲汝曹別巳卯分校秋闈所得多名宿[illegible]令王[illegible]以爲節終者其首薦也考先生生平孝友型於家忠信播於鄉惠愛施於民靖獻著于國讀聖賢書行聖賢事與忠憲之學如符節然居千休館後一以造就人材爲念錫之人士爭學焉年六十五而卒門下士私謚曰文孝先生且立祠於千休館猶祀忠憲於止水之義也繼復公請從祀道南祠祔水菴先生旁父子同事一師復同祀一堂豈非古今所希覯者哉

胡慎三先生傳

高　　嶒

先生姓胡名時忠榜名時亨字伯昭別號慎三無錫人幼孤力學即心慕先忠憲之爲人崇禎丁丑與余祖學憲公同登進士第往來問道交最厚謁選授南昌府推官南昌省會繁劇民風刁訟宗室囂陵先生仁明清簡具有風裁會妖賊張普微亂定策擒斬首從百餘賊遂解散悍宗五闆王等肆橫揭院題參地方以安及饒州寇亂用以盜攻盜之策悉平之時民飢盜起數出方畧定進賢萬年金谿諸邑變癸未春土寇李肅十等僭號通楚獻賊巡撫張公鳳翮會虔撫林公一桂檄行監軍道事先生出奇用間以撫爲勦不越月八獻奇功悉斬元兇大書荷戈爲賊荷鋤爲民二語以安反側又念難民未甦發廪賑濟清還子女收瘞枯骨時慶更生奉新靖安安義三縣各立生祠及陞任去闔郡士民肖像祠于東湖講堂後祀于名宦祠南都考選授福建道監察御史江西按臣周燦追敘平寇功特加一級所奏如清言路正綱常收人心陳軍功清屯清折諸疏皆侃侃大計惜不能用先生性至孝父倖有還金隱德早喪甫釋褐即疏其母虞太夫人苦節得旨旌表居官重忠節崇道義如修孫許二公旌忠祠議留澹臺子祠祖復梅子真祠皆有關風化者平時究心理學著有聖學源流錄及先忠憲續近思錄序癸巳秋常郡守宋公之普與先學憲公講道東林先生舉先忠憲教學東林之語以示學者一時羣推正學云

高若谷曰聖學之有源流由來尚矣先生遡而窮之而源流以清至先忠憲之學得之考亭先生謂續近思錄一編可闚朱子之集成即可闚公之願學是深知考亭即深知先忠憲者也先忠憲之學于是有宗矣

嚴佩之先生傳

龔廷歷

嚴轂字佩之無錫人別號生軒弘治壬子鄉薦仕至安吉州知州月軒公桂五世孫公負至性孝友絕倫弱冠補弟子員旋食餼受業於鄒經畬馬素修兩先生門家貧屛息偃庭邑長以其貧或分清俸亦未嘗走謝訓授生徒以資養親婚弟嫁妹高第多出其門一生篤學好古手不釋卷凡經史百家靡不精究尤潛心於易復攻春秋嘗課其弟轂曰讀書以理學爲主吾自得高子遺書方知有歸宿處既而與鄉先生講道東林高學憲彙旃推爲主席作重修道南祠記又相與輯高忠憲公年譜高子節要東林志諸書公於功名兩字絕不寘念自甲申後遂永謝試檄惟於理學是究江南學憲張能鱗慕其名貽以額曰力扶正學轂素杜門終不一謁其孤介高邁類如此

王敬哉先生行狀　汪琬

公諱崇簡字敬哉其先家河間府之任丘自公曾祖光祿府君始來京師贅於晉故遂爲宛平縣人家譜散落不知其族望所自始凡再傳而家始大錦衣府君性孝友讀書知大義掌東廠太監陳矩賢之欲援府君爲理刑力辭不就布政府君舉萬歷中進士初仕潞安府推官以清節著一府人稱之曰王青天但飲潞安水耳自後歷官皆有聲績歿而董文敏公其昌表其墓府君無子錦衣府君生公甫晬即以予府君爲之子稍長善屬文旁及詩歌古文辭皆優爲之相繼受知於國子監司業張公鼐提學御史左公光斗二公素名知人每見公文輒歎曰此公輔器也年二十六舉於鄉又十六年舉進士知公者欲引之入翰林公方請假營焦夫人葬未暇仕也而值流賊破京師遂挈其家播遷東南久之始歸順

治三年　世祖章皇帝慎簡文學之臣以儲後用公嘗首選即授內翰林國史院庶吉士特免教習與諸詞臣一體辦事與修明實錄尋除秘書院檢討歷侍讀遷國子監祭酒入爲弘文院侍讀學士遷詹事府少詹事兼侍讀學士如故以疾請告十二年刑部右侍郎缺公明說薦公可大用吏部難之　世祖素知公遂趣部議而起公於家其明年以原官兼弘文院侍講學士遷國史院學士尋以　太宗皇帝配天　詔加一級進吏部右侍郎兼學士加級如故尋轉左不數月遂拜禮部尚書又明年加太子太保公自爲諸生即肆力於學日誦記數千言自經史諸子百氏無不貫穿每考論古今治亂興廢之故輒慨然有志當世益務爲經濟有用之術在弘文院　詔祭明季殉難諸臣始末公即疏言在內如東閣大學士范景文以下二十有三人在外如山西巡撫都御史蔡懋德等五人或以其身仗節死或父母兄弟婦子相隨死或家人闔門大小俱死其忠烈相同宜並賜褒揚以廣作忠之典疏既上時論悉以爲允及在禮部感　上知遇益盡心於職掌會御史乞更定帝王廟祀典公疏言廟創自前明迄於　本朝曾經增定皆祀從來開創帝王功業顯著者至於守成令主槩不及與中間如商之中宗高宗周之成王康王其行事具見詩書漢之文帝史稱其節用愛民方內安寧家給人足宋之仁宗恭儉仁恕明之孝宗亦與仁宗相類憂勤惕厲終始不渝此七君者宜百世祀不當以守成見格又言宋臣潘美不當在從祀列張浚三命爲將凡三致敗一敗於富平則關陝遂陷再敗於淮西則酈瓊叛命三敗於符離則中原遂不可復且劾李綱殺曲端與岳飛議不合奏其積慮在於併兵雖爲南渡名臣而初無灼然可見之功亦當罷其從祀

詔議祫祭禮公疏言宜奉　肇　興　景　顯四祖及　太祖南向　太宗東向又　詔議大享殿合祀禮疏言　本朝所封啓運山宜附中岳壇天柱隆業二山宜附北岳壇如前明附祀例有建議請祀周公於孔子廟者公獨以爲不然疏言周公制作前代比諸帝王今既配享武王於廟禮數隆重若復祀諸文廟之中於體爲褻非尊崇之得也議者謂北岳恒山立廟曲陽非是公以先儒言考之曰按曲陽有三地里志上曲陽屬常山郡在恒山北谷下曲陽屬鉅鹿郡鼓聚少陽亭晉荀吳滅鼓其處也今之曲陽既非鼓聚又不在北谷距恒山絕遠遂疏言宜從議者移祀渾源州爲便是時天下大定　朝野乂安　天子銳意振興禮樂公既鉅儒問學淹洽爲　上所委任而又身居禮官之長一切制度沿革必皆援古證今侃侃建白雖或　廷議糾紛亦皆俟公一言而決

上亦必從公言由是眷注日厚公有賢長子曰胥庭先生熙先與
公同爲學士至是亦以考績加禮部尚書父子後先同列海內榮
之以爲 國家興數王氏盛事晚近數百年以來所無有也顧
天子方嚮用公而公且以夙疾請告矣疏凡再上優 詔皆不許
會 世祖皇帝奄棄羣臣公治 大行之喪及議今 天子登極
禮儀日夜辦事左翼門疾大作又再疏請解任 上不得已予告
公雖里居士論益翕然推之康熙三年疾已已人咸望公復用或
私相告語曰 天子且旦暮召公而公於是歲亦甫年六十有三
動止康寧如少壯者故事當赴補公徑不肯起遠以老乞致仕自
是訖公之歿凡十有五年終不復言出矣一時有識無不爲公惋
惜亦無不服公進退大節以爲仕宦者所難公交游滿天下少時
所親密者率多文章意氣之士既躋貴顯猶汲引不少怠雖單門

後進輩行澗絕每到門投謁必相與握手欵曲凡被公禮遇者人
人色喜謂王先生親我也諸所獎借其後率皆成名性清慎不苟
於財嘗貸前明中貴人何某金百兩何死於盜公無所歸金遂舍
諸僧寺且設位爲文以告曰吾用資故人冥福有同年生宋君某
者寓亦金百兩白金千兩於公其家不之知也宋君歿公促其子
至如數與之金其子大驚願以其半奉公爲壽公笑曰如是則與
乾沒有異乎竟悉予之平居無聲色博奕之尚晚歲益嗜澹泊惟
潛心先儒義理之說以躬行心得爲主於諸儒論難不強爲異同
及其發之於文原原本本下筆輒數千言而悉根柢乎六經其論
詩風雅正變則謂論正變以體不若論之以聲蓋體由聲而定也
三代以上詩與樂出於一古人以聲詩奏之樂是故詩之本在聲
孔子刪詩得其聲則存不得其聲則不存或謂詩有正變聲何以
有正變不如宮商角徵羽正也變宮變徵皆變也後儒補六笙詩
又補肆夏詩皆未達乎聲之義者也論春王正月則謂春秋之作
孔子尊王之作也因魯史之文遵周代之制槩乎無可疑者使以
夏時冠周月是倍王非尊王也是故孔子所書春者即周之春所
書正月即周之正月也其說悉有裨於學者至其他碑銘之文尤
見重當世子若孫欲榮其祖父者往往數千里惟公之歸其辭皆
典核有則今翰林侍讀學士葉君方藹序公集曰色黝然而光味
沖然而長蓋實錄也間召賓從子姓與之觴咏及嬰遨山水間所
賦詩清新整麗見者爭傳頌之有青箱堂詩十卷續詩十二卷文
集十卷家譜年譜各一卷雜著述若干卷以某年月日遘疾卒於
正寢以某年月日葬於西城關外坊畏吾村之西

孫北海先生傳　錢肅潤

先生姓孫名承澤字退谷別號北海順天大興人崇禎辛未進士累官至吏部侍郎生平博學嗜古著書甚富其有關正學者尤莫如五先生學約及考正晚年定論二書序學約云學非博不足窮理非約不足明要博而寡要則汎濫無歸聖門所不貴也宋朱子集周程張四先生書撮為近思錄近錫山景逸高公取朱子文集語類倣近思錄爲節要兩書精粹切實余讀之不忍釋手謹照原本十四類每類中語各集一處或語意重複及全集中有可入者間有損益名曰學約蓋天下之理約於五經四書經書之指約於五先生五先生之學約於近思錄節要二書雖卷帙不多而全體大用備焉此聖道之眞傳也其序晚年定論云陽明有朱子晚年定論一書或謂其一生牴牾朱子晚年作定論其悔心之萌而尊

朱子乎予曰否否此正陽明深詆朱子也朱子著述較周程諸子爲多陽明獨摘三十條爲定論又不言晚年始自何年但取偶然謙抑或隨問隨答語及早年微涉頓悟與陸子靜合者俱坐以晚年自悔目爲定論予嘗考之朱子年譜行狀文集語類乃知朱子四十五始與陸氏兄弟交嗣後年愈晚闢邪愈堅寧有一字合於陸氏一言涉於自悔者此予所亟欲考正者也時先生年已八十有一矣蓋先生尊信紫陽老而彌篤如此不踰歲卒卒之後柏鄉魏公致書錫邑吳侯謂北海先生之學其得忠憲高公之統者也於是錫邑後學羣舉而入道南祠

龔震西先生傳　高嵢

先生姓龔名廷歷字玉臣別號震西本常之武進人自湖干徙居無錫熙春里順治壬辰成進士除湖州府推官治績見李若平獻錄時上官有以叛黨陷平人者先生不可上官怒爭之益力乃罷職歸家居好讀書早暮手不釋卷凡天文地理諸子百家靡不分類以編晚益潛心考道與先學憲公講學東林書院至老不衰著有願學編理學醇疵辨諸儒語錄諸書而自記留耕堂有云予祖業二頃比年災於澇災於暵復災於蟲予曾不介意予所憂者貪泉禍水溺心靈潦焦思燥性煽虐驕陽三彭二豎蝕根蟊賊予願以仁爲穀種義爲時措禮嚴經界智析莠苗毋欲速而同宋人助長毋不熟而讖荑稗弗如遜志時敏以當終歲之勤動德鄰仁輔以承雨露之灌滋樂道進修以爲逢年之銍穫彼以耕爲耕者夫

子所謂餒在其中以學爲耕者孟子所謂飽乎仁義也以田爲田者一歲曰菑二歲曰新田三歲曰畬不過數年之計以心爲田者吾耕之謀吾子耕之吾孫與曾孫耕之斯爲百年之計也夫爲百年之計則所耕者旣深所留者不亦多乎斯言也當耕而耕始終無一計功程效之心夫是之謂純心之學

湯潛菴先生墓誌銘　汪琬

康熙二十六年冬十月某日工部尚書睢州湯公斌薨於位年六十有一公之病也　上遣御醫診視及薨又遣滿漢學士以湩酪奠公柩命其孤馳驛護公喪歸　詔予祭葬如故事訃聞於吳先是公嘗駐節吳中去逾年而吳人追思不忘爲公建生祠於學宮至是會哭祠下者數千百人悉號慟失聲有識謂數百年來自周文襄王端毅兩公而外巡撫未有如公者也而前公巡撫江南者方柄用世燄張甚忌公聲望出己上又嘗以事徵賄巨萬於吳有司有司議率民財以應公禁不許遂銜公刺骨公既去吳還朝上眷注益厚忌者日夜用蜚語譏公於　上前必欲擠諸死地賴上神聖稔知公無他故得保功名以終遘公捐舘舍未逾月而忌者事敗踉蹌出都門凡都人士說吳中父老子弟咸指斥夫已

氏姓名戟手相詬詈以其媒蝎公故也由是朝野公論始大白而公之志不獲伸於地上庶幾其伸於地下矣越明年諸孤將卜葬州東南黃岡之阡先期遣使以書及行狀來請銘琬嘗與公同爲史官又辱知交最深乃核其世次官閥事行之實序而銘之謹按公字孔伯別自號荊峴晚又號潛菴先世由滁州之來安以軍功爲金川門世襲百戶其後調睢陽衛遂家於睢後又以功世襲指揮僉事五傳至明威將軍岷州衛守備諱某者公高祖也曾祖趙城縣縣丞諱某祖州學生諱某考州學生諱祖契以公貴封中憲大夫陝西按察司副使妣趙恭人李自成之亂恭人被執不屈死琬嘗文其祠堂之碑繼母軒太恭人公少不好弄稍長益以學自奮於書無所不讀而尤好習宋諸大儒書年甫踰冠舉順治戊子科鄉試明年會試中式越三年成進士改弘文院庶吉士授國史院檢討時方議修明史公疏言宋史修於元至正而不諱文天祥謝枋得之忠元史修於明洪武而亦並列丁好禮普顏不花之義

陛下應天順人而元二年間前明諸臣猶未逆天心抗節以死者似不可槩以叛書乞頒寬宥之詔俾史官得免瞻顧則諸臣幸甚政府見公疏不悅　世祖顧召至南苑慰勞再四於是廷譽大著居無何　詔擢翰林官任監司俾習知民事以需大用公與在選中出爲潼關道副使於是中原初定　王師方下滇蜀關中當用兵孔道征調往還者旁午頗驕橫不戢民間苦之加以差徭煩重相率竄走山谷公戒屬吏毋苛取民財毋妄用驛夫兵來吾自應之已而𩥽馭有法來者悉奉約束惟謹不三年流民歸復業者踰數千戶關中多盜公嚴行保甲法量地遠近俾民間各設鉦鼓砲石盜至即以傳警頃刻數百里近者赴救遠者各扼要地盜故

不敢發發亦輒得所屬遂大治陞嶺北道參政公治所在贛贛固省上游地穹山深箐大盜窟穴其間時時出肆剽劫值海寇犯江寧贛人驛然各洶洶思亂公密陳方略於上官偽檄一人誅海上諜者一人及城中姦民與盜謀者又一人而貰其餘黨賴以靖上官方倚公如左右手而公念其父中憲公竟乞假歸矣自是里居將二十年性故廉介補衣素食怡然自適官吏不知八者或相陵侮亦置不校也中憲公服闋聞孫徵君鍾元先生講學蘇門負笈往受業門下每質所疑先生亟稱之歸而所得益遠所行亦益力屹然推中原巨儒舉　朝賢士大夫交口稱說以薦舉復起　御試甲等補翰林院侍講與琬輩同入史館充日講起居注官尋轉侍讀出典浙江鄉試還充明史總裁官既又直經筵纂修　兩朝聖訓公在　上前進退翔雅敷陳詳盡深契　上意超擢內閣學士

兼禮部侍郎遂以右副都御史巡撫江南陛辭之日　賜鞍馬綵
緞白金五百兩繼　賜御書三軸諭曰展此如見朕也其眷注多
類此江南故習豪侈而吳中尤甚服食玩好多不節又喜蒱博諸
戲歲時婦女爭炫妝治服嬉遨山水間以爲常而市井無藉子率
尙拳勇用鬭毆恐愒民財事急即恃勢豪爲囊橐不可究詰其尤
無良者則竄身旗下借以修故釁公悉禁止不少貸素多淫祠事
楞伽山五通神尤盛嚴寒劇暑載鼓吹牲帛往賽禱者絡繹相繼
姦巫踞尼闌入人閨閣競相煽惑吳人以是益困公廉得其狀躬
至五通祠取土偶投諸湖中衆大駭久而又大悅服爲政簡靜然
下令期於必行賕吏蠹胥悉搖手屏足相戒不敢犯重修泰伯祠
朔望必往躬謁又謁范文正公及周忠介公祠以爲衆勸數親詣
學宮命諸生講孝經俾幼穉悉得列坐以聽拊循細民若惟恐傷

之者吳俗自是大變雖窮鄉僻壤莫不感頌其政里巷因公之姓
至以諺語呼公病湯云公屢上疏訴吳人疾苦請改並徵積逋爲
分年帶徵請捐十八十九兩年災欠請除邳州版荒田賦又請蠲
明神宗朝所加九厘餉又請免淮揚徐水災諸州縣賦部議或從
或否而公初未嘗憚煩也二十五年春有　詔擢禮部尚書掌詹
事府事吳人空一城痛哭叩轅門留公不得則塞城闉阻公行又
不得則遮道焚香以送者亡慮億萬人踰千里不絕及公渡淮乃
已忌者覬知之愈益憾公　上遇公厚每會推會議必問湯某云
何公亦感　上殊遇凡是非可否必侃侃正言不阿不撓忌者方
力謀中傷顧未有以發而會五官臺郎董漢臣上書言十事語侵
內閣或言漢臣本不知書有代草者御史受風指深文劾漢臣內
閣擬　旨下部究主使　上乃命九卿更議衆咸欲抵漢臣罪忌

者逆沮公幸勿倡異論公曰彼應詔言事耳大臣不言將愧謝之
不暇而忍周內耶因舉手自指心曰如此中何忌者大懟且憤所
以誣蠛公萬端且摘公去吳時教令中語指爲示恩干譽於是公
已患病竟爲議官所中有輔導　皇太子之命公以病辭忌者欲
藉是加罪　上不聽僅令回奏遂嗾廷臣交章劾公又不聽後先
報聞而已先是公病思歸自以新被譏不敢請告乃薦前道臣耿
公介侍　皇太子講冀以自代耿公老儒迂謹與舉朝不相得復
嗾廷臣劾公所薦非是部議革職　上特寬其罰鐫五級留任猶
不愜忌者意羣謀中傷益急公適聞太夫人病乃上疏乞暫歸省
　上遣使齎手詔慰諭且欲賜第京師命公迎養公叩頭言母老
萬不能來奏上有　旨不允公去當公之乞歸也忌者宣言　上
怒將隸公籍旗下得　旨猶稽之急　召諸閣中公以病扶掖上

輿道路讙傳湯尚書入旗矣皆泣下而蘇松諸郡客都下者數百
人並集鼓廳門將擊登聞鼓訟寃聞公還始散是時微　上保全
公禍幾不測矣已而　皇太子見公羸瘠大驚曰先生果病至此
耶越數日　命改工部尚書忌者勢不得騁更謀興大獄羅織公
罪不數日而公病遂革方禍急時或勸公委曲請諸公居間俾稍
解者公哂曰吾義命自安六十老翁尚何求哉或又勸公發忌者
陰事以紓其禍公又曰吾有老母在未敢以此試也故士大夫咸
以爲難公平居潛心聖賢之學其於性命之淵微造化之精奧無
所不探而一以誠正爲本於古今之治忽事會之得失無所不綜
而一以忠孝爲先所撰洛學編一卷補睢州志五卷詩文若干卷
琬在史館出入必偕藉公淬礪講貫者甚至不知公於程朱何如
以視眞魏許姚諸儒則當出其上矣琬方請急亦嘗諷公以歸未

幾而公欲薦琬爲明史副總裁自江南被　召又欲以宮寮薦琬固謝不可且曰願與公同其退不願與公同其進也琬長於公三歲訖今猶覥顔人間而公不可作矣每一憶公輒淚涔涔被面何忍執筆銘諸然琬惟以直諒爲公所許倘不能白公之志而暴其受讒始末以示天下後世不幾負吾死友哉銘曰

猗湯屢遷肇興睢陽逮公之身彌久益昌爲　國純臣爲世儒碩道禰洛閩志宗稷益維吾　世祖拔公妙年起家內院付以大藩翩然引身潛蟄閭里　世祖儲之遺我　聖子入登侍從出拊江淮　帝念疲氓往哉汝諧再期政成遽蒙前席譖彼含沙伏機以射何交之泰而命之遭屢習於坎出險斯蹶風雨露雷罔非　帝德　帝心簡在寧虞叵測生榮歿哀公奚憾焉天可必乎人定勝天黃罔之卭不騫不圮瘞是銘詩以俟良史

熊敬修先生傳

高芷生

先生姓熊氏諱賜履字青岳一字敬修號愚齋楚孝感人其先南昌人也出順治戊戌進士入庶常歷官東閣大學士既歿而　朝廷隆禮師傅易名褒寵賜謚文端學者則皆稱敬修先生云先生生而老成端謹垂髫時賜公弘毅先生手先忠憲遺書一編授之曰東林爲道學正宗吾少幸出學憲錫山高公門高公於忠憲爲猶子以得諸親炙者啟廸後學俾得粗有聞知兒曹能服膺是編便是聖賢路上人也先生受簡再拜曰謹受教嗣後歷官禁近諸所講述一本東林旨趣爲宗其在閣學也　上嘗命講大學首節暨中庸性道教等義先生敷陳愷切條對曲暢每發一言　上未嘗不點首稱善後先生掌院事入直經筵首舉尙書人心道心爲對其於理欲消長辨析毫芒一時感動　當宁同列咸嘆弗如曰

熊公眞者儒也東林書院之重修於潛菴湯大中丞也時先生適以讀禮僑居白門予偕兄節培謁躐襄事事竣乞先生文以爲記先生感門戶之糾紛懼道脉之凌替重以默識篤行爲吾黨相勸戒且以口舌輒擊意見紛拏爲當日影附東林諸公痛下鍼砭累累千言皆切於人心世道嗚呼先忠憲於明季力維正學砥柱狂瀾先生遭逢　聖明累侍講幄而持論醇正至欲并消蜀朔形迹此心此理易地皆然亦可見先生之私淑於東林者深而東林之流澤爲遠且長也先生詩文雜稿所著最富其精力尤在學統閑道錄下學堂劄記三書今　皇上亦屢讀而嘉之至比之紫陽涑水且有將來配享文廟之褒寧止東林俎豆歟芷生嗣守先業兢兢懼東林之廢墜幸先生之從祀於茲也用敢約舉先世遺聞略述其生平若先生之立朝大節豐功偉烈炳炳天壤不朽於千秋

萬世者自有　國史在

贊曰先大夫之督學三楚也嘗建濂溪書院首拔贈公弘毅先生俾主講席歸里後不遠千里時以所學相質證後遭流寇喪亂以守正不屈死曰吾不敢負梁谿之止水也非學有源本而就義如此乎敬修先生稟承家學以相　天子論道經邦弘濟萬物可謂有體有用矣其與贈公相繼並祀於東林也雖顯晦不同而後先濟美有以也夫

陸稼書先生傳　　王材任

國家重道崇儒德教翔洽端人正士後先輩出其粹然一出於至正為東南道學之宗者惟陸稼書先生一人而已先生諱隴其唐宰相宣公後浙之平湖人生而粹清端嚴莊重不苟言笑孝友其天性也幼讀春秋傳過目不忘稍長博通經史慨然有志於聖賢之道於四子書章句尋復不厭不啻菽粟之於口被服之於身故其生平所成就皆本諸躬行實踐而其文章政事表見於外者又為士大夫所共知宜東南學者咸以為朱子之後斷推先生也年三十七舉於鄉又四年成進士授嘉定知縣縣瀕海難治先生潔己愛民力行節儉抑吏胥鋤豪右民俗丕變去官之日小民遮道攀號聲徹數十里不絕既不得請因刻木為主尸而祀之會左都御史蔚州魏公環極疏薦廉吏第一復原官再授靈壽縣先生力行教養條上六事請於上官民咸便之在任七年以左都御史澤州陳公說巖薦得行取邑民之泣而送者一如去嘉定時授四川道監察御史上疏論時政敢道人之所難言直聲震天下有與先生不合者先生遂致調歸屏居泖口閉戶讀書敝廬數椽不庇風雨布衣蔬食惟以講學為務門人弟子從之者甚衆未嘗見其厭倦也以康熙三十一年卒享年六十有三先生之學本於程朱謂不主敬無以立本不窮理無以致知又謂明之薛文清胡敬齋曹月川羅整菴朱子之正脈也此外則陽儒陰釋之學創為新說叛道離經梁溪顧涇陽高景逸起而正之為功於學者甚大嗚呼先生之於斯道也見之精故言之切造之深故辨之晰先生之為功於學者更大矣先生始罷以薦得復用數年以薦得為御史抗疏無所忌諱與會議持論侃侃未嘗少屈至有欲以深文中先生者賴

聖恩寬大曲爲保全歸田之後江南學臣缺

皇上獨念先生又欲起而用之而先生已不能待矣

皇上仁如天地明並日月宏開言路優容諫官扶植善類無所不至先生之遭遇可謂盛矣天不假之年未竟其施此又士君子之所共惜也昔于淸端公嘗告人曰天下淸官惟陸稼書蔚州魏公亦謂余曰昔陸稼書云州縣親民之吏民間瑣細當爲分理若爲大吏惟虛公廉靜總大綱嚴責成其於事也多不如少少不如無與民休息而已迨余廵察直隸詞訟紛如見有情罪可惡者受而理之及按其事無一字實者而文移上下耽延時日兩造之身家俱不可問然後知稼書之敎我者誠至矣余在吏部澤州陳公爲冢宰告同官曰今有志於學者必自羞乞墦賤壟斷始此陸稼書之言也願諸公共勉斯語耳夫三先生者海內所謂大賢也而居恒

議論必稱述先生使後學知所景仰葢見善與善之相感也嗚呼倶不可及也已所著有三魚堂集問學錄松陽講義困勉錄讀朱隨筆及點定四書大全等書行世今東林後學請於澹川大中丞張公從祀於無錫之道南祠此非以道南之祀重先生也亦非借先生以爲東林重也特出於一時學者仰止之思不能自已而大中丞亦以爲非此無以慰學者之心欲世之目爲東林者皆學先生之爲人而後無愧其爲東林且欲後之從祀東林者必如先生之爲人而後無愧於從前之祀於東林者也一舉而數善備之矣先生之成進士也出吾鄉陳省齋先生之門故知先生甚悉乃次而述之且系之以論曰稼書先生之學朱子之學也由先生而溯之於二程則先生其世適也東林顧高之學亦程朱之學也由顧高而溯之於道南則先生其大宗也要其有功於斯道一而已矣

吳嶶仲先生傳　施[illegible]曾

吳嶶仲先生諱曰愼號敬菴嶶州歙縣人也生而穎異少好學未弱冠補弟子員始而從事舉子業江左文壇名望素著繼而潛心理學家貧甚壺隱金閶聞梁谿有高彙旃先生能繼顧高諸先生主壇講學於東林書院四方來歸因往遊焉從東林諸君子後虛心請益研求下學上達之旨析疑問難時出讜論載之紫陽通志後返故園益向學紫陽還古兩書院中會講不輟時則有胡匏虔汪惕若汪默菴施虹玉諸先生共相討論悉守白鹿洞學規而喫緊則主敬以立其本窮理以致其知反躬以踐其實究其得力處尤在一敬字因自號敬菴學者宗之羣稱爲敬菴先生葢先生天資高邁於書無所不讀而其尋繹把玩終身不厭倦者則惟小學近思錄四書六經及濂洛關閩諸書迄今紫陽還古之間學者鬱

起知所指歸者先生汲引之力居多大中丞考陽張公當今理學宗主也平日所傾心折服者惟先生偕汪默菴施虹玉兩先生著述且有殘編斷簡不可輕置之語嗚呼觀張公所折服於先生如此則先生之所以爲學槩可知矣子愧鈍根俗質浪游中外三十餘年未暇講求性命之學今老而歸田時與東林講會道南遺規猶在令人嚮慕之念不輟也嘗讀先生書竊嘆其義理淵深眞足以分宋儒一席所著有周易粹言大學章句翼中庸章句翼已行於世其餘若周易翼四書翼周子太極圖翼西銘翼三十餘種因貧不能刻尚藏於家歲癸巳後學同人公舉先生主崇祀東林書院道南祠配宋儒楊文靖公龜山先生永饗祀典云

汪默菴先生傳　　陳鵬年

文學汪先生諱璲字文儀號默菴新安之金城里人也系出周曾成公子汪侯而分派則自唐開國鐵佛公始代有聞人歷傳至文學穎悟過人十齡通經史大家然不屑事俗儒章句而惓惓於韓之原道年十六即手錄理學諸書潛心體認可謂聞道甚早矣性孝友色養其尊人鄉賓惟晦公繼志守身貽親令名丁內外艱哀毀骨立行道傷之以弟殀憂勞成咯血症越四十餘年復爲其季病且歿兩發舊疾幾憊人服其至性近世希覯少遭喪亂家中落兼治生以佐甘旨贍仲季而一燈午夜雖祁寒暑雨終其身弗稍懈中年僦居漢陰因占籍中楚文譽日噪不十年棄去淡如也惟力於躬行一言一動必秉成法身修教成庭內肅然生平樂與善而不妄交所師友者錫山高彙旃先生吳趨徐侯齋先生及同里

汪石樵葉簡崖數會友而已故高彙翁先生寄詩有曰遊吳握手皆奇士還里論心有碩儒蓋紀實也於憂患中以讀易求寡過之旨故所著有質疑二十卷凡八易稾而研究愈精孝昌熊文端先生亟稱之曰足下辨志既勤衛道復力立言端以洛閩爲宗而其才又足以發明之故詞旨明晰發前人所未發大有功於四聖近大中丞濬川張公序之曰力學篤行道宗孔孟理本程朱其實地發明處都從身心體驗吾知大易眞詮自伊川紫陽而還汪子分一席矣其見重於有道如此又有語餘謏錄文集悠然草詩集儀典堂文錄大學章句釋義周易補註便讀月課問答各若干卷其他校錄評選前賢書甚富或行於世或藏於家皆可垂諸不朽者年七十四卒疾革之前數日仍手答吳門蔡九霞論格物致知之義闢異說闡正學娓娓數千百言則生平之所養可知也已有子名鈞字鄰石食餼有年能世其家學

贊曰予少與鄰石同庠得拜先生于漢寓密窩儀範嚴肅望如山嶽及聆其聲咳談論如累日坐春風中不忍去也尤善言易每與予反覆於吉凶消長進退存亡之道不啻三致意焉後予令西安猶寓書敦勉進予以古之循吏意氣固已勤懇矣今先生歿名愈尊道愈顯雖未少見諸設施而著述弘多皆大有關於名教開示來學蓋彬彬質有其文醇儒之業不徒稱獨行君子云

施虹玉先生傳　　　　秦源寬

先生諱璜字虹玉號誠齋徽州休寧人幼凝重寡言笑塾師卽心異之年舞勺已通孝經小學四子書稍長事制舉業應試過郡見紫陽書院中有講學者先生諦聽身心性命之緒論遂恍若有所得喟然曰學者當如是矣舉業非吾事也遂絶意仕進發憤潛修卒以理學著稱云其爲人以古道自處而一生得力尤在誠信兩字每謂吾儒以誠守身以信應物自然內外交修而學始立其爲學以宋儒程朱爲的兼于濂溪橫渠及明河津餘干泰和諸子之書無不日夜精研晰其同異辨其源流而得其指歸所在其講學也在新安紫陽還古兩書院每月會講皆首推先生主講席先生必先期齋戒肅衣冠斂容止危坐正論儼然以一身當嚴師益友而於先儒語錄尤多所發明能使聽者亹亹忘倦以故四方學者翕然宗之其來遊錫山也以康熙壬子歲時鄉先生前楚學憲彙旃高公以忠憲公猶子主持東林書院先生負笈遊學歷吳越邀梁溪登東林講堂慨然有吾道復興之志以彙旃先生實得忠憲公家學淵源遂執贄行師事禮高公固雅重先生每會輒推爲祭酒先生亦直任不辭其立法引掖後進也九容以養其外九思以養其內九德以要其誠而所尤諄切者惟以修身立誠深相策勵學者佩服景行一如在新安時其所著有思誠錄每日以存何念接何人行何事讀何書吐何語五者自勘座右大書毋自誑誑人毋自欺欺人以示警更有小學發明五子近思錄發明兩書皆行世最著者先生功在理學五十餘年而歿歿後十餘年諸同人公舉祀先生於東林道南祠先生之學益以大顯余雖不獲見先生而少時猶及事內祖學憲高公卽耳熟先生名學憲公諸孫函三

幼卽侍東林講座習見先生輩典型最心折先生者謂先生旣配食先儒矣不可無傳因縷述平生品概而屬予傳之如此抑又聞之東林故老云先生始來會講也臨別時與高公約以某年月日必赴講及期高公設榻以待或謂公曰遥隔千餘里安能必施君之果如約耶公曰不然施生篤行君子也如失期不來者吾不復交天下士矣言未竟先生果擕其子擔囊而至論者謂非高公不能信先生非先生不能取信於高公以此兩賢之至今傳爲講堂佳話嗟乎重然諾矜期許此風今已渺然矣必誠必信如先生者眞古人哉眞古人哉

宋牧仲先生傳　顧棟高

宋公名犖字牧仲自號漫堂文康公權子年十四以大臣子入宿
衛從
章皇帝渡桑乾水水濶數丈公躍馬以過
帝見大喜賜雕翎箭五踰年分第諸在衛者隨其文武擢用公試第
一當攺文資文康公以年小力辭又三年隨文康公歸里力學好
古所切劘詩古文詞皆一時耆宿洎公殁服除謁選得黃州府通
判尋擢贛關內陞刑部福建司郎中明於律例通鎗有獄在官百
五十人負米萬石詞連本管部抵衆立斬而官免責公爭之强卒
坐衆償負而官亦奪俸時論韙之累遷山東按察司公在部久精
練法比及轉外任屢平反寃獄而作奸犯科者按治嚴明不少貸
擢江蘇布政使察出前司庫空闕銀三十六萬兩揭報清刷

聖祖奇其才未踰年擢都察院右副都御史巡撫江西舟抵江寧而聞
夏逢龍之亂時賊連破蘄黃左右二十餘城避兵者蔽江下無一
人西者衆懼議緩行公曰兩省地聯一江無撫臣彈壓慮且生變
疾抵至湖口偵知會城遣撫標兩校出師托言無餉不發意頗叵
測立檄稅庫銀千兩委道員往諭之省中標兵單弱人情恇怯公
至鎮以無事有告變言裁軍李美玉袁大相密謀聚衆應賊者公
佯不省而陰授遊擊趙永吉方略夜縛二渠至立斬之懸其首章
江廣潤兩門餘悉不問衆乃大定會夏逆亦殄江省素凋敝又新
遭震驚公先條除病民者十數事黜貪吏之甚者宿賊巨猾皆名
捕正法江西遂安三十一年命仍以故官調撫江蘇江南承平久
士民愛尚文雅公遂弛威嚴以清靜無爲爲治吳故有蘇子美滄
浪亭公至訪其遺趾暇日招文士觴詠其中修無錫道南祠一切
細務循舊章治之無所更作而下亦莫有犯者在職十有四年歲
豐人和獄盜衰息屢逢
聖祖南幸溫語褒獎至解所御冠袍賜之屢次乞身不允最後抱小
疾命遣御醫胗視隨召爲吏部尚書公少侍文康公於京邸
熟練掌故到吏部人不能欺無敢亂銓法者四十七年以衰病乞
歸臨行慰勞再四并詢江南盜賊事公對愚民無知惟早具獄可
免株連
聖祖是之五十二年三月
聖壽六旬公赴闕恭賀以先朝舊臣誥授光祿大夫特加太子
少師公自歸田後治西陂老圃日與故人子弟分韻賦詩故晚又
自號西陂居士云

許時菴先生傳　　高嶐

先生諱汝霖號時菴浙之海寧人也康熙辛未先生視學江南敦士習弘文教悉以實心行實政其校士也謂國家設制義取士上以闡聖賢大義微言下以覘士人立心制行歲科試牘非體認傳註精實談理者悉屏不採故事學使下車輒集諸生學宮命講五經四子雖循例奉行祗爲具文而先生與子言孝與弟言弟窮經學之淵源晰諸儒之同異諄復指誨無少厭倦而大江南北沐先生之教僉以經師人師日先生焉東林之在錫也實爲東南講學一大區會自先忠憲公於前明萬歷偕涇陽顧端文先生昌明正學天下嚮應沿至先生視學棟宇之弗治久矣諸生之習禮闕如先生再臨講舍兩捐俸金新堂廡以妥先賢延耆宿以造後進慨然欲重振斯席以繼往哲而開來學尋以任滿還朝而罷士林憾

之先生自爲諸生即以文章學問推其鄉祭酒年四十餘登第入詞舘其視學江南也以贊善出最後爲大宗伯予告家居以康熙庚子冬卒於海寧之里第訃聞三吳人士皆爲位哭越明年辛丑請於學憲鄭公以某年月日配食宋龜山楊先生祠成公志也嶐故先生拔補博士弟子方今觀察刁公邑侯胡公增志東林謹摭拾萬一爲先生傳不勝泰山梁木之感焉

張孝先先生傳　　華希閔

張清恪公名伯行字孝先號敬菴河南儀封縣人天性樸誠少即潛心理學墨守程朱成康熙乙丑進士初授中書舍人丁外艱回籍戊寅夏大雨水泛溢募民夫囊沙築堤邑賴以安遂寧相張公督河薦公効力河工監修南岸堤工護馬家港東壩修高家堰蝦鬚溝河並著勞績再以河督疏薦授山東濟寧道濬運河導南旺水北注吏計稱最遷江寧按察司使涖任數月
聖祖仁皇帝南巡召見　特擢右僉都御史巡撫福建時福建歲歉斗米錢四百公至遣官買米平糶又多置社倉以備積貯米值驟減閩人咸飽公德永安大田等邑無賴竄伏深山中煽惑愚民公設法撫其豪餘黨遂散福州向多淫祀悉除去贖貧家女髠爲尼者數百人撫標舊多空糧爲冢衆地悉募丁壯補足之建鰲峰書院

學舍百二十楹祀有宋五子選閩士之秀者肄業其中數詣書院勗諸生以正學士子蒸蒸向風尤以褒廉吏糾貪墨爲急旋移撫江蘇首葺東林書院躬詣講學剖論朱陸異同娓娓不倦江南頻歲災侵上疏請賑高郵等十三州縣暨徐州乏食軍民多所全活又請暫緩江蘇等屬帶徵災漕上發帑平糶疏皆得　旨允行江南人之戴公者較閩更甚會江督噶禮與公素不相能辛卯科場事起劾總督營私壞法督勢張甚馳疏五劾遂寧相以司農奉
詔質審
聖祖盡得其情　特論張伯行天下第一清官着留任噶禮革職江南士民莫不手額相告時奉　旨會察戰艦條陳分別營哨商漁舟編立號數奸無所容尋以張令濤一案遂寧相以冢宰再至江南質訊遽解公任案成八　告蒙　俞旨着公隨冢宰赴京　召見

特命署理倉場總督事務越二年奉 旨管理錢法尋晉戶部
侍郎仍兼倉場總督
今上元年以公年老准解倉場專理部務八月陞禮部尚書議
皇太后祔廟禮定耕籍禮儀追封 先聖五代諸大典多出公手乙巳
二月既望公卒
上聞軫悼 命鎮國公奠茶酒 賜祭葬贈太子太保謚淸恪公生
平持己極嚴待人甚恕見之者如坐春風中素慕平湖陸侍御隴
其推爲敬軒整菴以後一人雍正二年廷議從祀孔廟公實主之
嘗定大學攺本所著有正誼堂文集居濟一得困學錄公旣殁之
三年河督田公疏請特祠東林學子請於江撫張公從祀書院之
道南祠

東林書院志 卷十二 張傳 廿八

張菰川先生傳　　　秦松齡

先生諱夏字秋紹常之無錫人也隱居菰川之上因自號菰川少
有至性篤孝友力學馬文肅公見而器之遂爲入室弟子焉有文
名郡守山左宋公會五邑士子於龍城書院拔置第一屢試臼下
數奇不售乃棄舉子業潛心理學學以朱子爲宗自高忠憲周蓼
洲諸公並罹黨禍人人目東林爲畏途而先生信道愈篤守道愈
嚴洎乎 昭代定鼎後學憲高彙旃先生暨家弱水先生始議修
復東林學舍四方之士來遊者雲集響應春秋釋菜畢入講堂與
吳徽仲汪黙菴施虹玉諸君子次第講學往往推先生倡首先生
升堂卽席容止肅穆衣冠儼然每發一議必原本六經參以心得
往復回環極盡理趣湯潛菴撫吳至東林會講與先生上下議論
輒首頷之因延至吳郡學宮講孝經小學一時環橋觀聽者無不

東林書院志 卷十二 張傳 廿九

人人感動玉峯趙公繼之復設講座以禮請折節致敬僉謂東林
有人蓋東林自彙旃高先生卽世三十餘年講席不盡廢者以先
生爲魯靈光也按先生平日束躬勵行重規疊矩篤守居敬窮理
之學不爲他歧所淆亂讀書靜坐老而不衰接引後學先經後史
條理秩如於經尤精易詩春秋自湯中丞延講孝經旋有孝經解
義其說一遵先儒而旁通曲暢使讀者悠然有會於訓詁之外小
學則有淪註後生羣誦習焉於十七史俱精熟而諸家記載亦博
覽强記凡先代典章沿革前賢軼事家世譜牒歷歷道之如貫珠
元明諸賢靡不考其師承採其要旨著洛閩源流錄有功聖學甚
大殘編蠹簡窮搜訪求手跋親抄率多秘本邑中藏書家不逮也
爲文淵博詳贍成一家言爲詩真率可喜不假粉澤四方請乞者

踵至倚侍立應未嘗厭倦嘗書座右云治此心須是刮垢磨光潔潔淨淨生斯世要如臨深履薄戰戰兢兢又云思狂思狷思中行最怕落他鄉愿一徑戒色戒鬬戒苟得常防過此物欲三關此可以知先生梗概矣卒年八十有六著述甚富不能盡刻其五經四書述朱解孝經問業小學淪註洛閩源流錄悉行世云

高紫超先生傳　　顧棟高

先生姓高氏諱愈字紫超忠憲公諱攀龍之兄孫也父諱某先生資禀異凡兒五歲聞兩兄讀書聲即牽衣請入塾授書便成誦十歲讀忠憲遺書慨然有志於聖賢之道年及壯補弟子員旋食餼試輒屢其曹而先生居恆絕不作帖括文字日從事聖賢遺經及程朱性理諸書五十外足不踏省門闇然以明經老邑中士大夫至不敢以字稱咸稱之曰先生云先生行完氣和充養有道內行純備其自處極潔一毫不以取于人及與之居退然而溫以和雖庸夫小童莫不自謂先生親己也先生父晉侯公性素豪豪于飲先生事之委曲承順食必具酒肉及與人飲先生遣僮使往候已則屏伏路側俟與主人拱揖別則趨迎扶攜以歸數十年不易母歿泣血三年不飲酒食肉內寢逮晉侯公年八十九以終先生年

五十餘矣執禮一如喪母時先生兩兄皆早世伯兄子宕而遨遊出數年不還先生裹糧走數百里訪得之天寒雨雪兄子單衣慄甚出衣履服之載以歸方謀爲授室忽又出求之不獲先生乃析產爲三授仲兄子令主其祀嫁伯兄女撫仲兄二子如子婚娶之費一皆出先生時先生饘粥不踰數十畝藉脯修以養恆日闕無儲先生夷然不以屑意也歲己未旱庚申大水水流室中尺餘先生姊妹攜男女來就食先生庋版爲高閣令諸人坐其上雜豆爲飯共食之歡然而樂先生教人不爲嚴厲務以身化雖子弟未嘗見其有疾言遽色人有忿爭者至先生前自慙汗愧屈而先生與語若唯恐傷之某嘗從先生遊見先生講說經義娓娓忘倦至食時則爲置食間雜以酒殽雖盡歡未嘗有諢笑聲終日不欠伸跛倚卽當空乏時淸坐相對和氣溢眉宇退而猶有餘味也先生旣

不問家有無所得輒篠手盡晚年困益甚嘗茹粥七日先生方挈其子登城眺望若有所得親故有遇者見先生貌益充嗚呼先生之所養可知已儀封張大中丞撫吳檄無錫縣延先生主東林講會先生方病瘍不時往邑令餽以參餌謝不受先生爲學不尙議論惟致力于謹言愼行飭躬踐履問嘗舉孟子志士不忘在溝壑爲訓謂貧士自立必從此始故其生平自少至老守此不易邑人有以道學相笑侮者至先生獨無詆訾咸呼曰君子君子云年七十有八卒先生和易中有嚴介信道甚篤家不用祈禳治喪不作浮屠佛事一子痘瀕于危家人咸請禱于神卒不往竟亦無恙完養極密盛暑不裸體跣足與人食不越簋下箸終日晏坐一室于經書無所不窺尤深于春秋周禮儀禮周禮稿凡數十易今有周禮註及小學纂註字母諸書藏于家

林平華先生傳

陳鼎

林宰字德衡福建漳浦人萬歷辛丑進士授無錫縣令蒞任後適東林方興講學遂捐復講堂其後重建道南祠成又爲之記其略曰宰惟吳地自讓王篳路而來季子歌風言游禮樂斌斌號文學之國矣中更六朝五季剝蝕於談塵榛蕪於戎馬非先生正學南來五百年墜緒何以昭茲來許顧或謂南宋道學空談無用宰按先生策燕雲之師則云宜遏守汴京不可虛內示外金人內寇則云宜堅壁清野潛遣援兵追襲至於三鎮不可棄和議不可從責金人敗盟問肅王使必復而後已種種碩畫皆熟諳情形事變深於兵家者之言此眞有用道學豈與爭機鋒而尠功實者埒也或又以其辟應蔡京爲疑不知先生鴻才鉅識行權濟時正善學二程而融之使其志得行於靖康建炎間則女直可無南窺二帝可無北狩一祖六宗之業可無偏安江左奈之何阨於權奸不究其用以殉此諸君子所謂扼腕太息而欲宰之論其世也歟自東林復振後每月主會遇當道憲長四方賢哲皆一軌於禮其有心衛道如此至先後試士拔馬世奇華允誠爲第一稱冰鑑云其加意人文又如此凡民間有事剖斷如流按律得情吏胥不得上下手去任後民思之曰安所得林青天哉其得人心又如此官歷部曹至南京兵部侍郎卒學者稱平華先生後逆璫毀書院見宰碑記遂入東林榜中削奪崇禎改元乃復

曾二雲先生傳

明史稿

曾櫻字仲含峽江人萬歷四十四年進士乞假歸師事鄒元標久之授工部主事歷郎中天啓二年稍遷常州知府諸御史巡鹽倉江漕及提學屯田者皆採舉劾權文牒日至櫻牒南京都察院曰他方守令奔命一巡按獨南畿奔命數巡按請一切戒飭罷鈎訪取贖諸陋習都御史熊明遇爲申約東焉櫻持身廉爲政愷悌公平不畏强禦屯田御史索屬吏應劾者姓名櫻不應御史以危言恐之櫻答曰僚屬已盡無可糾止知府無狀因自署下考杜門待罪撫按亟慰留乃起視事織造中官李實劾罷巡撫周起元追知府行屬禮櫻獨如故實怒移檄以爾汝侮之櫻亦報以爾汝卒不屈無錫高攀龍江陰繆昌期李應昇被逮櫻助昌期應昇貲而經紀攀龍死後事出其子及僮僕於獄爲文祭之宜興毛士龍坐忤

魏忠賢遣戍櫻諷士龍逃去上官捕其家人賴櫻以免武進孫慎行忤忠賢當戍櫻緩其行忠賢敗事遂解七年遷浙江右參政用士民請詔以新秩留任崇禎元年以右參政分守漳南九蓮山賊犯上杭櫻募壯士擊退之夜擣其巢殲馘殆盡士民爲櫻建祠母憂歸服闋起故官分守興泉二郡進按察司分巡福寧先是紅夷寇興泉櫻請於巡撫鄒維璉用副總兵鄭芝龍爲軍鋒果奏捷及劉香寇廣東總督熊文燦欲得芝龍爲援維璉等以香與芝龍有舊疑不遣櫻以百口保芝龍遂討滅香芝龍感櫻次骨十年冬東厰獲一男子言爲櫻行賄謀遷浙江按察使詞連吏部主事林中鳳來方煒帝怒下兩人獄命撫按械櫻赴京御史葉初春先爲櫻屬吏知其廉於他疏微白之有詔詰問因具言櫻賢然不知賄所從至詔至閩巡撫沈猶龍巡按張肯堂閱廠檄有奸人黃四臣名芝龍前白曰四臣我所遣我感櫻恩恐遷去令從都下訊之四臣乃妄言致有此事猶龍肯堂以入告力訟櫻冤芝龍亦具疏請罪士民以櫻貧爲醵金辦裝者老數千人隨至闕下擊登聞鼓訟冤帝命毋入獄俟命京邸削芝龍都督銜而令櫻以故官巡視海道未行楊嗣昌以衡永多寇奏改櫻湖廣按察使兼右參政分守湖南給以勅故事守道無勅帝特賜之時賊已殘十餘州縣而永州知府推官咸不任職櫻薦蘇州同知晏日曙歸德推官萬元吉才兩人方坐事罷官以櫻言命日曙以同知掌知府事元吉以檢校掌推官事櫻乃調芝龍勦賊賊多降一方遂安遷山東右布政使分守登萊十四年春擢右副都御史代徐人龍巡撫其地明年還南京工部右侍郎乞假歸山東初被兵巡撫王永吉所部濟兖東三府州縣盡失匿不以聞及兵退以恢復報而櫻所部青登萊三

府失州縣無幾盡以實奏及論罪永吉反擢兵部侍郎總督薊遼而櫻奪官逮治下刑部獄不十日而京師陷賊盡釋諸囚櫻乃微服遁還自詣南京刑部時福王已立法司當以贖徙唐王稱號於福州鄭芝龍專柄薦櫻起工部尚書兼東閣大學士無何令掌吏部而移吏部張肯堂於都察院櫻持法不撓數有所執爭薦揭重熙傅鼎銓等皆擢用櫻尋進太子太保吏部尚書文淵閣王駐延平令櫻留守福州

大兵破福州櫻挈家避海外中左衛越五年其地被兵遂自縊死

東林書院志卷之十二終

東林書院志卷之十三

祀典

流澤在人饗以俎豆禮也學者得以俎豆之事習禮于斯觀感興起弗可替也在官之祭則於以見著令之有加隆焉志祀典

古有釋菜釋奠之禮釋菜行于孟春而禮簡釋奠四時可行而禮煩今制學宮之祭每歲于春秋仲月上丁日行即古釋奠也本祠之祭酌古準今而權煩簡每歲于正月上甲日行釋菜禮春秋仲月仲丁日行釋奠禮

釋菜儀注

前三日齋戒前一日宿院中

先師前設爵三（旁二爵先酌酒中爵待獻官行）籩豆各二（二豆在中盛菁菹兔醢二籩在兩旁盛棗栗無兔則以魚醢代）至日夙興主祭者與陪祭俱吉服（通贊唱）執事者各就位　陪祭者各就位　主祭者就位　瘞毛血　迎神鞠躬拜　興　拜　興　拜　興　拜　興　平身　行獻禮（唱引贊）詣盥洗所　詣酒尊所　司尊者舉冪　酌酒　詣

先師孔子神位前　跪　獻爵　俯伏　興　平身　詣讀祝位　跪（通贊唱）陪祭者俱跪（唱引贊）讀祝（通引同唱）俯伏　興　平身　復位（通贊唱）送神　鞠躬拜　興　拜　興　拜　興　拜　興　平身　禮畢

祝文曰惟年月日末學某等敢昭告於

至聖先師孔子惟

師祖述堯舜憲章文武上律天時下襲水土如天地之無不持載無不覆幬如四時之錯行如日月之代明兹當東林書院一歲講習之初恭修釋菜之禮尚　饗

同日

楊龜山先生神位前設爵三（旁二爵先酌酒中一爵獻官行）籩豆各二（二豆在中盛菁菹魚醢二籩在兩旁盛棗栗）

七先生神位前每位設爵一（分獻官行）每案設籩豆各二（如前。）（通贊唱）執事者各就位　陪祭者就位　主祭者就位　迎神　鞠躬四拜　興　平身　行獻禮（唱引贊）詣盥洗所　詣酒尊所　司尊者舉冪酌酒　詣

楊龜山先生神位前跪　獻爵　俯伏　興　平身　跪（通贊唱）助祭者皆跪（唱引贊）讀祝（通引同唱）俯伏　興　平身　復位（唱引贊）分獻者詣

七先生神位前　跪　獻爵　俯伏　興　平身　復位（通贊唱）送神　鞠躬四拜　興　平身　禮畢

祝文曰惟年月日末學某等敢昭告於

宋楊龜山先生之神曰惟

先生倡道東南至止錫邑十八年儀刑儼在五百歲道化如新兹當東林書院一歲講習之初恭修釋菜之禮謹以

仲素羅先生

德輝胡先生

玉泉喻先生

遂初尤先生

小山李先生

實齋蔣先生

二泉邵先生配尚　饗（後來續進顧高諸先生司祝文者宜于臨時一照此例宜讀）

釋奠儀注

先三日齋戒前一日宿院中午後省牲用羊豕各一以全牲獻
聖廟主祭者恭揖而退毛血用盤盛待次早瘞
先師前設爵六（三盛立酒）登一（大羹猪肉汁不用鹽醬）鉶二（和羹汁用菜料和者）簠二（黍稷）簋二（稻粱）籩八（刑鹽藁魚棗栗榛菱芡實）豆八（韭菹切去本末取中四寸菁菹芹菹笋菹醓醢細切猪肉熟之和鹽酒料物魚醢細切魚熟之和鹽酒料物糗餌粉餈用小燒餅用小糕）俎四（羊首一猪首一羊前肩二猪前肩二）
帛一　酒尊一

至日夙興主祭者與陪祭者俱吉服（通贊唱）執事者各司其事
陪祭者各就位　主祭者就位　瘞毛血　迎神　鞠躬拜
興　拜　興　拜　興　拜　興　平身　行初獻禮（引贊唱）
詣盥洗所　詣酒尊所　司尊者舉冪酌酒　詣
至聖先師孔子神位前　跪　獻爵　奠帛　俯伏　興　平身

跪（通贊唱）陪祭者皆跪（引贊唱）讀祝（通引同唱）俯伏　興　平身　復位
行亞獻禮（通贊唱）詣酒尊所　司尊者舉冪酌酒　詣
至聖先師孔子神位前　跪　獻爵　俯伏　興　平身　復位
（通贊唱）行終獻禮（引贊唱）詣酒尊所　司尊者舉冪酌酒　詣
至聖先師孔子神位前　跪　獻爵　俯伏　興　平身　復位
（通贊唱）飲福受胙（引贊唱）詣飲福位　跪　飲福酒　受胙　俯伏
興　平身　復位（通贊唱）鞠躬拜　興　拜　興　平身　徹饌
送神　鞠躬拜　興　拜　興　拜　興　拜　興　平身
讀祝者捧祝　進帛者捧帛　各詣瘞位　望瘞（引贊唱）詣望瘞位焚祝帛訖（通引同唱）

祝文曰某年歲次（甲子）某月（甲子）朔越某日（甲子）末學某等敢昭告于
至聖先師孔子惟
師祖述堯舜憲章文武上律天時下襲水土如天地之無不持載無不覆幬如四時之錯行如日月之代明惟（春秋）謹以牲帛醴齊粢盛庶品式陳明薦尚　饗

同日

楊龜山先生神位前設爵三　登一　鉶一　簠一　簋一　籩六（刑鹽藁魚棗栗榛芡實）豆六（韭菹菁菹芹菹笋菹醓醢魚醢）帛一　俎四（二俎盛羊肉二方二俎盛猪肉二方）
七先生神位前設爵七　東西鉶各一　簠簋各一　籩各四（鹽棗栗芡實）豆各四（韭菁笋芹）俎各二（羊蹄一猪蹄一。通贊唱）各就位　迎神　鞠躬
四拜　興　平身　奠帛　行初獻禮（引贊唱）詣盥洗所　詣酒尊所　司尊者舉冪酌酒　詣
楊先生神位前　跪　獻爵　獻帛　俯伏　興　平身　跪

陪祭者皆跪（引贊唱）讀祝（通引同唱）俯伏　興　平身　復位（引贊唱）分獻者詣
七先生神位前　跪　獻爵　俯伏　興　平身　復位（通贊唱）行亞獻禮（如前。通贊唱）行終獻禮（如亞獻禮。通贊唱）辭神　鞠躬四拜　興
平身　讀祝者捧祝　進帛者捧帛各詣瘞位望瘞（引贊唱）詣望瘞位焚祝帛訖（通引同唱）禮畢

祝文曰惟年月日末學某等敢昭告於
宋龜山楊先生之神曰惟
先生倡道東南至止錫邑十八年儀刑儼在五百歲道化如新茲當仲（春秋）敬舉時祭謹以
仲素羅先生
德輝胡先生

玉泉喻先生
遜初尤先生
小山李先生
實齋蔣先生
二泉邵先生配尙　饗（自今以後讀祝文例見前）

釋菜祭物

聖廟棗一觔　栗一觔　菁菹一束　魚二觔　酒一瓶　香燭一副

道南祠棗三觔　栗三觔　菁菹一束　魚三觔　酒二瓶　香燭三副

釋奠祭物

聖廟猪一口重若干觔　羊一羫重若千觔　帛一段　黍稷

稻粱　形鹽　藁魚　棗　栗　榛　菱角　芡實　柿　韮菹　菁菹　茆菹　芹菹　筍菹　醓醢　魚醢　糗餅　粉餈　酒一瓶　香燭一副

道南祠猪羊分用　帛　黍稷　稻粱　形鹽　藁魚　棗　栗　榛　芡實　韮菹　菁菹　芹菹　筍菹　醓醢　魚醢　酒二瓶　香燭三副

以上係劉本孺先生志草原文

官祭緣起

江南常州府無錫縣儒學生員施揚會顧弘烈高舉升華燝張夏等呈爲大道欣遘中天先儒再得此日公懇憲頒官祭以崇理學事竊惟吾道南矣前賢知正學之有歸斯文在茲後代卜天心之未喪豈廟貌千秋不毀而官祭一日未邀幸逢闢闥之代興永勒春秋之崇祀伏覩宋朝楊文靖公龜山先生道南祠在無錫縣城東隅係十八載流寓之舊區爲五百年講習之公所載在志書稱爲古蹟自顧高兩先生繼講席而虔修灌獻得歐林諸守令因共事而敬薦蒸嘗是則當日之私祭即當日之官祭也逮魏璫拆毀書院惟此祠不改舊觀然沿至今日而官祭竟湮矣恭遇　大宗師老大人心契西銘道隆北學三才合撰興禮樂以輔佐太平八代起衰立德功而並垂不朽所以吳風丕變窮鄉習衍義之書因

之宋廡再新下士識崇儒之要不愧同風千里洵稱曠代一時今有文靖十八世孫生員楊惟植德行允孚于閭里孝思彌篤于家庭捐產葺祠備員奉祀朝夕瞻依且明對越詠世祖清芬之澤徵憲天育化之隆但念有祠無官祭未免愴懷且謂援常郡比錫山尙爲缺典伏乞　大宗師老大人表章先儒興起後學批照毘陵道南祠事例令有司春秋致祭著爲令甲庶幾風高立雪國家無不舉之禮文兼且化洽橫渠草野有聿修之經術矣爲此連名具呈須至呈者　順治十六年二月二十六日

江南常州府無錫縣儒學爲大道欣遘中天等事蒙　欽差提督江南淮揚蘇松等處學政提刑按察司僉事張批發本學生員施楊會顧弘烈高舉升等呈詞前事奉批開龜山先生有祠而無官祭殊爲缺典仰學照例速議詳奪等因蒙此遵依查得宋儒楊

文靖公龜山先生流寓錫邑十有八載紹興末公之孫航以樞密
院編修轉常州添差通判遂占籍錫之垂慶鄉子孫世居焉其祠
于兹土宋元以來尚矣其地向爲庵僧侵没賴顧高兩賢出善價
購贖而祠得復存後爲魏璫撼摇幸忠憲義僕執志書力爭而祠
得不毁當講學之日撫按分司頻來拜謁郡守邑侯共事趨蹌此
官祭之所以不待請也自哲人云亡廟貌寂寞近有文靖公系孫
奉祀生員楊惟植棲止祠旁勉修講習邑中子弟莫不欣恭固本
生誦芬咏烈之思實皆憲臺一道同風之效不有官祭易昭大公
此生員施楊會等之所以公請也龜山先生之宜有官祭既不待
言而錫邑道南祠係十八載講習之故宮尤千百年精氣之所聚
春秋禮祭又何疑乎祠中諸從祀皆宋明以來大儒或受業于及
門或私淑于後世各有羽翼之功無忝馨香之配并合開列姓氏

同祭文粘單報明

江南常州府無錫縣儒學爲大道欣遘中天等事承准本縣故牒
該蒙 欽差督學道張批發本學呈詳生員施楊會顧弘烈高肇
升等呈舉楊龜山先生官祭緣由奉批開道南祠應官祭以崇祀
典仰縣查照典例行此繳等因到縣奉此行文牒學即便遵照憲
批事理查照典例具由呈縣候覆施行等因承此該本學會集生
儒議得理學宗風不墜惟賴表揚先賢教澤常新敢弛報祭故周
元公之祭于濂溪祭于九江與朱文公之祭于婺源祭于建陽不
一而足皆地方之光而典章增重者也今東林之有楊龜山祠實
與元公文公各處尚祠相埒宜遵照本邑崇正書院祭品禮儀兩
丁奉祀擬撰祭文一篇恭候裁定施行

維

順治歲次　月朔　越　日丁　知無錫縣事黃之
尉等謹致祭於
宋先儒楊文靖公龜山先生之神曰先生之學繼程啓朱先生之
文超歐蘇惟是東林神靈所都一十八年來誨吾徒未發氣
象無欲功夫吾道南矣其在斯乎兹當春秋丁敬行禴嘗祭謹以
仲素羅先生　德輝胡先生　玉泉喻先生　遂初尤先生
小山李先生　實齋蔣先生　二泉邵先生　筠塘陳先生
啟新錢先生　涇陽顧先生　靜餘許先生　涇凡顧先生
立臺薛先生　閒適葉先生　弦所張先生　景逸高先生
我素安先生　覲華吳先生　經畬鄒先生　本孺劉先生
仁憲侶先生　水菴秦先生　訒菴華先生　素修馬先生
幾亭陳先生　鳳超華先生　仲敭周先生

配尚
饗

東林後學錢肅潤高蕃生顧曰驥等呈爲祀典遵批釐正後學永
藉生成懇賜申飭振新以復舊觀以彰文治事東林書院道南祠
崇祀肇稱夫文靖學統特著夫顧高前賢倡而後賢隨講會開而
文會起月旦既本大公典章悉遵舊制肅潤等上年十一月十六
日具呈憲轅蒙批與同學先達碩儒共相討辨釐正潤等感佩天
恩約同郡縣先達公同議得在祠諸賢久經祔祀難分彼此自應
一體補復位次如江右南皐鄒公爲東林前輩金沙景素于公爲
道南功臣並當增入以光正學已擇本年正月上元日迎進二月
十一日仲丁釋菜顧高後裔相同講習如初理合報明又上年九
月先蒙大憲臺給示內開前賢絃誦之區如有師儒生徒鋭志聖

賢不妨講習其中因于講會之外復聯文會勤行督課可奈書院
荒頹多就傾圮會逢大憲臺內召總憲若乘此日振新洵是千秋
盛舉伏乞憲恩批飭通屬所司及時修葺加意護持庶棟宇煥新
咸仰作人雅化規模聿舊羣瞻衛道洪庥將自一邑而徧三吳彬
彬聞文治之盛且由一時而傳千古永永頌令德之垂先儒叨庇
實深後裔沾恩亦靡量矣爲此上呈（康熙二十三年二月日呈總憲余）

計呈

道南崇祀先儒位次

主位

宋文靖龜山楊先生（諱時南劍將樂人）

配位

仲素羅先生（諱從彥南劍人）　德輝胡先生（諱珵毘陵人）

玉泉喻先生（諱樗祥符人居無錫）　遂初尤先生（諱袤無錫人）
小山李先生（諱祥無錫人）　實齋蔣先生（諱重珍無錫人）
二泉邵先生（諱寶無錫人）　涇陽顧先生（諱憲成無錫人）
涇凡顧先生（諱允成無錫人）　啟新錢先生（諱一本武進人）
以身薛先生（諱敷教武進人）　我素安先生（諱希范無錫人）
本孺劉先生（諱元珍無錫人）　懷魯周先生（諱孔教南昌人）
元沖李先生（諱復陽豐城人）　玉池史先生（諱孟麟宜興人）
靜餘許先生（諱世勳無錫人）　慎所丁先生（諱元薦長興人）
景逸高先生（諱攀龍無錫人）　少墟馮先生（諱從吾長安人）
閒適葉先生（諱茂才無錫人）　筠塘陳先生（諱幼學無錫人）
宜諸歐陽先生（諱東鳳潛江人）　淇澳孫先生（諱慎行武進人）
念臺劉先生（諱宗周山陰人）　棠旃高先生（諱世泰無錫人）

僉齋王先生（諱永圖宜興人）　振衡余先生（諱玉節大冶人）
弦所張先生（諱夢時無錫人）　燕超華先生（諱允謀無錫人）
西溪繆先生（諱昌期江陰人）　大洪楊先生（諱漣應山人）
湛持文先生（諱震孟長洲人）　廓園魏先生（諱大中嘉善人）
覲華吳先生（諱桂森無錫人）　石齋黃先生（諱道周漳州人）
鳳超華先生（諱允誠無錫人）　經畬鄒先生（諱期楨無錫人）
素修馬先生（諱世奇無錫人）　狷菴金先生（諱鉉武進人）
霞舟吳先生（諱鍾巒武進人）　寶慈成先生（諱勇樂安人）
庸菴顧先生（諱樞無錫人）　蘇門孫先生（諱奇逢嘉善人）
大音秦先生（諱鏞無錫人）　幾亭陳先生（諱龍正嘉善人）

補祀

南皐鄒先生（諱元標吉水人）　景素于先生（諱孔兼金壇人）

復祀

薇山虞先生（諱薦發丹陽人居無錫）　忠餘鄒先生（諱期相無錫人）
水菴秦先生（諱爾載無錫人）　並漁陳先生（諱正卿無錫人）
仁寰宿先生（諱夢鯉無錫人）　訒菴華先生（諱貞元無錫人）
仲馭周先生（諱鑣金壇人）　日齋黃先生（諱廣無錫人）
太巖張先生（諱雲鸞無錫人）　棠吉刁先生（諱包邳州人）
北海孫先生（諱承澤大興人）　子衆陳先生（諱揆嘉善人）
曠如施先生（諱元徵無錫人）　澹緣秦先生（諱重棨無錫人）
遯菴惲先生（諱日初武進人）　震西龔先生（諱廷歷武進人）
佩之嚴先生（諱瑴無錫人）

配位緣起

宋喻玉泉先生　龜山門人

宋尤遂初先生　玉泉門人

宋李小山先生　遂初門人

宋蔣實齋先生　遂初門人

右喻尤李蔣四先生由龜山一脉遞傳故以之配享蓋元儒虞薦發所定而邑人稱爲五賢者也

宋羅豫章先生　龜山門人

宋胡德輝先生　龜山門人

明邵二泉先生

右羅胡兩先生係萬歷甲辰三十二年顧涇陽先生重建道南祠時所補祀復增入邵二泉合前喻尤李蔣爲七先生

明顧涇陽先生

明顧涇凡先生

明錢啟新先生

明薛以身先生

明安我素先生

明劉本孺先生

右六先生係天啓六年丙寅二月高景逸先生將殉止水而躬進者有告祠文

明高景逸先生

明葉閒適先生

明陳筠塘先生

明許靜餘先生

明吳素衣先生

明鄒經畬先生

右六先生崇禎年間所進

明張弦所先生

係崇禎年間所進

明華鳳超先生

明馬素修先生

右兩先生係順治六年高世泰等公送入祠

明周仲馭先生

係順治九年高世泰等公送入祠

明秦水菴先生

係順治十二年高世寀等公送入祠

明宿仁寰先生

明陳幾亭先生

明華訒菴先生

右三先生係順治十三年高世泰等公送入祠

明鄒忠餘先生

係順治

明陳葦漁先生

係順治十六年　等具呈邑令黃公從祀

明黃日齋先生

係順治十七年鮑鳳來等具呈邑令黃公從祀

明張泰巖先生

係順治十八年鄧胤祺等具呈邑令黃公從祀

明孫淇澳先生

係

明惲遜菴先生

係

明刁蒙吉先生

係康熙九年高世泰等具呈邑令吳公從祀

宋虞薇山先生

係康熙十一年高世泰等置主補祀

明秦澹緣先生

係康熙十 年 等具呈邑令吳公從祀

明史玉池先生

係康熙十二年高世泰等具呈邑令吳公從祀

明嚴佩之先生

係康熙十二年 等具呈邑令吳公從祀

明施曠如先生

係康熙十三年龔廷歷等具呈儒學 公從祀

國朝孫北海先生

係康熙十五年高世泰龔廷歷高芷生等具呈邑令吳公從祀

國朝龔震酉先生

係康熙十七年王仁液等具呈邑令韓公從祀

明成實慈先生

國朝陳子衆先生

右兩先生係康熙二十年張光庭高菖生高芷生等具呈邑令曾公從祀

明余振衡先生

係康熙二十一年高菖生高芷生等具呈邑令曾公從祀

明周懷魯先生

明李元沖先生

明馮少墟先生

明丁慎所先生

明歐陽宜諸先生

明劉念臺先生

明高彙旃先生

明王儉齋先生

明華燕超先生

明楊大洪先生

明繆西溪先生

明魏廓園先生

明文湛持先生

明黃石齋先生

明金涓菴先生

明吳霞舟先生

明孫蘇門先生

明顧庸菴先生

右十八位先生係康熙二十二年顧貞觀等具呈撫憲余公從祀

明秦大音先生

係康熙 十 年孫秉禾等具呈邑令吳公從祀

明鄒南臯先生
明于景素先生
右兩先生係康熙二十三年錢肅潤等具呈撫憲余公從祀
明賀予陽先生
明熊祈公先生
右兩先生係康熙二十三年高萬生錢肅潤高芷生等具呈儒學方公邑令徐公詳道憲劉公學憲趙公從祀
明汪鶴嶼先生
明胡慎三先生
右兩先生係康熙二十五年施璜等具呈邑令徐公詳道憲劉公從祀
明蔡雲怡先生

國朝王敬哉先生
右兩先生係康熙二十五年高芷生錢肅潤等具呈邑令徐公詳道憲劉公從祀
國朝湯潛菴先生
係康熙二十六年孫繼武等具呈邑令徐公通詳各憲從祀
明龔佩潛先生
係康熙二十七年門人王列星等具呈邑令詳府轉詳學憲李公批行從祀
明王軒籙先生
係康熙三十三年許之漸高萬生高芷生等具呈撫憲宋公學憲許公從祀
明周蓼洲先生

國朝吳徽仲先生
國朝施虹玉先生
右二先生係康熙五十二年楊慶徵高芷生高荘等具呈邑令涂公詳撫憲儀封張公批允入祠
國朝熊敬修先生
國朝張菰川先生
右兩先生係康熙五十二年高芷生秦源寬高隆等具呈邑令涂公詳撫憲儀封張公批允入祠
國朝陸稼書先生
國朝汪默菴先生
右兩先生係康熙五十二年高芷生高大酉高嶒等具呈邑令涂公詳撫憲儀封張公批允入祠

明陳中湛先生
係康熙五十六年周朝銓吳雲棟高嶒等具呈學憲林公批允入祠
國朝宋牧仲先生
國朝許時菴先生
右兩先生係康熙六十年祝昇平高荘高隆等具呈本學李公詳請學憲鄭公批允入祠
國朝張孝先先生
係雍正三年王雲錦高荘華希閔高嵸顧溥等具呈撫憲張公批允入祠
明姜同節先生
國朝高紫超先生

右兩先生係雍正七年孫襄仁等具呈邑令王公詳請學憲鄧
公批允入祠

添設牲牢緣起

江南常州府金匱縣爲顯詳捐設牲牢永光道南俎豆事案據紳
士秦源寬杜詔王澍高柱華希閔高廷許獻高躍龍秦伯龍高廷
珍鄒鳳城高文長等公呈前事內稱金邑東林書院有道南祠祀
宋楊龜山先生及羅豫章以下計先賢共八十有八人生雖異代
此心此理皆同道出一源其人其品無二有明萬歷之季顧高繼
起大振儒宗迄今隆盛之朝熊許諸公有功講席一堂共祀千古
爲昭但神祠三間正中一龕係奉楊龜山先生神位旁列四龕係
宋元明以至　本朝諸賢從祀之位每逢春秋二丁行祭止于龜
山龕前例備猪羊一副而從祀如羅豫章以下四龕向來祭品闕
如幸遇師臺學道愛人景行先哲每于文廟行香之後瞻謁無虛
更集諸生文課其中薰陶有素本年二月初十日親行致祭于從

祀四龕之前特捐設猪羊四副將瓣香之益爇亦血食之愈隆大
愜人情堪爲定例伏懇備文申　憲載之祀典永垂無窮則配食
益崇具儀諸賢之肹蠁倍著牲牢不缺于物道南之俎豆彌光將
後學之薪傳炳于昬日而先賢之道統浩若江河矣等情具呈前
來據此當經具詳　各憲在案今奉　署督部院尹　批開仰蘇
州布政司查明飭遵繳又奉　署撫部院喬　批開仰布政司查
明議詳核奪仍候　督學部院批示繳又奉　布政使司白　批開
據詳道南祠旁祀諸賢捐備牲牢致祭足徵留心祀事既據通詳
仰候　各部院批示具報繳又奉　按察司刁　批開道南祠正
中一龕向備猪羊崇祀旁列四龕諸賢岳峙昌明
聖學均有功于世道人心羽翼龜山咸宗主于分殊理一此誠先
後同揆所宜薦歆一體者也今春秋二祀祭品闕如該縣親行致

祭於從祀四龕之前捐設辦香牲醴備所未備祀典從新諸紳士崇賢念切思隆俎豆之光而該縣重道情殷大煥蒸嘗之典詢稱盛舉允協輿情據詳仰常州府轉飭悉如所請永著爲例仍候各院憲批示繳又奉　本府正堂魏　批開先賢從祀例設祭品或缺不敷添備以光祀典誠當永遠照行仍候　各憲批示繳各等因批行到縣奉此該卑署縣從祀先賢祀典宜備凡遇祭時捐設牲牢應請永爲定例以昭祀典遵奉批飭議詳合行詳覆仰祈　憲臺俯賜轉詳爲此具署縣合行具由另備書冊謹申伏乞照詳施行須至申者雍正十年六月初十日知縣胡公名慎

署江南常州府正堂李　爲覈詳捐設牲牢等事七月十五日蒙布政司白　憲牌內開奉　署撫都院喬　批本司呈詳該府詳覆金匱縣道南祠旁祀諸公捐設牲牢一體致祭詳請永爲定

例緣由蒙批如詳飭遵繳等因到司奉此合行轉飭仰府即便轉飭遵照毋違等因到府蒙此合就轉行爲此仰縣官吏查照來文即便遵照毋違須至牌者雍正十年七月二十三日知府李公名振

東林書院志卷之十三終

東林書院志卷之十四

公移

會友講學求以明道諸賢退藏者事也然必藉賢當路護持誠如景逸先生云非藉寵靈不足以樹風聲而垂永永者歟況嗣後諸賢不作遺緒莫屬當路之力其所維繫又曷可少哉志公移

請復東林書院呈辭

直隸常州府無錫縣儒學生員馬希尹王純一孫之賢等呈爲興復先賢遺蹟以延道脉以維士風事竊以道炳日星恒歷久而逾著學湮草莽必有藉以更新故範俗要在作人而興教務先正學玆邑有楊龜山先生書院創自政和之世葺繇嘉靖之初從游一十八年喻工部以親炙而躬承正派興起二三百載邵文莊緣私

淑而力障狂瀾一時明道法之宗瞻依孔孟逼邑洗異端之習誦法程朱距期習與時移教隨人息招提在望僅聞演法壇場書院久墟無復譚經臯比嗟往喆之儀形既遠恐將來之趨向漸歧久議修復未行究且榛蕪誰闢今日者斯文有幸吾道將興高山動仰止之思倡明絕學魯國值多賢之會共冀真傳化益溥於菁莪士式歸其鼓鑄願拓昔時之遺址剙履重光更還異代之芳規宮墻不朽伏乞念士風之宜振憐習俗之久污亟賜主持弘敷教澤俾升堂入室歸然開道術於東南而玉色金聲卓爾遡真源於洙泗下情無任懸企之至萬歷三十二年二月初七日呈

縣牒

直隸常州府無錫縣爲興復先賢遺蹟等事據生員馬希尹等連名具呈前事到縣擬合牒送儒學眾議果否輿論允孚卽查動費

工價合用若干應否官民出辦逐一查明呈報以憑議後申詳修理施行須至帖者萬曆三十二年二月十九日知縣林宰

學縣

直隷常州府無錫縣儒學爲興復先賢遺蹟等事承准本縣取牒前事承此遵依行帖查勘去後隨據本學廩增附生員顧麟禎鍾敬俞宰等結稱會同該學查得龜山先生書院創造有年修葺未舉今欲恢昔時之遺址復異代之芳規眞斯文大幸輿論允孚者但規制煩重費用不貲邑內縉紳先生已共集銀三百兩惟是加意正學興起人文以共成兹舉者尚有待焉爲此連名具結前來卑學合行具縣牒呈伏乞照詳轉達施行須至牒呈者萬曆三十二年三月初二日教諭單有學訓導李從謙王杲

縣申

直隷常州府無錫縣爲興復先賢遺蹟等事蒙本府信票前事仰縣查該縣原詳修造先賢龜山祠宇逐一估計明確申府覆議轉詳等因又蒙硃批查堪動錢粮該縣設處若干其少者本府措處蒙此隨行主簿張守善議估間續蒙信票差吏孔光祚齎發銀一百兩零五錢五分一釐下縣收貯縣庫候發外今准張主簿牒稱遵依會同顧高二宦及原呈生員馬希尹等前詣應造祠宇處所公同酌議應用木石磚瓦釘灰等料并夫工飯米共估價銀七百七十二兩零三分具數前來准此隨該本縣細加檢查庫有一項萬曆三十年解存各衛倉米折銀五兩一錢一分八釐七毫六絲三十二年科貢項下額編進士四名每名牌坊銀二百零四兩今科止中三名存銀二百零四兩又本年許春元不受長夫銀二十九兩八錢二分八釐及有三十一年驛徒夫納差銀七十三兩七錢四分二釐已上四項共該銀三百十二兩六錢八分八釐七毫六絲查係無礙堪以動用及蒙府發銀一百兩零五錢五分一釐原申邑內縉紳助集銀三百兩共銀七百十三兩二錢三分九釐七毫六絲餘不敷銀五十八兩七錢九分二釐四毫四絲本縣另行設處完工合無候詳允日委官辦料刻日興舉係干動支錢粮事理未敢擅便擬合具申伏乞照詳轉達施行萬曆三十二年三月二十三日知縣林宰

府牌

直隷常州府爲興復先賢遺蹟等事奉廵撫曹批發本府請詳動支官銀建造無錫縣龜山書院緣繇奉批府縣庫貯銀俱准動支委官辦料督匠興工不敷之數聽該縣另行設處詳報又蒙廵按御史馬批開該縣庫貯無礙銀兩准照動支爲修復書院之費不足之數於本院留充兵餉贖銀內支銷繳又蒙帶管常鎭兵備道

鄒批開無錫議復龜山先生書院既查有堪動官銀准照府發縣委廉幹官員飭材鳩工速完具報尚少銀數另牌行助等因奉此案查先據該縣申詳前來隨該本府看得先賢楊龜山先生寓居毘陵錫山之間凡一十八年與鄒道鄉周伯忱兄弟互相切摩以故理學一脉至今猶存其淵源有自來矣無錫舊有東林書院爲龜山而創向未修葺俱已廢壞今該縣縉紳議復舊址以表揚先哲與起後學風教所關誠盛舉也估該工料銀七百七十二兩三分及各宦助銀三百兩尚少銀四百七十二兩三分相應官助今據該縣查有三十二年科貢項下存剩銀二百四兩又本年許春元不受會試長夫銀二十九兩八錢二分八釐及三十一年錫山驛徒夫納差銀七十三兩七錢四分二釐俱各堪以動支連前各

官助銀共有六百七兩五錢七分仍少銀一百六十四兩四錢六分隨查本府庫貯原發放存俸糧等銀共一百兩五錢五分或係違年貯庫或係正項支存俱堪動支發縣湊修合無候詳允日准支府縣庫前項銀各官銀兩給發委官辦料督匠興工尚少銀六十四兩四錢六分或批量助或聽該縣一併設處工完冊報等因具由申奉批發前因擬合就行爲此牌仰本縣官吏照依備奉批詳內事理卽將本府原發助修銀一百兩五錢五分并該縣科貢等銀三百七兩五錢七分及各官銀三百兩照數給發廉幹官員辦料興工勒限完報完日備造某處用過工料逐項查明并取官匠結狀各五本申府以憑覆核轉報其不敷銀兩查照批示遵行毋得違悞須至牌者萬曆三十二年四月初四日知府歐陽公名東鳳以下府繳同

直隸常州府爲興復先賢遺蹟等事蒙欽差提學御史楊批發本府呈請動支官銀建造龜山書院緣由蒙批修葺書院不敷准動本院贖銀四十兩給助之工完冊報繳蒙此案查先蒙撫按道批詳前事已經備行該縣興工建造去後今蒙批發前因擬合就行爲此仰無錫縣官吏查照原今事理卽便行委廉幹官員作速辦料修葺務期堅固不敷銀兩准于本院項下贖銀內支銀四十兩湊結完日用過工料細數文冊并管工官匠結狀各一樣五本申府轉報須至票者萬曆三十二年四月初七日

直隸常州府爲學政事蒙欽差兵備道鄒憲牌該蒙欽差督學御史楊憲牌照得無錫舊有楊龜山先生書院日久湮没今據該府縣申請修葺不敷銀兩卽便轉行常州府將原批該府動支本院贖銀四十兩量助外其原詳六十四兩四錢六分尙欠二十四兩四錢六分再于贖銀內照數支給發縣工完造冊繳報蒙此擬合就行爲此仰府卽將本院助修龜山書院銀六十四兩四錢六分除批動支贖銀四十兩給發外尙少二十四兩四錢六分再于贖銀內照數支給發縣修葺工完冊報查考等因蒙此擬合就行爲此仰縣官吏查照先今事理卽查建造前祠不敷銀兩除本院批助贖銀四十兩外尙少銀二十四兩四錢六分再于該縣庫貯贖銀內照數支給如該縣庫無前項贖銀卽便差人赴府申請施行須至票者萬曆三十二年四月二十七日

縣申

直隸常州府無錫縣爲興復先賢遺蹟等事蒙欽差蘇松兵備道鄒憲牌仰縣卽將武進縣解到本道助修龜山書院銀六十兩回封差吏齎送鄉官吏部郎中顧涇陽宅上交收取回帖先繳仍置

匾額一座令善書照式登寫完日上立具繇申報等因蒙此遵依除將匾額做辦完日另文申報外原蒙助修銀六十兩照數固封差吏齎送本官收訖取具回帖現在擬合先行申繳爲此卑縣合行具申謹申伏乞照驗施行萬曆三十二年閏九月二十一日知縣林宰

直隸常州府無錫縣爲興復先賢遺蹟等事蒙本府信牌該蒙撫按學院道批詳動支官銀建造龜山書院緣由前事備奉仰縣卽將本府發下助修銀一百兩五錢五分原申本縣科貢等銀共三百七兩五錢七分及各官助銀三百兩照數給發廉幹官員辦料興工勒限完報完日將用過工料逐項查明造册并取官匠結狀申府轉繳等因又續蒙兵備道鄒發助銀六十兩共銀七百六十八兩一錢二分蒙此隨行主簿張守善管理間有本縣顧鄉官首

倡在內經理遵將前項銀兩照數齎送本官估買物料建造去後各官又議講堂自備工本建造不費官銀將前助銀三百兩自行支用訖其官發四百六十八兩一錢二分耑爲造建祠堂之用除造祠堂并石橋開河築岸等費共銀三百七十三兩二錢五分造完工訖爲照祠宇鼎成春秋之俎豆宜設講堂雲集歲月之供億煩本縣會同各官所議務須置買祠田百畝計價銀二百二十餘兩每歲除聽辦糧外餘收米麥以供前費除本縣捐助銀五十兩外又查前項用存銀九十四兩七錢六分五釐尚少銀七十五兩二錢四分查前蒙按院批詳不足之數准於本院留充兵餉贖銀內支銷又蒙學院二次行助贖銀六十四兩四錢六分查縣庫本院項下只有贖銀五兩四錢九分五釐餘無可動另有一項歲徵學租銀兩堪以動支本縣未經請明擅難支用合候轉詳示日

取送本官奏置祠田永爲久遠之計本縣查造完祠宇用過物料細數造册先行申送伏候學按院批示至日遵行爲此具縣合行具由謹申伏乞照驗轉詳施行萬曆三十三年四月初九日知縣

林宰

府票

直隸常州府爲興復先賢遺蹟等事蒙巡按御史馬批發本府呈詳動支原批助銀建祠銀兩存剩置田緣由蒙批捐助銀准於本院新收聽支贖銀內照數動用其留充兵餉係前院贖銀照舊存庫此繳蒙此案照先據無錫縣議申前來該本府看得無錫縣建造龜山祠業已落成春秋之俎豆并講堂歲月會講之供應須置買祠田歲收米麥以供前費今據該縣議置田百畝該價二百二十餘兩除建祠用存銀九十四兩七錢六分五釐及該縣捐助銀五十兩外尚少銀七十五兩二錢二分五釐議請原批助銀內動支合無俯從准照在于原批助留充兵餉贖銀內動支銀三十七兩六錢一分二釐五毫給發湊買餘少銀三十七兩六錢二分零候詳學院批助找給等因具由呈詳蒙批前因擬合就行爲此仰縣官吏查照批詳事理卽于按院項下新收聽支贖銀內動支銀三十七兩六錢一分二釐五毫給發置買祠田其留充兵餉贖銀照舊存庫餘少銀兩候詳學院方許動找給置買完日備開田坵四址并應收米麥數目册報查考須至票者萬曆三十三年五月二十二日

直隸常州府爲興復先賢遺蹟等事蒙巡按帶理學校監察御史楊批發本府呈請動支存剩贖銀餘少支發學租銀兩湊買祠田緣由蒙批准照數支送書院繳蒙批擬合就行爲此仰無錫縣官

吏卽於原申本院贖銀五兩四錢九分五釐及學租銀內支銀三十二兩一錢一分七釐五毫照數支送書院置買祠田取領狀二紙申府以憑轉報施行毋得違錯須至票者萬曆三十四年七月二十六日

附前盛公歇玄請復書院原呈 按慶曆間歇玄兩具呈學使者皆批允修復而卒不果或因工費浩大難于舉行且戊寅年卽物故此亦其徒有志而未伸之事也役雖不就願則可嘉附錄原呈以彰厥善 嚴志

直隸常州府無錫縣儒學應試生員盛鑿等呈爲修復書院以勵士習事竊謂士習係於風教風教由於倡率吳下士習久靡幸藉宗師倡明斯道懇啟後學凡在陶鎔敢不思奮顧吾儒之道以學而致猶百工之事居肆以成本縣東林舊有楊龜山書院業已頹廢基址尚存理宜修復爲諸生約束之地伏乞宗師老大人查明來歷批發該縣銳意興復以崇風化其一切工費諸生別當義助

爲此連名具呈須至呈者隆慶元年八月具呈耿宗師

直隸常州府無錫縣儒學生員盛鑾等呈爲懇加修復先賢書院以崇正學以維名教事竊念本縣人文之盛雖宣于延陵季子以來而理學大明實倡於有宋名賢攸寓今城東有東林書院遺址乃宋楊文靖公龜山先生講學故地也寓居一十八年從遊凡數百輩道南之澤不泯迄今具載縣志隆慶元年八月內鑾等具呈欽勅提督學校宗師耿老大人蒙批看得前項書院既係名賢遺軌所存義當修復況工費一切不煩官府其事無容退托者仰縣行學聽行各生修葺完日具申新院選取志行文學爲衆所孚者主會于中幸令原日本院賞等童生朝夕觀摩毋徒文具也等因經今已越六年諸生心力不協逼邑縉紳先生慨焉共議修復竊念興舉廢墜雖受成于往年而作新教化端主張于今日伏乞宗

師老大人備查來歷并查嘉靖年間欽勅提督學校宗師聞老大人興復事宜批發該縣嚴加崇闢銳意作興恢復久湮之一隅俾存名教之樂地仍令通學廩增附生員公舉堪以主會者轉申詳奪則斯文有主盟吾道不孤托況今纂修縣志理宜釐正入刻以垂不朽先賢後學豈不兩有賴哉事關風教所係非輕爲此鑾等連名具呈須至呈者萬曆元年九月具呈謝宗師批本縣查議速報

縣申拆毀書院緣繇

直隸常州府無錫縣爲奉旨拆毀書院事天啟六年四月廿八日奉巡按徐憲牌前事內開昨接邸報欽奉明旨蘇常等處私造書院盡行拆毀刻期回奏欽此查得常州府無錫縣有原設書院一所擬合亟行拆毀爲此牌仰該縣官吏即便督同該地方人等立時拆毀拆下木料俱即估價以憑題解不許存留片瓦寸椽限即日具將毀過緣繇星馳申報等因蒙此即委本縣管糧縣丞來惟觀勘拆去後隨據本官呈稱親詣東林處所喚同匠作估計拆毀牌坊墻門一座價銀六兩廳屋三間價銀十八兩川堂三間價銀十兩講堂三間價銀六十兩旁小屋六間價銀一十二兩共估價銀一百零六兩續據本官查於萬曆三十三年四月初九日該陞任林知縣具申兩院用價二百二十兩置買公田一百畝照原價召民買訖又鄉宦吳知州助公田一百畝亦照官價二百二十兩召民買訖又本縣鄉宦原任太常寺卿顧憲成零置基地六畝園地十畝照官價三十二兩五錢召民買訖其田地畝數至今稅糧黃册以東林立戶委是二百一十六畝田屋二項通共該價銀五百八十一兩二錢俱已照數完庫并具勘估拆照講堂等處各料細

數揭帖因繇開報前來據經備文造册于天啟六年二月十七日備文粘同收過前項田屋價銀數目申府轉報令奉憲牌遵查前項東林書院房屋牌坊匾額碑碣等項先經奉文拆毀易價貯庫訖現蒙守催擬合申稟爲此具縣合行備錄具揭謹申天啟六年五月　日知縣吳大樸

修復東林書院憲票

巡按察院祁公名彪佳票仰無錫縣官吏即將東林書院逐一查議今應修復合該工料若干有無堪動錢糧明白具詳并原行拆毀文卷一并送院查閱毋違崇禎六年七月十二日

縣票

仰喚原管拆東林書院者民談來泰即將東林書院逐一查議今應修復合該工料若干限次日內造册呈遞此係現奉按院憲票

查復立待申報毋違崇禎六年七月十四日

查議建復東林書院回呈

耆民談來泰呈爲建復東林書院事遵蒙爺臺鈞票喚泰郎將東林書院逐一查議今查得書院舊式規址坐落城東弓河前有馬頭牌坊甬道月河橋梁門道墻門明堂麗澤堂依庸堂墻門　聖殿左右藏書樓兩傍從屋週圍樹木悉嚴整壯麗天啟六年全區屋宇刻期番毀慘無一柱寸椽堪用者差役坐提易價倉卒變賣得價一百五十六兩又公田二百畝基地六畝園地十畝照原價共易銀四百七十五兩二錢二項共銀六百三十一兩二錢奉文賫解蘇州府協助祠工守候批回在卷前項屋宇價值較昔建造工程十僅得一蓋緣欽毀木植殘損過多求售無主故耳今奉前因隨啟各位鄉紳會集公議以舊式建復除麗澤堂三間先年係

貢生吳桂森捐資建造計費工料銀二百兩有奇外餘馬頭牌坊甬道月河橋梁墻門門道川堂依庸堂墻門　聖殿左右藏書樓兩旁從屋週遭樹木屋下裝摺椅桌鋪設諸項備查當年輿舉設處輸助錢粮得銀一千零二十三兩有奇陸續蓋造完局册籍具在今蒙建復合具圖式畧節呈覽伏候詳示定奪施行崇禎六年七月十七日縣批准申憲批書院爲有宋龜山先生講學之壇豈宜鞠爲茂草使後學仰止無地本院量捐助公費銀一百兩候另檄解貯或建堂或贖田候銀至日該縣會同諸紳酌行繳

崇禎十三年庚辰巡撫張公名國維助銀一百兩修復東林書院移文原志闕

請蠲書院基粮呈

無錫縣學生員高陽生高承厚高承清高蓮生高菖生高芷生等具呈爲聖學重新儒林同慶懇恩永蠲書院基粮事竊惟東林書院自經魏璫拆毀屋材地基公田俱已變價解助大工逐字號基地稅粮十二畝零今經三十年仍在先忠憲公戶內輸納子孫貧弱力不能支竊念道南祠與東林書院雖有兩名實同一址道南祠載志書祭得凡邑誌所載俱免起稅窮鄉梵宇皆然此舊例也況有別處升科　國課原額本無虧損伏乞　大宗師老公祖師臺批照免豁永爲定典院異于良田美宅徒急貪室之催科庶得與梵刹琳宮均荷　國家之優䘏　天臺衛道之功軫念之仁同爲不朽矣爲此激切上呈　本府太尊宋　批書院地基儒教攸關廼不獲與梵刹琳宮並邀　國恤良可慨歎仰縣速查別處升科急議除豁永著爲例繳順治十一年十月十五日知府宋公名之普

縣移

江南常州府無錫縣爲聖學重新儒林共慶懇恩永蠲書院基粮事蒙　本府批發生員高陽生等連名呈詞前事奉批書院地基儒教攸關廼不獲與梵刹琳宮並邀　國恤良可慨歎速查別處陞科急議除豁永著爲例繳等因蒙此遵查陞科一項案經于順治四年有化下二十四都六啚四九里書朱德元陳炳煥册報丈出化字號陞漲平高低蕩四則共田八十七畝九分共算平米十一石五斗二升八合除顧玄于六年二月間告抵補使字號平田三十八畝七分八厘除去平米七石五斗二升二合餘存平米合應清出抵補道南書院基粮十二畝該平米二石三斗四升即應除豁其化下人戶錢粮即應增補至于零星各戶陞續陞科亦應一升增入區啚輸賦但查陞科抵補增減錢粮事宜係隸總書承

管擬合移付知會爲此合付前去查照付文內事理卽將原上高
陽生等告減書院基根十二畝將化字號陞漲田畝合算平米無
虧照數抵補不得違錯責有攸歸須至付者
計開各戶陞科
周三益告陞墳塋七分八厘九毫原下暹字號
竇振陞智字號基地一分三厘開元區
劉卿陞憶豐倉基四厘
孫瑞陞暹字號基一分元下
錢錫英陞墩根十三畝九分三厘
趙永亨陞戎字號灘蕩一畝一分元下
吳塘陞黃字號基一分景上
陸仲陞髮字號低田一分揚下

黃道光陞重字號一畝二分八厘萬上
高辰策陞毀字號平田五分一厘二毫揚名
周詢陞河字號一畝萬上
龔黃許惠陞身敉字號河蕩六畝
王湖陞 字號塋地三分化下
右付總書准此
順治十二年十月初八日戶房一扇承
修復書院憲牌
總理粮儲提督軍務廵撫江寧等處地方都察院右副都御史湯
爲修復先儒書院以崇正學事照得東林書院爲宋楊龜山先生
講學之地明顧端文高忠憲兩先生於此倡明正學斯道如日中
天遠近名賢同時相應搘拄國是維持綱常世道人心匡扶實多
本院束髮受書卽切景慕今歲春初親詣道南祠瞻拜登講堂與
諸生考德問業徘徊久之但見垣墉頹圮景象蕭條已面屬該縣
加意整理今准 部文各直省督撫學臣查明所屬 先賢讀書
之所有傾頹者設法修葺令該地方官鼓舞儒生講習奉有
俞旨 本院所屬 先賢讀書之所未有重於東林書院者興復自
不容緩合亟飭行仰司卽飭行無錫縣官親詣東林書院遍行閱
視如垣墉有傾頹門窗有損壞者卽設法修葺務要處處堅固輪
奐一新仍約集鄉紳耆儒循倣顧高兩先生講學遺規定期舉行
庶幾眞儒輩出正學日明仰副
聖旨崇儒重道興起斯文至意毋得視爲具文自干咎戾須牌
康熙二十四年十一月初四日
遵奉 部行飭修先賢祠宇府票

常州府正堂祖 爲請 敕修先賢祠宇等事蒙 布政司信牌
開奉 督 撫部院憲票內開康熙二十四年十一月初三日准
禮部咨前事等因到院准此除咨抄粘外合就飭行仰司查照抄
粘事理卽便轉行一體欽遵施行毋違速速等因到司奉此合行
抄粘 部文行知爲此仰府查照 憲行開准 部咨奉
旨內事理卽便轉行所屬一體欽遵施行等因到府蒙此合就抄粘
行知爲此仰縣官吏查照 憲行開准 部咨奉
旨內事理卽便一體欽遵施行毋得遲延速速須票康熙二十四年
十一月二十九日行縣
縣詳
無錫縣詳覆遵奉 憲文內開准 部咨奉
旨內事理抄粘吏科汪 條奏歷代先儒讀書之所後人景慕前徽

建爲祠宇春秋致祀有傾頹者設法修葺等因今查得無錫縣在城東林書院及道南祠係疏內宋儒楊時十八年講習故區至明萬曆甲辰年係疏內本邑先儒顧憲成高攀龍所同興復一時講習最盛因弁建祠以祀楊時諸賢者也天啟丙寅遇璫難拆毀院廢祠存厥後戊辰奉前旨修復邑士吳桂森僅於院址構麗澤堂三楹而依庸堂燕居廟書室等處因工費浩繁未獲復建

本朝順治甲午年有高攀龍嫡姪高世泰葺祠及修麗澤堂併於堂之後重建

燕居廟及祭器典籍二室共爲屋七楹三十年內春秋釋菜會講獨任修理亦不啻再三今逝世已十餘年嫡子高萓生芷生等雖勤灑掃弗輟講習而修葺無資祠院日就頹圮此地已於本年十一月先奉 憲臺重道崇儒行文倡修現在興工料理再查得顧

憲成崇祠在惠山高攀龍崇祠亦在惠山又有城內止水祠係高攀龍拜表投淵之地俱奉 各憲頒行祀典理合報明其餘賢祠非抄疏列名者槩不敢混列爲此據實具覆

總憲檄文

總理糧儲提督軍務巡撫江寧等處地方都察院右副都御史余爲顧憲給示以光盛典事據常州府學生員高萓生高芷生呈稱切惟無錫縣東林書院建自宋儒至先忠憲公倡明正學先學憲公諱 世泰繼修講習仔肩一綫迄今數載棟宇漸圮去夏得蒙鹽院成捐俸修祠今秋有 閣學李躬臨瞻禮茲值憲節臨吳快覩斯文有主顧賜給示兼勅府縣加意護持等情到院據此爲照東林書院係有宋大儒龜山先生剏始於前四百餘年而忠憲高公端文顧公繼興於後其時海內承風名賢間作 先中丞公與都憲南臯鄒公講學白鷺書院實與忠憲端文兩先生遙相應和至今吳楚之地文章理學後先蔚起皆賴諸先生倡導之力楚學使蒙旃先生卽忠憲公之嫡姪曾著三楚文獻錄 先中丞公傳載其中惜傳聞異詞而與南臯先生講學白鷺及力阻不建璫祠平贛南流寇諸大事未得備載也本都院受

命撫吳駐節金閶去書院不過百餘里每思身至其地俯仰前徽得寄羹牆俎豆之思下車未久更無公使常慮講席久虛流風衰熄

聖朝首崇正學特與濂洛後裔世襲有司課績必先教化東林典型在望地方官自應加意護守據呈已經修葺合行給示爲此示仰該邑士民人等知悉此係前賢絃誦之區如有師儒生徒銳志聖學不妨講習其中該府縣據實報名本都院核其實踐允行優獎至于一切無藉棍徒及主客往來兵丁不許擅入混擾倘有故違

該守院人赴稟地方官立行拿解本都院以憑懲究毋得泛視特示

康熙二十一年九月二十四日示

整飭書院檄文

提督江南等處學政日講官起居注翰林院侍講李 爲書院務急興修學徒尤宜整飭事照得梁溪東林書院爲 顧高兩公講學之地崇祀先儒倡明聖學大裨人心風教方今

皇上首崇教化興學右文通行直省修葺學宮清查祠宇綸音炳如日星寰宇咸知向學矧此名區勝地遺風未遠堂構依然經過徘徊景行共切現經 撫都院親臨展祀查飭興修該府縣方在經營繕頓力圖修復舊規重興講席本院忝司學政樂觀厥成但恐人心不古畛域多端未覩菁莪棫樸之風先逞荆棘蓬蒿之習或

競分門戶或爭長枝流意見橫生是非蠭起陽借聖賢之名陰行傾險之肺腸鑽營則無所不爲排擠則不遺餘力鬬盈絀于蠻觸較利害于錙銖名爲孔孟之徒實則市井不若全無道氣一片私心致使見者揶揄聞之恥笑二氏爲之鼓掌旁人莫不寒心豈不敗壞聖門貽羞講席比之當時少正卯誠爲聖世之匪人講學如斯不如其已合行嚴示禁飭爲此示仰地方有司衿者庶人等知悉俟東林書院修葺告竣之日務延真誠學道之儒或任主持或輪司掌寧樸毋僞寧質毋華一應徇名獵譽之人伐異黨同之輩不得逐取虛聲致滋濫舉以玷儒風凡在學徒咸宜各備實心掃除客氣但期真切爲己以求不愧聖賢靜驗虛尋得孔顏開口時莫爭朱陸入孝出弟信堯舜人皆可爲主敬致知在洛閩止此一脈講菽粟布帛之學相與有成化異同畛域之懷惟求自得方

上不負

聖明重學之心下不辜吾黨切磋之力若其僞儒曲學簧鼓譸張假公濟私口堯心蹠專工指摘于語言文字之間不顧猖披恣傾陷矯誣之術倘有斯人來遊講席輕則鳴鼓而擯斥重則按律以究懲必不令學非言僞之徒得肆行于大道爲公之世各宜三省勿蹈叢愆須至示者

康熙二十五年正月二十三日示

整飭書院檄文

提督江南等處學政東宮日講官右春坊右贊善兼翰林院檢討許 爲前賢書院整飭宜嚴事照得東林書院爲顧端文高忠憲兩先生講學之地爾時道統倡明儒風振起雖樹戈矛者不乏含沙之射而勵名節者益多信道之儒羽翼聖經功堪不朽輝光史册名

豈徒傳誦以生前講席創爲没後賢祠英爽式憑神明有托近聞載主而升者歲增月積堂廡幾盈左席右筵姓名已徧雖談經論道兩公樂有同心而促膝摩肩一室幾難措足嗣後須切濫觴之戒務存慎典之思或者理學文章可與匹休懿躅功名氣節洵堪媲美芳型輿論僉同明禋斯薦至若春秋享祀務期豐潔豆籩棟宇榱題無使漂搖風雨庭砌荒蕪須闢院門鎖鑰宜嚴一切酒徒豈容攢集百凡土棍無許侵陵蓋召伯之堂移時還念謝公之宅奕世猶聞茲土者倍宜留意合行曉示爲此仰該縣官吏加意整飭示到即行張掛院門并諭司院人等小心恪守毋得玩忽須至示者康熙三十二年　月　日示

請復行抵補書院基糧呈

無錫縣紳士楊慶徵高芷生秦源寬等公具呈爲尼山道脈當延

院基免糧有例公懇照舊遵行以光理學事錫邑東林書院係宣聖燕居廟歲時致祭傍有歐林曾三公祠俱係本郡本邑守土之官其左有楊龜山道南祠自宋以迄

本朝凡先賢之有功於東林者俱在配享之列春秋仲丁行釋菜禮名重天下並非泛常祠宇可比素賴當道主持近蒙　撫憲張公重道崇儒捐俸修葺親臨講學觀聽環橋洵稱盛事其祠院基地向奉免稅將新陞邇字等號田糧頂補在案康熙四十一年奉憲清查開墾荒田竟將祠院基地一併開報徵糧後因無人完納慶徵等具呈　陞任撫憲宋公蒙批仰布政司確查報司行府府行縣前縣李父臺詳覆照舊優免因無新陞可抵情願捐俸代完由府詳司詳院　接任撫憲于公批允遵行前縣林父臺仍照舊代辦註册免徵在案恭遇　老父臺家傳錦繡學有淵源繼往開來

共仰循良之保護讀書論道羣推大雅之維持至基糧一事現今報陞已多伏乞批着該房查將新陞田畝循舊撥補或照前任重道美意捐俸代完在　老父臺一主裁間則先聖先賢之靈俱賴以妥侑而觀海來遊之士咸頌明德于無涯矣爲此連名上呈

本縣邑尊涂　批據呈向例應將新陞田糧頂補祠院基地之稅可垂永久前兩縣任内因無新陞可補是以議捐已俸代完本縣非不樂從但恐非垂久之計今既有新陞田地准循例撥補可也該房速妥議票覆康熙五十二年七月二十六日知縣涂公名鍾俊

縣牌

無錫縣正堂加一級涂　爲陞科抵補祠基糧額事案查東林書院祠宇基地坐落在城東北六等啚逐字號共基地一十二畝應

經免糧至康熙四十一年間奉憲清查開墾荒田前任將祠院基地一并開報徵糧在案今據紳士楊慶徵高芷生秦源寬等呈訂開列從前優免緣由前來據此合將現陞糧地頂補祠基糧額爲此仰五十二年總書李元培遵照本縣陞科田地逐號註明細數科糧額總分發該書驗派入甲除去東林書院祠基原數毋得舛錯仍具遵依覆縣附查施行

計開陞科細數

四十二年 青下十二二劉興 劉貞 皷字一千六百六十四號平田四分二厘

北下五六二金時敘兄字五百十九號平田一分三厘

楊上卄五十一袁弘登大字三百八十二號平田三分五毫

付上十五五朱金字字一千二百八十二號平田二分八厘

天下五三四顧允元 大興 傳字一千二百八十五號平田二分七

厘五毫

四十四年 天上三七高寧甫　字一千四十二號平田二分

元上卄二六鄒忠遐字二千一百五十號平田二畝

青下八五鄧文煥劍字四百卄二號平田九厘

元下卄二八繆道生一字一千二百五十二號平田一分三

厘一毫

元上卄三六王祥瑞任字四百十九號平田一分三厘六毫

化下卄四八浦高商草字一百三十七號平田二分六厘一

毫

景上五九二顧子侯 子艮 顛字四百三十三號平田二分

萬上十一三許永寄介字九百五十五 卄八號平田一分 三分共四分

新下三十二王以徵悲字六百九十四號平田四分三厘

天下五三三周仲超受字二百九十四號平田四分

元下卄一一吳仲常章字一千四百五十四 五號平田三分九

厘

青上九一鄭崑字號字二千一百十八號平田二分七厘五

毫

四十五年 楊下西南一杜華華字一號平田一分三厘

天下五二二陸惟新唱字九百八十二號平田一分八厘九

毫

景上五九二周孟侯顛字一千五百四十九號平田二分三

厘

景上五九二周寄侯顛字一千五百四十七號平田四分

付上十五五沈公遠 王杞福 王杞壽 朱二書 字字 馱硝 卄八 卄九 六百七十八 號平田 一分 二分五厘 一分二分

共八分
景上五九二李閶生周瑞侯顛字二千五百四十七號平田一分七
厘八毫
懷下四四二黃餘二今字二千九百八號平田四分
懷下四七一劉仲如職字三千二百五號平田一分
楊上廿六十一毛翼貞字二百十四號平田五分二厘
四十六年化上廿九一許爾常靡字四百五十四號平田二分
化下廿八一鄒世安能字七百八十二號平田二畝
付上十六四虞智培甚字二百七十八號平田四分
天下一七廉殷生洪字一千三百七十九號平田四厘
懷下五五九席城瑞兒字八百八十一號平田一分一厘
巳上三十一號共平田十二畝一厘二毫

計開祠院基粮
逐字六號平田一分五厘五毫
八號平田四畝八分七厘二毫
十四號平田一畝六分一厘二毫
十五號平田六分三厘
十六號平田一畝五分一厘四毫
十七號平田九分三厘四毫
十八號平田一畝七厘二毫
二十號平田三分五厘
二十二號平田八分六厘一毫
巳上九號共平田一十二畝現在楊上廿六八一甲高
忠憲公戶內完粮

附請豁玉泉塋稅呈

無錫縣景雲區東北五啚民喻儒喻文喻阜喻璋喻坤成等呈爲天憐先代名臣恩免一坏塋稅事始祖玉泉公諱樗係前宋紹興間工部尚書員外郎抗節當朝著名青史濟跱難孚執稱子才之功按敕書帝語嘉握蘭之選崇正久贍俎豆道南聿列几筵昔日邵文莊題碣墨汁猶新近者高學憲建碑道風丕振舊塋一丘坐落景雲區天授鄉一都三啚追溯曩徽載稽懿躅似當與秦龍圖共垂封樹于歷山李忠定同表豐隆于膠嶺乃者本支彫謝墓道榛荆野蔓荒烟淚灑夕陽翁仲長林茂草心悲日落狐狸魏相之穹碑仆矣羊公之峴首哀哉伏遇天臺人倫師表理學朝宗封墓旌賢修祠揚德枯骨爲之再生往哲藉以不朽儒等係公十六世孫犬馬私衷敢干龍筆伏乞　天臺電覽前朝御賓軫念始祖遺

徽史傳不磨綸音可據所有玄字六百二十一號一畝七分四厘六毫墳塋飭諭該房恩加豁免求將新報增漲陞科田畝頂補庶君子之澤千秋不斬小人之慕百世難休爲此泣顙具呈須至呈者康熙八年十二月二十一日上呈　本縣正堂吳　批宋賢喻公文章事業刊載史書最爲明著衣冠之藏葬其儼在道德之緒賴以長存與其履畝而較前賢曷若封墓以彰　國典所有墳塋應予豁免准查新報陞科抵完前粮可也等因于康熙九年四月二十七日行仰該區書照數豁免訖

計開
將懷上四十六都四啚告陞傢字一千三百六十八等號折
平田一畝七分四厘六毫頂補

東林書院志卷之十四終

東林書院志卷之十五

文翰一　記

道德之著厥有英華性命之流斯爲章采鴻裁奥義作者自有大觀而東林源流興替所關捃摭弗可闕也文以載道亦以載心誦其文可以得其心矣志文翰

重建五先生祠堂記　　尤棟

寶祐戊午四明袁撰善從尹常之無錫創先賢祠附庸於學十九年時丁元二眂廟貌不如故自虞君薦發出而教授生徒乃洒掃蕪穢一撤而新已而增博諭師長之員會孫君桂發居之二人者皆鄉人也相與諏經訂禮爲之言曰必釋奠於其國之先師無先師則與鄰國合國有人焉何庸取之其鄉我楊文靖龜山先生雖非吾錫之人而寓居於郡者十有八載今城東精舍乃其講學之

地是卽鄉之先師也鄉者先生標表是祠居中奠位曾謂士崩瓦解之勢我輿受之然有不依形而立者參倚如見吾黨小子忍倍此而更師乎喻工部玉泉先生尤文簡遂初先生李肅簡小山先生蔣忠文實齋先生何莫非吾錫之人而起家於邑者相望百有餘歲今里中故宅尚有指爲藏書之所非鄉之先生與玉泉遂初實齋三先生已有秩祀而小山先生未及與享迎之致敬獨可遺乎若夫廣漢大儒非不同宗河洛最定間已由此而陞從祀然猶不敢先之繹而江西顧門之派其師友父子視吾諸老先生之所學未能無頓漸之異伊欲借晉人將無同之說以復其位庸詎知不見幾而作乎審厥象而儀圖之盍亦知所變置嗚呼職教者之能爲是言是必有默契於心而無疑者抑慮夫斯道之無師無傳復質之鄉老蔣公應新以其規接前輩年幾八旬其尚論人品具得之於耳聞目見之眞公曰如吾五先生則有可言者惟堯舜文武周公孔子孟氏所傳之道至河南二程夫子而復傳而龜山先生蓋受學於二程夫子昔伊川自涪歸獨稱楊謝長進使其學少變於凋落之餘詎有是言哉慨思龜山載道東南士之游先生之門者甚衆玉泉乃登其門而能續程夫子之道遂初不及登其門而從玉泉學亦能續程夫子之道小山實齋二公固不及登龜山之門又不及從玉泉學因龜山玉泉二先生論孟中庸大學之遺言而皆能續程夫子之道故玉泉得之而主紹興之正論遂初得之而爲乾淳之老儒小山得之而居慶元之學黨實齋得之而號端平之善類自九京之莫作而國人之無所矜式也久矣不有君子其能國乎始吾學之祠諸賢吾見其居於位者與先生並而果孰使之然哉近若潭之長沙有祠周元公先生而以胡子五峰張

子南軒朱子晦菴爲配者而鶴山魏公了翁因其修祠嘗爲之記亦深嘉而樂道之今可法也曲禮曰羣居五人則長者必異席曷不卽玉泉遂初小山實齋四先生而配我龜山先生乎讓曰然論定然後肖其貌是歲垂光大荒落十六月乙亥展舍菜之敬周服殷冠魚雅就邐枚數先生之族子裔孫有渙乎無萃竊幸尤氏喻氏蔣氏文獻之存輯冠者五六人奔走與祭是之禮也救滅亡而扶壞爛豈曰小補之哉其初位次未定繪事未素棟方臥疾未輿虞君數四貽書俾識其事奈何不能守墳墓政懼夫無詞以自白其先人何敢表先儒而厲後進輒謝不敏暨歸梁溪澤中值落其成固以請自揆愚陋無能言之不出恥躬之不逮壽子侍側語之曰二子之所云一老之所發揮是卽記也吾奚以文爲汝其敬誦所聞告之執事者雖然棟豈終無言耶夫祭不曰望魯可以祭泰

山楚不可以祭河惟人亦然自生民以來未有夫子然終漢之世其廟猶不出闕里永平二年詔郡縣行鄉飲始祠周公孔子亦未有作廟之文唐武德二年始命胄監立孔廟貞觀四年始敕州縣皆立孔廟出闕里徧祠夫子距今載六百五十年由此觀之其在諸子非其鄉國而祭之僭也僭祭非古也不於其僭而於其古則蒐遺黜異凡今日之所是正者庶幾解逐客之嘲棟不學妄論至此不能不爲先生之罪人

按學者宗祀楊龜山而以喻尤李蔣四先生配實肇於此錄此述東林文翰彼此互証源流瞭如矣 許獻謹識

復五賢祠記 正德丁丑

邵寶

無錫縣儒學之有五賢祠肇自宋季其初四人繼或以意益至九人薇山虞薦發氏實釐而正之損五人益一人是謂五賢五賢者爲龜山先生文靖楊公玉泉先生喻公子才遂初先生尤公延之小山先生李公元德實齋先生蔣公良貴位則龜山中而南面四君子者東西列焉事具尤棟氏所爲記歷元入國朝以意益焉尤多且遂並列無配今考其人莫不節具章成而其道於龜山則有間矣君子之論焉可誣也成化中祠再葺武功伯東海徐公記焉於五賢之承傳履歷詳矣而他不一及此其意蓋猶夫薇山也然而班遣如故弗革益加某少游於斯讀尤徐之文嘗謂是祠一失則泛再失則雜泛可裁也雜不可辨乎蓋亟瞻亟興嘆而莫可告者正德丁丑夏督學御史安成張君汝立毀諸尼若女冠之居以

修我學宮人或以是爲言汝立乃問於某某謂之曰人之言然盍亟圖之於是屬吾郡貳守盩厔范侯汝霖擇地得經閣後爲堂四楹中龜山而從以四君子者如虞氏釐正之式復其榜曰五賢凡後所益者則於舊祠祀之謂之鄉賢邑博士唐德卿劉景儀鄭大節謂某實先斯議不可無記乃率其弟子某等來請昔韓子稱求觀聖人之道者自孟子始孟子後千餘年而兩程子繼之今之求道者不當自程子始乎龜山傳程子之道而南者也其在無錫久至十有八年說者謂其嘉泰伯延陵之風於是止而進修焉追惟其時及門若私淑蓋繁其人而四君子者深矣是祠是配其將自龜山以求程子乎其自程子以求聖人之道亦將于是乎在書曰升高自下陟遐自邇斯舉也其有之是故裁泛以義昔之君子遠矣今之君子爲其難也而以名實立辨焉亦昔之君子之志也雖

然非賢督學其孰與成之

按五先生祠在明倫堂西此則改建于尊經閣後仍奉楊龜山主居中奠位而只以四先生配毋泛毋雜厥旨嚴哉 嚴志

毘陵道南書院記

邵寶

道南書院曷爲而建也爲祀宋龜山先生文靖楊公中立而建也公南劍人也常曷爲祀之公學於程門還自伊洛至常而留焉謂泰伯延陵之墟也而鄒周三公又與有故故周旋延陵勾吳之間與諸生講道者十有八年其風流在士林功化在後學者博且宏矣是以沒而祀之比諸鄉先生越紹熙初郡始立祠紹定淳祐間繼祠益嚴至勝國時乃有龜山書院之剏而其圯也久矣國朝成化初嘗起廢焉而不　像寓二賢祠者如故前郡守宜賓王侯欲改圖未果今郡守前監察御史瓊臺陳侯實乃卜吉而別建之中祠公二周既仍侑坐今又益以道鄉而下七公禮也其謂道南何侯之志也侯之志也何以昔程伯子於公之行目送而歎焉曰吾道南矣則斯人之所在實斯道之所在也斯道之所在則地因以

重有固然者侯謂夫祠名以人不若直指其道表章標榜深切著明有以新學者之觀瞻而興其向往之心是之取耳然則於前乎曷徵聖道絕塞自孟子沒至於有宋千有餘年矣南安之會程子得周子之道而北洛學於是乎大振此斯文再啟之源天地間一大機會也伊洛之遊龜山得程子之道而南閩學因之大成此斯文再傳之委天地間又一大機會也是二機會者人耶天耶其然也孰能與之是故君子謹諸南安有書院焉名之曰道源爲周程志也今是院也爲龜山志也名曰道南不亦宜乎剏道南云者實出大儒之言由今觀之於斯人斯地爲切侯之命名允矣祠有位列公南面位中餘則道鄉先生鄒忠公志完教授先生周公伯忱坑冶先生周公伯溫秘書先生唐公彥思並焉皆公同門同志者也外此數公則左右分列編修鄒公德久中丞喻公子才皆公門

入也文簡尤公延之肅簡李公元德忠文蔣公艮貴皆一再傳而私淑者也猶公門人也至於龜巢謝公子蘭則聞風而興起者也師友之分主賓之儀於是乎辨然則諸公於龜山何如道鄉尙矣二周兄弟氣質純明可與入道程叔子嘗稱之秘書推演師說爲當時重編修奏議炳炳能世家學中丞立主正論爲時師表文簡立朝抗論老成典型元德力解學禁辨忠爲國忠文抑惡揚善進退有守龜巢崇正闢邪扶植名教事載國史郡志皆無愧於龜山者也雖然祠而無祀可乎私祀可公祀不可公祀何爲而不可也公祀在典龜山既列諸　廟廷從祀矣諸賢者皆鄉賢也亦有祀於祠矣再舉則瀆是以公祀不可也私祀何爲而可也以義起禮擬之釋菜郡守主之歲春秋一舉取諸田租以供田二百畝租若干石祭之餘以充修理之用不別科率何爲其不可也其費奚

出出某項爲白金若干兩基與構居什之六田什之四是皆有司存焉不足記其記維何斯文之機會非人力所能爲爲天下學者告也記師友之淵源與侯之志爲郡後進告弁爲將來繼侯者告也屬記者誰郡諸君子自太僕寺丞白君晟以下凡若干人執筆書者誰南京禮部尙書詔許有疾調理後學邵寶亦郡人也

按前此郡邑已爲祠祀楊龜山先生而道南之義則始闡發於此嗣後東林建祠因亦取義道南云

城南東林書院記　王守仁

東林書院者宋楊龜山先生講學之所也龜山沒其地化爲僧區而其學亦遂淪入於佛老訓詁詞章者且四百年成化間今少司徒泉齋邵先生始以舉子復聚徒講學於其間先生既仕而址復荒屬於邑之華氏華氏先生之門人也以先生之故仍讓其地爲書院用昭先生之跡而復龜山之舊先生則自述其廢興而以記屬之某當是時遼陽高君文豸方來令茲邑聞其事謂表明賢人君子之蹟以風勵士習此吾有司之責而顧以勤諸生則謂之何乎其所未備而亦遣人來請嗚呼物之廢興厥有成數矣而亦存乎其人夫龜山沒使有若先生者相繼講明其間則龜山之學邑之人將必有傳者豈遂淪入于佛老詞章而莫之知求當時從龜山游不無人矣使有若華氏者相繼修葺之縱其學未即明其

間必有因迹以求道者則亦何至淪沒於四百年之久又使其時有司有若高君者以風勵士習爲已任書院將無因而圮又何至化爲浮屠之居而蕩爲草莽之野是三者皆宜書之以訓後若夫龜山之學得之程氏上接孔孟而下啟羅李晦菴統緒相承斷無可疑顧世猶疑其晚流于佛此其趨向毫釐之不容於無辨先生必嘗講之精矣先生樂易謙虛德器渾然不見喜怒人之悅而從之若百川之趨海論者以爲有龜山之風非有得于其學宜弗能之然而世之宗先生者或以其文翰之工或以其學術之邃或以其政事之良先生之心其殆未以是足也從先生游者其以予言而深求先生之心以先生之心而上求龜山之學庶乎書院之復不爲虛矣書院在錫伯瀆之上東望梅村二十里而遙周太伯之所從逃也方華氏之讓地爲院鄉之人與其同門之士爭相趨事

若恥於後太伯之遺風猶有存焉特世無若先生者以倡之耳是亦不可以無書

重修東林書院記　歐陽東鳳

楊龜山先生載道而南與晉陵鄒道鄉諸先生講學東林之上此東林書院所由剏也而地以人重至今歸然龜山非晉陵産也以游寓也而故所講學處存之至今豈蘇子瞻所云以天下之所共有者而獨私以爲寵其尊德樂道有異他邪也歟而龜山者宋儒也余不佞鮮所窺測亦不願剿襲説鈴高談象罔以逃之乎窾棨之外竊謂修道之教無非所以綱維世道而共載於生生故學士大夫以道鳴者即其平居議論之間而端緒之引隄防之植入主於人心而釀爲世道治亂否泰恒必由之蓋春秋之亂幾無世矣吾夫子曉長夜而日中之而後天有維也地有紀也故曰聖人有功於天下萬世然而自夫子没一傳而得曾子再傳而得子思三傳而得孟子遂寂寂無嗣者歷秦而漢而晉以及於唐一綫之脉若存若亡蓋至有宋周程諸大儒出而後復一光也非獨大經大法章明較著即幾微纖悉亦一切稟於繩尺凜乎莫或假借焉於是禮義廉恥之閑因以斬然於世而吾夫子之道益尊顧其時又莫之能用越我　太祖高皇帝實始表章朝廷里巷典則具備上以此教下以此學賢智者因而冥契於神明愚不肖者亦賴以有所持循而不至於蕩餘二百年化醇俗美莫有陂滛邪遁奸於其間無亦斬然以開先者端緒確而隄防固也然則宋儒於當代稱功臣矣彼其言曰道苟可行何須在我以俟百世何惑哉乃邇年以來率好爲忘筌蹄無轍迹之談而托其身於不儒不衲不方不圓之地語及主敬窮理等説輒啞然笑之至顯微於國是民生遠不逮嚮時長此以往其端益引而其防浸潰世道之憂寧無脈脈悃予氣力微薄不能有所轉動而東林書院亦日就於圯其逄適

使然惟是晉陵尊德樂道有異他邦二三縉紳先生共起而修復之工既成屬記於予予惟龜山者固程夫子所目爲道南者也晉陵之有宋儒學也自龜山始也其言曰人性上不可添一物堯舜亦率性而已嗟乎世皆以新會之自然姚江之良知爲第一義而究其所以實非於人性上另添一物也主敬主此窮理窮此亦非於率性外另爲一事也何必曰千古秘密至今日始洩機欲闖宋儒之統哉余爲此懼私心時時念之幸而有人焉超然反其所自始相與聯集同好恢宏遺緒此其尊德樂道又非第泛涉其涯而已倘宋儒之學因是以張於晉陵而大明於天下滔滔世道亦且因是以有綱維而不至如余前所脈脈者其所補寧小小也故特著其說以俟書院經始於甲辰之四月十一日九月九日告成費一千二百緡有奇皆諸縉紳之所捐貲諸臺使監司暨郡邑在列

者各分俸錢及贖鍰佐之薦紳倡始者誰顧文選憲成禮部允成高行人攀龍安封部希范劉職方元珍荊溪史奉常孟麟而陳湖州幼學葉尚寶茂才張孝廉大受同郡錢直指一本王孝廉永圖並有助焉經理其事者則涇陽仲兄光祿自成也萬曆甲辰孟冬

郢中歐陽東鳳撰

重建道南祠記　林宰

宋儒楊文靖龜山先生故閩產第熙寧九年進士調官不赴師事二程于伊洛歸載道而南至梁溪之濱邑子除舍設臯比于是先生止錫十八年爲閩人欲非性之旨立儒釋之防而錫始知有程氏學先生歿書院廢爲僧區四百年而邵二泉先生復之後百年復廢今選部涇陽顧公偕諸同志請當道復焉而侍御驤宇顧公實捐厥址左爲祠祀先生祠之右翼以講堂內舍集四方士聞業其中爲規爲約亡憮亡慠辨經析疑昭若發覆而伊洛淵源不啻披雲霧而耀日月矣先是講堂成則太府歐陽公記之茲復屬不佞宰記先生祠謂宰長茲邑且後先生而稱其鄉人也宰惟吳地自讓王肇路來季子歆風言游禮樂彬彬號文學之國矣中更六朝五季剝蝕于談塵榛蕪于戎馬悠悠聖脈奄忽長夜非先生正

學南來五百年墜緒何以昭茲來許顧或謂南宋道學空談無用宰按先生策燕雲之師則云宜退守汴京不可虛內事外金虜內寇則云宜堅壁清野濟道援兵迫虜至于二鎮不可棄和議不可從責金人敗盟問肅王使必復而後已種種碩畫皆熟情形語事變深于兵家者之言此眞有用道學豈與爭機鋒而涉功實者埒也或又以其辟應蔡京爲疑不知先生鴻才鉅識行權濟時正善學二程而融之使其志得行于靖康建炎間則女直可無南窺二帝可無北狩一祖六宗之業可無偏安江左而奈之何阨于權奸不究其用以致此諸君子所爲扼腕太息而欲宰之論其世也與宰于諸君子無能爲役第常讀東林會約諄諄以孟子性善之旨司南學者正與先生人性上不添一物之說互相符券至諸君子立朝大節烺然炳然今且幸際熙明獲展厥抱他日表旂常而勒

鐘鼎又不第如先生之偃蹇弱宋以老也學者由諸君子之言以求先生由先生以溯河洛洙泗是則所爲羹墻先生矣是役也後先臺使監司守相若督撫中丞獲鹿曹公嗣山逌指御史靈壽馬公起莘督學御史餘姚楊公意白備兵觀察使餘姚鄒公龍望同安蔡公虛臺太府潛江歐陽公宜諸各捐俸錢以佐畚鍤費金三百七十有奇其羨九十有奇宰更足以金矢及毀淫之逌共四百金營田二百畝供春秋祀及共學者餼經始于萬歷甲辰初夏成于是年孟冬而講堂則諸君子輸橐構焉諸君子者顧選部公涇陽儀部公涇凡高大行公景逸安封部公我素劉職方公本孺張孝廉公弦所史太常公玉池及葉尚璽公園適陳比部公筠塘錢侍御公啟新王孝廉公儉齋也經理其事者則顧光祿公涇白而諸生馬希尹王純一孫之賢實始具呈以請法得書萬曆丙午孟

春知無錫縣事後學金浦林宰記

重建道南祠記

方學漸

宋楊文靖公龜山先生閩人也崇寧間來毘陵訪鄒忠公遂與毘陵之士講學于東林十有八年先生去而士心不與俱去即其地建祠祀之歲久祠圮今去先生將五百年乃有顧公叔時高公存之輩諸君子興于其地修先生之業而是祠復建不佞學漸桐之下士辛亥秋浮江而下就正東林謁先生之祠而禮焉諸君子因屬余記之余惟廢興之由紀綱之役載在邑侯林公記中頗悉可無贅矣無已則先生之學脈乎自周元公以主靜立極程子授之靜觀自得游其門者甚衆升堂入奧惟先生及游定夫謝顯道三人而程子尤器先生將别目送之曰吾道南矣已先生之學果盛著于南方若或識之祠曰道南有以哉先生沉潛篤實謝官不赴杜門靜養渟涵浸人莫能窺者幾十年所自得者益邃一傳而

豫章再傳而延平三傳而紫陽爲教學者靜中觀喜怒哀樂未發作何氣象率由此入道稱爲龜山門下指訣史氏但知先生歷三縣皆有惠政入朝論列切中時弊黜安石之配享排靖康之和議名聞四方取重外國以爲先生之勝事不知周程之學孰守之以俟諸後而紫陽氏默坐澄心體認天理闓中而肆外孰導之而濬其源也夫道大矣廣矣乾之大始於專一坤之廣始於翕聚孔子之聖始于默識而顏之如愚曾之守約思之未發謂中聖賢學脈端在於此引一綫之緒而延之不窮宋儒之功不旣大乎然則所謂指訣非龜山之訣而周程之訣亦非周程之訣而孔氏之遺指也或謂道無動靜恐有偏靜之虞余解之曰所謂靜者主於理也靜而主於理則中之說也天下之大本也靜而不主於理將入空虛無用之府失其本心而天理滅矣欲尋學脈當辨似是之非於

毫釐欲辨毫釐當默觀未發之本體世之逐事徇物者馳于動而不知有靜耽空守寂者又荒于靜而瞎於天理其不悖聖學而流入異端者幾何吾願入斯祠者毋徒肅先生之祀而務求先生之學毋徒羨學于先生而反求厥脉于自心云萬曆辛亥九日皖桐後學方學漸

依庸堂記并銘

鄒元標

弓友顧叔時歸里偕高存之諸君子倡學於是闢龜山先生東林故址而搆居焉堂顔曰依庸以書抵友人鄒子爲記意鄒子能悉庸義鄒子謹按庸義有二庸恒也有久而不變之義又平也有適中之義惟中斯平惟平斯常惟常斯不變洞三光包萬彙綏九有和萬邦皆是物也易之恒卦剛上柔下震巽相與而取義於夫婦夫婦之道不可以不久也故曰常夫抱隨珠和璧終朝腹枵不如菽粟之一飽也黼山龍火藻藍縷號寒不如緼袍之蔽體也千奇萬狀洞心駭目不如一庸之悠久也雖然庸依人乎亦人依庸乎有庸可依是二之也吾人自有生以來目視耳聽手持足行自少壯至老死有異乎無異也無異即庸也性也如父子夫婦朋友兄弟友恭慈信自童稚至老死有異乎無異也無異即庸也性也聖人者順性而行者也賢人者守此性不失者也衆人者則逆此性而牿亡之者也順性而行者不見庸之可依未嘗作而致其情也守性不失者有庸可依反身而誠者也牿之反覆者不著不察庸之體自在也夫子發憤忘食歸本下學上達下學庸之謂也或曰子思發揮中庸中有三達德九經三重諄諄詳摯一庸烏足概之曰庸斯智斯仁斯勇不庸烏足爲達庸斯通之天下達之國家不庸烏足爲九經庸斯爲禮爲度爲文不庸烏足本之身徵之庶民故守約而施博者皆庸也曰依乎中庸遯世不見知而不悔今諸君子皆以遂學醇儒棲遲山林者久不可謂不遯矣悔焉亦未耶曰悔者心有所係吝悔亡者毋意必固我之謂遯之上九曰肥遯無不利無所疑也遯而曰肥又曰無所疑是不以知知不以識識不以見見其指深且遠元標束髮向道而疑情隱隱老而彌篤視

無疑之域尚遵道敢曰不悔諸君子自信而自知之請鐫東林爲記
并係之銘以論求學
銘曰關閩之學萃於龜山淵源伊洛吾道以南近接周程遠宗
孔顏流風既遠隱怪是好既反中庸大道浸漫末路如斯孰當
大觀繄我顧公力肩正學洎諸君子奕奕先覺東林故區罔或
不發懋顏曰依庸如水不聚庸之一字義包玄邈精金在鑛良玉
在璞洒滌應對即聖即神知者曰知仁者曰仁日用不知是曰
凡民燄燄皜皜厥惟聖人聖徂神伏淺深散漫叅參千古誰識
其眞憶我夫子發憤直修下學上達不怨不尤蔬食飲水曲肱
忘憂浮雲富貴性外何求心通萬古教垂千秋一心一德卒歲
優游繼孔學者顏氏心齋簞瓢陋巷其樂無涯所立卓爾如果
初萎欲從末由撒手懸崖匪言可億匪識可揣德由天運絕鮮

東林書院志　卷之十五　七

安排亦有曾氏號曰得宗真積力久默識心通一唯之下不盡
山窮豐蔀盡撤旭日融融淵淵相傳投忠恕爲功忠恕匪他吾性
本庸彼耽奇者絕根務華瞻彼名園千葉萬葩朝華夕悴觀者
徒嗟惟此常德宜身宜家窮居不損大行不加誰其直領以隮
狂邪標茲正宗與衆共馳熙熙穆穆坦坦怡怡游魚躍淵棲鳥
嘿枝何思何慮不識不知我無君誰君無我疑勿謂無奇萬古
如茲登斯堂者顧名思義人生泡影浮萍斯寄匪鑠且礪胡成
偉器從茲竪立慎獨立志始信先覺呼醒群昧勿參以二勿貳
以二吾道平平真儒嘉穀精光爍爍明珠在握放之六合斂之
一掬敢告同儕自求多福一陽初動天心乃復豈拙無寒億萬
交勗　萬曆丙午吉水鄒元標撰

歐林會三公祠堂記　順治乙未　黃家舒
高學憲彙旃既復東林之燕居廟以奉
先師又闢再得草廬爲居業地傍搆一楹將祠前太守歐陽公會
公前令林公其中屬家舒爲之記三公何以祀以三公之重有造
於東林也當萬曆甲辰講院肇建佐貲醵鏹鳩工庀材殫厥經畫
歐陽公林公實尸之既成而記其事記東林書院者歐陽公記道
南祠者林公也及天啓丙寅逆閹盜柄羣小搆扇矢集東林矯旨取
拆毀將撤旁午代屋撤瓦拮据募如風雨又適當忠憲投淵時破巢取
卵擺觸者至欲藝忠憲公子上請會公奮不顧身周旋艱險引大
義折縷歸匿公子一室請以身當之如死株連二公與東林相爲
始終若此雖然二公何私於東林哉舒生也晚然嘗聞之長者矣
方端文忠憲講席初開守士大夫旌麾之式廬函牘之就正月無

東林書院志　卷之十五　八

虛日兩先生非公不談瑣非地方大利弊不入告外此即通租
之訟未嘗一煩縣官至三公之爲守若令也不畏强禦同不受吏
胥耳語同不干一無名錢同侃侃行意雖山斗在前無所迎避歐
陽公治行第一僅擢嶺上備兵竟以冏寺閒曹老林公應內召不
須臺省選會公請託關海內假使蓬蒿臬郵中甚語賴天子燭其明
珠豈復以之誣以解搢紳如此豈借汝南月旦爲游光揚聲擬冠
蓋事地者乎亦曰緇衣之好高山之仰內結於心耳惟東林不虛
地方當道重而後東林重惟三公不附東林爲重而、、東林交
重於世也水落石出事久論定由前言之自元禮門高太丘道廣善
蜮貝錦因有識孰教貫爲主身日擊衣爲姤進者讒終不能黜及二
公由後言之哲人其萎社稷爲墟野老遺民俯仰於萬泰天啓間
國運遞廢興衰治盛衰之際嗚呼嗟忧息痛端文忠憲爲熙寧之司馬

慶元之考亭，即亟思三公爲桑梓麥穗之漁陽釜魚甑塵之萊蕪。試從衣冠輿誦下質衢謡巷議田夫牧竪之口碑，數十年來郡邑長自三公外，其能以廉平慈惠稱清流同調名教干城者更有幾人？今日甘棠之頌與瞽宗之祭相得益彰，廢墜復舉，俎豆常新，春秋肸蠁，雲旂風馬，神之格思，有不樂觀其桐鄉白鹿邪大夫弟子之賢與禮樂詩書絃歌揖讓之盛也哉！夫名宦鄉賢分列學宮，循名核實，人或意爲輕重焉。瞻斯祠也，非子孫之陳乞，非門生故吏之推挽，地隔於閩楚豫章千里之遥，而典舉於人亡代易桑田滄海市朝陵谷之後，駿奔者無間言，明禋者無愧色，斯民也，三代之所以直道而行也。即濂雒關閩諸賢當日正人心而端學術，是是非非，守先待後，道不越此矣。忠憲、端文有靈，實式憑之。學憲此舉爲功於東林豈小乎！歐陽公名東鳳，楚潛江人；林公名宰，閩漳浦人；曾公名櫻，江右峽江人。

再得草廬記　嚴㲄

吾邑城東隅故有宋楊文靖公東林書院。萬曆甲辰，邑先輩顧端文、高忠憲諸先生倡議興復，其所葺講堂前曰麗澤，中曰依庸，而燕居廟則室之焉。稱廟，所以尊

先師；室燕居，所以别學校也。蓋諸先生當日退居弓河，讀書談道以爲樂，其事固屬于藏修者之所爲，而其所祭告之地不在軒墀黄庭之間，而在淵邃之室，明以示夫林下拜瞻，不敢上擬於學宫之文廟，而又有取於燕閒居息之義，斯固隱而在下者學爲聖賢之志焉爾。迨天啓之末，訾爲異學，矯旨拆毁。當是之時，忠憲以喬木舊臣，不特不能進而行其道於朝，并其桑梓弦誦處亦已磨滅劃削，蕩爲邱墟，是可慨也。崇禎戊辰，下詔修復，時吴素衣先生捐貲首建麗澤堂，而燕居廢址如故。越二十有八年，爲今歲乙未，忠憲公之猶子學憲彙旃搆而新之，而又即其地之東偏復搆數楹，曰再得草廬，蓋咏文靖「此日不再得」之詩而興起者乎？惟廢而後復，故其地爲再得；而苟非乘乎不再得之日黽勉於茲廬之内，則亦何以副此燕閒居息之時哉？昔劉公元城歲晚閒居，或問：「先生如何遣日？」公正色曰：「君子進德修業，惟日不足，而可云遣乎？」夫今天下之遠而不願出者蓋亦多矣，顧率留連於山水詩酒，以此耗壯心而消餘年，謂之遣日則可，謂之進修則不可乎。觀學憲自歸田來，朝夕子舍甚歡，比爾載丁内艱，甚哀，而事其太公聲野先生孝謹益篤。今乃又以其愛日之誠，推而續忠憲之志，偕其從兄季遠與羣子弟雍容習禮於燕居廟之旁，嗟嗟，其消遣者耶？其終日乾乾進德修業者耶？抑子於是尤有所感也。乘時惜陰之學，古今人豈有異焉？然忠憲自端文没後，以一身繫朝野之望，而羣小謡

謗卒貽顛禍斯其所處爲甚難顧其時海内賢士大夫猶磊落相望而愉愉然有倡和之樂則其所處又甚易學憲優游林皐無嘗出世之責似較忠憲爲甚易而扶隆綱紀於一髮千鈞之際抑又甚難學者推廢興之跡與難易之故其亦可以慨然而長思矣

重修道南祠記

嚴瑴

竊嘗聞之程子得周子之道而北洛學於是乎有源龜山得程子之道而南閩學於是乎有委蓋宋四子雖自濂溪至朱子始集其成而我梁溪爲入閩之門戶則濂洛之學所以昌明博碩於吳越數千里之地者實是賜文靖公龜山先生載道南還之日始矣方其北學於二程而還也純公曰送之曰吾道南矣自是渡江以來周旋於延陵句吳之間而鄒忠公及李忠定公又皆與有舊故先生遂寓茲土講性善之學者十有八年厥後先生歸南劍直至紹興五年卒夫其在錫也喻工部玉泉先生親受業而尤文簡遂初先生李肅簡小山先生蔣文忠賓齋先生遞相師承錫人始知有程氏之學及其在閩也一傳爲羅豫章先生再傳爲李延平先生三傳則爲朱子蓋宋祚既南自閩至吳極一時聲教之盛而窮源

竟委則先生之所以聯屬於南北之際而肇啓文明之統者其功實首被之吾邑學者安可忘哉入明爲邵文莊公二泉先生復繼昭前光李蔣四先生而起然書院猶在城闉之外迨萬曆甲辰則顧端文公涇陽先生暨高忠憲公景逸先生直能光復故址先是嘉靖中邑侯鄭公已建龜山書院於弓河之上邑乘載之不久頹廢至是而重建東林書院爲肄業之所而又因其地之東偏特祠以奉先生寶榜之曰道南云蓋先生當日不遂歸南劍而久樂育於茲土者自宋政和間始也其在郡邑繼祠先生者自宋紹定淳祐間始也其追封將樂伯以上接乎伊洛而補廟庭從祀之缺者自明弘治九年始也其特祀先生於吾邑以報十有八年之功德而不比諸他郡邑之通祀者則自萬曆三十有二年始也嘗是之後歲舉春秋釋菜之禮齋宿致敬有嚴有儀東林之盛傾動海內不意

天啟中書院尋有詔毁之厄而兹祠獨以格於邑乘所載得弗毁故修葺之役惟忠憲之從子學憲彙旃公主之既而先生之裔孫善嘉君亦慨焉任守祠之責至邇者數年之內典司宗祏弗懈益虔迄今歲己酉兹祠漸爲風雨所嚙蝕學憲與善嘉君廼復捐金輸粟而協修焉經始於三月七日不匝月訖工嗚呼學術盛衰之故難言之矣吾觀熙寧中有王氏學蓋三經新義盛行毒流海內以召靖康之禍先生排斥之不遺餘力至當日文士如蘇黄諸人又皆崇尚釋教未免流於異端雜説之陋而先生則惟力守師説故東南學者推爲程氏正宗傳至羅李以及於淯熙慶元之際蓋五十有餘年遠矣而朱子一出卒煥然有完經覈傳之盛維時孔孟以及程朱之道雖幽沉於北而卒能丕顯於南者其誰之力也由是而觀二程之學非先生孰爲之後朱子之學非先生孰爲之

前然則後世而有學孔孟及程朱之學者其能不推先生爲守先待後之一人也與吾聞諸文莊公曰祠而不祭與無祠同祭不隸於官與不祭同計先生至今已六百有餘歲自始建祠之初至今已六十餘歲然當年閹禍之作書院毁而祠乃巋然獨存豈非有天焉以相之故彙旃公今已請於憲而爲官祭且與善嘉君修葺罔懈皆可謂善承天意者而要之學憲志賢賢善嘉志親親吾觀於親親賢賢之澤不衰而益知先生所得於程門之學爲至善而無斁後之人雖百世不忘可矣乃系之詩詩曰

揚州之域泰伯之墟文治精華於此騶嘘漢唐以降哲人有作南產北來宗濂禰雒程門領袖載道儼臨王郄及李設絳東林人欲匪性片言木鐸教匪一傳斯文有託五峰天柱睇望言旋自吳訖越道化彌連羅李承流考亭得派芒芒南服無遠弗屆周轍既東孔集大成宋祚雖南閩學益貞天降大任公開其始鬱葱城隅過化所起嗣有魁艾文莊主盟顧高接席金春玉鳴興廢靡常公傳不替親賢之澤延及百世爾修爾葺祠宇煌煌此日不再今讀孔彰勗哉吾儕前修是力萬祖億豆分陰所積

喻玉泉先生墓立碑得碣記　胡時忠

有宋楊龜山先生學於程門載道而南留止毗陵及吾邑東林者十有八年後歸閩中吾邑人親傳其道者實惟玉泉喻先生子才云再傳爲尤遂初氏三傳爲李小山氏蔣實齋氏謂之喻尤李蔣後人祠龜山奉四子配享稱五賢祠蓋開錫人東林之學者龜山也以錫人開東林之學者玉泉也玉泉墓在錫東郭迴溪里明宣德中巡撫周文襄公立水次東倉地當墓右乃命屈曲其基以全墓道正嘉間邑先生邵文莊公謁墓下賦詩曰二十年來弔古心偶因勝日遂幽尋天留土隴猶如舊地近倉厫幸不侵百世簪纓遺牒遠五賢俎豆古祠深玉泉二字還須碣一束生芻有嗣音玩其語意若悲墓之失碣而深致望於後人者此地去東林書院僅里許然自嘉靖丁亥文莊卒歷七十八年爲萬曆甲辰而東林載

闢又歷二十三年爲天啟丙寅而東林被毀居三年爲崇禎戊辰而東林奉詔復存諸先輩建復書院興起講席者前後有人不聞過是墓而弔之也飲水忘源良亦闕事吾友張子秋紹讀文莊詩而心慨之順治庚子秋言於麗澤堂講坐中謂墓宜表碣宜補講畢遂具瓣香要諸同人出郭訪其處至則一望荊榛亂碑卧地不可辨識不能成拜問土人無答者逡巡而返張子曰幸諸君訪其後人徐爲之圖不然萬一誤拜徒貽姍笑耳久之爲康熙癸卯二月果有喻氏裔孫七八人攜宋刱家譜自各鄉來張子喜甚以其事告吾友高學憲彙旃學憲慨然任貲相與募工礱石大書曰宋朝列大夫玉泉喻先生之墓併刻文莊詩於碑陰擇下澣之吉自蓉湖載碑至墓集學者數十人共立之時墓道已除春草未長諸喻指大冢言曰此吾家玉泉公見者莫不肅敬將立碑工人舉鍬用陰陽家言請暫避衆皆趨入旁舍中少頃忽工人報曰掘地尺許得一白圓石大如盤高二尺上有篆刻衆急往觀則橫刻玉泉二字篆法奇古迥非近代手筆見者莫不爲之稱異命移置新碑前若香案然於是諸喻行祭禮學者行拜禮飲福而別余聞其事而竊思之是碣初立之年與埋没之故皆不可攷顧久埋土中得文莊詩而復出文莊詩久作陳語得是碣出而益彰何其不相謀而巧相值也非吾張子以文莊之心爲心孰發其機緘耶昔建文忠臣黃太常公子澄潛瘞崑邑馬鞍山迨萬曆初有詔下訪而墓地適有訟子孫登祭之頃忽地中有聲如雷裂出一潭見有石誌前是子孫相傳冢在此尚未審至此乃審二事頗相類意者張子方振起斯道續玉泉以來授受之緒一誠所格千載同堂墓碣有靈亦應時而出乎一時同人和文莊韻者荊溪黃珍百同邑呂誠

之嚴佩之錢礎日嚴祺先輩得七人學憲已採入東林續志中詩皆先日成未及獲碣事余向識張子於講壇引爲畏友於是役有所卜故復爲之記

重修東林書院記康熙丁卯　　熊賜履

東林宋儒楊龜山先生論學處也明神廟時梁溪顧涇陽高景逸二先生倡道東南遂因其舊址構爲書院偕同志講肄其中四方之士多歸之於是東林之名滿天下天啟中魏璫煽虐大誅戮海內正人特指東林爲黨籍書院以燬及璫敗有旨修復而喪亂之餘傾圮如故僅道南一祠頹然涼烟衰草間而已猶賴顧旃高先生繼起搘持勤修釋菜增築講廬若干年郎景逸先生從子也今
天子隆重師儒崇獎道術近　特允言官請詔各直省營建書院爲士子觀摩地於是顧旃公子菖生芷生集里中戚友申請於有司庀材鳩工廣行購募越朞月而落成講堂學舍規制悉備諸生以時誦習不異曩時菖生芷生乃走書至金陵屬予爲文以紀其事予蓋俯仰今昔而不勝世道升降之感也從來書院之設本與學

校相表裏晚近以來往往以講學之故致干時君時相之怒嗚呼此何爲者也夫學也者學爲聖學爲賢也講也者講明所以爲聖爲賢之理俾知所從事也因其迹以考其心豈非宇宙之常經人生之切務而君師天下者之所樂聞而亟許之者乎乃或者從而嫉惡之至設爲厲禁焉禁之不已遂不憚誅夺殛竄之加以統毒於當世嗚呼此果何爲者也自剷跡伐木而後吾黨之禍一見於宋紹聖載見於慶元嘉泰之間迨至前代熹宗之世而其禍彌烈矣世道淪喪國事隨之覆轍相尋曾莫之悟是可不爲之寒心乎哉雖然撫今追昔反而內求吾黨亦嘗有分任其咎者矣蓋小人之忌害君子也非必有深怨積恨誓不可並生於天地間者也惟是平居立身制行殊途背馳不啻若薰蕕氷炭之不相入而所爲君子其人者則又待之甚嚴絕之太過致若輩無地以自容又不幸吾黨之聲譽日隆交遊日衆一時標榜附和之子或未免名實乖違首尾衡決遂不足以服若輩之心而適予以可攻可議之釁此同文黨錮之獄小人每悍然爲之而略無所顧也然則講學一事顧可以終廢乎是蓋有道矣方今泰運方亨宇內壇席之盛蒸蒸蔚起嗚呼此誠斯道昌明之一大機會也則願吾黨有志之士以默識爲真修以篤行爲至教勿口舌攻擊以矜能勿意見紛拏以長傲尊賢容衆嘉善矜愚偕遊於大道爲公之世而絕無所爲怙巳凌人之弊開當世以雌黃我輩之端此則
國家化民移俗之至意而亦從古聖賢開物成務之極功也操斯術也以往將講學二字永爲千古美譚東林名勝直與天壤並存可矣予生也晚嘗從先世遺書與聞梁溪之緒論茲幸逢是役之竣也爲之盱衡往事不禁感慨係之因著爲反躬刻責之言以自勉勵且爲吾黨勸也吾黨其亦有以許之否是爲記

重修東林書院碑記 康熙甲戌

宋犖

宋楊龜山先生當政和以後爲寓公於毘陵十八年數往來梁溪故毘陵梁溪皆有先生書院在毘陵者曰道南在梁溪者曰東林道南廢已久東林則廢而屢興先是明正德間邑人邵文莊公寶規復之王文成公爲之記按邑志東林在城東弓河文莊所復蓋非故址云尋亦廢萬曆間顧端文公憲成高忠憲公攀龍相繼營今址重建書院麗澤依庸有堂燕居有廟貯祭器書籍有樓齋舍庖湢有所書院之左爲特祠祀先生以羅胡七君子配而揭其楣曰道南祠歲集友士爲會至者嘗千人東林講學之盛遂甲天下天啟間閹禍作忠憲以不辱死而東林又廢自是屢議復而未竟者垂七十年矣

今上三十一年秋犖奉

命移撫吳瞻拜祠下慨然久之會今大冢宰孝感熊公學使海寧許公適有同志各捐白金若干兩以屬邑令徐君永言經始於癸酉十月訖工於甲戌二月木石堅緻丹堊有耀崇堂修欄復厥舊觀既成以記請犖愧未聞道於諸君子無能爲役無已姑誦所聞道者何君臣父子夫婦昆弟朋友是也學者何四子六經是也講學者何以明道也其理至近其行至庸宜乎胥天下賢智愚不肖之人無能自外於道學而究之道學之傳斷斷不絕如綫則何以故蓋自科舉之業盛士爭習爲記誦佔俾稗販之學而馳騖於功利得喪之途當其童而就塾其師之所教父兄之所期未有不縣科名爲鵠以希倖其一得者既而以一切苟且希倖之心移之官守於是商遷次之久速計官階之崇庳營汲之脂韋汩沒終其身耳矣其或老而知還則市田宅規園池以詒子孫畜歌舞伎妾以自娛其賢者亦流連觴咏耽心曇聃二氏之說休老焉耳矣彼其於道也則宜顧其人自少而壯而老有未嘗誦習四子六經者乎有能外君臣父子夫婦昆弟朋友者乎亡有也然則道之在夫人者猶未遠也第不著耳不察耳不著不察由不講焉耳語曰百工居肆以成其事夫書院固講學之肆也肆而不居與無肆同居焉而非其人人焉而不事事與不居同是故士之居是肆也必聖賢以爲規矩師友以爲斧鋸刀削孝弟忠信以爲材廉恥以爲繩尺而身以爲器以漸底於成若是則書院之復爲不虛矣嗚呼方二公之倡學也海內清修之士聞風慕義以東林爲歸迨鉤黨之獄興閹豎燎原諸君子至於拷掠刺劖骨填牢戶者相望而不悔而明亦繼以亡當其時東林一區盡爲瓦礫惟恐摧折拉羅之不盡也詎今六七十年姦邪之姓名詬詈未絕而講席再新覩二公時不

異可以見道學之在天壤雖遭禁錮阨塞于一時如日月之晦蝕俄頃而復而士之有志者益可以自信犖不敏竊於代興諸君子有厚望也遂刻石以記

重修東林書院記 雍正辛亥

陳棨

從來風土之美，恥觀乎人才；人才之消長，視乎世教。前有美盛而弗彰，後欲觀感而無地，司世教者必病之，誠以高山景行發人向往，非特焉而已也。棨自蒞川入鄉校，召劍先生長者，勞即問錫山東林書院為名賢講學地，先生長山艤未獲游焉。歲屆庚戌之冬，丞以學博張君之錫山，見錫之人士羽儀炳蔚，於先牒繽紛，竊嘆人文化成之甚盛於斯也。明年春仲丁，東林之字於以會集，請一時薦紳耆宿多與其禮，主爾則大尹江公欽校莅，拜跪以儀，棨亦至厠升降之班，然後知先正風流不墜，而錫邑人文之所從來者遠山大為歸。自燕居廟而下，周覽四顧，風雨飄搖，牆屋漸壞，雖從前嘗事迭有修葺，而須賴後人之相繼者急矣。既逾月，庀材鳩工，棟宇之缺者補之，垣墉之缺者完之，黝堊丹漆之漫漶而剝落者新

東林書院志　卷十五　三

之。俾來游者瞻以巍煥之觀，而增感發興起之志。問誰之功，則前日之大尹今集而主爵者也。夫吏治恭繁，類能造勉於官守，主國家興賢育才之地，須之制詔，布之令甲，每每視為緩圖，應之亦不過文書之苟且，況於令守之所不及，如東林書院者哉！維錫邑之學宮，並蓋皆於今守松江郡王公之宰金匱時，公更振興東林，以風厲士習，相與共登聖賢之門庭，入先儒之堂奧，而不徒飾輪轅以騖榮利，人文之盛，愈莫可量，其功豈亞於學？非誠以世教為重者能之乎？夫鼓舞節勵，育人才以佐

天子學官之責也。棨方惴惴懼無以報稱，故樂公之振我於不逮，抑且垂之於後，而其功為君子之所可繼也。於是乎書。公名日容，字涵萬，寧國府旌德縣人。書之者，無錫教諭石埭陳棨也。

東林書院志卷之十五終

東林書院志卷之十六

文翰二 序 引 題跋

東林會約序　高攀龍

吾錫故未有講學者，有之自宋龜山楊先生始。今東林其阜比處也。自元以來廢久矣，復之於邵二泉先生，王文成之記可攷也。嘉隆以來又廢矣，復之於顧涇陽先生。於時中丞則[illegible]山曹公，直指則起莘馬公，督學則意白楊公，兵使者則龍望鄭公，郡則伯宜諸歐陽公，邑侯則平華林公，皆曰：都時哉，不可失。各捐金構祠宇。同邑顧侍御[illegible]字公則出其所有地以為祠址，林侯復以其工之羨買田供盍簪之儀，涇陽先生而下同志者又各捐金買地，構為講堂、書舍，以為講習燕居之所。而先生復為約，指示一時從遊者。蓋攀龍讀而嘆曰：至矣，無以加矣。古之君子，其出也以行道，其

東林書院志　卷十六　一

處也以求志，未有能食而無所事事者。夫飽食而無所事事，斯不亦樂乎？又何多事而自取桎梏為？即墻正以不能無事云爾。夫人有生則有形，有形則有欲，有欲則有憂，以欲去憂，其憂愈大，豈然與憂俱生，與憂俱死矣。學也者，去其欲以復其性也，必有事以復於無事也。無事則樂，樂則生，生則久，久則天，天則神，而浩然于天地之間矣。人即至愚，未有舍其可樂而就其可憂，然徐而究其實，盍亦未有不就其所憂而舍其所樂者，嗚呼！其亦弗思耳。究思之如何？約備矣，無以加矣。謹刻以公同志者，期相與不負斯約云。

東遊紀小引　方學漸

子游自魯反孔子之教及吳矣千四百年楊龜山先生載道而南錫山乃有東林之勝自是文明之運盛於東南浙之東江之西樹赤幟而主齊盟者踵相接今毗陵諸君子連袂而起復修東林故事余私心仰慕已踰十年頃顧涇陽先生見余心學宗一編不鄙芻蕘而采之冠以序史公玉池亦爲之序梓于陽羨而余遂附神交之末然未之親炙也辛亥秋喟然嘆曰余年七十有二馬齒頹矣斗極猶未之見不以此時出遊訪吾所神交者而印正之縮縮然稿于桐川闕觀自醜人生幾何安能更俟河清乃放舟而東下安述之汪崇正吳畏之從行以八月上旬發廿有六日抵東林惟時涇陽及高公景逸安公我素劉公勉繁張公弦所顧公白餘諸君子實主會事下榻館余邑中諸名賢次第相見幽討劇譚務尋

學脈之所在蓋東林之學以朱爲宗而朱學之要領有超于傳註之外者考之往聖參之近儒未嘗不會而通也再越旬偕至毗陵會于經正堂錢啟新先生主之支郡名賢四集迭爲敷宣各吐心得會畢遲玉池不至乃歸及玉池走書見招而舟已發矣惟是明道之錄拜而受之昔王子猷泛舟雪夜將及安道之門不見而返玉池其笑我爲子猷乎十月之望歸桐川爰輯問答之語慣之几上一則心目開常若遊勝地侍諸君子而聆其謦欬一則若諸君子時來一獸之軒而百朋我也萬曆辛亥臘日方學漸書

點朱餘咏引　錢一本

癸丑冬仲五日余赴梁溪高存之吳叔美等以易相求之約比至軏寒沍冰堅屢日存之曰此艮會故天若作之緣也稍遲不得來矣逾十日逢長至余偶效巴人一吟若諺所謂拋磚然未幾而季玉至遂成集題曰點朱餘咏夫易可易言乎世稱易道在蜀然僅露于篾叟檐上未濟男之窮也一問當時伊川不能答噫嘻伊川于易有年一答豈其不能乃無以盡人有能心矣能心易道之所不出也以夫子之聖猶待數年之假五十之學且僅云可無大過蓋以坎離爲中大過易之前半耳坎離中處離上坎下男抑女下是之謂窮大過云無尙在半合半離間此夫子遑遑未濟之深心猶然篾叟之所謂窮也學者無數年五十之功而輕言易不幾如爨人説金窮相終身未免乎或再假年一倍由無大過迄無小過

遂爲富有濟矣免于窮矣夫子終身于易之旨殆子輿氏所謂引而不發躍如也願與諸友共求之時萬曆四十一年歲次癸丑冬仲至後之吉晉陵錢一本識

東林原志序

劉元珍

東林之有書院也，以明道也。龜山楊先生剏起於前，涇陽顧先生繼起於後，胡不介以孚若是？有善脉在耳。夫善合古今聖凡而一，亦合順逆險夷而一。一者何也？善也。茲脉從來遠矣。自羲畫剖訣，厥中傳心，已揭日月行中天。孔子承之曰明善，孟子承之曰性善。善卽脉也，無善無脉也。有宋諸儒遞衍茲脉，而探河洛之源、發紫陽之派者，非龜山先生乎？先生之言曰：知仁則知心，知心則知性。又曰：人性上不可添一物，堯舜亦只是率性所爲，率性循天理是也。味先生之言，可見仁外無心，理外無性，卽性卽心，是爲善脉。晦翁朱夫子得其傳而謹守之，雖以陸氏之學本於孟子，而端緒稍殊，輒危詞鍼砭，不少假借，誠恐擇善不精，必至苟趣方便；執善不固，必至別出歧塗。惟是因漸思防，汲汲不容緩耳。乃至今日而無

善無惡之說，且浸淫于人心。夫象山先生直指當下，未至離性善之宗，朱夫子猶汲汲防之不置，况舉心體而槩之以無，憑虛簸弄，何所不至？於是漸決而爲山陰，爲盱江，甚而爲姚安。陽明先生豈慮其流弊至此？而今人乃執告子已陳之芻狗，爲先生不磨之律令，名爲尊教，而實以陰濟其私。此涇陽先生所爲惕然懼也。懼而思閑，莫若修其本以勝之，於是反而求之依庸。庸者何？卽龜山先生所謂不可添一物者是。先生特爲拈出，顯示蕩平正直之規，陰折影響荒唐之見，期與同堂共識本心，精求善脉，以仰窺羲畫厥中之秘。此書院所由復，講會所由興也。或曰：道學之爲世詬也，正爲其有善耳，盍少貶焉，以混於無？噫嘻！我固有之，誰能去之？去乎此，而道義名節爲贅疣，且將入乎彼，而不道不義不名不節爲託宿矣。人有安于不道不義不名不節者乎？其所以不安者何也？我固有之也。宋淳熙時，有謂誠意正心之論上所厭聞者，朱夫子曰：吾平生所學惟此四字。及入對，首以存理遏欲爲言。迨至慶元黨碑樹矣，貶竄盡矣，僞學之網極於彌天，而柴中行應制獨白漕司云：自幼習易，讀程氏易傳，未委是與不是僞學；如以爲僞，不願考校。蓋前賢甯爲時貶，不肯自貶如此。今當無忌諱之朝，崇理學之日，家濂洛而人關閩，庶幾直薙荆榛，深入堂奧，留此如綫一脉，常存宇宙間。所謂無古無今，無凡無聖，無順逆，無險夷，無在可容出入、可容委棄者，其在斯乎！其在斯乎！志成，漫爲弁首，以自鞭策，矢毋負涇陽先生明善同人之旨。萬曆甲寅孟秋，東林居士劉元珍撰。

東林原志序 萬曆甲寅 高攀龍

天地大矣古今遠矣聖賢之生豈以一時一地爲盛衰哉程氏之學錮於紹聖間朱氏之學錮於慶元間岌岌乎身之不能保越百有餘年我●太祖高皇帝 成祖文皇帝大明其道家誦其書人通其義春秋大一統諸子百家無得而奸其間卽有邪說士得執所守而拒之嗚呼盛矣此何以故洙泗之學洛閩得其宗學者由是而入皆可不畔于道傳之萬世無敝也龜山楊先生上承洛統下開閩傳其棲止於吾陵梁溪間浮雲流水之迹耳而吾郡至今言學不畔洛閩不忍曲學以阿世于是見先生之精神大而遠也先生於梁溪棲東林東林之廢久矣屢有復者而未竟顧涇陽先生始率同志告於當道而一新之使夫錫之士進則行其道于天下退則明其道于此如行者之有家耕者之有土也道合則進不

合則退綽綽乎有餘裕也夫世事成毀何常之有變易者存乎時不易者存乎道道之所在易乃不易也有易故不可無志涇陽先生屬志於劉伯先伯先志成以諗於予曰請言所以志予曰道者人之神也迹者神之著也故東林在而龜山先生在龜山先生在而洛閩夫子在洛閩夫子在而先聖在神一也一著而無不著今夫東林之志彙矣堂室則志什器則志圖書則志室敝可葺也器敝可新也圖書敝可更也人敝則斷滅矣何以使人之不敝也曰在學學非他也人還其人之謂也如目本明而還其明耳本聰而還其聰心●本仁而還其仁四體本恭而還其恭君臣父子兄弟朋友本親義序別信而還其親義序別信本來如是之謂性知其如是而還其如是之謂學不學而人敝人敝而神離如呼吸之離于體夫以千秋之神滅于一日哀哉後之君子觀于志必有不忍于

一脉之滅而不續者斯脉也卽以一念續矣

東林景逸高夫子論學語序　周彥文

我
太祖高皇帝掃除廓清重開新運而爲一代文明之主開基之日首將宋諸大儒咸表章之設科取士經書傳註一尊程朱故自取士以來真儒輩出確守程朱家法而不變者若曹月川薛文清呂涇野諸先生其人也自頓悟之教熾而實修之學衰嘉隆以來學者信虛悟而卑實踐漸磨既久浸灌益深視居敬爲拘囚目窮理爲學究惡言工夫託之本體更不知操存涵養爲何物矣斯文未喪東林代興高景逸先生心程朱而脉孔孟拜官之日首闢世則張子之邪說使程朱之學晦而復明未幾罷官歸里三十年與涇陽顧先生輩力扶正學常事實修彥文不敏雖侍教有年常恨不能追隨左右故於己未春決志常住東林就學先生每聆先生之教微言奥旨恐久而湮晦不自揣度記錄成帙請質先生而

親正焉彥文藏之笥笈不敢輕以視人後待有力者梓之以公同志彥文以爲是錄也有志斯道者觀之而於學之脉絡道之源委知性復性本體工夫亦未必無小補云敬爲序天啟甲子歲季冬望日丹陽門人周彥文頓首百拜書於東林心鑑齋中

周季純記高先生論學語序　鄒期楨

吳中子弟讀書者不曰讀書而曰念夫讀口耳也而直根之乎念念之一字最可思也至聖門之學不在口耳間明矣而仲尼以學之不講爲憂何也蓋嘗思之讀書而僅僅申其呫嗶如小生之終歲伊唔了不會心即映孫窗之雪聚車囊之螢祗口讀非心讀也然則講之爲義其非口耳蓋可思矣雲陽周季純游於吾邑景逸高先生之門所聞先生緒論輒筆之書連篇累牘大之包舉宇內細之精析毫毛同志捧而觀之如侍依庸而聆先生之金聲玉振也說者謂季純所學盡在是不知此何足以盡季純所學夫先生性道文章無行不與季純心解而力行之以領之無言之天者寄之有言默識眞故詮述亦眞所謂身有之故言之親切而有味非徒劄記而已也若區區劄記而已此夫讀于口不念于心去孔子

講學之意遠矣非季純之旨亦非先生之旨也時天啟甲子臘月錫山友弟鄒期楨書

周季純述高先生論學語序　　鄒期相

客有叩高先生以孔孟宗旨者先生曰孔子之門以聖人所言皆易知易能而疑隱其高者美者孟子之門以孟子之道高矣美矣而欲示其淺者近者此義云何蓋夫子平生只提一學字即說聖說仁總是說學世人不識學之一字即極微妙之宗旨廼以爲淺近孟子平生只提一性字即說孝說弟總是證性世人不識性之一字即極平常之宗旨乃以爲高美此宗旨云何即所謂繩墨也彀率也繩墨彀率云何即率吾之性窮吾之學推到至極者是也此理亘古亘今充塞天地無人不足無時不足信手拈來頭頭皆是特不許人輕覷耳客闒躍然而退具以告諸期相適季純周子錄先生商語謀付梓期相更躍曰季純其以是編爲繩墨彀率乎抑以繩墨彀率公之學者乎期相不敏竊嘗讀先生之語先生之

講義廣大精微羽翼前聖啟發後來況有不語之語不講之講薰人以和風㬠日風世以立懦廉頑則斯編也其遂罄先生之繩墨彀率乎哉斯編而足以窺先生之繩墨彀率也則賴有傳習之季純在

眞儒一脈叙　　吳桂森

斯文一脈所以炳耀乾坤流行今古者惟一二眞儒任其統而儒宗之品隲所以繼往開來則惟於廟廷從祀定其議國朝二百六十餘年得與茲典者四公而已然議時惟薛文清胡敬公無間言陳恭公未免一二致疑至王文成則可否幾於相半蓋良知之說與紫陽氏原自立一赤幟也故議之最久乃定自是宗王學者導流揚波至有心學理學之名而脈若分爲二矣悟門既闢一切窮理居敬之學視爲塵垢秕糠而流弊且中於人心於是東林君子起而維之言體則必合之於用言悟則必證之於修程朱之說復揭中天而於文成之書則研析精微爲之剖其異拈其同而脈之分者復合所謂繼往開來以承千古之統者不在茲乎故謹以從祀四先生與涇陽啟新景逸三先生語錄前後合爲一編按而讀

之淵源一一分明後有具隻眼與大廷議典者知儒宗眞脈的有其派而千古常炳不容湮沒也其一時並興聲氣同而道脈合者則有關中馮恭定少墟先生云天啟丙寅孟冬朔東林素衣吳桂森謹識

東林諸賢言行錄序　　鄒期楨

自古權衡人物者不越言行兩端其爲聖賢之徒乎未有言而叛經常行而干名教者其爲盜跖之徒乎未有言而合經常行而依名教者譬之鴂舌其音而人以爲不祥者必鵂鶹也嚨嚨噦噦而和鳴於朝陽之梧桐者必鳳也夜能撮蚤而晝不見冥山者必鵂鶹也被九苞之文而高翔千仞者必鳳也蓋言行各從人之本色而呈曾見有鵂鶹其質而能鳳其儀者乎吾邑舊有楊龜山先生東林書院自弘治中邵文莊二泉先生修復後至萬曆甲辰涇陽先生偕同志景逸先生輩尋其遺緒而再振之二十餘年風聲丕變士之游其中者卽面揖龜山不啻矣乃異議者嫉之而諸君子遂爲海內所共射之的喙如矢集幾不能容其弦歌誦讀之身其一時所吐爲言所見爲行幾于鳳也而鵂鶹之矣顧按其本末而論東林何以崛起于萬曆之季也則世教頹而士習壞諸君子退而藏修兢兢爲持一身以爲之砥也顧不幸權奸志得而東林摧東林摧而權奸之焰益煽而不可制迨聖天子破邪謀除逆黨於是乎東林名節忠孝之正議道德仁義之高標乃復伸于天下是其一興一廢實爲我朝二百六十年來剝復否泰轉移之一大關今諸君子往矣所遭有顯有晦有修有短有常有變轍跡不同乃其言行具在君子乎小人乎翼風化者乎傷風化者乎所不可一日無於堯舜之世者乎所不可一日容於堯舜之世者乎虛心以觀當不待有目者而自辨也余不揣輯而存諸笥其得十人涇陽顧先生 景逸高先生 玄臺薛先生 涇凡顧先生 啟新錢先生 筠堂陳先生 我素安先生 本孺劉先生 靜餘許先生 燕超華先生曰東林諸賢言行錄皆一時同堂親炙于摳趨之下所得最真者若夫聲應氣求凡宇內名卿碩士持正論行正事者不一其人彼竊其趣之曰東林然臭味則參而時地則暌未敢僭爲攀附卽三吳近地秘游於斯者恐見聞未真亦姑闕焉以俟後之君子知不免僭踰遺漏之罪幸尚論者有以教我崇禎元年戊辰冬錫東後學鄒期楨書於文行社之一簞軒

東林諸賢言行錄序　　鄒期相

我梁谿一帶滐如錫山屹如輔軒所至未嘗不嘖嘖甲宇內曰是固乾坤之所鍾毓而名賢之所窟宅也及攷方輿徵人物明興二百餘年名流不乏而其粹然于道德之林者邵文莊公以後指不多屈焉抑又何也吾鄉鄉語每以姦斯之嚋爲文莊惜予獨謂其不然春秋尸祝于龜山先生之祠實唯七賢予曾持真子說以諗同志同志以爲確評姦斯鬱起肇造諸賢濟濟一堂一日千古予亦曾草東林志自龜山先生以下諸賢彙爲一書以質景逸高先生會先生詔起東山此一重公案至今未了適公甯仲兄編東林諸賢言行錄期相乃作而嘆曰有是哉茲編之不可無也有天地則必有日月有日月則必有聖賢有聖賢則必有聖賢之徒諸賢實聖賢之徒也跡其言行是不一轍或得其全或領其一體要

以廷獻則正紀扶綱家修則闢淫距詖涖官則澤覃萬姓居鄉則德庇一方處常則瑞鳳祥麟履變則孤松列雪一時則教思足以淑人後世則流風足以垂憲鬼神之精川岳之靈合而萃于諸君子之一身誦其言佩其行直與文莊後先輝映近接薛胡陳王四先生嫡脉而遠紹道南一派直傳者也若諸賢可譏則是三光亦可晦蝕兩儀亦可易位矣開闢來有是理乎哉或曰子之表東林偉矣乃見不越毘陵抑又何也曰從吾耳目之所逮也其異地之弦于斯歌于斯堪與諸君子俎豆于斯者予生晚耳聞之未及目睹之也行俟夫後之尚論者而已矣若夫精核而約收之以備異日廟廷從祀之議則又有吳叔美真儒一脉在後學鄒期相敬書

復興東林書院序　　儲乾

不肖乾游東林未三十年幾見書院之興而廢廢而復興矣其昔之興也興於涇陽顧先生景逸高先生與錫邑之諸君子也其所以興者天理也曷言乎天理蓋龜山之脉卽濂洛之脉也濂洛之脉卽洙泗之脉也此一脉之在千古無非天理不可或絕而不續故曰其所以興者天理也乃書院之方興也啟新錢先生獨憂心悄悄慮見慍于羣小而不意前知之哲信若著蔡逮天啟丙寅忽見書院之毀矣爲黍離矣然豈天理也哉未幾而崇禎聖天子御極僅逾年而明旨煌煌允復書院此教思無窮振民育德之盛心也豈非天理也哉而三先生已往矣不覺令人且喜且嘆嗚呼天之未喪斯文也繼三先生者豈容乏人於此有人焉欲肩其任未果而商言于余余曰而忘高先生之託重者乎曩昔高先生應起

廢之詔而北上也慮東林之擔荷無人特造而祝曰屈指東林定屬君于是重之以四拜君亦黽勉承當歲不輟講不忍天理之一日晦雖狐鳥妖孽剝辨剝膚而君已爲碩果矣茲逢七日來復之期正當剛反量力而經營之不必驟覩舊跡之盛雖一門一堂亦復也且成其始當必有成其終者毋曰書院餼羊也夫聖人有杏壇而後三千之徒有所集倘堂構落成則四方之士向道而來者朝斯夕斯雍容講習於斯將斯文之興起殆未可量君不見龜山演脉後有考亭乎此一役也爲千聖繼絕學者此也爲萬世開太平者此也爲聖主宣教化者此也爲斯民立生命者此也厥係誠重矣特其任非一人之任宜人人各自以爲任而并力一心者第寒素如不肖如華讌菴無裘帛之可裂奚以助君但有此心但能助君以言耳朱子有云以其至切至急卽今便當着力竊以爲書

院之復在世道人心之最切最急者今聖天子聰明睿知固蚤見及此也卽今便當對揚天子之休命而量工命日捐貲任勞敬之敬之毋驟乃力所謂屈指東林定屬君者非他觀華吳先生也崇禎二年歲己巳季秋朔宜興後學儲乾怏觀東林之復而來也謬辱觀華先生與認菴先生之命謹序

東林原志序

嚴瑴

萬曆中載邑先輩顧端文公涇陽先生屬劉本孺先生撰東林志而高忠憲公景逸先生爲之序時方屬藁未梓且謀始則備未及興廢大都也余小子瑴生最晚旣獲睹滄桑陵谷之變而又窮搜往牒肅諮方聞於是東林之詳始粲以析因爲讐訂原藁附益成書志二卷附兩東林辨暨或問凡三卷序曰嗚呼東林之所從來遠矣古今道法宗孔孟孔子之文取諸文王乃文王之諸父太伯實始居勾吳伯二十傳而季札來延陵此又文王之文之遺而伯與札皆孔子之所爲誦至德而書碑樹墓者也然則吳地之有太伯季札不異文王孔子之在周魯固不得謂聖人多起西北而不生東南矣周衰學廢秦亡足論漢廣川董氏唐昌黎韓氏稍闢孔氏門閾迨宋二程氏首振絶學鳴於中州而未涉江以南自將樂

楊龜山先生師事二程還始駐吾邑之東林紹明程氏學以迓續乎文王孔子而太伯季札之以文教廣東南之傳者蓋於是乎益振此東林之源而其祠所以迄今稱道南也越二百餘年國朝邵文莊先生學宗龜山肆業處亦名東林更百餘年則端文忠憲兩先生直能光復故址以詔來學計其時距龜山講學殆五百歲適值孔子接文王之數雖末學不敢以此苟諛其鄉先生而要之數有適叶罔可誣者豈不奇哉由是道高疑積德立謗生萬曆中蜩螗沸羹以東林爲質的幾二十餘載而鉤黨之禍遂至熹廟之季而極會毅廟奮起蕃服手拔巨奸東林諸舊人差次柄用卽不肖者未嘗不蘖芽其間而以王鈇在御不復至有同文禁學之獄无亦皇極建而淫朋比德者屛也皇天不弔殃我聖明甲申福王旣立更有一二遺孼忘國辱而理私怨迺復執東林二字掘泥而揚

波者而廟祚且隨之以抵于盡或曰東林黨人之目幾與朝局相
終始諸君子爲天下首功能不爲天下首過乎哉嗟嗟諸君子皆
學龜山之學而今顧以其所學爲趣亡之具耶按元豐元祐間有
王學有程學●從程氏者龜山也於吾邑一傳爲喻玉泉再傳爲尤
遂初三傳爲李小山蔣實齋於閩一傳爲羅豫章再傳爲李延平
三傳爲朱考亭宋雖南猶以是數公者維繫百五十有二年而亡
若從王氏則章惇蔡卞諸人不數十年汴京灰二帝狄死矣是則
程學之效煒然可睹而謂學其學而趣亡者耶且諸君子不但無
趣亡之失而其功有三昔龜山立教以無欲爲宗而或者疑其流
於禪王文成則謂吾邑邵文莊曰惟先生克辨及文成倡學姚江
以致良知爲宗而或又疑其流于禪則亦惟端文忠憲二先生克
辨故端文曰小心忠憲曰真知實踐皆凛凛訧訿於儒釋朱陸幾

微異同之間是功在學術天啟丙丁之交豎忠竊政幾於戚莽移
劉女嬰鬣李頹東林多士爭先赴難而碩果尚存者又有汲黯制
淮南之風於是九錫備物之計遲而代邸渭橋之興速此固九廟
有靈亦孰非諸君子呵護之勇也是功在朝廷滕文患齊楚孟氏
進效死之策龜山先生以爲知命且謂言苟出於儀秦必知謀之
私而非天命之正矣嗟我毅廟躬殉社稷非龜山所爲天命之正
者乎至于兩京淪陷忠節輩出而吾邑馬文忠公華吏部公實與
其師忠憲先生步武相望使異日謂東林明教以後其君則蹈萬
古未行之孝●其下則奮一堂相命之忠君臣朋友知生知死是功
在名教嗟夫悲夫諸君子勞苦功多如是而必欲坐以不韙之名
如韓非所謂人臣以爭事而亡其國者斯亦誣矣朋黨之故歐陽
氏言之甚辯余亦不必爲諸君子贅今第窮源竟委輯成一編俾

天下知東林者非猶甘陵大學白馬清流之類蓋其地爲吳太伯
故疆而其學則由龜山以溯二程由二程以溯文王孔子所爲上
不得無以政●下不得無以教者也庶呶呶之舌聞此可撟而邪之
人或有聞風而興起者亦不愧生勾吳延陵之墟矣乎

東林原志序　　　　姚宗典

梁溪之有東林書院，其來舊矣。在宋楊龜山先生剏之，我明萬曆中顧端文公、高忠憲公重葺而新之，而屬劉光祿伯先生生爲之志，因未壽諸梓弗傳。今其鄉後學嚴子佩之慨然爲詮次本末，詳列興廢事蹟，并諸先賢傳記、立朝在野不朽諸文辭，粲然成大觀焉。剞劂既竣，走吳門問序於宗典。余何人也，蓋自少稔於庭趨，見我先文毅通籍以前，一章縫後起之士，翺翔於端文、忠憲、光祿諸名公之間，以道義相期，勗甚厚。既與忠憲、光祿同朝，與聞國家大計，尤敦莫逆。逮後端文、忠憲兩先生易名大典，實擬自先文毅。貞死生不貳之交，老成典型，次第彫謝，洎至今日，風流盡矣。記有之：良弓之子必學爲箕。嚴子知先文毅之於東林有干城好仇之誼，而以析薪負荷庶幾望余。余惟憶疇昔家庭間一二舊聞，蓋嘗曰：

顧高諸公原本龜山以俽堂與非徒言古人之言，皆能行古人之行者也。其存心必依忠孝，其律身必主無欲，故凡遇是非邪正之際，持之獨嚴，不畏當路，不憚權璫，侃侃告君，誓以七尺殉吾道。是東林之楹桷柱礎，皆千常之松柏爲之，後人不知，毀且以茶蘼澗蘭臭以醯雞儆鳳皇，何比擬之不倫哉！又曰：講學一事，在先輩用心處尤不可及。熹廟辛壬之間，遼左淪陷，京師戒嚴，士大夫日夜潛發其帑南還，首鼠觀望。時關中馮恭定公、吉水鄒忠介公特倡講社於輦轂之下，一日公卿畢集，互有諮叩。酒三行，忠介振音誦王文成人心有仲尼之詩以侑之，恭定又颺言於衆曰：國家多事，食君之祿，莫知死綏，抱頭鼠竄者踵相接。吾輩備員九列，各宜喚起親上死長之念，爲國人矜式。今日講學何可已也！由此觀之，東林之仕學如是，朋友切劘又如是。設使三事大夫盡若諸公，則邊庭安危大勢豈無賴焉？而今世運傾頹，河決魚爛，有反謂數十年門戶之害肇自東林，磽磽致缺，禍貽宗社，如厨顧俊及之足以危漢，清流白馬之竟以亡唐。余每不平此言。夫顧高一時之東林，皆馮鄒之選也。諸公皆董名教、植綱常之人，乃所謂鬚眉特異、衣冠甚偉者也。謠諑竄逐，皆不得竟厥用；若近之羊質而虎皮，妄自稱羽翼東林，而究至以權賄殺其身，以患得患失賣國家者，原未嘗厠足於講堂一與於鱣魚鸛雀之數，而可以是病東林哉？抑何不觀東林之鄉，又有馬文忠、華吏部大節炳然，輝桑梓而壯山河者若而人耶？生有正學，死得正命，前茅後勁，精神在天，卓哉東林！斯亦劫灰桑海中之魯靈光矣。故此一志也，亟當懸諸日星，以昭一代之冠冕，俾天下萬世知真人品之在東林，誠不愧關閩濂洛。嚴子之功，直在世道，豈惟其鄉？余不敏，願執鞭以從事焉。

東林原志序　吳興祚

道者天地之所以位學者聖賢之所從出也剖於羲畫徵於危微衍於洪範至宣聖氏以正心誠意格物致知約之而本體工夫易簡昭灼于是乎道學之統萬古中天矣四子既遥大義日舛漢儒訓詁唐儒詞章譬諸土木被文繡全無血脉洙泗之緒斬焉無遺至宋之周程張朱始知返本先從戒慎恐懼立定脚跟而其揭以教人也則融會正心誠意格物致知之旨以爲居敬窮理四言令學者試一居敬而其心有不正乎意有不誠乎試一窮理而知有不致乎心正意誠物格知至非卽所謂惟精惟一允執厥中者乎則是宣聖堯舜之嫡子也程朱洙泗之大宗也學者而苟志于聖賢則由程朱以求洙泗由洙泗以求堯舜亦猶之農服其先疇匠遵其規矩子孫守其祖父之傳器卽可謂之才也明也善繼述者

也自後世私智者出或口誦而衷離或儒名而墨行高擬生安恥由困勉考其學敬義無所夾持推諸心理欲幾于無别而堯舜以來相傳之意遂不能無毫釐千里之差此守先待後者所以必兢兢辨之也明之末季以道學爲諱遂有東林黨人之號嗟乎東林何罪哉稽昔宋賢楊龜山先生游寓梁溪時講學東林其名遂著同游若胡德輝喻子才二賢俱能有功宋室其後尤遂初蔣實齋李小山諸公相繼而起悉其淵源之所漸也明儒邵二泉顧涇陽錢啟新高景逸諸公追慕前徽不泯其蹟卽其地創爲書院以祀先生歲時率其徒講習于中相爲砥礪其學閑邪存誠其行反躬實踐靜則有體認動則有準繩而不敢崇虛悟騖新奇以從事于荒忽故其人心術光明操履堅卓雖攖大難不屈不撓以無忝乎天地之正理則其平居講學之功至此亦既效矣區區禍福固君子所不道也

皇清接統唐虞表章理學以考亭氏爲正傳舉業家有不遵註者咸黜勿進向使東林諸君子生當此時豈不皆我　國家周召畢散之臣哉而惜乎其不遇也史稱考亭之學得于李延平延平之學得於羅豫章豫章之學得於龜山而龜山則親炙二程之門者也血脉潛通授受親切今東林諸公發明考亭之道以溯之於龜山爰及乎二程卽以是印心于洙泗就範于唐虞躔次相及若經緯之在天也流派相從若河漢之在地也試舉象山姚江之統與爲衡量其果孰正而孰閏也耶由是觀之則梁溪之在九州地止彈丸黑子無足輕重至于道學一脉嫡系繩傳文獻似續直可與濂洛關閩配五嶽而並峙于天地之間祚生也晚不得與東林諸君子同時而講道猶幸數十年後得以令於地而登其堂雖庭階蕪

圯講誦寂寥猶令人向往低徊留之而不能去今高彙旃先生忠憲之猶子也示余東林志所載會約及祠堂禮器班班可考苟循其舊而興起之不猶勝于岐陽之鼓石跡僅存曲阜之履絢纔俱化者乎予於序述之餘竊有望於後之君子時康熙巳酉仲冬穀旦三韓後學吳興祚謹序

道南列傳敘 順治辛亥四月　　高世泰

張子秋紹有感於道南之緒羽翼既衰而宗傳莫一也夫楊羅李朱之爲大宗炳于千古矣在錫言錫則有喻尤李蔣皆宋儒也考亭之後爲蔡西山爲黃勉齋勉齋世適則爲何王金許皆産於金華爲元儒入明薛胡兩先生之後惟東林居敬窮理之學守程朱而不變斯爲真且正故從祀之議羣推泰和之羅梁溪之高近自浙善達至祁陽燕山北平之間久有正論而未定學者徒飲掘地之泉不識廬山之面可乎張子乃追敘文靖門庭步趨如一者得十六人爲道南列傳又既有疵瘢在胸者弗與于温良之列其意甚盛命余序余乃言曰於戲古今之道有顯有晦一堂之學有是有非顯晦者天命之所爲非人智力所能及故世治固顯世亂亦顯惟莫或顯之而至于晦雖晦而道之在天下者未嘗一日亡晦

固無損于顯也若乃所學一非則無所不非所謂本心不正脉理皆邪大固畀之以清明純固之氣失學則散而爲昏汚雜亂心志貿貿莫知所之抑亦何所不至哉甚矣道脉爲一綫之微不可差也聞之文莊丘氏曰在宋金分裂之時程學行於南蘇學行於北雖伊洛之間不復知有程氏學惟楊中立載道而南使堯舜禹湯文武周孔之道燦然復明于斯世此爲道南二字之義也然其説似衍于歸南歸北而非有道所樂聞或又曰文莊何以不言王氏學而言蘇學竊意維時新經行世挾勢餤以爵驅勢餤衰歇其毒亦遂消亡不至淪肌浹髓汗漫至今而未艾然則蘇果何學乎朱子有定評矣蚤竊蘇張之緒餘晚醉佛老之糟粕斯兩言也所以爲蘇氏譏尤譏夫自蘇以後非蘇而學爲蘇之俗學也彼夫挾策干時或詭譎其詞而出處亂封大其欲而廉隅失跌宕爲英豪樸魯爲蠢劣寡學多能爲有力先從後畔爲知權其小售而趾高小不售而喪氣者皆浮動之俗趣也有能跳越于朱子兩言之外者乎隨俗浮沉與時上下類非志士之所欣無如逃謬于趨舍權術之異顛沛乎得喪憂患之殊如扁舟下滄海遇風濤而失楫欲矯而自立也誠難故東萊吕氏曰惟不溺于俗學者始能求實學何也俗之所貴道之所賤也俗之所趨學之所恥也且夫世味移人酸鹽甘苦誰不宛轉嘗但以漫易之心人之多見其浸淫以謹嚴之意持之則反中藏約而内守通達變化而外應蓋德成性安無往不得至理之所寓當年文靖立雪程門所得應不踰此而何以程學來南之日蔡京則禁挾元祐書秦檜則斥之爲僞學當其禁之斥之而學較明者道之顯也至于莫或禁之莫或斥之而文

靖久缺于廟庭之祀直至弘治年間丘文莊特疏補入惟吾郡邑各有耑祠所以補典禮之闕失遡正學之淵源匪細故也前乎此者雖顯而猶晦也嗟乎孔子之後不應有邪説朱子之時不應有異同思其不應有者何以不能無則知歧路之羊不亡于路而亡于燭理之不明初志之不篤也爲今之俗得毋有慕蘇張而不能竊口佛老而不能醉者乎斯何足責焉獨怪夫誦習程朱而踐履不符克治不力騖虚悟矜捷獲我慢自高俗子爲甚故當揭之實則大道通行無分于南北聖學宗傳惟求一是而已

東林志後序

尹珩

珩㓜孤日侍先大父惠州公先外大父胡觀察公遊江夏年家郭文毅門側竊聞東林語迄窮經三十年閲歴四朝頻更變故益信東林有人歲庚辰珩巳困頓老矜忽接治臺袁公臨侯一紙亟稱楚中學使得一正人爲高忠憲公謝玄也袁故豫章鄒忠介同鄉人生平坎軻磊落摧折不磨丙戌礫柴市者吾楚舊有濂溪書院武林葛水鑑師草剏丹艧亦復廢于乙丙年間及吾師秉憲涖楚重新講席此道方如日月經天都人欣欣躍起而珩以是科方補更鳴事舉奇特頌說寰中癸未春房座當湖倪師以門下門生儀引見馬文忠公是時同譜在座八人復有門生見門下者文忠悅獨舉手珩云此龎眉皓髪者生耶楚學憲書來稱文章德行今歲舉場獨得子因與珩及君聞龔伯興兩先生商論拙選明文元問

及選中所紀學術事功當湖亦有矜色顧珩自疚形穢何敢厠足東林然翳桑十三年冰淵艱難苦恨誠懼以隕越先大父者重謬辱于師門也頃自吾師從滄桑陵谷後蒴除荆棘恢廓道南與同人修明遺乘命之曰爾珩奉先教有年矣豈有一言乎珩拜稽首珩惟三百年綱常之重自革除衆貞創其始實東林諸君子震其後芬香似續炳明長夜近有以陽九之厄譏訶于數十年門戸比之漢唐宋朋黨誤國嗚呼蜣螂轉糞于日月何傷夫朋黨惟牛李德裕雖才晧無學術其黨無足論者若建寧元祐皆極一代端人吉士巳不得與白馬明流並論何況東林范孟博云善善惡惡爲王政之所願聞不悟更以爲黨然布衣抗憤危言詭激致使公卿側足屏履到門東林之生徒無是也甘露無謀輕召事變致使南牙北司互相矛盾宰相肘掣一無所施東林亮節非是比也且當時皆以主闇國危奸人竊柄宗社從而顛覆若我毅廟在御宵旰宸膺非如桓靈之庸懦僖昭之童瞶徽欽之昏滛屬天降割殲我國家乃以堯舜之主蹈恨哀平千秋萬世讀史者定當掩卷涕零而可以危亡潰敗委罪東林門戸耶且以漢唐全盛之時新莽妖曌皆不崇朝而更制服色易天下如反掌若逆閹煽禍紛紛建立生祠稱頌功德諸君子奮百折不回之身爭一綫不絶之鼎血肉狼籍視死如歸卒之彼其鼠首顧畏兆祚眞人逮夫燕京遘難大行身殉社稷惜此時老成凋謝朝宁如晨星落落而碧馨濺地依然仗此一二老爲日月爭光比于秦淮枯咽易水金臺文謝寥寥南朝惟李侍郎一人誰謂忠孝節義之維繫不于東林而誰屬哉況忠憲溯流止水如鑿醴泉馬文忠華吏部淵源步武皆揭揭于耳目或者以牆仞既廣指此中一二蒙面洟涊頑鈍之尤者以爲

詬罵則同一聖人之裔也何以孔光附莽孔融見殺于瞞趙汝愚見逐于侂胄師睪偏爲犬嘷是知賢則爲北地王不肖則爲安樂公雖父子兄弟不能變化氣質又可玉石朱紫不分致憾于當時設科之心以爲來者不拒耶昔韓侂胄使優人王喜戲冠濶袖象大儒戲于宋甯御前因極言紫陽迂濶不可用殊不知投匭封事偉煌金石使當時不爲權奸泥沮立朝僅四十六日豈不大有可觀李青蓮一代人豪爲永王璘所迫遂不得與杜陵齊名至今惜其嘲魯儒一詩幾與王喜同病是可爲識道學者刀圭且夫東林合天下爲席非一鄉一邑而梁溪實爲漆沮發源之所肇基于楊文靖左右于邵文莊而創復大成於端文忠憲天崇兩朝旋毀旋復三十年來瓦礫烟銷有同禾黍今復拓廓于吾師之手是可見斯之本甘泉燈傳薪火青壇如故巖音不容隕響也若夫道未墜地

振起在兹憲節宗風廣永江漢未能舉人所不及見聞者爲阿所好但約略中外所及知一二事如折跋扈將軍而强鎮斂容戒軍吏無犯忤軍容兩豎以去就諍震怒至尊一撤回一正法傲骨凌霜儼是當年衆正毅目凶鋒剛大不回厥承家學至遭逢明聖得行其請功在三楚美歸一人則處埶得全快于忠憲有非人之所能爲者矣然珩楚臣也請得言一二楚事以爲吾道不孤之一助可乎吾鄉江夏賀文忠公分闈熹廟壬戌給事易三房每爲珩言日夕捧家封史讀書爐夙興夜寐卽一焚香上告冀感動后帝賚一貞人以事天子已而栩栩起得一卷暗中模索此必貞人是年元亦出文忠門爲吾鄉竟陵劉士徵兄珩舉相慶恐卽指劉文忠謂珩士徵良不愧衛門前輩而此中更有一士他日國家必當倚賴子識之因復舉前夢中語相示余以姓名請文忠曰子自有同

朝日子自曉蓋指鳳超華公也嗟乎文忠癸未成仁于楚又五年丁亥鳳超盡義于吳而以不負吾道者不負舉主此道良不孤也今濂院南祠光聯吳楚星霜非舊俎豆時新今日者倘亦有南歸其人卽不必爲文靖或不忝爲和靖不愧程門目送者乎願以告今之同人以俟後之君子

東林學案序

黃宗羲

今天下之言東林者以其黨禍與國運終始小人既資爲口實以爲亡國由於東林稱之爲兩黨卽有知之者亦言東林非不爲君子然不無過激且倚附者之不純爲君子也終是東漢黨錮中人物嗟乎此寱語也東林講學者不過數人耳其爲講院亦不過一郡之內耳昔緒山二溪鼓動流俗江浙南畿所在設教可謂之標榜矣東林無是也京師首善之會主之爲南皐少墟於東林無與乃言國本者謂之東林爭科場者謂之東林攻逆閹者謂之東林以至言奪情奸相討賊凡一議之正一人之不隨流俗者無不謂之東林若是乎東林標榜遍於域中延於數世東林何不幸而有是也東林何幸而有是也然則東林豈眞有名目哉亦小人者加之名目而已矣論者以東林爲清議所宗禍之招也子言之君子

之道辟則坊與清議者天下之坊也夫子之議臧氏之竊位議李氏之旅泰山獨非清議乎清議熄而後有美新之上言媚閹之紅本故小人之惡清議猶黃河之礙砥柱也熹宗之時龜鼎將移其以血肉撑拒沒虞淵而取墜日者東林也毅宗之變攀龍髯而蓐螻蟻者屬之東林乎屬之攻東林者乎數十年來勇者燔妻子弱者埋土室忠義之盛度越前代猶是東林之流風餘韻也一堂師友吟風熱血洗滌乾坤無智之徒竊竊然從而議之可悲也夫

題千里同聲卷贈方本菴　　顧憲成

余憲成私淑本菴方先生有年矣蓋嘗讀其會語數編得言教焉于今更喜得身教先生表章正學士類嚮風憲成宜循牆負笈附弟子之末●尚愧未能乃先生不遠千里駕扁舟攜二三高足儼然而臨睨東林德愈盛心愈下萬頃汪洋孰窺其際此憲成之所爲茫然自失者也憲成行年六十有二耳精力已銷亡盡矣又不能自愛時時善病先生加憲成十年而神甚旺色若孺子行住坐卧灑灑自得非養深積厚何以臻茲睟盎此憲成之所爲惕然有省者也王山陰羅盱江並以妙悟推而輿論不大滿者只爲其襲傳食故事所至溷有司其門人日往往緣而爲市耳先生至予邑且數日邑侯陳石湖聞而造謁始往報焉瀕發擬送一舟謝却之人以爲過從行汪崇正安述之曰先生素守如是不可强余輩亦不

之强也聞者嘆曰可謂是師是弟矣此又憲成之所爲欣然中心悅而誠服者也夫非先生之身教乎哉及憲成等朝夕侍先生則先生又時切提撕不一而足同志來見者大叩大應小叩小應不少倦也已而言別又作別語剖示玄珠叮嚀反覆令人卽欲自棄而不得此又先生之心教矣憲成何幸坐而獲多益于先生爾爾因退而記之置之案頭以爲但于此一展玩焉便凛如先生之臨其上無敢戲渝弁寫一通納之先生以爲先生誠不我忘但于此一寓目焉便宛如憲成之在側當源源而施鍼砭也先生許之庶幾千里惓惓始終其不虛也已于是酌卮酒爲先生壽送至毘陵赴經正堂之會而别萬曆辛亥九月顧憲成謨

跋點朱餘咏　　葉茂才

毘陵錢先生受易于江右名儒而心有獨得著像象管見窮極闡奥才受讀有年矣癸丑冬會友高存之偕二三同志延至東林講易多士雲集●匝月始竟各充其量而去蓋曠舉也亦奇逢也先生始至適當一陽始生意欲激昂晚學開拓心胸而後授以易學乃首倡雅詩而朋輩和之輒成一編因命才題其簡末才聞張子云大易不言有無言有無諸子之陋也蓋性一太極極本無極謂之無則太極也謂之有則無極也有無俱泯爲物不貳不可析而分也分則多歧一則其貫故惟不言有無是名知性耳諸子見性未圓立言易詖卑泥名相高涉玄虛陋孰甚焉吉哉張子之善言易也而因易以通于詩學異而理同始異而終同易不言有無而詩可知矣才病慣廢學詩與易一無所聞惟是有無之間偶窺一斑

請先生裁之蓋人之生也性所同而質所異故參也魯回也庶在聖門已不能無殊而一傳再傳愚之脉常近庶而見爲有庶之脉常崇虛而見爲無則源雖一而流漸分矣而况二氏九流分道而馳其相去不益遠乎吾夫子因性牖民循循善誘詩以興之禮以立之至于易則以爲天地鬼神之奥不可雅言直欲終身玩焉而不厭而往日涇陽先生設教亦每先日用而後深微其于講易猶謙讓而未遑也蓋性道難聞而不輕抉以示人意深遠矣由今日之會慶今日之逢竊願聞先生之易學而深有得焉始則自無而有不爲實●繼則自有而無不爲虛終則愈有愈無愈無愈有而洗心于太極妙契于無極極則一矣一則無所能無所不能矣而詩于何有易不云乎天下同歸而殊途同歸云者太極也性也性無顯微無聲臭不可以有名不可以無名故大易不言有無誠獨窺

性真高出千古而非諸子所敢望也吾以此言易可以得張子未發之旨即以此言詩亦可觸此通彼因往知來舉一而反三矣一斑之見如此惟先生終教之萬曆癸丑仲冬梁谿後學葉茂才參之甫謹跋

跋點朱餘咏　高攀龍

啟新錢先生之於易也蓋四十年動靜食息于其中矣當其精思力踐之熟一旦豁然見夫聖人畫乾畫以象天畫坤畫以象地合乾坤畫以象人故夫卦之而八重之六十四皆天地象也皆人象也像其象焉之謂人不乾不坤不震不巽不坎不離不艮不兌之謂匪人世人知易之爲象不知象之爲像是人與易二之也說易者自程朱兩夫子而後先生可謂再闢乾坤之門而發其藴矣然像象之書行于世理深文奥學者至不能句罕有知其義者吾邑吳叔美諸君謀于攀龍曰豈可當先生而不得其道一聞于錫之士耶龍曰然于是迎先生説易東林先生欣然許之以十一月六日至又四日而日長至其夕相與飲酒而樂先生爲詩示學者閉關之義一時從游士賡而成集先生既序而刻之攀龍復申其義

曰夫關心關也其紛念爲商旅其真宰爲后商旅不行則内固后而省方則外馳闔乾坤之門而爲關斯闢乾坤之戶而爲盛德大業三百八十四畫直一畫綰之而先生閉關之義固像象之扃鑰也癸丑十一月二十四日教下高攀龍敬跋

高景逸先生論學語題辭　　吳桂森

儒家之有語錄昉于程門皆授業諸賢所錄耳授語也迄今而程氏遺書昭垂日星與六經並重使後之學者得遡伊洛之源以接洙泗之脉在此書也則諸賢之記錄力不易矣天之未喪東林代興啟新錢先生涇陽顧先生真儒輩出而天又鍾其脉于景逸高先生斯編也則雲陽季純周子所錄耳授語也先生之書又將與遺書並重矣季純亦知書中之宗旨乎先生之學本于復性而以居敬為立本以靜存為入門夫惟以靜而入故讀書窮理步步有實證夫惟以敬為本故致知默識步步臻實詣此所謂體用一原顯微無間而為性命真宗旨也是以東林之教標庸言庸行之矩而談契悟者未嘗不厭心洽志于微言片語間景逸先生宛然程伯子爾將後之學者由東林之脉以遡伊洛之源在此書也則今

日季純之錄其為力洵不易也夫

跋東林景逸高先生論學語　　祝可久

余自乙卯春三月問學宜興史玉池先生始得會先生登其堂清淡無華丰範皆古遵守朱夫子家法額曰居敬曰三畏而聯言敬以直內義以方外每領教時見客問及他務僅一兩言而止惟談學即諄諄然余初會間僅識先生之品高先生之學正未識先生之如何下手如何得力戊午秋復來東林久住求學先生示之曰學以復性為主入門最直截者莫若敬但人不識敬耳不識敬則敬只是敬識敬即是性此所以貴窮理也余參求不通月夜全會中任希顏周季純二君辨動靜合一之旨師云天在人身春在木人居天內木涵春之詩余默思之獨坐時目視耳聽皆動也靜何常不動日用間子臣弟友皆靜也動何嘗不靜理無動靜敬無動靜此所以盡性乎抑鬱數時忽於先生至教纔有入門今甲

子春闈先生北上敬候行期就坐商先生之學會周季純蔣的候與余談甚歡遂以數年記錄示余余閱而輯之過新安適覺我程君一見心賞遂授梓人余敢謂得力有年要亦不忍虛先生之教也因述其顛末如此謹跋德興門生後于祝可久百拜書於來喜閣

跋東林續志　華允誼

天下學人少而不學人多學矣知信正學者少而歧異趨者多故儒宗一脈孤行每有厄運宋僖昭之季往往已然若吾邑之有東林書院宋龜山先生始也龜山學於程氏程氏學成而歸渞公目送之曰吾道南矣既歸恆寓梁溪紹明程氏之學於是有東林書院書院左祠祀先生曰道南志宗也書院久且廢國朝邵文莊先生學宗龜山議修復不果嘉隆以降則學術蓋多歧矣姚江掃除格致單揭良知其說深入人心髓而程朱正脈幾處閏位於是顧端文高忠憲兩先生倡復書院闡繹而救正之高先生之言曰止至善之學必歸格物入格物格至善也以善爲宗不以知爲宗辯性學心學幾微異同一一究晰端委事以居敬窮理兩言軌一學者使不得逃於虛詭於似浸淫於無忌憚之歸功于後學甚鉅然而側

目東林者自端文時已蘖芽其間蘊積日深浸成水火乃至䢴不學之人詆誹學者乘奸閹竊國狂走趨附鈎黨羅織禍始烈當是時書院毀廟貌圯先賢絃誦之席至蕩爲飛塵鞠爲茂草同文之徙海內憤鬱而忠憲以蚤炳先幾取義汨羅之沚東林厄運至此而極矣毅廟嗣興不動聲色而誅夷大憝旋下明詔修復天下書院吳素衣先生首捐貲搆麗澤堂三楹爲之兆中西禍移宗社鼎湖載泣望帝魂消何所復措思慮學憲高彙旃先生既歸田始修舉墜緒復建立燕居廟旁築精舍數楹顏再得草廬曰君子之至於斯也將茂明先業光復吾宇後火前薪似續一線在此日矣嚮者滅沒于烟墟梗莽杳不可得而幸乃得之設復悠悠忽忽此日其可再乎嗟乎彙旃之志勤矣彙旃事具尊人聲野先生誠敬懇至念忠憲先生一體手足之愛雍雍愉愉言容睟盎無時不感接神明而斯志斯事又烏可已然而今昔之時義則殊矣在昔徵道廣而今似廣德孤在昔則知章而今自宜用晦聲氣之違合勿問也形迹之異同勿論也藏修一室之中自審樞機自嚴師克攣好爵而利斷金豈異日事而得毋劫甚否耶抑余於是重有感也忠憲之蒙難也在丙寅三月遺表外一不遑他及唯東致家季云心如太虛本無生死何幻質之足戀蓋明以朝聞夕可之一事親挈而付之戊于四月家季直請事斯語懸隔二十餘載而師弟傳接不謀而合不介而孚要之各成其是程子云學只是成就一箇是而已錢啟新先生云易始乾終未濟不見是不失爲乾龍失是則爲未狐是非存去之介辨之早嚴之獨斯庶幾戒慎恐懼君子之中庸噫東林之爲東林依於是焉已爾實見得是夷險以之死生以之君臣師友大義皦于星日世俗誹毀爭攘如蝗螟聚喧於神

明何有而深維四十年中俯仰百變以端文忠憲兩先生至誠動物樸棫作人之雅意而未幾忽不保其終以諸黨人衝飈虐焰遮障天日慮無不立毀盡而迄於今留不食之碩果嗚呼倘亦有懼而思閑惕惕于廢興之故者歟其廢也摧之折之人也未始非天其廢而復興也培之篤之呵護之天也而正存乎人天未喪斯文責有攸歸矣敬識末簡以詒同志

東林書院志卷之十六終

東林書院志卷之十七

文翰三 書啓 揭 贊 雜著

請復東林書院公啓　顧憲成

敬啓有宋龜山楊先生受業兩程夫子載道而南一時學者翕然從之尊爲正宗考錫乘先生常講學是邑十有八年建有東林書院歲久旁落爲東林菴而書院廢矣距今五百餘年俯仰顧盼莫不喟然嘆息某等借不自量欲相與共圖興復然念祠堂以崇先哲之懿范則道脈繫焉書院以廣友朋之麗澤則學脈繫焉所關重大若此非藉寵靈不足以樹風聲而垂永永也會庠友馬希尹等合呈上請乃敢拜首颺言曰先生之道其源遠矣其流長矣及門之樂育既多過化之餘風未泯而今而往有能紹述遺訓如當年之在東林一傳而爲喻工部再傳而爲尤文簡三傳而爲李簡

肅蔣忠文無墜道南之一線者乎是惟先生之賜而今而往有能冥契心宗如當年之在劔南一傳而爲羅豫章再傳而爲李延平三傳而爲朱考亭直接周程之正統者乎亦惟先生之賜其大有造於吾錫何如也台臺爲斯文主盟凡在瞻聽靡不喁喁屬耳目焉幸亟允希尹等之請上之表章正學煥發幽光儼爾儀刑之如在下之開示周行振起來學晗然向往之有歸不腆九峰二泉之間行將坐收濂洛關閩之勝其大有造于吾錫又當何如也此某等之所以仰追明德特爲台臺懇也謹布腹心惟執事者裁命臨緘無任懸企之至

按先忠憲年譜具刻此啓未刻稿中亦見焉其爲先忠憲作明矣而嚴志則繫之涇陽先生蓋東林興復涇陽先生爲之倡而先忠憲翼之此公啓所以首列涇陽先生諱歟 延珍謹識

與郡侯歐陽宜諸公祖書　高攀龍

東林書院見於王文成公之記者不論矣嗣後督學者三議興復一見於聞人公名詮一見於耿公名定向一見於謝公名廷傑檄文具在而皆不果雖曾葺有祠堂三楹後竟毀爲他構良以其規制蕪陋始未嘗爲久遠之計也今藉老公祖在事以其時則可矣故倡之自涇陽先生二三同志和之已集三百餘金可爲堂搆計而必上聞于老公祖且欲求轉申兩院及學臺者葢以此舉爲多士所願因其願而重之以當途主持便可成風風則動未必不爲流俗變化之機云耳公啓所未及敢私布之

答東林諸公書　曹[redacted]

龜山先生講學貴邑成就多賢遺訓相承於今爲烈則其英靈精爽必有洋洋此地者建祠俎豆以酬功德實天理人情之至縱微舊址尚存而禮以義起獨不宜掀舉於今日耶呈辭一至當卽允

行先此附復百惟照亮是荷

柬馬起莘按臺　高攀龍

東林之舉具如公啓所陳是役也涇陽先生倡之弟輩一二同志和之其公用麄具可以不煩官府所以上聞於老公祖者念此事風化所關老公祖風化所自出非仰承明德則其事不重其傳不永卽如嘉靖中曾修復祠堂三楹不數十年毀爲他用今欲大其規制因以爲講習切磋之地不得不鑒於此公啓所未及弟敢私布之

答高景逸書　馬從聘

三吳夙稱文獻之邦然經術氣節爲一時海內所推服者獨毘陵爲最甚則賴有二三名德居高而爲之倡也辱諭修復東林之舉以紹明往哲啓迪後學其意甚盛不佞叨事地方欣逢盛事敢不

祇從倘完工之日不腆姓名得附紀石之末藉光不朽爲幸大矣
肅此奉覆統惟台照

上孫柏潭少宰書　楊廷筠

近聞顧涇老修葺楊龜山祠院此舉闡道興文眞不朽盛事也門
生初到據府詳工資七百兩除士民醵舉外尚欠六十兩有奇卽
批助本院項下銀四十兩尋又加助二十兩有奇以足前數但此
止據府詳大較恐土木浩繁未必七百卽能告竣其間細委老師
知之必詳果前估不敷不妨再酌門生鄙陋表章先儒得與其事
實遠有耀況老師主盟於上而門生敢少不從臾焉崗此奉懇統
惟台照幸幸

與林平華父母書　高攀龍

東林之政仰荷主持遂得徼寵於各位老公祖儼然賜命重之弘

施煌煌斯文實式臨焉然而揆之鄙衷尙有不能嘿嘿而安者昔
聞邑先達文莊邵二泉先生嘗建尙德書院祀李忠定矣比部華
補菴先生嘗建崇正書院祀七賢矣還按東林故事二泉先生嘗
屬補菴先生重行改葺矣並不聞上煩公帑下煩里中父老趨事
也惟是惠山尊賢祠二泉先生實倡諸矜紳共新之則亦謀諸一
邑而已卒不聞上煩公帑下煩里中父老趨事也典刑具在龍等
何敢有違已而反覆思之祠堂之設主以龜山先生配以羅胡喻
尤李蔣邵七先生崇往厲來於是乎繫是一邑之公也至於會所
之設廣麗澤也乃龍等之自求助耳書屋之設備藏修也乃龍等
之自求益耳是二三同志之私也其爲一邑之公也請得奉揚明
德庶幾翕然興其仰止之思以無負表章至誼其爲二三同志之
私也請得退而守固陋之分無容藉口談道之名覥顏非格之賜

以致處非其據貽誚伐檀懇乞特賜鑒裁轉達於各位老公祖幸
蒙許可鏤刻有百倍于恒情者矣

會講東林書院公啟萬歷甲辰　顧憲成

東林之役幸邀靈竣事遠惟子輿之仁而求其輔會友亟焉近惟
茂叔之義而求其樂聚莫重焉下衷不勝大願敢屈道駕貺臨主
盟伏冀惠然夫豈惟某等實拜門下之賜會期卜于月之初九日
始至十一日謹聞

與歐陽宜諸郡伯書　高攀龍

伏聞台旌將發某等扳轅無計去思何極東林之舉仰藉主持得
以報成顧非名賢椽筆不足以昭宣其事而垂永久某等不揣敢
以記文爲請伏望台臺上念前賢之微緒寄遺跡而如存下念末
學之向方待鼓舞而始奮慨賜雄文以賁茲土譬如雷霆而百蟄
具興鐘發而羣夢皆醒所以提撕斯人之徒者豈渺小哉謹礱石
以待

東東林書院諸同盟　鄒元標

不肖西江腐儒束髮有志于道從事諸先達長者遊今老矣屏跡
水田之坳與樵牧爲伍忽承涇兄及諸老先生委作依庸堂記不
肖不知學妄以鄙見請正道公道也學公學也倘有未當老先生
不妨直教元標刻心以受文發後偶得依庸堂二楹聯其一云坐
間談論人可賢可聖日用尋常事卽性卽天又一云光天下做箇
人須尋着規規矩矩落地來有場事要識得皜皜巍巍譬之唱囉
連者人雖不佳其言可采有心者聞之亦悚然有起色乎貴地四
方之表從此普天皆鄒魯矣吾黨皆見逐於清時者不肖常自體
德薄寡積不能見用於世卽用於世亦無可用徒生釁端吾黨肯

從青山白石良朋勝地尋繹千古眞脈方幸錮之不啻不怨不尤下學上達是吾輩今日事故凡爲人所錮必其自錮者也

簡鄒南皋先生　高攀龍

敝邑東林之建發於顧涇陽先生明道淑人之盛心伏蒙先生不鄙賜之堂顏賜之堂記又賜之右左格言觸目警心莫非至教某等何幸四方之士來斯堂者何幸先生明德光被於茲土矣夫道者道也行處便是在人之知不知何如耳知之卽人卽天卽凡卽聖於此不疑者乃眞悟也而眞悟者鮮矣於此不違者乃眞修也而眞修者又鮮矣然而古之聖人眞悟眞修者不少而孟子必曰乃所願則學孔子何也其的有在也故學者寧力之不至而正鵠不敢不設而不失于正鵠者抑又鮮矣當今之世于此三者非先生誰與歸耶某等既得涇陽先生爲之仰歸又得先生指示周行

將日孜孜焉眞如明教所謂惟恐錮之不固矣稍有入處尚當摳趨仙里就正謹此復謝

公啟沈老師龍江　高攀龍

茲啟敝邑故有東林書院宋龜山楊先生講學處也歲久廢爲僧舍先達文莊公邵二泉先生嘗復之葺有祠堂三楹歲久又廢近者某與二三同志請於當道而復之於左建祠堂祀龜山先生其費則出於當道有司所捐於右建講堂友朋講習之所其費則出於同志所捐名曰東林書院某等竊惟東林之廢也久矣幸邑乘之文在故文莊公得以尋其緒而續之文莊之葺廢也久矣幸陽明先生之文在故某輩得以尋其緒而續之然則所謂不朽之盛事豈虛也哉今老師一身關千聖未墜之統一言開千秋不喪之文表章先哲嘉與後進非老師其誰與歸伏乞賜之如椽垂記其事豈惟某輩將奉之爲圖書琬琰惟老師之鄉二程夫子之靈謂老師之文南而道南矣謹奉啟上懇不勝惓切之至別以東林始末及二記文一會約奉覽備考

復沈龍翁老師　高攀龍

懷老師峻德丰神時時在目一舉念一舉事恐辱老師輒自悚惕此某林居功課也得來使訊知老師起居清勝爲手額自慶東林記出老師手裁此方奉以爲矩庶幾實講實修一不敢假借自便爲聖人門牆羞皆老師化雨所被也拜師命謹再商求一二字以聽削正顧涇陽先生出一書明李司徒保障東南之功而東林遂爲時局大懟然丈夫言動總屬千秋豈在目睫間論世情順逆也諸不敢詳及

按先忠憲與沈龍江先生師弟相契最篤故堂成而必求之記但原記爲縣志所不載陛于先忠憲未刻稾中得此二啟謹並錄之其記則俟搜採補入陛謹識

柬馮少墟年兄　高攀龍

鄙見蒙老年丈印可何幸如之吾性天然完全具足無少缺欠無少污染識得後於時保之而已弟雖辨得路徑稍知向往第苦少年缺蒙養之功壯年缺靜定之力至今學未成章年來幸時局側目東林弟得藉以入山屏跡天假數年未知得不負明教否耳向從張雞老處得大集日奉左右以爲嚴師今辱瑤函再頒適東林藏經閣成已珍藏其中令君子之至于斯者共相紬繹如在講席矣感荷感荷弟之愚拙卽有筆劄屬未定之見未敢出之尚無以就正

柬吳觀華　高攀龍

東林之事仰賴道丈甚大諸賢知濟濟如昨也弟一路受鳳超之

益整齊嚴肅殆若性成故居之甚安此天成道器吾道之幸也壬戌弟至都有治安之象無危亂之事今日反是在此殊無好況救之不能棄之不可且忍耐以觀之未敢下着也

柬東林在會諸友　高攀龍

别來道況何如想東林之會益津津有味也僕在此可喜者惟海内羣賢一時畢集僕介於其間所謂蓬在麻中也連日會馮少墟云我輩除卻鍛鍊心體更無別事其言簡而盡矣以天下之大知此事者甚不多此周子所以謂至尊至貴吾輩可不勉與此間無他惟以用賢人壯元陽爲事若得同朝諸公一年在此必有可觀若决不可爲便見幾而作耳

答朱平涵相國　高攀龍

年丈得旨超然于風波之外何樂如之世事壞矣他無足論可惜

福清相公被門戶二字壓倒竟令全局折而入於小人嗟乎此是何等事一代安危千秋名實擲而不顧乃區區顧一時贊譏得失耶要之氣運如此尚何言哉東林今年不敢以大會累人但從同邑相知作小學生規行矩步他邑同心者有便則過之恐是時義當然老丈以爲何如

與東林諸友書　高攀龍

有人問我東林作何工夫吾拱手對曰只是這等大聖大賢也增不得些子愚夫愚婦也減不得些子莫輕看了這一拱手從前不知費幾許鑽研方討得這箇模樣從後不知費幾許兢業方保得這箇模樣且莫說要看臘月三十日

簡徐按臺　高攀龍

東林書院拆毀事恭讀老公祖明文所以保護斯文一脉者至矣以某輩私擬東林者明旨所首及也重在拆毀變價又重在土田變價二項并解助工而老公祖俱未之及仰見台臺苦心深心惟有鐫銘肺腑而已然某輩則何敢以此區區幻泡之物上累祖臺乎書院變價當聽本縣公估時值土田變價則有府縣原申官價當一一照價輸納仍煩老公祖細入覆疏内明書院之價及土田之數皆有當日公文及黄册可據庶幾諸公之意解而某輩庖雞釜魚或可稍延殘息也專此露封本縣公文中上陳不一

復張秋紹書　高世泰

昨奉業師命謂告聖文内當去愼獨二字而易居敬竊有疑而未敢問纔得台教謂居敬便兼靜存動察而愼獨似尙偏言之益沉疑於衷敢抒臆以請教正昔朱子立三樣主敬法一伊川之整齊嚴肅一上蔡之常惺惺一和靖之其心收斂不容一物並未嘗分

動靜而言之亦正不必合動靜而言之蓋其三項工夫不可缺一主意則在乎遏欲存理故程子又云主一無適主一者主於理也無適者無適於欲也忠憲嘗曰惟天理至靜理靜者理明欲淨胸中廓然無事而靜也亦並不以時候不以境界爲言至於愼獨之義謂偏屬動者此乃時文講章以愼獨之愼無以異于戒愼恐懼之愼特拈註中幾則已動之動字强爲立說以别於上文使八股之業有靠傍耳豈知幾之動者爲潛滋暗長離道之欲乎昔康恕問此兩節果是一爲靜存一爲動察否涇野先生云只是一箇工夫靜所以主動動所以合靜不睹不聞靜矣而戒愼恐懼便惺惺此便是動了如大易閑邪存誠一般邪閑則誠便存故存養省察工夫只是一箇更分不得蔣道林云聖賢之學心事内外合一異於二氏者在此惟其不落靜不落動故敬直義方進德修業一齊

俱到涇野又云愼獨只是無作好無作惡無纖毫私欲便是惕誠齋云所謂愼者非警醒也有功用焉恐懼以先之修省以繼之修省者恐懼之功用也修其身省其過其所謂愼者如此由是言之兩節之要在註中兩箇所以所以存天理之本然所以遏人欲於將萌此兩句乃中庸一篇之要領卽千聖相傳之心法未有理欲不分而可談道者也未有理欲混雜而可言性者也朱子又云先且就睹聞處做了然後就不睹不聞處用力方能細察如今人每每跳過一層做事睹處與聞處原不曾用功卻便去不睹不聞處做可知是做不成且如屋漏暗室中如何便做得須從十目十手處做起方得忠憲與覲華書云近來體驗復以自知所謂獨也不遠復所謂愼獨也獨者本體愼者工夫本體天道工夫人道人道下學天道上達然則愼獨之義尙偏乎哉何以大學愼獨中庸愼

獨參思無異詞也若曰偏也得毋居敬之義必合窮理而始全乎凡此皆時俗之所不講敢先布於台翁而後敢請正於吾師也且此告聖之文是泰之罪言也非得已也泰生於萬歷甲辰是爲東林書院肇造之年惟時止有配位七先生今何其濟濟也固樂其多也尤虞其龐也龐則可以意爲之爲人情體面之事而不顧道南之一脉也道南之脈雖宋之象山明之陽明白沙不得與也故自戊申之秋走兩函於南北爲博訪朱子道統自黃勉齋後當誰掛線爲嫡支北則棠老之復音不可得矣南則惕老尙未見復已酉秋又寄惕老云道統一圖爲五百餘年莫理之荒緒豈一人一日所能整頓然欲合天下而言之則難就鄒國而言之則易只宜就近理其脉絡如金華四先生未聞借評於異地如越學如關學支派各自井井東林諸賢亦只就在祠之位而尙論之嚴其至正尊其至眞崇禮其至純自告聖之後將奉宋儒六位於東席之上層奉明儒九位於西席之上層其餘羣賢則依年分爲敘庶幾宗統不淆趣向有定同人以爲宜然乎則點首而是之毋徒曰唯唯以爲不宜然乎則搖首而非之毋腹誹曰否否敬屛息以竢命

論學揭　　高攀龍

近者黃門朱五吉老先生有憲臣議開講學之壇國家慮啟門戶之漸一疏指意歸重東林至欲以東林爲戒而不復講學此說一倡吾道之禍大矣天下國家之禍大矣職東林人也卽不言及於職何忍坐守東林之誣正欲具疏旋奉明旨如日中天不復瀆奏以啟爭端故謹具揭夫黃門所言東林非東林也乃攻東林者之言也所言東林之禍非東林能禍人乃攻東林者欲禍東林也數年來職毋自詑理義人心同然何以言理義者輒目爲朋黨而不

容於世乎一日憬然曰正惟其同然也故以爲黨也國家用一當用行一當行去一當去必曰是東林之脈也或有人言一當用言一當行言一當去必曰是東林之人也不論東西南北風馬牛不相及之人苟出於正目爲一黨東林何幸而合天下之衆正何不幸而受天下之羣猜弓蛇石虎塗豕鬼車皆非實事也卽如郭明龍正域生平未嘗講學生平不識東林黃門謂與顧憲成開講東林卽此而觀他可例推夫亦黃門師生姻婭之間涵濡浸灌之久於時局之說不自覺其入之之深乎不然何以二三年來門戶去於人口依然還作當年口吻耶夫時局何爲而攻東林耶方中涵相國未入相之前首參之者吳巖所亮也旣入相之後首參之者錢梅谷春也故一時承迎相國者皆以攻東林爲職業摧殘善人戕害國脉率由於此此果東林所爲乎抑攻東林者所爲乎以爲

東林所爲東林能制其鄉里言官不叅論人乎昔程伊川先生講學於熙豐而爲蔡京諸人所攻朱晦菴先生講學於慶元而爲韓侂胄諸人所攻不以蔡京侂胄諸人爲戒而以伊川晦菴諸人爲戒可乎東林非程朱而習程朱之教者也不幸類是矣夫學者何也人之性也性者何也天之道也知道則刑名錢穀皆實事也不知道則禮樂刑政皆虛文也在此心迷悟間耳諸老從迷得悟不忍人之覥面而迷故講以明之正使之卽事爲學非以學廢事也黄門曰孰是仕優者乎乃可學不然勿言學職亦曰孰是學優者乎乃可仕不然勿言仕審如是可仕者寡矣宇宙甚大不可以一見相礙釋老且不能廢況可廢儒儒者以明道者也非儒生帖括之謂也非督學膠黌之事也收拾精神而非消耗精神者也人不知學世道交喪於是朋黨禍起相安則交安相危則交危故黨類

之黨不能無是羣分之品也偏黨之黨不可有是亂亡之本也知黨類之不能無使之各得其所而勿相猜忌知偏黨之不可有使之各懲其禍而勿爲已甚但得人人自反勿專尤人則無不可融異爲同化小爲大故有教則無類并黨類之黨亦可融之者其必由學乎惟學可消門戶顧以學爲立門戶職未見立門戶者而可以謂之曰學也謹揭

東林三先生贊　吳桂森

涇陽先生之學以識仁爲主故其萬物一體之懷眞有視天下一家中國一人者而其皇皇於後學引掖陶成惟日不足自東林倡道專揭庸言庸行爲矩以盡矯當世重悟輕修之弊然先生天資超卓頴悟神異當衆言紛雜之際徐出片詞隻語無不抉微破的人人心厭悅懌也至其虛懷樂取與人爲善之意溢於容色使人樂就啟新先生嘗曰涇陽之虛景逸之公人所不能及至末年充養益粹景逸先生曰顧先生進德更在晚年蓋天挺之豪獨邁之勇故其含弘光大不啻汪汪千頃莫測涯涘宜其領袖羣賢冠冕一世者也至其文章名世特餘事耳

贊曰濂洛關閩厎遠中涇揭精表徵日月重新大心體物小心繼統任重東林仁者有勇

啟新先生於書無所不覽終日矻矻一編而於易則動靜語默起居食息無非是也其精蘊見於人象編高景逸先生曰啟新先生以乾道坤道明人道其大有功於易乎又曰昔與先生談易數年來不覺其異忽一日乾元透露處處靈通此其功深力到之候也其教以考心爲先一念之萌察其非幾則克之論行之嚴則名利之私一毫未斷以爲勿得輕言學也其于出處之際尤嚴輕出之介嘗曰此關已閉自矢終身不開故一時朝野共仰如泰山喬嶽壁立萬仭云至末年輟講入山惟玩心高明木石鹿豕直與物穆同遊神而明之遂能前知去來世以此稱神奇觀先生詩曰識得坎離升降義幽明何事不通知則所自得於己者蓋有素矣

贊曰先天一畫聖聖傳心人像之篇開闢乾坤潛龍不拔離照常開通乎晝夜儵然去來

景逸先生之學其用功從小學入手而宗旨從大學得力修則實修證則寔證故凡所剖析闡明以開示後學如心性格物未發諸疑義皆能發前賢之蘊而折羣言之淆蓋其精微妙旨皆從身心得力處實實體貼出來故趣味不同而人心愜服也其應事接物無不從容中節雖極煩瑣紛劇而常自裕如人以爲先

生目無全牛故揮霍有餘而先生自以爲皆吾用功實地也其敎專以存養爲主每對學者則言復性而以爲必從靜坐入逮主教東林諄諄懇懇開導親切無非指點性體眞所謂滿目行生活潑潑地正在勿忘勿助之間者也蓋先生資稟純粹貨色兩關自幼不染而用功最早獨遵文公心法要訣故所造粹然如此洵天成道器而眞儒的脈啟新先生曰聖賢生知安行只是能知學能力行如高景逸二十歲外便步步程朱非所謂生知安行之質乎錢師極慎許可其推服如此則見重于諸名碩者更可知已

贊曰程朱居敬實踐力行知命達天反身而誠主靜存仁格物精義以身狥道義盡仁至

又總跋云顧先生見地如周元公超超獨上而其倡道東南一

段同人襟度則儼然楊龜山學者但見其高明廣大氣象不覩其貼地工夫以爲顧先生得之天者獨多也錢老師方嚴峻潔矩度出程正公而精思力研銳往特詣則似張橫渠每言人生而具離目坎耳兌口震足視聽不以天便負天聰天明言動不以天便負大澤天動凡此皆謂之乾不首出而坤不作成所謂終日乾乾形生無一息不爲天用也老師門庭既峻而功夫嚴密若此不知者疑苦而不甘焉高先生氣度雍容如程伯子而步趨立教一準文公先生其接引後學全用迎機引掖故其春風和氣不覺賢愚咸被而淺深同受者要之三先生一時並興眞天爲斯文鼎峙而得高先生爲之集其成也末學儒之未能知百世論定當知其言不虛耳

東林十先生贊　　鄒期楨

顧涇陽先生　文燭斗牛氣凌霜雪　爲道德金和玉節近泝關閩遠遡洙泗正學中興爲斯文幟

錢啟新先生　易像人彖匪徒以畫惟心體之渾身是易知語知默知存知亡其庶幾乎寤寐羲皇

高景逸先生　名世眞儒出類拔萃九龍人物古未有二修悟兩到誕登於岸泰山其頹百世所嘆

薛玄臺先生　錚錚者金温温者玉道德爲劑聖賢爲鵠一簾明月兩袖清風廉頑立懦百世之宗

顧涇凡先生　涇臯片地崛起二難龍躍平津氣紫亾寒貞靡邪熾力扶其衰吾道之衛士風之維

許靜餘先生　士習茅靡始於發解天挺清標不受世械左高右薛終身臭味陋巷一瓢聖門所貴

陳筠堂先生　禬帷所駐人歌來暮壹稟經術以經世務雪霜嚴肅雨露昭蘇漢之渤海宋之龍圖

安我素先生　玉樹臨風丰神映帶出入經史能見其大直道不容掛冠早歲眉拂烟霞裳携薜荔

劉本孺先生　天生屈軼有佞必指狂瀾滔滔如柱斯砥剛腸鐵面嚴於清霜藩衛吾道固若金湯

華燕超先生　身不勝衣言不出口義路禮門出入無苟爲名孝廉爲眞士夫一簞雖冷晩進師模

告楊龜山先生文 天啟丙寅　　高攀龍

惟先生學道則承程門之正傳衞道則闢王氏之邪說理學氣節參和不偏故在宋室既培養羣哲在我鄉亦興起多賢如毘陵一郡涇陽顧子涇凡顧子啟新錢子玄臺薛子我素安子本孺劉子

進則正言直諫於朝退則明善淑人於野丹心矢竭於少壯素節不改於暮齡皆先生南來千四百年之眞傳東林一十八載之遺教也今日講堂既毀恐歲久事湮謹奉六子配享神靈於以明天地一時生才之非偶聖賢千古傳心之不磨尙

饗

祭告 先師孔子文　　施 璜

自道之南有此東林群賢踵接循宋迄今高忠憲氏再造功深猶子世泰國寶家琛致曾五李佩程四箴持衡粵楚萬里聞琴布席句吳四方盍簪嚴辨學脉以正人心著書萬言扶陽抑陰重興廟祠春秋展欽三十餘年獨力支任孜孜矻矻墜緒是尋今其逝矣功不可沉林有艸廬夙坐披襟顔曰再得楊氏所吟爲位於斯靈爽應歆用冲餘慕且昴嗣音敬

告

東林或問　　嚴 瑴

或曰諸先輩之在東林講座者多矣乃與素衣眞儒一脉序獨推涇陽顧公景逸高公啟新錢公何也曰涇陽景逸爲開宗明教之首而啟新則素衣之師也推三公志所本也曰東林屬吳地而素衣乃以關中馮少墟繫之東林何也曰講壇有領袖之人因有某地之目自萬歷甲辰顧高倡學梁溪於是前乎此而講學者以東林爲應求後乎此而講學者以東林爲宗主蓋不啻濂洛關閩之齊壹衆心矣況馮公師事涇陽尤所謂聲氣同而道脉合者不繫之東林而誰繫焉曰鄒南皋亦與梁溪倡和而必舍鄒而從馮何也曰此素衣之定識也按從祀四先生薛文清公胡敬公朱派也陳恭公陸派之漸王文成公則陸派之深者也自文成有無善無惡之說學者相率而趨於禪蓋朱派蕩然矣時宜以無弊者救之救之以南皋不如其以少墟也觀南皋太平山房續集有善念可掃及不塵分別想不落揀擇障之言其旨居然與無善無惡等故忠憲批其簡端曰不可訓曰甚好卻有弊是則聲并與東林同而道脉猶藉以東林救者南皋也若少墟疑思辨學等集則曰吾儒論學只有一善字曰儒佛如薰蕕冰炭之不相入儒以理爲宗佛氏以了生死爲宗曰邪固不能兼正正亦不能兼邪吾道本大何必兼二氏而見其大此蓋言言可以藥文成之弊而與東林性善之旨不啻如匙之勘鑰璽之印塗者吾黨以息邪放淫爲事烏能不愼之又愼而惟少墟之從乎是故西北有關中之恭定山左之文清東南有梁溪之端文忠憲皆頎然爲天柱地維而獨是馮與薛則步武相後先不若顧高之百里並興爲尤盛耳曰如是則辨

之精而擇之審宜壹軌於中行而毋少偏矣乃其流則變而爲李膺范滂之徒至于朋黨禍成而衣冠塗炭卒以亡國是宗文成者固有弊宗東林者亦不爲無弊何也曰朋黨之故予所謂歐陽氏言之甚辨者是已今觀其論朋黨及唐六臣傳皆言亾國之禍由於小人挾朋黨之說譖君子以欺其君而非由君子有致斯言蓋今古一轍矣待余言哉若謂李膺范滂輩爲東林之學之弊余又何能以無辨也夫性善不可見而四端可見如忠君愛國爲惻隱以忠愛故而不能側足小人之門呈身非類之族爲羞惡辭讓是非若無善無惡則有統同而無廉隅即顔山農所爲專致力于仁體而不暇及乎其他者也山農以其術惑天下究且無羞惡無辭讓無是非而其所爲仁體者亦且玄虛渺茫頑鈍麻木正以成其大不仁而無復忠君愛國怵惕惻隱之眞性是其于文成猶鬼谷

門下之蘇張荀卿門下之李斯也卽文成孰料其至於是而無善無惡之說旣倡雖欲不至是而不可得夫然後知東林性善之旨爲無弊也性善發於孟子孰不謂老生常談然自無善無惡之說熾行之後忽拈此二字以正告天下遂犖乎有廻瀾障川之功所以薰而習之者知夫忠孝名節之爲善而毁閑裂檢之爲不善善者之爲性而不善者之非性於是威不怵利不誘生死不顧而期以直達其惻隱羞惡辭讓是非之情斯膺滂之徒所以接迹而起也然忠憲臨難貽書華鳳超曰僕得從李元禮范孟博遊矣或謂此謙詞耳烏有性學若忠憲而區區負氣尙節如元禮孟博云爾者愚則謂狂狷之視中行學問品格有二而性善無二爲胡廣馮道卽竊附于中行而實墮爲小人爲元禮孟博卽不得爲中行而不失爲狂狷安見忠憲之中行爲性學膺滂之爲狂狷而不爲小

人者偏非性學乎是故東林之中有以涵養兼氣節者有純任氣節者而均之其爲性善爲無弊明矣曰如是則東林宜有君子而無小人乃胡廣馮道之徒亦或不免何也曰斯不足以責東林也語性善之同卽古今之遥可以收之於同聲同氣之列語氣稟習俗之異卽家庭之近而不無舛錯不齊之倫如卞壼之二子一門殉節父子同也異則有父擊韓嫣而子降匈奴如李椒李陵者矣江萬里之弟萬頃以罵賊支解兄弟同也異則有兄歸漢室而弟仕僞朝如諸葛亮諸葛瑾者矣魏徵之後有魏謩祖孫之直諫同也異則荀淑之後有荀彧韓琦之後有侂胄裔祖其能逆料之乎陳瓚之家有文龍叔姪之精忠同也異則王導之家有王敦柳玭之家有柳璨宗族其能預制之乎抑非獨此蓀蕙或變而爲茅百鍊或化而爲柔如伍被諫淮南而卒與反謀沈文阿抗霸先而終投陳室其人蓋往往不乏是一人之身且前後改觀一事之跡亦初終各異乃必欲盡千百里外之交游徒黨惟我是聽而無一二之敢羣不亦難歟且今之致疑於君子小人之雜者謂假道學之貽詬士林耳夫假道學不待攻東林者言東林先已慮之甚久而防之甚嚴也邵文莊曰願爲眞士夫不願爲假道學端文嘆其㴱遠而涇凡先生則謂今人講學在縉紳只是明哲保身一句在布衣只是傳食諸侯一句蓋道高尺者魔高丈入我門者壞我法諸君子方且累唏三嘆蹙於勢之無可如何而急欲以登壇提命者願天下之盡爲眞而無事乎假人乃因東林之不幸有假而槪議其眞豈所謂有過中求無過耶如必求其過則熱腸輕信所謂不知人之蔽諸君子亦誠有之然古之號知人者無如蘇老泉之於王荆公要亦荆公蓬首垢面不近人情故因其太矯而卜其險譎

若欺誣東林之輩則言論動作必求似乎東林之所爲我忠信彼亦忠信我廉潔彼亦廉潔我議何事彼亦議何事我讀何書彼亦讀何書此雖絶識如眉山亦恐墮其雲霧中而况識鑒遜此一等有不至如歐陽之延譽荆公趙鼎之游楊逆檜者哉而亦可以株連移坐否耶故曰斯不足以責東林也曰如是則東林信無可訾而或又疑其空言而無用與拘俗而可厭何也曰觀林公平華道南祠記及愚序謂東林有三大功則非無用明已而今且申言之如昔人議南宋道學之腐嘗謂金人入寇正不知楊龜山坐在何處愚謂天心之悔禍不早朝廷之信任不篤卽李綱趙鼎坐在中書帥府卒不能清鑾帳以還二帝之車而獨責龜山可乎且學未有不講而能致用者如綱於七十餘日間爲中興名相而彼則嘗以易春秋疑義與吳元中許崧老輩反覆辨難其亦以是而嗆綱

爲無用可乎至拘俗之說愚尤見其不然夫手容恭足容重之類乃孟子踐形之教非道學創爲之而可厭也如不喫茶不觀書昔人已辨程子無是言抑學者亦未有沾沾從事於喫茶觀畫之間便以爲雅人深致而不可厭也凡人之足厭者爲其面目可憎語言無味耳若講學諸公在萬泰天崇之間皆侃侃嶽嶽不減魏徵張九齡之儔而識者延望丰采方謂鄭公之嫵媚復出曲江之風度如生譬之論詩正如古人所云遠猶辰告更韻於楊柳依依之什而今乃等之爲厭棄之物斯何說也夫人情之與厭反者愛敬感頌而已可愛莫若晉人風流而陶靖節曰疑義相與析則講學之詩也可敬莫若方孝孺十族之誅楊椒山見殺鄒南皐廷杖而三公則皆以講學起家也可感莫若王陽明之功一奮而撲寧庶人之變俾宗社易危爲安生靈轉戚爲喜貽福孰甚而陽明則終

東林書院志　卷之十七　十九

身講學人也可頌莫若李崆峒之文孫文介稱其掃靡習追古道山泉激發刁斗精明品格在韓柳間而崆峒則又常與吾邑邵文莊公講學許下嗚呼吾孔子講學一言醴釀千百世魁奇俶儻之人物亦復何限而或者以可厭相譏此非無所用心之昏愚即閒居爲不善之桀黠而已矣雖然厭道學之拘俗以爲不便於任情恣臆而逃之其弊猶易知也厭道學之平常以爲無關於了生死徹性命而逃之其弊則難知也今天下此弊亦披猖矣夫顧高諸先生嚴心學性學之辨又常與管公東溟錢公漸庵輩力排佛學之非而今日吾黨之士必望而羣附焉則何爲者況其弊又有不止於此昔人問羅盱江曰何爲異端盱江曰今日秀才們便是孔子之異端今日和尚們便是佛之異端試問吾黨之逃儒歸佛者果能斷緣息想六根圓通以證性耶果能平等無諍忍辱行持以待人耶果能六度萬行隨順無礙以濟衆生果能體取無生了本無速以究生死耶能如是庶不負此一逃若猶未也則是以和尚易秀才既爲孔子之異端以假禪學易假道學恐又將爲佛氏之異端嗟嗟何如亟反初服以守吾東林之教之爲愈乎

兩東林辨　　嚴榖

吾邑兩東林其可徵有三東林摭遺曰龜山先生書院久廢隆萬間有庠長盛君鑾銳圖興復具呈請之耿宗師宗師嘉允下其事於諸生僉謂以僧區言則保安本也東林支也（馮擇賢錫山志大寺各有所統小寺各有所隸故城內東林菴名保安寺下院以爲保安之所統也）以書院言則城東之東林本也保安之東林支也茲欲修復盍專於本焉圖之一徵也孫少宰柏潭先生東林菴紀略曰考邑志龜山講誦故在東林禪院右偏而王文成所記東林書院在伯瀆之上東望梅村二十里而遙此則又

東林書院志　卷之十七　二十

與弓河之東林相去邈絕二徵也高先生撰顧端文公行狀略曰楊先生令蕭山歸來依鄒忠公志完於毘陵忠公尋卒依李忠定公伯紀於梁溪凡十八年往來毘陵梁溪間棲止東林闡伊洛之學後廢爲僧舍邵文莊公圖修復之不果曰不果則文莊講學止在保安東林矣三徵也由是觀之兩東林不可得而混也然歷觀諸序記中在文莊之東林而或援龜山以爲重在端文修復之東林而或援文莊以爲重毋乃近於誣歟曰非也援龜山者示嚮往也援文莊者推先志也地固不可混而同道尤不可析而異也然則道不擇地今夫保安之東林其亦可以叛爲初而旅春秋釋菜之儀歟曰非也營洛告豐祭川先河典有訓矣苟支與本並建譬支子不祭之謂何是故予欲明兩東林之辨正以表此一東林之爲重也

重建東林書院麗澤堂上梁文　鄒期楨

伏以往哲匪遐闕宮牆而勤仰止後學有待啟壇宇以示周行朝誦夕弦只了師儒本分吟風弄月豈沾朝市纖塵惟知植名教之防閑何意遘奸邪之摧折緬懷逕里痛惜城南嗣前人幾泯之音實後人莫諉之責幸明主表章爲亟旨煥中天而當事振舉惟勤風行遐壤兹有耆儒吳某及諸賢後裔某某等或接先賢之衣鉢起其墜而維其衰或承先世之箕裘繼其志而述其事萃同方合志之伍首倡於前因得聲應氣求之羣協助於後撫東林荒址尋書院遺規未議依庸先圖麗澤文筆干霄聳長虹而朝拱春城百堞帶吉水以廻環箭流引二泉而備秀源源活水之逢錫麓擁九峰以呈祥隱隱東山之望雖無鳥革翬飛之雄構以壯巨觀亦有土階茨蓋之微規聊存舊貫是蓋道不墜地文未喪天以故復見天

心泰旋地軸道南祠香火幾冷仍看裊裊篆春風燕居廟磬響久沉再聽鏗鏗明夜月杏樹存寸餘萌蘖他年應復成林碑文理萬丈光芒今日還驚射斗禮爲門義爲路往來三益之朋左於圖右於史俯仰千秋之友蘘牆寤寐先賢精爽如存切嗟琢磨末學依歸有託敬抒拙咏以寄遐悰

東　雲旌擁日麗晴空從今掃盡人心翳萬里乾坤一鏡中

南　天光雲影一溪涵離明照徹無今古鼎立三才許獨參

西　墻高直與斗山齊危微介處嚴毫末咫尺虞廷永不迷

北　遥望祥雲拱斗極化日悠悠帝力忘春風沂水從游息

上　數仞宮墻今古仰懸崖直上如等閒當仁由已無庸讓

下　潛底一聲聽半夜春來生意滿乾坤瞬存息養無皇暇

伏願上梁之後德自成鄰文常會友聞已過道人善勿虛講習之功謹庸行信庸言直致中和之極此日今還再乃益信之當年道果南艮非虛語近則嗣本朝諸先輩之血脈遠則追有宋五大儒之淵源蒲團淬困勉勤修務欲及泉成掘井笻杖肩聖神重擔令無虧簣惜爲山函丈無塵定來作者朱絃未絶必遇知音慶聖道大明於熙朝快儒風丕振於奕世

修東林書院識言　雍正辛亥　江日容

東林書院創於宋盛於明修復於我朝歷攷前記廢興之故詳矣顧自康熙甲戌迄今幾四十年其間雖累次續修而不久輒壞余乃捐俸鳩工爲葺新之知自兹以往既修者不能久而不壞而既壞者亦必有人繼起而修之東林庶渙然不朽也然東林之不朽有不朽乎東林者在耳昔龜山先生之學源本程氏直衍洙泗之傳故道南祠俎豆千秋而嗣後如顧

端文公高忠憲公大闢講會固皆能以其身步武前賢羽翼聖道者也是以遭變搆難東林遺址蕩然而曠世相感卒使規制復如其舊於此見人心人性之同而實則顧高諸公之精神命脈百世不磨滅者默有以啟之蓋思其人不忍泯其澤故諸公不以東林重東林乃以諸公永也今者望門而入堂搆秩然幸東林之不朽必追續其所以不朽者而後爲無負於東林余愧鈍拙攖於世故未獲仰企前賢萬一而樸誠自守恒不敢爲欺已欺人之事讀院規讀高子遺書恍然教我而深望都人士之來遊於此者弘麗澤之功繹依庸之義以東林之學爲其學將東林之人即其人後先輝映余今日之修葺其爲之嚆矢乎故於工竣之日敢識數言爲他日劵

東林書院志卷之十七終

東林書院志卷之十八

文翰四　詩

該東林倡和詩不下五百首，珠玉陸離，幾有美不勝收之憾。陛因追憶先子若谷公潛心詩學，所著可與軒詩，吟壇珍賞，嘗手批東林倡和詩示陛輩曰：諸公詩或詞華典贍，或氣體高古，洋洋乎一時之盛。然以備諷誦，尚嫌其少；若載志乘，太覺其繁。蓋志者，志諸賢之理學氣節也。故詩之有關理學者宜載，詩之表見氣節者宜載，外此雖詞華典贍、氣體高古，均可無錄焉。汝曹誌之，以俟後之君子。陛以此言質之鄉三師暨和鳴兄，僉曰此誠可以編次東林諸什矣。爰依此例而恭訂之，并識先子之語。陛謹識

此日不再得示同學　楊時

此日不再得，頹波注扶桑。躍躍黃小群，毛髮忽已蒼。願言媚學子，共惜此日光。術業貴及時，勉之在青陽。行矣慎所之，戒哉畏迷方。舜蹠善利間，所差亦毫芒。富貴如浮雲，苟得非所臧。貧賤豈吾羞，逐物乃自戕。胼胝奏艱食，一瓢甘糟糠。所逢義適然，未殊行與藏。

斯人已云没，簡編有遺芳。希顏亦顏徒，要在用心剛。譬猶適千里，駕焉勿傍徨。驅馬日云遠，誰謂阻且長。末流學多岐，倚門誦韓莊。出入四寸間，雕鐫事詞章。學成欲何用，奔趨利名場。挾筴博塞游，異趣均亡羊。我慚心意衰，撫事多遺忘。念子方妙齡，壯圖宜自強。至寶在高深，不憚勤梯航。茫茫定何求，所得安能常。萬物備吾身，求得舍即亡。雞犬猶知尋，自棄良可傷。欲爲君子儒，勿謂予言狂。

憶東林精舍寄示華生雲　邵寶

東林寺裏舊書堂，三十年來野草荒。百囀未忘初鳥韻，一枝猶剩晚柑香。山懷龍阜神俱遠，水問梅村脉故長。寄語雲生爲磨石，客中新記已成章。

東林書院占得東字　盛馨

吾道南來只在東，山居徙倚水雲中。雲開青嶂峰當筆，水落銀河月是弓。楊子談經還有地，生公説法總歸空。江門慰藉天臺語，千載斯文感興同。

和韻　王問

蓮蓉湖上錫城東，舊是先生講學宫。性善已聞推孟子，道明端爲闡中庸。春生絳幄橫經坐，寒壓橋門立雪從。遺址久蕪今復振，令人千載仰高風。

和韻　秦梁

龜山講學郭門東，野蔓荒烟鬱畝宫。卻怪空門崇異教，祗令吾輩想高風。濂溪水淨蓮花茂，伊洛春生雪色融。興復斯文在今日，精廬先葺樾林中。

和韻　王業

道在南兮亦在東，萬方民物性相同。修文德易銷羣敵，土敬功難格九重。十八年來虛夜月，二三門下領春風。周流孔轍原無定，俎豆於今只學宫。

和韻　馬一龍

渺兮乾坤孰異同，祇將吾道問窮通。地靈八傑逢時起，奎璧圖書在此中。谿徑百年歸幻迹，門墻今日振家風。叢林謄復儒林舊，雲樹森森箭水東。

和韻　孫世熙

昔年遺址在江東，千載猶存伊洛風。魚躍鳶飛常目在，行雲流水總心融。天花散雨霏林外，壇杏含春入坐中。選勝是誰能繼往，斯文興起屬羣公。

東林書院成追憶先子有引　盛淳

先子敬玄門下士，追稱文玄子，好古博學，文章行誼卓然

於時爲四方名公所嚚重會耿宗師倡明斯道先子黽勉以從因念吾錫東林爲楊龜山先生講學處遂圖修復於隆慶丁卯萬曆癸酉兩具呈學院蒙批允行將會同志鳩工聚材斬竣厥業不幸於戊寅之三月先子即世修復雅意竟成虛願能無俟後之君子乎垂三十年甲辰顧涇陽高景逸諸縉紳先生遡緣未就之緒經紀其成左復道南祠右建堂羣賢時至遠近交集而龜山講學之風復振一如先子所志焉九原有知良足慰已聊次東字韻以叙今昔廢興之感云

道南遺澤在茲東先子殷勤覓往蹤遠控江門盟主定近邀朋輩衆心同文璽尚爾疑殘雪講席依然振古風莫謂斆奇功未就倡之必和在羣公

東林書院落成步楊龜山先生此日不再得原韻萬曆甲辰

顧允成

此日今還得重明耀扶桑厥初赤子心懸象並穹蒼無端浮雲過翳郤杲杲光努力事拂拭依然露元陽理欲判危微規矩成圓方塵埃去復集眞氣消鋮芒日新又日新何用而不臧性非猶杞柳仁義寧賊戕無爲彼教惑吾道擲粃糠大哉義孔易洗心密退藏不效淺薄子爭妍等羣芳天地人鼎立至大亦至剛欲仁斯仁至安所庸徬徨先生旣南來道脈東林長守先與待後跡此如康莊念我踰五十徒慙闇然章從前所縈絆不脫名利塲何當一奮躍藩決失羸羊日知其所亡月能幸無忘果能此道矣愚柔必明强浩渺重溟波一葦自堪航流光不相貸迅速轉無常朝聞夕死可仁者壽不亡苟非及時勉老至空悲傷中行未易幾必也狷與狂

東林新復龜山先生祠堂會講二首

許世卿

宋世儒風舊明時祠廟新虛堂開講席廣坐集名人見徹玄機洩談深道脈眞淺衷慙妙悟空負彼諄諄

道以多言晦知從無障新試看傾耳者豈盡會心人口說都成假躬行郄是眞未能諳道味藐藐聽諄諄

讀東林社中齊景公有馬千駟章講義偶成

許世卿

古來會見幾賢豪獨有夷齊一餓高扣馬孟津披胆諫辭封孤竹潔身逃一時生死窺探破萬古綱常整頓牢誰羨景公千駟富泰山應不比鴻毛

癸丑至日麗澤堂即事十三首

錢一本

吳叔美邀予講易東林匝月始竟予以十一月六日至又四月而日長至其夕相與飲酒而樂之因爲詩示學者閉

關之義

切偲曾不畏霜嚴況復長隨一線添涉世未虛都是坎禔躬無柄復何謙蒙泉涓滴貞初筮孚鶴和鳴愼考占千載後先今券合閉關時義好常拈

即心即學懔師嚴毫髮無容自外添遇雨獨行爲夬夬逢川必涉是謙謙同人有笑俱蘭臭觀我無生盡瞽占七日天行唯當念雷聲夜夜爲人拈

子夜先幾甚有嚴深根那畏雪交添一陽此日初來復千古同然更好謙入道自兼天地道易占久混郭京占籛翁檐上原無得聊爲伊川戲一拈

寒極陽生輒解嚴化工生意若爲添復關有閉方成豫剝宅能安亦用謙荆棘芝蘭俱自樹禎祥妖孽不著占一堂和氣爲眞易爻

象無勞屑屑拈

羲畫無文示象嚴文周爻象並非添天如浸水由衷訟地亦旋山向裏謙興至互賡刪後韻靜餘全露畫前占人間瞽訝知多少覆不成功便枉拈

一圈獨羲敢無嚴孑半囘生法不添莫向天行觀剝復當於已意燭欺謙深心步步開貞卜快口言言入妄占此日得來眞不再一番新在一番拈

理欲天人介甚嚴消來是滅長非添澤唯辨下爲知履山必忘高始到謙動變滿前都得象居安無在不成占盤旋註腳何時了我欲忘言盡弗拈

舞雩二兩豈弛嚴定性何人受滅添學不顏兮俱遠復狂如點也是知謙請研屯馬離牛變更考需雲睽雨占到不省方纔入手任

從拈與不爲拈

伯誠溫克叔尤嚴樂玩精神似日添兄弟氣求孚兩兌游楊雪立服三謙地雷合順天雷動伊洛同符河洛占宋教獨隆今亦盛一班恭爲大明拈

冥爻默象靜莊嚴舊見捐除新意添無首羣龍更出震不盈大地盡流謙足常步目隨時合主必還家至日占十八變成歸五十能無大過始眞拈

門戸譏呵厲禁嚴箴規藥石願加添玄黃酣戰故多剝好惡難平亦少謙無妄每驚牛青兆中孚永喜鶴鳴占只將此事終吾老任有花枝不再拈

四聖精神針芥嚴不容滲漏不容添家人咸履同人盍小畜恒需大畜謙隘陋終非爲腹訣退藏纔是洗心占圓圈生意無窮已夢裏惺惺也自拈

六合瀰漫一息嚴卷時似減放時添一天星斗名眞賁萬古心胸號至謙立象原成君子務生耆那爲小人占鏡花水月非無在脚未能撩手莫拈

至後七日聽啟新年兄講易奉和次韻二首　史孟麟

霜威懍懍怯冬嚴律轉寒灰煖氣添動不以天終用妄止無實地豈成謙眼明自識著前象心審寧須變後占誰是太和三十六宮宮春色待君拈

聲臭都無指視嚴行生在在幾曾添化成觀愧人文賁善世勞慚君子謙元達乾坤寧俟畫形知上下始能占往來消息還誰識且向韋編信手拈

和錢啟新先生麗澤堂刱事十首　葉茂才

談經不覺曉霜嚴濟濟朋來樂事添教闡先天掌自解功開來學履彌謙乾坤開卷深深玩既未從頭細細占況遇閉關元始復願隨陽長及時拈及時二字本易文進德修業欲及時也時乎時乎不再來願與同志者勗之自註

學易須知獨體嚴性中無減亦無添一私未淨還宜損萬有兼收又貴謙屋漏有虧非實際影衾無愧是心占從今悟得閑邪法靜閉玄關自在拈

陰老祁寒不久嚴微陽脈脈漸加添天行既滿難更益神理陰培定屬謙泰華不辭拳石小蒭蕘亦備聖人占量如滄海常虛納萬壑爭歸任汝拈

窨窨重陰令正嚴一陽生意暗中添人心消長須休復造化推移亦用謙庭草未春還斂翠野梅逢臘已堪占床頭一卷先天易閒與涪翁對雪拈

酒力驅寒漸解嚴一般春意滿懷添折梅見兎堪觀象野老村童
尙識謙河上有圖勤把玩畫前無事沓難占相期說到忘言處目
擊曇花帶笑拈

獨坐虛齋內省嚴本來無物强加添常愁涉世多遭蹇不道持盈
貴守謙逐逐徒勞休咎想憧憧枉問吉凶占不如拋卻還無極嚴
子灘頭把釣拈

寒宵默坐漏聲嚴活潑眞機靜裏添四聖併參方備易六爻全吉
獨歸謙道窺元始天心見管測飛灰地脈占俯仰兩間求不愧須
將爻象反身拈

舜跖初分一髮嚴利根芟去善苗添學顏苦卓憂方解似旦多才
禮更謙莫放緊關開別竇只從丹府覓靈占乾坤鼎立非容易百
尺竿頭努力拈

講席初開令乍嚴笑將春服傍冬添圖書共闡人文賁童冠相隨
禮數謙竟日欣霑時雨化一時遙應德星占清朝林下眞堪賞漫
把金鑪寶篆拈

動物惟誠最緊嚴如消氷雪水平添常懷掛劍交徐信莫假温恭
下士謙鶴在陰鳴聲自和豚從孚格理宜占心眞感應如影響好
把中爻仔細拈 讀中孚卦有感 自註

按先生和麗澤堂即事凡三刻此則最後改定存爲十首者故與默休餘所刻小異許獻謹識

和韻 高攀龍

風懍寒空天地嚴雷聲半夜一陽添相期勝友爲休復更矢虛中
受益謙百慮已從歸處盡一元只在動中占人人自有圓圖在此
日先生爲一拈

和韻三首 張大受

伊席高談立雪嚴紅爐點後若爲添六陰盡處堪觀復一線生時
得益謙妙脫陳筌非墨守直探玄奥是心占先生象像惺千古好
共吾儕細細拈

師無常住得心嚴腔子寧容一物添喋握三才機在震微參四聖
柄由謙持危履虎防川涉體健乾龍動吉占學易數年無大過憑
君五十爲人拈

易簡功夫屋漏嚴滿前爻畫更何添天時無往而不復人道惡盈
而好謙爐扇忘年心上易筠簾垂肆象先占雨花滿却臯比座且
自焚香任意拈

和韻二首 安希范

寒衝孤棹氣方嚴入坐陽和頓覺添誼重師資眞聚萃年忘少長
各鳴謙乾坤欲發千秋秘亥子先開七日占自恨臯比叅侍晚從

前妙義乞重拈

潔淨精微易教嚴紛紛未免畫蛇添童蒙初筮眞求益先覺無勞
過自謙一念慊欺應有辨六爻凶吉莫徒占不知未畫羲皇意當
下何如信手拈

和韻五首 劉元珍

宇宙堅寧氣自嚴一陽來復本無添澄心无妄還須震受益同人
利用謙未悟畫前原有易誰知言下吉先占庖犧秘訣今全剖到
處圖書信手拈

閉關明訓懍霜嚴獨復何須管氣添霹靂一聲來自巽豪雄萬事
總歸謙當風勁節尤防晚入土靈根好自占靜對哲人餘愧怍六
爻精義爲誰拈

陰陽消長界長嚴亥子先天不用添迷復有災輸未濟得輿攸往

更崇謙從來庚甲隨時轉到底乾坤有吉占造化不尸傾否力微茫一線任人拈（剝復吟 自註）

地撼山摇戒炯嚴返觀無事復何添已從羑里尋遺跡更向韋編筮福謙折盡老梅春自到射餘雛鳥氣先占紛紛過眼吾何有碩果甘來喜自拈

聞道明夷入室嚴郤從睽處得朋添閑家那得威如吉遇巷猶疑枉道謙矢口嗃嘻毋失節懸弧張說自相占離中兑巽從高下有物交關不二拈（合詠家人睽 自註）

和韻四首　鄒期楨

從來易旨最精嚴俗學難將臆見添久晦斯文應有復直擔吾道可容謙庖犧須向畫前㝵凶吉還於念裏占試取諸家相較勘先天玄奥屬誰拈

動幾活潑靜方嚴動靜交修學日添三月不違非遠復數年無過見眞謙誰言善易休論易須識心占是玩占領略先生觀象訣乾坤何處不堪拈

臯比講論正冬嚴環聽橋門日日添白簡舊持曾蹇蹇（先生以抗疏拂衣故云）韋編新絶尚謙謙語爻默象時時易修吉違凶事事占認得乾坤眞面日天根月窟任君拈

朝來厲發令方嚴聽得潛雷線已添始信天開眞在子亦知陽進本由謙文周孔義皆羲畫悔吝凶爻盡吉占三十六宮搬弄熟超超玄箸目前拈

和韻二首　鄒期相

潛底雷聲一震嚴餓傳畫漏線旋添吉先始信幾由動益處還知道本謙圖畫以前原有易卦爻之外豈無占千言萬語縱橫說覷着天根匪泯拈

身心體段向來嚴講易功夫今更添易理須臾當黽黽斯文千古在謙謙吉凶悔吝皆由動象象爻辭總示占透得先天消息後乾坤只當一丸拈

和韻二首　吳桂森

消長機緘既孔嚴箇中着力更須添天心可見惟來復地道能行只一謙指出畫前元有象會來言下盡成占從今得扶羲皇秘易簡工夫處處拈

讀易三更夜氣嚴星星活火地爐添望洋海若驚師有仰止山高得友謙月色中庭言外象梅香一點眼前占羲皇意思憑君看莫負天花滿座拈

和韻　張雲鸞

四聖圖書示象嚴紛紛蛇足不須添剝終乾果從根復艮止坤輿豈貌謙商不出途㩦動息后無遠省只心占常將此意從容玩未畫玄機恍惚拈

和韻　華貞元

丈夫何日不霜嚴但怕今朝負綫添既得介心成地豫還將實意證山謙斯文一脉憑誰續吾道千年就此占臯比麈揮霏玉屑趂緣早向箇中拈

和韻四首　黃廣

歲晏談經雪色嚴喜逢長至日初添一陽葭管天還復三絶韋編聖亦謙鳴和鶴陰言下合飛潛龍德象中占聲聞轉覺如河漢那得叅前自在拈

語叅太極自精嚴千古憂心一畫添開國有功唯蹇蹇持身無咎

是謙謙貞元每向先天覓剝復還從子夜占愧我閉關疑未質且將根窟靜中拈

義畫無文一字嚴天心欲洩衆爻添崇謙氣脈剛成復克復工夫總是謙河洛有靈憑世解驪龍無意任人占管窺不及千秋訣敢乞筌蹄日日拈

誰人識得自心嚴名義津津問學添半世綸巾唯好遯三冬杏席見鳴謙朝懸秘笈由心悟夕啟藏書與衆占大道古來無捉摸從今指點可常拈

和韻　錢學禮

今人寬處古人嚴一日工夫一日添原始閉關方有復要終伐邑乃成謙爻爻會變還非易念念先幾纔得占洗到退藏眞是密却將何義向人拈

季春既望東林聽講後用鹿游翁韻代講者述意　許世卿

後生憒憒未聞道先覺應須一傾倒大學規模極治平小學工夫肇灑掃講壇講帳非潦草同盟同社言歸好楊柳風來梧月皓高談細吐胸中抱朋來遠方投轄造誨行不倦何知老指與眞心令自保揭出倫常令自討大公一念達旻昊矻矻孜孜嫌未早聚樂能無求友生人當試聽嚶鳴鳥

東林習靜有感　劉元珍

三窟經營計獨周誰知身世一浮鷗蒼桑迭換須臾景舜跖初分萬古憂看到盡頭機自息證通來脈體全休人人共有眞歸宿何事紛紜角斗牛

同諸公集東林送吳叔美丈北對大廷二首　高攀龍

從入新年飛雪頻東林今日酒堪親未舒柳葉須經月欲放梅花更浹旬我向白雲尋孔樂君趨丹陛紀王春渭城一曲勤相勸落日寒風此味眞

同心樂聚豈嫌頻信有人間道義親散步吟詩曾累夜閉關讀易動彌旬君趨北闕瞻堯日我向東林樂㸃春把酒莫辭今夕醉寒風淒雪此情眞

答東林諸先生原韻二首　吳桂森

數載追隨未覺頻無端暫別憶常親遙天孤影歸何日故苑嚶鳴隔幾旬半粒難忘眞率味三盃自醉太和春他鄉此去時回首爲望東林一脈眞

濁酒時呼莫怪頻天涯分手暫相親韶華轉眼難今日歲序催人近隔旬席上清吟風雅意燈前細語晝中春殷勤訂千秋約此際交情味更眞

麗澤堂紀事與同志共勗之　鄒期楨

萬古弦歌地良朋快盍簪交從淡處久義向靜中參風煖鳥聲悅晴曛草色酣吾徒名教樂雅不在雙柑

東林坐雨　鄒期楨

一番涼雨過四野響蟲聲天際火雲薄樓頭秋思深忽驚蒿飲冷頓覺葛衣輕夜讀久疎矣呼童拭短檠

和葉參之過東林廢院十首　高攀龍

東林廿載各成翁興廢存亡似夢中惟有門前楊柳月清光無恙轉春風

相看種木已成林愈歷冰霜氣愈沈屈指同遊二三子各須自種不凋心

滿目蒿萊三徑荒秋蛩吟處舊升堂無人未死傾葵藿一飯君恩
不可忘
擬栽杞菊廣除中修竹寒梅也不窮試問詩人堪涕處何如杜甫
玉華宮
有成有毀是眞詮大運誰能免聖賢倏忽古今成幻迹現前不動
只青天
幽人生計是雲烟蕩掃巢窠屏俗緣大道甚夷無一事凡心着處
總成愆
浩蕩乾坤到處安孰爲私舍孰爲官但教安宅能無曠秩秩斯干
本自完
竹徑茅齋此日居簾梢橘刺欲教袪白雲片片溪流靜黃鳥聲聲
樹影疏

城頭曾築小方臺四望長空萬象恢今日荒墟惟草色春風依舊
有情來
纍爾東林萬古心道南祠畔白雲深縱令伐盡林間木一片平蕪
也號林

按葉聞遹先生廢院詩嚴志未載而註云補刻至先生令嗣誦耕先生和韻內有自註云詩亡則原倡之不可復得明矣廷珍聞經畬先生撰先生行狀內亦止有世法遞興還遞滅乾坤不毀只吾心之句又有惟有靈臺須保護片時傾圮即成愆之句噫先生之情見乎詞矣今先忠憲暨諸先輩倡和纍纍而先生原韻竟不獲傳惜哉 廷珍謹識

過東林故墟有感次園翁葉老師韻 十首　鄒期楨

五湖烟艇邈思翁麟閣無心問畫工怪殺鴟鴞妒鸞鳳冥冥霄漢
也難容
乾坤開闢此東林多少昏蒙起陸沉成毀不須悲倏忽當空皓月
在人心
寵山舊址百年荒千聖精靈闢此堂徑里城南尋墜緒遺音在耳
豈能忘
興廢都歸氣數中圍匡厄蔡未爲窮但須護得光明地海闊天空
盡是宮
登壇第一戒言詮鏜磬聲中接古賢講席不須爭作輟昭昭旭日
麗青天
城隅片地絕風烟傍柳隨花借半椽試問世人皆欲殺菜根三寸
有何愆
肉食誰扶廟社安暗維名義佐當官無端離起桓司馬不使宮牆
寸瓦完
纔蒙訪落上徽車旋黥青蠅一旦袪壇宇不妨誅削盡吾心原自
有安居

使者承風毀講臺如逢兵燹倏成灰祠前二杏依然在好護遺根
待後來
一過荒墟一愴心先賢遺澤繫思深喜逢日月重開霽紫氣西來
照此林祠之毀以乙丑至丁卯秋崔魏敗

丁卯元日謁道南祠懷高景逸先生　鄒期楨

每逢元日坐春風筵得行藏共折衷底事舍中來鵩鳥忽驚天外
墮冥鴻董狐正論三朝憤孟博遺忠一網空謁罷先賢重惆悵友
朋相對思何窮

元旦謁道南祠用去歲韻　鄒期楨

平地何人起颶風風恬白日見民衷從天霹靂驅饞虎偏野玄纁
會隱鴻廣廈優游儒彥援侄祠蕩掃佞臣空古來問學皇王業遞
衍淵源淀未窮

寵山傳下舊青毡千載依然日月鮮道喪五經遭烈火教明六字見光天羣居忝取惟敦復密地藏修在惕乾此是吾儕第一義可虞削伐遜前賢

答劉東渠韻二首　吳桂森

茆搆新成設舊毡昔年桃李色猶鮮寒灰再活絃歌地旭日重開禮樂天講習要尋言外意靜觀須復畫前乾翬飛鳥革無從睹寤寐羹墻見昔賢

色借青荷一葉毡南來遺意久逾鮮六虛解轉調元軸方寸能開不夜天長處默消回泰否闔中基闢互坤乾千秋樞紐生生脉莫把行藏判聖賢

道南祠靜坐　鄒期楨

熏風南至雨初收時有鶯聲隔院流閉戶焚香成獨坐了無一事到心頭

季純宿東林過歲　鄒期楨

爆竹聲催歲事忙那知閑處味偏長憐予垂老還多累羨爾隨緣不戀鄉兩袖春風新道宇半簾晴旭舊書窗祗因夙昔依歸在信宿相安一敝牀

讀廢院詩有感十首　薛寀

天啟乙丑東林進六君子木主不肖隨高忠憲葉司空後肅衣冠拜奠未幾而書院毀棄旃世丈示所鐫廢院詩屈指往事愴焉追和

當時落落幾衰翁已愴斜陽不載中拜罷六賢旋削跡城隅畫角咽悲風

鳳不高岡鶴在林立朝丰骨戒浮沉試尋百折趨東力印取千秋

同顧子方謁道南祠過東林廢址詩以嘆之　吳應箕

同展道南祠而傷東林址東林何負國草色已及紀不見崔魏時金碧連雲起巍巍九千歲蓬藟安所倚萬古此東林子無忘所始

同次尾作　顧杲

秋陽暴東林巍然道南峙先帝重賢者折毀不及此講堂遂荒蕪斯道亦已矣小人紊忠奸君子雜怒喜朝野學漸絕吾汝乃奮起一二同心人往往隔千里春秋偶相過必求是非理庶幾化黨同他日能不倚悲風自南來衰草滿基址垣墉昔誰勤何以為後死

己巳春得表章書院之旨志喜　鄒期楨

中天旭日照荒林洗盡乾坤一片陰千古斯文原不墜六經遺訓豈容侵春風恍憶當年鐸夜月重聽此日琴鼓吹休明在吾黨登壇須見聖賢心

直指祁公世培興復東林二首　鄒期楨

勾吳片地峙乾坤飽食風霜道轉尊天上忽逢驄使至人間如見馬圖存堂開麗澤延三益壇表依庸示一源旭日中天紅鶴舞蜩螗寂寂敢誰喧

桑田滄海事何常只有斯文萬古光三載表章膺特旨一朝興復荷巡方青天標出一輪月末學咸瞻數仞牆無限教思須共飲可容奔逐利名場

吳叔美重建東林麗澤堂賦此志喜　劉士彬

葺廬仍葺舊青毡麗澤輝輝湛露鮮鳥革一朝欣向曉斯文千載復經天時過秦火經求壁道沐春風卦講乾為問東林蒙卹者何如元祐洛中賢

復麗澤堂次劉東渠韻　鄒期楨

重尋講事羽書中兕虎猶疑吾道窮雲搆初成新氣象巖瞻何減舊時宮

忠憲遺書著道詮聿新梁木仗高賢阿咸不倂竹林興衛道精心可問天

日觀練影見江烟符剖道鄉眞勝緣何若修明方不負蹉跎對面便過愆

漢家黨錮沸長安書院戈矛到官官在昔平蕪心寄久於今輪奐報粗完

巋然廟貌又燕居平旦齋心鄙吝袪相對光天多靜侶微雲河漢樹烟疎

道岸先登百尺臺維時天地自恢恢只今數畝荒烟裏日有儒流結駟來

陽回七日見天心絳席重開麗澤深門外擬栽桃李樹東風花發又春林

乙未新復燕居廟成敬和忠憲先師廢院詩呈高學憲十首　秦鏞

龜山嫡派紫陽翁脈演梁溪日再中三十年來興廢事道南祠畔轉春風道統

昔年朝士惡東林世道凌夷遂陸沉一畝故宮今尚在誰人認取不凋心朝局

憶昔門牆廣八荒先人舊學早升堂自從點瑟音中絕遺訓書紳未忍忘師傳

一片蒿萊廢院中傳來薪火正無窮得其門入如觀海不可階升比學宮廢院

未死心

誰遣芳蘭九畹荒美人留影照空堂笵金無術吟長句巳觸危機莫盲忘是夏余有哭忠憲長歌曰弔湘纍忘若欲贖之危丁卯秋大病間猶洶洶不已未幾先帝登遐矣　自註後同

舞象龍城講院中顰眉儼雅思無窮興亡百里悲同運數黙寒烟半畝宮予十歲從邵會識各先正時丁未八月也丑寅間龍城幾議毀幸而不果

拮來一哂不堪詮漸愧餘波又後賢半壁長江弱於髮居然獨坐與同天弘光偏安區區猶修祚都

黨碑屹屹比麥烟伊雒風流別有緣較昔龜山超一格皎然出處總無愆東林先輩始終無受要八字難者

鷗鳥機忘也不安盡憑羅織博高官東林巳作危巢破羽族何心問卵完當時合下見得如是

一片空明映水居茱施叢發倩誰袪同文棐市吾師語廿載盟心

兩不疎予師倪文正黃忠憲數句遂爲後日殉國張本蓋師直以棐市自矢即甲申讖也

撒手人人萬仞臺胸襟端自講壇恢如今拾礫存先德髣髴追遙叟杖來

孔林傳得易前心勿畏投林苦不深萬壑千巖拱吳地迥從霄漢辨瑤林

追和高忠憲公先生東林廢院詩原韻十首　宋之普

寤寐生平仰若翁於今問道正吳中如何壇坫遺墟落誰砥流風入道風

蕞爾荒祠道德林飛甍畫棟並銷沉雖然滿目榛蕪淚無限斯人萬古心

道南祠下暮雲荒三十年前舊講堂祭器威儀猶彷彿率由何以不愆忘

麗澤堂中演聖詮，歸然遺搆仰前賢。刼灰未燼看來復，消息無多只問天。志喜

四郊多壘足烽烟，一卷羲文好作緣。再得草廬逢此日，願相糾繆與繩愆。交勉

浮海居夷到處安，只緣主宰是心官。要知名教無成毀，破碎乾坤節自完。諸賢

儒門淡泊自堪居，異學紛紜且未袪。絶愛比鄰禪院靜，門前車馬到來踈。異學

燕居不日擬靈臺，惟有依庸尚未恢。千古同心應不少，但能繼往自開來。頌美繼往開來頌學憲也

喜看新構轉傷心，試望城頭草色深。遺老並隨風月盡，只今誰是舊東林。志慨

追和忠憲先師東林廢院十咏為彙翁表兄復建燕居廟賦十首　黃家舒

得失何須問塞翁，斯文興廢轉輪中。誰知滄海揚塵後，復見當年俎豆風。

封章朝奏夕投林，皐比匽匽挽陸沉。豈為清流爭月旦，一絲九鼎障瀾心。

負笈登龍半八荒，天家麟鳳早升堂。傷心柴市啼鵑血，獨向傳衣記不忘。

僞禁刊除日再中，玄黃龍戰巳途窮。草深白鹿猶留祠，禾黍蕭條哭故宮。

寶籙難將救刼詮，黨碑稽首禮名賢。景仁君買如無恙，應柱東南半壁天。

靈光石室化飛烟，魚腹君恩托後緣。急難還憑豫章守，破巢危卵幸無愆。

升階肅肅步趨安，舊日威儀嘆漢官。領取同游後凋句，九原翹首紀天完。忠憲未刻遺書有天完集，皆錄歷代節義士。自註

清波古堞映幽居，道服横經好攬袪。不借春風種桃李，數竿修竹伴蕭踈。

廠祠行宮盡廢臺，始知天網本恢恢。道南遺築今如昔，彪虎兒孫掩面來。

開來繼往孰同心，家學淵源佩服深。步兵不死阿咸在，肯但風流比竹林。

東林廢院詩和韻十首　鄭敷教

端居識得主人翁，未墜斯文悰憯中。不為等閒耽唱和，一般拈出舊家風。

衮衮冠劒蹈山林，文獻中州未陸沉。祖禰不祧千載位，兒孫猶識九原心。

忽見爵翁是處荒，睢陽嶽麓一空堂。從教刬削門庭限，定性書中說兩忘。

十二樓頭明月中，瓣香片片未應窮。應知風雨黃昏後，收拾塵心到故宮。

石鼓無聲妙不詮，相逢班草坐諸賢。高山流水遺魂在，辜負西風立雪天。

一線清流一縷烟，書麟絕筆悟因緣。黨人死去留元氣，不怨君王禮數愆。

此心危處向誰安，役役行休物亂官。大好樓臺圖畫裏，先生薪木

未全完
淪有閒知近聖居苦碑荒湮襲衣祛尋嘗樂地塵緣外歌咏春風
次第疎
冷寂二鱣舊講臺網羅今古尙恢恢實亡名在知與復此道人間
無去來
今日方知上古心星源直接見淵深千秋興廢渾閒事莫漫新詩
把八林

和韻十首　周茂蘭

身經離亂忽成翁不負平生只此中人物衣冠都改舊猶存廢院
仰高風
淵源理學著東林北面清池身不沉歷盡繁霜風雪後方知勁節
歲寒心（忠憲被逮投池氣絕不仆　自註後同）

着處烽烟學業荒何如舊址肯斯堂人趨熱艷遺風遠三百年來
恩竟忘
興廢存亡在眼中蕭然四壁不愁窮雞鳴漏盡披衣起猶憶先朝
侍學宮（余在都門得與幸學大典）
空談忠孝豈言詮身荷綱常賴大賢自古丹心留汗史長隨旭日
麗中天
悠悠獨坐對蒼烟壇境消融近道緣但教子孫能率舊總然千祿
也無愆
閒看車馬逐長安巖穴何曾見棄官壯士每從名利失古來貞操
幾人完
市廛宜避卜山居佇望高人共執祛戴笠荷鋤今日事詩書筆硯
自生疎

當年會講聚樓臺前哲規模何日恢荒草殘林堪涕泣山間惟有
白雲來
復來七日見天心陰盡陽回氣自深一旦鳳凰霄漢舞梧桐生意
鬱成林

和韻六首　葉光輔

鳳拔龍超美此翁清標熟讀父書中（忠憲行狀爲先司空手筆）自慚不
及門前梆會侍先生列下風（余生晚未識忠憲）
盛衰興廢一寰中痛哭岐途處處窮碣斷碑橫人去後傳言是處
有深宮
平林分得一溪烟不向塵埃絆世緣心地孤明如皎月也無功績
也無愆

年來無夢到長安肯羡吳儂作熱官寂寂草堂深閉後一編玄草
註初完
塵勞應不到山居鳥弄庭花草自祛風過松吟濤勢起雨餘竹靜
鳳來疎
從來不死是人心十首騷詞唱和深（廢院詩爲先司空倡韻今亡矣）寄語斯文後
死者良知不昧卽東林

和韻十首　秦坊

講堂遺址儼文翁廿載荒荆細雨中悵望関河非往蹟欣逢俎豆
舊清風
燕居初建擬儒林百代威儀嘆陸沉何幸再扶梁木起兩楹餘奠
喟同心
淡紀經營一旦荒高山企仰僅空堂曾恭廢宅聞絲竹冠劍依稀
敢盡忘

午過難言日再中狂飈吹影逝無窮一絲倘得扶輪轉日覲依然
登岱宫
六經風雨失眞詮講席横開俟後賢誰寄典型誰祭酒重瞻麗日
戴經天
石壇零亂古松烟時見山樑向木緣元祐碑豐臣罪小自知名姓
勒無愆
痛哭長沙策治安一時雷電自中官淵沉七尺悲忠憲最喜溪流
節愈完
古堞清池有道居百年塵土此中袪東南一畝開離黍莫謂興亡
料理疎
樽俎何煩更築臺幽人掃地白雲恢酌泉自薦斯文主誰抱商家
祭器來

結搆依然爲古心鳳麟棲伏寄愁深深溪不盡淵源水力砥狂波
在此林

和韻八首　華廷獻

垂髫負笈此門中幾度滄桑嘆路窮黨籍已隨炎祚散瓣烟猶逑
漢離宫
興亡根蔕平無外人物殊途落照中翻幸刼灰飛得早繹幃不受
幕南風
力不逢年也不荒枯藤爲座草爲堂三都此日誰堪賦底是寒灰
未可忘
師弟君臣没處安殘碑何日續稗官桑田不爲賢奸蓋若個彫零
若個完
蒿萊能指佞人心一代玄黃血未沉賣國修書多曲筆大端興廢
屬東林
廬山白鹿已忘詮薪盡燈傳在後賢縱使幾番風雨夜朝來仍是
舊蒼天
纖兒已壞大家居隻手荆榛儘自袪留得箇中方寸地鋤風犂雨
莫教疎
一線東林是孔林海天聲氣水雲深晨鐘隱隱荒烟裏喚醒千年
學士心

和韻十首　左國棟

端文忠憲暨吾翁功罪死生在此中訪舊偶來尋故址萋萋荒草
起悲風
當時詔獄盡東林惟有汨羅先自沉草疏達天三路表空留向日
百年心

誰創閩祠講院荒先皇有詔復書堂諸臣雖死應含笑聖主深恩
不可忘
坎壈悲吟九辨中豈知天運竟終窮龍蛇正擬興遺殿麥秀那堪
問故宫
完卵何能救刼詮在原猶幸有高賢爲修石室藏書處但見靈光
夜燭天
抱城水氣萬家烟倘得登堂便息緣議毀上書諸賊子至今清夜
可無愆
雖言廿載舊長安爲借東林博好官試問兩京失守日幾篇忠孝
幾人完
茅齋蔬圃儘堪居三徑蓬蒿盡掃袪獨有竹梧供鳳食新栽一院
影疎疎

時雨春風覆舊臺荒涼爲待後人恢欲留一線於今日霜雪難禁
撲面來
滄桑至此莫傷心回首草堂歲月深笑殺桃花流朝露何如松節
得芳林

和韻六首　　桃宗典

寥寥後死又皆翁偃仰無慚溝壑中縱有元規塵襆面一亭涼月
自清風
把臂同聲易入林莫因桑海悵浮沉吾儕弱植支風雨今日猶懷
松柏心
由來簞篩啟山荒何況師模舊講堂忠孝豈隨陵谷變瓣香一縷
自難忘
詩書不是假名詮一線孤明賴衆賢崔魏氷山彈指化東林榱桷

白撐天
出處窮通安不安只須清夜問心官請看致命高忠憲七尺身名
萬古完
先生大節凛羣心猶子遵時雲臥深仰止觀型看世世干城何患
不如林

和韻十首　　施元徵

數載歸家田舍翁與思往事閟塡中幸爾斯文天未喪中流有柱
砥狂風
從來治亂已如林不堪回首訝升沉相看莫道乾坤改萬古常然
一片心
吾道南來喜不荒往時先哲競升堂當年遺範猶如在孰謂今朝
大雅忘
大地還生大道中一開一闔轉無窮運會雖經剝落盡誰知倏忽
已還宮
此事原來不落詮凡心掃淨即眞賢休嗟講席塵凝久無言轉足
羿先天
爐香一縷篆清烟稽首前賢誰再緣閩洛淵源危似綫欣傳家學
得無愆
干戈紛起地無安不問山林不問官泗水風光依舊好千秋樽俎
復能完
草萊初闢落新居程門雪滿有人祛坐得春風羣共醉數竿修竹
喜扶疏
昔年整袂並登臺唱和雍容笑語恢幾載靈光空寂寂風清弦誦
響重來
聖賢講學只明心心正纔於道脈深爾吁我咈稱攻玉益暢玄宗
振士林

和韻十首　　華時亨

彷彿當年曳杖翁白雲來往有無中月明開照興亡蹟都付漁樵
一笛風
斧柯纔盡復成林鬱鬱芊芊氣轉沉似續迄今猶未墜卻從人事
見天心
俯仰乾坤百事荒衣冠何日攝齋堂莫言一簣艱難甚牖戶於心
正勿忘
消息於言問此中輿衰層遞轉無窮血飛紫蓋天應慟淚向東郊
數畝宮
由來入室是眞詮堂構依然想昔賢三十年來輿廢蹟半由人事

牛由天

桃花含雨柳含烟青草池塘了俗緣閒笑讒夫無久計空餘遺蹟掛前愆（往時有御史建毁東林跡　自註）

只今草創喜垣完一茆不得蓋頭安中旨多傳出縣官（時璫擅旨多云中旨）剗後故知徐有復

行人指點聖人居滿目風塵志欲祛爲問當年禁學者伐檀應恨計謀疎

兀然孤望一荒臺今日丕基巳漸恢肩贔轉從眠石起一陽原是五陰來

每從講易見天心柳色池塘帶雨深松柏耐寒霜雪後依然顛木又成林

和韻十首　　呂自咸

十五來遊今作翁萋萋春草舊庭中兩賢（忠憲端文）隔世風常在曾拜清風坐惠風

此地探玄翫易林伊人竟作汨羅沉遙知憑弔千年後遺表三行最痛心

宇內干戈四院荒東林尚掃讀書堂偶來訪舊捫苔石過午徘徊饑渴忘

少入高賢月旦中當年不信一生窮而今識得窮偏好傲睨浮雲牛畝宮

無隱門風化自詮何須捉麈折羣賢招尋幾到林中坐莫負晴光二月天

域中何日靖烽烟老望昇平尚有緣私祀陶潛配王績頻頻勸飲亦無愆

釋菜空堂詎敢安青蕪猶見送園官道南祠左鄰僧舍龍象鐘魚也自完

荒院猶堪静者居神遊太古百家祛每持玄酒酬三益竹外人來月影疎

小搆茅堂未築臺先賢留與後賢恢燕居依舊陳樽俎講席重逢有道來

結搆如斯易愜心此中山水自高深燕來遮莫巢新屋鳳隱能無寄舊林

和韻四首　　鄒陞

閒閒十畝舊池林鐘鼓聲傳教未沉此日再新堂搆遠從君講易見天心

蕭條竹石景都荒兎雀平分舊講堂珍重貽謀留世澤前賢鼓吹

未能忘

汨羅抱石此身安浩氣何曾繫一官脩竹茂林仍足戀先生原付後人完

曾從吾祖謁亭臺坐聽談經旨味恢懿長若知三徑改夜深應向月明來（先大父經畬公同學私謚爲懿長先生　自註）

和韻四首　　顧慷

蓬蓬蕭艾任渠荒休論依庸麗澤堂三徑有人心似水清泠滋味獨難忘

祠畔蕭疎雨襍烟寘心堪共白雲緣求羊續舊盟何日且學從先頌不愆

散步寒虛閒月居閒堦如水習塵祛春犂好雨堪驅犢偏覺書生計轉疎

出世依然八世心尙留遺跡没苔深東林有地還栽樹栖鳥將思返舊林

和韻六首　錢肅潤

千年堂搆大開翁古木蕭森萬象中孰料重游講學地兎葵燕麥動春風

滿朝蕭艾已如林蘭芷雖芳氣自沉試看白雲吹散處悠然獨抱歲寒心

江漢長流日再中此間講道復何窮總然林木都刋盡猶有靈光不夜宫

入世如同弱草烟唯公矯矯卻塵緣好修自古多爲害東漢諸君各負愆 離騷經豈其有他故兮莫好修之爲害也 自註

正氣曾懸御史臺誰知天網亦恢恢魏崔死後眞儒見斯道千秋

任去來

後先同道亦同心芝草根長醴澤深昔日廢興今自復東林依舊說東林 時稟旃學憲適有興復故蹟之舉 自註

和韻六首　張　夏

偶拈興廢對閒翁千載修名唱和中止水淵源今有屬轉移道運亦家風

宫牆再闢乍鋤荒釋菜行香有此堂曾氾沅湘採蘭芷泰山梁木倍難忘

先天理數起環中剝復相因道未窮不但逆璫香火院玄明無地弔殘宫

遺書百卷見心詮是處絃歌及衆賢世忝師門私淑早城南分與一方天

戶外高峰九點烟齋中靜坐七朝緣春來伐木支風雨棟宇新成象不愆

吾道常南天地心君家世業益高深籍咸便是眞名教臧否無須到竹林

和韻十首　施　丹

再三珍重主人翁 劉禹錫 萬古銷沉在此中 杜牧 欲奠忠魂何處問 許渾 野花黃蝶領春風 王建

玉露凋傷風樹林 杜甫 高原禾黍影沉沉 温庭筠 前朝舊物東流在 崔塗 霄漢常懸捧日心 錢起

三徑無人已自荒 皇甫冉 烏衣依舊語華堂 岑參 殘經窗下居然在 劉長卿 此世惟君性亦忘 姚合

坐指浮生一夢中 劉滄 吳山楚澤意無窮 清江 漢朝冠蓋皆陵墓

唐彥謙 重叠青山繞故宫 王建

一官如幻底須詮 趙嘏 鄉里衣冠不乏賢 杜甫 今日亂離俱是夢 韋莊 何人倚劍白雲天 李益

忽看庭樹換風烟 劉滄 弱水蓬萊付一緣 謝宗可 自是海邊鷗伴侶 陸龜蒙 天青水碧本無愆 無悶

教人氣盡憶長安 王翰 北闕威儀讓漢官 皇甫冉 牢落故園征戰後 鄭谷 幾人缺陷幾人完 張碧

每見青山憶舊居 張籍 高人應執化人袪 宋子京 柴門流水依然在 韓翃 白社驚秋草木疏 黃滔

百年多病獨登臺 杜甫 浩氣常扶宇宙恢 樓穎 後學未嘗忘教化 李郢 門前修刺孔融來 劉禹錫

不勞金偈更降心 陸龜蒙 天外山惟玉壘深 皇甫冉 欲弔靈均能賦否

許渾淡烟疎雨散空林 劉瀹

和韻十首 李遜之

當年血碧痛吾翁同志捐軀一網中幾欲登堂談舊事忝離滿眼起悲風

宵人指目是東林黨籍寧隨世陸沉今日顧瞻遺址在是非不昧即良心

先人遺澤未全荒風雨漂揺舊講堂漫道東林傳護法當時朝議詎能忘中旨稱先忠毅爲東林護法見于天啓乙丑邸抄自註後同

聖道原如日正中一時明晦理難窮碑成元祐羣賢盡猶幸薪傳半畝宮

玄黃舊案不須詮珍重遺書付後賢濂洛傳心千古事好留正論麗青天

夕陽四望滿寒烟獨向林中結道緣著得書成模樣在羹墻寤寐永無愆彙翁新刊有人模樣書

那堪回憶舊長安國學曾聞祀宦官此日磨碑看姓氏何人志節獨全完天啓丙寅毀書院後削祀逆閹于國學與先聖並

再得廬成好隱居門前荆棘盡教祛傳家只此箕裘在莫笑趨時生計疎彙翁新築名再得草廬在書院之傍

爲尋往蹟一登臺後學心胸到此恢仰止敢忘先輩矩好從良會樂朋來

每於弔古見人心賢聖芳規感倍深回首不禁興廢嘆門前修竹又成林

再得草廬成與同志共咏四首 高世泰

素王宮畔綴吾廬左屬賢祠樾蔭餘雖聽嚶鳴終日靜待栽修竹一庭虛王維別業多臨水楊子玄亭只著書却笑緇塵猶溷及潛龍無悶竟何如

春林釋菜集城東雨徑青皐草自叢俎豆猶存三代制兒童俱誦四朝風洽洽琴瑟生柯韻隱隱鐘魚出梵宮道南祠後有東林禪院自註後同吾道廢興天已定舞雩沂水樂何窮

喆人何處可追隨心放能求即是師與鹿偕遊常落落聞雞而起醒時時此中山澤林交翠昨夜風雷爭出離閉戶十年忘得喪前賢靜力繫吾思謂龜山先生

由他龍戰自清寧一室圖書左右銘老圃隔牆時抱甕諸兒侍側每溫經昔年立雪傳河洛此日聞風感性靈家學有源探未得聆來三益啓吾扃

再得草廬和韻有序 四首 張能鱗

彙旃高先生家學世德棲隱丘園樂道著書裏足城市有東發之操而兼其學似淵明之傲而歛其才仰止風標肅誠造謁幸不我棄倒屣歡迎一夕眞十年矣讀先生草廬四咏感而和之

由來天地一穹廬誰信勲名身外餘吾黨有心忠孝古當年何事殿廷虛良知未許空禪悟格物非緣舊註書瞻仰龍山深慨慕漫迴舟楫問何如

久欲尋源泗水東龜山未闢尙蒙叢道南方啓君家派學北欣觀大國風廿載孤蓬誰漢節千秋衰草盡吳宮雖嗟一線如絲縷私淑幾希正未窮

喜君槃澗不阿隨別有幽居自得師挹水洗心常汲汲傍山瞻岵更時時素風五夜擢蘭畹凝露三秋護菊籬看到物情咸若此達

人何處復何思
半生鹿鹿幾曾寧手自箴規口自銘洛蜀未分疇見道嘉隆以後亦譚經冀親臯比聞宗匠敢肅干旌訪巨靈猶幸東林喬木在盡芟蓁莽復誰扃

再得草盧和韻有序　四首　汪學聖

曩辛壬間梁溪高大宗師督學三楚本性命以衡文章崇大雅而正風始期與楚人士共秉忠憲之芳模重新濂溪之廢址學聖於時方焚棄帖括畢志經傳謬荷甄錄改復初名每念今日長林豐草不掛藩籠深快當年仰斗瞻嵩得歸陶冶聞吾師重韆燕居近築濟室岱宗在望滌濯欲前因病遲行具函先報手書立答家刻惠頒學聖日置案頭時勤誦服讀再得草盧詩春風春水恍移窮壑之情龍戰龍潛益振觀海之氣謹依原韻勉和四章雖村傖鄙言未能賡揚宗廟之美富或芳林弘搆不敢峻視夫子之宮牆云爾

春風浩蕩想高廬匡坐鳴琴講習餘得喪有幾心自審廢興靡定念常虛龍潛不拔時占易鳳隱誰歌獨著書白昔在茲天可問伐檀削迹總無如
無心世用卜周東林靜鶯啼花滿叢錫水遠通濂洛脈草堂重振魯鄒風詩書幸不遭奏燄制度何須表漢宮吾愛吾盧三徑逸泉甘蔬潔憶陳窮
願學生平孟是隨而今仰止賴吾師廬成人醉春風裏草綻予慚夜雨時白雪難賡蘭在室師居母夫人憂悽愴倍至忽庭蘭白華故遠邇頌其孝感如天章雲錦爛然緗帙愧難爲和也自註綷帷不設竹爲籬此間得失何從問龍戰水堅愼自思
乾坤誰不快淸寧敬義須參尙父銘軀伏馬沉窓有草絲鳴石響壁藏經斯文未墜天心定吾道常昭孔鐸靈寤寐十年觀海志嚶歌此日出柴扃

和韻二首　馮之圖

望古伊人結草廬蹊桃徑柳惜殘餘談經展滿微言在抗疏名垂往事虛竹石無多矜別業風雲所護只牀書悠悠泮水成今昔鈴鐸聲聞尙儼如
發願當年不苟隨敢因代降歎無師輶軒古路經行處龜山先生牧宅在江屬歸化承乏監司曾經過此龜山在先生宅後自註字句天心八夢時庚辰八月官署夢一長者向予誦無將字句薦天心七字聲歷歷感人次日一孝廉持龜山先生刻集見贈屋後山容留翠綠南來堂奧孰藩籬祠前不斷傳衣者曾壁泰餘最可思

和韻四首　趙玉森

依然雲樹繞精廬此日能忘立雪餘花覆舊苔紅雨潤竹添新籜綠天虛魯戈再見方中日秦火猶留未燼書自是聖恩深似海來遊觀感竟何如
君公經畫寄牆東手闢堂階枳棘叢曾壁又新君子澤南天重被聖人風規模夜協三三象指顧春回六六宮珍重分陰莫輕度隙駒不再意何窮
纔說逃名名已隨一犂吾友鈞吾師直將高臥隆中意悟郤超然蓮社時匡廬有東林慧遠結社處淵明獨不入社學海淵源非借筏溢雲胸次肯編籬知君久適行窩趣月窟天心好耐思
誦到淸芬逾濟寧況看芳韻集貞銘義熙處士心成史元祐完人語作經日暖圖橋懷漢澤月明俎弔湘靈千秋堂闢從今闢一

任登龍莫漫扃

和韻 四首　張琴

乾坤何處是吾廬重過柴桑思有餘芹藻乍舒春漸永淵源仍續道無虛高齋擬扣新青簡古壁應尋舊漆書四十年前摳立地支筇又欲證眞如

幽徑重開惠水東先賢俎豆秬秠叢綱維既立三才極禮樂原隆百代風岣嶁書探明禹穴雲亭草覆陋秦宮須知觀海來遊客見道南歸樂不窮

久淹滄海少相隨故向河汾訪贄師正是文章方盛日又當風雅復興時山蹊更用今成路桃李須栽舊遶籬會見六朝懷至德門牆安得弗追思

玄黃胸戰未能寧懷刺還箴几杖銘學海一方開講席心舟千里

何傳經況瞻揮洒毫常舞獨愧傷殘手不靈聊借半枝山水畔提撕尚感到柴扃

和韻 四首　劉雷恒

當年講得結衡廬肯搆於今意有餘數畝荒畦供隱逸一聲幽磬稱清虛千雲初種堦前樹避俗惟翻架上書門外勞勞名利者此中相望竟何如

先民遺則在江東講席依然桂樹叢論道乍開天際月談經直接古人風非同綿蕞矜虛禮已異銅駝委故宮漫憶通家孔李並如君繼述信無窮

不爲沽名名自隨百年儒雅幾吾師縱然湖海烽烟日猶是春秋俎豆時共許孤忠懸北闕幸餘荒逕在東籬來遊見此新輪奐駿列滿芬重有思

皁帽峨峨似管寧移文不待北山銘掃除茆土開精舍簡點晴窗寫道經心在江湖成逸老地依祠廟肅遺靈何緣得比羊求侶三徑逢君不掩扃

彙旃內叔新搆再得草廬謹次原韻 四首　李遜之

百年傳說道南廬此日重經刧火餘時有古今分旦晝道無同異礙空虛鱣堂舊列文公訓燕室今懸楊子書好向羹墻勤晤對不須獻賦學相如

開門窈窕水西東三徑幽花遶砌叢日月猶存君子澤衣冠無恙古人風況留詩史和空谷休悵荊榛滿故宮我欲登堂期問道郤忘逢世術先窮

典型在望共追隨仰止宮牆得所師前哲遺規傳奕世後賢繼美重當時陸朱異派須分祖儒釋岐途好護籬悟得個中消息在更

於何處寄遐思

世自波翻心自寧問來開卷見箴銘只今論友惟三益夙昔傳家有一經陶令田園居可樂馬融絳帳教尤靈堂前玉筍成林早獨倚虛窗啟復扃

次和再得草廬詩奉贈彙翁先生 四首　陳瑚

違俗優游此一廬獨留絕業刧灰餘帝皇王霸無千古雪月風花有太虛白虎觀中同異席紫陽洞裏討論書十年去得惟矜字自領立談嘆不如

聞尋精舍到牆東坐竹看花踏草叢靜挹徵君千頃水春生茂叔一堂風走西荊棘吳遺館直北塵沙晉故宮幸有道南存俎豆可知吾道不終窮

半生踪跡效天隨茶竈書牀自得師浩刼正逢天寶日惠風難見

永和時問奇寂寞先生宅送酒蕭條處士籬誰道此存蝌蚪字壁
間絲竹繫人思
世事無言學管寧但看座右有崔銘雨滋薜徑迎三益月上松窗
注六經道脈龜山如授受家風止水識精靈鶴書不到潛龍地岫
幌雲関底用扃

題高彙旃先生再得草廬次龜山夫子韻　嚴福孫

此日還再得緬然懷滄桑方悲我生晚已驚雙鬢蒼側聞明盛時
東林道同光諸賢振絕學戮力志扶陽窮理宗實功居敬依首方
行尊物自疑豈在吐焰芒廢興固有時人謀艮未臧煆煉及清流
禍國乃自戕大道昭日月寧終擲粃糠往復運相循賢達不復藏
學憲起名家靈修嗣前芳幸逢明聖君赫焉奮乾剛奉職典三禮
夙夜嘗徬徨三楚及百粵覃敷教澤長拂衣返故林志業馳康莊

文獻猶足徵願言循舊章豈期文物區復爲戎馬場徹桑戒旣雨
補牢鑒亡羊斯文誠在茲任重安可忘先喆有遺訓及時貴自強
致道先宕肆來學藉梯航顯約理一轍汚隆道有常黽勉俟河清
大雅詎云亡再得志草廬中心還自傷短言述所聞敢辭小子狂

壬春彙翁高先生會講東林釋菜禮成即事賦贈　張光家

重開十日講壇新愧我遲來祗浹晨下榻對談娛永夕環橋觀禮
樂偕春反身規矩從先聖論世權衡起古人最喜象賢型範在一
門師友屬天親

和韻　高芷生

講席須從故得親何修不負此嘉辰交求勝已師兼友會訂將來
秋復春禮樂無非根自性聖賢祇是學爲人還思屋漏加乾惕兄
弟相期無忝親

和韻　王洸高

林木欣欣化雨新羣英來集鼓鐘晨孔庭常鎮千秋月馬帳重開
十日春山水知音寧屬我烟霞會意且隨人濂溪風範今相遇草
色當窗道倍親

和韻　楊慶徵

南來道派孰圖新闡徹心源暮可晨禮獻仲丁求在野會連上巳
氣全春家庭進問斯成教模樣留看是譜人多少鳶魚呈上下當
前指點性情親

和韻　高蓮生

重提無欲旨彌新夜氣常存在及晨去盡已私還自性融成天理
即同春儒珍滿席須求友家學探源敢讓人俎豆林間虔對越尼

山一脈覺堪親

和韻　高芸生

欣聞訪道客來新爲效趨庭侍十晨南學再逢楊子日西堂還夢
謝家春此心此理原通聖庸德庸言不遠人願得執經當受益一
身修處合賢親

丁巳二月十九日恭送彙旃高夫子神位入再得草廬禮成
會講賦呈楚老先生教正　施璜

道南祠畔草廬新位置天然祀哲人手築當年開戶牖神存此日
薦蘋蘩追思模範今何在幸與趨蹌儼若親再得光陰應重惜林
間花鳥不勝春

丁巳二月十九日恭送彙旃高太老師神位入再得草廬禮
畢會講麗澤堂借施子虹玉賦詩紀盛呈楚翁世叔先生

教政　汪師純
勝日林間氣象新濟蹌對越集同人書詒再得光珠玉廟奕千秋
潔藻蘋振羽鴻儀懷覲止學飛燕子幸來親堂前並坐揚徽緒滿
目行生次第春
按東林常先忠憲殉難後講會久輟先學憲復搆燕居闕學舍積先忠憲未墜之緒一時學者咸得所依歸迨丙辰捐館舍從游之士如施虹玉先生輩不勝泰山梁木之感因告之先師設主專祀于廟旁之再得草廬并爲詩以紀其事陛發篋得此二律穆然先澤亟補錄之告聖文見前卷陛讚識
東林講堂紀事癸亥清和朔　梁佩蘭
共望亀車度碧湄緣城花柳萬枝垂經譚東觀人文萃瑟鼓南風
月令隨七子爐香傳道案謂楊羅胡喻尤李蔣七先生自註後同三公祠火報功時
郡守邑令會護持書院歐林祠在燕居廟左誰摧開府飛軒意前有信臣後杜詩時余大中
丞躬詣講堂致祭道南祠

東林書院志　卷之十八　卅九

和韻　高大酉
頻年訪道對清湄師友相資麗澤垂何處絃歌雞試制使君車到
雉偏隨尋常便欲觀神化分寸還當惜日時祖硯積塵需拂拭過
庭吾愧舊聞詩
和韻　高秺
宋代儒風箭水湄先人繼業此中垂當年立德眞堪久衛道同心
誓不隨一體樽卣修廟享又逢烏府禮賢時趨陪灌獻神人悅欲
述奇逢一詠詩
東林紀事二首　錢肅潤
乙丑三月十有四日撫憲湯大中丞經臨錫邑特詣學宮
旋蒞東林書院謁燕居廟及道南祠諄諭官師宜勤講習
越三日高子節培楚培敬約邑侯徐公任方兩學博會講再
得草廬同人咸集肅潤不揣鄙陋爰賦俚言二律用紀盛
事
纔見鸞旂泮水回俄傳紫氣向東來中丞訪道崇先哲百職承風
忝後陪境內絃歌由倡率林間桃李倚栽培野人扶杖羣觀化爲
有賢星映上台
講道亭空址漸湮朝來講席喜重新門前遙立千年雪座上相逢
一月春已嘆灰寒還遇刼誰知火盡復傳薪老成遐矣遺型在記
得歸天正此辰是日爲忠憲公殉節忌辰自註
和韻二首　任文煒
道南佳氣昔昭回從邁於今賦肯來俎豆春秋豐廟食趨蹌先後
愧追陪我侯戾止薰風煖多士殷盈化雨培聽得講函眞妙諦歸
家何必說天台

東林書院志　卷之十八　卌

舊德從來原未湮欣逢後起已增新環門侍聽看花雨講幄弘開
正富春狂海波迴吾有道儒燈灰燼此添薪傳衣幾度於焉覓莫
笑烟蘿負景辰
和韻二首　高菖生
千里熊轓帶月回殷勤訪道遡南來載瞻榱桷經營寓歷指樽卣
灌獻陪在祠先儒一一詳自註後同先集恭呈希鑒定先學憲纂有五朝三楚文獻錄紫陽通志
東林書院志中庸家府問答止水年譜等編後人予立藉扶培親承色笑聆猷訓此會
文光燭上台
昆刼餘灰得未湮共承節鉞道彌新琴堂暇日同人樂絳帳開時
滿座春南北同歸車一輛淵源有舊火傳薪卻懷止水剛週甲空
奠椒漿嘆不辰是日先伯祖忠憲公全歸之日
和韻　方將

章天雲漢共昭回爲有人文觀化來穆穆曾侯歌戾止峩峩髦士樂趨陪已將繞殿薰風拂更取隨車甘雨培一望東皐饒氣象中階此日麗三台

和韻二首　　秦洴

一城傳遍紫騮回籍籍中丞問道來理雜是非嚴辨析人兼長幼各追陪雲山盡有儒風被桃李無須春雨培屋圮榱崩方再建（書院講堂正在修葺）人文浮動接三台

莫愁千載講堂湮借古思今往事新偃以得人兼學道點非三子獨遊春愧難出類龍稱馬漫道成材琴卽薪先正流風詡後輩無遑躭樂及思辰

和韻　　孫繹武

龍峰已覩五雲回鹿洞還聞千乘來夙與羹牆通寤寐不妨葦布

效趨陪風承禮讓官同恪道寄絃歌士益培歡動草茅思進賦忽瞻霞氣似天台

和韻　　張夏

自是傳庭澤未湮仍聞載酒綠陰新周公禮樂光昭代（新旨下部錄周公後人東野氏）曾點沂雩適莫春冠蓋集時都偃草品題經處孰翹薪臨風莫悼靈均則道運占興歲逼辰（忠憲先師以丙寅年是日赴止水今乙丑六十年矣東林書院以萬歷甲辰建以崇禎戊辰建故云　俱自註）

和韻　　吳廣培

麗澤堂危先跡湮神君戾止慶更新（堂爲先素衣公所建　徐父母許重修葺）生當斯世逢堯日幸得餘聞樂點春四座清言霏似玉千年寶炬孰爲薪元臣倡始行羣吏吾道昌明在此辰

和韻二首　　高芷生

寒谷年年春未回忽驚淑氣自南來光生泮水方成禮道重龜山得與陪講席弦開宣輿義師儒羣集荷栽培斯文千載眞榮遇大道光天燭上台

千秋道脈不終湮喜遇中丞節鉞新共說巡方來問俗正因訪道及深春昌言諄切傳高座家學淵源愧析薪敢望熊旛時戾止潛龍一脈振斯辰

和韻二首　　高陽生

彤牙萬里省方回百職惟時訪道來座接荊香談論集庭懸馬帳後先陪菁莪幸得春風長桃李能資化雨培一路福星臨慶院好憑清昊照三台

狂瀾既倒水難湮岇望中流砥柱新何日颺言抒夙夜惟知講習感陽春藤梢橘刺悲陳迹（前乙丑年燬書院先忠憲有藤梢橘刺句　自註）竹徑茅齋恐積薪追想當年堪涕處白雲黯黯逝斯辰

和韻二首　　張光庭

林間道運共春回快覩中丞命駕來嵩少兩峰神特降洛閩千載席重陪絃歌匝地閭風起松竹參天得露培從此能膺期數至天閶逼近朗公台

道南識在幾曾湮此日朋來砥切新沂水詠歸知大意蘭亭禊惜餘春窮經只似昏求燭苔賦何妨老負薪講罷咨嗟同弔屈年年風雨應靈辰

和韻二首　　高巘

天上星軺一瞬回旌旃拂拂向東來共推論道經邦主贏得光風霽月陪春夏絃歌循舊典宮牆霖雨荷新培由來正學宗伊洛憲節依然陟鼎台

絕學於今豈易湮風規如舊望更新箕裘遠紹踰三世俎豆常延歷萬春寥落荒郊欣御李衰微弱息愧傳薪年年釋菜朋來集何似前修肇甲辰

撫憲余大中丞躬詣東林講堂致祭道南祠詩以紀之兼謚同志

高菖生

台星經歲照林隅忽報千旄入邑郛俎豆千秋瞻祖德羹牆一氣效庭趨升歌肅肅神靈格賜問雍雍老幼扶自是陽回風雨後滿天和霽應洪鑪

和韻

徐永言

東林講幄傍城隅車蓋遙臨動四郛觀聽橋門依鷺序駿奔左右效凫趨隨波世道憑誰砥起後斯文杖力扶一自高山勤仰止不教頑冶躍洪鑪

和韻

秦汧

道風籍甚滿天隅堂奧堅深鄙郭郛鱗定旌旄謁廟肅鏘羹拜跪戴星趨文章光被中台動鐘鼓聲聞南極扶雲霧寒梅迷一老烏皮破處擁寒鑪

和韻

高峴

斯文丕振在林隅憲節欣瞻駐一郛灌獻虔修歌世烈駿奔肅穆儼繩趨風高全楚餘輝映澤徧三吳藉鼎扶此日何妨多蔚起童蒙何敢外紅鑪

辛卯歲偕弟若谷讀書東林追和先學憲公再得草廬原韻四首

高窿

楊子談經舊結廬尼山絕業闡無餘千秋道脈欣看續一寸光陰未敢虛廟貌何憑成往蹟門牆重振檢遺書可知賢聖傳心處夕惕朝乾恐不如

潛龍一去水流東數畝荒祠付草叢已爲斯文開益徑更傳絕學振家風悠悠函丈尋顏樂穆穆端居傍聖宮此外榮枯何足戀高歌一室意無窮

一束圖書每自隨窮年相對只求師天人有辨能精別得喪無心正學時抱膝詩成垂短嘆避喧村僻護疎籬典型未遠餘風在俯仰晨昏有所思

敢謂稽修似管寧弟兄師友即箴銘幸邀祖澤容雙膝不負家傳抱一經但肅衣冠瞻俎豆每從篇什識精靈由來後學津梁地再得廬成豈用扃

東林習靜讀先學憲再得草廬四詠愴焉追和

高嶒

乾坤何處是吾廬棲息東皋意有餘蔬圃繞基蓬戶靜松楸映月夜窗虛壯行未振沖霄翮幼學聊憑插架書今日據梧函丈裏青氈不負定何如

古祠寥落錫城東遺烈難忘闢草叢今日一廛留勝地當年絕學續高風衣冠俯仰思前哲帳座追嚴列故宮從此道南綿道脈開來繼往正無窮

孤懷肯與世相隨屏跡衡門古是師榮辱無心觀幻化詠歌有地樂當時城邊翠色圍青草屋角青陰護短籬俯仰此間聊自得潛龍無悶有遐思

一室端居即泰寧高歌不讓古時銘十年靜力閒中得曠代聯吟此日經敢謂箕裘能繼業好憑書卷答先靈由他門外荊榛滿努力韶華且固扃

東林志成詩以紀之用楊文靖公詩作起句　胡　愼
欲爲君子儒至道在講習東林數弓地倫常賴以立綱維文靖公
成物本成巳伊洛得正傳道南從此始羅李及紫陽綿綿衍宗派
天未喪斯文賴有東林在顧高兩先生東林稱中興學者盛一時
於今猶昌明恭逢
聖明世千載際昌期祁陽觀察公本屬東林支大儒振文教巳見風
俗移先人久從祀俎豆千秋垂是以按臨日下車必展謁方謀廟
貌新又惜前志闕爰以命諸生博考稽故籍遺文廣搜羅部序盡
秩秩上下千百載吾道欣維持旣多觀察功又辱觀察知不敢辭
固陋簡東書蕪詞

附謁喻玉泉墓　邵　寶
四十年來弔古心偶因勝日遂幽尋天留丘壠嗟誰掃地近厥倉

幸不侵百世簪纓遺牒遠五賢俎豆古祠深玉泉兩字還須碣一
東生匆有嗣音

和韻　高世泰
二泉能見玉泉心遺蹟曾從馬鬣尋伊洛有源師自得江淮可障
議難侵勅書零落藏猶在著作搜窮窟最深片石墓旁今再勒敢
云末學是知音

按康熙癸卯春先曾祖學憲公礱石大書曰宋朝列大夫玉泉喻先生之墓并刻邵詩於碑陰偕同志往立之𡊨土一尺餘舊碣忽出横刻玉泉二字郎令匠者安置碑前是日也拜祭禮成飲福於村舍因託菩提菴僧及里耆以守墓贈金而返步邵文莊原韻賦詩以紀其事廷珍思此詩雖不爲東林而作而於邵文莊未遂之志先學憲實襄成之矣爰附載於此廷珍謹識

和韻　嚴　瑴
野步迴溪共素心前賢墓道倘堪尋東林地近神應戀南渡年遥
風雨侵南渡出師籌策遠東郊藏蜕歲年深從前虛碣今朝補來
學誰云鮮嗣音

和韻　錢肅潤
弔古相傳祗此心前人尋處後人尋始知荆棘終難没且喜風霜
未易侵兩字玉泉碑巳立千年伊洛水逾深朝來墓下羣羅拜空
谷驚聞有足音

和韻　張　夏
野步迴溪共素心前賢墓道倘堪尋東林地近神應戀南渡年遥
牧豈侵邑志吳墟遺跡古家藏宋勅舊恩深邵公詩意今纔合千
載看碑最賞音

東林書院志卷之十八終

東林書院志卷之十九

典守

灑掃應對便是形而上者況詩書禮樂之具乎籩豆琴瑟典籍之類器也不離乎器而道存焉欲習禮樂而無其器有志好古而不得經史子集之富以恣捜討將孰從而求之志典守

祭器

籩叄拾貳箇　豆叄拾貳箇　簠陸箇　簋陸箇

古樂器

琴壹張　瑟壹張　塤壹枚　篪壹枚　簫壹枚　笙壹枚　鐘拾陸口　磬拾陸面　搏拊壹面架一座　柷壹件　敔壹件　鐘架壹座　磬架壹架　瑟柱貳拾伍箇紘全　瑟軫七箇紘全　琴足貳箇

典籍

文公家禮壹部（計壹套陸冊）　朱子冊議壹部（計壹套捌冊）　朱子年譜壹部（計壹套肆冊）　朱子註解楚詞壹部（計壹套肆冊）　朱子註釋韓文全集壹部（計壹套拾貳冊）

東林書院志卷之十九終

東林書院志卷之二十

著述

歐陽子所見唐四庫書目散亡磨滅百不一二存焉譬之草木榮華之飄風若儒先之造道而有德者其所著述自與日星並垂然數有幸不幸焉作者亦不能保其必存也臚列其目可按而稽志著述

楊龜山先生著　文集　語錄　三經義辨　日錄辨　字說辨　春秋指歸　合衡錄　遵堯錄　議論要語

羅仲素先生著　春秋解　毛詩解　語孟解　中庸說　春秋指歸　合衡錄　遵堯錄　議論要語

胡德輝先生著　道護錄

喻玉泉先生著　易義　玉泉講解語孟大學　四書性理窟　玉泉語錄

尤遂初先生著　遂初小稿六十卷　梁溪集五十卷　周禮辨義　內外制三十卷　全唐詩話　老子音訓　遂初堂書目一卷

李小山先生著　小山文集　小山奏議

蔣寶齋先生著

虞薇山先生著　薇山文集二十卷

邵二泉先生著　容春堂前後續別四集　簡端錄　日格子　定性書說　左鐫　勿藥集　漕政舉要錄　杜詩集註

顧涇陽先生著　涇皋藏稿　大學通考　大學質言　還經錄　桑梓錄　虞山商語　小心齋劄記　東林會約　東林商語　證性編　當下繹　南岳商語　仁文書院商語　經正堂商語　毘陵商語　荊溪商語　志矩堂商語

高景逸先生著　高子遺書　周易孔義　春秋集註　毛詩集
註　古本大學　正蒙集註　朱子節要　四子要言　就正
錄　東林論學語　高子藏稿　邵文莊公年譜　高子詩稿
天完錄
顧涇凡先生著　小辨齋偶存　朱子二大辨　悱言
錢啟新先生著　像象管見　象抄　續抄　範衍　源編　漚
編　黽記　邸抄
安我素先生著　養心日劄　讀書日箋　荒政撮要　武備私
考　膽族錄　名山紀遊　文獻通考刪
葉園適先生著　興至吟　旁囂止囂錄　見聞摘錄　八貞女
傳
陳筠塘先生著　四書正刪正　四書罪罪知　禮樂考　欽恤

題稟　治湖實政　三方臆斷　救荒全書　中牟水利　芸
堂日錄　續錄　百將傳摘抄
薛以身先生著　浮弋集　續憲章錄　泉上雜語
劉本孺先生著　依庸絜語　湖畔逸農遺稿　三畏堂素業
東林志稿　從先文訣　文衡
張弦所先生著　東林商語　蒲掦笑拈　庭學愛日　索居小
咏
許靜餘先生著　露穎編　中解編　太玄玄言　詩集
王儉齋先生著　儉齋文集
史玉池先生著　亦爲堂集　明道附言　語錄　奏疏
鄒南臯先生著　宋儒語略　存眞集　願學集　奏議
馮少墟先生著　文集二十二卷　元儒考略　關學編　辨學
錄　疑思錄　會約　語錄　訂士編
孫淇澳先生著　困思抄　玄晏齋詩集　周易明維義　愼獨
義
吳覲華先生著　周易像象述　像象金針　易說　談易隨問
書經說　曲禮說　註釋春秋大全　眞儒一脉　皇明開泰
錄　息齋筆記　一班錄　東林或問
華訒菴先生著　易意四書　聞見抄筆記
于景素先生著　願學齋述語　願學齋億語　文集　春曹書
疏
丁愼所先生著
華燕超先生著
余振衡先生著

劉念臺先生著　劉子全書　語錄　奏議　文集　雜著　儀
禮經傳　古學經　家語考次　古易鈔義　讀易圖說　論
語學案　曾子章句　十三子　古小學集記　古小學通記
人譜　孔孟合璧　五子聯珠　聖學宗要　明儒道統錄
人譜雜記　中興金鑑錄　保民訓要　鄉約小相編　劉
氏祀典　劉氏族譜　年譜
秦水菴先生著
宿仁寰先生著　易纂全書　課兒說苑
姜同節先生著
賀亨陽先生著　思聰錄　人模樣　女箴　三世事小錄
汪鶴嶼先生著　書傳刪補　菉漪園集　閩諏漫紀
李元冲先生著

周懷魯先生著　待旦堂讀談
歐陽宜諸先生著　晉陵先賢傳
魏廓園先生著
楊大洪先生著
周蓼洲先生著　燼餘集　年譜
繆西溪先生著　從野堂集
陳中湛先生著
王軒錄先生著　遺稿　疏集　退居瑣言
蔡雲怡先生著
黃石齋先生著　洪範明義　月令明義　緇衣集傳　儒行集
傳　三易洞璣　易像正　孝經百種　大滌函書　榕檀問
業　奏疏　文集

文湛持先生著　文集
金絹菴先生著　絹菴語錄
馬素修先生著　澹寧居詩集　忠鏡錄　澹寧居文集
吳霞舟先生著　周易卦說　大學衍註　霞舟隨筆　十願齋
文集
陳幾亭先生著　幾亭全書　皇明儒統　程子詳本朱子語類
朱子經說高子遺書陽明要書俱出先生手纂
華鳳超先生著　高忠憲公年譜初編　四書大全叅補　春秋
說
龔佩潛先生著
鄒經畬先生著　一簣軒文集　經畬先生遺集　易蒙　尚書
揆一　學庸解略　孝經纂　二程全書摘要　朱子節要補

朱子全書偶摘　小學偶箋　宋名臣言行錄纂　國朝名
臣言行錄纂　東林諸賢言行錄　一簣軒劄記　詶詩隨筆
皇明洪範　經世要語　居官寶鑑　弭亂臆言　救荒末
議擬疏　一簣軒隨筆　字義偶箋　見聞偶述　國朝文章
正宗　養蒙詩　錫山近事紀實　醒夢吟　委巷謠　鶴湖
小豖　詩稿
鄒忠餘先生著　四書筆旨　孝經筆旨
張泰岩先生著　四書經正錄　東林講義　小學講義　孝經
講義　尚書說統　五經總類　四書說統刪補
黃　齋先生著　禮樂合編　續史五編　承天紀世覽　玉磬
齋詩集　錫山史逸
秦濱綠先生著

陳並漁先生著
顧庸菴先生著　西疇日抄　悅心錄　明盛編　倣近思錄
纂端文要語　高子語要
施曠如先生著　東林講義
周仲馭先生著
成寶慈先生著　程易發　春秋五傳釋疑　十三經註略　西
銘解　昆崙洞語錄
刁蒙吉先生著　潛室劄記二卷　易酌十四卷　麟酌　四書
翌註十六卷　斯文正統十二卷　用六集十二卷　辨道錄
六卷
陳子衆先生著　省心日記三編
高彙旃先生著　紫陽通志　東林書院續志　中庸問答　三

楚文獻錄　纂高子節要　易悟　東林講義
熊祈公先生著　弘毅齋集
惲遜菴先生著　纂劉子節要
孫蘇門先生著　理學宗傳
秦大音先生著　易敘圖説　周子通書半解　參仝閣文集
清江縣志　奏疏　先儒四編　皇極內篇小衍　講錄二卷
淮海年譜
胡慎三先生著　懷古堂文集　聖學源流錄　歷代廢興説
鑑斷集要　泠香齋集　洪李乘略
嚴佩之先生著　生軒易説　屬比直書　東林書院志　生軒
存稿　易同
王敬哉先生著　冬夜箋記　青箱堂詩十卷　續詩十二卷

文集十卷
孫北海先生著　五先生學約　四先生學約　道統明辨錄
考正晚年定論　益智錄
龔震西先生著　理學酯疵辨　李苕平讞錄
湯潛菴先生著　湯子遺書　洛學編　補睢州志
張菰川先生著　菰川文集　洛閩源流錄　小學論註
熊敬修先生著　兩朝國史　政治典訓　北征方略　孝經衍
義　明史　朱子全書　學統　閑道錄　下學堂劄記　學
辨　學餘　下學堂學規　歸絜園偶筆　楔園迺語辨　剩
語五緯　陣圖解　些餘集　經義齋集　澡修堂集　閑道
堂集　蘭臺節錄　悔園存稿　古文拔　古詩拔　明文拔
明詩拔　十家文拔　三尺堂文集　困勉錄　纂輯四子
大全
陸稼書先生著　三魚堂文集　問學錄　松陽講義　困勉錄
讀朱隨筆　增刪舊本四書大全
吳稼仲先生著
汪默菴先生著
施虹玉先生著
宋牧仲先生著
許時菴先生著
張孝先先生著　正誼堂文集　困學錄　居濟一得
高紫超先生著　周禮註　小學纂註　薛胡羅三先生要語
老子解　字母
曾二雲先生著

林平華先生著

東林書院志卷之二十終

東林書院志卷之二十一

軼事一

列傳既衰次成編而講壇諸賢言行之不載于傳者往往而過也集而觀之愈知所法矣至東林軼事原本舊志而十增其八焉要亦期于文獻有關云爾志軼事

東林軼事

楊龜山先生東林道上閒步詩有寂寞蓮塘七百秋之句蓋咏廬山東林也先生或愛廬山東林之勝而移以名吾邑講學處亦未可知

國初王耐軒在東林庵一夕成梅花百咏或者稱其才艶而錢塘徐一夔氏則曰非寡慾之士不能至此知言哉抑耐軒又有筆疇及天游集二書姚江孫立峰先生謂其折衷於聖廟東陸之異氏

又謂其爲濂洛關閩之流按是時高皇帝文治聿興而耐軒心精學問乃爾即東林講堂猶未闢然異日者羣公並起以結國朝三百年文明光大之局未必不兆於茲而或疑靖難禪位詔出耐軒手故不秩祀典則王守溪吳匏菴二先生已辨其無事久矣

隆慶元年督學耿公定向萬曆元年督學謝公廷傑曾允剔立盛公鑾之請累議修復不果前此嘉靖十三年督學聞人公詮已有光復故址之議

東林之復實馬文忠公父涵虛先生希尹也先生孝友廉讓與高景逸薛立臺葉閒適三公爲忘形交比黨禍起則偕葉公挂名用晦踯躅林下耳已核其品當在管甯茅容之間而其初又勇於任事如此

萬曆八年庚辰張江陵柄國議毁天下書院無不趨命者即賢守令保護勿毁而必更其名如白鷺洲書院改爲胡西公署之類是也按是時盛公欵立輩已議復東林因未舉行故幸免此刦若二泉書院在九龍山麓夙爲海内所矜式不知何以祭相令下猶得巋然獨存豈前賢有靈不欲使不祥之徵形乎盛世故於吾邑留羸羊之遺耶

萬曆乙巳丙午間講席方盛每月三日大會之外復有一小會高先生門人秦彦熙氏爾載主之約同志數人每於月之十一日赴院講論有所得輒疏記以就正先生先生平生著述甚富惟朱子節要一書尤爲有功後學彦熙刊之以行又並刊近思録先生爲之序曰於今之時有能讀小學近思録而斤斤修日用彝倫之間以爲學者吾必謂之曰聖人之徒矣未幾秦以疾夭先生哭之慟曰吾未見好學如某者也

邑令吳受監毁東林之役書院拆已并欲及道南祠時有太學沈君翼明淵同忠憲公僕執錫山志祠廟一册力爭曰講堂爲鄉紳所建或不得不毁若楊龜山祠乃數百年遺蹟現載邑志是獨不可免乎役遂寢

高忠憲公自溺邑令吳繫公長子世儒至毘陵郡伯曾公櫻驚詢吳曰若欲使忠臣子孫必爲豺虎所魚肉耶遂匿世儒不使見越數日官旗受吳門義士顔佩韋等之戹燄少衰自是過梁溪遂不敢大恣需索而去皆公力也已而奉旨勘問漏洩根因撫院道勘皆有攀龍與上年被逮諸臣同惡相濟之句府詳獨以同朝共事四字易之已而石公萬程繼任蓋守徽郡時避璫辱而掛冠者甫下車即允吳素衣之請興復書院此兩郡伯不可謂忤閹之强吏衛道之功臣哉

崇禎二年已巳麗澤堂初復有二白雀集依庸堂基萬雀隨之飛鳴良久而去

以上九條本嚴氏舊志

政和元年楊龜山先生年五十九歲三月四日初寓毘陵之軀巢巷四年十一月遂徙居毘陵至建炎三年先生年七十六歲乃自毘陵還南劍之將樂前後共留十有八載有講舍在錫邑城東隅弓河之上地名東林見龜山年譜

鏡湖尤公錫志補遺謂倪靜寄先生名峻遣使占城歸講學東林黃日齋錫山史逸亦載先生講伊洛之學於東林十餘年邵二泉序先生文集亦稱其以正學教後進者凡十餘年蓋錫山東林有宋五賢而後明初當絕續之介其得中延一綫者非無由也

萬曆癸卯顧涇陽與高景逸議復東林書院因商諸同志經營規度併集來歲鳩工庀材之費至冬局始定先是一江右人善談堪輿主邑東吳三畏家每日昧爽潛起望氣指東林地謂三畏曰後數年天下名賢當聚於此其語果驗見顧涇陽年譜

甲辰十月朔定道南祠配享位舊奉喻尤李蔣四先生配享涇陽先生以羅豫章爲聖學大宗胡德輝曾留寓受業至明則邵二泉道南世嫡也增入配位稱七先生有請及某某者公皆不許見顧涇陽年譜

東林每會設先師繪像行禮至萬曆庚戌正月始建燕居廟奉先師神位廟止一楹顏曰燕居書院不敢擬學宮也見顧涇陽年譜

涇陽先生兄弟皆鄉居每入城卽止書院院內書室多爲學人分寓乃復於院旁拓地爲之歲有增益今蘇家巷有數椽卽涇凡小辨齋也萬曆乙巳涇陽先生移涇里同人堂社於麗澤堂月課多士未進者得拔第一文譽立著輒靑其衿故士皆爭自奮起所獎成孤寒甚衆公喜作三變說以勉之而諸生間請自爲會分自爲約公益喜示黃伯英曰友不厭少貴其精會不厭多貴其眞示姚元升曰諸友之會爲舉業設耳能斤斤交砥一言一行惟恐少有愆戾以辱東林此卽曾子所謂以文會友以友輔仁也如馬希尹鄒期楨吳桂森張雲鸞及陳奇齡輩皆東林諸生之有聞者伯英後更名廣見顧涇陽年譜

已酉仲秋十九日吳子往邀余入東林社時涇陽先生爲會主而高劉諸公翼之予與子往及一方外楚人爲客列東西坐坐定涇陽先生講孟子首章析義利之旨自是互相送難及盡心天命諸義講罷一人從東席趨下正立揖出所書魏莊渠先生勵學語讀一過聞者悚然罷會設雞黍供客酒數巡各散去微言久絕此會

爲東南領袖風動四方眞千古一事矣武林胡嘉胤記見顧涇陽年譜

桐城方本菴先生學漸倡道桐川築崇實之館以待四方仝志之來會者所著心學宗性善繹顧涇陽高景逸兩先生爲之序萬曆辛亥命舟東遊時先生年已七十有二以九月朔會講東林著有東林會言與涇陽景逸輩問答語凡三十三條九月旣望先生將辭歸復作東林別語一篇涇陽爰有讀會語讀別語兩跋復題千里仝聲卷以送之

按本菴親與東林講壇且爲顧高兩先生推重而蕺川洛閩源流錄所載方本菴傳不及此事想未見東遊記耳獻家藏此書凡三卷發篋展讀擬欲建議補祀道南旣而復念顧高當年師友之間所進位次已定今若例以現在則本菴豈不當在南皐念臺之列而揆之先正所守毋泛毋雜之旨則諸賢不必以東林重亦不必援諸賢以重東林也遂不敢效顰呈請而止至於此段事實不宜湮沒用闡舊聞俾尚友君子有考云爾許獻謹識

東林聚首諸賢當年曾共圖一小像未知雲散何處今惟集聞適

自著小像箴併序文一首有可徵其文云人生宇宙間第以形論與動植之物均耳惟有超乎形者在乃能參三靈萬不死不生與造物相終始然形可像超乎形者不可像區區委蛻聽其自來自去可也奚以像爲乃社友高存之謂吾黨聚首數十年所講習者六籍之遺言所紹明者錢顧兩先生之遺緒非尋常徵逐交也宜乘松柏之未凋各圖形影之彷彿以俟將來者肯像於無窮其意良厚會有持先賢遺像至者遂命工倣而圖之予懼鬚眉徒具至道罔聞臨殁如存性靈靡著異日無而目對諸友於東林也爰系之箴以自勗焉箴曰爾貌甚臞爾性易躁志在破愚業因病廢甲子既邇望洋未至何以圖終夙夜自艾日暮問途難容緩轡饑食渴飲勿等兒戲龜山一脉法門不二俗學浮靡入趨爾避思過省愆涵泳道味友朋切劇日新月異造次顛沛必止於是壽考禍澤惟天所畀恭敬温文惟爾自治形匪委形天性乃備庶其全歸無忝厥志

景逸先生作洪平仲傳贊有云余與平仲同稱東林人東林人行輩不一如逯確齋中立陳思岡嘉訓丁愼所元薦劉本孺元珍與公爲一輩此六人者絶不相類而相懽何也朋友同於道也

高景逸先生與馬君常手扎云承示忠箴録已作小序但恐不足以光大劍耳君常忠孝素著今世事如此僕已矣桑榆晩景者君常其誰收之前見大作挽歌幕句有先生真士夫僕即以真士夫望君常也吾雜著十五本煩收藏之後日一展玩間如與僕相對談心耳書不盡言統祈心照

按人知先忠憲有高橋别語送魏廓園有垂絶手書貽華鳳超師弟三人先後殉節而不知其臨難前更有與馬君常一扎也鄉三師於忠肅家得見先忠憲親筆手扎録以見示讀之何見一時師弟以理學爲淵源而卽以忠義爲衣鉢蓋隱然以後死之責予文肅矣　陸士謙識

倪鴻寶先生元璐論東林疏畧云臣從邸報見諸章奏凡攻崔魏者必引東林爲對案曰邪黨夫東林人爲邪黨將以何名加崔魏崔魏而邪黨矣首劾忠賢參提呈秀者又邪黨乎哉夫以臣虚衷論之東林亦天下之才藪也其人大都稟清勁之標而或繩人過刻樹高明之幟而或持論太深此謂之非中行則可謂之非狂狷不可也其所引援爲用者亦多氣魄之儔才幹之傑其間卽不無非類要可指數耳而其中又有泊然無營翛乎自遠謝華膴其如脱付黜涉於不聞此尤純於君子者也且天下之議論寧涉假借而必不可不歸於名義士人之行已寧存矯激而必不可不準於廉隅自後人以假借矯激坐之於是虎彪之徒公然起而背名義毀廉隅連篇頌德匝地生祠矣而猶寬之曰無可奈何以忠厚之

心曲原若輩而獨持已甚之論苛責吾徒亦見其悖也

逆璫魏忠賢東林黨人榜　李三才　葉向高　顧憲成　鄒元標　趙南星　高攀龍　楊漣　左光斗　魏大中　周朝瑞　袁化中　顧大章　汪文言　周順昌　繆昌期　周宗建　黄尊素　丁乾學　吳裕中　萬燝　吳懷賢　劉鐸　周起元　夏之令　李應昇　熊廷弼　鹿善繼　呂維祺　孫承宗　賀逢聖　汪喬年　范景文　焦源溥　侯震暘　賀烺　蔡懋德　惠世揚　李　亥　顧宗孟　魏光緒　練國事　蔣允儀　解學龍　劉　懋　趙洪範　吳爾成　劉宗周　萬言揚　陳于廷　朱國禎　孫　鏞　王　紀　黄公輔　余世業　李希孔　湯兆京　章嘉禎　王象春　孫居相　孫鼎相　喬允升　錢謙益　曹于汴　黄正賓　鄒維璉　孫愼行

房可壯 曾 櫻 丁元薦 游士任 王之雅 崔景榮 劉
憲寵 程正已 佘一橰 方震儒 王允成 徐憲卿 陳必
謙 馮從吾 鄭三俊 文震孟 鄭 鄤 毛士龍 李炳恭
李邦華 史紀事 夏嘉遇 甄 淑 劉思海 許譽卿
熊奮渭 郝土膏 章允儒 熊德揚 歐陽調律 劉 璞 張
慎言 馬鳴起 江秉謙 李日宣 喬可聘 劉 芳 薛敷
教 沈思孝 顧允成 徐石麒 周嘉謨 劉一爆 翟學程
韓 爌 楊惟休 蔡毅中 宋 槃 張拱宸 沈正宗
王 洽 王心一 李宗延 倪 思 張鵬雲 程 註 趙
世用 方員度 沈維炳 朱欽相 姚思仁 胡良機 楊
姜 蕭 基 李遇知 霍守典 汪應蛟 楊維新 蔣大中
姚希孟 胡永順 麻 僖 魏應知 王時熙 陳士元

東林書院志 卷二十一 七

楊建烈 宋師襄 喬承詔 潘雲翼 吳良輔 李喬崙 翁
正春 朱大典 陳奇瑜 吳弘業 孫紹統 洪如鐘 歐陽
東鳳 杜三策 朱國弼 林汝翥 楊棟朝 王振奇 趙
彥 唐紹堯 周洪謨 陳道亨 岳元聲 張問達 周汝弼
張繼孟 劉廷佐 史永安 田 珍 段 然 方逢年
李繼貞 顧錫疇 黃承業 李若星 師 衆 畢佐周 李
承恩 王之寀 鄧 渼 何棟如 吳用先 孟淑孔 許念
敬 熊明遇 何士晉 黃龍光 楊時喬 盧化鰲 徐良彥
錢士晉 施天德 王 圖 翟鳳翀 陳一元 陳長祚
畢懋康 李騰芳 趙昌運 彭遵古 程國祥 朱光祚 徐
如珂 鍾羽正 蔣正陽 林喬枝 韓 策 汪先岸 郭正
域 孫丕揚 胡 忻 王元翰 王宗賢 余懋衡 孫 瑋

李孔度 李仙品 周道登 朱世守 楊一鵬 陸完學
陳良弼 陳 言 李 玄 王祚昌 霍 鍈 楊新期 談
自省 馬孟禎 韓奇象 方有度 金世俊 米萬鍾 王繼
謨 李思誠 方大任 陶朗先 陳熙昌 張國純 何如寵
藏 忠 馮 琦 劉元珍 姜志禮 于孔兼 耿如杞
區九倫 梅之煥 姜習孔 金士衡 侯 恪 韓 霖 易
應昌 江東之 宋 纛 錢龍錫 姜逢元 陳一敬 劉
策 陳子壯 黃道周 王淑抃 滿朝薦 沈 演 劉鴻訓
成基命 王國興 張國紀 楊嘉祚 汪康謠 史孟麟
安希范 李復陽 林 宰 張永禎 劉起虞 陳新芝 朱
灝 劉憲章 韓鍾勳 周孔教 黃毓祺 賀王醇 趙德
遴 孟稱光 劉斯陛 藏 塤 陳仁錫 劉弘化 吳道坤

東林書院志 卷二十一 八

張道濬 李守俊 劉之鳳 王鍾龐 公 鼐 吳弘濟
劉士章 張經世 徐遵陽 侯 恂 徐紹芳 蕭 近 彭
汝南 沈應時 薛文周 陳邦瞻 趙清衡 何吾騶

按天啓五年十二月乙亥朔逆奄魏忠賢矯旨以東林黨人榜頒示天下生者削籍死者追奪已經削奪者禁錮凡三百有九人不過魏璫借東林名目爲羅織耳實則其人有與東林毫不相涉者有托足東林而人品不類者有人品雖端而與學脈終隔者其間相去奚翅倍蓰要之既與諸君子同禍則此重公案不可沒已其幸得與諸君子同禍而善卒不善卒莫得而掩焉則後人之見此榜也盆怵然思所以自立哉 許獻識

天啓元年九月高景逸先生別東林諸友啟行至京以會講事屬葉閒適吳覲華主盟再拜囑曰畢竟此事爲吾輩究竟弟此行原殉君親二字可歸卽歸不使東林艸深也蓋前此涇陽先生未歿涇陽主之涇陽既歿景逸先生主之景逸之出閒適覲華兩先生主之厥後東林再復覲華主之覲華之繼景逸猶子彙旃先生主

之云

按觀華吳先生殁于崇禎五年壬申東林遂無主盟嗣後麗澤堂會講亦輟先學憲于崇禎癸未歸田乃復建燕居廟出先忠憲所藏先聖木主祀之次搆再得草廬三公祠而講會復興自是主盟東林者歷三十有四年而殁後施虹玉先生即祀先學憲于再得草廬故告聖文内有三十餘年獨力支任今其逝矣功不可沉等語繼又奉先忠憲爲主位而先學憲配食其間後乃奉主從祀道南祠蓋東林當有明之季先學憲可謂仔肩一綫者矣 廷珍謹識

景逸先生應起廢之詔將北上是年適吳覲華先生甲子六袠先生特造而祝爲賦詩一律云同樣乾坤同氣分就中何者號超羣心通大極無形理目斷羲皇有象文一片虛靈昭白日六旬塵跡等浮雲龜山此日誰能得屈指東林定屬君

按此先忠憲壽吳素友先生詩也陛閲復興東林書院儲序中有屈指東林定屬君之句檢之遺稿不得偶於舅氏家展所藏先世壽軸爲先忠憲真蹟即書是詩亟録歸載入軼事於此可見兩先生一時擔荷之重矣 陛謹識

鄒經畬先生講院紀實云東林書院在無錫縣城東隅宋楊龜山

先生講學處也年遠頹圮止存荒基萬曆間涇陽顧先生景逸高先生輩俱以言事謫居林下留心學問謂不可無講習之所闔邑志得東林遺址乃請之當道議復一時上司及府縣翕然響應合邑則顧高二先生外如涇凡顧公我素安公本孺劉公開適葉公筠塘陳公弦所張公儉齋王公各捐資建講院一所負北向陽前爲門爲麗澤堂川堂中爲依庸堂堂後門一座爲先師燕居堂奉先師神位其中額爲中和二字摹朱文公筆堂左右書院各廿間燕居左右爲書樓堂中鐘一磬一前堂鼓一門前月池一架以木梁甬道一直至箭河石牌坊一座前額觀海來遊後額洛閩中樞講院左爲道南祠自講院門首東至祠梹榔樹成林祠前爲門爲儀廳廳後門一座爲祠上設龜山先生神主左右列羅仲素先生喻玉泉先生尤遂初先生胡德輝先生李小山先生蔣實齋先生邵二泉先生有祠田百畝每歲春秋仲丁燕居堂行釋菜禮龜山祠行祭禮即於是日講學始餘月俱於十四十五十六三日四方來學者遠近不仝而三吳士紳爲多皆請先生遞主之蓋始於萬曆甲辰東隅片地遂成洙泗自壬子涇陽先生下世景逸先生爲政不異曩時癸丑冬特延錢啟新先生過東林講易凡兩閱月開闢啟牖人人會心壬戌景逸先生應詔起光禄以東林無主則屬之吳覲華先生而華訒菴與一二同志左右之一稟二先生遺訓乙丑丙寅間逆璫禍起有金沙臺中逢其意旨請毁海内書院尤注毒東林當事者奉命唯謹立爲拆毁寸椽片瓦靡有孑遺只道南祠一區以志書所載原不在講院内得免此丙寅五月初旬也丁卯冬時局一翻戊辰景逸先生寃得大白郵典屢下有臺中請復書院者報可吳覲華先生與二三仝志謀爲興復乃亟請之當事

時郡守石公萬程守徽郡時避璫焰而掛冠者也立報可于是安無咎先生築祠旁以舘守祠者而覲華先生則獨捐貲百餘金搆麗澤堂二楹墻門一座額曰東林精舍於是來學者復得所依歸云會期亦以春秋仲丁行釋菜禮於道南祠隨開講每月只朔望上午祠中奉涇陽顧先生啟新錢先生玄臺薛先生涇凡顧先生我素安先生本孺劉先生皆景逸高先生將被逮時所奉而入者也邇則奉景逸高先生及開適葉先生入焉癸酉復進吳覲華先生甲戌復進陳筠塘先生丁丑復進許靜餘先生已卯復進張弦所先生見鄒經畬遺集

鄒經畬先生一篳軒隨筆記云往者雲臺先生之喪余與公寅弟往送焉邂逅啟新錢先生因念玄臺先生一生清介鯁直之節不勝嘆惜請商一私謚啟新先生曰此意甚美然何必爾說着一私

字便不可矣余兄弟聞之不覺心服一日讀文莊公所題生無爵死無謚之簡言張子厚卒關中問謚於伊川伊川復書謂古者生無爵死無謚孔子没哀公誄之不聞復爲之謚也與其以陳文範陶靖節王文中孟貞曜爲比其尊之也曷若以孔子爲比乎此至當之論然孔子有爵矣誄而無謚國之缺典也非弟子之失禮也故爲尊子厚之道公謚可私謚不可此語與啟新先生先後仝符後來吳叔美卒其門人亦有以私謚商於予者引此語告之議遂定（見鄒經畬一葦軒隨筆）

天啟乙丑八月將毀東林書院高忠憲公夜召儒學吏潘守命之曰書院毀矣惟是燕居廟孔子神位豈可俱毀吾念惟文廟複壁中可藏特以相託毋泄乃呼燈躬奉神位付潘時承風指切東林者謂東林乃淮撫李三才尅剝東南脂膏所造田產無數奉旨拆

毀估價入官明年公及于難其後燕居廟再建潘之子華言于衆乃迎而祀焉

盩厔李中孚先生顒童時雅慕高忠憲公每過吳人卽訪其履歷之詳及所著書而卒無從得康熙庚戌季冬郡守駱公鍾麟迎先生至郡辛亥仲春初二日薄暮至錫次晨展謁燕居廟道南祠畢卽趨忠憲祠瞻禮遺像徘徊故池不覺泫然次日與彙旃先生會講於東林書院賢達環集得各質所疑而去

康熙二十四年九月錢肅潤高茸生孫繹武等會將理學與氣節俱行前賢賴後儒繼起公請崇祀道南以翼道統以勵儒修事具呈列舉周公順昌左公光斗周公宗建姚公希孟李公應昇楊公廷樞李公若愚胡公時忠趙公玄祉華公允誼十人事不果行今惟周蓼洲胡慎三兩公入祠

湯潛菴先生斌爲江蘇巡撫時東林後學於道南一祠議出議入各持意見聚訟紛紜先生批請續祀道南呈詞有云東林書院龜山先生講學地故當時從祀皆其門人相傳卽忠定南軒象山慈湖之賢猶加釐正蓋先儒之愼如此顧高諸先生皆與復東林同堂講習其祀於東林固宜啟禎以後號東林者幾遍天下其間宣節淸修力排閹豎扶植綱常者皆可與顧高諸先生爭烈然此可謂之東林黨人而與書院無與也若盡舉當年號東林君子者而入之恐道南俎豆無地可容而其間或有名實不相副者亦無辭以拒之矣爲今日計當倣前人釐正忠定諸先生遺意而爲之亦紹述前賢之一端也且遊此地者要當講求龜山端文忠憲之學相見當日林下寂寞眞修默證而不必於諸先生之應入應出紛紛聚訟以啟門戶之爭可也仰縣抄送書院仍具文報查繳識者

以爲不刊之論（見錫山志）

湯潛菴先生撫吳時以大宗伯內召北上於康熙丙寅四月十七日駐節東林書院先謁道南祠懸伊洛正宗匾額香案設供行四拜禮旋登講堂拜燕居廟坐再得草廬是時官僚雲集府廳縣學及遠近紳士皆來觀禮侍講席者首引大哉聖人之道一章次引尚書全部大旨講畢先生乃徐申其說講語今載湯子遺書語錄中先生前後凡三至東林必屏呼騶緣內有燕居廟至甬道卽步行而入

宋牧仲先生犖筠廊二筆云孫退谷先生承澤嘗言東林書院甚悉云有明盛時各省俱有書院自張江陵當國始行嚴禁江陵殁復稍稍建置一時著名者徽州江右關中無錫而四天啟中京師始有首善書院然人不知各處書院而統謂之東林又不知東林所

自始而但借東林二字以爲害諸君子之名目蓋東林乃無錫書院名也宋楊龜山所建後廢爲僧寺顧涇陽先生自吏部罷歸購其地建先生祠仝志者相與搆精舍居焉至甲辰冬始與高忠憲數公開講其中（搆造開講實俱甲辰年事）立爲會約一以考亭白鹿洞規爲教然躬與講席者僅數人時涇陽先生已辭光祿之召不赴於新進立朝諸公漠無與也適忠憲起爲總憲風裁大著疏發御史崔呈秀之贓呈秀遂父事魏忠賢曰㗋忠賢曰東林欲殺我父子忠賢初不知東林爲何地東林之人爲何人輒曰東林殺我既而楊左諸公交章劾璫璫益信諸人之言不虛也於是有憾於諸君子者牽連羅織以逢逆璫之惡鋃鐺大獄慘動天地遂首毀京師書院而天下之書院俱廢矣余撫吳重葺書院釐正祀典

附祀紀原配位羅仲素胡德輝喻玉泉尤遂初李小山蔣實齋邵

二泉

明

顧涇陽高景逸錢啟新薛玄臺安我素劉本孺顧涇凡葉園適（他處皆作閒適未識是一人否）陳筠塘吳素衣許靜餘鄒經畬

兩廡從祀姓名開列如左

元

虞徵山

明

史玉池孫淇澳余振衡張弦所華鳳超馬素修陳㸚亭成寶慈秦大音周懷魯李元沖馮少墟丁慎所歐陽宜諸劉念臺王儉齋華燕超楊大洪繆西溪魏廓園文湛持黃石齋金狷菴吳霞舟鄒南皐于景素宿仁寰秦水菴華訒菴周仲馭鄒忠餘陳並漁張泰嚴黃日齋秦澹緣賀亨陽熊祈公汪鶴嶼蔡雲怡胡慎三龔佩潛王軒蘇

國朝

孫蘇門顧庸菴高彙旃陳子泉孫北海施璜如龔震西嚴佩之刁蒙吉惲遜菴王敬哉湯潛菴

儀封張清恪公以江蘇按察赴福建巡撫之任邑侯李繼善奉百二十金爲贐公辭之固請因命以葺東林書院可也踰二年移撫江蘇飭令修葺開講訪實行之儒以主講席得高紫超先生名委員請門敦請庚寅四月躬詣東林道南祠與諸生講學依庸堂諸生繼有疑義相質而公以意授在幕諸子令各爲條疏縷答焉

東林書院志卷之二十一終

東林書院志卷之二十二

軼事二

諸賢軼事

楊龜山先生

伊雒淵源錄云明道在潁昌時先生尋醫調官京師因往潁昌從學明道甚喜每言曰楊君最會得容易及歸送之出門謂坐客曰吾道南矣先是建州林志寧出文潞公門下求教潞公云此中無以相益有二程先生者可往從之因使人送明道處志寧乃語定夫及先生先生謂不可不一見也于是同行時謝顯道亦在謝爲人誠實但聰悟不及先生故明道每言楊君聰明謝君如水投石然亦未嘗不稱其善伊川自涪歸見學者凋落多從佛學獨先生與謝丈不變因嘆曰學者皆流於異端矣惟

有謝楊二君長進　謝上蔡云舊在二先生之門者伯淳最愛中立正叔最愛定夫觀二人氣象亦相似　先生嘗言官司設法賣酒所在張樂集妓女以來小民此最爲害敎而必爲之辭曰與民同樂豈不誣哉夫引誘無知之民以漁其財是在百姓爲之理亦當禁而官吏爲之上下不以爲怪不知爲政之過也且民之有財亦須上之人與之愛惜不與之愛惜而巧求暗取之雖無鞭笞以强民其所爲有甚于鞭笞者矣余在潭州瀏陽方官散青苗時凡酒肆茶店與夫俳優戲劇之罔民財者悉有以禁之散錢已然後令如故官賣酒舊常至是時亦必以妓樂隨處張設頗得民利或以請不許往往民間得錢遂用之有力　又言常平法州縣寺舍歲用有餘則以歸官賑民之窮餓者余爲瀏陽日方立法使行旅之疾病飢踣于道者隨所在申縣縣令寺舍飲食之欲人之入于吾境者無不得其所也其事未及行而余以罪去官至今以爲恨　胡文定公與楊大諫書曰大諫初承詔命衆論有疑安國獨以爲以明道先生之心爲心者裂裳裹足不俟屨而在途也又與宰相書曰龍圖閣直學士致仕楊公時造養深遠燭理甚明混迹同塵知之者鮮（知之者知其文學而已不知者以爲蔡氏所引此公無求于人蔡氏焉能浼之）行年八十志氣未衰精力少年殆不能及上方嚮意儒學日新聖德延禮此老置之經席朝夕咨訪裨補必多至如裁決危疑經理世務若燭照數計而龜卜又可助相府之忠謀也又答胡應仲書云楊先生世事殊不屑意雖袒裼裸裎不以爲浼

胡文定公撰墓志銘云自孟子没遺經僅在而聖學不傳所謂見而知之與聞而知之者世無其人則有西方之傑窺見間隙遂入中國舉世傾動靡然從之于是人皆失其本心莫知所止而天理滅矣宋嘉祐中有河南二程先生得孟子不傳之學於遺經以倡天下而升堂覩奧號稱高第在南方則廣平游定夫上蔡謝顯道與公三人是也　公資稟異甚八歲能屬文熙寧九年中進士第調汀州司戶參軍不赴杜門積學渟滀涵浸人莫能測者幾十年久之乃調徐州司法丁繼母憂服闋授虔州司法公燭理精深曉習律令有疑獄衆所不決者皆立斷與郡將議事守正不傾罹外艱除喪還瀛州防禦推官知潭州瀏陽縣安撫使張公舜民以客禮待之漕使胡師文惡公之與張善也歲饑方賑濟劾以不催積欠坐衝替張公入長諫垣薦之除荆南教授　公天資夷曠濟以問學充養有道德器早成積于中者純粹而宏深見於外者簡易而平淡閒居和樂色笑可親

臨事裁處不動聲氣與之遊者雖羣居終日嗒然不語飲人以和而鄙薄之態自不形也推本孟子性善之説發明中庸大學之道有欲知方者爲指其攸趣無所隱也當時公卿大夫之賢者莫不尊信之熙寧初代余典教濬宫始獲從公遊三十年間出處險夷亦嘗覸之熟矣視公一飯雖蔬食脫甘若皆可於口未嘗有所嗜也每加一衣雖狐貉緼袍皆適於體未嘗有所擇也平生居處雖敝廬厦屋若皆可以托宿未嘗有所羡而求安也故山之田園皆先世所遺守其世業亦無所營增豆區之入也老之將至沉伏下僚厄窮遺佚若將終身焉子孫滿前每食不飽亦不改其樂也然則公于斯世所欲不存果何求哉心則遠矣

呂舍人撰行狀云虔守楚濬議法平允而通判楊增多刻深先生每從濬議增以先生爲附太守輒已及濬去後守林某議不持平先生力與之爭方知先生能有守也　知潭州瀏陽縣安撫使張公舜民雅敬重先生每見必設拜席與均禮知杭州餘杭縣簡易不爲煩苛遠近悅服蔡京方相貴盛母前葬餘杭用日者之言欲浚湖潴水爲形勢便利托言欲以便民事下餘杭縣先生詢問父老人人以爲不便卽條上其事得不行　知越州蕭山縣蕭山之人聞先生名不治自化人人圖畫先生形像就家祠焉　先生天資仁厚寬大能容物又不見涯涘不爲崖異絶俗之行以求世俗名譽與人交終始如一性至孝幼喪母哀毀如成人事繼母尤謹熙寧中旣舉進士得官聞河南兩程先生之道卽往從之學是時從兩先生學者甚衆而先生獨歸閑居累年沉浸經書推廣師說窮探力索務極其趣涵蓄廣大

而不敢輕自肆也　本中嘗聞于先輩長者以爲明道先生溫然純粹終身無疾言遽色先生實似之

晉陵先賢傳云先生以程門高第倡道東南所最相友善則有鄒道鄉周伯忱兄弟故居毗陵最久成就獨多一傳而得鄒德久喻子才再傳而得尤延之三傳而得李元德蔣彝貴迄今紹延學脈代不乏人先生之功大矣

學統云先生嘗謂今之學者只爲不知爲學之方又不知學成要何用此事體大須是曾着力來方知不易夫學者學聖賢之所爲也欲爲聖賢之所爲須是聞聖賢所得之道若只要博通古今爲文章作忠信愿慤不爲非義之士而已古來如此等人不少然以爲聞道人則不可且如東漢之衰處士逸人與夫名節之士有聞當世者多矣觀其作處責以聖賢之道畧無毫髮髣髴相似何也以彼于道初無所聞故也今時學者平居則曰吾當爲古人之所爲纔有事到手便措置不得蓋其所學以博通古今爲文章或志于忠信愿慤不爲非義而已而不知須是聞道故應如此由是觀之學而不聞道猶不學也　先生語仲素某嘗有數句教學者讀書之法云以身體之以心驗之從容默會于幽閑靜一之中超然自得于書言象意之表此蓋某所爲者如此

年譜補編云宣和五年龜山先生自婺州還毗陵時蔡京父子專國悉改元祐之政塾師張覺字柔直閩人登進士爲小官師道嚴毅忽謂京子弟曰汝曹曾學善走乎子弟問故覺曰天下事而翁壞盡矣旦夕亂賊兵必先至汝家何不學善走逃死子弟以告京乃就覺請計覺曰今天下多故事至此必敗宜亟引

舊德老成置諸左右羅天下忠義之士分布內外爲第一義耳京問其人胥以龜山先生對遂薦之會欽差路允廸傳墨卿使封高麗因國主問龜山先生何在答以現召赴闕二臣還具以奏聞因得旨召赴都堂審察先生以足疾辭不行六年傅墨卿再薦十月召爲秘書郎仍令上殿十二月先生始自毗陵至京師入對

羅豫章先生

延平答問云某曩時從羅先生學問終日相對靜坐只說文字未嘗及一雜語先生極好靜坐某時未有知退入室中亦只靜坐而已先生令靜中看喜怒哀樂未發之謂中未發時作何氣象此意不惟于進學有力兼亦是養心之要　又云羅先生山居詩某記不全今只據追思得者錄去顏樂齋詩云山染嵐光

帶日黃蕭然茅屋枕池塘自知寡與眞堪笑賴有顏瓢一味長池畔亭日濯纓詩云擬把冠纓挂墻壁等閒窺影自相酬邀月臺詩云矮作墻垣小作臺時邀明月寫襟懷夜深獨有長庚伴不許庸人取次來又有獨寐榻白雲亭詩皆忘記白雲亭坐處望見先生母氏墳故名某向日見先生將出此詩邀月臺詩後兩句不甚愜人意嘗妄意云先生可改下兩句不甚渾然先生別云也知鄰斸非吾事且把行藏付酒杯蓋作此數絶時正靖康間也

延平答問後錄云羅仲素先生嚴毅清苦殊可畏　羅仲素都是著實子細去理會

理學宗傳云龜山以孟子飢者甘食渴者甘飲與夫人能無以飢渴之害爲心害則不及人不爲憂矣令仲素思索且云此語若易知易行而有無窮之理仲素思之數日疏其義以呈龜山云更于心害上一着猛省仲素一生服膺此語故學問日新尤不可及

學統云先生作遵堯錄大要言堯舜之君不作也久矣自獲麟以來迄五代千五百餘年惟漢唐頗有足稱漢大綱正唐萬目舉然皆雜以霸道有宋隆興一祖開基三宗紹述其精神之運心術之動見于紀綱法度者沛乎大涵皆足以追配前王之盛太宗仁廟皆知所紹述故終太宗之世無復改張仁宗之世一于恭儉至熙寧元豐中曾心鞅法甲倡乙和功利之說雜然並陳今皇帝悉剗熙豐弊法一以遵祖宗故事爲言四方企踵望太平矣因採祖宗故事四聖所行可以聞今傳後者以事相比類纂錄之曰遵堯錄其間事之至當理之可久則衍而新之善

在可久而意或未明者則釋以發之以今準古有不合者作辨微以著其事又自章聖以求得宰相李沆等及先儒程顥等共十人其言行之可考者附于後　朱子曰龜山倡道東南士之遊其門者甚衆然語其潛思力行任重詣極如羅公蓋一人而已　陳氏協曰先生可謂有德有言之隱君子矣當徽廟時居鄉授徒守道尤篤而同郡李公侗傳其學厥後朱子又得李氏之傳其道遂彰明于世學者仰之如泰山北斗其端皆自公發之公沒之後既無子孫其遺言不多見于世嘉定七年郡守劉允濟始加搜訪得公所著遵堯錄八卷進之于朝

高景逸先生語錄云羅仲素先生從龜山居東林抄學庸半載

胡德輝先生

先生本郡人建延間始以避地居無錫之甘露鄉

喻玉泉先生

毘陵正學編云先生少慕伊洛之學從楊龜山遊獨得其奥陸放翁入蜀記云十二日早謁喻子才郎中樗子才來謝以兩夫荷轎不持胡床手自授謁

按龜山先生與胡康侯論編錄伊川語錄書有云昔嘗集諸門人所問以類相從編錄成帙今皆失之羅仲素舊有一本今仲素已死着其壻尋之未到近宣幹喻子才云有本甚多計到浙中便付來又云語錄子才所寄已到方編集諸公所錄以類相從有同異當一一考正然後可以漸次删潤非旬月可了也侯書成即納去則伊川語錄之得編帙傳後亦子才藏弆之功

尤遂初先生

晉陵先賢傳云當侂胄用事專詆道學有陳御史者大言于朝曰正心誠意學者所共學也而其徒自謂獨能之夷考其行則不然此固小人阿附之言然亦無其實而竊其名者頂門之針

也使講學者人人如尤遂初亭亭正氣造造理行雖有褊心之人烏得而詆諸詆之而名愈尊禁之而道愈光所願講學人檢押宜嚴勿爲小人藉口則善矣

尤氏萬柳溪邊舊話云文簡公父時亨卒閶僧普明爲相吳塘山之陽而葬之文簡公廬于墓者三年其始葬方十日月夜見萬燈滿湖叱聲震地文簡公懼與二三僮僕棲隱喬松之下空中聞曰此地發福三百年彼人子有何德而畀之速令發去又聞空中高聲應曰尤時亨累世積德衰又純孝之子也空中又曰世德純孝可當此地矣其善護之此紹興十四年秋事也文簡服闋即登上第子孫金紫不絶　文簡公造就門生最盛即江南已有千人郡邑後進無不遊公之門如郡邑士胡寶慶鎧李祭酒肅簡公祥蔣狀元文忠公重珍丁寶謨常任皆公陶鑄而成者也

錫山遺響載先生送朱晦菴南歸詩云二年摩手撫瘡痍恩與廬山五老齊合侍玉皇香案側却持華節大江西鼎新白鹿諸生學築就長虹萬丈堤待哺飢民偏戀德老翁猶作小兒啼

楊誠齋序遂初堂書目曰延之每公退則閉戶謝客日記手抄若干古書其子弟及諸女亦抄書謂予曰吾所抄書若干卷將彙而目之以代飢之肉寒之裘寂處之友朋幽憂之金石琴瑟也乃屬余序其書目余既爲序將借而傳焉

按萬柳溪邊舊話云文簡六世孫司徒公玘所述據云陳源姜特立召用人情鼎沸文簡公上封事極言二人之惡不聽時公年七十遂引年歸又八年薨宋史言七十終于位誤也文集可考

李小山先生

毘陵正學編云先生學于尤遂初得龜山之傳葉水心銘墓謂

趙公之誣賴以明道學之禁賴以解常時祿入緣手散親舊悉盡又謂嘗以唐虞盛治在君臣和告孝宗又特奏五劄子爲能言言慨復事本末有序始終一志爲能行有古今才難之歎

蔣實齋先生

晉陵先賢傳云自言事者前詘而後伸或一時詘而千載伸也故賢喆之士爭自發舒依古肆言逆之似傷道行之不切時斯亦言事之通弊也蔣公論諫數十百篇識陳時病要自精誠出之期于悟主非賣直自榮者也噫所謂有德之言非耶

無錫縣學筆記云先生年十歲而孤母顧夫人親教以書一覽輒記家素貧爲人授小學以養母已而從尤袤講伊洛之學與眞德秀魏了翁最善年四十餘始擢進士第一授承事郎累遷至幹國軍僉判召除秘書正字入對上七箴三疏語甚剴切忤

丞相史彌遠遂告歸端平初彌遠死復召為秘書郎上言五事累遷至集賢修撰見時事日非辭不就以刑部侍郎致仕

虞徵山先生

錫山遺響載先生進士錫宴謝宰相詩云貢鄉曾是鹿鳴賓湛露光中拜賜新要使書生酧素志幸逢賢相轉洪鈞須來御酒勤中使藏去宮花説里人被此恩榮無以報明時擇士屬元臣咸淳丁卯登第後作先生自註 又有感自述詩云夢入鵷班覲紫宸覺來依舊泣孤臣半生家國惟餘我萬里江山已屬人無地可容王蠋死有薇堪濟伯夷貧伶仃不去緣何事恐負他年首四民

邵二泉題墓碑云龜山文獻是公延百世無慚俎豆前誰起斯人鳴教鐸漫勞今宰買碑錢宋元載籍多公論伊洛門墻有正傳安得掃清祠宇下好香一瓣拜先賢

邵二泉先生

年譜二公年十九歲即門學于江浦莊定山先生定山答書有邵君一日千里之語　在許州作守官箴以自警復作仝官箴以相勸守官箴曰何以守官曰敬與廉敬則不忽廉乃有嚴何以守敬曰惟以畏國憲天彝罔敢或墜何以守廉曰惟以儉我用克節我俸亦贍循是二者靜以待之可否在事喜怒曷施民曰父母君曰臣子勉焉夙夜庶幾稱此仝官箴曰仝官為僚伊何其同[illegible]非王事惟時天功王事仝襄天功仝亮惟私起爭惟公生讓詩咏攻玉易贊斷金我思古人實獲我心事否則否事可則可不必在人不必在我情義相孚仝僚弟昆勿或有間斯愛斯惇德業相勸仝僚朋友勿或有間斯敬斯久小子作箴告諸大夫同寅協恭聖有嘉謨　作品士亭于許之學宮義興吳太史記之公自書碑陰謂士之品二道德其上功名次之而富貴云者宜斥不與每貢舉必觴于亭以相其志後提學西江復以名于南昌分司之亭而自為記　考績赴京以應對抗直忤冢宰王公或謂須屬李司徒釋之公謝曰行止有命見黜敢不自安司徒吾治邑人苟藉其力免黜何以復為政乎卒不從

病餘嘗褻服見客或謂公力不能衣冠不能野服乎曰野服隱者服也予病者也非隱者也敢褻服不敢野服褻服情也不敢野服禮也　官京師日有憶母詩曰手線縫衣欲問寒慈顏時向夢中看世間盡道為官好天下無如別母難讀寵家音漆鬢白書成國事剩心丹青燈自照磚河夜回首江南路渺漫既致仕歸聞貴州巡撫之命具疏乞終養旋有戶部侍郎提督倉場之命再具疏乞終養不允供職一年復奏不允有詩云乞歸未許奈親何帝里風光夢裡過三月春寒青草短五湖天遠白雲多客囊衣在縫猶密驛路書來字欲磨聖主恩深臣分淺百年心事兩蹉跎是歲五月疏乞歸省得旨准省親九月又乞終養得旨准侍養聞命喜而有詩云五疏幾蒙一語俞拜扶老母望天除孤孀節操劬勞外獨苦心情喜懼餘竟處栽花占月令靜中檢藥印方書東風吹綠長春徑不羡潘家有板輿時正德七年至十四年八月除南京禮部尚書又上疏乞終養得旨准侍養遇太淑人有疾先生齋居茹素每夜具詞露禱至百拜移榻寢側躬視湯藥承候安否疾雖少間憂勤不衰世宗即位詔起公南京禮部尚書再疏懇辭得旨云朕以卿才行老成新政之初特茲起用既累乞終養孝誠懇切勉從所請着有司以禮存問侍親終之日來說後太淑人病劇公筮之知不可愈憂廹愴

惶百方求治無所不用其誠及卒哀慟不輟食寢俱廢或勸公老當節禮不聽凡送終之具一遵朱子家禮其所未備者更參儀禮用之　作燕居銘銘云如齋如尸天鑒在茲靈臺湛若吾得吾師勿忘勿助何慮何思彼憧與儳無或有之小子不敏請事于斯　作曾侍亭于容春堂左亭中有屏作仲尼居曾子侍像以寓希曾之志每晨興必謁拜　堂寢灾姻友餽助巡按御史許公檄縣饋銀助修宮室皆辭之揭后山貧不受人憐之句于座且爲辭以對唁者云某病且老矣而乃罹此灾變是天以警我抑以進吾德也德莫大于義利之辨辨莫先于辭受之際苟辭受以義而不以利覛平生無歉焉則吾德之進于是乎在若曰吾無室矣無衣服矣無器用矣不問可否至則受之不亦愧吾平生乎是天以成吾而吾自敗之也某雖衰病且老矣敢

不自勵哉敢不自勵哉　晨起謁先聖及家廟步履如常退坐存一齋方與客談論忽舊疾復作瞑目不言至亥刻而終年六十有八訃聞于朝諭祭一壇官爲營葬禮部議公節行著于朝廷孝友聞于鄉里化人有道傳後有書擬贈太子少保賜諡文莊

鄒經畬一簟軒隨筆云容春堂集有官家天下論細繹其指乃是折衷大禮議論極正當而渾然不露其所著學史皆取前言往行有大關係者以已意爲之論斷鑿鑿不刊取而讀之凡國朝二百六十餘年以來大變故大危疑大是非無不可借爲定案昔王昶戒子云徐偉長生平有所是非則托古人以見意當時無所褒貶文莊之意其在斯乎此可奉爲立言法

按先生簡端學史二書俱覛學西江時所著日記而投諸櫝月啓而載之簡以是爲君子格物之義也日有所格因自號日格子說者以爲意在王文成而無一語及良知之謬獻考先生江西之行陽明爲刑部主事作時兩賦送焉時弘治庚申先生年四十有一矣而陽明方二十九歲越六年謫龍場始大悟格物致知之旨又八年陞南京鴻臚寺卿始專以致良知訓學者則先生是書初不爲陽明起義也正德戊寅始序而出之陽明古本大學與朱子晚年定論亦於是歲始出似對壘者而先生固不以講學分立門戶也一味眞修默證恪守程朱之嫡傳豫防新學之潰決功則懋矣　許獻謹識

按先生未第時嘗聚徒講學于保安寺後之東林不久址荒迨晚退門人華雲即其地重構東林書院屬王公守仁爲之記其地非龜山先生講學故址而萬曆甲辰顧涇陽先生與先忠憲公復建書院及道南祠于城東弓河上厥後東林之教盈天下實自此始　廷珍謹識

顧涇陽先生

年譜云初習舉業鄉先達雲浦陳公過而試之擊節嘆賞曾語公曰子貌大似歐陽文忠遺像異日驗之　補邑諸生時邑令周公名邦傑手周元公太極圖說程淳公識仁篇張明公西銘授焉退而習之至忘寢食是歲偕弟涇凡受業于薛方山先生

方山喜呼兩孫敷教敷政出締交親持考亭淵源錄以授曰洙泗以下姚江以上萃于是矣異日無忘老夫也　丙申春公病門人史孟麟來省至榻前公曰余病百藥不愈奈何孟麟因及謝上蔡習忘可以已疾之語後數日復召孟麟謂曰吾輩素輕言忘今試之忘正未易言耳孟麟曰此以無心爲忘也龜山先生令人看未發氣象一看志便有歸此不忘之忘也公頷之病亦漸愈嘗對人曰看未發氣象自是儒家一服好藥　公造就英才教育不倦最先得史孟麟諸人以後四方從遊者多留涇肄業萬曆甲申先生以選司給假旋里丁長儒嘗云薦是歲讀書涇上公假館而訓督之越二年通籍時留涇弟子覛卯辰間尤盛宜興王永圖時年十四公攜歸教之妻以長女永圖即世所稱儉齋先生丁酉家居弟子雲集鄰居梵宇僦寓都遍至無

所容先生商之仲季各就溪旁近舍搆書室數十楹居之省其勤竊資其乏絶萃四方學者課之同人堂擇其中之可語上者朝夕鐵礪期於有成時則如繆昌期當時馬世奇君常輩亟留之家塾　一夕夢楊龜山先生於崇正書院拜而請曰孔子删述五經垂訓萬世獨禮記純駁幾半似非原經二程夫子紹明孔緒何不釐正補此闕典先生曰已釐正矣曰何不傳先生曰何嘗不傳曰安在先生曰大學中庸是也覺而語涇凡公且曰大學中庸還爲禮經五經備矣周子之太極圖說通書朱子之小學竊以爲可羽翼論孟配爲四書涇凡公曰此真千古不易之案也次年創復東林賓文靖講學故地　高存之謁選請教公曰足下行矣無以爲足下贈涉世之難譬諸行路者然東西南北俄而易面不自覺也惟善學者能于不自覺之時嘗喚醒

耳高錄其語于小册敬佩之　公抱恙聞劉永澄靜之至欣然倒屣靜之寶應人與吳門文文起山陰劉起東皆公所以世道寄之者也後起東訪靜之曰兄嘗邀余謁顧涇陽予余以病不果後託兄介紹行有日矣而兄病且卒涇陽亦卒此一段師友淵源天若有以限余而余終自恨鞭策之不堪以負知己梁溪山陰學脈靜之實聯合焉

一葦軒隨筆記云偶與一友談程門立雪光景予曰此游楊二子之敬而伊川先生閉目端坐如泥塑至門外雪深一尺此是何等氣象友云生平惟見涇陽先生有此一日某與先生同舟舟甚小中設小提床二矮几一某坐一提床憑几先生懸空坐一提床時河冰初破舟行不甚穩先生閉目端坐舟䑰䑰動先生亦䑰䑰動然終無倦態偶有所問先生開眼答之答已復閉目自城至溪里終日如是予曰此一個活伊川也君亦可謂善狀先生矣

丁慎所傳先生云東林自丁未以前譽滿天下庚辛而後舉國騷動至以爲阱于域中先生冲然穆然不競不沮身歿而精光更徹

高景逸傳先生云先生闢東林精舍偕同志講明性善之旨以濂溪無欲爲宗表裏始終瞬然不滓與之處者聞其卓見玆議如發蒙就其坦衷雅度如飲醇

高景逸先生

年譜云乙酉先生年二十四歲每日嚴立課程自卧榻至日逐經行處壁間悉粘一圈期于觸目警心無令此心放逸　壬辰謁選到部寄繼成公書云稍酬生平惟守令耳乘此年力做一

出頭以後便可迎刃而解嚴不至激和不至隨兒自量力能爲之愛民好士一介不取亦自量力能爲之邑中先達雖多兒意所取法者鄧文莊王繼山二公皆自州官起脚夙志如此未審得遂願否既而得行人司司中藏書甚多因恣意涉獵　冬至朝天宫習儀僧寮靜坐錄二程夫子語錄　癸巳謫揭陽縣典史先是御史吴公弘濟有疏論列至是降補吳亦削籍先生遺吳公書曰凡人行義非難所安爲難人心清淨中一物不可着何處着一官若一念未融其道不光矣了此便鳳凰翔于千仞

官舍優暇編集朱子要語先生自記連日編書稍覺忙廹心便不定應事便有昏處以此知放教虚閒養心發慮之本也

先生與吳子往等靜坐水居日記云日逐只是顧諟明命爲工夫又云一日覺氣在胸膈稍滯思調息息㝡微若有若無誤認

氣爲息而調之大害事矣次日便覺多邶調息一念只是誠無爲着些子不得也　先生爲光祿少卿嘗粘一聯于室云得閒且閒今今莫思明日事當做便做一年可作百年人初閒尚有中官聒擾先生事事不已甚遂帖服不敢動　先生在京一年汲引後進之賢充滿朝亡言路中賢者稍動爭端便力止之不使玄黃之戰再見于起廢之後嘗謂默然融化乃是道理煦然調停卽屬世情二者天壤不侔并調停之意一切泯之　乙丑東林既毀有爲先生危者以居易俟命謝之曰吾輩今日一切聽天一切靠天一日無禍卽一日享福而已屛跡湖干自稱湖上老人不見一賓客不談一時事謂大臣見廢時義當然東相知曰弟在此實有事做非浪擲光陰者

朱平涵撰墓誌謂先生忽思閑邪存誠句覺得當下無邪渾然

是誠又覺得覓誠卽邪存之卽是舊字雲從因以改焉　一日看大學或問見朱子說入道之要莫如敬悚然曰是矣一以整齊嚴肅爲主久之見程子謂心要在腔子裏解曰腔子猶言身子耳渾身是心大學曰修身爲本又曰知本更于何處索本卽身卽心會歸于一道不遠人于斯可見

東林諸賢言行錄云先生在燕都適南皐鄒先生少墟馮先生開首善書院講學每會先生必往焉餘日則習靜于雙塔寺之僧舍翛然自得嘗有詩云朝市得閒成大隱風塵何處不林泉可以觀先生矣　先生謂學從格物而入其與涇陽先生闢無善無惡之說謂樹此說者惡其着于善耳此亦坐物之未格若物格而理明則有善而無着片言居要破盡言無善者又云語之以善千夫唲之而不足語之以無善一夫決之而有餘可謂痛切矣　啓新錢先生謂聖賢生知安行只是能知學能力行如景逸二十歲外便步步程朱非所謂生知安行之質乎

金沙于孝尼說伊弟曾附高景逸先生舟北上途中設飲招過見先生端坐于上几設一爐爇線香一注四書一部而已

日記云靜坐得誠神幾之意復體驗得天性與知覺運動若判爲二物必使知覺運動皆自天性中出方是學問

按先忠憲每年日記家藏有親筆原本記日用動靜酬酢往來與日閒爲學工夫甚詳自檢嚴密不遺夢寐其每日以德業之敬怠義欲分注于天時人事之下則自丁酉年始是年爲先忠憲三十六歲云　世讓識

顧涇凡先生

涇陽撰先弟季時述云弟性介辭受取予纖毫不苟癸未自南宮還讓里有蔡二懷者篤行君子也雅慕重吾弟屬少弦張師爲介紹率諸子北面稟業且欲延致家塾弟欣然從之已而致

東金謝曰吾庶幾藉是避俗遠囂收拾身心不爲不受惠矣况此君非有力者其以諸郎見屬實欲相與切磨于道義非顓顓爲攻舉子業取青紫計也吾奈何獨以利言乎　予兄行中居三僅長弟四年而弟事予甚恭不減于事兩兄當歲乙未予病甚且瀕於危屢矣弟憂之寢食爲廢予一夕夢弟手捧書一卷視之則金縢篇也覺而異之頃之復夢吾弟誦聲朗朗伏而聽之卽金縢篇語益異之詰朝以告吾弟弟默不答而察其色甚喜因再三詰之乃曰弟頃者連夕私禱于上帝願以身代兄不可願減算益兄算卽內人不知也今既屢見兄夢上帝其必矜而許之矣所以喜也惟是天機忌泄願兄含之予曰有是哉已而余果無恙至于今且一紀而餘矣每默自循省何以承此于弟哉　吾弟端毅清栗不以私狥人人亦不敢以私涸之對客

不作套語與朋友交表裡洞徹邇不狎遠不忘往來竿牘不作寒暄語高存之曰吾篋中藏有季時手裁數十幅即寂寥數字必有關係他如上許相國及與羅布衣等書一段正氣凛凛逼人足令頑夫廉懦夫立至今讀之猶有生色又曰季時真降魔手今何處更得此人記得二十年前魏懋權嘗謂予曰君家季公涇凡大是不凡自其來都數相通訊雖復聊且游戲率有趣味可諷覩人必于其微吾以此得季公矣　楊龜山先生寓吾錫建有東林書院歲久圮壞高存之一日檢邑乘見之謂弟曰叔時嘗欲搆一讀書處舉二三友生切磨其中此殆造化留以待叔時也弟喜而告予時予方卧病聞之蹶然而起遂偕安劉諸君子請於當道而修復之

錢啓新先生

東林諸賢言行錄云先生自纫穎異受句讀時輙潛出而聽里中之說經者欣然有會庚午薦于鄉獨湛玩諸儒語錄五上春官始第筮仕盧陵以盧陵爲王文成公過化地建祠講學其中

林居杜門掃軌謂身已不列衣冠而跡或溷公府是不安庶民分即委君命于草莽故雖千旄在浚非迫不輕爲延接即報謁亦懷刺及門而止如是者三十年如一日　郡守歐陽宜諸建毘陵先賢祠有傳是堂與起後學推先生主其教而梁溪適修復東林書院先生亦往會焉一時四方同志雲集景從未幾朝亡問與東林爲難然先生不以是生退心曰不見是而無悶不見知而不悔正吾輩得力處亦吾輩受益處往來講習如故

謂敬老可以興孝則同壽有會埋胔可以興仁則同善有會皆與二三同志爲之每歲數舉無倦　年七十有二自營一兆兆左搆數椽名曰寄窩自號寄窩逋客作寄逋長言數十首有云欘柄屬人不屬天小子一丘躬自兆又有云委運自來真實事即今了也信從容果于是年九月下世情真有通乎晝夜而知者矣

安我素先生

高景逸撰先生行狀云公父僉憲膠峯公江南世富公幼不爲嫡母所容育于周涇敗屋頹垣母子相弔成進士始歸膠山絕口不言膠峯公遺箸膠峯成進士日父桂城給腴田三百膠峯拓其畝千貯以別墅記以碑曰吾子孫仕者與之養廉毋以贓辱吾家聲而姪亦竟不與田而公待兩姪歡甚力持其門戶敎掖其後人無纖芥焉　公豐準秀目玉標霞舉恬澹坦蕩質任自然生平無皺眉之事世上無切齒之人　東林精舍成公別

搆一室欄竹砌花讀書會友于中庚申九月東林會中聞光宗皇帝之變公驚迷痛憤搥手頓足者終日作詩有執簡定應書趙盾舉朝誰請討陳恒之句

東林諸賢言行錄云先生第時年甫弱冠耳官行人有偉望當入臺省而格于年有諷以稍增其年者先生曰安生不以給事御史重也竟從選人授儀部主事人又以銓部推先生先生念母請南言者曰盍少俟先生曰安生不以銓郎重也竟得南司封諸老惋惜之曰都門一席地竟不能屆安生耶其高如此

又云先生與諸君子周旋廉間而其天資近道類于陳仲弓郭林宗其人人以此少寬之然先生亦以薦剡將及而先瞑耳令其不即死而從諸賢以起則先生之正色危言其不從高陽周魏諸君子之後也者幾希

葉閒適先生

華鳳超撰先生行狀云先生篤孝人也封翁性狎其野一被章服卽解去思從田閒游先生仰體其意去官而家去城而鄉徘徊山水閒專視壹聽如恐傷之封翁歿喪之毀攀其弟亥宇公友愛備至。先生之學以洛閩爲正宗以守己爲切務非分所得爲者不以萌諸心非躬所允廸者不以宣諸口自其爲諸生壁立矩趨防閑甚設嚴若處子至敭歷內外卒爲名公卿猶然故吾也與同邑顧端文先生高忠憲先師一德相成終始無閒要於各期信心不阿所好或此唱而彼和或以否而濟可辨析爭論不能出一違心之語亦或終日危坐寂不妄發而一片眞精神融洽一堂映徹四座無不足令後學興起者毘陵錢啓新先師講易東林先生聞而肯之有得于心二三知己往復賡和

甚樂也亡何諸同志相繼淪亡先生踈然孤峙于羣疑衆撼之日操心益危省身顧益密每與吳觀華先生覿面切磋繩責過動不少自寬假　自營生壙祔封翁左傍有詩曰父兮母兮同一壑猶然赤子依懷抱閒來收拾行囊好遲速修短憑穹旻可謂臥壽不貳修身以俟者矣

姚現聞撰先生神道碑云庚戌春希孟過錫山謁高忠憲聞有事于東林偕馬世奇兄弟往觀焉羣公皆盛服公衣一緋衣舊矣猶修潔不甚鶉結解盛服服緣布袍樸而整䙱袂楚楚迺知公之布素者行乎蹇不得不約終不以矯惡自標其貧眞至行也　希孟以入都道過錫山閒適葉公相顧舟中扼腕時事擅予而別曰公行矣好語諸公宜思其大者請信邸出閣講學此今日本計也希孟謹識之老成憂國片言扼要若此

錢謙益撰先生墓誌銘云先生面目清削不苟言笑體骨稜嶒若出衣表自爲諸生見者已改容異焉

與至吟有論學詩三首其一漸學初學安能徹本源且從規矩定方圓休將一握無星秤信作低昂萬物權其二頓學本體從來只一源散爲千萬顆珠圓須從一處參詳透萬變推移任我權其三通學尋得山中活水源規涵方也矩涵圓憑君頓漸分途進稱物原來只一權　續靜坐吟一首宗門趺坐僧出定還入定寂滅歸虛無其樂無與並誰知孔顏樂灑灑尤最勝春風杏壇邊疏水簞瓢境坦蕩乎天行藏付之命浮雲任去來止水心常淨達觀無窮通所安在率性性定情弗遷居然有欛柄大聖與大賢千古可印證唐虞開心宗欽哉勅以敬元公繼絕學立極惟主靜敬握道之樞靜養心之正匪敬靜則弛匪靜敬

亦病敬與靜異名其歸仝入聖吾儒愼斯傳勿向葱嶺佞　自跋戒佞佛詩云世人佞佛者祇求福田利益爾于身心何有竊嘗妄謂吾儕自幼習儒用以修身以齊家以經世不可一日離而學佛者多半路出家驟窺眞諦其入門工夫儒易而釋難釋欲斷緣離塵普度無量而儒惟隨遇盡力順事恕施其入室工夫亦儒易而釋難如其同也吾爲其易者而難者自詣藉其異也吾舍其難者而專精易者庶幾違道不遠耳惟是儒門悠悠載胥及溺釋子刻厲彼岸立登無怪乎左儒右釋良可悼也

陳筠塘先生

朱平涵撰先生誌銘云戊申湖州大水公跪雨中泣禱歎曰設官謂何回天救民正在今日　少遇異人授有秘訣加之學問沉潛一味以眞爲主性定神清施于有政氣韵甚和精神甚旺

力量大而不踈措置潤而不漏擊斷猛而不苛斌媚加于善良鐵冷行于鬼瑣不識苞苴爲何物趨承爲何事一意爲民爲國而至于審度時勢操縱奸詭又有微權自信可以用兵權大敵世亦不得而窺也　自少家貧一日貸米僅得三斗過雪橋上墮水幾死收會金冠來刼捍而逐之幾死移居陋巷狐鬼縱横至即絶跡確山遇豪宦幾黜兩政七年當行取不能博臺省一圈幾黜而湖州機尤險勢尤劇奪其卓異非元揆福唐公保持行且削秩　毋老謝事羣幟狎和燎火日熾而公談道講學狥義急公孜孜常若不及

于正卿述先生云爲孝廉時名家爭延致師塾獨江陵相欲致之堅却不往　始成進士告假出都以討勘合告先生不欲以新進擾驛遞乘騾轎上冐蘆席行酷日中返里短衣古貌不知

爲貴人也　守湖州日題其堂云受一文枉法錢幽有鬼神明有禁行半點虧心事遠在兒孫近在身　晚年好讀易啓新錢公覲華吳公所詮易刻日翻凢上客至應酧不克覲讀輒呼一册于背人處玩味

東林諸賢言行錄云公生而奇穎十歲能文章喜讀綱目至忠臣孝子之際必掩卷太息

葉閑適撰先生墓表云公生平以學問爲經濟以眞心爲實事未第時靜修東膠攻苦茹淡有言之酸鼻者贈公課甚嚴公並不偷安所居湫窄取片布障口晝夜讀其中俯首舉業至一歲得千義它可知已惟忍人所不能忍故擔人所不能擔世見公掀揭之略霹靂之手多畏不敢近不知公遇事四顧本之以理酌之以情上下之以見聞議論然後信心而行非持偏見矜客氣也

按先生嘗自云成進士日觀政之暇即屏居蕭寺習玄宗小定經一七日氣聚於頂有甘露自顱門滴下甘芳之氣達於膚裡爲同年議一俗事直排闥入坐中驚起以後遂不可復得蓋先生之學兼得力於玄宗至乞養歸里乃與顧涇陽先生輩同復東林講壇而正卿行述不及東林但云邑中諸老相善有枌榆社吾父吶吶不出口而性命精微經濟肯綮默有領會諸老云不言躬行吾父有之則以時當乙丑丙寅之間禍如鼎沸故不斥言東林也　高廷珍謹識

薛以身先生

東林諸賢言行錄云先生嘗於省試時諗同志曰人當勵志時冲靜可挹一旦紛華在目不覺炫心最是不關名節處人以爲無傷而不知所傷實大所以硬脊梁立定脚跟在于初念　先生出入不假肩輿止隨一老蒼頭或有所避望望而去并蒼頭亦失之

高忠憲公日記云正月十七日兩雪與玄臺靜坐僧房玄臺云

吾輩修行譬如六軍在教場中寂然無譁點名即應方好今日但云不以一善成名然只是一個空營

劉本孺先生

東林諸賢言行錄云先生明足燭奸剛能疾惡啓新錢先生嘗言吾輩不乏有心人至眼尖膽决必推本孺識者以爲氷鑑　先生生而廣顙鳳睟額有異骨貫頂迨稍長風度凝遠見者肅然起敬甫受句讀即嗜學如成人七齡喪毋哀哀孺泣不下粒者幾晝夜　先生持身以嚴處身亦以嚴閨門之内肅若公庭謂嗃嗃終吉嘻嘻終吝故必以整齊家規爲第一着　先生自號湖畔逸農居恒嘗以子路自任故爲東林衛道甚力　先生嘗言人品懸殊止爭眞僞眞僞懸殊止爭於險處過得過不得凡人素積于隱微衷曲之際必勃發于危疑震撼之衝故觀人

必于險處着眼平地清談濟得恁事　又嘗論學術之弊弊于空言空言之弊弊于滅理夫旣以學自命矣却視理字如桎梏務脫落之爲快何也其中情誠有大不便者在也所以不便者何也溺於所便而離却本心之安于是跳越蕩檢更揑造一種無準繩無把柄荒唐謬悠之說以濟其放浪不覊之爲自般病痛皆從此出故有事學問者必欲察識本心體認天理務期抑情歸性自痛自知自飯自吃並不從他人喉邊討氣息又安肯任自己身上斷生機也　又嘗語知己曰吾鞭策之念毋敢少弛恐行住坐卧悉成墮落近來掃盡塵氛杜門檢點靜中意思覺與平時差別也

先生有春日閉關咏意詩云塵緣種種去眉峯高枕長吟學卧龍千古眞儒留靜脈一川明月與君逢芝蘭已結羲皇侶韁鎖

庸羈麋鹿蹤斗室蕭然吾自足箇中滋味幾人同

張弦所先生

先生偶述自序云性緩者佩紘因號弦所從父教也　甲辰下第歸同邑顧端文創書院于宋楊龜山講堂故址故所謂東林也左右翼以精舍六八爲築予其一也偃息其中以參訂道德性命之奧暇則游戲筆硯眞草隨意　知安吉州州山多于田瘠甚歲輸不如額主計者遂殿予課當調父老安予不擾爭赴上官請留疏聞得不調　賦歸以後却塵掩關棲心澹漠行且四年自維生平無他長然語及鮮衣怒馬窮奢極欲弗羡也天幸予我以淡素心性喜讀書自舉業家言古今名家詩文外酷愛先賢語錄若禪官小史謡詞艶典鮮所涉獵天幸予我以專一心燕閒自娛惟書畫兩者若琴棋蹴鞠諸戲素所不解天幸予我以拙樸心遇快意能止遇拂意能忍終身無疾言遽色天幸予我以鎮定心持論寧寬無刻施予寧溢毋吝事涉貨財出入寧漏毋密天幸予我以忠厚心自半面以及新知舊好終身無絶交者天幸予我以耐久心登降周旋卽後生小子無敢或倨天幸予我以謙抑心性不樂鞭笞無論僕隷卽公庭研鞫亦鮮用束濕天幸予我以慈愛心見可欲不作垂涎染指想家則獨債獨租官則獨羡獨罰鍰天幸予我以廉節心

許靜餘先生

高景逸祭先生文云先生積學三十有四年始獲一舉于鄉亦旣堅苦備嘗世俗悠悠之談謂人生得科目貴適意耳何不昂首而翺翔先生曰吁嗟人心如洪流如奔馬橫決從此始矣力控其轡而堅其防不以一事非禮自縱不以一介非義自戕人

皆揚揚我獨戢戢人皆綽綽我獨凉凉內不顧室家之交譎外不顧流俗之否臧五十六年若處子之弗越于房

東林諸賢言行錄云先生清苦自甘晚而益窘客有持槖金謂曰此物易公片楮耳公直視曰當謂客竟出門去不顧薛玄臺先生謂友人中伯勳與顧季時最爲亮直然皆折節問學尤爲難得世徒見伯勳與俗多忤不知其心胸一塵不染見地一物不膠目光炯炯壽人情世故不爽毫髮惜乎其不用耳

先生有篤親交友二箴篤親箴云俗事勿與俗言勿聽彼與勿取彼取勿爭彊邀勿赴強干勿狥汲汲而來閒閒而應却彼紛挐守我寧靜泊然澹然何德何恨持此篤親永世無競交友箴云勿苟而合勿博而憂勿利而誘勿勢而媚勿暫而暱勿久而怠直諒者親邪妄者退膈我蓬蓽謝彼冠蓋不忮不求何猜何

害持此交友終身無累

高景逸書靜餘說後云先生病大漸攀龍往視之謂曰向者吾子作靜餘說非吾意也吾所謂靜餘者凡吾父所以教我我幼知讀書長知修檢以至今日皆吾祖效靜公之餘故也往吾祖下帷悶江吳氏挈吾往冬日衣無絮祖孫共一絮背子耳吾暖日中則衣吾祖吾祖飲酒則以衣吾夜寒衣薄衾未嘗煖相抱持貼貼不敢動辛苦中吾祖策我自立語語若滲入吾肺腑歲饑吾家三日不舉火得一炊吾祖母見嬀媪餓甚分哺之吾祖從外入不得粥夷然卧矣吾熟于貧故熟于居貧今子孫得一飽飯君之餘也子爲我志之以示我後人

史玉池先生

顧涇陽年譜云萬歷六年戊寅宜興史孟麟來問學于諸門人中最親嘗言先生授經虞山及松陵檇李間余時以諸生從余故好稱儒賢則古昔先生意與券合日取魯鄒濂洛諸書商榷究竟盍期許于驪黃之外云

先生記沈龍岡言行錄中有云萬曆癸未舉南宮時同郡周文恪公知貢舉余僅一二投刺未及面也已余選讀中秘書座師沈文端公師會文恪于館中言余公曰尚未識師退謂余曰同郡先輩知貢舉豈可不面謁亟往見之余曰諾及往候則文恪公館師命下矣又不果次日師復問文恪公曰某人見未公曰未也師復問余何故余曰昨命往候適見館師命下念當與同館候見不敢私謁耳師曰不謂君乃若此此心是做人根基嗣後不可忘此一念不佞心切記之

先生自記云余以萬曆已亥起奉常少卿時各衙門入京官率

先捐俸余謂此殊非陳善閉邪之意獨不捐

先生題時習會約云余以今上戊申立講會于明道書院從同志請也祁寒溽暑則輟講歲凡四閱月用東林之約而吳生肩之復舉時習會以補其輟條規如明善書院云

先生撰宜興縣儒學碑記有云世之宗朱氏者專言窮理逮文成之學興而宗之者遂專言致良知言窮理而不知窮者何因認理在物而外之言致良知而不知致者何物認知在心而內之門戶分而外者流于俗內者逃于禪均之差毫釐而謬千里矣余嘗謂朱子之窮理乃以致良知於物而文成之致知正欲人窮理于心合內外而一之者也堯以執中授舜非指理乎舜以道心明中非指心乎豈堯舜而有二乎離心言理不得離理言心不得子臣弟友種種是物孝弟忠信種種是心心緣物而見物理即是天理理緣心而生天則即是物則是堯舜禹以一中開脈而湯之恒性文之天則孔之矩曾思之獨孟之同然總之有異名無別旨也無善無不善弟其寂可以爲善可以爲不善弟其感有善有不善弟其習寂而觀其則感而觀其情習而反其自然之才則一線之脉寂無而不能無感有而不能有習移而不能移即理即心而性善之原豁如矣

鄒南皋先生

孫北海先生盍智錄云先生居南皋之野談道自樂從遊日衆建仁文書院學者稱爲南皋先生　先生嘗言人只說要收斂須是有箇頭腦終日說話終日幹事是真收斂不然終日兀坐絕人逃世外面是箇寶裡面是包草

陳定九傳先生云先生謫戍都勻衛徒跣就道數濱死抵戍所

進勻士講學從者日衆巡按御史至衛閲兵必軍裝持戟雜伍
中御史亟遣人謝對曰此君命也何謝爲　十二年春慈寧宮
災元標痛言修省有保聖躬開言路節財用拔幽滯寬罪宗放
宮女六事忤旨朝士故揚言上怒欲杖殺鄒給事元標令妻檢
囊所服布袍白蠟藥云余筋骨雖病然精神尚可杖五六十若
緹騎來即徑去第毋令老母知之會大學士申時行數請曲貸
謫南刑部照磨　初爲吏部時迎母之官過彭澤舟夫不集厲
辭讓縣尉既而悔之曰此亦吾父母國也奈何以尉忘敬心卒
好言謝過不遑云
黄梨洲傳先生云天啓初陞刑部右侍郎轉左都御史建首善
書院與副都御史馮恭定講學羣小憚先生嚴毅恐明年大計
不利黨人兵科朱童蒙言憲臣議開講學之壇國家恐啓門戸

之漸宜安心本分以東林爲戒工科郭興治言當此干戈倥傯
之際即禮樂潤色性命精微無裨短長先生言先正云本分之
外不加毫末人生聞道始知本分内事不聞道則所謂本分者
未知果是本分當否也天下治亂係于人心人心邪正係于學
術法度風俗刑清罰省進賢退不肖舍明學則其道無由湛湛
晴空鳶自飛魚自躍天自高地自下無一物不備亦無一事可
少琳宮會館開口如林唄語新聲拂耳如雷豈獨礙此嚶嚶則
古昔談先王之壇坫耶臣弱冠從諸長者遊一登講堂此心戚
戚旣謝計偕獨處深山者三年嗣入夜郎兀坐深箐者六年浮
沉南北棲遲田畝又三十餘年賴有此學死生患難未嘗隕志
若只以臣等講學惟宜放棄斥逐之日以此澆其磊塊消其抑
鬱無聊之氣則如切如磋道學之語端爲濟窮救苦良方非盡
性至命妙理亦視斯道大輕視諸林下臣太淺矣人生墮地高
者自訓詁帖括外别無功課自靑紫榮名外别無意趣惡聞講
學也實繁有徒蓋不知不聞道即位極人臣勳勒旂常了不得
本分事生是虚生死是虚死朽骨靑山黄鳥數聲不知天與昭
昭者飄泊何所此臣所以束髮至老不敢退墮自甘者也前二
十年東林諸臣有文有行九原已往惟是在昔朝貴自歧意見
一唱衆和幾付淸流懲前覆轍不在臣等有旨慰留　先生自
序爲學曰年少氣盛時妄從光影中窺瞷自以爲覺矣不知意
氣用事去道何啻霄壤又七年再調刑部雖署有所入而流于
狂路賴文潔鄧公來南提醒不敢放浪閲三年入計歸山十餘
年失之繆悠又十餘年過于調停不無以神識爲家舍視先覺
尙遠淨几明牕水落根見始知覺者學之有見也如人在夢旣

醒覺亦不必言矣學而實有之已亦不必言覺矣先生之學以
識心體爲入手以行恕于人倫事物之間與愚夫愚婦同體爲
工夫以不起意空空爲極致離達道無所謂大本離和無所謂
中故先生于禪學亦所不諱求見本體即是佛氏之本來面目
也其所謂恕亦非孔門之恕乃佛氏之事事無礙也佛氏之作
用是性則離達道無大本之謂矣然先生即催剛爲柔融嚴毅
方正之氣而與世推移其一規一矩必合當然之天則而介然
有所不可者仍是儒家本色不從佛氏來也

馮少墟先生

翟鳳翥撰先生傳云先生己丑成進士觀禮部政謂士君子即
釋褐不可忘做秀才時書壁自警朝會多飯中貴家先生獨攜
茶餅不與往也　遷左都御史與同官鄒南皋鍾龍源曹眞予

會講都城隍廟縉紳士庶環聽者至廟院不能容或曰輦轂講壇謳詠之囿也國家多事宜講者非一端學其已乎先生曰正以國家多事士大夫不知學抱頭鼠竄者踵相接也親上死長之義非講奚明鄒忠介曰馮子以學行其道者也毀譽禍福老夫願與其之十三道奏建首善書院院甫成而人言至矣先生與南皐後先去溫旨慰留五請乃報　先生自講學而外惟工書法不營產業不畜妾媵不赴宴會不喜飲奕即園亭圖畫之玩亦弗涉也四方從學至五千餘人

張秋紹傳先生云先生九歲時父保定郡丞友手書陽明箇箇人心有仲尼詩命習字且命學其爲人先生即知向往服膺弱冠以恩選入太學比歸許敬菴督學關中延入正學書院與藍田王秦關論學有契登萬曆己丑進士選庶吉士應館課不規

規詞章曰文人何若聖人著做人說二篇惟與涂鏡源焦漪園徐匡嶽諸公立會講學　命巡按宣太不拜請告歸與故友蕭茂才輩講學于寶慶寺著疑思錄六卷起巡鹽長蘆淸課革弊行部所至必進諸生講學著訂士篇輒與要人左用他言官株累削籍歸道宿村寺屬吏供帳以俟者不處也抵里日事講學著學會約若干條期于求益規過又著士戒以勉諸生著諭俗以曉衆人讀者莫不感發未幾以怔忡處一斗室足不至閾戒客刺無得通親知無得入益精思默證辨疑似析異同因養痾力學者又九年而體漸復然後出乃會講寶慶執經問業者日益衆當道于寺東築關中書院以居之先生爰開天中閣詠關中四先生詩（呂涇野柟馬谿田理韓苑洛邦奇楊斛山爵）關學從是復振先生雖重講學而處空言不足以倡率每刻厲闇修躬示之鵠嘗簡所知

曰近日學者多侈異說而畧躬行妄欲以身挽之而力未逮自歸山一切時事不敢聞兩京縉紳書來一字不敢答其餘現任諸公非有書來不敢先以書往靜攝荒庄非公事不至偃室非赴書院會講不入城市嘗併日而食室人交謫而不敢以貧告人也　素衣吳氏著眞儒一脈叙顧高錢爲東林三先生而馮先生附焉聞者遂以涇陽景逸啓新少墟爲東林四大君子盖論道不論地也

先生題善利圖云聖狂分足處善念是吾眞若要中間立終爲蹠路人

孫淇澳先生

黃黎洲傳先生云癸丑署部事時福王已下明春之國之旨皇貴妃又求皇太后止福王行謂明年七十壽誕留此恭祝于是

上傳改期先生謂福淸曰此事不了某與公皆當拚一死福淸曰何至是先生曰非死何足以塞責乃集九卿具公疏待命闕下者二句先生聲泪俱迸達于大內福淸亦封還內降神宗爲之心動十二月二十二日從皇貴妃索所藏文書不肯出明日又索至酉刻皇貴妃不得已出之文書者神宗許立貴妃之子割臂而盟者也至是焚于神前二十八日遂降旨之國　先生之學從宗門入手與天寧僧靜峯參究公案無不了然毋從憂苦煩難之境心體忽現然先生不以是爲得儒者之道不從悟入君子終日學問思辨行便是終日戒懼愼獨何得更有虛閒求一漠然無心光景故舍學問思辨行而另求一段靜存動察功夫以養中和者未有不流于禪學者也其發先儒所未發者凡數端云

張秋紹傳先生云先生以禮部侍郎署部事請祀羅豫章李延平于文廟于秋曠典一朝得補先生初喜誦佛氏書既而曰儒衣破綻不可以袈裟補也遂一意宗儒日以五事自課一靜坐二玩易三文藝四書史五不廢臨池晚乃一切屏去耑求之反躬一路歸于知止因以止躬顔其齋

吳覲華先生

先生一斑錄云陽明無善無惡心之體有善有惡意之動知善知惡是良知爲善去惡是格物宜啓爭端也吾則曰有善無惡是心之體有善有惡是意之動知善知惡是格物知善無惡是致知

于景素先生

高景逸序先生顧學齋劄記云于景素先生旣以言事謫官歸

杜門讀書津津樂也其言曰士君子植節大難非有禮義維持之人心甚危浸淫潰決而不自覺故其讀書取足以洽心砥行自諸經諸儒諸史外一切弗好曰勿以歧吾意

張秋紹傳先生云先生調安吉州判一赴浙即投牒歸就邑西郊建志矩堂築八卦亭偕士友講肄其中而時過荆溪至錫山與於東林講席其論學一軌程朱諸新說與奮相鑿者塞耳不欲聞嘗曰學在不事空言無求頓悟惟下學上達躬行君子是儒門眞傳其訓子曰士君子能於羣議衆詆時立得脚定纔見堅貞能於尊官厚祿時回得頭早纔見知幾能於主少國疑時看得命輕纔見節概能於從容談笑時解得急難纔見才識能于淡泊寂冷時無歆想心纔見志趣能於風波震撼時無驚恐心纔見器度汝曹識之

丁愼所先生

先生以萬曆巳卯問學涇陽時甫弱冠故撰涇陽祭文有薦遊先生之門三十有二年生我者父母知我成我者先生等語

先生萬曆丙戌成進士涇陽與書云聞南宮之報甚慰近來士風茅靡亡論患得患失如鄙夫之爲也者卽如應對唯諾間以方之諸生之時大徑庭矣始而以爲不得不然旣而以爲當然久而不覺與之俱化進身之始不得不爲賢者勘破耳

先生赴東林講會旣別涇陽與書云東林之會風色蒸蒸座上發貧賤富貴一則尤令聽者竦起足下之功于是乎大矣試播諸剞劂傳爲共寶不亦善乎願之願之

忠憲撰丁長孺壽序云先生爲涇陽先生高第先生惡世之人以理學名節市富貴利達謂不若昏夜乞哀者猶不敝理學名

節也乃凛凛自持師死而不倍者惟長孺

華燕超先生

東林諸賢言行錄云先生嘗謂今之學者稍着科第官爵一念便落利字將究竟無所不至蓋此念卽患得患失之根此根不除而一生功力左旋右轉總成無君無父種子其言痛切如此

先生之學務勉然不妄希自然常謂人知身不妄動易心不妄動難而不知心不妄動易身不妄動難也人知靜坐之以心簡身而不知靜坐之以身涵心也人知一暴十寒而不知焦芽腐種之不受暴也皆先生獨得之語先儒所未發　景逸先生謂先生純然若赤子退然若處子至辨義而趨毅然若勇夫猛士千萬人而不惴人所惛惛而驚之者先生深恍之人所昧昧而違之者先生深嗜之人嘲先生以爲迂以爲腐而不知先生

所圖維皆千秋之事也君子以爲確論

劉念臺先生

湯潛菴序戢山文集云先生生文成之鄉而與忠憲端文遊其學以愼獨爲宗于天人理氣靜存動察辨之不厭其詳而終以靜存爲要擇取中庸以復先儒之舊平生于寂寞凝一中發其聰明智慮通籍四十年做帷穿㯺蕭然布素其立朝也秉義據經難進易退自曹郎以至總憲前後章數十上大約志在振肅紀綱敦崇廉節重仁義而薄刑名更欲申明祖制寺人不得典兵預政廷杖詔獄悉當報罷爭人見爲迂濶而不敢貶道以從時爭與執政相齟齬而不敢容默以阿世愼獨之學以之自修者如是以之告君者如是以之勉寮友誨門弟子者亦如是遭際鼎革拜辭家廟絶粒空山共從容堅定視生死猶日用飲食

也觀其語門人曰胸中渾無一事浩然與天地同流盡通徵達性之學至是始得所歸宿焉植天經扶人紀固吾儒中庸之道非老佛之幻視君親與鄉愿僞學依違附和者所可假借吾願學者捐成心去故智法先生爲學之誠而得其用心之所在由是上溯濂洛關閩以達于孔孟則姚江梁溪皆可融會貫通而無疑矣

劉子全書云丙寅以後先生壹意養晦屏居韓山草堂大抵半日靜坐半日讀書久之勿忘勿助頓見浩然天地氣象半日嚴密功夫一旦氷釋喟然曰三十年嚮外走今日始知道不遠人

惲日初序劉子節要云先生學先存遏恥空文而務實踐凜凜以眞儒自命矣後講于高忠憲馮恭定兩先生益研習聖學之關鍵逆奄難作動忍之餘一日豁然卓見不惑自此先生壹以愼獨爲功久之動靜語默皆與獨位不相畔援敬立而誠盡誠盡而天通而先生之學進于知天矣

劉子節要云明年正月請旌艮鄉教官安上達之死節明道學無負于人國因極言東林諸君子其畧曰萬曆之季先臣有顧憲成高攀龍者即宋儒楊時遺址講紫陽之學而世遂以東林名憲成既前卒攀龍晚年一出卒遘逆奄之禍以死陛下正位已褒首表遺忠而近時言者猶指一二輿已者推入攀龍之黨以爲世詬厲攻攀龍當日以道自重未嘗輕進一人惟躬修力踐發明君父大倫以衛世道而獨不便于小人指爲黨魁必殺之而後快更誰爲之黨者試問今天下亦有開首善之堂講明聖學如馮從吾者乎亦有處統均之席扶植善類如趙南星者乎亦有紀綱是司討君側之奸如楊漣者乎亦有昌言封駁以

澄清自任如魏大中者乎則人才至今日而盡矣非徒無理學并其假理學而盡非徒無事功并其假事功而盡非徒無忠義氣節并其假忠義氣節而盡朝處一人焉坐之曰黨暮去一人焉坐之曰黨猶以爲未足特設爲四面之羅使天下之人不出于假理學則出於假事功不出于假忠義則出于假氣節人主又安得有用賢之路乎嗟乎居今之世而欲避假之名勢必出于至誠爲惡而後已是率天下之人禍仁義也攀龍之學陛下業賜表章請弗更以其地里名號設阱于天下使後之爲攀龍者不至窺左足而不敢前則世道幸甚

姜同節先生

先生由泉州府入覲例得薦舉人材所薦延陵六人則錢一本于孔兼劉元珍高攀龍薛敷教陳敏中也疏畧云錢一本埋輪

發風憲之貪汚而官邪有儆隨自掃徑讀易見羲文孔子之心
而灑落從容卓有自得是名御史又將爲眞理學矣于孔兼閱
卷摘權貴之倖竇而場弊以剔後謫判官捐貲置安吉州學之
田而倖無入已義舉獨高是有功場屋又有功庠序矣劉元珍
憂國奉公憤計典之壞而以危言發相國之庇奸忠肝義膽不
與日月爭光耶高攀龍崇正闢邪析支離之說而以會講鼓同
志之興起月將日就不已涵養純粹耶氷玉貞操非他人必薛
敷教何也一介不苟取與也廉頑立懦所關世道遠矣菽水承
歡非他人必陳鍁中何也以善養不以祿養也守身事親于陳
博士見之矣延陵爲臣生長之地人才甲天下而臣所舉僅此
蓋亦舉爾所知之意

賀亨陽先生

先生專功理學闡明人道一日見高忠憲公依庸堂取道不遠
人之義乃作人模樣一書自人之大體小體以及同體異體約
數十條允堪做法湖廣提學稟旃公奉爲矜式時録省郡新生
傳示謁文廟日各向先生家求人模樣書〻本以遵古乞言之
禮又重鐫板于東林書院中傳布來學

周懷魯先生

錢礎日傳先生云先生立朝疏言甚多其疏稿多屬顧涇陽高
景逸兩先生鑒定詳見端文公集及高子遺書

歐陽宜諸先生

高子遺書紀畧云公以萬歷辛丑守常郡故事新守到任五縣
飾供帳所值千金公至盡撤還之自製布帷瓦器泊如也日費
錢不滿百文積公用千金復龍城書院故址爲先賢祠祀一郡
鄉賢自延陵李子以下六十九人考其行事人著爲傳頒布士
庶使知仰止每以春秋集五邑紳衿于祠祠傍有傳是堂左尊德性齋右道問學齋又有取斯堂皆公建講學問政凡農桑水利人才賦役無不咨究而于激
濁揚清抑强扶弱尤惓惓焉　公旣致其穎州兵使者而歸奉
朝命再辟堅卧不起乃得佳壤於豹湖之濱而穴之曰此予之
所歸也築室焉顔曰夕可杜門體道于中使友人問夕可之説
于某

魏廓園先生

先生自序高橋別語云乙丑被逮以午日抵錫山厥明景翁先
生餞別于高橋之滸申以誨言諄諄亹亹爰次其畧用比韋絃 別語見高子遺書

陳定九傳先生云先生至常州知府曾櫻見之淚潸然下先生

顔色不變曰死于王事男兒常事何必爾爾櫻捐俸金百金先
生堅却不受曰譬如嫠婦孀居數十年垂死日偶動一念便屬
失節

楊大洪先生

涇臯藏稿常熟修學記畧云琴川楊侯之爲令也持巳以廉牧
民以慈接士以誠懲暴以法不愧古之循良一日詣學目擊蕪
莽退而捐俸金散鍰金修尊經閣甃復祀典創置學田虞人士
詣余屬予爲記予惟世之爲令者上之淸莞庫勤聽斷規規簿
書期會之間以見能下之盛廚傳都筐篚務稱貴人意以博一
時之譽其于民之疾痛疴癢猶然不暇問而又何有于敎化之
事哉乃侯孜孜汲汲顧不在彼而在此耶是必其卓越之識有
以超出流俗之表又必其一片精神周流灌注有以通聖人吾

人而爲一體通乎百世之上下而爲一息始有此作用耳倏於是乎過人遠矣

陳定九傳先生云先生令常熟時東林大興每遇講會必至無錫與顧憲成高攀龍諸君子探性理之要詢治道之原政暇即與邑之士子相勉勵講道論德無虛日每問民疾苦徒行阡陌間以是徧知閭里利病

周蓼洲先生

殷獻臣撰年譜云公號蓼洲益痛祿養之不逮志蓼莪之永感也故題其書屋曰蓼菴而綴一聯曰啖菜留先澤焚香問自心

弱冠補弟子員贈公家酷貧公藉館穀養曰吾輩今日爲諸生束脩外即無可取設他日爲宰官俸資外即無可取　贈公暨母夫人相繼即世哀毀骨立幾成死孝歷六年所未嘗見其

一開口而笑也偶偕予訪友館中其家出歌舞侑酒酒未三行忽念二尊人涕泗交下握予手促同歸得福州司李便道還家予兄弟從德升盧王候之滸闕其容有戚訊之則曰適思二人方在舟中痛哭一場耳已謁兩尊人柩前拜不能起悲感行路

時東林諸名公布列當途公皆與之膠漆予嘗訊公兄後進何緣遽入東林公曰曩吾司李福州其人之與吾同調者皆東林一脈蓋臭味所投自有不謀之合豈眞揭揭爲若建鼓而求亡子以互相標榜乎哉　緹騎至時夫人諸孤皆相繼悶絶公徐令喚醒正色諭之徑入書齋親知咸憤惋泣下公意色愈閒日間爲僧書小雲棲二字命小奚磨墨濡毫寫竟

燼餘集載先生與文湛持書云朔日已渡江回首閶闔不勝黯然日來得素患難學問朝夕與虎狼爲伍亦覺無入不自得與鹿乾嶽書云弟忽罹此久在意中雷霆雨露均屬聖恩只應歡喜順受生死平常事不亂胸懷也　又字付大兒茂蘭云四月朔日渡江一路風光儘覺自在自郵夫販客婦女兒童無不攀車垂涕者即焦頭爛額如狼如虎輩亦皆感泣乃知忠信篤敬之果可行于蠻貊也時先生已被逮

黃石齋撰神道碑云在鄉五載日惟市一蔬旣秉銓歸四壁蕭然人稱之曰氷條先生

繆西溪先生

從野堂集先生自叙云館選得第七人同年有不得者倡爲金沙薦舉之謗而東林之目自此始矣金沙者于如菴玉立也時方爲人彈射故其人以此孽予予了不爲動且曰顧涇陽先生知我以小友進我我眞東林也初試閣實首取福唐公惕予前

議移置第二　辛壬之際應山家居見官府可異事不勝憤惋輒推案起曰吾必請誅此奴以報先帝癸亥之出托少予于其執友御老母以行其矢志也固不當爲江西事然疏之上也桐城實贊決之而示幾微于我我答非可草草夫擊內者只爭呼吸耳一不中而國事隨之況今日內無冰外無文裏可幾幸乎桐城默然又三日過應山方注籍心疑之疏上而逆知有今日也皆天也時先生已被逮　入檻詩云嘗讀膺滂傳潛然涕不禁而今車檻裏始悟夙根深一死無餘事三朝未報心南枝應北指覩我實園陰　又與高景逸先生書云知有今日久矣與李膺范滂同遊地下亦復何憾幸留翁丈在是不肖弟子孫之幸也弟不過一死然平日學問尚多欠缺翁丈有緊要語爲弟臨去策進者乎祈諄切示之至望至望

按先生內無永外無文襄之語極是審幾明確他日過福唐
相公福唐曰恐大洪疏行難再得此小心謹慎之人在上左
右先生曰誰爲此説以欺老師可斬也福唐色變福唐先生
座師也則先生之不激不隨不借明哲保身之智以避禍正
先生合義處至被逮後從容賦詩字字從性體中流出而與
高子手札尤見一時同志不以患難攖心只求學問進步孰
謂氣節不由學問
中來哉許獻謹識

王軒籙先生

錢磋日傳先生云協院應山楊公以忤璫被逮先生遺書獄中
謂大丈夫獨行其志但要拿得定做得成利害禍福可置弗問
也　上內閣魏公瑶海書云秦晉情形台臺所必聞也河北今
又陷矣吾鄉有剝床以膚之勢奈何台臺高見熟慮當必奇謀
密策出尋常測識之外者區區愚見不能捄難定宜殉難未卜
台臺何途之出也讀是書公已早辦一死矣

蔡雲怡先生

汪堯峯傳先生云方公爲舉子得文成傳習録讀之歎曰聖學
淵源在是吾今而後知所宗矣故其言學也以致知格物爲根
要以至誠爲歸宿以知及仁守莊涖禮動爲階級以發憤疑問
深造自得爲功夫而獨推尊文成謂之適傳由文成而溯朱陸
諸儒由諸儒而溯孔孟原流派別洞若指掌然後知公之死期
以不愧所學者不負君父孔子所謂成仁孟子所謂舍生取義
是也

魏叔子傳先生云姚江王文成公以道學立事功爲三百年一
人洒北宋以來儒者之恥又百數十年而崑山蔡忠襄公起其
學以姚江爲宗尚紫陽之實踐是以所履高明而學者不至于
流蕩而無簡　公七歲讀大學便立志學爲聖賢　公生平交
最篤陳龍正山西將陷公家幼女未聘陳在京師走書貽公曰
吾知公必死欲得忠臣女爲孫婦公許之而龍正亦于乙酉夏
不食八日死

黄石齋先生

陳定九傳先生云先生在翰林時翰林多雍容養望乃作矯輕
警惰文以諷之同列皆欽重焉

黄梨洲傳先生云先生補編修即以終養歸尋丁內艱負土築
墓終夜丙舍

錢磋日傳先生云先生以抗節死于金陵之苴橋有中書賴雍
蔡繼謨從死未死前閉一室中絕粒不食有求其筆者輒書孝
經一兩章予之人甚珍之

先生在獄中發願手書孝經一千卷每日止寫一卷出以售人
定價二兩人爭欲得之渠受價止從中取用七八分爲一日供

給餘盡散與獄內無食諸囚方寓未及六百皇上知而放出

文湛持先生

汪堯峯傳先生云先生弱冠登賢書居母喪哀毀廬墓竹塢三
年未嘗見齒有卓孝廉之目

金狷庵先生

先生答陳幾亭書云數月來家君居北家母寓南途次兵荒所
在見告兩地懸懸此心殊欠寧帖又米鹽瑣屑之務弟躬自料
理亦不得靜坐讀書以見日新之益只得隨時隨事警醒提撕
在紛擾中不敢忘改過遷善工夫遇行有不得處一意自反頗
覺得力因悟千聖之學咸本修身修身之要只在慎獨千變萬
化無不始終于此此亦是學問常談而弟却覺是向來未見底
意思不識十年來所作何事甚矣其根之鈍也意欲從此加功

日積月累將來可望有的實見處明眼導師俾何以爲之鞭策也

孫蘇門傳先生云劉宗周爲少司空嘗就公論學與陳龍正史可法朱之馮道德經濟互相勸勉公貧約自甘所居不蔽風日中外有以起廢言者公絕不問誦讀之外輒靜坐每謂人曰人苦不學學則未有不日進者性至孝父病衣不解帶者數月辛巳父卒于丹陽號泣奔喪僅存皮骨卽瘞于武進祖塋　又云孔子曰不得中行而與之必也狂狷乎蓋狂狷者中行之神骨未有不狂不狷而得成爲中行者也節義者理學之神骨未有不忠不孝而得成爲理學者也但理學不以一節成名而時至事起則一節亦足以見全體余初于甲戌識公公被放里居時也公每事思退嘗云易三百八十四爻未聞有退凶者閉戶十

二年讀書窮理甫起官卽以致命遂志人遂以爲節士不知理學忠節未始有二不窮理而甘蹈白刃者有之未有能窮理而不能致命遂志者也

馬素修先生

黃家舒傳先生云宣諭諸王行萬里歷二十藩府辭賜金三千餘以風勵有位黃巾緑林帕首腰刃出没輪蹄間從者驚顧無人色公爲言天子聖明開諭禍福往往羅拜去　已卯出典江右闈閩學博先生計一慟幾絕哀毀骨立鬚髮頓白服除牽毛孺人衣涕下交願謂此行乞差不得當瀝思親病苦眞情入告永賦遂初至都冦逼畿輔遂不敢以私請甲申聞變望闕再拜復南向遥拜太夫人曰兒從此不得再侍高堂矣因泣下朱李二孺人與諸僕哭失聲公止曰無亂人意　自登賢書至秘省守四知戒如諸生時列詞林十餘年囊無贏財汚萊不滿頃助餉輸銅銷帶質杯應之家居角巾緋衣繩床竹架室不置鼎彝堂不問絲竹歌舞闔門子孫不知朱紫紈綺爲何物

嚴佩之傳先生云先生分較禮闈復典江西鄉試所鑒拔皆當世知名士或以金帛贄見輒峻拒曰進身之初安得以筐篚爲禮願他日作第一流人則受貺多矣

吳霞舟先生

陳定九傳先生一時名彥如繆昌期馬世奇輩相得甚歡而李應昇則從先生學者也迨應昇謁選先生賦水竹居詩送之其詞曰有水有水亦云其淸不因撓濁不隨泱行靜則照物動則資生之子之遠爾心是旌有竹有竹亦云其箐干霄玉幹戛風金聲中以虛貴節以方名之子之遠爾德是成有居有居亦云

其珍寵賂不入毀譽不聞瀞焉虛止超然寡倫之子之遠曷哉維寅後應昇被逮抵郡寓先生家乃與議論今昔又以讀易袖本貽之曰毋亂方寸旣以貢試入都門黃道周負重望在詞林一見喜曰吾雅慕李仲達恨不得見今見霞舟如見仲達矣相與講論竟日而別

呂高培云先大父言吳儀部遊東林時年甚少端文忠憲兩先生亟相引重而孫少宰柏潭公讀其文以其甥女劉氏妻之亦具眼也哉至吳氏之門多節義先死璫禍者爲江陰李侍御仲達同死海外者爲浙東錢員外希聲未仕而守死善道者爲吾錫顧孝廉所止固不愧一脈也

先生初字峻伯嘗手一扇請景逸先生教言先生爲書峻伯扇云今之讀書者未有志于求道者也以爲非是不得工文詞取

科第而致富貴人生貧賤戚戚靡所樂則生不如死故不可已也至于道得之不見其得失之不見其失凡世之讀聖賢書鮮有求爲聖賢者往往以此固未嘗思百年有盡之身一旦而盡無論天下之物無一非吾所有卽吾之形軀且如朽株塊壞與吾無與而吾之所以爲吾者何物乎不知吾之所以爲吾廼所謂道也夫道非一日可攫而取也以聖人之資十五志之至七十始獲焉故種植不時耕耨無法至于日至之時無穫矣然則將舍吾今日所事者求之與曰非也無之非道如其道則道矣非其道則俗矣道與俗之相去如天淵而間不容髮然則何憚不爲曰不知也苟知之當見其甚于水火飲食雖欲已烏得而已之

陳幾亭先生

孫蘇門傳先生云先生從同邑吳志遠遊遂及梁溪高忠憲之門好研經濟已而覺無所本反求諸身心曰學在是矣再過梁溪見得着落在人倫關鍵在存誠推行在愛人庚午元旦聞鷄鳴胸中曠然無一事自是悟生生之旨嘗曰念念愛人乃立德立功立言之本　又云予初識幾亭于魏廓園坐上衆指爲一時名士登第後人稱其學術甚正不落旁門後讀其集大段以萬物一體爲宗其言曰明善以自治自治以治人治人則必旁通乎古今事物之變曹允大亦云先儒好學莫不以爲已立則至於專挈人物爲已專挈愛人爲爲已幾亭有心得焉

張秋紹傳先生云先生少師事梁溪高忠憲先生而與同里魏忠節大中同學天啓辛酉舉京闈第三人乙丑璫禍作忠節首被逮送之至錫山因謁忠憲證學者累日時璫焰日張有疑其成纂者先生料其必敗作大疑解以破之及崇禎改元天下想望太平獨微窺上意將疑外廷而向內臣心憂之著定本說言皆驗　嘗散家廩千石以賑鄉人設莊田五頃以資族衆及倣行同善會于邑中　己卯十月彗星見詔求直言或問當言何事答曰言事止論一事不若格心疏畧曰語曰事天以實不以文臣請曰事天以恒不以暫何謂實皇上今日求言恤刑之誠是也何謂恒願皇上歲歲勿忘此求言恤刑之誠是也疏上閣票該部知道而御筆于事天以恒不以暫及後段歲歲存之等語連加硃圈楷筆批票曰此疏宜褒嘉改票　立冬日大雷電雨雹上請正郊期疏謂先王以至日閉關而後世以至日郊天于禮殊戾孔子對魯定公曰周之始郊其月以日至其日用上辛夫冬至不恒遇辛則用辛爲冬至之月明矣云至日者則爲

冬至之日云日至者則是日至之月而非本日也疏四上卒格不行　闖闖逆破潼關爲詞佩衣帶間云南箕靜聽常依主北闕閒居也致身甲申正月調南京國子監丞三月抵家繳憑南監求題致仕五月初聞國變驚慟屢絕遂得疾乙酉六月聞南都潰載聞劉念臺先生殉節狀遂絕粒而卒　自忠憲忠節亡後與金樞部鉉劉宮允理順蔡中丞懋德爲學問友俱先後殉國稱能盡義　嘗銘于座曰人前屋漏日裏鷄鳴得於隨處體驗者至矣

按先忠憲倡道東林一時從遊之士響應雲集而世稱入室弟子則鳳超先生而外必推幾亭先生先生尊先忠憲之傳而表章其力哀輯先忠憲遺書行世俾師道大光其功偉矣故序遺書有云本朝大儒無過文清文成高子微妙踰于薛而純實無弊勝于王識者以爲篤論厥後與先忠憲先後殉節蓋微師弟之際其道德不介而孚而忠義郎不謀而合則彼氏所云傳衣鉢了生死又烏足道哉　陸謹識

華鳳超先生

年譜云先生初授讀艱于貫句同學乘間問故先生曰吾每讀一字必黙思其黙畫如一大字何以一畫加撇捺而成大思而不得下文讀不去矣　觀都察院政暇則聽講于首善書院時南皋少墟主講而忠憲以卿寺分預一席燕超公偕先生往受教每會輒洗心滌慮馮先生有言身不妄動易心不妄動難先生當下自醒曰心不妄動不易身不妄動尤難蓋眞實體驗語也　八月乞假歸有以鹽策持千金乞居間要津者先生自矢進身伊始必打破義利一關立定跟脚方可望向上一諦急揮之曰毋污我既遣去謐菴在坐笑謂先生曰情不碍理似亦無害先生曰若說人情便非天理其間不容毫髮　數年以來心師忠憲向未執贄因謂謐菴某于高先生私淑已久然不得其

門而入所見終未親切幸爲介紹而北面先生[illegible]引謁忠憲忠憲授以主靜之學謂聖學入門無踰靜坐靜坐并冥然寂守正是凝然根極　一日徒步謁忠憲揖別門外遇新貴乘軒過摘破先生衣幾露肘先生神色不變舉止自若忠憲私喜曰此天成道器也非心體潔淨那能若是　時副院楊忠烈公漣疏論魏忠賢二十四大罪被重譴鄒馮左魏諸君子不安其位閹臣魏廣微等乘間傾陷正類忠憲尤羣奸所忌坐以黨魁先生義形于色有奮志除奸意忠憲曰吾子姑留此身待用不必盡入其網乃止　琉璃黑窑差額發帑金歲十六萬先生備一小册出入自記不假手吏胥選料如式給直以時經費減省代償前官之逋七千有奇復餘三萬金或勸以餘數入告當得不次擢先生曰若入告上或追摘前任之多費或減額而累後任以

不支烏可以今日之偶贏定前後之浮縮乎乃以羨金給修城上窩垜及城外遞舖餘悉封貯司署　先生官兵部時擬上崇祀眞儒疏云帝王之致治本于道人臣之事君本于學學術之邪正關係治亂甚大特懇聖明蚤祀眞儒以明正學以醒人心事臣聞天下治亂始于人心人心邪正由于學術學者天地之心生人之命人心之所以不死綱常之所以不墜忠臣義士之一綫所以常昭揭于宇宙而不爲亂臣賊子所磨滅者恃此學以維之爾三代以前人君學道以出治三代以後人臣學道以事君自孔孟闡明堯舜禹湯文武之道以開來學遂尊爲萬世帝王之師孔孟而後則有宋之周程張朱爲世大儒歷代崇祀而我朝若曹端薛瑄胡居仁陳獻章王守仁玆數儒者皆孔孟眞脈也于今則臣師故左都御史高攀龍焉臣師之學遠宗孔

孟近法程朱其大旨以復性爲宗以知本爲要以立志爲基以敬義夾持爲功以天人一貫爲至居家盡孝所紹明者千古之學術立朝竭忠所挺持者千古之綱維至其一段愛君愛國之誠寤寐不忘終始無間皆其生平學問得力天下所共仰也觀其聞逮之日齋沐焚香告天告君告祖宗從容詳審無異平時遺表數言義盡仁至迄今凜凜有生氣也人知其首劾奸樞崔呈秀獨炳幾先見以爲功在社稷而不知其四十年講求于孔孟程朱之學實踐于綱常名義之大成仁取義至死不二此等學術實賴聖祖神宗培養以至于茲方之本朝崇祀諸儒如薛瑄輩可謂後先輝映而世道人心匡扶不小往時論者多以講學爲諱甚至以東林爲阱乃逆璫魏忠賢竊權專政以向來之攻東林者胥入于稱功頌德而後先死義若楊漣魏大中周順

昌李應昇左光斗繆昌期諸臣皆臣師平日相與切磋砥礪共肩此學者也由此觀之東林何負于朝廷而講學之功顧可泯與益講學一事似迂而無當實至切而不容已自天子至庶人無一人不成于學自修身至平天下無一事不根于學皇上以堯舜之資樂堯舜之道工暨務堯無不喜納典謨經傳無不博覽而所日夕兢兢者則又不在詩書政令之末而在幽獨隱微之地一則曰清心寡欲一則曰虛中無我即此兩言而臣有以窺皇上之深于學也斯用人行政之本也雖然欲幾易萌已見難化戒懼稍弛未必無竊發之竇聰明過用或反爲偏蔽之端忠邪之介未清或以混淆爲公普上下之情微隔或以猜試爲精明虛公二字殆難乎其言之而臣竊仰見皇上之心方乾乾焉日進而無疆也且皇皇焉若有求而弗得也嗟嗟使臣師而在今日知必爲皇上啓心沃心以孔孟之學而佐唐虞之治當有無難者而惜乎其不遇也臣竊歎學問如臣師品識如臣師忠貞雖露其一端而經綸未顯其大用徒令爲成仁之逢比而不能爲應運之皋夔此臣之所深痛也而亦海內人心之所共痛頃者蒙恩優恤備至且特褒曰孤忠遂學秉節正終天語煌煌若揭日月臣師之身雖死而臣師之道亦幸不泯矣乃臣更比例薛瑄等以從祀請者竊謂國朝文明前盛而理學一脈先臣曹端實開其始臣師攀龍則集其成宜與薛瑄諸臣並祀孔子廟廷使天下曉然知正學之所在于以破除功利激發秉彝其有補于風教有光于聖治豈其微哉至東林及各處書院亦宜葢行修復葢書院之來舊矣向毀于權相今毀于權璫既以毀之爲非自當以復之爲是苟不復于聖明之世恐留爲千載

遺議如必曰學宮自足以講道明倫試問今之學宮果何如也模不模範不範所講者何道所明者何倫而謂書院無功于學宮乎而謂有學宮遂可無書院乎功利之習中于人心舉天下不知有聖人之學天下不知有聖人之學則羣聚于學宮者祗區區章句之習以之梯榮階進則可以之輔君治世則毫無補也于是先覺者出焉建爲書院相與講習而倡明之而世道人心卒以喚醒則書院之設與學宮正相表裏以贊襄聖化何可一日偏廢也伏乞皇上敕下廷臣會議如果臣言不謬衆論僉同即將攀龍從祀孔廟并將東林書院及時修復俾後來俊髦相與講習其中以無負聖明之作養以無替先儒之準繩則學術可明人心可正教化可興太平可臻此皇上中興第一根本之要計也風厲世俗昭垂謨烈媲美唐虞端在此舉伏望皇上曠然遠覽採擇追崇臣愚不勝激切屏營之至　疏既具會杜掌科先言之而未允龍超先生貽書云從祀一疏斷非今日所宜言無論側目者必以門戶相詆即在同志中有灼然確見以爲當然者幾人哉區區之意以爲吾弟既身任之宜察二三同志中深知先生之學者相與極意表章使先生之學大明于世而後可議及此比之目前一疏爲力更難搴子尤重非畏首畏尾之言也先生得書曰先生之學已煥如日星從祀不在今日必在異日所爭蚤晚間耳所以汲汲者以爲當聖明之世何可以此等盛舉讓之後人然而表章一說自是某身上事且留此稿徐覲機會耳乃不果上　先生分守德勝門一中涓突如造焉忽皇車㡌輵殷殷其雷中消起曰皇爺過衆面色若土而先生無驚色則曰同舍郎來方其飯忽較尉奉賀帖鉗鈦同舍郎

出走靡不股栗而先生無攝色既奉旨德勝門差可觀頒賞銀僉手額賀而先生無喜色　族姪某與荆溪相親故遊于都荆溪謂曰汝家員外倘得銓司吾力易耳族某因來謁署門清可羅雀先生方整編危坐起相見問太宜人無恙外同步後庭指示隙地菜一畦此吾署中常膳豐則一腐肉經月不市因微笑曰姪來當市半觔復指几上羣書謂余肅清諸務晨夕對此較家居時學力頗進詰所主知由荆溪飯頃告以京師令嚴射影生禍貧富有命不宜離親遠出妄有所冀姪某留署越月而荆溪所囑竟不敢吐遂分俸六金遣歸　先生上直陳三大可惜四大可憂疏有兩僕隨京邸歸述先生草疏時秉燭獨坐披疏對勘中有一字不着落者即抹去以根據實之始奏上預知聖明必責令回話因即草第二疏而温閱辨疏進隨復草第三疏

疏次第上呼兩僕曰天威莫測廷杖受刑是意中事治棺十二金足矣棺停錫山勿令太太風聞俟太太百年後扶我柩送塋過方掩予骨于壞土汝歸語小主不可有違先生以小臣指斥閣部自分無生理而忠義所發披肝瀝血有之死靡悔者執政雖銜之卒蒙聖恩寬宥焉　先生課子要令知敬憚飭行止履繩墨躬行以率不嚴而威嘗曰教子只宜盡心不宜着相朱子云父毋愛其子正也愛之無窮必欲其如何則非也　太宜人年七十有七忽患心痛痛甚則一息若斷先生跪榻前以氣噓之調其呼吸漸乃來復恒卧床下伺卧起廿夜不交睫旦未辨色輒露禱于天祈以身代如是者三閱月一夕太宜人語先生曰吾夢過危橋汝負我行遂得過太宜人果瘳　妹屬疾貧不能療先生素精岐黄書胗脈定方解所佩銀帶鬻數金付藥市

疾以瘳里中有危症雖下賤得請按脈處方投劑多効　日偕認菴先生兀坐一室或收視返聽靜對竟日或送難析疑亹亹不倦時進諸子講學庸書義季子衷慊精神素弱謂當以半日讀書半日靜坐循循不已交資互益工夫緊則筋骸自束精神漸旺養心養身莫要于此　甲申五月哀詔至入邑哭靈不進膳解帶者五晝夜　先生有志感詩三首其一云緬思古則企賢豪海上孤臣齕雪毛眼底干戈方載路靜中消息不容毫無一事陰逾惜愁有多端枕自高生色千秋青史在自餘誰數郝勞勞　又有與仲兄訣别詩云振衣千仞碧雲端殀壽由來不貳看日月光華宵又旦春秋遷革歲方寒每爭毛髮留詩禮肯逐波流倒履冠應盡只今期便盡不堪回首問長安　臨難謂濂曰心即太虛之心太虛中何曾有刀鋸斧鉞淸其刀鋸斧鉞不得加焉之心亦安往不得哉

張光家云光家夙聞華夫子得高子之傳丁亥正月十五日偕弟光庭過鵞湖奉家伯父書請執弟子禮夫子謙讓久之止齊受四揖仰見夫子肩背竦直目不妄瞬峩冠修髮袍袖雍然眞偉人也坐定首問靜坐之法夫子曰以定心氣耳勿思效驗純閉目則游思易生只用垂簾爲是次問爲學之方曰高子遺書盡之矣問經學曰大易是聖人之體春秋是聖人之用近時易解惟晉見說得親切因論時事曰逆案之定朝廷最爲失着既知其逆即當誅而不赦赦而不誅又存其案則國法未伸徒以毒小人之心而翻後日之案甚無謂也留飯用五簋酒止三行情甚和洽時方率子姪輩節錄春秋傳義多主公羊說傍晚告歸夫子自遺書晉見二帙即當簡出爲贈明晨將發則二書

已送至舟中矣其樂于引掖後進如此

按先生自諸生時聽講東林得先忠憲心性靜坐諸說即于心學性學之辨氣靜理靜之殊深信不疑登第後受學于先忠憲之門造詣益進天啓甲子三月謁選從行赴京途中師弟相對直同孔顏之樂先忠憲嘗寓書與吳素衣先生云弟一路受鳳超之益整齊嚴肅殆若性成此天成道器吾道之幸也既而先忠憲屏跡湖干先生日從講求性命之學心悅誠服身體力行厥後拜疏自沉復貽書于先生明以後死絕學之系屬焉迨覲擬疏請祀編輯年譜復係意表章則先生于先忠憲誠不可以泛常師弟論宜學者推爲高子後一人也　高廷珍謹識

龔佩潛先生

黃家舒甬忠記詠有詩云窮巷蕭然奉母身酒闌燈灺倍酸辛遙傳釆石騎鯨語猶記文忠絳帳人公爲諸生食貧甘旨不繼酒後言及母氏輒流涕嗚邑最爲馬文忠所器重臨難告人吾不死恐負馬老師遂自沉

胡慎三年譜云先生殉節金陵歸櫬故里家貧無以爲葬至順

治辛卯戚友斂資公子[illegible]孝等始克葬孔山之陽胡慎三爲賦輓詩三章其一云忠孝寰間不兩酬求忠于孝是公優情牽陟屺迴腸絶身托騎箕正氣留說義文章真不愧成仁本分復何憂淵源預遣兒名孝代養能溫祖母劉其二云浩浩恒依日月光平生悲嘯此歸藏致身甯論得君久殉社敢籌將母遑碧血滿應皴室淚靈氛五月洞庭霜昆明池上誰攜手道有南朝李侍郎其三云誰云慷慨易如麻觸念難酬國爾家夙許英靈朝止水非關心事怨懷沙山河慘結波間絮身世銷亡雨後花應有秦淮堤上月千秋照徹璧無瑕

鄒經餘先生

先生自記學問一則云余自二十八歲時得文清文成二先生書稍發尚友之志至辛丑年于龍山閭涇陽景逸諸先生講學更覺有動甲辰諸老先生闢東林書院時偕家季往以館在膠山不能恒嗣後啓新先生講易吳氏五經會皆間一與焉癸丑以後設教宮中課文講書之外有隙日即過東林則時時領景逸先生之教一日談及靜坐予曰調息亦頗有益先生曰不屑也予聞之瞿然爾時不敢問而先生亦不指示心訣也又一日問先生操存之方先生曰平日何如用功予曰平日好看書若看書心有所寄否則便不免昏散矣先生曰此處正好用功予因舉在川之嘆以問先生曰這箇不舍晝夜他本來如是不是着省察念頭用功去不舍也意言高遠予時恍若有會然未盡領也退而從先儒操存諸法參之亦畧有入然爾時尚專功于舉業且館課亦多不能盡情擺脫密下一段苦功作輟半之間有所見轉盼而迷自知于箇中全未有得時抱悔恨自丁卯以

來謝去青衿累心之物已去十之七八取景逸先生諸說細尋門路則于先生所論觀未發謂一觀而用寂矣一語大有入頭從來亦嘗下觀未發功夫然謂觀其本體耳不知這觀即是本體此纔得程門主靜心訣若不觀此心尚茫茫蕩蕩也于主敬二字則禮記九容最好九容件件停當便是身心內外一齊收斂舍此别無主敬之法此處畧有把柄則終日研求經義亦是栽培本體之助看書與靜坐不分爲兩截矣在無事時他念不生覺非復向者往來憧憧之體而臨事時因而應之縱有猝然之感主張自在不至大錯景逸先生云當下無邪渾然是誠不須另覓誠此段光景時時見之而特未能一片安敢自足也抑程子有云有造道之言有見理之言造道之言身有之故言之親切而有味見理之言只是參訂得極透于實踐尚隔于自講

學以來聖賢義理無所不研窮當會講時言心言性言敬言未發非不體認而靜中默念還是口耳龜山先生云學者但求忠信愿慤不爲非義之事古今來如此等人不少然不可爲聞道道之未聞與不學仝然則學必聞道纔不虛生一世非徒口耳之謂也敢不勉哉

鄒忠餘輯先生言行錄云公初受業于閒適葉師下帷橫林師一見器之忘其新婚朞而始還已而處世舉目機械純以誠心應之嘗云任汝覆雨翻雲我只爾爾人亦漸爲所化　辛丑孝期相赴端文忠憲兩先生龍山會兩先生一見器之無殊橫林見葉師時

鄒忠餘先生

錢礎日傳先生云先生從涇陽顧公得

讀書法從景逸高公得養性法復與葉閒適薛玄臺諸公參論弗輟而學始成

張泰巖先生

先生久與東林講會爲高景逸吳褰衣諸先生推重天啓乙丑景逸有小札貽先生云楊左魏之不免也的矣郎弟輩彼亦不放過此不足爲異天下事要硬脊梁漢擔者正在此一本好戲文丈試憑几觀之手札如此可見兩先生心膽間有契合處

施曠如先生

子瑞曾述先生云少就塾便端坐朗誦若成人塾師驚異年十二罹回祿家人呼號奔走先大夫獨入書舍收書籍數冊就廡下讀不輟親知問候者大奇之　官樞曹時悉秉至公一介不苟嘗曰古人兩袖清風吾且渾身是債及官藩憲氷蘗自矢楚則有清潔寒潭之實錄閩則有只守三錢之民謠蓋衙門舊例俸薪外有供銀三錢也

先生上遺賢當起兼請謚廕疏畧云臣惟人才自魏廣微啓其毒魏忠賢崔呈秀等恣其兇焰摧殘極矣臣以爲丙寅丁卯之廢臣當起補而甲子乙丑所摧折尤急當起補若磊落名賢如文震孟姚希孟等已後先啓事其未起補者尚多則有恬雅無營繪繳不及如鄭以偉葉茂才者盡急用以砥廻瀾則有難進易退孤介絕塵如劉宗周程國祥者盡急用以振頑懦至四朝耆碩百代名儒之高攀龍爲崔呈秀反噬抗志自裁臣曾讀其絕命之筆從容就義中一何忠愛慘切求之古名臣正未易縷指頃蒙贈廕殊慊公議然千秋大節未荷特表厥子世儒無辜城旦則易名與雪豁又褒直旌忠所未竟者至魏大中忠肝似鐵勁節如霜與楊漣周順昌等均爲亘古奇男子而大中未錄

其嗣人情尚多悒鬱臣在南言南目擊心憤不得不爲皇上一剖陳也

按先生初受業于劉本孺先生登第後復遊先忠憲之門闡性命之學天啓中先忠憲殉璫難先生周旋烈禍一意護持迨崇禎初崔魏伏辜而餘黨尚踞要津以是遺賢未起國是未定先忠憲雖得追恤尚未邀易名大典魏忠節尚未錄其嗣先生踴躍建言請謚請廕厥功懋矣先生之立孫台孫先生出家藏疏稿見示陛讀之淋漓慷慨浩氣猶存而表章先忠憲凡力至云從容就義中一何忠愛慘切直將先忠憲沉淵時捲捲宗社之苦衷一語道出誠闡微之論也　陛謹識

周仲馭先生

錢礎日傳先生云先生嘗作十四哀詩首楊忠烈次魏忠節次高忠憲又次周忠介忠毅繆文貞李忠毅左忠毅黃忠端諸公

按先生敦修名節主持世道人心于東林諸君子固素所欽崇及官儀部時又有請卹建文死節諸忠一疏中有云逆璫之亂在廷之臣莫敢發一語其所爲假子義孫則皆紳冠衿帶號爲士大夫斯足嘆矣噫先生之所惡者在彼則所好者其在東林諸君子乎　高廷珍謹識

成寶慈先生

錢𥓅日傳先生云先生㓜穎異七歲日記萬言讀太極易通欣然有會祖若父私相慶曰理學之興其在斯乎八歲塾師授以應試文郎對曰願習濂洛之學他非所好也師大奇之嘗聞無錫顧涇陽高景逸兩先生講學東林時相過從且願受教　天啓乙丑成進士是時魏閹勢甚熾新進有諷之同謁者先生曰進身之始與巧成甯拙敗竟不往先生爲饒州推官時至則首謁鄒南皐先生及江右諸上官爭爲閹頌美建祠先生獨不可中使承閹意往淨梁窰治塲治器過饒太守以下咸郊迎獨堅執不從中使索供具復捕諸舍役笞之

按先生嘗謂道統之傳在實踐不在空言故出則以南皐先生爲規範處則以先忠憲爲步趨而家居時必正襟危坐所撰者皆正誼明道之書孫悔庵倪鴻寶兩先生每摘其語錄爲座右箴後以老病歸里獨居一樓題曰蝸廬嘗作座銘云萬里風光樓上眼千秋事業榻前心噫如先生者可謂得正學之源矣高廷珍謹識

東林書院志　卷二十二　圭

刁蒙吉先生

德州孫紫𡽪傳先生云先生學以謹於言行爲要嘗曰君子守身之道三一曰言語不苟一曰取與不苟一曰出處不苟又曰吾日三省吾身心無乃有妄念言無乃有妄發事無乃有妄爲乎

常山張起鴻傳先生云晨盥畢即背誦易經一遍嘗讀易傳有得曰天地間有一部易經合當有一部程傳　先生論學者曰舉子業自不妨道顧諸生立志何如耳如仁義禮智天理也富貴功名人欲也仁義禮智中稍以富貴功名意雜之天理亦即人欲富貴功名中純以仁義禮智意行之人欲何非天理早作夜思人每欲博一第以奉承此身而不知進而奉承此心宮室妻妾衣服飲食器用玩好皆所以奉承此身也至目不敢妄視耳不敢妄聽手足不敢妄持行凜凜焉如對帝天如臨師保則皆所以奉承此心者奉承心至則不宮室而美不妻妾而歡不膏粱而腴不文繡而華不彝鼎金玉而隨取輒給顧諸生立志何如耳　先生尤心服梁溪嘆曰不讀高子遺書幾虛度一生即宅後隙地搆樓三楹曰順積五公山人題其室曰行寸設忠憲神主其上每朔望展拜報德祠畢即登拜忠憲垂簾靜坐遵其復七規諸功課行之先是嚴立課程黏白紙壁上每日所讀何書所接何人所言何言所行何事必一一實書紙上入夜詳視覺心下過不去者用墨圈志之以自戒每臨卧必自問曰刁包汝今年望六矣德加進乎業加修乎今日書是如何讀話是如何説事是如何應心是如何求逐端靜考一端或差或不精

東林書院志　卷二十二　兲

實詰朝即詣貞惠忠憲兩主前扣罪自新　平生未嘗作一誑語作一媚態人有過正色讓之不少諱居恒木訥似不能言及事至當言或利害關桑梓者則議論風生上下傾聽故州有大事不能决者亦必待其一言爲斷　流寇之變兵臨城下毀家糾衆千餘人誓同固守人皆感泣力戰城得不破時有二璫鴟張諸所設施多不近情每起而沮抑之有偵役田青所者馳報張皇二璫遽律以搖惑軍心將行梟示動色力爭至脫幘厲聲曰必欲殺無知乎請先殺刁包二璫氣索乃止州每行燕二璫直據上坐無不人人希望眉睫唯諾惟謹而目不一視不交一語二璫睥睨謂若使居官亦楊左續耳故衆方狎語比至則一座寂然其剛直起人畏憚如此　嘗值敵退流民載道于西關設屋數區貯養之有疾病刀傷者給以醫藥後先近千人有山

左難婦七十餘人不能歸命老成家人六人往送之方啓行八
非以重其托家人皆感激泣誓盡歷六府無一婦不得所者山
左人緣是尸祝之　居恒與北平退谷孫承澤蔚州庸齋魏象
樞締爲神交各以所得遥相質正每有疑義必往復辨論不苟
雷同　先生將革瞑目端坐二子再濂再洛及姪冉雍侍側問
後事曰諸所藏板宜守也問以田産搖首不答徐曰覺得胸中
無一事

樗亭張光家傳先生云先生爲人剛方厚重見理明决胸無凝
滯不寛假于巳不苟同于人其學原本六經尤精于易春秋尚
論諸儒皆有以洞其本末衡量謹巖錙銖不爽折衷高子以定
其指歸寓書東林與高子之猶子彙旃先生往來問答者垂數
年而先生之于梁溪不啻親炙矣

易簀之日囑子再濂曰我于忠憲受罔極恩生不得親炙死當
配食我死可設主侍忠憲主傍不必另龕也

高彙旃先生

汪啓我傳先生云居父母喪築石屋山間用寓廬墓之意凡虞
祔祥禫禴烝時薦一遵家禮不事佛家紙錢荒唐

荆溪史夏龍撰碑陰記云公敦門内之行竭天性之誠大翁年
暮狀頭龍長鳴鷄鷄初鳴卽整衣冠抱火煮參必精戒翁方覺
啓寢扉而公巳捧參䟆問安榻下不爽時刻十年如一日

湖廣監察御史汪諱承詔特舉盡職學臣疏内有云高某每評
騭試卷必焚香禱天日非私門桃李是樹實爲皇上甄拔真才
仰酬知遇也又云修復岳麓書院石鼓書院與濂溪書院並行
課藝理學文章卓然爲一時文衡之冠

按先學憲視學全楚一意爲務本敦行之教惟正士風校閲尤爲詳愼兩考最稱得人而焚香禱天至云非私門桃李是樹勸破俗情一片公忠爲國至今猶可想見宜滸歷本朝而楚人猶以爲功在三楚也　延珍謹識

先生六十五歲之年作豫告一首云世泰人間事完了死遲了
又嘗自念言兼告遠方諸同志曰吾得洗心一妙訣譬如我已
滅我生無補于時死不求人誌增一諛詞增一恥然則壙可無
石石可無銘乎曰何可無也所重者王言所尊者故君之命抱
制詞以長卧於幽日月所不照霜露猶濡之我生不奉二氏教
死不求僧道度銘旌止書字不許稱舊銜墓前碣報訃音俱倣
此塟日不許用喪儀但遵家禮塟勿聞於官亦勿聞于遠祭只
二簋不用紙錢金銀錠尊親長賜弔卽以此刻敬送代誌右只
完我送終之事若所期於爾子若孫者甯無一言乎廼發嘆而
言曰惟說苑有之力勝貧謹勝禍愼勝害戒勝灾此爲人謀生

大業於戲汝締思之汝永圖之

熊斫公先生

先生與弟祚永同志好道於崇禎庚辛年間登高學憲之門入
濂溪書院爲多士冠因研精高子遺書得東林先賢洛閩一脈
之傳

孫蘇門先生

錢礎日傳先生云先生南移中州道遇一客騎而北客詢其下
曰車中老人類有道從者亦非市井兒可往問之門人稱容城
孫徵君客驚而自喜下馬拜曰先生何往奇逢曰失家將之蘇
門居焉客曰吾有别業在輝縣去蘇門山十餘里願奉先生奇
逢固辭巳而副使馬光裕與之宅宅一區有田十餘頃四方來
學者悉歸之

蔡大音先生

張有譽奉祀千休館記畧云館故公隱居講學處自乙酉歸林卽棲止于斯非歲時朔望有事于先祠足迹不踐家門廿年如一日及疾革家人請歸公正色語曰吾硜硜素志汝輩豈忘之乎逾夕而終今及門之祀文孝於千休猶祀忠憲于止水云余惟公之學得高子之傳信矣然公之同于高子者人能知之公之稍異于高子而究同于高子者人未必能知之昔人論爲政寬猛當如循環學問虛實亦然姚江以還學者一掃階級無復紀綱故高子以實救之及東林而後記誦詞章之錮復深學者徒襲門庭罔窺宗旨故公以虛濟之因時修敎各有攸當人徒見公之出入于二氏與折衷于陳王以爲不能畯辨乃其衣冠言動終其身一遵古禮抑何其斤斤然不失尺寸也并夫篤信

好學守死善道者其孰能之千休者白沙有千休千處得之語高子嘗旨之故公取以顏其館也

孫北海先生

李安溪撰考正晚年定論序畧云余始讀書翰林問舊人舊事于師友間或告之曰此地北海孫先生前朝遺獻也年八十矣而論道著書不息子共見之乎于是修後輩禮從環極魏公謁見望其神氣淸健如五六十歲獨兩耳偏塞然有所問輒酬酢如應響蓋所謂能以目聽者古之眞人歟先生在前代遍友天下士所與深契則劉念臺黃石齋蔣八公數人爾顧明之季年學無師法橫騖別驅議論大駁其宗指皆與程朱相牴排雖劉黃諸君子不免先生獨斷然以洛閩爲宗舜其厲階戎首以爲異學蠭興姚江倡之也兹于伯安學術言行摘抉批繩無所假借晩于諸經皆有著述而斷斷然朱子是翼曰吾翼朱者所以翼孔也畿內學者其後如魏柏鄉張武承皆確守朱學柏鄉善讀宋人書而武承攘斥餘姚不遺餘力其端皆自先生發之

胡愼三先生

錢礎日傳先生云先生重忠節崇道義修孫許二公旌忠詞議留澹臺子祠租復梅子眞祠皆有關風化先生究心理學上溯考亭下參忠憲癸巳秋常郡守宋公之普講道東林先生舉忠憲教學東林之語以示學者一時羣推正學

嚴佩之先生

錫山志云先生始爲名諸生中歲落拓無榮進意嘗讀高子遺書歎曰吾舍是將誰與歸當江南立主時將上書陳時政會聞有禁不果旣而竄跡湖山間東林修復之後時推講席

東林書院志卷二十二終

後記

無錫是中國吴文化的發祥地。七千多年悠久歷史與文明，造就了『梁溪明秀之區，衣冠禮樂甲於江左』的城市人文傳統和深厚的歷史文化底藴。數千年來，文脉綿延，永世流芳。邵寶在《錫山遺響》序中曾經這樣描述：『錫之爲邑，在三吴間。山水清麗豐曠，生其地者，多沉雅秀整，以文名家，代不乏人。』文化已經成爲這座城市最本色的氣質。爲傳承吴地文明，建設文化名城，進一步彰顯無錫城市内在精神特質，經過幾年的精心策劃，旨在全面整理地方文化典籍的《無錫文庫》編纂出版工作於二〇一〇年全面啓動，二〇一一年起陸續與讀者見面了。

無錫的城市文化曾經爲中華文化寶庫作出過巨大貢獻。顧愷之、倪瓚、王紱、鄒一桂、賀天健、徐悲鴻、錢松喦、吴冠中，如松秀群嶺，在中國繪畫史上擁有很高的地位；華秋蘋、楊蔭瀏、劉天華、華彦鈞（阿炳），乃韵動天籟，對中國音樂發展發揮了重要作用；李紳、蔣防、尤袤、蔣捷、陳維崧、顧貞觀、嚴繩孫、周濟、劉半農，皆胸懷錦綉，在中國文學史上可謂各領風騷；計六奇、顧祖禹、顧棟高、秦蕙田、嵇璜、錢基博、錢穆、錢鍾書、錢海岳，可稱堂奥廣庭，學造淵源，在中國學術史上卓然大家；顧憲成、高攀龍之東林，唐文治之『國專』，徐霞客之游記，徐壽、華蘅芳之『格致之學』，陳翰笙、錢俊瑞、孫冶方、薛暮橋之經濟學，都堪稱口碑文化史上的一座座高峰，至今閃耀着炫目的光芒。

深厚的歷史文化底蕴激發了無錫城市的文化自覺。市委、市政府滿懷對鄉土誠摯之情、對文化敬畏之感，以義不容辭的責任擔當，致力於文化强市建設，以科學的理念和方式對歷史文化遺産作全方位的觀照、深層次的發掘、系統性的保護，匯四海之智，舉全市之力，共襄文化建設盛舉。二〇〇六年十二月，無錫市成功申報國家歷史文化名城，標志着新一輪文化意識的覺醒，并迅速轉化爲文化自覺的實踐。近年來，我市全面啓動惠山、清名橋、小婁巷、榮巷、蕩口等五個歷史文化街區和十個古村落保護修復工程，『護其貌，顯其顔，鑄其魂，揚其韵』；鴻山遺址成功保護的經驗被國家文物局譽爲大遺址保護『無錫模式』，并被授予首批國家考古大遺址公園，闔閭城遺址考古發現則確立了歷史上無錫曾作爲吴王闔閭都城的地位；建成開放六十餘座博物館、名人故居和紀念館；對無錫的非物質文化遺産予以重點保護；每年春天舉辦的中國（無錫）吴文化節、中國文化遺産保護論壇成爲文化亮點，享譽海内外。這些舉措遵循規律，探索文化建設體制和機制的創新，形成了寶貴的『無錫經驗』，得到海内外學者、專家的一致肯定。

在注重保護歷史文化遺存的過程中，發掘、整理無錫歷史文獻著作，展示和弘揚無錫城市的思想精神世界，自然而然成爲大家關注的重點。二〇〇六年，市委宣傳部組織無錫文史專家、學者編撰的十七册三百萬字的《無錫文化叢書》正式出版，引起强烈反響，出版後供不應求，在二〇〇八年再版加印。《無錫文化叢書》集中反映了無錫城市文化精華，展示了無錫城市文化特質，彰顯了無錫歷史文化的厚重，同時也告訴人們，文化精神的傳遞是文化繁榮發展的重要内涵，一旦擦去歲月蒙塵，優秀的歷史文化就會轉化成爲取之不盡的精神財富。

爲了進一步彰顯城市歷史文化底藴，二〇〇七年，市委、市政府將全面系統整理無錫文化典籍擺上工作議事日程，明確提出編纂《無錫文庫》。由于無錫歷史文化底藴深厚，卷帙浩繁，内容豐富，編纂工作千頭萬緒，要想整理出一部簡明扼要而又内容翔實、主旨鮮明而又文質彬彬的文獻集成，難度遠大於預想。爲此，我們先後成立了《無錫文庫》工作委員會和編輯委員會，加强對編纂出版工作的組織領導與統籌協調，在尊重歷史、尊重規律、尊重科學、尊重專家的基礎上，積極推進文庫編纂工作。編輯委員會經過反復論證，明確原則，綱舉目張，有條不紊地開展工作。充分憑借地方文史專家的優勢，充分發揮高校人文學院、研究機構的作用，充分依靠出版機構的專業經驗，并邀請國内外著名文史專家指導、把關，形成了文庫編纂的工作合力。

在編輯過程中，我們力求使《無錫文庫》成爲經得起歷史考驗的鄉邦文獻集成。

全面規劃又保持開放結構。面對豐富的歷史文化積澱，没有規劃就不可能形成清晰的編纂思路。在前期編纂工作中，編輯委員會經過二十餘次的論證會和專題研討會，形成并確定了《無錫文庫》總書目，明確了收録範圍和内容主體，立足無錫市區，兼顧江陰、宜興，主要體現無錫本土内容，突出人文科學，適當兼顧其他門類。據此，《無錫文庫》收録圖書五百五十餘種，分爲五輯：第一輯『官修舊志』，收編無錫地方志（含江陰、宜興）；第二輯『地方史料專著』，收編反映無錫地方史料的專著與筆記；第三輯『年譜家乘』，收編無錫（含江陰、宜興）地方名人年譜和望族的家譜；第四輯『無錫文存』，收編歷史上無錫作家詩文和專著的精華；第五輯『近現代名家名著存目』，編撰無錫近現代名家名著的書目提要。爲使文庫具有更大的開放度和包容量，《無錫文庫》注重整體設計，在框架分類上既注意整合，又突出重點，考慮到文庫的涵蓋面和系統性；在書目選擇上既注重經典性，又强調代表性，兼顧到圖書本身質量和作者特點；在出版方式上既總體規劃、循序推進，又采取較爲靈活的方式，成熟一批出版一批，不編序號，爲今後增補書目預留空間。

尊重歷史又反映時代特色。《無錫文庫》注重歷史性與時代性相結合，以嶄新的學術角度和現代學科理念對城市歷史文化進行整理和弘揚。編纂工作充分體現對歷史傳統的尊重，儘可能減少評述性成分，杜絶截割、改篡、增删圖書内容，對節選本祇采取作者的自選本。與此同時，以現代學術視野來看待傳統史料，增加收録有價值的歷史資料和文獻，如對民國時期的一些稿本、期刊、會刊、紀念册也予以應有的關注，收入了部分重要的民間史料。

保持原貌又便于讀者查閲。《無錫文庫》除第五輯外，全部采用原版影印方式，力争選擇最優版本作底本，保持文獻著作的歷史面目。爲了便於閱讀、查證、使用、研究，每一輯均撰寫編輯説明，每種書撰寫提要，并編撰《文庫》書目索引。通過這樣的方式，使《無錫文庫》兼具工具書檢索的作用，增强文化典籍整理的實用功能。

如期完成又精益求精。《無錫文庫》作爲一項重大文化工程，編纂工作面廣量大，必須集中力量，一鼓作氣。我們明確，從編纂工作全面啓動開始，花三年時間完成《無錫文庫》出版工作。《無錫文庫》總書目形成後，五輯的書目編纂工作同時開展、整體推進。我們要求，《無錫文庫》編纂出版工作要强化精品意識，力求思想精深、内容精彩、選編精當、學風精良、裝幀精美。文庫編纂出版的每個環節都反復論證推敲，確保經得起歷史檢驗。

《無錫文庫》的編纂出版工作，得到了鳳凰出版傳媒集團的大力支持，鳳凰出版社在版本選擇、編輯出版方面做了細緻的工作；由於《無錫文庫》收録的資料有三分之二散落在全國各圖書館中，中國國家圖書館、上海圖書館、南京圖書館等一批國内知名圖書館爲此提供了積極的幫助；應邀擔任《無錫文庫》學術顧問的專家，都是無錫籍的文化名人和國内一流的古籍研究專家，他們有的不顧年事已高，有的不顧自身工作繁忙，爲《無錫文庫》的編纂工作付出辛勤勞動；《無錫文庫》工作委員會和編輯委員會成員以及編務人員在文庫編纂出版過程中做了大量的工作。在此，謹向他們表示崇高的敬意和由衷的謝忱！

由於《無錫文庫》收録内容涉及範圍廣、時間跨度長，部分書目已經散佚，可利用資料受到限制，加之編輯委員會水平有限，《無錫文庫》的編纂工作難免會有一些疏漏和錯誤，不當之處敬請讀者指正。

王立人

二〇一一年一月